suhrkamp taschenbuch
wissenschaft 1509

Individualisierung ist das Zauberwort unserer Tage. Nicht nur in universitären Zirkeln hat sich eine breite Debatte entwickelt, vielmehr ist Individualisierung auch aus der öffentlichen Debatte nicht mehr wegzudenken. Einerseits wird der Begriff verwendet, um einen weitverbreiteten Egoismus zu bezeichnen. Andererseits wird die Herauslösung aus traditionalen Gemeinschaftsformen auch als Befreiung erlebt und beschrieben. Diese Annahme eines einerseits beklagten, andererseits begrüßten Zuwachses an individueller Freiheit aber widerspricht einer dritten, weitverbreiteten Auffassung, in der das Individuum gegenüber den gesellschaftlichen Entwicklungen als ohnmächtig erscheint. Markus Schroer zeigt, daß die vielfältigen Deutungen der Individualisierung eine Geschichte haben. Seine These lautet, daß sich drei Hauptstränge in der Diskussion um Individualisierung unterscheiden lassen: die negative Individualisierung, die positive Individualisierung und die ambivalente Individualisierung.

Markus Schroer ist Wissenschaftlicher Mitarbeiter am Institut für Soziologie der Universität München.

Markus Schroer
Das Individuum der Gesellschaft

Synchrone und diachrone
Theorieperspektiven

Suhrkamp

Die Deutsche Bibliothek – CIP-Einheitsaufnahme
Ein Titeldatensatz für diese Publikation
ist bei Der Deutschen Bibliothek erhältlich.

suhrkamp taschenbuch wissenschaft 1509
Erste Auflage 2001
© Suhrkamp Verlag Frankfurt am Main 2000
Erstausgabe
Satz: Bibliomania GmbH, Frankfurt am Main
Druck: Nomos Verlagsgesellschaft, Baden-Baden
Umschlag nach Entwürfen von
Willi Fleckhaus und Rolf Staudt
Printed in Germany

1 2 3 4 5 6 – 06 05 04 03 02 01

Inhalt

Einleitung 9

I. Negative Individualisierung: Vom Verlust der
   Individualität 15

   1. Individualisierung und Rationalisierung – Max Weber   15
   2. Individualisierung in der verwalteten Welt –
      Max Horkheimer/Theodor W. Adorno 42
   3. Individualisierung und Disziplinierung –
      Michel Foucault 81
   4. Erste diachrone Zwischenbilanz: Das gefährdete
      Individuum bei Weber, Horkheimer/Adorno und
      Foucault 124

II. Positive Individualisierung: Von der Steigerung der
    Individualität 137

   1. Individualisierung und Moral – Emile Durkheim ... 137
   2. Individualisierung und Integration – Talcott Parsons   185
   3. Individualisierung und Funktionalisierung –
      Niklas Luhmann 223
   4 Zweite diachrone Zwischenbilanz: Das gefährliche
      Individuum bei Durkheim, Parsons und Luhmann .. 274

III. Ambivalente Individualisierung: Gefahren und
     Chancen der Individualität 284

   1. Individualisierung und Differenzierung –
      Georg Simmel 284
   2. Erste synchrone Zwischenbilanz: Das heroische, das
      anomische und das hybride Individuum bei Weber,
      Durkheim und Simmel 327
   3. Individualisierung und Zivilisierung – Norbert Elias   339
   4. Zweite synchrone Zwischenbilanz: Das liquidierte, das
      integrierte und das zivilisierte Individuum bei Hork-
      heimer/Adorno, Parsons und Elias 371

5. Individualisierung und reflexive Modernisierung –
   Ulrich Beck 381
6. Exkurs: Individualisierung non stop? Von der *Lust*
   an Optionen, der *Last* der Entscheidung und der *List*
   der Individuen 420
7. Dritte diachrone Zwischenbilanz:
   Das Risiko-Individuum bei Simmel, Elias und Beck . 429
8. Dritte synchrone Zwischenbilanz: Das selbstbezogene
   Individuum bei Foucault, Luhmann und Beck 438

IV. Auf dem Weg in die individualisierte Gesellschaft? .. 450

Nachwort 462

Literatur 464

»Ich halte es nicht für erforderlich, genau zu wissen, was ich bin. Das Wichtigste im Leben und in der Arbeit ist, etwas zu werden, das man am Anfang nicht war: Wenn Sie ein Buch beginnen und wissen schon am Anfang, was Sie am Ende sagen werden, hätten Sie dann noch den Mut, es zu schreiben? Was für das Schreiben gilt und für eine Liebesbeziehung, das gilt auch für das Leben überhaupt. Das Spiel ist deshalb lohnend, weil wir nicht wissen, was am Ende dabei herauskommt.«

Michel Foucault

Einleitung

Individualisierung, das scheint das Zauberwort unserer Tage zu sein. Spätestens im Verlauf der achtziger Jahre hat es sich eine zentrale Position in der Gegenwartssoziologie erobert. Zu beinahe allen Bereichen scheint es derzeit den Schlüssel zu liefern. Ob in der soziologischen Theorie, der Gesellschaftstheorie, den Theorien der Moderne und Postmoderne oder in den zahlreichen speziellen Soziologien, der Familiensoziologie, der Jugendsoziologie, der Industrie- und Betriebssoziologie, der Lebenslauf- und Biographieforschung, der Soziologie sozialer Ungleichheit, der Soziologie der Kindheit, der Stadtsoziologie, der Soziologie der Geschlechter usw.: Überall wird man mit dem schillernden Wort »Individualisierung« konfrontiert. Als Initialzündung für diese bemerkenswerte Karriere können die zeitgleich erschienenen Arbeiten von Ulrich Beck (1983), Elisabeth Beck-Gernsheim (1983), Josef Mooser (1983) und Werner Fuchs (1983) angesehen werden, die – in verschiedenen Bereichen – übereinstimmend einen starken Trend zur Individualisierung ausmachen.

Aber nicht nur in akademischen Kreisen und universitären Zirkeln hat sich eine breite Individualisierungsdebatte entwickelt – Individualisierung ist auch aus der öffentlichen Debatte nicht mehr wegzudenken. Ob in Parteien, Gewerkschaften, Kirchen, Eheberatungsstellen oder Familienministerien, überall grassiert die Rede von der Individualisierung. Der Verweis auf zunehmende Individualisierung muß herhalten, um wachsende Scheidungsraten und Parteienverdrossenheit, Mitgliederschwund in Kirchen und Gewerkschaften, den Anstieg von Singlehaushalten und jugendlichen Rechtsextremismus zu erklären. Je nach Geschmack, so hat man den Eindruck, wird der Begriff Individualisierung *einerseits* verwendet, um einen weitverbreiteten Egoismus oder Hedonismus zu bezeichnen, der solidaritätsstiftende Zusammenhänge zunehmend auflöst und so einen nur an den eigenen Nutzenkalkülen orientierten bzw. einen sich ganz dem Genuß verschreibenden Sozialcharakter hervorbringt. *Andererseits* wird die Herauslösung aus traditionalen Gemeinschaftsformen auch als Befreiung erlebt und beschrieben, werden die Existenzängste der Parteien und Gewerkschaften als Zeichen eines Umbruchs gedeutet, der anderen Formen der Politik und der Interessenvertretung Platz machen könnte, die den einzelnen stärker beteiligen als bisher. Doch wie auch immer der Prozeß der Individualisierung im einzelnen belegt und bewertet wird, einig scheint man sich über einen tiefgreifenden sozialen Wandel zu sein, der den einzelnen aus traditionalen Sozialbeziehungen entläßt. Damit, so die These, gewinne der einzelne mehr Freiheit gegenüber seiner Umgebung, den Organisationen und Institutionen; er könne nunmehr eigenständig Entscheidungen treffen und erlange insgesamt mehr Autonomie über seinen Lebensverlauf.

Diese Annahme eines *einerseits* beklagten, *andererseits* begrüßten Zuwachses an individueller Freiheit aber widerspricht einer *dritten*, weitverbreiteten Auffassung, die oftmals als genuin soziologische Perspektive ausgegeben wird und in der das Individuum gegenüber den gesellschaftlichen Entwicklungen als ohnmächtig erscheint. Nicht von steigender Individualität, sondern vom »Ende des Individuums« ist dann die Rede. Von dieser Seite wird geltend gemacht, daß nur dem Anschein nach die Individuen immer selbständiger in ihren Entscheidungen und Handlungen würden, in Wahrheit aber das Individuum durch übermächtige Systeme und bürokratische Strukturen nahezu vollständig determiniert sei. Statt autonome Entscheidungen zu treffen, reagiere es nur mehr auf die vorgestanzten Muster einer allmächtig gewordenen Kulturindustrie, um sich am Ende vollends aufzulösen.

Alle drei Versionen sind keine Erfindungen der aktuellen Individualisierungsdebatte, sondern lassen sich – wie ich im folgenden zeigen möchte – bis hin zu den Klassikern der Soziologie zurückverfolgen. Allerdings verbinde ich damit nicht das Ziel, die gegenwärtig oft monierte Unklarheit des Begriffs durch einen Rückgriff auf die Klassiker aufzulösen. Die Annahme, dadurch dem ungenauen und vielfältigen Begriff der Individualisierung Präzision und Eindeutigkeit verleihen zu können, scheint mir vielmehr selbst ein klärungsbedürftiges Phänomen zu sein. Ziel der Arbeit ist es nicht, der gegenwärtigen Individualisierungstheorie eine Lektion zu erteilen, indem gezeigt wird: *Hättet ihr bloß eure Klassiker besser studiert, wäre uns manch Mißverständnis erspart geblieben!* So trivial und schulmeisterlich soll es auf den nächsten Seiten nicht zugehen. Gezeigt werden soll demgegenüber, daß die vielfältigen Deutungen der Individualisierung eine Geschichte haben. Ein Blick auf Simmel, Weber und Durkheim zeigt, daß Individualisierung stets ein vieldeutiger Begriff war. Auch wenn man weiter zurückginge, dürfte es sich ähnlich verhalten. Meine in der vorliegenden Arbeit entfaltete These ist, daß sich drei Hauptstränge in der Diskussion um Individualisierung unterscheiden lassen, die sich – angefangen bei der Soziologie um die Jahrhundertwende – bis in die Gegenwart hinein fortspinnen lassen. Da gibt es zunächst die Traditionslinie, die sich von Weber über Adorno bis zu Foucault verfolgen läßt. In dieser Perspektive wird – bei allen Differenzen im einzelnen – argumentiert, daß das Individuum bedroht, seine (Bewegungs-)Freiheit in Gefahr ist. Das Individuum erscheint als manipulierbares Rädchen im Getriebe, kaum zu eigenständigen Handlungen und Entscheidungen in der Lage, weil es unter die Räder der Bürokratie gerät, von der verwalteten Welt auf eine Nummer reduziert oder durch immer präzisere Disziplinierungs- und Überwachungsmethoden zu einem Disziplinarindividuum geformt wird. Auffällig ist, daß in allen drei Versionen einer solchen rabenschwarzen Zeitdiagnose nach Auswegen, Fluchtlinien und zum Teil utopisch überhöhten Ausbruchsversuchen gefahndet wird. Ich mache in der vorliegenden Arbeit den Vorschlag, diese Argumentation unter dem Namen *negative Individualisierung* zu führen. Im Mittelpunkt dieser Argumentationslinie steht das *gefährdete Individuum*.

Eine sich von dieser Argumentation diametral unterscheidende zweite Linie ist mit den Theorien von Emile Durkheim, Talcott Parsons und Niklas Luhmann verbunden. In ihrer differenzierungstheoretischen Perspektive wird ein ehemals stark an gesellschaftliche Vorgaben gebundenes Individuum im Laufe des Modernisierungsprozesses aus traditionalen Bindungen befreit und auf sich selbst gestellt. Die funktional differenzierte Gesellschaft ermöglicht ihrer Auffassung nach sowohl persönliche und intime als auch unpersönliche Sozialbeziehungen in einem vorher nicht bekannten Ausmaß. In ihrer Sicht wird das Individuum nicht immer enger an die gesellschaftlichen Institutionen gebunden, die es förmlich zu erdrücken drohen. Ganz im Gegensatz zu einer solchen Perspektive lautet hier die These, daß die Bindung der Individuen an soziale Systeme zunehmend lockerer wird. Die Gesellschaft muß deshalb immer stärkere Anstrengungen unternehmen, um die Individuen überhaupt noch zu erreichen und zu bestimmtem Verhalten zu motivieren. Insofern ist bei diesen Autoren entschieden von einer *positiven Individualisierung* die Rede. Gleichzeitig findet man jedoch auch die Thematisierung der Gefahr einer *Hyperindividualisierung*, die Gefahr einer überzogenen Freisetzung der Individuen, die zu anomischen Krisenzuständen führt und eine Bedrohung der sozialen Ordnung darstellt. Deshalb spreche ich in dieser Linie vom *gefährlichen* Individuum. Vom *gefährdeten Individuum* ist dagegen – insbesondere bei Durkheim und Parsons – kaum die Rede. Stärker steht die Gefährdung des gesellschaftlichen Ganzen bzw. der sozialen Ordnung im Mittelpunkt. Diese Argumentation nimmt zwar von Durkheim über Parsons bis Luhmann deutlich ab, ist aber in allen drei Theorien anzutreffen.

Eine dritte Argumentationslinie, die ich mit den Namen Georg Simmel, Norbert Elias und Ulrich Beck verbinde, stellt Individualisierung als einen in sich ambivalenten und widersprüchlichen Prozeß vor. Das bedeutet konkret, daß nicht nur die *Folgen* der Individualisierung ambivalent sind, sondern der Individualisierungsprozeß selbst. Simmel, Elias und Beck stimmen darin überein, daß Individualisierung weder nur als bloße *Pseudoindividualisierung* zu verstehen ist, wie es die Diagnosen von Weber, Adorno/Horkheimer und (zunächst) Foucault nahelegen, noch gleich als besorgniserregende *Hyperindividualisierung* apostrophiert werden muß, wie es bei Durkheim, Parsons und (zum Teil) Luhmann geschieht. Ihre Perspektive ist weder die eines in seiner Bewegungsfreiheit und Entscheidungsautonomie durch Bürokratisierung, Ökonomisierung und Disziplinierung *gefährdeten Individuums* noch die eines *gefährlichen Individuums*, das, wenn es nicht frühzeitig und beständig domestiziert wird, eine Gefahr für die soziale Ordnung darstellt. Ihre Argumentation ist vielmehr die eines *Weder-noch* bzw. eines *Sowohl-als-auch*. *Weder* läßt sich Individualisierung rundweg bestreiten, *noch* bedeutet Individualisierung eine Gefahr, der man nur mit einer stärkeren Kontrolle der Individuen Herr zu werden vermöchte. Freilich kann Individualisierung *sowohl* Gefährdungen des Individuums mit sich bringen – etwa durch Disziplinierungs-, Uniformierungs- und Standardisierungsprozesse – *als auch* zur Gefährdung des sozialen Zusammenhalts – etwa durch Atomisierungsprozesse, Solidaritätsschwund und Orientierungslosigkeit – führen. Allerdings verdichten sich diese von Simmel, Elias und Beck durchaus thematisierten Phänomene bei ihnen nicht zu einer Diagnose, die sich nur für jeweils eine dieser Tendenzen sensibel zeigt. Sie verstehen Individualisierung vielmehr als einen Prozeß, der zu komplex, vieldeutig und ambivalent ist, um ihn ausschließlich als Atomisierungs- oder Disziplinierungsvorgang zu interpretieren. Aus diesen Gründen wird die von Simmel über Elias bis Beck reichende Argumentationslinie unter dem Namen *ambivalente Individualisierung* geführt. Das von ihnen thematisierte Individuum wird als *Risiko-Individuum* bezeichnet, da dem Individuum einerseits *Chancen* zur selbstbestimmten Lebensführung und individuellen Besonderung zugesprochen, andererseits aber auch *Gefahren* der Zerstörung individueller Freiräume durch Standardisierungsprozesse thematisiert werden.

Auf der Basis dieser drei verschiedenen Argumentationslinien soll die gegenwärtige Individualisierungsdiskussion auf eine breitere theoretische Grundlage gestellt werden. In folgendem Schaubild läßt sich die Argumentation und der Aufbau der vorliegenden Arbeit veranschaulichen:

	Synchrone Achse 1: —	Synchrone Achse 2: —	Synchrone Achse 3: *Das selbstbezogene Individuum*	
Negative Individualisierung	WEBER Das heroische Individuum	HORKH./ ADORNO Das liquidierte Individuum	FOUCAULT Das disziplinierte Individuum	Diachrone Achse 1: *Das gefährdete Individuum*
Positive Individualisierung	DURKHEIM Das anomische Individuum	PARSONS Das integrierte Individuum	LUHMANN Das funktionale Individuum	Diachrone Achse 2: *Das gefährliche Individuum*
Ambivalente Individualisierung	SIMMEL Das geteilte Individuum	ELIAS Das zivilisierte Individuum	BECK Das flexible Individuum	Diachrone Achse 3: *Das Risiko-Individuum*

Wie man an diesem Schaubild unschwer erkennen kann, kommt jede der behandelten Theorien zweimal vor: einmal in einem (diachronen) Längsschnitt und ein anderes Mal in einem (synchronen) Querschnitt. Damit wird jeder Theoretiker einerseits im Vergleich zu mehr oder weniger zeitgleich entstandenen Theorien und andererseits als Vorläufer bzw. Nachfolger einer bestimmten Argumentationslinie vorgestellt.

Für die jeweils aktuellen Positionen der drei Argumentationsstränge ergibt sich schließlich die Besonderheit, daß (der späte) Foucault, Luhmann und Beck in ihrem Individualisierungsverständnis überraschende Parallelen aufweisen. Während bei den anderen in etwa zeitgleich entstandenen Theorien (bei Weber, Durkheim, Simmel und bei Adorno/Horkheimer, Parsons und Elias) eindeutig die Unterschiede überwiegen – weshalb das von ihnen thematisierte Individuum in meiner Tabelle keinen gemeinsamen Namen trägt –, ergeben sich bei Foucault, Luhmann und Beck zahlreiche Ähnlichkeiten. Obwohl sie aus völlig unterschiedlichen Traditionen heraus starten, steht in ihrer Argumentation ein *selbstbezogenes Individuum* im Vordergrund, das sich nicht mehr in erster Linie durch die Zugehörigkeit zu sozialen Kreisen, zu anderen Individuen oder sozialen Gruppen definiert, sondern durch die Bezüge zu sich selbst.

Wenn man so will, kann sich mit dieser Anlage der Arbeit jeder Leser sein eigenes Buch zusammenstellen, kann selbst die Reihenfolge bestimmen, in der er die Kapitel verfolgen möchte. So kann man etwa die Kapitel über Weber, Durkheim und Simmel und anschließend die synchrone Zusammenfassung lesen oder aber die Linie Weber, Adorno/Horkheimer und Foucault und dann die diachrone Zusammenfassung. Darüber hinaus sind die zusammenfassenden Zwischenbilanzen so angelegt, daß sie einen schnellen Überblick verschaffen, ohne die einzelnen Kapitel hintereinander lesen zu müssen. Aufgrund dieses Arrangements ergibt sich eine Art »Theoriegitter« von Längs- und Querschnitten, das einen umfassenden Überblick über die weitverzweigte Diskussion über die Verhältnisbestimmung von Individuum und Gesellschaft erlaubt. Nicht zuletzt soll auf diese Weise ein Buch entstehen, daß sowohl unserem immer schneller laufenden, »dromologischen« (Virilio) Zeitalter als auch dem *individualisierten Leser* Tribut zollt, indem es eine beschleunigte Lektüre erlaubt, die dem Leser die Entscheidung überläßt, wie er im einzelnen vorgehen möchte.

I. Negative Individualisierung:
Vom Verlust der Individualität

1. Individualisierung und Rationalisierung – Max Weber

Einleitung

Abgesehen von einigen frühen Arbeiten hat Weber uns eine zutiefst pessimistische Diagnose des Lebens im 20. Jahrhundert hinterlassen. Seine Prognosen für die Zukunft waren alles andere als rosig. In seiner berühmten Rede *Politik als Beruf* aus dem Jahre 1919 (Weber 1988d: 559 ff.) erklärt er: »Nicht das Blühen des Sommers liegt vor uns, sondern zunächst eine Polarnacht von eisiger Finsternis und Härte.« (Ebd.: 559) In seiner ebenso berühmten Rede *Wissenschaft als Beruf* (Weber 1988b: 582 ff.) aus demselben Jahr zeigt er auf, daß die Wissenschaften an dieser trüben Aussicht keineswegs unschuldig sind. Sie haben dazu beigetragen, die Religion als sinnstiftende Instanz vom Sockel zu stoßen, ohne selbst an deren Stelle treten zu können. Sie vermitteln alles andere als Sicherheit bei der Frage nach dem Sinn des Lebens, sondern verstärken noch das Gefühl der Unsicherheit und Sinnlosigkeit, das sich in der modernen Gesellschaft ohnehin zunehmend ausbreitet. Jedenfalls vermögen sie keine verbindlichen Aussagen über den Sinn der Welt mehr zu vermitteln, wie es die verschiedenen Religionen immerhin noch vermochten (vgl. Weber 1988b: 597 f.). Die Wissenschaften wissen dem einzelnen keine Richtung anzugeben, nach welchen Maximen er nunmehr sein Handeln ausrichten soll. Andererseits hat die Wissenschaft mitgeholfen, die Tyrannei eines verordneten Glaubenssystems abzuschaffen, und damit den einzelnen aus einem Zwangsverhältnis befreit. Sie bietet auch die Chance zur individuellen Autonomie, hält sie doch immerhin »zum selbständigen Denken« (ebd.: 587) an. Das ist nur *ein* Beispiel für die durchgehend paradoxe Lage, in die Weber die Bewohner der Moderne gestellt sieht.

In diese Lage sind wir durch die Rationalisierung geraten, die für Weber den entscheidenden Motor auf dem Weg in die Moderne darstellt. Sie hat zur »Entzauberung der Welt«, zur Intellektualisierung und zur rationalen Beherrschung aller natürlichen Prozesse geführt. Sie hat ganz neue Freiheiten auf den Weg gebracht, aber auch bei der Errichtung neuer Herrschaftszustände mitgeholfen. Rationalisierung ist in Webers Augen somit letztlich eine recht fragwürdige, zweischneidige Errungenschaft der Moderne, die sowohl begrüßenswerte Entwicklungen als auch beklagenswerte Zustände mit sich gebracht hat. Weber hat diesen Prozeß und seine Auswirkungen immer wieder beschrieben und dabei durchaus mit Bewunderung die Leistungen der Rationalisierung hervorgehoben, ohne jedoch die damit einhergehenden Gefahren aus den Augen zu verlieren.

Vor einem naiv optimistischen Fortschrittsglauben bewahrt Weber schon allein seine Einsicht in die höchst ambivalenten Folgen der Rationalisierung. Rationale Durchdringung dessen, was die Welt im Innersten zusammenhält, bedeutet für Weber keineswegs eine den magischen und mythischen Weltbildern überlegene Kenntnis der Lebensbedingungen. Vielmehr betont Weber in seinen Studien ausdrücklich die Einsicht, daß sich mit der Rationalisierung der *Glaube* an die Berechenbarkeit und Beherrschbarkeit der Welt herausgebildet hat. Nicht, daß man mit dem von den Wissenschaften bereitgestellten Wissen die Welt *tatsächlich* beherrschen könne, ist seine These (vgl. Weber 1988b: 594). Das wäre ein Rückfall in einen naiven Fortschrittsoptimismus, der noch im 19. Jahrhundert – angeleitet von den Gedanken eines Condorcet oder Auguste Comte – vorherrschend war, um die Jahrhundertwende aber von keinem der »Gründerväter« der Soziologie ungebrochen aufrechterhalten wird. Vielmehr kommt es Weber darauf an zu zeigen, daß sich der »Glaube daran: daß man, wenn man nur wollte, es jederzeit erfahren könnte [...], daß man [...] alle Dinge – im Prinzip – durch Berechnen beherrschen könnte« (ebd.), durchgesetzt hat. *Entzauberung der Welt* meint also nicht den endgültigen Sieg des Rationalismus über alle geheimnisvollen, mythischen und unberechenbaren Mächte, sondern den Glauben an ihre *grundsätzlich mögliche* Beherrschbarkeit.[1]

Für die *Individualisierung* des einzelnen freilich hat die Ratio-

---

1 Denn schließlich erzeugt Rationalität keineswegs nur Rationalität, vgl. Breuer (1996a: 321).

nalisierung religiöser Weltbilder eine wichtige Schrittmacherfunktion: Das Individuum wird aus den rituellen und gewohnheitsgeprägten Lebenswelten herausgelöst und zunehmend gezwungen, Sinn- und Existenzfragen selbst zu beantworten.

In seinem gesamten Werk versucht Weber eine Antwort auf die Frage zu geben, warum sich gerade in der westlichen Hemisphäre die entzauberte, durchrationalisierte Welt entwickelt hat und nicht etwa im Orient. Obwohl es auch in anderen Ländern vergleichbare Entwicklungen gegeben hat, ist es nur in der westlichen Welt zur Durchsetzung der Rationalisierung in allen Lebensbereichen – und nicht etwa nur im ökonomischen Bereich – gekommen. Seine komparatistisch verfahrenden materialen Studien sollen gleichsam die Gabelung auffinden, an der sich die zunächst durchaus parallel verlaufenden Wege teilen. Weber rekonstruiert in seinen Analysen den langwierigen Rationalisierungsprozeß, der die zutiefst religiös geprägte traditionale Gesellschaft nach und nach in die säkularisierte, prophetenlose Moderne verwandelt hat. Während in den früheren, religiös geprägten Stadien alle Bereiche des Lebens konzentrisch um Gott herum angeordnet waren, fällt mit dem Anbruch der Moderne diese sinnstiftende Mitte zunächst ersatzlos weg. Nunmehr muß jeder einzelne für sich seinem Leben einen Sinn geben, da er ihm von keiner übergeordneten Instanz mehr vorgegeben wird. Den abnehmenden Einfluß der Religion auf die Lebensführung der Individuen deutet Weber dabei einerseits als drohenden Sinn- und Orientierungsverlust, da er es keineswegs für ausgemacht hält, daß für die Religion als Sinnstiftungsinstanz ein funktionales Äquivalent auf den Plan tritt. Andererseits liest er den Machtverlust der Religion auch als Wegfall eines reglementierenden Zwanges, ja als Zugewinn individueller Freiheit. Nur aus dieser ambivalenten Lesart des Säkularisierungs- bzw. Modernisierungsprozesses heraus wird Webers These vom gleichzeitig möglichen Freiheitsverlust verständlich, der den gewonnenen Handlungsspielraum der Individuen zu konterkarieren droht. Denn es gibt genügend Anwärter auf die lange Zeit hindurch von der Religion eingenommene Rolle des Sinn- und Sicherheitsspenders, die dem einzelnen vorschreiben wollen, wie er zu leben hat. Besonders mächtig ist dabei die kapitalistische Wirtschaftsordnung, die zur Rationalisierung und Bürokratisierung aller Lebensbereiche sowie zur Disziplinierung und Domestizierung des Individuums beiträgt. Weber kämpft an zwei Fronten, wenn er in seinen Schriften und Vorträgen sowohl vor der drohenden Gefahr des Freiheitsverlusts als auch vor den Gefahren des Sinnverlusts warnt. Während er seine Diagnose der Sinn- und Orientierungskrise aus dem – mit Simmel und Durkheim gemeinsam gesehenen – Differenzierungsprozeß ableitet, der den einzelnen vor eine immer größere Auswahl von divergenten Wertsphären, Lebensordnungen und Orientierungsmöglichkeiten stellt, gewinnt er die Diagnose des Freiheitsverlusts aus seiner These der Rationalisierung aller Lebensbereiche, was zu einer immer stärkeren Uniformierung, Disziplinierung und Standardisierung führt.[2]

Ich werde diese Argumentation Webers im folgenden in erster Linie anhand seiner religionssoziologischen Schriften nachzeichnen. Zwar ist die insbesondere aus der Analyse der protestantischen Ethik entwickelte These der zunehmenden Rationalisierung, Bürokratisierung und Disziplinierung aller zwischenmenschlichen Beziehungen im Zusammenhang mit parallel verlaufenden Entwicklungen in Politik, Wirtschaft, Recht, Musik usw. zu sehen, denen sich Weber in seinem breitgefächerten Werk ebenfalls zugewandt hat. Doch hinter all diesen verschiedenen Untersuchungen steht die *eine* Fragestellung Webers, warum und wie sich gerade in der westlichen Welt jene durchrationalisierte, kapitalistische Gesellschaft herausbilden konnte und welche Folgen dies für die Lebensführung der Menschen mit sich gebracht hat. In Webers Religionssoziologie lassen sich exemplarisch die Hauptgedanken über die Entstehung der rationalen Welt und seine Auswirkungen auf das Leben der Menschen aufzeigen, die in ihr wohnen müssen.

Wahlverwandtschaften: Von der protestantischen Ethik zum Geist des Kapitalismus

Max Weber widmet sich in seinem berühmten Aufsatz *Die Protestantische Ethik und der Geist des Kapitalismus* (vgl. Weber 1988a) bekanntlich der Frage, warum es ausschließlich in der

---

2 Völlig zu Recht weist Breuer (1996: 321) darauf hin, daß sich Webers Werk nicht auf eine der beiden Thesen reduzieren läßt, wie es in der Sekundärliteratur nicht selten geschieht.

westlichen Hemisphäre und nicht auch in anderen Ländern zur Entfaltung der typisch *modernen* kapitalistischen Wirtschafts- und Gesellschaftsordnung gekommen ist, obwohl sich eine kapitalistische Wirtschaftsweise in China, Indien und Babylon ebenso herausgebildet hat wie in der okzidentalen Antike und im Mittelalter (vgl. Weber 1972: 378; 1988a: 34). Bei dem Versuch, diese Frage zu beantworten, stößt er auf den enormen Einfluß der religiösen Weltbilder auf diese unterschiedliche Entwicklung. Er untersucht in seiner Religionssoziologie, wie prägend der Einfluß einzelner Religionen wie Judentum, Hinduismus, Buddhismus usw. auf die Lebensführung des einzelnen Menschen gewesen ist. In diesem Zusammenhang ist immer wieder von der Systematisierung, der Reglementierung und der Kontrolle der Lebensführung die Rede. Weber untersucht die Weltreligionen als »Systeme der Lebensreglementierung« (Weber 1988a: 237).

Die zentrale Bedingung für die Entwicklung des okzidentalen Kapitalismus, die den genannten anderen Religionen fehlt, macht Weber in der *Lebensführung des Puritaners* aus. Nicht die »Weltanpassung des Konfuzianismus« und nicht »die Weltablehnung des Buddhismus«, weder die »Weltwaltung des Islâm« noch die »Pariahoffnungen [...] des Judentums« (Weber 1972: 379), sondern allein die methodisch rationale Berufserfüllung, mit der der gleichsam gottverlassene Puritaner sein Heil zu erlangen suchte, schaffte die Voraussetzung für den spezifisch modernen Kapitalismus. Es ist die von den Puritanern praktizierte innerweltliche Askese, die sich jeglichen Genuß versagt und keinerlei Luxus gönnt, die dem Kapitalismus westlicher Prägung zum Erfolg verholfen hat. Zwar waren die asketischen Religionen zunächst auf das Jenseits ausgerichtet, war Askese gleichbedeutend mit einer weltabgewandten Lebensweise, der allein die Mönche in ihren Zellen nachgingen, doch im Zuge der Reformation öffneten sich die Pforten der Klöster, und die innerweltliche Askese begann, »das weltliche Alltagsleben mit ihrer Methodik zu durchtränken« (Weber 1988a: 163). Den Weg zur Erlösung mittels Selbstbeherrschung und asketischer Disziplinierung zu suchen wurde zu einem weitverbreiteten Lebensführungsmodell, das jedem abverlangt wurde, der sich seines Heils gewiß sein wollte: »[...] indem die Askese aus den Mönchszellen heraus in das Berufsleben übertragen wurde und die innerweltliche Sittlichkeit zu beherrschen begann, half sie an ihrem Teile mit daran, jenen mächtigen Kosmos der modernen, an die technischen und ökonomischen Voraussetzungen mechanisch-maschineller Produktion gebundene Wirtschaftsordnung erbauen, der heute den Lebensstil aller einzelnen, die in dies Triebwerk hineingeboren werden [...] mit überwältigendem Zwange bestimmt und vielleicht bestimmen wird, bis der letzte Zentner fossilen Brennstoffs verglüht ist« (Weber 1988a: 203; vgl. auch ebd.: 163).

Der für das Aufkommen der kapitalistischen Ordnung so entscheidende asketische Lebensstil predigt den Aufschub von Bedürfnisbefriedigung, erteilt dem Streben nach kurzweiligen Vergnügungen eine Absage, geißelt Maßlosigkeit, Prunk und Eitelkeit, wendet sich aber »vor allem gegen eins: das unbefangene Genießen des Daseins und dessen, was es an Freuden zu bieten hat« (Weber 1988a: 183). Die unter dem Diktat der asketischen Lebensführung lebenden Individuen werden dazu angehalten, all diese womöglich in ihnen aufkommenden Bedürfnisse mit aller Macht zu unterdrücken. Im Mittelpunkt ihres Lebens hat statt dessen die Arbeit zu stehen. Dabei ist jedoch nicht das Ergebnis der Arbeit das Entscheidende, sondern die Tätigkeit an sich. Weder soll die Arbeit der Erfüllung bestimmter Bedürfnisse oder der Befriedigung materieller Interessen dienen, noch sollen die *Früchte* der Arbeit zum Innehalten und Ausruhen veranlassen (vgl. Weber 1988a: 166ff.) oder gar – gleichsam die Todsünde des puritanischen Glaubens – *genossen* werden. Vielmehr wird die Arbeit »zum Selbstzweck des Lebens überhaupt« (ebd.: 171). Allerdings differenziert Weber genau: Nicht die nur zur Bedarfsdeckung gelegentlich angenommene Arbeit des Tagelöhners ist gemeint, sondern ausschließlich die »rationale Berufsarbeit« (ebd.: 174). Sie allein stellt für das puritanische Individuum das geeignete Mittel dar, Gottes Gnade zu erlangen. Die Prädestinationslehre des Calvinismus läßt jeden Gläubigen in Ungewißheit darüber, ob er zu den von Gott Auserwählten gehört oder nicht. Obwohl es niemals Sicherheit in dieser Frage geben kann, empfiehlt der calvinistische Glaube die »rastlose[n], stetige[n], systematische[n], weltliche[n] Berufsarbeit« (ebd.: 192) als geeignetes Mittel auf dem Weg zur Erlangung des Seelenheils. Nur wer sich unermüdlich anstrengt, wer sich – ohne jemals nachzugeben – seinen Pflichten widmet, hatte zumindest die berechtigte Hoffnung, zu den Auserwählten zu gehören. Auch wenn die verschiedenen Richtungen des Protestantismus im einzelnen recht unterschiedliche Auffassungen bekundeten, so steht für Weber als durchschlagende Wirkung der Reformation fest: Sie hat insgesamt zu einer diesseitigeren Ausübung der Religion geführt, in der es ganz auf den einzelnen ankommt. Jeder einzelne hat sich nun im Diesseits zu bewähren, ohne auf die Entlastung versprechende kirchlich-sakramentale Einrichtung der Beichte bauen zu können (vgl. Weber 1988a: 94). Eine unmittelbare Folge dieser Lehre in ihrer »pathetischen Unmenschlichkeit« ist deshalb »ein Gefühl einer unerhörten inneren Vereinsamung des einzelnen Individuums« (Weber 1988a: 93). Der Mensch war in der Reformationszeit nach Weber dazu verdammt, »seine Straße einsam zu ziehen, einem von Ewigkeit her feststehenden Schicksal entgegen« (ebd.: 94).[3] Auf diesem Weg konnte ihm niemand beistehen: kein Prediger, kein Sakrament, keine Kirche und auch kein Gott (vgl. ebd.). Beruflicher Erfolg brachte allenfalls vorübergehende Erleichterung, keineswegs aber Gewißheit darüber, auf dem richtigen Weg zur Erreichung des Seelenheils zu sein. Völlig auf sich allein gestellt, klammert sich das Individuum förmlich an die einzig verbleibende Möglichkeit, durch entsagungsvolle Berufsarbeit seinem auf das Jenseits gerichteten Lebensziel Stück für Stück näherzukommen.[4]

3 Deshalb ist Wohlrab-Sahr zuzustimmen, daß es auch im Werk von Max Weber, vor allem in seinen Arbeiten zur protestantischen Ethik, »von der Sache her um Individualisierung« gehe, »um die Herausbildung einer methodischen Lebensführung, die auf einem Ineinandergreifen von Selbstkontrolle und Fremdkontrolle basiert, motiviert durch den Wunsch, bereits im Leben einen Anhaltspunkt für die Prädestination zum ewigen Heil zu finden. Der Prozeß der Individualisierung, das zeigt Webers Analyse, impliziert also gerade nicht Freiheit von Abhängigkeit. Vielmehr resultiert er aus einer spezifischen Erfahrung von Abhängigkeit, aus dem Ausgeliefertsein gegenüber der doppelten Prädestination, die ja Kontingenz im radikalsten Sinn des Wortes beinhaltet. Aus der Erfahrung einer völlig unkalkulierbaren und uneinsehbaren, von außen definierten Zukunft resultiert der Versuch, Kontingenz durch Arbeit und Selbstkontrolle in Bestimmtheit zu überführen.« (Wohlrab-Sahr 1997: 29) Geht man davon aus, daß das heutige Leben noch weit mehr von Kontingenz geprägt ist, stellt sich die m. E. zentrale Frage, wie nunmehr, nach dem Bedeutungsverlust der Arbeit, das kontingente Leben in Bestimmtheit übergeführt wird.

4 Durch ihre Lehre bereiteten Luther und Calvin nach Erich Fromm (1990: 85) »den Menschen psychologisch auf die Rolle vor, die er in der modernen Gesellschaft zu übernehmen hatte: sich selbst als völlig unbedeutend zu empfinden und bereit zu sein, sein Leben ausschließlich Zwecken unterzuordnen, die nicht seine eigenen waren. Nachdem er erst einmal bereit war, nichts anderes sein zu wollen als ein Mittel zur Verherrlichung eines Gottes, der

Es ist dieses von den Puritanern geforderte *Ethos der Berufsarbeit*, das gleichsam als *ungeplante Nebenfolge* die Bedingungen für die Errichtung des kapitalistischen »Geistes« schuf. Das jeglicher Form von Luxus und unbefangenem Genuß feindlich gegenüberstehende Lebensführungsmodell der innerweltlichen puritanischen Askese hatte die Konsequenz, daß alle erwirtschafteten Gewinne in erster Linie nicht für den Konsum verwendet oder für die Zukunft angespart, sondern reinvestiert werden konnten. Neben der Disziplinierung der Individuen durch die methodische Lebensführung ist dies eine weitere, für das Aufkommen des okzidentalen Kapitalismus unverzichtbare Voraussetzung, die anderen Religionen fehlt: »Nicht Keuschheit, wie beim Mönch, aber Ausschaltung aller erotischen ›Lust‹, nicht Armut, aber Ausschaltung alles rentenziehenden Genießens und der feudalen lebensfrohen Ostentation des Reichtums, nicht die asketische Abtötung des Klosters, aber wache, rational beherrschte Lebensführung und Vermeidung aller Hingabe an die Schönheit der Welt oder die Kunst oder an die eigenen Stimmungen und Gefühle sind die Anforderungen, Disziplinierung und Methodik der Lebensführung das eindeutige Ziel, der ›Berufsmensch‹ der typische Repräsentant, die rationale Versachlichung und Vergesellschaftung der sozialen Beziehungen die spezifische Folge der okzidentalen und innerweltlichen Askese im Gegensatz zu aller anderen Religiösität der Welt.« (Weber 1972: 337; vgl. auch Weber 1988a: 530) Der Puritaner, der all diese Tugenden in sich vereint, kann damit mit Fug und Recht als »Schöpfer des modernen Kapitalismus« (Mommsen 1974b: 116) angesehen werden.

Doch der mit Hilfe der protestantischen Ethik zum Sieg gelangte Kapitalismus erweist sich als undankbar: Er entledigt sich seines zur Fessel gewordenen religiösen Fundaments, das ihn einst erst auf den Weg gebracht hat (vgl. Weber 1988a: 204). Er bedarf seiner religiösen Wurzeln einfach nicht mehr (länger): Die Ausbreitung des asketischen Lebensführungsmodells war nicht nur für die Entstehung des Kapitalismus verantwortlich, sondern

weder Gerechtigkeit noch Liebe repräsentierte, war er genügend darauf vorbereitet, die Rolle des Dieners einer Wirtschaftsmaschinerie zu akzeptieren – und schließlich auch einen ›Führer‹.« Insofern hat Zoll (1993: 37) völlig recht, wenn er »Selbstverleugnung« für »eine glückliche ›Übersetzung‹ des Weberschen Ausdrucks der innerweltlichen Askese« hält.

trug zugleich zur Aufzehrung der religiösen Gehalte der innerweltlichen Askese bei. Die religiös motivierte Lebensführung bewirkte paradoxerweise durch ihre zunehmende Verbreitung ihre eigene Zerstörung (vgl. Weiß 1992: 154).[5] Seines religiös-ethischen Sinnes entkleidet, bleibt vom kapitalistischen Geist nur das nackte Erwerbsstreben übrig, dem mit »rein agonalen Leidenschaften« oder mit geradezu sportlichem Eifer (vgl. Weber 1988a: 204) nachgegangen wird. Ohne seine religiöse Grundlage aber droht der einstmals gezähmte, jetzt derart entfesselte Kapitalismus zu einem »stahlharte[n] Gehäuse« (Weber 1988a: 203) zu mutieren, das eine »unentrinnbare Macht über den Menschen, wie niemals zuvor in der Geschichte«, zu erringen vermag. Einmal losgelassen, entartet der Kapitalismus zu einer alles unter sich begrabenden Maschine, die von jedem einzelnen eine ihren Anforderungen gemäße Lebensführung erzwingt und sich damit die Individuen selbst erschafft, die sie zum reibungslosen Funktionieren benötigt (vgl. Weber 1988a: 37): kleine willenlose Rädchen im Getriebe, die zu keiner aktiven und selbstbestimmten Lebensgestaltung mehr in der Lage sind, sondern sich den vorherrschenden Bedingungen passiv und still ergeben. Um den Kapitalismus nicht zum alles dominierenden Faktor werden zu lassen und seinen zügellosen Expansionsbestrebungen Einhalt zu gebieten, bedarf es bei Weber ganz offen sichtlich der Widerstandskraft der Individuen, die sich den Anforderungen der kapitalistischen Wirtschaftsordnung nicht gänzlich unterordnen, sondern ihr etwas entgegenhalten können, was die Macht des *stahlharten Gehäuses* auf Distanz zu halten vermag. Doch, so Webers besorgte Frage, woher soll diese bändigende Kraft kommen, wenn die Einflußsphäre der Religion im Schwinden begriffen ist? Aus welchen Ressourcen soll das Individuum schöpfen, wenn es sich an übergeordneten und allgemeinverbindlichen, religiös hergeleiteten Werten nicht mehr orientieren kann?

Der innerweltlichen Askese des puritanischen Individuums

---

5 Eine Argumentationsfigur, die in Ulrich Becks Diagnosen deutlich wiederkehrt, wenn dieser etwa den abnehmenden Einfluß der Gewerkschaften und der Wissenschaften nicht etwa auf ein Scheitern, sondern auf eine breite Durchsetzung ihrer Ziele zurückführt. Die *Erste Moderne* wird in seinen Augen insgesamt durch die *Zweite Moderne* nicht wegen deren Mißerfolgen, sondern wegen ihrer konsequenten Erfolge abgelöst. Vgl. dazu ausführlich Kap. III.5.

kommt gerade deshalb für Weber eine so eminente Bedeutung zu, weil sie gewissermaßen als Bindeglied zwischen der religiös-ethischen und der ökonomischen Sphäre fungiert. Ohne den Kontakt zur Religion gänzlich preiszugeben, kommt die asketische Lebensführung den Rationalisierungsanforderungen der entzauberten modernen Welt nach und hält sie damit auf Abstand. Wenn sie aber – wie es in der modernen Gesellschaft den Anschein hat – unter dem Druck des freilich von ihr selbst beförderten Rationalisierungsprozesses ersatzlos wegbricht, können die »kalten Skeletthände[n] rationaler Ordnungen« (Weber 1988a: 561) sich um so ungehinderter noch auf die letzten verschont gebliebenen Freiräume legen, die dem modernen Individuum geblieben sind. Bei einem Verlust des Prinzips der methodischen Lebensführung droht das Individuum zum wehrlosen Spielball der ausdifferenzierten Wertsphären bzw. Subsysteme zu werden. So droht die Rationalisierung, die mit der protestantischen Ethik zur Ausbildung eines individualistischen Menschentypus beigetragen hat, auf dem Höhepunkt ihrer Entwicklung geradezu in ihr Gegenteil umzuschlagen und eine Unterjochung des Individuums zu begünstigen.[6] Weber versteht sich gewissermaßen als Zeitzeuge dieses Umschlags.

Diese Gefahr verstärkt sich noch durch die Ausdifferenzierung verschiedener Wertsphären, die dazu geführt hat, daß der einst so mächtige Einfluß der religiösen Weltbilder nur mehr ein Einfluß unter vielen ist, denen sich der einzelne ausgesetzt sieht. Die Folgen dieser Entwicklung beurteilt Weber durchaus ambivalent: Einerseits versiegen mit der Erosion mythisch-religiöser Weltbilder die kulturellen Ressourcen, die den aufstrebenden Kapitalismus im Zaume halten. Andererseits begünstigt das Zurückgehen des Einflusses religiöser Orientierungen bzw. Reglementierungen die Freiheit des einzelnen. Die Reformation hat schließlich nicht zu einer »Beseitigung der kirchlichen Herrschaft über das Leben« schlechthin geführt, sondern vielmehr umgekehrt zu einer »Ersetzung einer höchst bequemen, praktisch damals wenig fühlbaren, vielfach fast nur noch formalen Herrschaft durch eine im denkbar weitgehendsten Maße in alle

---

6 Mit anderen Worten: Der Rationalisierungsprozeß ist zwar »eine Bewegung hin zur Individuierung, aber sie schafft nur die Voraussetzungen für Individuierung, nicht die Individuierung als solche« (Alexander 1993: 74).

Sphären des häuslichen und öffentlichen Lebens eindringende, unendlich lästige und ernstgemeinte Reglementierung der ganzen Lebensführung« (Weber 1988a: 20). Weber ist überzeugt, daß die »Herrschaft des Calvinismus [...] für uns die schlechthin unerträglichste Form der kirchlichen Kontrolle des einzelnen« sei, »die es geben könnte« (ebd.). Schließlich sei es »nicht ein Zuviel, sondern ein Zuwenig von kirchlich-religiöser Beherrschung« gewesen, »was gerade diejenigen Reformatoren, welche in den ökonomisch entwickeltsten Ländern entstanden, zu tadeln fanden« (ebd.).[7] Sich selbst eine an ethischen Prinzipien orientierte Lebensweise aufzuerlegen wird so gesehen erst durch den Machtverlust religiöser Weltdeutungen möglich. Allerdings hegt Weber erhebliche Zweifel, ob die Individuen seiner Zeit sich als stark genug erweisen, den verschiedenen Einflüssen nicht zu erliegen, sich nicht mal hier und mal dorthin treiben zu lassen, sondern den vielfältigen Möglichkeiten ein einheitliches Prinzip abzuringen wissen, nach dem sie ihr Leben *führen* und nicht träge dahingleiten lassen wollen. Gerade weil er den Wegfall einer religiös bedingten rigiden Schematisierung, Disziplinierung und Kontrolle der *Lebensführung* im Prinzip begrüßt, kämpft er um so verbissener gegen die Gefahr der Bürokratisierung, die den einzelnen wiederum zu einem bloß ausführenden Organ einer übergeordneten Instanz degradiert, zu einem von äußeren Ordnungen abhängigen, unselbständigen Individuum formt, das sich kein Prinzip, nach dem es sein Leben einrichtet, zu geben in der Lage ist. Webers Untersuchungen werden von der Frage ange-

7 Das heißt für Weber freilich nicht, daß es unter der Herrschaft der katholischen Kirche keine Kontrolle gegeben hat. Aber »die unter Umständen« sogar »sehr nachdrücklich wirksam gewesene ständige Kontrolle der Lebensführung durch einen Gnadenspender (Beichtvater, Seelendirektor) wird sehr oft weit überkompensiert durch den Umstand, daß eben immer erneut Gnade gespendet wird« (Weber 1972: 339). Nimmt man hinzu, daß Weber auch hinsichtlich der Reformation darauf hinweist, daß sie nicht die kirchliche Kontrolle über das Leben insgesamt abgeschafft habe, sondern nur die bisherige Form der Herrschaft durch eine andere ersetzt habe (vgl. Weber 1988a: 20), so macht das deutlich, daß es für Weber keinerlei weitgehend herrschaftsfreien Gesellschaften gegeben hat, in denen sich die Menschen nach Belieben frei bewegen konnten. Vielmehr teilt Weber hier offensichtlich eine von Simmel wie folgt formulierte Einschätzung: »Was wir [...] als Freiheit empfinden, ist tatsächlich oft nur ein Wechsel der Verpflichtungen« (Simmel 1989: 375). Weiter unten werde ich noch ausführlich auf diese Position Simmels zu sprechen kommen.

trieben, was wir »dieser Maschinerie entgegenzusetzen [haben], um einen Rest des Menschentums freizuhalten von dieser Parzellierung der Seele, von dieser Alleinherrschaft bürokratischer Lebensideale?« (Weber 1988c: 414) Doch seine besorgte Frage, wie »es angesichts dieser Übermacht der Tendenz zur Bürokratisierung überhaupt noch möglich« ist, »irgendwelche Reste einer in irgendeinem Sinne individualistischen Bewegungsfreiheit zu retten« (Weber 1972: 836; vgl. auch 1988d: 333), paart sich mit einer tiefen Skepsis darüber, ob die Individuen seiner Zeit mit den individuellen Freiheiten etwas anfangen können und ob sie ihrer Bedrohung überhaupt gewahr werden.

Daß sich das aus den Fesseln religiöser Weltbilder und traditionaler Sozialbeziehungen in die Moderne entlassene Individuum den neuen Anforderungen nicht gewachsen zeigt, daß es sich angesichts der durch den »Polytheismus der Werte« entstandenen Freiheitsspielräume als überfordert erweisen könnte – dies ist die Sorge Webers, die sich in seinen Ansprachen *Wissenschaft als Beruf* und *Politik als Beruf* niedergeschlagen hat. Er befürchtet, daß das von der Knute der religiös bedingten Schematisierung der *Lebensführung* befreite Individuum keine Gelegenheit erhält, sich mit dem erreichten Pluralismus vertraut zu machen, weil an die Stelle der Religion die kapitalistische Wirtschaftsordnung tritt, die das Individuum zum ängstlichen und unselbständigen Rädchen im Getriebe erniedrigen will. Die Herrschaft der Religion ebenso wie die Herrschaft der Ökonomie können durch eine allzu starke Kontrolle zerstören, worauf es nach Weber ankommt: die Antriebe für eine *Lebensführung von innen heraus*. Sie wird durch eine sich allzu rigoristisch in das Leben des einzelnen einmischende Religion ebenso gefährdet wie durch die in jede Faser des Lebens eindringende bürokratisierte Gesellschaftsordnung. Ähnlich wie der Zugriff des verwaltenden Staates und der warenproduzierenden Industrie mit ihren zweckrationalen Orientierungsmustern und rein sachlichen Argumenten auch in intime und familiale Beziehungen einzudringen versucht wie »Kolonialherren in eine Stammesgesellschaft« (Habermas 1988b: 522), so konnte auch eine allzu starke, »kirchenpolizeiliche Kontrolle des Lebens des einzelnen« (Weber 1988a: 161) ein »bestimmtes äußeres Verhalten« zwar erzwingen, dadurch aber »unter Umständen die subjektiven Antriebe zur methodischen Lebensführung« (ebd.: 162) lähmen. Ohne die in den Subjekten verankerte *Motivation* zur asketischen Disziplinierung geht es also nicht. Der Erfolg stellt sich nur ein, wenn ein gehöriges Maß an Freiwilligkeit gewahrt bleibt. Allein die freiwillige Unterwerfung der Subjekte unter die Prinzipien einer methodischen Lebensführung ist in der Lage gewesen, dem okzidentalen Kapitalismus den Weg zu ebnen. Doch die sich mit seinem Sieg zunehmend entfaltende Bürokratisierung des Lebens scheint die Religion als System der Lebensreglementierung abzulösen, und es droht die nämliche Gefahr: Wenn die bürokratischen und organisatorischen Strukturen zu stark werden, verhindern sie die Eigenständigkeit des Individuums und machen es zunehmend abhängig von diesen Ordnungen, verweichlichen es und lassen es völlig hilflos werden, wenn diese Ordnungen zerbrechen. Bürokratisierung begünstigt die Entwicklung von Individuen, »die nervös und feige werden, wenn diese Ordnung einen Augenblick wankt, und hilflos, wenn sie aus ihrer ausschließlichen Angepaßtheit an diese Ordnung herausgerissen werden« (Weber 1988c: 414).[8] Die Verhärtung der Verhältnisse führt, wenn man so will, zur Verweichlichung der Individuen (vgl. Heins 1990: 88).[9] Sich den von Sachlichkeit und Unpersönlichkeit geprägten sozialen Beziehungen der kapitalistischen Ordnung zu unterwerfen scheint Weber dabei als eine ebenso greifbare Gefahr, wie sich gänzlich der Genußseite des Lebens hinzugeben und einem unverantwortlichen Hedonismus zu frönen. Die »Fachmenschen ohne Geist« und die »Genußmenschen ohne Herz« (Weber 1988a: 204) sind die beiden gleichermaßen pervertierten Extreme, die die Entwicklung der modernen Gesellschaft mit sich bringt. Dem Alltag, der von der Pluralität der Wertordnungen geprägt ist, nicht gewachsen zu sein führt nach Weber zu dem »Jagen nach dem ›Erlebnis‹« (Weber 1988b: 605; vgl. ebd.: 591),

---

8 Daß Weber im Gegensatz zu Marx zu diesem Prozeß auch in der Entwicklung des Sozialismus keine Alternative gesehen hat, ist bekannt. Hier würde sich der Trend zur Bürokratisierung nur weiter fortsetzen. Eine These, die sich wohl mehr als bestätigt hat.

9 Weber kritisiert das weiche, unselbständige Individuum, das später auch Christopher Lasch (1982) und Richard Sennett (1983) im Blick haben, wenn sie den narzißtischen Charaktertyp beschreiben, der sich in den Konsumgesellschaften der siebziger und achtziger Jahre entwickelt habe: Für sie ist das Individuum zu ebenjenem unsicheren Wesen geworden, das allen Wünschen und Anforderungen widerstandslos nachgibt und Genuß an die Stelle von Leistung setzt.

das er schon an der Jugend seiner Zeit beobachtet. Dem Standhalten in prophetenloser Zeit gelten dagegen seine an die jugendlichen Zuhörer gerichteten Mahnungen. Wissenschaft und Politik scheinen sich dabei in gewisser Weise als Ersatz für den Wegfall der Religion anzubieten. Die wissenschaftliche Tätigkeit
versteht Weber als asketische Praxis, die ein funktionales Äquivalent für die verlorengegangene religiöse Lebensorientierung bietet. Allein der entsagungsvolle *Dienst an der Sache* vermag noch
die Ausbildung einer Lebensführung »von innen heraus« (Weber
1972: 658), deren Leitlinien zunehmend »aus der eigenen Brust«
(ebd.: 585) geholt werden müssen, zu gewährleisten.

Flüchten oder Standhalten? Webers Persönlichkeitsethik zwischen allopathischen und homöopathischen Therapien

Die von Weber präferierte Therapie gilt also dem Dienst an der
Sache, der allein zur Ausbildung einer Persönlichkeit führen
kann. Statt sich direkt seinem Selbst zu widmen, optiert er für
den Umweg über die *Hingabe an eine Sache*, den er sowohl
dem Wissenschaftler als auch dem Künstler als einzig gangbaren
empfiehlt zur Ausbildung einer Persönlichkeit (vgl. Weber
1988b: 591). Schon bei Goethe habe es sich dagegen »gerächt,
daß er sich die Freiheit nahm, sein ›Leben‹ zu einem Kunstwerk
machen zu wollen« (ebd.). Aber wenn überhaupt, so fügt Weber
hinzu, dann muß es schon eine herausragende historische Gestalt
vom Schlage Goethes sein, der solch eine ästhetisierende Lebensweise zugestanden werden darf. Allerdings erscheinen Persönlichkeiten solchen Kalibers nur »alle Jahrtausende einmal« auf
dem Planeten Erde, so Weber.[10] Für die unterhalb dieses geisti-

10 Diese Ablehnung, sein Leben nach ästhetischen Gesichtspunkten zu formen,
statt es nach ethischen Prinzipien zu führen, bezeichnet eine einschneidende
Differenz zur Auffassung seines Zeitgenossen Georg Simmel, auf die ich
noch ausführlich eingehen werde (vgl. Kap. III.1 und Scaff 1987). Zugleich
zeigt sich darin die Differenz gegenüber heutigen, postmodernen Auffassungen der Lebensführung. Während Weber allenfalls, wenn überhaupt, einzelnen »großen Männern« ein ästhetisches Lebensführungsmodell zugesteht,
will das postmoderne Individualitäts- und Identitätsverständnis ein nach ästhetischen Kriterien ausgerichtetes Lebensführungskonzept durchaus nicht
auf eine Elite beschränken. Webers Unterscheidung zwischen ethisch oder

gen Olymps lebende Mehrheit dagegen ist, so Weber, allein der Dienst an der Sache der einzig mögliche Weg, zu einer Persönlichkeit heranzureifen. Eine Persönlichkeit zu sein hat demnach gerade nichts damit zu tun, bei jeder sich bietenden Gelegenheit seine »ganz ›persönliche Note‹« (Weber 1988b: 494) ins Spiel zu bringen. Vielmehr wird man gewissermaßen absichtslos zu einer Persönlichkeit, indem man sich – geradezu selbstvergessen – ganz und gar einer Sache hingibt. Die eitle Zurschaustellung des eigenen Selbst, das ständige Schielen nach der erzielten Wirkung beim Publikum, dieses »krampfhafte Sich-wichtig-nehmen« (Weber 1988a: 204) dagegen vermögen zwar durchaus effektvoll daherzukommen, stehen aber nach seinem Dafürhalten weder dem Beamten noch dem Politiker oder dem Wissenschaftler gut zu Gesicht. Mit dem Anspruch, eine Persönlichkeit zu sein, hat solch ein Gebaren auf jeden Fall rein gar nichts zu tun, ist es doch vielmehr Ausdruck jenes »modische[n] Persönlichkeitskult[s]« (ebd.), den Weber zu seiner Zeit beobachtet und der ihn mit tiefer Abscheu erfüllt.[11] Weber nimmt mit seiner Bestimmung der Persönlichkeit als Hingabe an eine Sache unübersehbar Abschied von jenem faustisch-humanistischen Ideal der Allseitigkeit des Menschenlebens zugunsten eines berufsspezifischen Fachmenschentums. Darin sieht er einen notwendigen Tribut an die moderne Zeit: »Der Puritaner wollte Berufsmensch sein, – wir müssen es sein.« (Ebd.: 203) Damit will er freilich nicht den von ihm kritisierten Typus des »Fachmenschen ohne Geist« gegenüber dem »Genußmenschen ohne Herz« (ebd.: 204) befördern. Was ihm als Ideal vorzuschweben scheint, ist vielmehr das eines »*Fachmenschen mit Geist*« (de Souza 1991: 130).[12] Wissen-

---

ästhetisch motivierten Lebensführungskonzepten übersieht darüber hinaus, daß sich auch sein bevorzugtes Modell einer Lebensführung von innen heraus nicht zuletzt auf literarische Quellen bezieht – insbesondere auf das Werk Goethes. Vgl. zu diesem Zusammenhang insgesamt auch Schroer (1996a).

11 Diese Auffassung von Persönlichkeit ist m.E. unübersehbar nach dem Modell der Prädestinationslehre gebaut. Ohne es zu wollen, scheinbar absichtslos, hat man sich der Sache hinzugeben, wie der Puritaner seiner Berufsarbeit und ohne je sicher sein zu können, ob man das jeweils gesteckte Ziel, hier: eine Persönlichkeit sein, dort: die Erlangung des Gnadenstandes, jemals erreichen wird, lautet das Gebot dennoch: rein der Sache dienen.

12 Als zweiten von Weber favorisierten Persönlichkeitstypus arbeitet Jesse de Souza den »Genußmenschen mit Herz« (de Souza 1991: 130) heraus, der m.E. aber gegenüber dem ersteren eine untergeordnete Rolle spielt. Zu

schaft und Politik bieten sich als säkulare Inhalte an, mit der die einst religiös motivierte *Form* der methodischen Lebensführung gefüllt werden kann. Sie können nach Webers Überzeugung den einzelnen als Orientierungshilfen dienen und ihnen bei der Aufgabe helfen, sich über den Sinn ihrer Handlungen Klarheit zu verschaffen. Eine Aufgabe, die grundsätzlich von jedem selbst geleistet werden muß.[13]

Konkurrierenden Antworten auf die Herausforderung der sich entfaltenden Moderne, wie die an ästhetischen Mustern orientierten Lebensmodelle, die Weber im Umkreis der großstädtischen Boheme beobachten kann, erteilt er eine deutliche Absage. Allerdings hat er es sich mit der Ablehnung der konkurrierenden Lebensführungsmodelle seiner Zeit keineswegs leicht gemacht. Vielmehr merkt man seinen Schriften einen wahrhaften Kampf[14] mit alternativen Lösungen an. Das Pathos, mit dem er seine Entscheidung für die methodische Lebensführung, die dem Dienst an der Sache unterstellt ist, vorträgt, rührt gerade aus dem Wissen über die mächtigen Versuchungen, die von den anders ausgerichteten Modellen ausgehen. Nicht von einem unantastbaren, vollends gefestigten Standpunkt aus urteilt Weber voreilig und ohne Prüfung über die vorhandenen Möglichkeiten, sein Leben entweder streng zu führen oder müde dahingleiten zu lassen, sondern aus einem zähen Ringen um eine richtige Lösung vor dem Hintergrund zahlreicher anderer, in seiner unmittelbaren Umgebung gelebter Möglichkeiten. So haben etwa der Ästhetizismus eines Stefan George, der Syndikalismus eines Robert Michel oder der Ethizismus eines Tolstoi (vgl. Hennis 1988: 203 f.) zeitweilig durchaus seine Aufmerksamkeit gefunden, wie ihn überhaupt alternative Lösungen stets interessiert haben (vgl. Mommsen 1988: 211). Letztlich aber hat er in ihnen doch eher eine Flucht vor der unhintergehbar pluralen Werteordnung gesehen als eine ernst zu nehmende Alternative zum hingebungsvol-

Webers Verhältnis zur Erotik und zu den Frauen vgl. Schwentker (1988); Gilcher-Holtey (1988).

13 Vgl. dazu auch seine Aussage: »Das Schicksal einer Kulturepoche, die vom Baum der Erkenntnis gegessen hat, ist es, wissen zu müssen, daß wir den Sinn des Weltgeschehens nicht aus dem noch so sehr vervollkommneten Ergebnis seiner Durchforschung ablesen können, sondern ihn selbst zu schaffen imstande sein müssen.« (Weber 1988b: 154)

14 Zur Bedeutung des Kampf-Begriffes in Webers Soziologie vgl. etwa Rehberg (1994: 643) und Weiß (1992: 96ff.).

len Dienst an der Sache: »Interessiert, aber zutiefst skeptisch« (Peukert 1989: 90), so läßt sich ebenso knapp wie zutreffend seine Haltung zu den verschiedenen Bewegungen und Gruppen seiner Zeit, die sich als Alternativen zum Rationalisierungsprozeß anbieten wollen, zusammenfassen. Was aber macht diese entschiedene Ablehnung Webers aus? Was veranlaßt ihn dazu, den verschiedenen Lösungsvorschlägen seiner Umgebung, mit denen er durchaus hier und da kokettierte, eine Absage zu erteilen?

Es ist m. E. die Verabsolutierung einer Wertsphäre gegenüber den anderen, die in Webers Augen unstatthafte Übertragung der in einer Wertsphäre geltenden Prinzipien auf alle anderen, die ihm eine Billigung dieser Modelle unmöglich machen, versuchen sie doch gewissermaßen den Teufel mit dem Beelzebub auszutreiben. Vergegenwärtigen wir uns noch einmal kurz die Situation: Der Kapitalismus mit seiner auf Standardisierung ausgerichteten Produktionsweise führt zu einer »Uniformierung des Lebensstils« (Weber 1988a: 187). Die kapitalistische Ordnung schickt sich an, dem gesamten Leben aller Menschen unterschiedslos ihren Stempel aufzudrücken und damit allen Menschen den nämlichen Lebensstil aufzuzwingen – ähnlich wie der asketische Lebensstil, nachdem er aus den Mönchszellen heraus ins weltliche Leben getreten war, ausnahmslos »jedem, der seiner Seligkeit gewiß sein wollte« (Weber 1988a: 163), abverlangt wurde. Doch auf diese Gefahr der Uniformierung kann laut Weber nicht mit einer ebenso illegitimen Übertragung der in einer Wertsphäre durchaus gültigen Prinzipien auf alle anderen geantwortet werden. Konkret gesagt, darf die zunehmende *Versachlichung* aller Sozialbeziehungen nicht mit der ebenso einseitigen Ästhetisierung, Mystizierung oder gar Erotisierung aller menschlichen Beziehungen beantwortet werden. Sosehr Weber die Kapitulation, die Anpassung, ein bloßes Sich-Fügen angesichts der von außen an das Individuum herangetragenen Anforderungen fürchtet, so sehr lehnt er doch die Verabsolutierung der ästhetischen, der erotischen oder der religiösen Lebensweise ab. In jeder dieser Möglichkeiten sieht Weber den gleichen Kardinalfehler am Werk: die Verabsolutierung des in einer Wertsphäre geltenden Prinzips auf alle anderen Bereiche des Lebens. Er will es zu keinerlei Sieg der einen Wertsphäre über die anderen kommen lassen. So führt er etwa Klage darüber, daß eine Verhaltensweise, die als »verwerflich« bezeichnet werden müßte, statt dessen als

»geschmacklos« charakterisiert wird (vgl. Weber 1972: 366; 1988a: 555). Schon in solchen Veränderungen macht Weber Anzeichen einer Tendenz aus, nach der ästhetische Kriterien die Oberhand über ethische erhalten könnten. Die expressive Selbstdarstellung in den Kreisen der Boheme interessiert ihn deshalb zwar als »Gegenwelt zum ›versachlichten Kosmos‹ der Berufsarbeit«, wie Habermas (1988a: 231) zutreffend notiert, doch liegt darin keineswegs der von ihm empfohlene Ausweg aus dem drohenden »stahlharten Gehäuse der Hörigkeit«. Die ästhetischen Lebensmodelle verhalten sich vielmehr konträr zur *methodischen* Lebensführung (vgl. Habermas 1988a: 234). Sie kommen der Aufgabe gerade nicht nach, die Weber an die nachpuritanischen Individuen der Moderne gestellt sieht: nach dem Verlust eines einheitlichen religiösen Weltbildes jene zerbrochene Einheit in der Lebensführung je für sich wiederherzustellen (vgl. ebd.: 337). Vielmehr befördern sie ein Sich-dem-Leben-Überlassen, was der Idee der Lebensführung in eklatanter Weise widerspricht. Ein einheitliches Lebensprinzip nach letzten Werten darf nicht dadurch erschlichen werden, daß man sich dem ewigen Kampf der verschiedenen Wertsphären entzieht, sich den Spannungen der heterogenen Ansprüche gar nicht erst aussetzt, indem man den Anforderungen einer der Sphären schlicht nachgibt. Das hieße nur, sich dem »Verflachende[n] des ›Alltags‹« (Weber 1988b: 507) zu ergeben. Vielmehr stellt sich einem verantwortungsvoll lebenden Individuum die Aufgabe, immer wieder aufs neue eine Art Balance zwischen den einzelnen Wertsphären und ihren Anforderungen herzustellen, eingedenk der unvermeidlichen Konflikte zwischen ihnen. So nimmt Weber etwa an, daß man womöglich ethisch Schuld auf sich laden muß, um den Anforderungen der politischen Sphäre genügen zu können: »Es wäre m. E. schwächlich, die Spannungen gegen das Ethische, welche gerade sie [die politische Sphäre, M. S.] enthält, leugnen zu wollen.« (Weber 1988b: 504) Doch solche Konflikte sind für einen in der modernen Gesellschaft lebenden Menschen unausweichlich. Die Spannungen und Konflikte zwischen den verschiedenen Wertsphären, die von jedem Individuum in seiner Lebensführung ausgetragen werden müssen, sind mit keinem alles übergreifenden einheitlichen Prinzip mehr zu glätten[15], son-

15 Das begründet Weber ausführlich wie folgt: »Es handelt sich nämlich zwischen den Werten letztlich überall und immer wieder nicht nur um Alternati-

dern nur von Fall zu Fall, je nach Sachlage, von jedem einzelnen selbst zu entscheiden. Statt eine der Wertordnungen über die andere zu stellen oder aber ihre unschlichtbaren Widerstreite zu leugnen, muß man die Spannung zwischen ihnen »aushalten«. Dieses »Aushalten« ist ein ständig wiederkehrender Topos in Webers Schriften, das er offenbar auch für sein eigenes Leben zum Prinzip erhoben hatte.[16] Von Marianne Weber sind uns seine heroischen Worte überliefert: »Ich will sehen, wieviel ich aushalten kann« (Weber 1989: 691), die auch als Hang zu einer Art *geistigem Masochismus* verstanden werden können. Die Frage, die Weber an sich und seine Zeitgenossen gestellt sieht, ist, mit anderen Worten: »Flüchten oder Standhalten«[17], und Weber plädiert ganz entschieden für das Standhalten.[18] Webers eindeutige

ven, sondern um unüberbrückbar tödlichen Kampf, so wie zwischen ›Gott‹ und ›Teufel‹. Zwischen ihnen gibt es keine Relativierungen und Kompromisse. Wohlgemerkt: dem *Sinn* nach nicht. Denn es gibt sie, wie jedermann im Leben erfährt, der Tatsache und folglich dem äußeren Schein nach, und zwar auf Schritt und Tritt. In fast jeder einzelnen wichtigen Stellungnahme realer Menschen kreuzen und verschlingen sich ja die Wertsphären. Das Verflachende des ›Alltags‹ in diesem eigentlichen Sinn des Wortes besteht ja gerade darin: daß der in ihm dahinlebende Mensch sich dieser teils psychologisch, teils pragmatisch bedingten Vermengung todfeindlicher Werte nicht bewußt wird und vor allem: auch gar nicht bewußt werden *will*, daß er sich vielmehr der Wahl zwischen ›Gott‹ und ›Teufel‹ und der eigenen letzten Entscheidung darüber: welcher der kollidierenden Werte von den Einen und welcher von dem Anderen regiert werde, entzieht. Die aller menschlichen Bequemlichkeit unwillkommene, aber unvermeidliche Frucht vom Baum der Erkenntnis ist gar keine andere als eben die: um jene Gegensätze wissen und also sehen zu müssen, daß jede einzelne wichtige Handlung und daß vollends das Leben als Ganzes, wenn es nicht wie ein Naturereignis dahingleiten soll, sondern bewußt geführt werden soll, eine Kette letzter Entscheidungen bedeutet, durch welche die Seele, wie bei Platon, ihr eigenes Schicksal – den Sinn ihres Tuns und Handelns heißt das – wählt. Wohl das gröblichste Mißverständnis, welches den Absichten der Vertreter der Wertkollision gelegentlich immer wieder zuteil geworden ist, enthält daher die Deutung dieses Standpunktes als ›Relativismus‹.« (Weber 1988b: 507)

16 Zu Recht schreibt dazu Mommsen (1974b: 109): »Hier fließen puritanische Grundsätze in eigentümlicher Weise mit Nietzsches Forderung nach intellektueller Selbstzucht und unnachgiebiger Strenge gegen sich selbst zusammen.« Zum Verhältnis Webers zu Nietzsche vgl. ausführlich Scaff (1987: 260 ff.), Stauth/Turner (1986).

17 So der gleichnamige Buchtitel des Psychoanalytikers Horst Eberhard Richter.

18 Weber zeigt sich durchaus auf der Höhe der Zeit, wenn er für die anstehenden Probleme keine Lösungen vorgeben will. Er hat sich um die Schwierigkeiten gekümmert, die es bereitet, in prophetenloser Zeit Entscheidungen

Präferenz für die methodische *Lebensführung* verdankt sich somit in der Tat einer gleichsam »homöopathischen« *Therapie* (Heins 1990: 103), die er den Bewohnern einer durchrationalisierten Gesellschaft verordnet: Den drohenden Pathologien des okzidentalen *Rationalisierung*sprozesses soll mit einer methodisch-*rationalen* Lebensführung begegnet werden; Härte mit Härte beantwortet werden. Nur so kann die »Heranbildung quasi-puritanischer, ›stahlharter‹ Persönlichkeitsstrukturen, denen die Mühlen der Bürokratie nichts anhaben können« (Heins 1990: 104), gelingen. An Erotik, Ästhetik oder Mystik orientierte Lebensmodelle mit ihrer Suche nach dem ganz Anderen scheinen dagegen nicht Gleiches mit Gleichem kurieren zu wollen, sondern für eine *allopathische Therapie* zu optieren, die die Härte der bürokratischen Herrschaft mit »weichen« Mitteln zu bekämpfen versucht.

Für Weber stellt sich das Leben des Menschen in modernen Gesellschaften insgesamt als eine Aneinanderreihung von Entscheidungen dar, die deshalb nicht einfach zu treffen sind, weil sie niemals nur eine Wahl *für* etwas sind, sondern immer auch eine Entscheidung *gegen* etwas implizieren. Dabei sind grundsätzlich alle Entscheidungen legitim, weil es keine allgemeinverbindlichen Werte mehr gibt. Weber hat die Pluralität der Werte anerkannt und die Ausdifferenzierung der Wertsphären als unvermeidlich und unumkehrbar akzeptiert. Aus ihrer Unvereinbarkeit resultieren aber die Probleme des Menschen, der sich zwischen ihnen zu entscheiden hat. Wenn sich der Mensch seinen Gott wählen kann, muß er bedenken: »Ihr dient, bildlich geredet, diesem Gott und kränkt jenen anderen, wenn Ihr Euch für diese Stellungnahme entschließt.« (Weber 1988b: 608)[19] Doch trotzdem ist die Entscheidung notwendig und unabdingbar. Dabei kommt es für Weber darauf an, ob sich das Individuum aus eigenen Antrieben dazu *entschließt*, sich einer Sache ganz hinzu-

zu treffen. Er leuchtet die Konsequenzen aus, die eine Entscheidung nach sich zieht. Er zeigt die Richtung an, wenn er den leidenschaftlichen Dienst an der Sache präferiert. Aber er hat sich mit Vorschlägen, *welche* Wahl man treffen solle, tunlichst zurückgehalten (vgl. Mommsen 1988: 205).

19 Dieser Gedanke einer vom Individuum nur begrenzt ausschöpfbaren Aktualisierung von Möglichkeiten wiederholt sich in Simmels Tragik des Anwachsens der objektiven Kultur gegenüber der subjektiven (vgl. Simmel 1968a). Und bei Weber resultiert daraus der Glaube, daß man nicht mehr »lebenssatt‹« sterben könne, sondern nur mehr »›lebensmüde‹« (Weber 1988a: 570).

geben, oder ob sich das Individuum den Anforderungen einer Werteordnung bloß *fügt*. Wenn man erst »den Dämon findet und ihm gehorcht, der seines Lebens Fäden hält« (ebd.: 613), dann ist es nicht mehr schwer, den »Forderungen des Tages« Genüge zu tun. Doch bis man dort angelangt ist, ist es ein langer, mühsamer Weg, über dessen Richtigkeit man sich so wenig sicher sein kann, wie der Puritaner sich der Prämie für seine täglichen Bewährungsversuche in der Berufsarbeit sicher sein konnte.

Wenn Weber die Lebensweise eines »Dichterfürsten« wie Stefan George auch letztlich suspekt geblieben sein mag, so respektiert er bei allen Vorbehalten gegenüber diesem nach ästhetischen, aber auch mystischen Kategorien geordneten Lebensmodell doch immerhin die getroffene Wahl, die gefällte Entscheidung. Wenn es auch ein anderer »Dämon« (ebd.) ist als der von Weber favorisierte, so hat George doch wenigstens seinen Dämon gefunden. Allerdings ist Weber davon überzeugt, daß dieser Weg für die breite Masse nichts taugt.[20] Auf weitaus schärfere Kritik als diese zumindest noch oppositionelle Haltung des Ästheten gegenüber einer alles durchdringenden Bürokratisierung stoßen bei Weber diejenigen, die der Situation der unhintergehbaren Pluralisierung nicht »mannhaft« ins Antlitz zu blicken vermögen. Wer sich der »Entzauberung der Welt« nicht gewachsen zeigt, so rät Weber, der soll nur wieder heimkehren in den Schoß der alten Kirchen: »Sie machen es ihm ja nicht schwer.« (Weber 1988b: 612) Einmal die Stufen der Intellektualisierung erklommen, kommt dies jedoch einem Selbstbetrug nahe (vgl. ebd.: 611). Er selbst ist zu diesem Opfer des Intellekts keineswegs bereit, das erbracht werden müßte, wollte man in die göttliche Ordnung der vormodernen Welt zurückkehren. Er wendet sich strikt gegen alle Dinge, die »schlechthin zu glauben sind« (ebd.), und kann vor solcher Art Fluchtwegen seine Verachtung kaum verbergen. Statt sich der ernsthaften Situation »mannhaft« zu stellen, begehen diese bedauernswert schwachen Charaktere Fahnenflucht vor den Folgen der Modernisierung.

Um in der Diktion Webers zu formulieren, ließe sich zusammenfassend festhalten: *Dumpf und träge lebt derjenige dahin,*

---

20 Zu den Unterschieden, aber auch Gemeinsamkeiten zwischen den Lebensauffassungen Webers und Georges vgl. die aufschlußreiche Schilderung Marianne Webers (1989: 468 ff.) über eine Begegnung zwischen beiden.

der die Einheitlichkeit seiner Lebensführung allein dem Umstand
verdankt, daß er sich aus Bequemlichkeit und Schwäche der Viel-
falt der miteinander konkurrierenden Weltbilder gar nicht erst
aussetzt, sondern sich einer der Wertsphären und ihren Gesetzen
gänzlich unterwirft. Würdevoll und heroisch dagegen lebt derje-
nige, der sich dem permanenten Kampf zwischen den heteroge-
nen Lebensordnungen stellt und dabei eine letzte Wahl für sich
trifft.

Zukunftsaussichten: Vom finsteren Leben im »stahlharten Gehäuse«

Trotz der aufgezeigten Gefahren setzt sich Weber entschieden
für die Aufrechterhaltung verschiedener, miteinander konkurrierender Lebensordnungen ein, ohne seine Vorliebe für die methodische Lebensführung nach dem Vorbild des Puritaners zu ver-
leugnen. Keineswegs sehnt er sich in längst vergangene Zeiten
zurück. Im Gegenteil: Mit Nietzsche ist er sich darin einig, daß
»wir nicht ins Alte zurück [können], wir haben die Schiffe ver-
brannt; es bleibt nur übrig, tapfer zu sein, mag nun dabei dieses
oder jenes herauskommen« (Nietzsche 1993: 206). Ein Rück-
reiseticket gibt es für ihn ebensowenig, wie er eine Heilsprophe-
tie für zukünftige Zeiten bereithält. Ihm geht es um eine möglichst nüchterne Zustandsbeschreibung[21] und um die Frage, wie
sich unter den analysierten Bedingungen, die letztlich nicht zu
ändern sind, ethisch verantwortbar leben läßt. Weder beklagt er
die Ausdifferenzierung und die unhintergehbare Pluralität der
modernen Gesellschaft, noch feiert er sie; vielmehr leitet er seine
Zeitgenossen zur Einübung in den Umgang damit an. Obwohl

---

21 Trotz dieses Anspruchs, dem Weber überwiegend gerecht geworden ist, zeigen doch schon die wenigen im Text zitierten Beispiele, daß Weber dieser
selbstgestellten Aufgabe keineswegs immer so konsequent gefolgt ist, wie er
es wohl selbst gerne gesehen hätte. Wenn er seinen potentiellen Lesern in
den Vorbemerkungen der *Protestantischen Ethik* als Warnung entgegen-
schleudert: »Wer ›Schau‹ wünscht, gehe ins Lichtspiel: [...], wer ›Predigt‹
wünscht, gehe ins Konventikel« (Weber 1988a: 14), dann sei doch zumindest
angemerkt, daß ein Leser mit solchen Erwartungen nicht gar so enttäuscht
sein dürfte, wie Weber zu suggerieren versucht, auch wenn das der eine
oder andere, der sich die moderne Soziologie streng und sachlich und die
postmoderne verspielt und dichterisch vorstellt, nicht gerne hören mag.

Weber immer wieder fragt, was wir der Rationalisierung und Bürokratisierung entgegenzusetzen haben, ist er doch von der Unabwendbarkeit des sich entfaltenden *stahlharten Gehäuses der Hörigkeit* überzeugt. »Die Frage, die uns beschäftigt, ist nicht: Wie kann man an dieser Entwicklung etwas ändern? – Denn das kann man nicht. Sondern: Was folgt aus ihr?« (Weber 1988c: 414) Ihm erschienen »die zunehmende Einengung der Bewegungsfreiheit«, die »Initiative des einzelnen durch die fortschreitende Bürokratisierung und die ›Entzauberung der Welt durch Wissenschaft‹ [...] als ein unvermeidliches Schicksal, dem er sich gleichwohl mit aller Macht entgegenzustämmen bemühte« (Mommsen 1974b: 36) – und dies auch seinen Zeitgenossen abverlangte, wie hinzuzufügen wäre. Dieses trotzige Widerstehen ohne Aussicht auf Erfolg macht den oftmals tragischen Unterton bzw. die Donquichotterie (Heins 1990: 96) seiner Schriften aus. Seine Forderung nach der Auseinandersetzung des Individuums mit den konkurrierenden Lebensordnungen und der persönlichen Wahl für einen dieser Lebensstile, der dann jedoch konsequent durchgehalten werden muß, verdankt sich dem Ideal eines mit sich trotz der mannigfaltigen Einflüsse identischen Individuums. Zwischen den verschiedenen Sphären – der ökonomischen, politischen, privaten usw. – sich souverän bewegen zu können, ohne sich ihrem Einfluß so sehr zu öffnen, daß sie den identischen Kern einer Persönlichkeit aufweichen, ist das angestrebte Ziel Webers. Deshalb beschwört er geradezu ein *heroisches Individuum*, das den von außen auf es ausgeübten Reglementierungen zu trotzen vermag durch eine prinzipiengeleitete Lebensweise, eine Haltung, die zu Recht als »aristokratischer Individualismus« (Mommsen 1974b: 42) bezeichnet worden ist. Nicht gemäß den jeweiligen Anforderungen gilt es sich anpassungsbereit und anpassungsgeschickt zu verhalten, sondern einzig gemäß der inneren Überzeugungen, die sich im zähen Ringen mit konkurrierenden Überzeugungen herausgebildet haben und immer wieder angesichts neuer Herausforderungen bewähren müssen. Man muß sich einer Sphäre verschreiben und den Druck der konkurrierenden Sphären mannhaft aushalten, die unausweichlichen Spannungen nicht leugnen, sondern, so gut es geht, ausbalancieren. Sich den Anforderungen der kapitalistischen Produktionsweise gänzlich zu unterwerfen heißt für Weber, die einmalige Bedeutung des modernen Kapitalismus, die der Protestantismus auf den Weg gebracht hat, zu verraten und damit auf den Stand der kapitalistischen Formen zurücksinken zu lassen, die sich auch in anderen Ländern entwickelt haben. Am Ende seiner Studie über Taoismus und Konfuzianismus bringt Weber noch einmal die Bedeutung der puritanischen Ethik für die Entwicklung der rationalen Welt und seine darin lebenden individuellen Persönlichkeiten auf den Punkt: »Eine echte Prophetie schafft eine systematische Orientierung der Lebensführung an einem Wertmaßstab von innen heraus, der gegenüber der Welt als nach der Norm ethisch zu formendes Material gilt. Der Konfuzianismus war umgekehrt Anpassung nach außen hin, an die Bedingungen der ›Welt‹. Ein optimal angepaßter, nur im Maße der Anpassungsbedürftigkeit in seine Lebensführung rationalisierter Mensch ist aber keine systematische Einheit, sondern eine Kombination nützlicher Einzelqualitäten.« Speziell der Konfuzianismus »konnte jenes Streben zur Einheit von innen heraus, das wir mit dem Begriff Persönlichkeit verbinden, nicht entstehen lassen. Das Leben blieb eine Serie von Vorgängen, kein methodisch unter ein transzendentes Ziel gestelltes Ganzes.« (Weber 1988a: 521; vgl. Weber 1988b: 515)[22] Dieses von Weber an den verschiedenen Religionsformen illustrierte Verhältnis von einerseits Anpassung an die von außen kommenden Ansprüche und andererseits Entfaltung der von innen heraus kommenden Antriebe, die gewissermaßen als Korrektur und Schutzwall der äußeren Einflüsse fungieren können, bleibt in der von mir unterschiedenen Tradition des gefährdeten Individuums eine wiederkehrende Argumentationsfigur, mit der Macht und Ohnmacht des Individuums bestimmt werden sollen. Darauf werde ich noch ausführlich zu sprechen kommen. Halten wir zunächst für Weber abschließend fest:

Trotz seines scharfen Gespürs für das Verlorengegangene (vgl. Alexander 1993: 60) hat Weber in der Tat nicht an eine Wiederherstellung der untergegangenen traditionalen Welt mit ihrer kosmologischen Ordnung geglaubt. Darin war er, wie sich noch zeigen wird, manchem seiner Adepten und Nachfolger voraus. Er war vielmehr darum bemüht, die zweifellos entstehenden Konflikte der miteinander konkurrierenden Ordnungen und

---

22 Angesichts unserer postmodernen Zeit könnte man mithin fragen: Hat der Konfuzianismus am Ende doch noch gesiegt?

Sinnstiftungsinstanzen ins Auge zu fassen, dafür zu werben, sich ihnen gegenüber »stark« zu zeigen, sich von den Widersprüchen nicht zerreißen zu lassen.[23] In seiner pessimistischen Diagnose jedoch verrät sich allerdings auch der elitäre Glaube des Groß-bürgers, solchen Anforderungen könnten die gemeinen Indivi-duen seiner Zeit nicht gewachsen sein. Ein aristokratischer Zug mischt sich hier immer wieder in die Diagnosen. Etwa in der Passage über das »Verflachende des Alltags« (Weber 1988b: 507) zeigt sich deutlich, welche Gruppe von Menschen Weber im

23 Entgegen der Annahme Gebhardts (1994: 525), daß Weber, Simmel und Tönnies der sinn- und einheitsstiftenden Funktion der Religion hinterher-trauern, müssen die drei Versionen doch stärker voneinander differenziert werden, als er dies tut. Insbesondere die Weber-Einschätzung scheint mir vergessen machen zu wollen, wie kritisch Weber die Rolle der Religion als Lebenführungs*kontrollinstanz* gesehen hat. Gebhardts These einer generel-len »Rückwärtsgerichtetheit im Denken« (ebd.: 527) der klassischen deut-schen Soziologie ist in dieser Generalisierung sicher nicht zu halten. Insbe-sondere wird sie Weber nicht gerecht, »dem die Bestrebungen zur Wieder-herstellung der Gemeinschaft und der Religion zutiefst *suspekt*« waren, wie Berger (1988: 229) betont. Gerade Weber hat das Ansinnen der Intellektuel-len scharf kritisiert, »sich in ihrer Seele mit garantiert echten alten Sachen auszumöblieren« (Weber 1988b: 611). Gänzlich falsch aber wird es, wenn Gebhardt schreibt: »Weber, Simmel und Tönnies flüchteten aus ihrem ›Un-behagen an der Moderne‹ in die ›reine Wissenschaft‹ und legitimierten diese ›Verteidigungsposition‹ als ›Opfer des Intellekts‹, als den asketischen Ver-zicht auf ›Sinngebung‹.« (Ebd.: 528) Ganz im Gegenteil blickt Weber voller Hohn auf diejenigen herab, die dem Schicksal der Zeit, also der unwieder-bringlich entzauberten Welt, nicht gewachsen sind und deshalb in den scheinbar rettenden, zumindest aber tröstenden Schoß der Kirchen flüchten. Als »Opfer des Intellekts« bezeichnet Weber diese Handlungsweise deshalb, weil die Entscheidung für die religiöse Hingabe nicht aus einem festen, noch unerschütterten Glauben heraus erfolgt – was noch verzeihlich wäre –, son-dern gewissermaßen *nach* dem Genuß der Frucht vom Baum der Erkenntnis, der die Möglichkeit zu einem naiven Glauben radikal verstellt, was – in den Augen Webers – keineswegs mehr verzeihlich ist. Dabei hat er offenbar nicht so sehr das »gemeine Volk« im Blick, daß es nicht besser weiß, sondern insbesondere die Intellektuellen, Künstler und Wissenschaftler, die es eigent-lich besser wissen, nicht aber besser wissen *wollen*; Sehende gleichsam, die die Blindheit wählen, weil sie das Licht der Erkenntnis nicht ertragen kön-nen. Natürlich trifft Gebhardts gut abgesicherte Einschätzung der klassi-schen Soziologie als tragisch, resignativ usw. durchaus zu, doch in der These, daraus eine »Rückwärtsgewandtheit« abzulesen, schießt weit über das Ziel hinaus. Vor allem aber differenziert Gebhardts These zu wenig zwischen den im einzelnen doch sehr verschiedenen Diagnosen von Tönnies, Simmel und Weber. Wie wenig das Etikett der Rückwärtsgewandtheit gerade auf Simmel zutrifft, soll weiter unten noch deutlich werden (vgl. Kap. III.1).

Blick hat, wenn er über die unüberbrückbaren Klüfte der Lebensordnungen reflektiert, wenn er das heroische Aushalten empfiehlt und über den Kampf berichtet, der zwischen ihnen ausgetragen wird. Der unüberbrückbare Graben zwischen den einzelnen Werten, der jedweden Kompromiß und jedwede Relativierung ausschließt, besteht nur »dem Sinn nach« (Weber 1988b: 507). Empirisch zu beobachten ist dagegen in jeder Stellungnahme realer Menschen ein Verschlingen der verschiedenen Wertsphären. Das Verflachende des »Alltags« besteht gerade darin, daß sich der Mensch der sich wie Todfeinde gegenüberstehenden Werte gar »nicht bewußt wird und vor allem: auch gar nicht bewußt werden will« (ebd.). Er gibt sich statt dessen der Bequemlichkeit hin, die von solchen Widersprüchen nichts wissen will. Der Intellektuelle, der Wissenschaftler dagegen kann sich der Einsicht nicht entziehen, daß »das Leben als Ganzes, wenn es nicht wie ein Naturereignis dahingleiten, sondern bewußt geführt werden soll, eine Kette letzter Entscheidungen bedeutet, durch welche die Seele [...] ihr eigenes Schicksal [...] wählt.« (ebd.) Wir wissen aus Briefen Webers und aus dem Lebensbild seiner Frau Marianne: Er hat unter den Spannungen zwischen den einzelnen Lebensordnungen gelitten. Immer wieder behandelt er Themen, die sich ihm auch im Privatleben aufgedrängt haben. Besonders die unüberbrückbare Differenz zwischen dem religiösen Leben, das für Weber mit dem »Opfer des Intellekts« (Weber 1988b: 611; vgl. auch 1988a: 566) einhergeht, und dem wissenschaftlichen Leben, das nun gerade dieses Intellekts bedarf, dürfte für Weber immer wieder der Anlaß für das Reflektieren der verschiedenen Wertsphären gewesen sein. Ähnlich wie bei Nietzsche zeigt sich bei ihm letztlich auch nur der große einzelne diesen Lebensbedingungen gewachsen: »Sein Interesse gilt dem Schicksal von individuellen Kollektivitäten, von ›Menschentümern‹, die sich nicht in beliebigen Individuen, sondern einzelnen großen ›Typen‹ darstellen. Nicht ein mit dem Gleichheitsgedanken verbundener Individualismus bestimmt sein Denken, sondern ein Interesse am repräsentativen Individuum, am verantwortungsbeladenen herausragenden Typ, der sich vom ›Jedermann‹ absetzt und ausdrücklich bestimmt wird durch sein ›Pathos der Distanz‹. Man hat diese Haltung Webers ›aristokratisch‹ genannt.« (Hennis 1987: 212)

Aber nicht nur dieser von Hennis insgesamt vielleicht ein wenig überbetonte elitäre Zug an seinen Schriften irritiert uns heute, vielmehr kommen die Schwärmereien Webers über das mannhafte Standhalten und die »männliche und herbe Haltung« (Weber 1988d: 549), die im intellektuellen und politischen Bereich zu herrschen habe, in unseren für feministische Belange – zwangsläufig – hochsensibilisierten Ohren nicht mehr als Symphonie, sondern nur mehr als Kakophonie an. Schwerer als solche zeit- und milieugebundenen Schwächen jedoch wiegt die Kritik, die man mit Alexander (1993: 75) etwa so zusammenfassen kann[24]: »Weber hat jene Merkmale nicht berücksichtigt, oder zumindest in ihrer Bedeutung ernstlich unterschätzt, die dabei von Unterstützung sein können, die Individualität zu sichern und sie durch Zwang und Zerstörung bestimmter Formen der modernen Gesellschaft abzuschwächen. Seine Analyse ist nicht vollständig; und eine Folge davon ist, daß sein Pessimismus, obwohl heilsam, doch in starkem Maße überzogen ist.«[25]

Doch trotz solcher Vereinseitigungen, gegen die man nicht einfach optimistischer stimmende Entwicklungen aufrechnen kann, um Weber dann ins Museum der Soziologiegeschichte zu verbannen (vgl. Haferkamp 1989), ist Webers grundsätzliches Interesse an den Chancen des individuellen Bewegungsspielraums immer noch aktuell.[26] Kann einerseits tatsächlich jenes Motto

24 Ähnlich argumentieren Haferkamp (1989) und Turner (1994).

25 Breuer liest Webers pessimistische Analyse der modernen Gesellschaft dagegen nicht als Urteil über das bereits Durchgesetzte, sondern als Warnung vor dem Kommenden: »Man kann geradezu sagen: er malt vielleicht überhaupt nur deshalb so düster, um Gegenkräfte zu stimulieren und zu äußerster Anstrengung zu bewegen.« (Breuer 1996b: 240) Doch dies scheint mir eine eher fragwürdige These zu sein, die zuviel Marxismus in Weber hineinliest. Wenn man warnen will, um Gegenkräfte zu mobilisieren, muß man von der Möglichkeit grundlegender Veränderungen überzeugt sein. Doch Weber betont ausdrücklich: »Die Frage, die uns beschäftigt, ist nicht: Wie kann man dieser Entwicklung etwas ändern? – Denn das kann man nicht. Sondern: Was folgt aus ihr?« (Weber 1988c: 414)

26 So notiert etwa Luckmann (1991: 45): »Die Eigenständigkeit des Lebens ist eines der Hauptprogramme der Gegenwart. Ein Grund dafür ist die Befürchtung, daß die hochgradig organisierte, monolithische Gesellschaft immer tiefer die Bereiche unterdrückt, in denen der einzelne einst freies Spiel hatte. [...] Das Problem stellt sich heute mit neuer Dringlichkeit. Welchen Einfluß hat die moderne Gesellschaft auf die Lebensführung des einzelnen? Auf welche Weise kann eine Person ihre Autonomie in dieser Gesellschaft aufrechterhalten? Wie diese Fragen andeuten, ist das Problem nicht nur für die sozialwissenschaftliche Theorie von Interesse; es ist auch für den heutigen Menschen von konkreter und bedrückender Bedeutung.« Allerdings

aus Dantes *Divina Comedia* «Laßt alle Hoffnung fahren« als Grundstimmung in Webers Werk angesehen werden, wenn es um das Schicksal des gegenwärtigen Menschentums geht (vgl. Peukert 1989: 28), so ist doch andererseits die »ständige[n] Sorge Webers um den Verlust von Individualität, Kreativität, Freiheit, Leidenschaft« (ebd.: 29) angesichts des stählernen Gehäuses der Zukunft ein Grundmerkmal seiner Schriften. Dabei scheint gerade das Ideal einer sich frei bewegenden Individualität die pessimistische Sicht der Realität der modernen Gesellschaft hervorzurufen. Doch wenngleich seine Antworten heute nicht mehr überzeugen, sind seine Fragen immer noch relevant. Jedenfalls ist eine der grundsätzlichen Interessen seiner Arbeit, »wie der Mensch in der modernen verwalteten Welt weiterhin als selbstverantwortliches Individuum existieren kann« (Mommsen 1988: 211), nicht mit seinem Ableben verschwunden. Vielmehr ist es – die Terminologie »verwaltete Welt« kündigt es schon an – in der Tradition der kritischen Theorie systematisch weiterentwickelt worden. Die Webersche Position, nach der der Mensch mehr und mehr zum bedeutungslosen Anhängsel der bürokratischen Maschinerie zu werden droht, hat Theodor W. Adorno, Herbert Marcuse, Max Horkheimer, Erich Fromm, Günter Anders u. v. a. stark beeinflußt. Dabei hat sich der pessimistische Blick Webers in der weiteren Entwicklung nicht erledigt, sondern wird in den Schriften der kritischen Theorie der Frankfurter Schule eher noch übertroffen. Auf den nächsten Seiten also wird es vorerst nicht aufklaren, vielmehr verdunkelt sich der Horizont noch weiter.

2. Individualisierung in der verwalteten Welt – Max Horkheimer/Theodor W. Adorno

Einleitung

Die Behauptung ist nicht übertrieben, daß das Schicksal des Individuums eines der Schwerpunktthemen der kritischen Theorie ist. Ob nun bei Theodor W. Adorno, Max Horkheimer, Erich

setzt diese Fragestellung die fragwürdige Auffassung voraus, daß ein einstmals freies Individuum durch die Gesellschaft zunehmend in seiner Bewegungsfreiheit eingeschränkt wird.

Fromm oder Herbert Marcuse: Die Entwicklung des Individuums und seine Überlebensmöglichkeiten in der spätkapitalistischen Gesellschaft ziehen sich wie ein roter Faden durch ihre Schriften. Bei allen Verschiedenheiten der Ansätze im einzelnen: Einig sind sie sich in der Diagnose, daß das Individuum unter den Bedingungen des Spätkapitalismus kaum eine Überlebenschance hat.

Insbesondere Horkheimer und Adorno, auf deren Schriften ich mich im folgenden hauptsächlich stütze, werden nicht müde, die mangelnden Entscheidungsmöglichkeiten und die Ohnmacht des einzelnen angesichts übermächtiger Organisationen zu beklagen, die ihm die Funktion eines bloßen Rädchens im Getriebe zuteilen wollen. Das ehemals »starke und dabei nüchterne Ich« verkümmert mehr und mehr zu einem »eingeschrumpften Ich« (Horkheimer 1991: 146). Die Standardisierungsprozesse innerhalb der Warenwelt gehen für Horkheimer und Adorno einher mit der zunehmenden Standardisierung der Menschen. Insofern ist bei ihnen nicht mehr nur von einer Bedrohung des Individuums die Rede, sondern von seiner irreversiblen Liquidation. Längst ist nach ihrer Perspektive eingetreten, was Weber in seinen schlimmsten Befürchtungen erst noch kommen sah. Insofern erfährt die Perspektive Webers eine konsequente Fortführung in den Arbeiten der Mitglieder der Frankfurter Schule.

Ich werde im folgenden zunächst Horkheimers Programm einer interdisziplinären Sozialforschung vorstellen, das – bei aller späterer Abwendung von diesem sozialwissenschaftlichen Programm und der Hinwendung zu einer pessimistischen, philosophischen Vernunftkritik – den Grundstein für die weiteren Arbeiten der kritischen Theorie legt. Der schon zu Beginn formulierten theoriepolitischen Ausrichtung des Instituts für Sozialforschung sind Horkheimer und Adorno auch später treu geblieben. Dazu gehört in erster Linie die Ausarbeitung einer Gesellschaftstheorie, die die bestehenden gesellschaftlichen Zustände verändern und zur Einrichtung einer menschenwürdigen Gesellschaft beitragen wollte, in der das Individuum selbstbestimmt leben können sollte. Anschließend widme ich mich Horkheimers und Adornos gemeinsamer Schrift *Dialektik der Aufklärung* und der dort geschilderten Liquidation des Individuums, zu der es unter den Bedingungen des Monopolkapitalismus kommt, dessen Anfänge sich ihrer Meinung nach jedoch bis in die Antike zurückverfolgen lassen. Zusätzliche Unterstützung erhält die Zurichtung des Individuums zu einem sich reflexhaft unterwerfenden Funktionsrädchen nach Horkheimer und Adorno durch die Mechanismen der Kulturindustrie, wie ich im Anschluß daran zeigen werde. In einem Vergleich zwischen Webers Persönlichkeitsideal auf der einen und Horkheimer/Adornos Persönlichkeitsbegriff auf der anderen Seite werde ich schließlich zeigen, wie sich ihre Auffassung von den Überlebensmöglichkeiten des Individuums in der kapitalistisch organisierten Moderne in ihren Persönlichkeitsauffassungen verdichten.

Theorie im Dienste der Emanzipation des Individuums: Die materialistische Grundlage der frühen kritischen Theorie

Im Januar 1931 übernimmt Max Horkheimer mit einem Lehrstuhl für Sozialphilosophie die Leitung des Frankfurter Instituts für Sozialforschung von seinem Vorgänger Carl Grünberg. Seine zu diesem Anlaß gehaltene Antrittsrede trägt den Titel: *Die gegenwärtige Lage der Sozialphilosophie und die Aufgabe eines Instituts für Sozialforschung*. Seiner Kritik stellt er eine Definition der klassischen Aufgabe von Sozialphilosophie voran: »Als ihr letztes Ziel gilt danach die philosophische Deutung des Schicksals der Menschen, insofern sie nicht bloß Individuen, sondern Glieder einer Gemeinschaft sind. Sie hat sich daher vor allem um solche Phänomene zu bekümmern, die nur im Zusammenhang mit dem gesellschaftlichen Leben der Menschen verstanden werden können: um Staat, Recht, Wirtschaft, Religion, kurz um die gesamte materielle und geistige Kultur der Menschheit überhaupt.« (Horkheimer 1972a: 33)

Diese Ausrichtung der Sozialphilosophie auf das kollektive Schicksal der Menschen ist Horkheimer zufolge wesentlich im klassischen deutschen Idealismus – insbesondere von Hegel – entwickelt und von Marx fortgesetzt worden. Zwar sei auch Kant »um das Verständnis der sozialphilosophischen Gegenstände bemüht gewesen«, der aber habe Sozialphilosophie als »Philosophie der Einzelpersönlichkeit« verstanden: »Jene Seinsreiche [Wissenschaft, Recht, Kunst und Religion, M.S.] galten als Entwürfe der autonomen Person.« (Ebd.) Bei Kant entspringe die Gliederung der Kultur allein aus der geschlossenen Einheit des vernünftigen Subjekts. Überpersonale Strukturen, der sich das Individuum unterzuordnen habe, existierten bei Kant dagegen nicht. Im Mittelpunkt seiner Philosophie stehe vielmehr die autonome Person, die »keinen anderen Gesetzen als denen, die sie […] sich selbst gibt, unterworfen ist« (ebd.: 34). Da sich das Wesen des Menschen aber nicht aus der Innerlichkeit der Individuen – so argumentiert Horkheimer im Einverständnis mit Hegel –, sondern aus der Analyse des konkreten geschichtlichen Verlaufs ergibt, hat sich Sozialphilosophie um »das kollektive Ganze, in dem wir leben« (ebd.), zu kümmern. Der entscheidende Einwand Hegels gegenüber Kant lautet Horkheimer zufolge: Die »Kulturgehalte des absoluten Geistes, d. h. Kunst, Religion, Philosophie«, die sich als »Struktur des objektiven Geistes« in der Geschichte verwirklichen, ergeben sich nicht »aus freien Entschlüssen des Subjekts, sondern aus dem Geist der herrschenden Völker, wie sie sich in den Kämpfen der Geschichte einander ablösen« (ebd.). Diese Ausrichtung der Hegelschen Philosophie auf die Totalität, auf das gesellschaftliche Ganze, hat ihm nach Horkheimers Lesart zwar nicht generell den Blick auf das Individuum mit seinen »Einzelinteressen, Trieben und Leidenschaften« (ebd.) verstellt, die er als reale Bewegungskräfte der Geschichte durchaus anerkennt. Trotzdem aber ist es Horkheimer nicht möglich, an der hegelianischen Geschichtskonstruktion festzuhalten, die letztlich in der Verabsolutierung des bürgerlichen Staates endete. Hegel nahm fälschlicherweise an, so Horkheimers Argumentation, daß sich die Harmonie des Ganzen gleichsam automatisch aus dem Interessenkonflikt des Individuen und der zu Staaten zusammengefaßten Völker ergeben würde. Dabei war nach Hegels Vorstellung das Ganze »im ausgezeichneten Sinn« (ebd.) der Staat, zu dessen Vollendung der einzelne als bloßes Werkzeug herangezogen wurde.

Die Einwände Horkheimers gegenüber Hegel kulminieren schließlich in einem Punkt, den Horkheimer mit der allgemeinen sozialistischen Kritik an Hegel teilt: »Hegel […] mystifiziert die objektive Tendenz des historischen Prozesses, die sich blind aus der Unbeherrschbarkeit der gesellschaftlichen Verhältnisse ergibt, zum Walten einer höheren Ordnung.« (Ebd.: 35) Der Philosophie kommt nach Hegels Verständnis dabei die Aufgabe zu, die Individuen mit dem Weltlauf zu versöhnen: »Sie verklärt das Wirkliche, das unrecht scheint, zu dem Vernünftigen, zeigt es als solches auf, das in der Idee selbst begründet ist und womit die Vernunft befriedigt werden soll.« (Ebd.: 36) In dieser Bestimmung der Aufgabe von Philosophie sieht Horkheimer den Anknüpfungspunkt für seine Kritik an den sozialphilosophischen Ansätzen seiner Zeit: »Allen diesen Entwürfen der gegenwärtigen Sozialphilosophie scheint es gemeinsam zu sein, dem menschlichen Einzelwesen eine überpersonale Sphäre zu öffnen, die wesenhafter, sinnerfüllter, substantieller ist als sein Dasein. Sie leisten dem von Hegel vorgezeichneten Beruf der Verklärung Genüge.« (Ebd.: 38) Der entscheidende Mangel dieser Sozialphilosophien besteht für Horkheimer darin, daß sie über ihren Untersuchungsgegenstand, das Leben konkreter Menschen, nur »weltanschaulich, thesenhaft, bekenntnishaft« sprechen und »zwischen den Soziallehren von Auguste Comte, Karl Marx, Max Weber und Max Scheler eher den Unterschied von Glaubensakten als von wahren, falschen oder vorerst noch problematischen Theorien« (ebd.: 40) machen.

Das Dilemma, welches diesem mangelnden Theorieverständnis laut Horkheimer zugrunde liegt, ist das unvermittelte Nebeneinander von einzelwissenschaftlicher Empirie und philosophischer Theorie. Deshalb schlägt er ein Forschungsprojekt vor, das beide Pole miteinander verbinden soll. Seinem Verständnis nach hat Sozialphilosophie keine Einzelwissenschaft auf der Suche nach ewigen Wahrheiten zu sein, sondern muß verstanden werden als eine materialistische Theorie, die durch empirische Arbeit ergänzt und – aus den verschiedenen Einzeldisziplinen bereichert – ihre übergreifenden Ziele nicht aus den Augen verlieren soll. Dieser angestrebten Verbindung von Empirie und Philosophie gibt Horkheimer den Namen »Sozialforschung«, der die wissenschaftliche Thematisierung von Gesellschaft meint. Aus dem Zusammenschluß von Sozialphilosophie und Sozialforschung soll, so das ehrgeizige Ziel, die »Theorie des historischen Verlaufs der gegenwärtigen Epoche« (Horkheimer 1980: III) entstehen. Eine solche Theorie hat den »Zusammenhang zwischen dem wirtschaftlichen Leben der Gesellschaft, der psychischen Entwicklung der Individuen und den Veränderungen auf den Kulturgebieten im engeren Sinn, zu denen nicht nur die sogenannten geistigen Gehalte der Wissenschaft, Kunst und Religion gehören, sondern auch Recht, Sitte, Mode, öffentliche Meinung, Sport, Vergnügungsweisen, Lebensstil usf.« (Horkheimer 1972a: 43) zu untersuchen. Dieses Konzept einer interdisziplinären Sozialforschung soll dazu beitragen, dem »Chaos des Spezialistentums« (ebd.: 40) entgegenzuwirken, das aus dem unvermittelten Nebeneinander der einzelwissenschaftlichen Forschung hervorgeht. Soweit zur *theoretischen* Ausgangsposition der frühen kritischen Theorie.

Die theorie*politische* Ausrichtung des Instituts für Sozialforschung war in den dreißiger Jahren wesentlich am Materialismus orientiert. Die materialistische Grundlage des von Horkheimer konzipierten Programms wird von ihm zunächst dadurch bestimmt, daß der Materialismus »den Kampf um eine bessere Ordnung von der übernatürlichen Begründung« (Horkheimer 1970: 75) gelöst hat. Damit unterscheidet er sich von jeder Art Metaphysik, über die es in der *Dämmerung* heißt: »Ich weiß nicht, wieweit die Metaphysiker recht haben, vielleicht gibt es irgendwo ein besonders treffendes metaphysisches System oder Fragment, aber ich weiß, daß die Metaphysiker gewöhnlich nur in geringem Maße von dem beeindruckt sind, was die Menschen quält.« (Horkheimer 1934: 86) Positiv gewendet steckt in dieser Textstelle ein von der kritischen Theorie im Laufe ihrer Geschichte immer wieder formulierter Ausgangspunkt ihrer theoretischen Arbeit: an der Aufhebung ungerechter Zustände, unter denen die Menschen leiden, interessiert zu sein. Dazu ist es notwendig, die Bedingtheit dieser Zustände zu durchschauen und damit die Möglichkeit ihrer Aufhebung erkennen zu lassen. Die unterdrückenden Machtapparate sind nicht als gegebene, womöglich durch göttliche Fügung legitimierte, sondern als gewordene, bedingte und deshalb beseitigbare Zustände zu begreifen. Der Materialismus nimmt sich dieser Aufgabe an. Ihm geht es »nicht um Weltanschauung, auch nicht um die Seele des Menschen, sondern um die Änderung der bestimmten Verhältnisse, unter denen die Menschen leiden und ihre Seele freilich verkümmern muß« (Horkheimer 1970: 83).

Der Materialismus Horkheimers will die Tradition des Materialismus umfassen und zugleich über sie hinausgehen. In seinem Aufsatz *Materialismus und Metaphysik* legt er ausführlich dar, daß sowohl die mechanistischen Materialisten des 19. Jahrhunderts als auch die Marxisten dem Irrtum unterlagen, an eine objektive Sphäre des Materiellen zu glauben. Horkheimer wendet sich in diesem Aufsatz auch gegen die These, die ökonomische Basis bestimme die Gesellschaft. In dieser Auffassung wird seines Erachtens nicht berücksichtigt, daß sich Basis und Überbau zu allen Zeiten wechselseitig bedingen. Deshalb lehnt er eine materialistische Erkenntnistheorie, die beansprucht, die Realität erschöpfend erklären zu können, rundweg ab, denn: »Eine isolierte und abschlußhafte Theorie von Wirklichkeit ist schlechterdings undenkbar« (Horkheimer 1968a: 243). Jegliche Art von Absolutheitsansprüchen, wie sie sich auch in der hier angesprochenen materialistischen Erkenntnistheorie manifestieren, sind Horkheimer immer suspekt gewesen. Es gibt kein absolutes Wissen, keine endgültigen Wahrheiten, keine ewigen Werte. Nichts kann als abgeschlossen gelten, alles ist dem ständigen Werden und Vergehen unterworfen. Deshalb sind Urteile und Theorien nur bedingt und zeitlich begrenzt gültig. Allein eine Theorie, die dies alles berücksichtigt, kann als wahrhaft dialektisch und geschichtlich denkend anerkannt werden.

Doch was Horkheimers Position ausdrücklich mit dem Materialismus verbindet, ist, daß diesem nicht gleichgültig ist, was den metaphysischen Systemen als belanglos gilt: die materiellen Interessen des einzelnen (vgl. Horkheimer 1968a: 33 ff.). Der Materialismus besteht auf dem Recht jedes Individuums auf Glück im Jetzt und Hier. Metaphysik dagegen hat mit der Theologie gemeinsam, die unter materieller Not leidenden Menschen auf ein segensreiches Himmelreich oder sonstige metaphysische Sphären zu vertrösten. Anders als die Metaphysik, die sich »mit dem ›Rätsel‹ des Daseins, mit dem ›Ganzen‹ der Welt, mit dem ›Leben‹, dem ›An-sich‹« beschäftigt, wendet sich der Materialismus dem »jeweils zu bewältigenden Aufgaben zu« (Horkheimer 1970: 83). Dialektik als das primäre Kriterium materialistischen Denkens hat die bestehende Ordnung kritisch zu beschreiben und an der Idee einer »vernünftigen Gesellschaft« zu messen. Im Rückblick schreibt Horkheimer: »Jedoch wir waren uns klar, und das ist ein entscheidendes Moment in der kritischen Theorie von damals und von heute: wir waren uns klar, daß man diese richtige Gesellschaft nicht im vorhinein bestimmen kann. Man konnte sagen, was an der gegenwärtigen Gesellschaft das Schlechte ist, aber man konnte nicht sagen, was das Gute sein wird, sondern nur daran arbeiten, daß das Schlechte schließlich verschwinden würde.« (Horkheimer 1972b: 164) Die kritische Theorie hat der Versuchung, Rezepte für eine »richtige Gesellschaft« zu liefern, stets widerstanden. Ein solcher Entwurf wäre mit ihrer Vorstellung von der Selbstbestimmung der Menschen unvereinbar gewesen. Trotz dieser Absage an eine konkrete, »ausgepinselte Utopie«, wie Adorno (1969: 38) das nennt, fehlt es dem Materialismus dennoch keineswegs an Idealen. Diese jedoch »bestimmen sich ausgehend von den Bedürfnissen der Allgemeinheit und werden gemessen an dem, was mit den vorhandenen menschlichen Kräften in sichtbarer Zukunft möglich ist. Aber der Materialismus verzichtet darauf, diese Ideale der Geschichte, und damit der Gegenwart, als von den Menschen unabhängige Ideen zugrunde zu legen.« (Horkheimer 1970: 94) Damit unterscheidet sich der Materialismus, wie ihn Horkheimer versteht, sowohl von der idealistischen Metaphysik als auch vom Determinismus marxistischer Gesellschaftstheorie.

Sosehr sich die Theoretiker der kritischen Theorie auch einerseits der marxistischen Gesellschaftstheorie verpflichtet fühlen, so entschieden halten sie eine Erweiterung der weitgehend auf ökonomische Zusammenhänge konzentrierten marxistischen Theorie für geboten. Die marxistisch inspirierte Gesellschaftstheorie und -kritik der kritischen Theorie erfährt insbesondere durch die Integration von Psychologie und Psychoanalyse eine weitreichende Modifikation, wenngleich die marxistische Auffassung vom »Primat der Ökonomie« (Adorno 1989: 125) letztlich unangetastet bleibt. Dazu Horkheimer: »Das Ökonomische erscheint als das Umfassende und Primäre, aber die Erkenntnis der Bedingtheit im einzelnen, die Durchforschung der vermittelnden Hergänge selbst und daher auch das Begreifen des Resultats hängen von der psychologischen Arbeit ab […]. Die Gegenwart ist mehr noch als durch das bewußte ökonomische Motiv durch die unerkannte Wirkung der ökonomischen Verhältnisse auf die gesamte Gestaltung des Lebens gekennzeichnet.« (Horkheimer 1968a: 26 f.) Diese Erweiterung materialistischer Theorie um eine psychologische Dimension, die die durchgreifenden Folgen des Diktats der Ökonomie bis in die letzten Verästelungen der menschlichen Seele hinein analysieren können soll, unterscheidet die kritische Theorie von allen anderen marxistischen Richtungen ihrer Zeit. Die Einsicht in die Gültigkeit sozialpsychologischer Faktoren im historischen Prozeß verbindet sich notwendig mit der Absage der kritischen Theorie an eine wie auch immer gedachte konstante Menschennatur, wie sie die philosophische Anthropologie entworfen hat. Solche Anschauungen sehen davon ab, »daß die psychischen und physischen Elemente, die den Bau der menschlichen Natur bestimmen, in die historische Wirklichkeit einbezogen sind« (Horkheimer 1930: XX).[27]

Abgrenzen soll sich die kritische Theorie von »traditioneller Theorie«. Unter diesen Begriff faßt Horkheimer die Gesamtheit des neuzeitlichen Theorieverständnisses. Alle Theorien, mit denen sich die kritische Theorie in den frühen dreißiger Jahren im einzelnen befaßt hat, werden nun unter diesem Namen geführt. Wenn sie sich auch in ihrer erkenntnistheoretischen Methode voneinander unterscheiden, so gilt doch allen traditionellen Theorien die Formulierung allgemeiner, in sich stimmiger Gesetze zur Beschreibung der Welt als gemeinsames Ziel. Ihr übereinstimmendes Theorieverständnis definiert Horkheimer so: »Theorie gilt in der gebräuchlichen Forschung als ein Inbegriff von Sätzen über ein Sachgebiet, die so miteinander verbunden sind, daß aus einigen von ihnen die übrigen abgeleitet werden können. Je geringer die Zahl der höchsten Prinzipien im Verhältnis zu den Konsequenzen, desto vollkommener die Theorie. Ihre reale Gültigkeit besteht darin, daß die abgeleiteten Sätze mit tatsächlichen Ereignissen zusammenstimmen.« (Horkheimer 1970: 12) Die wissenschaftliche Tätigkeit traditioneller Theoretiker erschöpft sich daher in der Bildung von Hypothesen, die, an die Realität herangetragen, entweder verifiziert oder falsifiziert wer-

27 Der Name für die theoriepolitische Position des Frankfurter Kreises war in den dreißiger Jahren der des Materialismus. Im Jahre 1937 führen Herbert Marcuse (vgl. Marcuse 1965) und Max Horkheimer (vgl. Horkheimer 1970) den Namen *kritische Theorie* ein, der von nun an von allen Mitarbeitern zur Kennzeichnung ihres theoretischen Standorts benutzt wird. Rolf Wiggershaus (²1987: 13) zufolge ist der Terminus ›‹kritische Theorie« als »Tarnbegriff« für marxistische Theorie anzusehen; aber »mehr noch ein Ausdruck dafür, daß Horkheimer und seine Mitarbeiter sich nicht mit der marxistischen Theorie in ihrer orthodoxen Form identifizieren«. In dieser Einschätzung stimmt er mit Helmut Dubiel (1978: 123) überein, der darüber hinaus feststellt: »Kritische Theorie ist zunächst nur ein von Horkheimer und Marcuse neu eingeführter Name für die marxistische Theorietradition; zugleich aber auch der Name für die theoriepolitische Orientierung des Kreises selbst und schließlich Demonstration des Anspruchs, in der marxistischen Tradition deren authentische Intention zu vertreten.«

den können. Der traditionellen Theorie geht es um reines Wissen. Sie hat die strikte Trennung von Handeln und Denken vollzogen und damit das Denken in eine geistige Sphäre erhoben, die über dem Handeln, also der Praxis, steht. Die kritische Theorie besteht dagegen auf der dialektischen Verschränkung von Denken und Handeln, Theorie und Praxis: »Das Handeln ist [...] nicht als Anhängsel, als bloßes Jenseits des Denkens aufzufassen, sondern spielt in die Theorie überall hinein und ist von ihr gar nicht abzulösen.« (Horkheimer 1968a: 245) In der kritischen Theorie gibt es auch kein Wissen um des Wissens willen, wie Horkheimer es der traditionellen Theorie unterstellt. Vielmehr zielt sie »nirgends bloß auf Vermehrung des Wissens als solchen ab, sondern auf die Emanzipation des Menschen aus versklavenden Verhältnissen« (Horkheimer 1970: 58).

Neben den schon genannten Entwicklungslinien von Idealismus und Materialismus rekurriert die kritische Theorie immer wieder auf die Ideen der Französischen Revolution mit ihren uneingelösten Versprechen von Freiheit, Gleichheit und Brüderlichkeit: »Heute wird behauptet, die bürgerlichen Ideen Freiheit, Gleichheit und Gerechtigkeit hätten sich als schlecht erwiesen; aber nicht die Ideen des Bürgertums, sondern die Zustände, die ihnen nicht entsprechen, haben ihre Unhaltbarkeit gezeigt. Die Losungen der Aufklärung und der Französischen Revolution haben mehr denn je ihre Gültigkeit. Gerade in dem Nachweis, daß sie ihre Aktualität bewahrt und nicht auf Grund der Wirklichkeit verloren haben, besteht die dialektische Kritik an der Welt, die sich unter ihrem Mantel verbirgt.« (Horkheimer 1968a: 97) Trotz der Bezugnahme der kritischen Theorie auf die Aufklärung und das Werk von Karl Marx durchzieht die Texte von Horkheimer und seinen engsten Mitarbeitern eine Trauer, ein Pessimismus, der deutliche Parallelen zu Max Webers Perspektive aufweist. Alfred Schmidt (1986: XX) hat eine Charakterisierung der Philosophie Horkheimers vorgenommen, die sich m. E. auf die gesamte kritische Theorie in dieser Phase übertragen läßt: »Kritik am Bestehenden, utopische Sehnsucht über es hinaus und Trauer, ja nihilistische Verzweiflung über den unerbittlichen Weltlauf stehen unversöhnt nebeneinander.« Diese Trauer resultiert aus der Einsicht der kritischen Theorie in vergangenes Unrecht und aus der bitteren Erkenntnis, daß sich gesellschaftlicher Fortschritt allemal nur über das Leiden und Elend der Individuen vollzieht.

Obwohl die anfänglich interdisziplinär ausgerichtete Theorie der Sozialforschung nicht zuletzt aufgrund der politischen Erfahrungen im Faschismus aufgegeben und zunehmend in eine philosophische Vernunftkritik verwandelt wurde (Kager 1988: 59), ist die kritische Theorie ihrer geschilderten theoriepolitischen Ausrichtung treu geblieben. Allerdings werden Adorno und Horkheimer durch die historischen Erfahrungen zu einem Pessimismus getrieben, der den Gedanken an eine empirisch ausgerichtete Sozialforschung bereits im Keim erstickt. Auschwitz wird zu einem Synonym dafür, daß an ein positives Umschlagen der Menschheitsgeschichte, an eine Verwirklichung der Ideen der Aufklärung, nicht mehr zu denken ist.

Aufstieg und Fall des Individuums in der abendländischen Zivilisationsgeschichte: Die »Dialektik der Aufklärung«

Horkheimer und Adorno stellen sich in ihrer *Dialektik der Aufklärung* die Frage, »warum die Menschheit, anstatt in einen wahrhaft menschlichen Zustand einzutreten, in eine neue Art von Barbarei versinkt« (Horkheimer/Adorno 1971: 1). Eine Fragestellung, die aktueller kaum sein könnte (vgl. Soeffner/Miller 1996). Gerade heute, angesichts des auslaufenden 20. Jahrhunderts, an dessen Ende man wohl Bilanz ziehen möchte, aber auch angesichts immer neuer Greueltaten, denen die scheinbar so zivilisierte Welt ebenso ratlos wie hilflos gegenübersteht, steht erneut das Verhältnis von Zivilisation und Barbarei bzw. Moderne und Barbarei im Vordergrund. Anders als in den gegenwärtigen Debatten, in denen man zunächst einmal darüber streitet, ob von einer neuen Barbarei so generalisierend überhaupt gesprochen werden kann, angesichts dieses Befunds auch widersprechender Entwicklungen, wird dies bei Horkheimer und Adorno als völlig unstrittig vorausgesetzt. Sie schreiben eine radikale Kritik der Moderne und der Aufklärung, die schon in den Anfängen der abendländischen Geschichte den Ursprung jener Katastrophe angelegt sieht, die schließlich in Auschwitz kulminiert. Obwohl die Thesen der Dialektik der Aufklärung in der jüngsten Zivilisationsdebatte wieder an Aktualität gewinnen (vgl. Hahn 1996) und in den Arbeiten von Michel Foucault (vgl. Kapitel I.3) und Zygmunt Bauman (vgl. Bauman 1992: 3; Neckel 1994: 45) durchaus eine gewisse Fortsetzung erfahren, sucht die als Verfallsgeschichte angelegte *Dialektik der Aufklärung* in ihrer suggerierten Ausweglosigkeit und resignativen Haltung wohl dennoch ihresgleichen. Gleichwohl stehen die »postmodernen« Theorien von Lyotard, Baudrillard, Foucault und Bauman den Thesen der *Dialektik der Aufklärung* dennoch näher als die Modernisierungstheorien von Giddens, Beck, Habermas oder Luhmann.

Ähnlich wie vor ihnen Max Weber und Norbert Elias unternehmen die beiden Autoren der Frankfurter Schule mit ihrer *Dialektik der Aufklärung* einen entwicklungstheoretischen Deutungsversuch der bürgerlich-abendländischen Zivilisation. Doch während Weber noch seine fein gesponnenen Netze über ein zwar großes, doch überschaubares Revier auswirft, wagen Horkheimer und Adorno den großen, geschichtsphilosophischen Wurf von der Gegenwart bis zurück in die Antike, bei dem eher Schlaglichter auf die eine oder andere historische Episode geworfen werden, statt daß eine systematische (wie bei Elias) bis akribische (wie bei Weber) Abhandlung entsteht. Nicht aus den Quellen der Sozialgeschichte, die penibel ausgewiesen werden wie bei Weber, sondern aus literarischen Werken wie dem homerischen Epos der *Odyssee*, den Romanen des Marquis de Sade und philosophischen Werken wie den Büchern Kants und Nietzsches beziehen Horkheimer und Adorno ihr Untersuchungs- und Anschauungsmaterial. Mit anderen Worten: Die *Dialektik der Aufklärung* ist ein Torso geblieben, der »Philosophische Fragmente« versammelt, wie es im Untertitel heißt. Der Grund dafür ist sowohl in den spezifischen Bedingungen und Umständen der Entstehung dieser Schrift als auch in der starken Vorliebe der frühen kritischen Theorie für das Essayistische zu sehen. Trotz der scheinbaren Zusammenhanglosigkeit bietet die *Dialektik der Aufklärung* keineswegs ein unzusammenhängendes Konglomerat einzelner Notizen und Betrachtungen. Vielmehr läßt sich aus den einzelnen Teilen eine zusammenhängende Theorie der okzidentalen Zivilisationsgeschichte rekonstruieren und eine Diagnose des gegenwärtigen Zeitalters entnehmen (vgl. Honneth 1989).

Dabei besteht im Vergleich zu den Arbeiten Webers ein weiterer, eklatanter Unterschied. Während dieser seine historisch ausgerichteten Untersuchungen auf eine Gegenwart hin konzipiert, der er zwar reichlich skeptisch, aber keineswegs ablehnend gegenübersteht, entwickeln Horkheimer und Adorno ihren zivilisationsgeschichtlichen Entwurf vor dem Erfahrungshintergrund des nationalsozialistischen Terrorregimes, das – selbst aus dem schützenden Exil heraus – kaum eine andere Reaktion als die radikale Abrechnung mit dem bisherigen Gang der aufklärerischen Entwicklung des Abendlandes zuzulassen scheint.[28] Was Weber in düsteren Bildern noch als Zukunftsvision beschwor, hat sich für Horkheimer und Adorno längst in bittere Realität verwandelt. Die vollends aufgeklärte, entzauberte und rationale Gesellschaft, die angetreten war, die Menschen aus selbstverschuldeter Unmündigkeit ebenso zu befreien wie aus willkürlicher Herrschaft und Despotie, beschert ihnen statt dessen ein nie dagewesenes Ausmaß an Unfreiheit in einem totalitären System, dessen reibungsloses Funktionieren die totale Kontrolle des einzelnen zur Voraussetzung hat. Statt des versprochenen Fortschritts, der den Menschen nie gekannte Freiheiten einräumen sollte, bringt die tatsächliche Entwicklung der abendländischen Zivilisation das genaue Gegenteil hervor: »Der Fortschritt schlägt in den Rückschritt um« (Horkheimer/Adorno 1971: 5) und: »Die vollends aufgeklärte Erde strahlt im Zeichen triumphalen Unheils« (ebd.: 7): So lauten die apodiktisch vorgetragenen Urteile Horkheimers und Adornos über das einst so hoffnungsvoll und optimistisch ins Werk gesetzte Projekt der Aufklärung.

Die Provokation, die von Adornos und Horkheimers Thesen bis heute ausgeht, resultiert dabei nicht so sehr aus der pessimistischen Diagnose, die in der Tat über weite Strecken an Webers finstere Prophezeiungen erinnert, sondern aus ihrer These, daß es sich bei der Schreckensherrschaft von Faschismus und Stalinismus, den Massenmorden in deutschen Konzentrationslagern und den Gemetzeln auf den Schlachtfeldern des Zweiten Weltkrieges nicht um die späte Pervertierung einer ursprünglich »gesunden« Entwicklung handelt, sondern um die Vollendung eines der Zivilisation von Anfang an innewohnenden Destruktions-

---

28 Umgekehrt hat deshalb die von Elias in Angriff genommene Arbeit über ein stetig zivilisierter werdendes Abendland vor *diesem* geschichtlichen Hintergrund immer wieder für Irritationen gesorgt.

und Katastrophenpotentials, das sich erst in der faschistischen Gegenwart ungehemmt entfalten kann. Es bedarf also keineswegs des schädlichen Einflusses einer der Aufklärung entgegenstehenden, mit ihr um die Vorherrschaft kämpfenden Idee. Vielmehr ist es die Idee der Aufklärung selbst, die eine dunkle Seite von Anbeginn in sich trägt. Das Umschlagen in den Terror ist der Aufklärung nach Adorno und Horkheimer inhärent. Entfaltung und Entstellung der aufklärerischen Vernunft keimen aus ein und derselben Wurzel.

Um diese Geschichte der Aufklärung als eine Geschichte ihrer schleichenden Selbstzerstörung plausibel zu machen, gehen die beiden Autoren bis zurück zu Homers *Odyssee*. Die Geschichte des Seefahrers Odysseus dient ihnen als Nachweis der dialektischen Durchdringung von Mythos und Aufklärung. Entgegen ihrer Selbstbeschreibung hat danach die Aufklärung den Mythos niemals ganz abschütteln können, während umgekehrt bereits der Mythos aufklärend wirkt (vgl. Horkheimer/Adorno 1971: 14). Schon im Mythos ist angelegt, was die Aufklärung zur Perfektion treiben sollte: die »Entzauberung der Welt« (ebd.: 7), was für Horkheimer und Adorno in erster Linie heißt: Herrschaft über die Natur. Die Rationalisierung der Welt dient allein dem Ziel, den Menschen aus den Zwängen der übermächtigen Natur zu befreien und ihm die Verfügungsgewalt über ihre Kräfte zu übertragen. Sie soll berechenbar und quantifizierbar und damit beherrschbar und kontrollierbar gemacht werden. Diese zunehmende Emanzipation des Menschen aus den Fängen der natürlichen Gewalten gilt Horkheimer und Adorno als Aufklärung, der für sie die Grundstruktur der Geschichte der Menschheit bildet.

Dieser Emanzipationsprozeß, der in der Gestalt des Odysseus literarische Gestalt angenommen hat, vollzieht sich für sie nun nicht allein mittels physischer Eingriffe, sondern auch durch »geistige« Aktivitäten. Der Mensch richtet sich nicht ausschließlich mit handwerklichen Werkzeugen die Natur für seine Zwecke zu. Vielmehr versucht er die Mannigfaltigkeit der natürlichen Erscheinungen durch begriffliche Arbeit zu verobjektivieren. Durch diesen instrumentalisierenden Blick des aufgeklärten Menschen, der sie nur unter Verwertungsgesichtspunkten betrachtet, wird der sinnlich wahrnehmbaren Eindrucksfülle der Natur Gewalt angetan: »Die Menschen distanzieren denkend sich von Natur, um sie so vor sich hinzustellen, wie sie zu beherrschen ist. Gleich dem Ding, dem materiellen Werkzeug, das in verschiedenen Situationen als dasselbe festgehalten wird und so die Welt als das Chaotische, Vielseitige, Disparate vom Bekannten, Einen, Identischen scheidet, ist der Begriff das ideale Werkzeug, das an die Stelle paßt, wo man sie packen kann.« (Horkheimer/Adorno 1971: 38) Auf diese Weise ist das begriffliche Denken von Anfang an Herrschaftspraxis. Für Horkheimer und Adorno gibt es das Grundmuster für jegliche Form von Herrschaft ab (vgl. Honneth 1989: 54). Doch dieses auf instrumentelle Berherrschung und Manipulation ausgerichtete Herrschaftsverhältnis beschränkt sich nicht auf die äußere Natur, sondern dehnt sich nach und nach auch auf andere Bereiche aus, um am Ende auf den Menschen selbst zurückzuschlagen. Der Herrschaft über die Natur tritt die Herrschaft des Menschen über sich und andere hinzu, so daß man von einer Trias von Naturbeherrschung, sozialer Herrschaft und Selbstbeherrschung sprechen kann, die nicht nur das Grundgerüst der Argumentation in der *Dialektik der Aufklärung* bildet, sondern zum immer wieder neu durchgespielten Erklärungsansatz des Zivilisationsprozesses der kritischen Theorie avanciert (vgl. Bogner 1989: 71). Die instrumentelle Vernunft, die sich die Natur nach ihren Zwecken zu gestalten versucht, schreckt auch vor der Zurichtung des Menschen zu ihrem willfährigen Werkzeug nicht zurück. Dazu bedarf es in einem Prozeß zunehmender *Selbstdisziplinierung* der systematischen Unterminierung und Sublimierung der menschlichen Triebe und Bedürfnisse. Die Herrschaft über die äußere Natur bezahlt der Mensch schließlich mit der Unterdrückung seiner eigenen Natur: »Furchtbares hat die Menschheit sich antun müssen, bis das Selbst, der identische, zweckgerichtete, männliche Charakter des Menschen geschaffen war, und etwas davon wird noch in jeder Kindheit wiederholt. Die Anstrengung, das Ich zusammenzuhalten, haftet dem Ich auf allen Stufen an, und stets war die Lockung, es zu verlieren, mit der blinden Entschlossenheit zu seiner Erhaltung gepaart.« (Horkheimer/Adorno 1971: 33) Die *Selbstzerstörung* der Aufklärung ist für Horkheimer und Adorno in erster Linie die *Zerstörung des Selbst*.

Statt den Menschen aus den Fesseln der Naturgewalten zu befreien, treibt die gesellschaftliche Rationalisierung den einzelnen in einen nicht enden wollenden Kreislauf von Selbstbehauptung und Selbstverleugnung, der schließlich wieder zum Ausgangspunkt führt: »Aufklärung schlägt in Mythologie zurück.« (Horkheimer/Adorno 1971: 5) Schon Odysseus, der den beiden Autoren als Prototyp des bürgerlichen Individuums gilt, findet sich in jenem Verhältnis von Selbsterhaltung und Selbstverleugnung vor, das noch von jedem Individuum perpetuiert werden muß.[29] An der Gestalt des antiken Seefahrers führen Horkheimer und Adorno vor, wie das individuelle Selbst sich gegen die Gefährdungen der äußeren Welt zur Wehr setzt, dies aber nur mit Hilfe der Bändigung der eigenen Triebe zuwege bringt. So zeitigt der Prozeß der Naturbeherrschung in der individuellen Kontrolle über die innere Natur sein Echo. Der Mythos, zu dessen Konstruktionsprinzipien die Wiederholung gehört, enthält im Kern auch die Ereignisse der nachfolgenden Geschichte. So wird bei Horkheimer und Adorno gleichsam das erzählerische Grundprinzip des Mythos zum Muster der historischen Entwicklung: die Wiederholung des Immergleichen.[30] Die Geschichte des Odysseus gibt das Modell für die Gleichzeitigkeit der Konstituierung des Selbst und seiner Liquidation ab, das sich im Verlaufe der Zivilisation permanent wiederholt. Das Selbst kann sich letztlich nur durch Verzicht auf Teile seines Selbst erhalten, so daß Selbsterhaltung und Selbstverleugnung eine derart zerstörerisch wirkende Symbiose eingehen, daß am Ende das Selbst komplett zu verschwinden droht. Dabei liegt die »Ursünde« gewissermaßen in der vergessenen Einsicht, daß der Mensch ein Teil ebenjener Natur ist, die er sich zu unterwerfen vorgenommen hat: »In dem Augenblick, in dem der Mensch das Bewußtsein seiner selbst als Natur sich abschneidet, werden alle die

29 Das ist von Elias' These nicht weit entfernt, die besagt, daß in der Ontogenese wiederholt wird, was in der Phylogenese sich ereignet hat. Vgl.: »Die durch diese Tendenz hervorgerufenen Versagungen sind tief im Zivilisationsprozeß verwurzelt; sie sind phylogenetisch zu verstehen, nicht ontogenetisch; denn in gewissem Maße reproduzieren die psychologischen Komplexe die Urgeschichte der Zivilisation.« (Horkheimer 1991: 122) Mit der Unterdrückung seiner eigenen Natur, die »den tyrannischen Aspekt der Zivilisation« bloßlegt, beginnt noch jedes Kind seine Existenz (vgl. ebd.: 120f.). Auf Elias' Zivilisationstheorie werde ich weiter unten noch ausführlich eingehen.
30 Nur andeutungsweise möchte ich mit dieser Formulierung auf den Einfluß Nietzsches auf die kritische Theorie hinweisen, der auch in Webers Schriften seine Spuren hinterlassen und auch auf Michel Foucault eine kaum zu unterschätzende Wirkung ausgeübt hat. Wenn man so will, wird die Linie des *gefährdeten Individuums* philosophisch von Nietzsche begleitet.

Zwecke, für die er sich am Leben erhält, der gesellschaftliche Fortschritt, die Steigerung aller materiellen und geistigen Kräfte, ja Bewußtsein selber, nichtig, und die Inthronisierung des Mittels als Zweck, die im späten Kapitalismus den Charakter des offenen Wahnsinns annimmt, ist schon in der Urgeschichte der Subjektivität wahrnehmbar. Die Herrschaft des Menschen über sich selbst, die sein Selbst begründet, ist virtuell allemal die Vernichtung des Subjekts, in dessen Dienst sie geschieht« (Horkheimer/ Adorno 1971: 51).

Horkheimers und Adornos These vom *Ende* bzw. *Niedergang des Individuums* knüpft offensichtlich direkt an die von Weber beschriebenen und antizipierten Gefahren einer drohenden Eliminierung des Individuums in der modernen Gesellschaft an. Auch sie gehen davon aus, daß die Ressourcen für die Ausbildung einer innengeleiteten Persönlichkeit durch die sozialen Kontrollen, die Bürokratisierung und zunehmende Macht der monopolistischen Organisationen aufgezehrt werden. Statt eines innerlich gefestigten Ich bildet der moderne Spätkapitalismus nur mehr sich konform verhaltende Sozialcharaktere aus, die sich reflexhaft den jeweils geltenden Anforderungen *anpassen* (vgl. Horkheimer 1991). Die von Weber befürchtete große Zeit des »Fachmenschen ohne Geist« und des »Genußmenschen ohne Herz« ist für Horkheimer und Adorno längst angebrochen (vgl. Benhabib 1982: 138). Diese pessimistische Einschätzung scheint sich bei ihnen wie bei Weber eines an die Gegenwart angelegten Ideals der Vergangenheit zu verdanken. Als Maßstab einer selbstbeherrschten, disziplinierten Persönlichkeit dient ihnen der frühkapitalistische Unternehmer (vgl. Horkheimer 1991), der in ihren Schriften geradezu das »Paradigma des ›Individuums‹« (Bogner 1989: 76) bildet.[31] Der einstige Unternehmer in der Hochphase der industriellen Gesellschaft zeichnete sich durch jene asketische Lebensführung aus, deren Genealogie Weber in seiner Religionssoziologie unternommen hat. Es waren die

---

31 Zu dieser Einschätzung gelangt auch Kohli (1988: 50, Fn. 5): »Auch die Kritische Theorie modellierte ihr Konzept des Individuums nach dem männlichen Bürger, besonders deutlich in Horkheimers Aufsatz über den ›Mensch in der Wandlung seit der Jahrhundertwende‹, in dem der ›Mensch‹ unter der Hand zum Unternehmersohn wird (1972: 94). Wenn sie dessen ›Ende‹ beklagte, übersah sie die gegenläufigen Tendenzen in anderen sozialen Milieus.«

Zwänge des Marktes im funktionierenden Konkurrenzkapitalismus, die dem unternehmerischen Selbst Triebbeherrschung und Selbstdisziplinierung abverlangten. Doch durch die zunehmende Bedrohung der freien Konkurrenz im Gefolge der Herausbildung staatlicher und privater Monopole wird dieser Typus mehr und mehr verdrängt.[32] Es ist der vorausschauende, langfristig planende Unternehmer, den Horkheimer zum Idealtypus des Individuums erhebt und als Maßstab nimmt, um den gegenwärtigen Verfall der Individualität plausibilisieren zu können. Die Großindustrie im Verbund mit der Massenkultur hat diesen Typus mehr oder weniger abgeschafft. Da die Zukunft des Individuums, so Horkheimers Argumentation, immer weniger von den individuellen Plänen und Voraussichten des freien Unternehmers und »immer mehr von den nationalen und internationalen Kämpfen zwischen den Machtkolossen« (Horkheimer 1991: 146) bestimmt werde, tritt an die Stelle des »starken und dabei nüchternen Ich« (ebd.) des Unternehmers das »eingeschrumpfte Ich«, das immer stärker auf seine Gegenwart festgelegt scheint, da ihm die Pläne der Zukunft zunehmend aus den Händen gerissen werden (vgl. ebd.: 146).[33]

Für Horkheimer und Adorno verschwindet damit jedoch nicht ein bestimmter Typus des Individuums, sondern letztlich das Individuum, dessen Anfänge sie bei Montaigne, Hamlet und in der italienischen Frührenaissance ausmachen (vgl. Horkheimer 1991: 143; Adorno 1979: 450), schlechthin (vgl. Horkheimer 1991: 144). Da Horkheimer und Adorno die Individualität mit dem speziellen Typus des frühkapitalistischen Unternehmers identifizieren, muß sich ihnen dessen Untergang als Ende des Individuums, als »allgemeine Auflösung der Individualität« (Horkheimer 1991: 149) überhaupt darbieten.[34] Dabei erhalten die das Individuum zersetzenden Kräfte durch die Macht der

32 Vgl.: »Gehörte im Liberalismus Individuation eines Teils der Bevölkerung zur Anpassung der Gesamtgesellschaft an den Stand der Technik, so fordert heute das Funktionieren der wirtschaftlichen Apparatur die durch die Individuation unbehinderte Direktion von Massen.« (Horkheimer/Adorno 1971: 282)

33 Elias, der durchaus ähnliche Prozesse beschreibt, zieht aus diesen Entwicklungen weitaus weniger pessimistische Konsequenzen für das Individuum (vgl. Kap. III.3).

34 Zur Kritik des patriarchalischen Moments dieser Theorie vgl. Benjamin (1989).

Kulturindustrie zusätzliche Unterstützung. Sie erledigen die Geschäfte des Monopolkapitalismus, indem sie das Individuum endgültig zur außengeleiteten Marionette herabwürdigen.[35] Obwohl Horkheimer davon ausgeht, daß es »noch einige Widerstandskräfte im Menschen« (ebd.: 147) gibt und »die Massen bei aller Fügsamkeit noch nicht völlig vor dem Kollektiv kapituliert« (ebd.: 149) haben, ist aufgrund des Einflusses »der bestehenden Verhältnisse auf den Durchschnittsmenschen« (ebd.: 147) der vorherrschende Typ der »unterwürfige« (ebd.) geworden. Unter spätkapitalistischen Bedingungen wird das Individuum »von einem menschlichen Wesen in ein Glied von Organisationen verwandelt« (ebd.: 147). Die Macht der verschiedenen Gruppen, denen sich das Individuum anschließt, erzwingt dabei eine weitaus »striktere Konformität, eine radikalere Unterwerfung durch völlige Assimilation, als irgendein Vater oder Lehrer im neunzehnten Jahrhundert fordern konnte«.[36] Das zum »Echo seiner Umgebung« degradierte Individuum überlebt allein durch »Mimikry«: durch das vollständige Aufgehen in totaler Anpassung, die Nachahmung des Bestehenden, unter vollständiger Verleugnung der eigenen Antriebe. Von der Spontaneität als zentralem Merkmal der Individualität (vgl. ebd.: 148) bleibt angesichts der »teilweisen Abschaffung der Konkurrenz« (ebd.: 149) nichts üb-

35 Der Terminus »außengeleitet« ist nicht zufällig gewählt. Sie ist bekanntlich eine der entscheidenden Kategorien bei David Riesmans Versuch, den Sozialcharakter der Gegenwart zu beschreiben (vgl. Riesman 1958). Horkheimer nimmt diese Kategorie schon vorweg, wenn er notiert: »Um zu überleben, verwandelt der Mensch sich in einen Apparat, der in jedem Augenblick mit genau der passenden Reaktion die verwirrenden und schwierigen Situationen beantwortet, die sein Leben ausmachen. Jeder muß bereit sein, jeder Situation zu begegnen. Das ist zweifellos kein ausschließlich für die moderne Gesellschaft charakteristischer Zug; er war wirksam während der gesamten Geschichte der Menschheit. Jedoch haben sich die geistigen und psychologischen Ressourcen des Individuums mit den Mitteln der materiellen Produktion geändert. Das Leben eines holländischen Bauern oder Handwerkers im siebzehnten Jahrhundert oder eines Ladenbesitzers im achtzehnten war gewiß sehr viel unsicherer als das Leben eines Arbeiters heute. Aber das Aufkommen des Industrialismus hat qualitativ neue Phänomene im Gefolge gehabt.« (Horkheimer 1991: 108)
36 Wir werden noch sehen, daß diese Erweiterung der sozialen Kreise in konkurrierenden Theorien gerade als Moment des Zuwachses an individueller Freiheit gelesen wird, insbesondere bei allen differenzierungstheoretisch argumentierenden Theorien der Moderne – namentlich bei Simmel, Durkheim, Parsons, Luhmann und bei Elias.

rig. Wenn das Selbstbewußtsein des Menschen mit seiner Funktion im herrschenden System zusammenfällt, ist das Ende der Individualität für Adorno und Horkheimer besiegelt (vgl. ebd.: 149). Die moderne Superorganisation läßt »das Individuum zu einer bloßen Zelle funktionellen Reagierens verkümmern« (ebd.: 150). Denn ein Individuum ist nach der – soziologisch geradezu naiven – Definition der kritischen Theorie allein derjenige, der »sich selbst setzt und ein Für-sich-sein, seine Einzigkeit zu seiner eigentlichen Bestimmung erhebt [...]. Nur wer von Interessen und Bestrebungen anderer sich differenziert, sich selbst zur Substanz wird, seine Selbsterhaltung und Entwicklung als Norm etabliert, ist Individuum.« (IfS 1991: 46) Diesem Ideal scheint der freie Unternehmer während der liberalen Phase des Kapitalismus nach Horkheimers Auffassung zumindest recht nahe zu kommen.[37] Heute dagegen sind die Individuen zu bloßen Erfüllungsgehilfen einer über ihnen waltenden Macht verkommen. Der Einfluß der kapitalistischen Tauschgesellschaft ist so groß, daß sie sich kaum noch von der Gesellschaft unterscheiden, so sehr haben sie sich den Gegebenheiten angepaßt. Dabei wird ihnen die fortschreitende Rationalisierung, verstanden als zunehmende Standardisierung des Menschen, nicht mehr nur von außen angetan, vielmehr ist sie längst in das Innere der Individuen eingewandert und zu einem festen Bestandteil ihrer selbst geworden: Die Menschen »müssen sich selber nochmals antun, was ihnen, vielleicht, früher bloß angetan wurde« (IfS 1991: 36). Mag es hier zunächst auch so klingen, als sei es im Laufe der historischen Entwicklung auch nach Einschätzung der kritischen Theorie zu einer Ablösung der Fremdkontrolle durch die Selbstkontrolle gekommen ist (vgl. Elias), so ergibt sich auf den zweiten Blick,

37 Horkheimer begründet den beschleunigten Niedergang des Individuums ganz und gar mit dem Übergang von der liberalistischen Ära zum Monopolkapitalismus (vgl. Horkheimer 1991: 159). Die bürgerliche Gesellschaft wird, bei aller Einsicht in ihre Widersprüche, zum Fluchtpunkt der an der Gegenwart geäußerten Kritik: Die liberale Phase des Kapitalismus war für die Mitglieder der Frankfurter Schule gekennzeichnet »durch eine Vielzahl konkurrierender Wirtschaftssubjekte, eine relativ autonome Kultursphäre, ein durch Trennung von Staat und Gesellschaft geschütztes Individuum sowie durch einen intakten moralischen Universalismus. Diese historischen Errungenschaften bürgerlicher Zivilisation würden im totalitären Spätkapitalismus faschistischer Provenienz wieder zurückgenommen« (Dubiel 1982: 472).

daß doch eine weit radikalere Einschätzung die Oberhand erlangt hat. Die Zurichtung der Individuen auf funktionierende Rädchen im Getriebe, ihre totale Anpassung an das, was ist, ist bei ihnen derart radikal gedacht, daß der Unterschied von Selbst- und Fremdkontrolle zunehmend eingezogen ist: Das Individuum hat sich der funktionalen Gesellschaft in einem Ausmaß gleichgemacht, daß es weder durch Fremd- noch durch Selbstkontrolle gesteuert werden muß. Längst schon ist das Herrschaftsprinzip den Individuen in Fleisch und Blut übergegangen, derart zur zweiten Natur geworden, daß sie der Zwangsmechanismen gar nicht mehr gewahr werden, die einstmals auf sie ausgeübt wurden bzw. die sie sich einstmals selbst angetan haben, um der Erfüllung ihrer Funktionen nachzukommen. »Sie [die Menschen, M. S.] haben sich selbst der Apparatur ähnlich gemacht: nur so können sie unter den gegenwärtigen Bedingungen fortexistieren. Die Menschen werden nicht nur objektiv mehr stets zu Bestandstücken der Maschinerie geprägt, sondern sie werden auch für sich selber, ihrem eigenen Bewußtsein nach zu Werkzeugen, zu Mitteln anstatt zu Zwecken.« (Adorno 1979: 451)[38] An dieser Zurichtung der Individuen haben die Agenturen der Kulturindustrie nach Horkheimer/Adorno einen eminenten Anteil.

Pseudoindividualisierung im Spätkapitalismus: Die funktionale Gesellschaft, die Kulturindustrie und das angepaßte Individuum

Im Rahmen ihrer im Exil geschriebenen *Dialektik der Aufklärung* legen Horkheimer und Adorno eine Kritik der Kulturindustrie vor, die sich auf die kulturindustriellen Produkte der dreißiger und vierziger Jahre in den USA bezieht. In einem späteren Aufsatz (Adorno 1967: 60 ff.) berichtet Adorno davon, daß er und Horkheimer die in ihren ersten Entwürfen gebrauchte Bezeichnung »Massenkultur« durch den Begriff »Kulturindustrie«

---

38 Vgl. auch: »In dem Freiluftgefängnis, zu dem die Welt wird, kommt es schon gar nicht mehr darauf an, was wovon abhängt, so sehr ist alles eins. Alle Phänomene starren wie Hoheitszeichen absoluter Herrschaft dessen, was ist.« (Adorno 1976: 25)

ersetzten, um »von vornherein die Deutung auszuschalten, die den Anwälten der Sache genehm ist: daß es sich um etwas wie spontan aus den Massen selbst aufsteigende Kultur handele, um die gegenwärtige Gestalt von Volkskunst«, von der sich die Produkte der Kulturindustrie »aufs äußerste« (ebd.: 60) unterscheiden.

Als Beispiele für kulturindustrielle Produkte nennt Adorno nicht nur so eindeutig triviale Erzeugnisse wie etwa die Romane Emil Ludwigs (Adorno 1979: 95), die »Hotelbildmalerei« mit röhrenden Hubertushirschen oder den Segelbooten aus dem Hafen von Portofino (Adorno 1967: 54). Vielmehr fallen Zeitungen und Zeitschriften, Radio ebenso wie Fernsehen und Film sowie alle anderen Einrichtungen des Unterhaltungswesens und der Freizeitindustrie unter dieses Verdikt. Mit ihrer totalen Unterwerfung unter den Verwertungsmechanismus der fortgeschrittenen kapitalistischen Gesellschaften unterscheiden sich diese Produkte der Kulturindustrie nicht nur von der »Volkskunst«, sondern gerade ebenso radikal von den autonomen Kunstwerken: »Die Kulturwaren der Industrie richten sich [...] nach dem Prinzip ihrer Verwertung, nicht nach dem eigenen Gehalt und seiner stimmigen Gestaltung. Die gesamte Praxis der Kulturindustrie überträgt das Profitmotiv blank auf die geistigen Gebilde. [...] Neu an der Kulturindustrie ist der unmittelbar und unverhüllte Primat der ihrerseits in ihren typischsten Produktionen genau durchgerechneten Wirkung.« (Adorno 1967: 61) Zwar war auch die autonome Kunst, wie Adorno bereit ist einzuräumen, von Wirkungszusammenhängen nie gänzlich frei, und damit tendenziell immer schon Ware, doch für die kulturindustriellen Produkte gilt: »Geistige Gebilde kulturindustriellen Stils sind nicht länger *auch* Waren, sondern sind es durch und durch.« (Ebd.: 62) Während authentische Kunstwerke die Widersprüche und Probleme der Gesellschaft in sich aufnehmen und zugleich – ex negativo – die Vorstellung einer besseren Welt transportieren, bieten die Kulturindustrieprodukte denselben Alltag, dem zu entfliehen sie den Rezipienten versprechen, noch einmal an, wobei alle Widersprüche und Konflikte harmonisiert werden. So wird Kulturindustrie zum »Massenbetrug«, weil sie den Massen gerade nicht anbietet, was sie ihnen beständig verspricht: »Die permanente Versagung, die Zivilisation auferlegt, wird den Erfaßten unmißverständlich in jeder Schaustellung der Kulturindustrie nochmals zugefügt und demonstriert. Ihnen etwas bieten und sie darum bringen ist dasselbe.« (Horkheimer/Adorno 1971: 127)[39]

Die als Unterhaltung und harmlose Zerstreuung angebotenen Erzeugnisse der Kulturindustrie sind in den Augen von Horkheimer und Adorno in Wahrheit nichts anderes als machtvolle Instrumente sozialer Kontrolle. Kulturindustrie stellt sich in ihrer Perspektive als der verlängerte Arm und die ideologische Waffe des fortgeschrittenen Kapitalismus dar. Film, Radio, Musik, Zeitungen und Fernsehen bilden gemeinsam ein ganzes »System« kulturindustrieller Produkte aus, zu dessen »wesentlichen Eigenschaften soziale Indifferenz, Wiederholung des Immergleichen, rasche Vergänglichkeit, Verdoppelung der Realität und Verstärkung vorgegebenen Bewußtseins« (Kausch 1988: 84) gehören.[40]

In ihrer radikalen Diagnose haben sich die historische Erfahrung des USA-Exils und vor allem der traumatische Schock durch Faschismus und Stalinismus unübersehbar niedergeschlagen. Horkheimers und Adornos Blick auf die kulturindustriellen Produkte ist von der Furcht geprägt, daß in ihnen ein latent faschistisches Potential angelegt ist: »Für Adorno ist die Barbarei der Kulturindustrie der ideologische Abdruck der real-gesellschaftlichen, die in Auschwitz die totale Nichtigkeit des Einzelnen erstmals leibhaft-konkret demonstrierte. Von daher allein bestimmt sich Gewicht und Intention der Adornoschen Analysen kulturindustrieller Phänomene: Was die Kulturindustrie und ihren Schund möglich und akzeptabel machte, hat auch Auschwitz möglich und akzeptabel gemacht.« (Schmucker 1977: 108)

Daß eine aus diesem Kontext und dieser Erfahrung heraus verfaßte Theorie nicht ohne Einschränkungen auf die Verhältnisse der Bundesrepublik nach 1945 übertragen werden kann, versteht sich beinahe von selbst und wird auch von Horkheimer und Adorno in ihrem Vorwort aus dem Jahre 1969 zur Neuauflage der *Dialektik der Aufklärung* konzediert[41]: »Nicht an allem,

---

39 Besonders deutlich wird diese Eigenschaft der Kulturindustrieprodukte für Horkheimer und Adorno an der Darstellung von Erotik: »Gerade weil er nie passieren darf, dreht sich alles um den Koitus.« (Ebd.)
40 Und Adorno konnte von Rambo I-IV und Reality-TV noch nichts wissen!
41 Einmal abgesehen davon, ob ihr für die Zeit ihrer Entstehung Plausibilität zugesprochen werden kann.

was in dem Buch gesagt ist, halten wir unverändert fest. Das
wäre unvereinbar mit einer Theorie, welche der Wahrheit einen
Zeitkern zuspricht, anstatt sie als Unveränderliches der geschichtlichen Bewegung entgegenzusetzen. [...] An nicht wenigen Stellen [...] ist die Formulierung der Realität von heute nicht
mehr angemessen.« (Horkheimer/Adorno 1971: IX) Doch entgegen dieser Einsicht in die Notwendigkeit der Korrektur und
Überarbeitung der ursprünglichen Thesen zur Kulturindustrie
hat Adorno nach 1945 seine Kritik an der Kulturindustrie kaum
modifiziert. Er scheint sich angesichts der immer weiter anwachsenden Produktpalette der Kulturindustrie und ihrer zunehmenden Annektierung des Alltags eher in seinen schlimmsten Befürchtungen bestätigt gesehen zu haben. Noch 1963 wiederholt
er im *Résumé über Kulturindustrie* (Adorno 1967: 60ff.) die Thesen aus der *Dialektik der Aufklärung* unverändert. Dieser Mangel an Differenziertheit im Blick auf die veränderten Bedingungen nach Ende des Zweiten Weltkrieges hat ihm die berechtigte
Kritik eingebracht, daß in »doch sehr ahistorischer Vorgangswei-
se die Erfahrungen des Faschismus auf die Nachkriegsepoche
übertragen« werden, ohne zu sehen, »wie sehr doch gerade sub-
kulturelle Äußerungen, die er billig als ›kulturindustrielle‹ Produkte abqualifiziere, jenen Protest enthalten, den vorgeblich die
Kulturindustrie unterbindet« (Kager 1988: 182).[42] Allerdings

---

42 Völlig zu Recht bemerkt Kager weiterhin, daß Adornos äußerst »undifferen-
zierten Analysen« über die Jazzmusik in dem schon 1936 erschienenen Aufsatz *Über Jazz* noch »einigermaßen verständlich erscheinen«, deren blanke
Wiederholung 1953 und noch einmal 1964 indes nur mit »sturer Ignoranz
der Weiterentwicklung des Jazz« erklärt werden kann (vgl. Kager 1988: 266,
Anm. 284). Es ist immer wieder diese totalisierende Kritik, die es für nachfolgende Untersuchungen, auch und gerade für empirisch vorgehende, geradezu unmöglich gemacht hat, an die Kulturindustrie-These anzuknüpfen.
Der italienische Schriftsteller und Semiotiker Umberto Eco dagegen hat die
Richtung zu einer Theorie der Massenkultur gewiesen, an der man anschließen könnte. Er betont den *ambivalenten* Charakter der Massenkultur und
bekommt dadurch auch die *Möglichkeiten* der Medien besser in den Blick:
»Betrachte ich heute das italienische Fernsehen, wo eine regelrechte Schlacht
zwischen einigen Dutzend unabhängiger ›Kanäle‹ stattfindet, wird mir klar,
daß das Spiel der Konkurrenz dazu beiträgt, die Produkte immer vulgärer
werden zu lassen. Denke ich aber an die Rolle, die das amerikanische Fernsehen und seine Nachrichtendienste während des Vietnam-Kriegs gespielt haben, wird mir bewußt, daß die Medien nicht allein dazu bestimmt sind,
Trost zu spenden und ihr Publikum gegenüber der Realität optimistisch
zu stimmen. Der ›Fall Watergate‹ gibt Aufschluß über die ›demokratische‹

übersieht diese Kritik, daß Horkheimer und Adorno nicht erst später ihre auf der Erfahrung des Faschismus beruhenden Betrachtungen in ahistorischer Weise auf die Bedingungen im Nachkriegsdeutschland übertragen. Vielmehr verfährt ihre Betrachtungsweise ahistorisch von Anbeginn. Schon zur Zeit der Entstehung ihrer Arbeiten zur Kulturindustrie machen sie zwischen der Weimarer Republik, der faschistischen Gesellschaft während des Nationalsozialismus und den demokratisch verfaßten Vereinigten Staaten keinen Unterschied (vgl. Kellner 1982: 509; Haferkamp 1989: 488). Ihr Anschauungsmaterial für die Tendenzen der Kulturindustrie beziehen sie unterschiedslos aus allen drei Abschnitten der Geschichte. Freilich entbehrt diese wenig differenzierende Sichtweise nicht einer internen Argumentationslogik, denn die Mechanismen, deren sich die Kulturindustrie bedient, machen in ihren Augen vor den jeweiligen politischen Gegebenheiten nicht halt. Sie können sowohl in den Dienst totalitärer Regime treten als auch als Kontrollwerkzeug einer kapitalistischen Gesellschaft fungieren. Der naheliegende Gedanke, daß sich die Medien der Kulturindustrie angesichts ihrer verschiedenen Verwendbarkeit auch für aufklärerische, der Emanzipation der Individuen dienliche Ziele benutzt werden könnten, wird von Adorno zwar konzediert, nicht aber weiter verfolgt.[43] Die Kulturindustrie ist für Horkheimer und Adorno

Funktion der Massenmedien, auch wenn er uns zugleich deutlich macht, daß sie die öffentliche Meinung in ›globaler‹ Weise beeinflussen können.« (Eco 1986: 11) Auch unter Anhängern der kritischen Theorie besteht hinsichtlich des Revisionsbedarfs insbesondere der Kulturindustriethese kaum Dissens: »Es spricht schon lange vieles dafür, mit dieser allzu heftig gegen Hollywood und Amerika polemisierenden Theorie der modernen Massenkunst und Massenkultur behutsam umzugehen und sie im Sinne Benjamins und mit dem Blick von dessen Kunstwerkaufsatz gegen den Strich zu bürsten, um sie auf ihre tiefen Ambivalenzen und die Brüche unter der Oberfläche so lange durchzumustern, bis die Intensität des polemischen Interesses, das Adorno den industriell organisierten Trivialitäten des Geschmacks zuwendet, uns den Blick auf Adornos *eigene* Ambivalenzen freigibt: die unbewußte ästhetische Faszination im Ekel vor den Comics, den Autos und den Highways in der Wüste, vor Kino und Kitsch, vor dem Jazz und dem Hamburger-Drive-in.« (Brunkhorst 1990: 154f.)

43 Das unterscheidet gerade die Auffassung Horkheimers und Adornos von derjenigen Benjamins und auch Brechts (vgl. Dubiel 1982: 475f.). In einem Rundfunkgespräch stellt Adorno (1971: 51) im Gespräch mit Helmut Becker allerdings ausdrücklich fest, daß er keineswegs ein »Gegner des Fernsehens an sich« ist, sondern vielmehr den »Gebrauch, der vom Fernsehen in weitem

Ausdruck der spätkapitalistischen, total verwalteten Welt, die sich in einzelnen Ländern nur graduell voneinander unterscheidet. Eine Grenze zwischen Nationalsozialismus und kapitalistischer Massendemokratie wird von ihnen nicht ausdrücklich gezogen, weil beide Systeme den ehemals freien Markt der liberalistischen Phase durch das Anwachsen der Monopole zerstören. Auch Adorno bedient sich bei dieser Argumentation der von Horkheimer und Pollock entwickelten Staatskapitalismustheorie, die davon ausgeht, »daß der Kapitalismus aufgrund der immanenten Tendenz zur Konzentration und Zentralisation des Kapitals in ein neues, monopolistisches Stadium getreten sei, in dem nicht länger das durch die Konkurrenz vermittelte Wertgesetz als Regulator der Produktion fungiere, sondern der von den Monopolen beherrschte Staat« (Breuer 1992: 82). Mit dieser Theorie versucht Adorno auch noch die bundesrepublikanische Gesellschaft nach 1945 zu erfassen. Vor dem Hintergrund dieser Theorie ist dies insofern durchaus folgerichtig, besagt sie doch, daß es sich beim Faschismus nur um eine, wenn auch besonders extreme Form »der für den Spätkapitalismus insgesamt angenommenen Tendenz zur Regression auf unmittelbare Herrschafts- und Knechtschaftsverhältnisse« (ebd.: 83) handelt. Unter dem Verdikt des Monopolkapitalismus werden Differenzierungen nach demokratischer, faschistischer oder staatssozialistischer Organisation des Kapitalismus also hinfällig.

Die Kulturindustrie erfüllt in den Augen der frühen Frankfur-

Maße gemacht wird, verdächtig« findet, weil er glaubt, »daß das Fernsehen [...] dazu beiträgt, Ideologien zu verbreiten und das Bewußtsein der Menschen, die es betrachten, in einer unwahren Weise zu lenken«. Er fährt fort: »Daß das Medium des Fernsehens gerade auch mit Richtung auf Bildung im Sinne der Verbreitung aufklärender Information ein ungeheures Potential enthält, wäre ich der letzte abzustreiten.« Überraschenderweise nähert sich Adorno hier der optimistischeren Haltung Benjamins gegenüber den neuen Massenmedien an, die für Adorno zeitlebens eine Herausforderung dargestellt hat. Überhaupt erfährt man aus diesem Gespräch aus dem Munde Adorno Erstaunliches, etwa: »Daß die Menschen die Liebe nach dem Fernsehen lernen, das fände ich noch nicht einmal schlimm, denn manchmal kann man da wirklich sehr hübsche Mädchen sehen [!], und warum sollen sich die in der Pubertät befindlichen Jünglinge nicht in so hübsche Mädchen verlieben. Das halte ich nicht für gefährlich. Selbst wenn ihnen dort gewisse erotische Manieren beigebracht werden, so wäre das kein Nachteil. Valéry hat einmal gesagt, daß man eigentlich die Liebe aus Büchern lernt, und was also den Büchern recht ist, sollte dem Fernsehen billig sein.« (Ebd.: 59)

ter Schule die wichtige Funktion, die einzelnen Mitglieder der Gesellschaft auf beinahe unmerkliche und geradezu angenehme Weise an die Bedingungen der verwalteten Welt zu gewöhnen. Sie stellen mit gleichsam »weichen« Methoden her, was sonst nur durch äußersten Terror und Zwang zu erreichen möglich scheint: eine manipulierbare Masse, die zu keinerlei Widerstand und Widerspruch nicht mehr nur nicht in der Lage ist, sondern auch gar nicht die Motivation hat, weil sie mit dem, was ist, einverstanden ist. Was einstmals zur Opposition gegen Herrschaft sich entwickelte, verkommt unter den Bedingungen des Spätkapitalismus zum erfolgreichen Kontrollinstrument: die Kultur (vgl. Kellner 1982: 488). Industriell hergestellt und massenhaft verbreitet, lullt sie die Individuen ein, indem sie diese mit Erzeugnissen versorgt, die nicht über bestehende gesellschaftliche Widersprüche wie etwa den Klassenantagonismus oder generell über soziale Probleme informieren und aufklären, sondern über sie hinwegtäuschen und von ihnen ablenken. Sie verdammen die Individuen zur absoluten Passivität, konditionieren sie zu willenlosen Rezipienten, leiten zur Einfügung und Anpassung in das Bestehende ein, zerstören Kreativität und Phantasie und unterhöhlen damit jegliche Form von Autonomie und Individualität, die damit zur »Pseudoindividualität« (Horkheimer/Adorno 1971: 139) verkommt: »Die Kulturindustrien verstanden es, für die bestehende Gesellschaft und deren Einrichtung Unterstützung von unten zu mobilisieren; sie veranstalteten, mit Gramsci zu reden, den *Konsens* mit der bestehenden Gesellschaft und lieferten den ›sozialen Kitt‹, der die Individuen an die bestehende Ordnung band, zusammen mit der sozio-psychologischen Basis für die soziale Integration.« (Kellner 1982: 485)

Mit ihrer permanenten Wiederholung dessen, was ohnehin schon ist, trocknen die Kulturindustrieprodukte die Fähigkeit aus, die »Welt konkret anders sich vorzustellen« (Adorno 1979: 364), und verstärken damit die Ausbildung und Verbreitung eines »manipulativen Charakters« (Adorno 1971: 97), ohne den für Adorno Auschwitz nicht möglich gewesen wäre. Dabei ist die Kulturindustrie offenbar so erfolgreich gewesen, daß sich dieser Typus heute sogar weit häufiger findet als noch während der Zeit des Nationalsozialismus (vgl. ebd.). Die Individuen der »verwalteten Welt« (Adorno 1979: 186, 446) sind – wie es immer wieder heißt – zur totalen »Anpassung« (ebd.: 16, 18, 161, 444) an das Bestehende gezwungen. Die Situationen, in denen das Individuum tatsächlich selber wählen kann, welche Handlungen es ausführen will, sind derart vorherbestimmt, daß von Wahl eigentlich nicht die Rede sein kann: »In der durchvergesellschafteten Gesellschaft sind die meisten Situationen, in denen Entscheidungen stattfinden, vorgezeichnet, und die Rationalität des Ichs wird herabgesetzt zur Wahl des kleinsten Schritts. Durchweg handelt es sich um nichts als um minimale Alternativen, ums Abwägen des geringeren Nachteils, und ›realistisch‹ ist, wer solche Entscheidungen korrekt fällt.« (Adorno 1979: 59) Damit wiederholt Adorno die schon in der *Dialektik der Aufklärung* – insbesondere im Kulturindustriekapitel – durchgespielte These, daß »die Freiheit in der Wahl« doch nur eine »Freiheit zum Immergleichen« (Horkheimer/Adorno 1971: 150) ist.[44]

So sind die Individuen einer Gesellschaft unterworfen, die ihnen – wenn überhaupt – nur in völlig nichtigen Fragen die Entscheidung selbst überläßt und die ihnen immer wieder aufs Neue versagt, was sie ihnen permanent verspricht. Angesichts dieser Situation realer Versagungen, die durch die Aufbereitung in den Massenmedien verdoppelt wird, wird für Adorno und Horkheimer auch der Ruf nach Askese und Entsagung, der zunächst zur Entstehung der individuellen Persönlichkeit beigetragen hat, schal, leer und letztlich falsch.

Ende oder Rettung der Persönlichkeit? Webers und Horkheimers/Adornos Zeitdiagnose im Vergleich

Die vorangegangene Untersuchung sollte gezeigt haben, daß Horkheimer und Adorno ihre Kritik am Zivilisationsprozeß und die damit einhergehende Liquidation des Individuums unter anderem auf die zahlreichen Entsagungen zurückführen, zu denen der einzelne gezwungen wird. Weber, der die Geschichte des okzidentalen Rationalismus zwar durchaus ähnlich begründet,

---

44 Vgl. auch Horkheimers Aussage: »Obgleich dem Konsumenten sozusagen die Wahl überlassen bleibt, bekommt er nicht den Wert eines Pfennigs zuviel für sein Geld, welche Marke er auch vorzieht. Der Qualitätsunterschied zwischen zwei populären Artikeln von gleichem Preis ist gewöhnlich so verschwindend wie der Unterschied im Nikotingehalt zweier Zigarettenmarken.« (Horkheimer 1991: 111)

verweist dagegen stärker auf die Notwendigkeit des Glückverzichts und auf die unumgängliche Bereitschaft der Individuen zu zahlreichen Opfern und Entbehrungen. Allein mit Hilfe dieser asketischen Haltung konnte jene »entzauberte Moderne« entstehen, in der wir nun leben müssen. Weil Weber jedoch davon überzeugt ist, daß diese Entwicklung nicht nur zu den beschriebenen Bürokratisierungs- und Disziplinierungstendenzen, sondern auch die Befreiung aus der »kirchenpolizeiliche[n] Kontrolle des Lebens des einzelnen« (Weber 1988a: 161) bewirkt hat, lehnt er eine totalisierende Kritik vom Schlage Adornos, der die »heraufziehende Katastrophe« auf eine »Katastrophe in den Anfängen« (Adorno ⁵1988: 317) zurückführt, strikt ab. Horkheimer und Adorno, bei denen das utopische Glücksversprechen einer Aufhebung dieser Tendenzen auf jeder Seite ihrer Schriften *ex negativo* mitschwingt, scheuen sich dagegen nicht, die ihrer Meinung nach kranken Wurzeln schonungslos offenzulegen, statt sich mit einer Kritik an einzelnen beklagenswerten Auswüchsen einer an sich begrüßenswerten Entwicklung zu begnügen.[45] An dieser Differenz zeigt sich die Verbundenheit der kritischen Theorie mit dem Marxschen Modell, das nicht auf Reform wie bei Weber, sondern auf Überwindung des kapitalistischen Getriebes ausgerichtet ist; wenn auch keineswegs mit der optimistischen Haltung Marxens, der das Proletariat als Avantgarde in eine neue Zeit hinübergleiten sah, vielmehr aufgehoben in der Idee eines versöhnten Zustandes, der freilich – darin folgt Adorno dem alttestamentarischen Bilderverbot (vgl. Adorno ⁵1988: 345; Habermas 1987: 165) – nicht ausgemalt werden darf. Webers Zeitdiagnose ist dagegen von einem »Fehlen alternativer Zukunftsmöglichkeiten« geprägt: »Denn wesentliche Züge des Kapitalismus, wie etwa die industrielle Organisation der Arbeit und die Bürokratie als Herrschaftsform, lassen sich in seinen Augen kaum mehr abschaffen« (Benhabib 1982: 131). Seine Betonung

45 Das wird auch an folgender, direkt auf Weber Bezug nehmenden Aussage Adornos deutlich: »Die von Weber mit offenem Schauder prophezeite Entwicklung der Bürokratie, der reinsten Form rationaler Herrschaft, in die Gesellschaft des Gehäuses ist irrational. Worte wie Gehäuse, Verfestigung, Verselbständigung der Apparatur und ihre Synonyma indizieren, daß die damit bezeichneten Mittel sich zum Selbstzweck werden, anstatt ihre Zweck-Mittel-Rationalität zu erfüllen. Das jedoch ist keine Entartungserscheinung, wie es dem bürgerlichen Selbstverständnis behagt.« (Adorno 1969: 185)

liegt nicht zufällig auf dem »Standhalten«, dem »Aushalten« und »Sich-Behaupten« gegenüber der kapitalistisch organisierten Moderne und nicht auf ihrer Überwindung und Abschaffung.

Im Gegensatz zu Weber, der die auf »Tat« (Weber 1988a: 203), »Entsagung« (ebd.) und »Selbstbegrenzung« (Weber 1988b: 494) gegründeten Prinzipien der calvinistischen Ethik, die die Pflicht gegenüber einer Sache über das Recht des einzelnen auf Glück stellt, auch als adäquate Lebensform unter den Bedingungen des bürokratischen Kapitalismus empfiehlt, sind in der kritischen Theorie Horkheimers und Adornos diese Attribute bereits Teil der Entfremdung, die das bürgerliche Subjekt nicht erst in der spätkapitalistischen Gesellschaft ereilt: »Die Geschichte der Zivilisation ist die Geschichte der Introversion des Opfers. Mit anderen Worten: die Geschichte der Entsagung. Jeder Entsagende gibt mehr von seinem Leben, als ihm zurückgegeben wird, mehr als das Leben, das er verteidigt.« (Horkheimer/Adorno 1971: 51) Odysseus ist für sie der Prototyp eines Selbst, »das immerzu sich bezwingt und darüber das Leben versäumt, das es rettet« (ebd. 1971: 52). Von Anfang an also ist für Horkheimer und Adorno die *Selbsterhaltung* nicht ohne die *Selbstverleugnung* zu haben. Damit verlängern sie die von Weber geschriebene Geschichte der Selbstbegrenzung und Selbstentsagung im Protestantismus bis in die Antike. Dennoch bestätigt Horkheimer in seiner dargebotenen Geschichte des Individuums auch Webers Diagnose der Bedeutung der Reformation und der asketischen Disziplin des Christentums für das Erstarken der Individualität (vgl. Horkheimer 1991: 145; IfS: 43, Fromm 1990: 36ff.; Marcuse ⁴1970: 59ff., 168). Obwohl der Einfluß der Kirche nicht zurückgeschraubt wurde, sondern sich sogar auf das von den gesellschaftlichen Institutionen der klassischen Antike noch unbesetzte »innere Leben« der Individuen ausdehnt, ging dies nach Horkheimer keineswegs zu Lasten – es trug vielmehr zum Erstarken der Individualität bei. Gerade die Versagung unmittelbarer Vergnügungen und Genüsse zugunsten langfristiger Interessen stärkt die »Qualitäten der Individualität« (Horkheimer 1991: 145). Das bürgerliche Individuum gerät mit dieser Verfolgung der eigenen Interessen nicht einmal zum Gegensatz des Kollektivs, sondern weiß sich als Teil eines Ganzen, das durch die Konkurrenz der verschiedenen Einzelinteressen zusammengehalten wird. Zwar fördert der bürgerliche Liberalismus damit letztlich die Konformität, da sich jeder einzelne der gleichen Tätigkeit – Handel und Tausch – und dem nämlichen Ziel – Erhaltung und Verteidigung des Eigentums – widmet. Damit wird die Monade in der Ära des freien Unternehmertums geradezu zum »sozialen Typus« (Horkheimer 1991: 145) erhoben, leistet der Liberalismus also der Atomisierung Vorschub. Dennoch verteidigt Horkheimer diese Phase des Kapitalismus mit dem Hinweis, daß die Individuen über alle Gräben hinweg immerhin durch die gemeinsame Orientierung am Eigennutz verbunden sind. Kurz: Die kritische Theorie hat ein zutiefst zwiespältiges Verhältnis zur bürgerlichen Gesellschaft und ihren Institutionen, das bei Marcuse folgendermaßen auf den Punkt gebracht wird: »Die bürgerliche Gesellschaft hat die Individuen befreit, aber als Personen, die sich selbst in Zucht halten sollen. Die Freiheit hing von Anfang an davon ab, daß der Genuß verpönt blieb.« (Marcuse 1965: 83)[46]

Heute dagegen, so Horkheimer und Adorno weiter, im Zeitalter der großen ökonomischen Verbände und der Massenkultur, wird die Konformität nicht mittels der gleichlautenden Interessen des einzelnen *erzeugt*, sondern zur Richtschnur des Verhaltens schlechthin, zum »Ideal per se« (ebd.: 145), *erhoben*. Dieser Art von Konformität gilt die Kritik der kritischen Theorie, nicht der Konformität, die sich aus den gleichlautenden Interessen des frühkapitalistischen Unternehmers ergibt. Eine aus dem Handeln der einzelnen heraus entstehende Konformität ist eben etwas anderes, so scheint Horkheimer sagen zu wollen, als eine von oben verordnete Konformität. An dieser Argumentation wird deutlich, was sich an zahlreichen von Adorno und Horkheimer kritisierten Kategorien aufzeigen ließe. Es sind die veränderten gesellschaftlichen Bedingungen, die »an sich« nicht verwerfliche Verhaltensmotive falsch werden und sogar in ihr Gegenteil umschlagen lassen. Das betrifft in meinen Augen auch die ambivalente Auffassung Adornos des Persönlichkeitsbegriffs, der ja auch schon bei Weber eine zentrale Rolle spielt.

Zunächst könnten die Differenzen kaum größer sein: Anders als Weber betont Adorno das Recht der Menschen auf Glück, das ihm von dem auf Funktionserfordernisse ausgerichteten Be-

---

46 Ähnlich notiert Foucault: »Natürlich konnte man die Individuen nicht befreien, ohne sie zu dressieren.« (Foucault [2]1997: 116)

trieb des Kapitalismus verwehrt wird. In Adornos Persönlichkeitsbegriff sind die leiblichen Bedürfnisse, etwa nach Ruhe und Abwesenheit von Pflicht, aber auch nach sexueller Befriedigung aufgehoben, wie überhaupt die mimetische Hingabe an die Natur in der Philosophie Adornos eine zentrale Rolle spielt[47], von der sich entfernt zu haben dagegen bei Weber einen notwendigen Schritt innerhalb des Rationalisierungsprozesses darstellt. Andererseits scheinen Weber und Adorno mit Goethe und Hegel darin übereinzustimmen, daß »das Subjekt zu sich selbst nicht durch die narzißtisch auf es zurückbezogene Pflege seines Fürsichseins« kommt, »sondern durch Entäußerung, durch *Hingabe* [Hervorh. von mir, M.S.] an das, was es nicht selbst ist« (Adorno 1969: 55; vgl. auch Adorno 1971: 118). Auch für Weber ist Hingabe und nicht das krampfhafte Kreisen um das eigene Ich die Voraussetzung zur Ausbildung einer Persönlichkeit. Allerdings geht es ihm dabei in erster Linie um die leidenschaftliche *Hingabe an eine Sache,* während es bei Adorno eher um die *Hingabe an eine geliebte Person* geht, »in der ein mimetisches Verhältnis zur Natur, eine hingebende Angleichung und Einpassung, die Stelle technischer Naturbeherrschung einnimmt« und »das Ich mit Natur versöhnt, ohne ihr anheimzufallen«, wie Habermas (1987: 165) diese zentrale Komponente in der Philosophie seines akademischen Lehrers auf den Punkt bringt.[48] Doch auch für

47 Allerdings muß man – zwar aus dem sicheren zeitlichen Abstand heraus, aber gleichwohl – hinzufügen, daß trotz dieser Plädoyers für den Anspruch des einzelnen auf Glück Adorno selbst eine ästhetische Theorie (vgl. Adorno 1973a) entwirft, die mit den Attributen Arbeit, Entsagung und Genußfeindschaft durchsetzt ist. So ist etwa, nach Adornos Diktum, derjenige, der Kunst genießt, schlicht ein Banause; wer als Maler noch mit schillernden Farben arbeitet, macht sich automatisch zum Schönredner einer pervertierten Welt, und wer nach Auschwitz Gedichte schreibt, ist – trotz der Lyrik Paul Celans – ohnehin verdächtig. Hinter alldem steht das Grundurteil: »Vergnügtsein heißt Einverstandensein« (Horkheimer/Adorno 1971: 130). Die Botschaft lautet also: Laßt alle Komik fahren, Humor hat angesichts der Katastrophen des 20. Jahrhunderts keinen Platz mehr. Adorno hat mit diesen und ähnlich apodiktischen Urteilen – wider Willen – eine zutiefst lebensfeindliche Philosophie des schlechten Gewissens geschrieben, die – kontraintuitiv – fortwährend und in mannigfacher Ausführung die Erkenntnis verbreitet – und es damit auch zuläßt –, daß der Faschismus am Ende doch noch gesiegt hat. George Taboris Theaterstücke beispielsweise zeigen dagegen, daß auch andere Umgangsweisen mit diesem Trauma möglich sind.
48 Noch deutlicher ist die Nähe zu Weber bei Horkheimer (1972a: 169), wenn er schreibt: »Gebildet wird man nicht durch das, ›was man aus sich selbst

diese Auslegung einer Hingabe des Individuums *an das, was es nicht selbst ist*, gibt es in Webers Persönlichkeitsmodell eine deutliche Parallele. Denn für ihn ist die »Grenzenlosigkeit der Hingabe« in der »erotische[n] Beziehung« allem »Sachlichen, Rationalen, Allgemeinen so radikal wie möglich entgegengesetzt«, so daß »der Liebende [...] den kalten Skeletthänden rationaler Ordnungen ebenso völlig entronnen« ist »wie der Stumpfheit des Alltags« (Weber 1988a: 561f.).[49]

In beiden Versionen also stellt die Hingabe, sei es in der einen oder sei es in der anderen Form, gerade nicht die Anpassung an die kapitalistische Gesellschaft und die von ihr diktierten Lebensbedingungen, sondern einen Akt des Opponierens und der Verweigerung, ja des Widerstands dar. Doch mit dieser Parallele sind die grundsätzlichen Differenzen zwischen beiden Persönlichkeitstheorien keineswegs beseitigt. Denn während Adorno sich mit dieser Vorstellung von Persönlichkeit explizit an Humboldts Ideal der allseits gebildeten Persönlichkeit[50] anschließt, das er nicht aufgeben will zugunsten »der gesellschaftlichen Forderung nach Fachmenschentum« (Adorno 1969: 55), plädiert Weber umgekehrt für die Beschränkung auf Facharbeit und den »Verzicht auf die faustische Allseitigkeit des Menschentums« (Weber 1988a: 203). Weber sieht im Fachmenschentum eine den Erfordernissen der Zeit gemäße Art der Lebensführung. Er paßt damit das Ideal einer innenorientierten Lebensführung an die Bedingungen des berufsbezogenen Lebens an, ohne damit jedoch das Ideal der Persönlichkeit gänzlich verabschieden zu wollen. Er meint es vielmehr dadurch zu retten, daß er es von seinen romantischen Einsprengseln befreit und es entsprechend den Erfordernissen der Zeit ausrichtet (vgl. Weber 1988b: 132; dazu Schluchter 1996). Nach Adorno (1969: 55) dagegen steht fest:

macht‹, sondern einzig in der *Hingabe an die Sache*, in der intellektuellen Arbeit sowohl wie in der ihrer selbst bewußten Praxis. Nicht anders als in dem Eingehen in sachliche Arbeit vermag das Individuum über die Zufälligkeit seiner bloßen Existenz hinauszukommen.« Auch er bezieht sich dabei auf Humboldt, Schleiermacher, Herder, Schiller, Goethe und Hegel.

49 Webers Persönlichkeitsbegriff ist um den Begriff der Selbstbegrenzung zentriert, während es Adorno tendenziell immer auch um Selbstüberschreitung geht. In dieser Hinsicht ist seine Position der Foucaults ähnlich, worauf ich noch ausführlich eingehen werde.

50 Vgl. dazu auch Horkheimer (1972a: 169): »Wenn man kritisiert, dann soll man auch wissen, daß die Kritisierten zuweilen nicht anders können.«

»Der Begriff Persönlichkeit ist nicht zu retten.« Freilich hat dies weniger damit zu tun, daß das Ideal falsch wäre, als daß die gesellschaftlichen Bedingungen für die Ausbildung einer Persönlichkeit nicht mehr gegeben sind und der Ruf nach Persönlichkeiten damit falsch *wird*: »Der soziale Raum, der die Entfaltung einer Persönlichkeit selbst im fragwürdigen Sinn ihrer selbstherrlichen Souveränität gestattete, existiert nicht mehr, wahrscheinlich nicht mal mehr auf den Kommandohöhen von Geschäft und Verwaltung.« (Adorno 1969: 54) Angesichts dieser gesellschaftlichen Situation müssen Aufrufe an die deklassierte Bevölkerung, sich zur Persönlichkeit heranzubilden – darin sind sich Horkheimer (1991: 137) und Adorno (1969) einig –, als Verhöhnung ihrer prekären Lage empfunden werden. »Primitive« ebenso wie Kinder und arme, sozial niedriggestellte Menschen zeichnen sich ohnehin schon durch eine »verkümmerte Individualität« aus und sind sich ihrer Identität oft eher ungewiß, meint Horkheimer (1991a: 136). Eine Diagnose, die Adorno noch zu der Aussage steigert: »Bei vielen Menschen ist es bereits eine Unverschämtheit, wenn sie Ich sagen.« (Adorno 1989: 57) Freilich ginge man fehl in der Annahme, dies als Aussage einer elitären intellektuellen Minderheit über das individuelle Versagen einer dumpfen Masse zu verstehen. In den Augen Adornos und Horkheimers geht der Mangel an Persönlichkeiten nicht auf individuelles Versagen zurück, sondern auf die gesellschaftlichen Verhältnisse, die dafür sorgen, daß nur wenige zur Ausbildung von Individualität bzw. einer Persönlichkeit noch in der Lage sind: »Individualität setzt freiwillige Opfer unmittelbarer Befriedigung voraus zugunsten von Sicherheit, materieller und geistiger Erhaltung der eigenen Existenz. Sind einem die Wege zu einem solchen Leben versperrt, so hat er wenig Anreiz, sich momentane Freuden zu versagen.« (Horkheimer 1991: 137, vgl. auch ebd.: 121)

Mit anderen Worten: Nur wer für den Verzicht auf unmittelbare Bedürfnisbefriedigung entsprechende Entschädigungen erhält, vermag die Motivation für Enthaltung und Askese aufzubringen. Wem solcherlei Belohnung nicht in Aussicht steht, dem kann man seine mangelnde Bereitschaft zum Verzicht kaum vorwerfen. Mit diesem Hinweis soziologisieren Horkheimer und Adorno gewissermaßen das Persönlichkeitsmodell, indem sie auf die unterschiedlich verteilten sozialen Chancen verweisen, einem solchen Ideal entsprechen zu können. Gegen eine Kulturkritik, die dem einzelnen eine asketische Lebensführung als Gegenmittel für die Kapitulation vor dem Konsumrausch und dem Erlebnishunger verschreiben will (vgl. Gehlen 1961: 66 ff.), führen Adorno und Horkheimer die ungleich verteilte Belohnung für diese Zurückhaltung ins Feld, die auf seiten der Deklassierten die Motivation für die Zurückhaltung erst gar nicht aufkommen läßt. Für Adorno läuft die von Weber präferierte, *homöopathische* Lösung, die Härte mit Härte beantworten will, letztlich auf eine »Identifikation mit dem Angreifer« (Adorno 1969: 185) hinaus, was er nicht zufällig Weber wie Gehlen vorwirft.[51] Adorno setzt dagegen eher auf eine *allopathische* Widerstandsstrategie, die der Verhärtung der Zustände mit einer – wenn auch negativistisch verklausulierten – Beschwörung der den Individuen noch gebliebenen Restressourcen an Spontaneität und Lebendigkeit begegnen will. Angesichts der gegenwärtigen Situation steht jedoch für Adorno so gut wie für Horkheimer (1991: 128) unzweifelhaft fest: »Die überwältigende Mehrheit der Menschen hat keine ›Persönlichkeit‹.« Dennoch ist dieser Nachweis der historischen Degeneration der Persönlichkeit in der spätkapitalistischen Gesellschaft und des Zynismus derer, die ausgerechnet denen, die ohnehin um alles betrogen werden, auch noch einen asketischen Lebensstil aufdrängen wollen, nicht das letzte Wort Adornos zum Thema Persönlichkeit. Denn sowenig einerseits der Ruf nach Persönlichkeit noch dem gegenwärtigen Stand der gesellschaftlichen Entwicklung entspricht, so sehr besteht er darauf, daß andererseits die im Persönlichkeitsideal stets mitgedachten Momente von »Autonomie, Freiheit, Widerstand« (Adorno

---

51 Für Adorno (1971: 96) hat sich die Erziehung zur Härte spätestens seit dem Nationalsozialismus diskreditiert: »Ich erinnere daran, daß der fürchterliche Boger während der Auschwitz-Verhandlung einen Ausbruch hatte, der gipfelte in einer Lobrede auf Erziehung zur Disziplin durch Härte. [...] Dies Erziehungsbild der Härte, an das viele glauben mögen, ohne darüber nachzudenken, ist durch und durch verkehrt. Die Vorstellung, Männlichkeit bestehe in einem Höchstmaß an Ertragenkönnen, wurde längst zum Deckbild eines Masochismus, der – wie die Psychologie dartat – mit dem Sadismus nur allzu leicht sich zusammenfindet. Das gepriesene Hart-Sein, zu dem da erzogen werden soll, bedeutet Gleichgültigkeit gegen den Schmerz schlechthin. [...] Wer hart ist gegen sich, der erkauft sich das Recht, hart auch gegen andere zu sein, und rächt sich für den Schmerz, dessen Regung er nicht zeigen durfte, die er verdrängen mußte.« Im letzten Kapitel haben wir gesehen, wie sehr gerade Webers Haltung sich auf eben dieses »Ertragenkönnen« gründet.

1969: 56) unbedingt zu retten sind. Der Begriff mit seinen klassischen Konnotationen ist für Horkheimer und Adorno dagegen tatsächlich nicht aufrechtzuerhalten. Die Vorstellung einzelner großer Persönlichkeiten, die die Geschicke der Menschheit bestimmen, gilt ihnen ohnehin als Ideologie, womit sie wiederum in Gegensatz zu Webers Auffassung geraten, der die kommenden Herausforderungen durchaus in die Hände einiger heroischer, charismatischer Einzelpersönlichkeiten gelegt sehen wollte (vgl. Mommsen 1974b: 131, 142). Damit hatten Horkheimer und Adorno – gegenüber Weber um einige Erfahrungen mit »großen Führerpersönlichkeiten« bzw. denen, die sich dafür hielten, reicher – nun wahrlich nichts mehr im Sinn. Für Adorno gilt es vielmehr vor allem an jenem Bedeutungsgehalt des Persönlichkeitsbegriffs festzuhalten, der die »Kraft des Einzelnen, nicht dem blind über ihn Ergehenden sich anzuvertrauen, ebenso blind ihm sich gleichzumachen« (Adorno 1969: 56), betont. Kurz und gut: Adorno verabschiedet den Persönlichkeitsbegriff, um ihn auf eine neue Stufe zu überführen und damit im Hegelschen Sinn »aufzuheben« – das eben ist Dialektik.

An Horkheimers und Adornos Thematisierung der Persönlichkeit wird deutlich: Bei aller Finsternis in der Diagnose über Gegenwart und Zukunft des modernen Kapitalismus – wenn es darum geht, die Verhältnisse zu verändern, setzen Horkheimer und Adorno auf der einen und Weber auf der anderen Seite, bei aller Skepsis hinsichtlich seiner realen Überlebenschancen, dennoch auf das Individuum. Obwohl »Persönlichkeit« bei ihnen im einzelnen durchaus verschieden gefüllt und verstanden wird, gilt sie ihnen übereinstimmend als Garant des Widerstands gegen die sich verhärtenden Strukturen einer total verwalteten Welt, die dem einzelnen keinerlei Spielraum mehr zu lassen droht. In nuce zeigt sich in dieser Auffassung der Persönlichkeit noch einmal Horkheimers und Adornos Bestimmung des Individuums für die Gegenwart, die sie immer wieder durchspielen: der dialektische Zusammenhang zwischen der historischen Verunmöglichung von Individualität und ihrer hin und wieder aufscheinenden (mimetischen) Potentiale. Auf der einen Seite hat die »integrale(n)« (Adorno 1979: 18) bzw. »funktionale Gesellschaft« (ebd.: 89) derart über die Menschen triumphiert, daß sie zu keinerlei Gegenwehr mehr in der Lage sind: »Es bedürfte der lebendigen Menschen, um die verhärteten Zustände zu verändern, aber diese haben sich so tief in die lebendigen Menschen hinein, auf Kosten ihres Lebens und ihrer Individuation, fortgesetzt, daß sie jener Spontaneität kaum mehr fähig scheinen, von der alles abhinge.« (Adorno 1979: 18) Das ist die vorherrschende, die Auffassung der kritischen Theorie kennzeichnende Diagnose des Individuums unter spätkapitalistischen Bedingungen. Auf der anderen Seite aber bricht sich ab und zu ein Funken Hoffnung Bahn durch ihre nicht mehr nur trüben, sondern tiefschwarzen Bilder[52] vom Leben unter den Bedingungen einer totalitären Massengesellschaft. Etwa dann, wenn Horkheimer (1991: 163) notiert: »Niemand kann mit Sicherheit voraussagen, daß diesen zerstörerischen Tendenzen in absehbarer Zeit Einhalt geboten wird. Jedoch nimmt das Bewußtsein davon zu, daß der auf dem Individuum lastende unerträgliche Druck nicht unvermeidlich ist.« Oder wenn Adorno – allerdings erst gut zwanzig Jahre später – anläßlich der Anfänge der 68er Studentenrevolte ähnlich notiert: »Erst in jüngster Zeit werden Spuren einer Gegentendenz gerade in verschiedensten Gruppen der Jugend sichtbar: Widerstand gegen blinde Anpassung, Freiheit zu rational gewählten Zielen, Ekel vor der Welt als Schwindel und Vorstellung, Eingedenken der Möglichkeit von Veränderung. Ob demgegenüber der gesellschaftlich sich steigernde Destruktionstrieb doch triumphiert, wird sich weisen.« (Adorno 1979: 368) Doch bleiben – alles zusammengenommen – solche Hinweise marginal angesichts des Ausmaßes an Beschreibungen, die den totalen Verblendungszusammenhang, die völlige Ausweglosigkeit und den »mittlerweile evidente[n] Verfall von Individualität« (Adorno 1988: 344) konstatieren. Die zunächst methodisch begründeten Übertreibungen (vgl. Adorno 1971: 23) in ihren Diagnosen sind ihnen dabei unter der Hand zu Aussagen über den tatsächlichen Zustand der gegenwärtigen Welt geraten, zu endgültigen Aussagen über das nicht mehr abwendbare Los der Geschichte. Damit aber sind sie am Ende ihrem eigenen Prinzip auf den Leim gegangen. Sie nahmen selbst mehr und mehr für bare Münze, was sie zunächst als heuristisches Prinzip, als Stilmittel, in ihre

52 Vgl.: »In der ›Dialektik der Aufklärung‹ von Horkheimer und Adorno, die in seinen [Max Webers, M.S.] Fußspuren argumentieren, schlägt die Bewertung um und durch. Hier herrscht finsterste Finsternis (so daß man sich manchmal fragt, wie die Autoren überhaupt sehen konnten, was sie zu erkennen glauben).« (Beck: 1993b: 48)

Texte eingebaut hatten: den totalen Verblendungszusammenhang, den ganz und gar negativen Weltzustand, aus dem kein Weg mehr herausführt.

Halten wir zusammenfassend fest: Adornos und Horkheimers These vom Ende des Individuums knüpft ganz offensichtlich an die von Weber beschriebenen Gefahren für die individuelle Freiheit an. Auch sie sehen das Leben einer autonomen Persönlichkeit durch soziale Kontrollen, zunehmende Bürokratisierung und die Herrschaft der Organisationen stark gefährdet. Statt eines innerlich gefestigten, starken Ich bringt die spätkapitalistische Gesellschaft nur noch sich absolut konform verhaltende, außengeleitete Sozialcharaktere hervor, die sich reflexhaft den jeweils vorherrschenden Umständen bedingungslos anpassen. Sich anzupassen, sich der Logik der kapitalistischen Tauschgesellschaft ohne Widerstand zu ergeben, das ist eine von Horkheimer und Adorno ebenso kritisierte Haltung wie von Weber. Adorno und Horkheimer teilen Webers Kritik an jenen Zeitgenossen, die dem »stahlharten Gehäuse« nichts entgegenzusetzen haben, die zu schwach und zu feige sind und sich deshalb lieber anpassen oder die Flucht antreten zurück in den Schoß der aufnahmebereiten Kirchen oder sich mit allerlei Vergnügungen ablenken. Allerdings fehlt ihnen m. E. der Tonfall der Verachtung, mit dem Weber jene straft, die sich dem Schicksal nicht *mannhaft* entgegenstellen, sondern feige entziehen.[53] Ihr fortwährender Angriff auf die Anpassung läßt keinen Zweifel daran, daß sie die Individuen als verführbare Opfer sehen, die gar nicht anders

---

53 Ähnlich wie bei Weber der »gewöhnliche Mensch‹ die Spannung zwischen den verschiedenen Wertsphären gar nicht bemerkt und sich statt dessen dem *Verflachenden des Alltags* hingibt, wird etwa auch in Fromms Analysen die wachsende »Isolierung und Ohnmacht des einzelnen [...] vom normalen Durchschnittsmenschen nicht bewußt wahrgenommen. Dazu ist es zu anstrengend. Er überdeckt es mit der Routine seiner Alltäglichkeit, mit der Bestätigung und Anerkennung, die er in seinen privaten und gesellschaftlichen Beziehungen findet, mit seinem geschäftlichen Erfolg, mit allen möglichen Zerstreuungen, damit, daß er sich amüsiert, daß er Bekanntschaften schließt und ›ausgeht‹.« (Fromm 1990: 101) Fromm zufolge gibt es angesichts der Isolation, der Einsamkeit, Angst und Unruhe der Menschen verschiedene Fluchtwege, die es ihm ermöglichen, vor »der Last der ›Freiheit von‹« zu fliehen, d. h., »wenn es ihm nicht gelingt, von der negativen zur positiven Freiheit zu gelangen« (ebd.). Dabei unterscheidet er zwischen der »Flucht in die Unterwerfung« unter einen Führer, wie es in faschistischen Ländern geschieht, und der »zwanghaften Konformität« (ebd.: 102).

können (vgl. Horkheimer 1991: 157). Für Horkheimer »haben diejenigen, die zu schwach sind, sich der Realität entgegenzustellen, keine andere Wahl, als sich auszulöschen, indem sie sich mit ihr identifizieren« (Horkheimer 1991: 123). Sie für diesen Zustand auch noch verantwortlich machen zu wollen wäre in ihren Augen zynisch. Nicht in den Individuen selbst, sondern in den gesellschaftlichen Umständen die Ursache für den Verfall von Individualität zu vermuten macht für Adorno zugleich den Unterschied zwischen der Kulturkritik im Sinne der kritischen Theorie und reaktionärer Kulturkritik aus (vgl. Adorno 1989: 196).

Daß jedoch auch in dieser Haltung letztlich eine Art von Verachtung liegt, entzog sich offenbar ihrem großbürgerlichen Blick auf die Individuen und ihr bevorstehendes Schicksal. Die eigentümliche Mischung aus kompromißloser Verteidigung des bürgerlichen Subjekts und großbürgerlicher Verachtung der *Massen*individualisierung, die die Haltung Horkheimers und Adornos charakterisiert, führt zu unübersehbaren Widersprüchen in ihrer Argumentation. So heißt es bei Horkheimer einerseits: »Weil die moderne Gesellschaft eine Totalität ist, beeinträchtigt der Niedergang der Individualität die niederen ebenso wie die höheren sozialen Gruppen, den Arbeiter nicht weniger als den Geschäftsmann« (Horkheimer 1991: 148). Andererseits scheinen sie davon auszugehen, daß Individualität von oben nach unten verteilt ist, weshalb sich der Niedergang zuerst in den unteren Schichten zeigt. So geht Horkheimer etwa davon aus, daß bei den »Eingeborenen« und den »Negern« das Bewußtsein der eigenen Individualität und die Erkenntnis der eigenen Identität ebenso schwach ausgeprägt sind wie bei den »Personen unterdrückter sozialer Klassen« (Horkheimer 1991: 136, 137). Je »höher« man in der von der kritischen Theorie angenommenen stratifikatorisch organisierten Gesellschaft kommt, desto mehr Individualität und Persönlichkeit trifft man (noch) an. Daran erweist sich nicht zum letzten Mal, daß die selbsternannten Anwälte der unterdrückten Individuen ihren eigenen bildungsbürgerlichen Horizont zum Maßstab nehmen, anhand dessen sie die erreichten Grade an Individualität feststellen zu können glauben. Ihren eigenen Standpunkt selbstreflexiv zu durchschauen als abhängig von ihrem angehäuften sozialen, ökonomischen und kulturellen Kapital (vgl. Bourdieu 1983), davon sind sie weit entfernt. Entgangen ist ihnen in ihren Analysen ebenfalls, daß sie mit ihren Kategorien die randständige Lage der Deklassierten selbst noch einmal festschreiben und so verdoppeln. Es ist (immer) auch diese Beschreibung ihrer Lage, die mit dazu beiträgt, daß ihnen die Möglichkeit, Individuen zu sein, verwehrt wird. Unter dem Verdikt eines vom Idealismus vorgegebenen Individualitätsbegriffs erscheinen alle anderen als bloße Schwundstufen. Wer an das zum Vorbild erhobene Ideal nicht heranreicht, kann kein Individuum sein, so lautet das apodiktische Urteil – wenngleich es stets nur gebrochen aufgenommen wird durch den Hinweis auf das Stück Ideologie, das dem Ideal immer schon anhaftet. Welche *anderen* Möglichkeiten der Entfaltung von Individualität sich diesen Personen eröffnen bzw. welche sie selbst kreieren, kann bei einem solchen einseitigen Verständnis von Individualität gar nicht erst in den Blick geraten. Die selbst ernannten Anwälte des Individuums haben sich für seine tatsächlichen – aber womöglich quer zu ihrem eigenen sozialen Hintergrund liegenden – Möglichkeiten letztlich auch gar nicht interessiert. Ob der selbst verschriebene Negativismus dafür nur die willkommene Legitimation darstellt oder aber die *tatsächliche* Grenze ihres theoretischen Blicks ausmacht, spielt dabei keine Rolle. So oder so ergeben sich daraus die Sackgassen, in die sich die Vertreter der kritischen Theorie und ihre Anhänger selbst hineinmanövriert haben.

3. Individualisierung und Disziplinierung – Michel Foucault

Einleitung

Michel Foucaults Arbeiten spielen bisher in der Diskussion um Individualisierung kaum eine Rolle. Das ist einigermaßen erstaunlich, denn gerade er hat sich über alle Phasen seines Schaffens hinweg mit Fragen der Konstitution des modernen Individuums beschäftigt. In *Die Geburt der Klinik* (Foucault 1988) untersucht er das gleichzeitige Auftauchen des Individuums und des Todes im wissenschaftlichen Diskurs der Medizin: »Es ist von entscheidender Bedeutung für unsere Kultur, daß ihr erster wissenschaftlicher Diskurs über das Individuum seinen Weg über den Tod nehmen mußte.« (Ebd.: 207) Geburt und Zerstörung des Individuums liegen also auf *einer* Erfahrungsachse. Dieser Zusammenhang wiederholt sich auch im nächsten Buch: In *Die Ordnung der Dinge* (Foucault 1991d) geht es um die epistemologische Konstituierung des Menschen durch die modernen Humanwissenschaften und seine Inthronisierung als Subjekt wie um das Verschwinden des Menschen und den Tod des Subjekts. Die gleichen Wissenschaften (Biologie, Politische Ökonomie und Philologie), die den Menschen als lebendes, arbeitendes und sprechendes Subjekt entdecken, sind es auch, die ihn schließlich wieder von der Bühne abtreten lassen. Im Mittelpunkt der *Archäologie des Wissens* (Foucault 1990b) steht die Problematisierung der Urheberschaft von Texten durch einen »Autor« und die Beschreibung autonomer Diskurs- und Wissensformationen. In *Überwachen und Strafen* (Foucault 1977a) und *Der Wille zum Wissen* (Foucault 1991a) wird aufgezeigt, daß das moderne Individuum nicht durch Macht unterdrückt und in seinem Bewegungsspielraum behindert, sondern durch verschiedene Machttechniken erst geschaffen wird. *Der Gebrauch der Lüste* (Foucault 1991b) und *Die Sorge um sich* (Foucault 1991c) schließlich handeln davon, wie sich in der antiken Lebenskunst die Menschen durch individuelle Selbstverhältnisse selbst zu Subjekten formen.

In all diesen Arbeiten interessiert Foucault die *eine* Frage, wie sich Individuen in unterschiedlichen Gesellschaften auf unterschiedliche Weise konstituieren. Insofern bedient er sich einer ganz und gar soziologischen Vorgehensweise, die nach den gesellschaftlichen Konstitutionsbedingungen von Individualität sucht, ohne sich mit der Annahme eines außerhalb der Gesellschaft existierenden Individuums zu belasten. Um so erstaunlicher ist es deshalb, daß seine Arbeiten von Soziologen bis auf wenige Ausnahmen[54] kaum zur Kenntnis genommen worden sind. Nicht jeder der verschiedenen Bearbeitungsweisen des Themas will ich auf den folgenden Seiten nachgehen. Vielmehr werde ich mich auf die machtanalytischen Schriften und das Spätwerk, das sich dem antiken Konzept der Selbstsorge zuwendet, konzentrieren. Doch zuvor möchte ich auf eine weitere, eher verbor-

54 Zu diesen Ausnahmen rechne ich insbesondere die Arbeiten von Breuer (1987), Fink-Eitel (1980), Hahn (1982, 1991b), Honneth (1989) und Kneer (1996), die zu einer – wenn auch immer noch eher zurückhaltenden – Rezeption Foucaults innerhalb der Soziologie beigetragen haben.

gene Affinität des Foucaultschen Werkes zum Thema Individualität aufmerksam machen. In seinen Arbeiten hat Individualismus, Individualität und Individualisierung nicht nur als Thema seinen Ort. Vielmehr schlägt es sich auch in der Weise der Darstellung, der Produktion seiner Texte nieder. Seine zahlreichen theoretisch-methodischen Wege, die er beschritten und wieder verlassen hat, um andere zu erproben, sind nicht zuletzt der Ausdruck eines radikal individualistischen Programms, das sich von keinerlei »Schubladendenken«, Kontinuitätserwartungen und Identitätsschablonen gefangennehmen lassen möchte. Niemand hat radikaler als er mit den gängigen Erwartungen hinsichtlich eines in sich kohärenten Werks mit einer kontinuierlich entfalteten Fragestellung gebrochen. Ganz im Sinne eines postmodernen Verständnisses von Identität und Individualität hat Foucault nicht sein Leben lang an der Ausführung eines einheitlichen Programms und der Selbstvervollkommnung eines einheitlichen Selbst gearbeitet, sondern sich die Freiheit genommen, immer wieder neu anzufangen. Ohne Rücksicht auf die zuvor aufgestellten Thesen und behandelten Themen nimmt er eine Frage unter anderen Gesichtspunkten wieder auf, auch wenn dies zu Ergebnissen führt, die im Widerspruch zu den vorhergehenden stehen. Foucault kann man durchaus attestieren, daß er tatsächlich immer wieder versucht hat, anders zu denken und ein anderer zu werden, als er es zuvor war. Gerade er, der sich so vehement gegen Einordnungen seiner Gedanken in vorhandene Kategorien gewehrt hat, war nicht geneigt, sich von den eigenen früheren Arbeiten Fesseln anlegen zu lassen. Die von Texten Foucaults ausgehende Faszination scheint nicht zuletzt auf diesem *work in progress*, auf den verschlungenen Wegen und wechselnden Richtungen, die er eingeschlagen hat, und auf dem offenen Bekenntnis zu Fehlern, Irrungen und Wirrungen zu beruhen. Der Leser nimmt Teil an diesem als Erfahrungsprozeß konzipierten Werk und macht dabei selbst Erfahrungen. Immer wieder hat Foucault Pläne geschmiedet und dann verworfen, Positionen modifiziert und revidiert, in Frage gestellt und von Fall zu Fall, je nach Anlaß und Gesprächspartner, ausgerichtet. Die Irritationen, die dies bei vielen seiner Leser hervorgerufen hat, geben nicht zuletzt Auskunft über die institutionalisierten Erwartungen an eine intellektuelle, professoral abgesicherte Karriere und einen Werkzusammenhang. Es ist wohl kaum übertrieben zu sagen, daß Foucault diesen Erwartungen nicht nur widersprochen, sondern auch mit ihnen gespielt hat. Damit hat er oftmals wie nebenbei auf scheinbar Selbstverständliches, eigentlich aber höchst Voraussetzungsreiches hingewiesen, etwa auf die Rolle des Autors. Der als »Fuchs« titulierte Foucault kommt mir deshalb oft eher wie ein Till Eulenspiegel vor, der ebenso listenreich wie durchtrieben seinen Zuhörern und Lesern, der Öffentlichkeit und der Gesellschaft den Spiegel vorhält, böse Streiche spielt und immer dann, wenn man glaubt, ihn dingfest machen zu können, sich schon längst dort nicht mehr aufhält, wo man vermutet hatte, sondern plötzlich an ganz anderer Stelle wieder auftaucht, um uns zu sagen: Seht her, in diesen Denkschemata und Verhaltensmustern habt ihr euch verfangen, wie selbstverständlich erscheinen sie euch, bleischwer senken sie sich auf eure Vorstellungskraft, dabei geht es auch anders; so voraussetzungsreich ist, was euch so selbstverständlich erscheint, durchaus anderes wäre möglich, was so scheinbar alternativlos daherkommt. Kurz und gut: Kaum jemand hat so wie Foucault Text und Leben miteinander verknüpft, so daß etwa seine politischen Erfahrungen nicht ohne Einfluß auf sein Werk, seine philosophischen Studien nie ohne Auswirkungen auf seine öffentlichen Parteinahmen in dieser oder jener Frage geblieben sind.[55]

Ich werde im folgenden zunächst Foucaults Machtanalytik vorstellen und dabei zeigen, wie nah er in dieser Phase den Thesen der frühen kritischen Theorie kommt. Einerseits scheint das Individuum ganz und gar von den Überwachungs- und Disziplinierungspraktiken gefangengenommen, doch andererseits fahndet er nach den dem Individuum möglichen Widerstandsmög-

---

55 So daß er zu Recht sagen kann: »Meine Werke sind Teil meiner Biographie.«
(Foucault u.a. 1993: 17) Dabei sind freilich die Versuche, sich aus dem Wissen um seine homosexuellen und sadomasochistischen Neigungen eine Interpretationsfolie für sein gesamtes Werk zurechtzubiegen, wie in manch unsäglichen Populärbiographien (vgl. Miller 1993) geschehen, so absurd wie die ebenso unsäglichen Franz-Kafka-Interpretationen, die in jeden seiner Texte einen Vaterkonflikt hineinlesen wollen. In beiden Fällen wird *ein* Aspekt unter vielen Aspekten eines Lebens, *ein* Motiv von vielen in einem umfassenden Werk herausgenommen und daraufhin gnadenlos zurechtgebogen, so als gäbe es einen Generalschlüssel zu den verschiedenen, oft schwer zugänglichen Texten. Wenn man sich Foucault schon auf biographischem Wege nähern will, dann doch lieber mit der vergleichsweise behutsamen Biographie von Eribon (1993).

lichkeiten. In einem zweiten Schritt wende ich mich seinen Arbeiten über das antike Konzept der Selbstsorge zu, das es den Individuen erlaubt haben soll, sich selbst aufgrund verschiedener Praktiken zu konstituieren. In einem dritten Schritt schließlich möchte ich auf den Zusammenhang eingehen, den dieses Selbstsorgekonzept mit seiner Analyse des Disziplinarindividuums aufweist. In meinen Augen sind die keineswegs als Rückzug ins Private mißzuverstehenden Texte auch als mögliche Widerstandsstrategie gegen die sich verhärtende Kontrollgesellschaft zu lesen. In dieser Phase gibt es deshalb nicht zufällig deutliche Parallelen zu Max Webers Konzept der Lebensführung, das ja ebenfalls als Gegenmittel zu einem drohenden Gehäuse der Hörigkeit konzipiert ist, wie ich weiter oben ausführlich gezeigt habe.

Von der Herstellung des Disziplinarindividuums: Foucaults Analytik der Macht

Nachdem Foucault sich in seinen vorangegangenen Arbeiten eingehend mit dem Ausschluß des Wahnsinns aus dem Vernunftdiskurs der Aufklärung (*Wahnsinn und Gesellschaft*, Foucault 1989), dem Erscheinen und Verschwinden des Menschen im wissenschaftlichen Diskurs der Moderne *(Ordnung der Dinge*, Foucault 1991d) und verschiedenen diskursiven Ausschließungssystemen (*Die Ordnung des Diskurses*, Foucault 1991e) beschäftigt hat, wendet er sich spätestens seit den siebziger Jahren dem Thema Macht zu. In *Überwachen und Strafen* (Foucault 1977a), *Der Wille zum Wissen* (Foucault 1991a) und den zahlreichen Interviews und Vorlesungen aus dieser Zeit, die in *Mikrophysik der Macht* (Foucault 1976) und *Dispositive der Macht* (Foucault 1978) zusammengestellt sind, versucht er sich an einem gänzlich neuen Machtbegriff, der den gängigen Machttheorien in mehrfacher Hinsicht widerspricht. Schon den Begriff »Theorie« lehnt er für sein Verständnis von Macht ab. Statt eine *Theorie* der Macht ausarbeiten zu wollen, gehe es ihm darum, ein Analyseraster zu entwickeln, mit dessen Hilfe die vielfältigen Machtbeziehungen in einer Gesellschaft adäquat erfaßt werden können. Eine allgemeine Macht*theorie* dagegen wird nach Foucaults Verständnis immer gezwungen sein, Macht als etwas zu behandeln, was zu einer bestimmten Zeit und an einem bestimmten Ort erstmalig auftaucht und fortan eine Kontinuität zeigt, die es nahelegt, von so etwas wie *der* Macht zu sprechen – eine Vorstellung, von der Foucault weit entfernt ist: »Niemals darf sich die Ansicht einschleichen, daß *ein* Wissen oder *eine* Macht existiert – oder gar *das* Wissen oder *die* Macht, welche selbst agieren würden. Wissen und Macht – das ist nur ein Analyseraster.« (Foucault 1992a: 33) Deshalb entfaltet er keine *Theorie*, sondern eine *Analytik* der Macht, die es ermöglichen soll, Macht nicht als Substanz, sondern als »ein offenes, mehr oder weniger [...] koordiniertes Bündel von Beziehungen« (Foucault 1978: 126) zu behandeln.[56]

Insgesamt enthält Foucaults Begriff von Macht, den er bereits in einer 1973 gehaltenen Vorlesung vorstellt, vier Besonderheiten, die sich von herkömmlichen Ansätzen unterscheiden: Macht ist nicht eindeutig lokalisierbar und nicht identisch mit den Staatsapparaten und politischen Institutionen; sie ist weder das Eigentum einer bestimmten Klasse, noch ist sie an eine bestimmte Produktionsweise geknüpft, und schließlich wirkt sie nicht bloß repressiv, sondern auch produktiv (vgl. Foucault 1976: 114 ff.).

Die entscheidende Stoßrichtung seines Machtverständnisses gilt also der Verlagerung des Blickwinkels auf die Mikroebene der Gesellschaft. Damit ist jedoch keineswegs gesagt, daß eine Analyse der Machtstrukturen auf der Makroebene, also der Staatsapparate, Institutionen und Organisationen, überflüssig wäre. Aber eine solche Makrotheorie ist in seinen Augen letztlich unzureichend, weil sie zu grobmaschig angelegt ist.[57] Wich-

---

56 Entscheidend für die Zurückweisung einer *Theorie* der Macht ist letztlich die darin verborgene Vorstellung einer linearen Gesellschaftsentwicklung, die Foucault am Beispiel von Boulainvilliers und Rousseau ablehnt: »Beide gehen von einem Urzustand aus, in dem alle Menschen gleich sind, und dann – was passiert dann? Ein Einbruch der Geschichte für den einen, das mythisch-juridische Ereignis für den anderen – was auch immer man bevorzugt, stets läuft es so: von irgendeinem Zeitpunkt an haben die Leute keine Rechte mehr gehabt, und die Macht war da.« (Foucault 1978: 126)

57 Dem Mißverständnis, daß die Analyse der Mikrostrukturen der Macht mit einer Leugnung moderner Herrschaftsstrukturen einhergeht, sitzt Michael Walzer (1991: 279) auf, wenn er behauptet: »Foucault scheint die Existenz eines Diktators, einer Partei oder eines Staates, die den Charakter von Disziplinierungsinstitutionen verwandeln, prinzipiell zu bezweifeln. Statt dessen bleibt er auf das fixiert, was er sich als den ›Mikro-Faschismus‹ des Alltags-

tige Machtphänomene fallen geradezu zwangsläufig durch ihr Raster. Foucaults *Analytik der Macht* trägt dagegen der Beobachtung Rechnung, daß Macht auf allen Ebenen gesellschaftlicher Realität, in jeder menschlichen Beziehung stattfindet: »Zwischen jedem Punkt eines gesellschaftlichen Körpers, zwischen einem Mann und einer Frau, in einer Familie, zwischen einem Lehrer und seinem Schüler, zwischen dem, der weiß, und dem, der nicht weiß, verlaufen Machtbeziehungen, die nicht die schlichte und einfache Projektion der großen souveränen Macht auf die Individuen sind; sie sind eher der bewegliche und konkrete Boden, in dem die Macht sich verankert hat, die Bedingungen der Möglichkeit, damit sie funktionieren kann. [...] Damit der Staat funktioniert, wie er funktioniert, muß es vom Mann zur Frau oder vom Erwachsenen zum Kind sehr spezifische Herrschaftsverhältnisse geben, die ihre eigene Konfiguration und ihre relative Autonomie haben.« (Foucault 1978: 110, vgl. auch Foucault 1976: 114)[58]

An diesem Zitat wird schlagend deutlich, wie sich in Foucaults machttheoretischem Ansatz das Bedingungsverhältnis von Machtbeziehungen auf der mikrologischen und der makrologischen Ebene gegenüber traditionellen Untersuchungen verschiebt. Nicht nur greift der verlängerte Arm einer Staatsmacht in jede Keimzelle der Gesellschaft, sondern ebenso werden von hier aus Machtstrukturen erzeugt, die die Stabilisierung der jeweiligen Staatsmacht garantieren, ihr gleichsam *entgegenkommen*. Dennoch bewegen sich diese Machtbeziehungen in einem vorgegebenen Rahmen, den Foucault zu diesem Zeitpunkt noch mit dem eher vagen Begriff »große souveräne Macht« um-

lebens vorstellt, und hat wenig über autoritäre oder totalitäre Politik mitzuteilen – über jene Formen von Disziplin, die für seine eigene Epoche bezeichnend waren.«

58 Dieses Verständnis der Macht kommt dem Machtbegriff Norbert Elias' nahe, der davon ausgeht, daß »mehr oder weniger fluktuierende Machtbalancen [...] ein integrales Element aller menschlichen Beziehungen« bilden: »Machtbalancen sind überall da vorhanden, wo eine funktionierende Interdependenz zwischen Menschen besteht. [...] Macht ist nicht ein Amulett, das der eine besitzt und der andere nicht: sie ist eine Struktureigentümlichkeit menschlicher Beziehungen – *aller* menschlicher Beziehungen.« (Elias 1970: 76f.) Elias wehrt sich, gleich Foucault, gegen die Vorstellung von geschichtsübergreifenden Substanzen und plädiert für »Balancebegriffe« (ebd.: 78). Auf diese und andere Parallelen zu Elias komme ich weiter unten noch zurück.

schreibt, in seinen späteren Texten aber präzisieren wird.

Foucaults Verständnis von Macht richtet sich damit gegen die den traditionellen Machtkonzeptionen inhärente Unterteilung in Oben und Unten, Herrscher und Beherrschte, Mächtige und Machtlose, Unterdrücker und Unterdrückte. Weit entfernt von einer Aussage wie »[...] die Macht ist auf der einen, der Gehorsam auf der anderen Seite« (Horkheimer/Adorno 1971: 22), geht Foucault davon aus, daß die Macht »niemals voll und ganz auf einer Seite« ist: »Sowenig es einerseits die gibt, die die Macht ›haben‹, gibt es andererseits die, die überhaupt keine haben.« (Foucault 1976: 115)

Diese neuartige Auffassung von Macht sollte jedoch nicht darüber hinwegtäuschen, daß die Machtanalytik Foucaults zunächst ein ganz ähnliches Ziel wie die Schriften der älteren kritischen Theorie verfolgt. Noch an den als Zuwachs von Autonomie und Freiheit gefeierten Entwicklungen die neuen Zwänge zu erkennen, die sich mit ihnen etabliere gilt das in seinen Machtanalysen verfolgte Interesse. Unter diesem Blickwinkel erweist sich oftmals das, was uns gestern als Fortschritt erschien, als zwar subtilere, nicht aber humanere, wenn auch als mildere, so doch nicht weniger repressive Disziplinierungstechnik. Keine als Zuwachs von Humanität gefeierte Errungenschaft entgeht dem entlarvenden Blick des Genealogen Foucault, der mit *Wahnsinn und Gesellschaft* und *Überwachen und Strafen* auch so etwas wie die »unterirdische« Geschichte des Abendlandes schreibt (vgl. Horkheimer/Adorno 1971: 207).[59]

59 Die Nähe zwischen kritischer Theorie und den Arbeiten Foucaults ist Gegenstand zahlreicher Veröffentlichungen, vgl. etwa Honneth 1990; Dews 1989; Schäfer 1990 und 1995. Foucault selbst meint dazu: »Wenn ich die Frankfurter Schule rechtzeitig gekannt hätte, wäre mir viel Arbeit erspart geblieben. Manchen Unsinn hätte ich nicht gesagt und viele Umwege nicht gemacht, als ich versuchte, mich nicht beirren zu lassen, während doch die Frankfurter Schule die Wege geöffnet hatte.« (Foucault 1983: 24) Immerhin stützt sich Foucault jedoch schon in *Überwachen und Strafen* (1977a: 35) auf eine aus dem Kreis der Frankfurter Schule hervorgegangene Untersuchung; und zwar auf das zuerst 1939 erschienene Buch *Punishment and social structures* von G. Rusche und O. Kirchheimer (1974). Und in einer 1978 gehaltenen Vorlesung setzt sich Foucault mit seinen Untersuchungen ausdrücklich »in eine Position der Brüderlichkeit gegenüber der Frankfurter Schule« (Foucault 1992a: 27). Man darf also annehmen, daß Foucault die kritische Theorie weit eher zur Kenntnis genommen hat, als die Aussage von 1983 suggerieren will.

Foucault geht jedoch mit seinem Begriff von Macht über das noch der kritischen Theorie zugrundeliegende Repressionsmodell hinaus. Er bricht mit dem Modell, das Macht nur als Unterdrückungsapparat kennt und mit Gewalt und Zwang gleichsetzt. Freilich nicht, um Unterdrückung, Gewalt und Zwang zu leugnen, wie ihm immer wieder vorgeworfen wurde[60], sondern um das produktive Moment der Macht, ihre innovative Kraft zu betonen: »Man muß aufhören, die Wirkungen der Macht immer negativ zu beschreiben, als ob sie nur ›ausschließen‹, ›unterdrükken‹, ›verdrängen‹, ›zensieren‹, ›abstrahieren‹, ›maskieren‹, ›verschleiern‹ würde. In Wirklichkeit ist die Macht produktiv; und sie produziert Wirkliches. Sie produziert Gegenstandsbereiche und Wahrheitsrituale: das Individuum und seine Erkenntnis sind Ergebnisse dieser Produktion.« (Foucault 1977a: 250)

Mit diesem nicht auf Verhinderung, sondern auf Ermöglichung ausgerichteten Verständnis von Macht zerreißt Foucault vollends das Band zu traditionellen Vorstellungen über Macht, die stets das Unterdrückende und Verhindernde an ihr in den Vordergrund gestellt hatten. Das Produktive und Ermöglichende der Macht zu betonen setzt sich dagegen dem Verdacht aus, sich zum Lobredner »der Macht« zu erniedrigen. Insbesondere dann, wenn von dieser These auch die »schöne Totalität des Individuums« berührt wird, die nach Foucault eben nicht »verstümmelt, unterdrückt, entstellt«, sondern durch verschiedene Machttechniken »sorgfältig fabriziert« wird (ebd.: 278). Die Macht nimmt

---

60 So heißt es etwa bei Lothar Baier (1978: 28), stellvertretend für viele: »Sie [die Machttheorie Foucaults, M.S.] behauptet nicht mehr und nicht weniger, als daß es überhaupt keine Unterdrückung mehr gibt, nicht nur keine sexuelle, und zwar deshalb, weil es keine Macht gibt, die sich von der Ohnmacht unterscheidet. Es gibt keine Unterdrücker und keine Unterdrückten.« (Zitiert nach Kammler 1986: 238, Anm. 33) Übersehen wird dabei m. E., daß es Foucault gerade nicht um die Negierung von Machtkonstellationen, sondern um die Dynamisierung eines allzu statisch und einseitig gedachten Modells geht. Geht man davon aus, daß jedes Individuum in unterschiedlichen Beziehungen nicht stets dasselbe Machtpotential innehat, sondern ein wandelbares, erhält man eine weniger starre Vorstellung von Macht. So kann etwa ein mit viel Macht ausgestatteter Diktator durchaus von seiner Ehefrau unterdrückt werden, ein nach landläufiger Meinung an der Spitze »der Macht« agierender Politiker absolut »machtlos« sein, auch nur die kleinsten Veränderungen durchzusetzen, ein Unternehmer derart den Bedingungen am Markt ausgeliefert sein, daß sich seine »Machtposition« tatsächlich kaum mehr von Ohnmacht unterscheiden läßt, usw.

also nicht bloß eine Transformation des Individuums vor, in dessen Verlauf ein ehemals unabhängiges in ein abhängiges, ein freies in ein unfreies Individuum verwandelt wird, wie eine lange Geschichte kritischer Sozialphilosophien und Gesellschaftstheorien explizit wie implizit stets unterstellt hat. Vielmehr ist das Individuum eine Erfindung, ein Konstrukt der Macht. Die Machttechniken treffen nicht auf ein zuvor bereits existierendes Individuum, das dadurch in seiner Bewegungsfreiheit behindert und unterdrückt würde. Im Gegenteil: das Individuum ist für Foucault ein Resultat, ein Ergebnis, ein Produkt, ja ein Kind der Macht: »Tatsächlich ist das, was bewirkt, daß ein Körper, daß Gesten, Diskurse, Wünsche als Individuen identifiziert und konstituiert werden, bereits eine erste Wirkung der Macht.« (Foucault 1978: 83) Wie Foucault in *Überwachen und Strafen* (Foucault 1977a) minutiös aufzeigt, dient diese Individualisierung der frei vagabundierenden, anonymen Diskurse, Wünsche, Gesten und Körper dem Zweck ihrer besseren Überwachung und Kontrolle.

Gegenstand dieser Untersuchung sind die Veränderungen der Strafpraxis vom 18. Jahrhundert bis in die Gegenwart, die von der körperlichen Züchtigung, der Marter, bis zur Isolierung der Gefangenen in Zellen reicht: Am Ende der Entwicklung steht die Geburt eines vollständigen Disziplinierungs- und Überwachungssystems. Foucault zeigt, wie die Strafe in Form von physischen Zugriffen auf den Körper durch Marter, Folter und Hinrichtung nach und nach durch subtilere Formen wie Einsperrung, Disziplinierung und permanente Überwachung ersetzt worden ist. Die Körper der Individuen werden auf dem Weg in die Moderne immer weniger gemartert, gefoltert und hingerichtet, immer häufiger aber eingesperrt, abgerichtet und zugerichtet. Ein ganzes Netz von ausgeklügelten Disziplinierungsprozeduren, Kontrollmechanismen, Normalisierungs- und Überwachungssystemen hilft dabei mit, ein ganz und gar zuverlässiges, berechenbares und effektives Individuum hervorzubringen.

Das *Panopticon* ist von Jeremy Bentham eigens dafür erfunden worden, ein solches Individuum massenhaft zu fabrizieren. Im *Panopticon* sieht Foucault die äußerste Verdichtung und architektonische Umsetzung eines perfekten Disziplinarapparats, »der es einem einzigen Blick ermöglichte, dauernd alles zu sehen« (Foucault 1977a: 224). Der Clou dieses Modells besteht für ihn insbesondere darin, daß es zwei zuvor getrennt angewandte

Machttechniken in sich vereint: die »große Einsperrung« einerseits und die »gute Abrichtung« andererseits. Entstanden sind sie aus den Erfahrungen der Menschen mit Lepra und Pest. Während die Leprakranken ausgeschlossen, verbannt und ausgesetzt wurden, hat man die Pestkranken »sorgfältig erfaßt und individuell differenziert« (ebd.: 255). Im 19. Jahrhundert läßt sich nach Foucault beobachten, wie die beiden Modelle, hinter denen sich zum einen »der Traum von einer reinen Gemeinschaft« und zum anderen »der Traum von einer disziplinierten Gesellschaft« (ebd.) verbergen, miteinander verbunden werden. Und zwar zunächst in der Weise, daß nun die für die Pestkranken erfundene Machttechnik der Disziplinierung auf die Aussätzigen übertragen wird. Sie, die Bettler, Irren, Gewaltverbrecher und Landstreicher, werden nicht mehr länger nur ausgeschlossen, sondern in »der Kontrolle des Individuums dienenden Instanzen« (ebd.: 256) wie den psychiatrischen Asylen, Strafanstalten, Besserungshäusern, Erziehungsheimen und Spitälern sorgfältig erfaßt, vermessen, klassifiziert, kontrolliert und gebessert, d.h., die Ausgeschlossenen werden individualisiert (vgl. ebd.). Benthams *Panopticon* liefert die perfekte Maschinerie für die Erreichung dieses Ziels. Aufgrund seiner Architektur – in der Mitte ein Turm und an der Peripherie ein ringförmiges Gebäude, das in einzelne Zellen unterteilt ist – bietet es die Möglichkeit, daß ein einzelner Bewacher eine Vielzahl von Eingesperrten überwachen kann. Dabei sind die Zellen und der Überwachungsturm so konstruiert (vgl. ebd.: 256ff.), daß ein einzelner Aufseher sämtliche Gefangenen überwachen kann, ohne selbst von diesen gesehen werden zu können. Die inhaftierten Delinquenten dagegen haben keinen freien Blick auf den Turm, so daß sie nie genau wissen, ob sie gerade beobachtet werden oder nicht. Durch diese ebenso raffinierte wie perfide Überwachungsarchitektur ist gewährleistet, daß die Überwachung gar nicht tatsächlich ununterbrochen erfolgen muß. Vielmehr reicht es völlig aus, daß der einzelne sich stets überwacht *wähnt*. Da er nie weiß, wann er beobachtet wird, fühlt er sich stets beobachtet. Er internalisiert also die Überwachung, wodurch die Überwachung von außen potentiell überflüssig wird. Externe Fremdkontrolle wird somit nach und nach durch Selbstkontrolle ersetzt. Zwar tauscht der Delinquent dank dieser Erfindung das Dunkel des Kerkers gegen eine lichtdurchflutete Zelle. Doch dies dient nach Foucault dem alleinigen

Zweck, ihn der permanenten Überwachung eines unsichtbar bleibenden Bewachers auszusetzen: »Jeder Käfig ist ein kleines Theater, in dem jeder Akteur allein ist, vollkommen individualisiert und ständig sichtbar. [...] Das volle Licht und der Blick des Aufsehers erfassen besser als das Dunkel, das auch schützte. Die Sichtbarkeit ist eine Falle.« (Ebd.: 257)[61]

Die panoptische Disziplinierungsanlage dient jedoch keineswegs nur der Überwachung von Straffälligen. Sie wird auch in Spitälern, Irrenanstalten, Fabriken und Schulen zur lückenlosen Beaufsichtigung und Kontrolle der Kranken, Irren, Arbeiter und Kinder eingesetzt. Die besondere Bedeutung des Panopticons sieht Foucault über seine breitgefächerte Anwendbarkeit hinaus darin, daß sie die Macht »automatisiert und entindividualisiert« (ebd.: 259). »Folglich hat es wenig Bedeutung, wer die Macht ausübt. Beinahe jedes beliebige Individuum kann die Maschine in Gang setzen.« (Ebd.) Doch während die Macht immer anonymer funktioniert, werden die ihr Ausgesetzten umgekehrt aus der Anonymität herausgeholt und ans Licht gezerrt. Der zunehmenden Entindividualisierung der Macht entspricht damit eine Individualisierung derer, die mit ihr in Berührung kommen. Einzig und allein um sie effektiver observieren und kontrollieren zu können, werden aus einer unübersichtlichen Masse einzelne herausgelöst. Individualisierung heißt für Foucault zu diesem Zeitpunkt ganz entschieden Vereinzelung und Isolierung, meint die Produktion sich selbst kontrollierender einzelner.

Zur Zeit der Abfassung von *Überwachen und Strafen* scheint Foucault davon überzeugt zu sein, daß die zunächst nur in einzelnen Disziplinarinstitutionen erprobte Machttechnik auf alle Bereiche des sozialen Lebens ausgeweitet worden ist. Die Disziplinarsysteme haben sich derart »durch den gesamten Gesellschaftskörper hindurch« (ebd.: 269) ausgebreitet und vervielfältigt, daß sich eine »›Disziplinargesellschaft‹« (ebd.) formiert hat, in der jeder einzelne einer lückenlosen Überwachung ausgesetzt ist: »Wir sind weit weniger Griechen, als wir glauben. Wir sind nicht auf der Bühne und nicht auf den Rängen. Sondern eingeschlossen in das Räderwerk der panoptischen Maschine, das wir

61 Mit direktem Bezug zu Foucault liefert auch Zygmunt Bauman (1997: 172 ff.) eine Interpretation des Panopticons. Vielfache Anwendung erfährt dieses Modell inzwischen auch im Diskurs über Macht und Kontrolle im Internet, vgl. Wunderlich (1999).

selber in Gang halten – jeder ein Rädchen.« (Ebd.: 279) In der Antike, die er als eine »Zivilisation des Schauspiels« charakterisiert, ging es noch darum, »›der Menge den Anblick und die Überschauung Weniger [zu] verschaffen‹« (ebd.: 278), was durch die Architektur der Tempel, Theater und Zirkusse gewährleistet wurde. Die – nicht selten blutigen – öffentlichen Darbietungen in diesen Kulissen dienten nach Foucault dem Zweck, die Gesellschaft zu einer Einheit zusammenzuschmieden. In der neueren Zeit hingegen taucht das umgekehrte Problem auf: »›Wenigen oder einem Einzelnen die Übersicht Vieler zu gewähren‹«. (Ebd.)

Den Grund für diesen Wandel sieht Foucault in einem vollständigen Umbau der Gesellschaftsstruktur. An die Stelle des öffentlichen Lebens und der Gemeinschaft als zentralen Elementen der antiken Gesellschaft tritt der Konflikt zwischen privaten Individuen und dem Staat. Die Gesellschaft des Schauspiels wird in eine »Gesellschaft der Überwachung« (ebd.: 278) überführt, in der es zum »allmählichen Verlöschen der glänzenden Feste der Souveränität« und zum »Verstummen der spektakulären Kundgebungen der Macht« kommt zugunsten eines »alltäglichen Verfahren[s] der Überwachung, im Panoptismus, in dem die Wachsamkeit der einander kreuzenden Beobachtungen den Blick des Adler-Sonnen-Auges bald überflüssig machen wird« (ebd.: 279). Mit anderen Worten: Im panoptischen Überwachungssystem kontrolliert jeder jeden, die zentralisierte Überwachung wird überflüssig. »Weit weniger Griechen zu sein, als wir glauben«, soll offenbar besagen, daß die für die Griechen noch gültige Differenz von Darstellern und Zuschauern, Beobachtern und Beobachteten, Mächtigen und Machtlosen sich mehr und mehr aufgelöst hat, so daß wir heute nie nur eines von beiden sind: also Unterdrücker oder Unterdrückte, sondern mal das eine, mal das andere, ständig wechselnd, weshalb sich sagen läßt: Wir sind grundsätzlich immer schon beides.

Der Umbau der Macht vollzieht sich also ganz wesentlich entlang der Unterscheidung von Unsichtbarkeit/Sehen und Sichtbarkeit/Gesehenwerden.[62] Zugleich führt dieser Wandel in-

---

[62] Es ist von daher gesehen kein Zufall, daß die Widerstandsstrategie Foucaults sich um das Verbergen und die Anonymisierung herum ausrichtet. Zur Bedeutung des Sehens und des Blicks in Foucaults Arbeiten vgl. Jay (1991).

nerhalb der Machttechniken zu einer »historischen Wende der Individualisierungsprozeduren« (ebd.: 249). Während noch im Feudalsystem die Individualisierung »ihren höchsten Grad in den höheren Bereichen der Macht und am Ort der Souveränität« (ebd.: 248) erreichte, richtet sich die Individualisierung in einem Disziplinarregime konsequent auf die der Macht Unterworfenen. Im ersten Fall spricht Foucault von den »Verfahren einer ›aufsteigenden‹ Individualisierung«, im zweiten von »›absteigender‹ Individualisierung« (ebd.). Die Individualität des Fürsten etwa wird durch verschiedene Rituale und Zeremonien gesichert: Berichte über seine Heldentaten, Errichtung von Denkmälern, die Gründung von Stiftungen und die ostentative Vorführung des Prunks unterstreichen seine Individualität, dokumentieren seine Macht und sichern sein Überleben auch über den Tod hinaus. Die Individualität der Unterworfenen in einer Disziplinargesellschaft dagegen wird durch Beobachtungen, Überwachungen und vergleichende Messungen hergestellt. »In einem Disziplinarsystem wird das Kind mehr individualisiert als der Erwachsene, der Kranke mehr als der Gesunde, der Wahnsinnige und der Delinquent mehr als der Normale. Es sind jedenfalls immer die ersteren, auf die unsere Zivilisation alle Individualisierungsmechanismen ansetzt; und wenn man den gesunden, normalen, gesetzestreuen Erwachsenen individualisieren will, so befragt man ihn immer danach, was er noch vom Kind in sich hat, welcher geheime Irrsinn noch in ihm steckt, welches tiefe Verbrechen er eigentlich begehen wollte. Alle *Psycho*logien, -graphien, -metrien, -analysen, -hygienen, -techniken und -therapien gehen von dieser historischen Wende der Individualisierungsprozeduren aus.« (Foucault 1976: 248) Einen kaum zu unterschätzenden Anteil an dieser Wende in den Individualisierungsverfahren haben für Foucault die Wissenschaften vom Menschen. Sie haben durch ihre Verfahren entscheidend dazu beigetragen, daß an die Stelle der »Individualität des denkwürdigen Menschen« die »Individualität des berechenbaren Menschen« getreten ist, das »Normale den Platz des Altehrwürdigen einnahm und das Maß den Platz des Standes« (ebd.: 249).

Nimmt man diese Grundaussagen aus *Überwachen und Strafen* zusammen, so kann es kaum verwundern, daß diese Untersuchung Foucaults, die sich über weite Strecken wie eine Verfallsgeschichte liest, aber letztlich keine ist, bei einigen Kritikern den

Eindruck hinterlassen hat, er betrachte die Macht als ganz und gar unausweichlich, die Individuen als dieser restlos unterworfen. Diese namentlich von Honneth vorgebrachte Kritik, die Individuen verwandelten sich unter Foucaults machtanalytischem Blick in »gestaltlose, konditionierbare Wesen« (Honneth 1989: 221), berücksichtigt dennoch nicht hinreichend, daß in *Überwachen und Strafen* geschildert wird, wie »reflexives Wissen des im Panopticon Einsitzenden seine Unterwerfung mit ermöglicht und verstärkt«, wie Kammler (1986: 188) zu Recht gegen Honneths These geltend macht. Gerade die von Honneth eingeklagte, bei Adorno wie Foucault gleichermaßen vermißte Einsicht, »daß im gesellschaftlichen Normalfall die sozialen Gruppen eigentätig [...] an der Ausübung von Herrschaft [...] selbst beteiligt sind« (Honneth 1989: 221), wird bei Foucault analysiert, worauf in *Überwachen und Strafen* mehrfach hingewiesen wird: »Die Häftlinge sind Gefangene einer Machtsituation, die sie selber stützen.« (Foucault 1977a: 258) Und: »Derjenige, welcher der Sichtbarkeit unterworfen ist und dies weiß, übernimmt die Zwangsmittel der Macht und spielt sie gegen sich selber aus; er internalisiert das Machtverhältnis, in welchem er gleichzeitig beide Rollen spielt; er wird zum Prinzip seiner eigenen Unterwerfung.« (Ebd.: 260) Entscheidend ist: »Nicht weil sie alles umfaßt, sondern weil sie von überall kommt, ist die Macht überall.« (Foucault 1991a: 114) Die Betonung der Beteiligung jedes einzelnen an Machtbeziehungen wird nicht nur in *Überwachen und Strafen* erwähnt, sondern stellt das Herzstück des Foucaultschen Machtbegriffs dar. Honneths Kritik an Foucaults Ansatz lebt dagegen von der Vorstellung, bei Foucault erscheine Macht als monolithischer Block, der in jede Faser der Gesellschaft eindringt, ohne daß ihr von dort aus etwas entgegengesetzt werden könnte. Nicht allein Foucaults Aussage »Die Macht ist niemals monolithisch« (Foucault 1976: 115), sondern jeder der zahlreichen von Foucault unternommenen Definitionsversuche der Macht steht dieser Interpretation entgegen. Denn über die Selbstbeteiligung der Subjekte an ihrer Unterwerfung hinaus, an ihrer Mitgestaltung von Machtbeziehungen, wird von Foucault stets auch die Möglichkeit des Widerstandes anvisiert. Er analysiert die Ausübung der Macht und fragt dabei immer schon nach den Reaktionsmöglichkeiten derer, auf die diese Machtprozeduren angewendet werden. Die Analyse der Machtpraktiken und die Suche nach den Widerstandsmöglichkeiten ziehen sich wie ein roter Faden durch seine gesamten Texte. In *Mikrophysik der Macht* heißt es ausdrücklich: »Was mich interessiert, ist der Zwang: wie er auf das einzelne Bewußtsein drückt, und wie er sich in die Körper einprägt; wie er die Leute zur Empörung bringt und wie sie ihm den Garaus machen.« (Ebd.: 127) Keineswegs also sind die Individuen einer von ihnen gänzlich abgekoppelten Machtmaschinerie völlig willen- und wehrlos ausgeliefert. Vielmehr kalkuliert Foucault ganz offensichtlich die Möglichkeit mit ein, daß die Individuen Zwänge nicht nur passiv erdulden, sondern auch Widerstand entgegenbringen können.[63] Eben weil die Macht nicht absolut ist, wie Foucault nicht müde wird zu erklären, ergeben sich für die Individuen vielfältige Reaktionsmöglichkeiten, denen er auf der Spur ist. Gerade weil Macht nicht als ein schicksalhaftes Walten, eine den einzelnen überwältigende Substanz, sondern als ein Verhältnis, eine Beziehung gedacht wird, an deren Ausprägung jeder beteiligt ist, gibt es »ein ganzes Feld von möglichen Antworten, Reaktionen, Wirkungen, Eröffnungen« (Foucault 1987a: 254). Immer wieder betont Foucault, daß Machtverhältnisse den einzelnen nicht ganz und gar überwältigen, sondern es immer die eine oder andere Form des Widerstandes gibt: »Wir stecken nie völlig in der Falle der Macht: unter bestimmten Bedingungen und mit einer präzisen Strategie kann man immer ihren Zugriff abwenden.« (Foucault 1978: 196) Und an anderer Stelle: »Der kennzeichnende Zug von Macht ist, daß einige Menschen mehr oder weniger umfassend

---

63 Vgl. auch seine aufschlußreiche Bemerkung, mit der er sich nicht zuletzt von der Kulturindustriethese der Frankfurter Schule radikal unterscheidet: »Man beklagt sich immer, daß die Medien die Leute manipulieren. Etwas Menschenverachtung steckt in dieser Vorstellung. Demgegenüber glaube ich, daß die Leute reagieren; je mehr man sie überzeugen will, desto mehr stellen sie sich Fragen. Der Geist ist nicht wie Wachs. Er ist keine reaktive Substanz. Und der Wunsch, mehr und besser und anderes zu wissen, wächst in dem Maße, wie man die Schädel vollstopft.« (Foucault 1984b: 17) Die oben zitierten Aussagen und das hier wiedergegebene Zitat überspannen einen Zeitraum, in dem sich nach Ansicht von Habermas, Fink-Eitel u.v.a. Rezipienten seiner Schriften die große Wende vollzogen haben soll, in der Foucault einen fundamentalen Umbruch seiner Perspektive vornimmt. Die Behauptung, er sei in der sogenannten »Machtperiode« von einem ganz und gar determinierten Individuum, später dagegen von einem völlig freien Individuum ausgegangen, trifft jedoch ganz offensichtlich nicht zu, wie schon die hier angeführten wenigen Zitate deutlich machen.

die Führung anderer Menschen bestimmen können – nie aber erschöpfend oder zwingend. [...] Es gibt keine Macht ohne potentielle Verweigerung oder Aufruhr.« (Foucault 1979: 66) Doch – und das scheint immer wieder Irritationen und Mißverständnisse auszulösen – Foucault raubt diesen einzelnen Widerständen ihre Unschuld. Sie stehen nicht außerhalb der Macht, sondern setzen selbst wiederum Macht in Gang. Nichts anderes will der Satz sagen: »Wo es Macht gibt, gibt es Widerstand. Und doch oder vielmehr gerade deswegen liegt der Widerstand niemals außerhalb der Macht.« (Foucault 1991a: 116)[64] Foucault geht von einer Koexistenz von Machtbeziehungen und Widerstandsformen aus. So vielfältig die Machtbeziehungen sind, so vielseitig sind auch die möglichen Widerstandsformen gegen einzelne Machtbeziehungen.

Machtverhältnisse sind somit der Ort, von dem aus Widerstand erst möglich wird. Foucault denkt diesen Widerstand immer fluid und lokal, da es »den einen Ort der Großen Weigerung« (Foucault 1991a: 117) nicht gibt. Wo schon der Rekurs auf die »Gesamtgesellschaft« obsolet geworden ist, wie Foucault sagt (1974: 126), kann auch keine zentral gesteuerte universelle Revolution mehr stattfinden. Die Konzentration Foucaults auf den Mikrobereich der Macht hat ihren entscheidenden Grund darin, daß hier der Ort ist, von dem aus *Veränderungen* der Gesellschaft in Gang gesetzt werden können. Schon 1976 heißt es: »Ich behaupte gar nicht, daß der Staatsapparat nicht wichtig sei, aber mir scheint [...], daß die Macht nicht im Staatsapparat lokalisiert ist und daß nichts in einer Gesellschaft verändert sein wird, wenn die Machtmechanismen, die außerhalb der Staatsapparate, unter ihnen, daneben, auf einem sehr viel niedrigeren, alltäglicheren Niveau funktionieren, nicht verändert werden. Wenn es gelingt, diese Beziehungen zu verändern oder die Wirkungen der Macht, die sich darin fortpflanzen, unerträglich zu machen, wird das Funktionieren der Staatsapparate stark erschwert.« (Foucault 1976: 110) Für Foucault gibt es keine Verän-

---

64 Vgl. auch: »Ich setze nicht eine Substanz des Widerstandes gegen die Substanz der Macht. Ich sage einfach: sobald es ein Machtverhältnis gibt, gibt es eine Widerstandsmöglichkeit.« (Foucault 1978: 196) Und: »[...] der Widerstand, von dem ich spreche, ist keine Substanz. Er geht der Macht, die er bekämpft, nicht voraus. Er ist koextensiv und absolut gleichzeitig.« (Ebd.: 195, vgl. auch 204, 211)

derung der gesellschaftlichen Bedingungen, der globalen Ordnung, des Makrobereichs ohne die Veränderung der scheinbar belanglosen, weil privaten Praktiken. Für ihn gilt ebenso wie für die 68er-, die Frauen-Bewegung und Ulrich Beck: Das Private ist politisch.

Foucault bietet in seinen Machtanalysen weder die Vertröstung auf die endgültige Umwälzung der Verhältnisse, die globale Befreiung, noch bescheidet er sich damit, das Erreichte als Fortschritt anzuerkennen; vielmehr bleibt er – und macht seine Leser – wachsam für die Wahrnehmung der »dunklen Kehrseite« (Foucault 1977a: 285) gesellschaftlicher Entwicklungen.[65] Er nimmt die lokalen Erhebungen, Kämpfe, Widerstände ins Visier[66] –, ohne die Möglichkeit der totalen Umkehrung der Machtverhältnisse gänzlich aufzugeben, denn: einzelne Widerstandslinien *können* sich summieren: »Und wie der Staat auf der institutionellen Integration der Machtbeziehungen beruht, so kann die strategische Codierung der Widerstandspunkte zur Revolution führen.« (Foucault 1991a: 118) Nur: Foucault warnt vor der Vorstellung eines machtfreien Zustands. Eine Umwälzung brächte selbst wieder neue Machtverhältnisse hervor, für die aber wiederum die Möglichkeit der vielen lokalen Widerstände bestehen würde. Kurz: Foucault plädiert für die Veränderung bestehender Machtverhältnisse, trotz des Wissens darum, daß diese stets wieder durch neue ersetzt werden.

65 Vgl. etwa: »Die wirklichen und körperlichen Disziplinen bildeten die Basis und das Untergeschoß zu den formellen und rechtlichen Freiheiten. Mochte auch der Vertrag als ideale Grundlegung des Rechts und der politischen Macht erdacht werden: der Panoptismus stellte das allgemein verbreitete technische Zwangsverfahren dar. Und er hat nicht aufgehört, an den Rechtsstrukturen der Gesellschaft von unten her zu arbeiten, um die wirklichen Machtmechanismen im Gegensatz zu ihrem formellen Rahmen wirken zu lassen. Die ›Aufklärung‹, welche die Freiheiten entdeckt hat, hat auch die Disziplinen erfunden.« (Foucault 1977a: 285)

66 Insofern können Foucaults Analysen zum Thema Macht und Widerstand für die Untersuchung der »neuen sozialen Bewegungen« fruchtbar gemacht werden (vgl. Schroer 1997c). Ihr Auftreten ist der empirische Ausdruck des von Foucault analysierten Übergangs von den globalen Revolten zu den einzelnen, lokalen Widerstandskämpfen: »Große radikale Brüche, massive Zweiteilungen? So was kommt vor. Aber weit häufiger hat man es mit mobilen und transitorischen Widerstandspunkten zu tun, die sich verschiebende Spaltungen in einer Gesellschaft einführen, Einheiten zerbrechen und Umgruppierungen hervorrufen.« (Foucault 1991a: 117f.)

Foucault macht sich also keine Illusionen über eine Gesellschaft gänzlich ohne Macht, Zwang, Disziplin oder irgendeine Form von Regierung. Insofern fehlt ihm die Vorstellung eines *ganz anderen Zustands*, die für utopisches Denken klassischer Provenienz geradezu konstitutiv ist (vgl. Saage 1990) und auch in den Texten der kritischen Theorie adornitischen Zuschnitts noch mitschwingt. Dennoch ist auch den Texten Foucaults eine utopische Perspektive nicht gänzlich fremd. Zwar werden darin Utopien nicht ausformuliert, denn »Utopien trösten« (Foucault 1991d: 20); aber durch die historischen Analysen, die den Bruch, die Diskontinuität und den Zufall betonen, eröffnen sich Perspektiven, die über den je gegenwärtigen Zustand hinausweisen, Alternativen aufzeigen. In gewisser Weise teilt Foucaults theoretischer Ansatz damit das Postulat der alten kritischen Theorie, nicht »positiv« zu werden, sondern nur indirekt, auf dem Weg der Kritik zu erkennen zu geben, was sein soll.[67] Ihrem Begriff von Utopie entsprechend – »In der Tat hat die Utopie zwei Seiten; sie ist die Kritik dessen, was ist, und die Darstellung dessen, was sein soll. Die Bedeutung liegt wesentlich im ersten Moment beschlossen« (Horkheimer 1930: 86) –, konzentriert sich Foucault in seinen materialen Untersuchungen ganz auf die erste Aufgabe, auf die »kritische Analyse unserer Welt« (Foucault 1987a: 250). Mit fertigen Programmen eines ganz anderen Zustandes, einer »ausgepinselte[n] Utopie« (Adorno 1969: 38) mithin, hält er sich dagegen konsequent zurück. Sein Motiv für diese Abstinenz kommt dabei dem der kritischen Theorie verblüffend nahe: »Ich glaube, sich ein anderes System auszumalen, bedeutet, den Grad unserer Verstrickung in das gegenwärtige System zu steigern.« (Foucault 1977b: 230) Auch Horkheimer und Adorno haben sich, wie ich im letzten Kapitel gezeigt habe, konkrete Entwürfe einer besseren Gesellschaft versagt, ohne damit den Willen zur Veränderung gänzlich aufzugeben. Die genealogischen Untersuchungen Foucaults gehen über die reine Beschreibung in einer Weise hinaus, die Bernhard Taureck (1989: 92) mit Max Webers Ideal der Werturteilsfreiheit in Verbindung gebracht hat: »Es bestimmt die Wirksamkeit und Überzeugungskraft der

---

67 Vgl.: »Ich bekenne mich zur kritischen Theorie; das heißt, ich kann sagen, was falsch ist, aber ich kann nicht definieren, was richtig ist.« (Horkheimer 1972b: 150)

Foucaultschen Rhetorik, daß er mit Beschreibungen beständig latent Wertungen und Empfehlungen ausspricht und auf die Wirksamkeit der Latenz – die sich bestätigt hat – gesetzt hat. Die methodische Werturteilsabstinenz Max Webers trat somit in ein neues Stadium: sie kann, je mehr sie gewahrt wird, sich desto mehr performativ paaren mit wertenden Wirkungen.«[68] Die Aussicht auf einen anderen Umgang mit dem Wahnsinn, der Delinquenz und der Sexualität, getragen von einer eindeutigen Parteinahme für die »infamen Menschen«, denen Foucault ein ganzes Projekt widmen wollte (vgl. Fink-Eitel 1989: 114), schwingt auf diese Weise in seinen Analysen mit, ohne daß diese näher bestimmt würde. Mit diesem Verfahren, das das Werturteilsfreiheitspostulat Webers und das Bilderverbot Adornos eigentümlich miteinander verbindet, gelingt es Foucault in seinen als »kühl«, »kalt« und »distanziert« apostrophierten Texten gleichwohl, einen Ton anzuschlagen, der »auf jeder Seite unausgesprochen, doch überall präsent, so etwas wie ein Glücksversprechen erahnen läßt« (Privitera 1990: 9).

Zusätzliche Verstärkung erhält dieses Verfahren durch eine Vielzahl kleinerer Schriften wie Vorträgen, Reden oder Interviews, in denen sich Foucault weit weniger zurückhält als in seinen materialen Studien. Hier zeigt er sich weit zugänglicher für positiv ausgewiesene Veränderungsvorschläge als in den beinah hermetisch abgeriegelten Analysen. Während die archäologisch-genealogischen Untersuchungen sich mit Wertungen, Kommentaren und aktuellen Bezügen betont zurückhalten, so als gelte es, ein zwar von gegenwärtigen Problemen geleitetes, nicht aber determiniertes Werk zu hinterlassen[69], liefern die je-

---

68 Hinsichtlich des Verhältnisses zwischen Adorno und Foucault kommt er zu dem Schluß: »Bei aller Vergleichbarkeit der philosophischen Verfahren [...] eignet beiden die entgegengesetzte Stilistik: Foucault wertet, indem er beschreibt, Adorno beschreibt, indem er bewertet.« (Taureck 1989: 92)

69 Mit dieser weitgehenden Reinhaltung der materialen Studien von Bezugnahmen auf aktuelle Ereignisse will Foucault offenbar ihre Bedeutung auch über den Tag hinaus sicherstellen. Die von ihm als Werkzeuge verstandenen Texte sollten auch unter den veränderten Rahmenbedingungen noch anwendbar sein. Wenn Talcott Parsons eine »Theorie für alle Fälle« (siehe dazu weiter unten) geschaffen hat, so bietet Foucault gleichsam historische Studien *für alle Fälle*. Damit gelingt ihm ein eigentümliches Mischungsverhältnis von Historizität und Ahistorizität. Obwohl stets als historische Studien angelegt, sind seine Arbeiten doch stets mehr als rein auf den historischen Untersuchungszeitraum begrenzte Analysen. Als »Geschichte der Gegenwart« kon-

weils um ein bestimmtes Werk herumgruppierten kleineren Texte gewissermaßen einen Kommentar zum eigenen Text, der die aktuellen Bezüge herstellt und stets auch die Möglichkeiten der Veränderung und Überschreitung des gegenwärtigen Zustands anvisiert, ohne sie freilich konkret zu benennen. Dadurch entsteht eine eigenwillige Mischung aus optimistischem Engagement einerseits und skeptischer Zurückhaltung andererseits, die immer wieder auf Irritationen gestoßen ist, ihn aber auch vor vorschnellen Vereinnahmungen bewahrt hat. Noch diese Arbeitsteilung zwischen verschiedenen Textsorten teilt Foucault mit Adorno, der sich etwa in den bereits zitierten Rundfunkbeiträgen ebenfalls weit aufgeschlossener und »positiver« zeigt als in seinen streng negativistischen Hauptwerken, darin der Devise der kritischen Theorie folgend: »Und so war unser Grundsatz: theoretischer Pessimist zu sein und praktischer Optimist!« (Horkheimer 1972b: 175, vgl. auch 150)

Obwohl er diese strenge Trennung zwischen verschiedenen Textsorten und deren unterschiedlichen Funktionen nie aufgegeben hat, wenden sich seine späten Schriften stärker der Aufgabe zu, dem zuvor analysierten gegenwärtigen Zustand auch etwas entgegenzuhalten, Auswege aufzuzeigen. Die späten Texte scheinen insgesamt deutlicher darum bemüht zu sein, dem »Negativismus« (Foucault 1976: 129), zu dem sich Foucault in einem Gespräch aus dem Jahre 1975 noch bekennt, zu entkommen, da ihm eine Haltung, »die sich darauf beschränkt, anzuklagen und zu kritisieren« (Cooper/Foucault u. a. 1979: 89), nicht mehr stichhaltig zu sein scheint. In diesem Sinne scheinen die späten Texte Foucaults in Angriff zu nehmen, was angesichts seiner Machtkonzeption zu Recht angemahnt wurde: »Worauf also«, so lautete die Frage, »können wir eine kritische Haltung gründen?« (Dreyfus/Rabinow 1987: 239)

Zwar sind in den machtanalytischen Schriften Foucaults die genauen Ansatzpunkte für den Widerstand konkret nicht auszumachen, doch sind mit dem Wechsel von der Makroebene auf die Mikroebene der Macht die Weichen für eine vom Individuum ausgehende Widerstandshaltung bereits gestellt, der er in seinen

zipiert, bewegen sich die Analysen gewissermaßen auf den gegenwärtigen Zustand zu: Weder verbleiben sie strikt im Untersuchungszeitraum, noch werden sie zur reinen Zeitdiagnose, stets aber beinhalten sie Kommentare auch zur Gegenwart.

späteren Texten stärkere Konturen verleihen wird.

Als sich Foucault Ende der siebziger Jahre dem Thema der »Regierung« und des »Regiert-Werdens« zuzuwenden beginnt, stellt er die Frage: »Wie regiert man?« von vornherein unter die Zielperspektive, »wie man denn nicht regiert wird«, jedenfalls nicht »dermaßen« (Foucault 1992a: 11). Wie zu zeigen sein wird, stellen die Untersuchungen der moralphilosophischen Texte der Antike keine Abkehr von diese Frage, sondern den Versuch ihrer Beantwortung dar. Im Konzept der Selbstsorge findet Foucault ein Modell dafür vor, nicht etwa überhaupt nicht, aber eben nicht »dermaßen« regiert zu werden.

Trotz der von Foucault stets anvisierten Widerstandspunkte läßt sich die in *Überwachen und Strafen* enthaltene Zeitdiagnose dahingehend zusammenfassen, daß sich die zunächst im Gefängnis erprobten Disziplinierungs- und Normalisierungssysteme derart über die Gesellschaft ausgebreitet haben, daß das Gefängnis als Verwahrungsort und Besserungsanstalt potentiell überflüssig geworden ist (vgl. Foucault 1977a: 395). Völlig zu Recht schreibt deshalb Breuer (1987: 323): »Um das Fazit von ›Überwachen und Strafen‹ auf eine Formel zu bringen: das Gefängnis verliert seine exemplarische Funktion, weil die Gesellschaft selbst zum Gefängnis geworden ist.« Foucault hat sich seit etwa Ende der siebziger Jahre aus dieser schwarzen Diagnose sichtlich befreit und stärker als zuvor auch Freiräume wahrgenommen.[70] Während der Abfassung von *Überwachen und Strafen* dagegen scheint er seinen Ergebnissen zu erliegen, einen Teil für das Ganze zu halten. Seine Perspektive wird später offener für die den Individuen dennoch zur Verfügung stehenden Freiräume. Erst dieser Umbau/Wandel seines Blicks, sein »Perspektivenwechsel«, dem ich mich in den nächsten beiden Kapitel zuwenden werde, macht seine Position kompatibel mit denen Luhmanns und Becks, die von einer stärkeren Beteiligung des einzelnen an seiner sozialen Justierung ausgehen. Dieser Umbau macht ihn freilich gerade für die Anhänger der kritischen Theorie verdäch-

---

70 Die Einschätzung, daß in *Überwachen und Strafen* überhaupt keine Aussagen über unsere Gegenwart gemacht werden, sondern es sich um eine rein historische Analyse handle, halte ich freilich für eine Schutzbehauptung. Allein schon deshalb, weil in *Überwachen und Strafen* fortlaufend von »unserer Gesellschaft« die Rede ist.

tig, wie man an der Rezeption des »Spätwerks« ablesen kann, die ich in meine Auseinandersetzung mit einbeziehen werde.

Zur Selbstkonstituierung des Moralsubjekts in der Antike: Foucaults Genealogie der Ethik

Wie schon in seinen machtanalytischen Schriften geht Foucault auch bei den Arbeiten über die Antike von einem aktuellen Problem aus. In *Überwachen und Strafen* hatte er die Gefängnisrevolten zum Anlaß genommen, die Geschichte der Geburt des Gefängnisses, den Übergang von der Bestrafung zur Überwachung nachzuzeichnen. In *Sexualität und Wahrheit* nimmt er die Tatsache, daß sich mit der »Aufhebung der sexuellen Codes« und der »Zerbröckelung der Verbote« (Foucault 1985b: 161) nicht automatisch die Befreiung der Sexualität vollzieht, zum Anlaß, zurück durch die Jahrhunderte zu gehen, um die »Geschichte der Sexualität als Erfahrung« (Foucault 1991b: 10) zu schreiben; eine Geschichte, die Sexualität nicht zu einer »Konstante macht und ihre besonderen historischen Erscheinungsformen auf die mannigfachen Repressionsmechanismen zurückführt, denen sie in jeder Gesellschaft ausgesetzt ist« (ebd.).[71] Doch während der Arbeit an dieser Problemstellung ändert er sein ursprüngliches Vorhaben.[72]

71 Vgl. auch: »Ich gehe von einem Problem so aus, wie es sich in heutigen Ausdrücken stellt, und versuche, davon eine Genealogie zu machen. Genealogie heißt, daß ich eine Analyse ausgehend von einer gegenwärtigen Frage betreibe.« (Foucault 1985b: 161)

72 Das ursprünglich angekündigte Programm sah folgendermaßen aus: Band 2: *Die Geständnisse des Fleisches*, Band 3: *Der Kinderkreuzzug*, Band 4: *Bevölkerung und Rassen*, Band 5: *Die Frau, die Mutter und die Hysterische*, Band 6: *Die Perversen*. Es dauerte jedoch acht Jahre, bis Foucault den zweiten Band seiner *Geschichte der Sexualität* vorlegte. Statt des erwarteten Bandes *Die Geständnisse des Fleisches* erschienen jedoch zwei im ursprünglichen Programm überhaupt nicht vorgesehene Titel; zudem in »ganz anderer Form« (Foucault 1991b: 9) als geplant, wie Foucault einräumt: *Der Gebrauch der Lüste*, der die philosophischen und medizinischen Texte des 4. Jahrhunderts vor unserer Zeitrechnung analysiert, und *Die Sorge um sich* (Foucault 1991c), der die griechisch-römischen Texte der ersten beiden nachchristlichen Jahrhunderte untersucht. Für den ehemals zweiten, den jetzt (immer noch unpublizierten) vierten, Band stehen die Texte der Kirchenväter des 3. und 4. Jahrhunderts zur Debatte (vgl. Schmid 1991).

War es zunächst sein Ziel, wie in *Der Wille zum Wissen* – einer Art ›Programmschrift‹ des gesamten Projekts – angekündigt, die Genealogie der Beherrschung des Sexes zu schreiben, um so der Gegenwartsdiagnose eine historische Analyse zu unterlegen, ergab sich im Rückgriff auf die Texte der griechisch-römischen Antike ein anderes Bild: Im Mittelpunkt dieser Texte stand nicht die Beschäftigung mit dem Sex als solchem. Vielmehr ist hier die Thematisierungen des Sexes eingebunden in einen größeren Zusammenhang, in dem etwa die Problematisierung der Ernährung und die Gesundheit einen höheren Stellenwert einnehmen: Die Fragen des Regierens sowie der Herrschaft des Selbst über sich, die es zugleich dazu befähigt, andere zu beherrschen, stehen im Mittelpunkt der moralischen Reflexionen in der Antike. Foucault mußte im Laufe seiner Forschungen feststellen, daß es in den griechisch-römischen Texten nicht darum ging, was erlaubt und was verboten war, »sondern um die Klugheit, die Reflexion, den Kalkül in der Verteilung und Kontrolle seiner Handlungen« (Foucault 1991b: 72). Er sah sich angesichts dieses Befundes dazu veranlaßt, »statt einer von den Verboten ausgehenden Geschichte der Moralsysteme eine von den Selbstpraktiken ausgehende Geschichte der ethischen Problematisierungen« (ebd.: 21) in Angriff zu nehmen, die mit *Der Gebrauch der Lüste* und *Die Sorge um sich* nun zum Teil vorliegt, während ein Festhalten an der ursprünglichen Konzeption nur die materialreiche Untermauerung der schon in *Der Wille zum Wissen* vorgebrachten These bedeutet hätte, wie Renate Schlesier (vgl. 1984: 821) richtig betont.

Angesichts dieser »Modifizierungen«, wie Foucault den veränderten Blickwinkel seiner Untersuchungen selber nennt (Foucault 1991b: 9ff.), stellen sich die im folgenden zu behandelnden Fragen: Hat er das Thema Macht ad acta gelegt, weil seine »Machttheorie im ganzen gescheitert« ist, wie Fink-Eitel (1989: 94) annimmt? Kehrt er zu einem von ihm stets kritisierten Begriff des Subjekts zurück, um sich in einem »heillosen« bzw. »extremen Subjektivismus« zu verstricken, wie Jürgen Habermas (1985: 324) und in seinem Gefolge Walter Privitera (1990: 120) argwöhnen? Geht er mit seinen letzten Arbeiten von einem zunächst gesellschaftskritisch ausgerichteten Ansatz zu einem unpolitischen »Privatismus« (Kammler 1986: 203) über, in dem sich jener »bodenlose Idealismus« ausbreitet, den Hans-Herbert Kögler (1990: 223) im Spätwerk ausgemacht haben will? Foucaults Kommentar zu seinem Perspektivenwechsel klingt gegenüber diesen dramatischen Einschätzungen vergleichsweise lapidar: »Nachdem ich das Feld der Machtverhältnisse von den Herrschaftstechniken aus betrachtet hatte, möchte ich in den kommenden Jahren Machtbeziehungen von den Selbsttechniken aus untersuchen.« (Foucault 1984b: 36)[73] Allerdings gesteht er durchaus ein, daß er in seinen früheren Arbeiten unterschätzt habe, »daß die Menschen im Laufe ihrer Geschichte niemals aufgehört haben, sich selbst zu konstruieren, das heißt, ihre Subjektivität beständig zu verschieben, sich in einer unendlichen und vielfältigen Serie unterschiedlicher Subjektivitäten zu konstituieren« (Foucault [2]1997: 85). In den Selbsttechniken, »die sich von der Antike bis heute entwickelt haben«, entdeckt er eine Form der Selbstkonstitution, die nicht »auf indirekte Weise durch den Ausschluß Anderer – z. B. Krimineller, Irrer usw.« –, sondern »auf direkte Weise«, durch die Einwirkung des Individuums auf sich selbst, erfolgt (Foucault u. a. 1993: 169). Ebendiese Selbsttechniken bilden Thema und Leitmotiv von Foucaults Untersuchungen der Entwicklung von heidnischer und christlicher Moral.

In *Der Gebrauch der Lüste* werden zunächst Kontinuitäten zwischen der Sexualmoral der Antike und der des Christentums aufgegriffen, um sie in einem zweiten Schritt als nur an der Oberfläche geltend zu entlarven. Obwohl sich zwischen der Thematisierung der Sexualität in der Antike und im Christentum zahlreiche Analogien aufspüren lassen, ist der Unterschied doch einer ums Ganze: Während seit dem Christentum Verbote und normative Konzepte den Sex reglementieren, bieten die antiken Autoren *Ratschläge* zum Gebrauch der Lüste, ohne normativen Zwang. Im Mittelpunkt der Problematisierungen der Ehe, der Knabenliebe usw. stehen nicht die Praktiken selbst, sondern ihre Verwendung. Nicht die Unterdrückung von Lust und Sinnlich-

---

73 Seine eigene Beobachtung bestätigend, daß der Mensch im Abendland zum »Geständnistier« (Foucault 1991a: 77) geworden ist, gesteht Foucault jedoch auch selbstkritisch ein: »Vielleicht habe ich die Bedeutung der Technologien von Macht und Herrschaft allzu stark betont. Mehr und mehr interessiere ich mich für die Interaktion zwischen einem selbst und anderen und für die Technologien individueller Beherrschung, für die Geschichte der Formen, in denen das Individuum auf sich selbst einwirkt, für die Technologien des Selbst.« (Foucault 1993: 27, vgl. auch Foucault 1984b: 36 und Foucault 1985b: 158).

keit, zu der es mit dem Christentum kommt, ist das Ziel der Texte, sondern ihr maßvoller Einsatz.

Anders als die durch das Christentum sich etablierenden verbindlichen Normen und Zwänge lassen die als Ratschläge formulierten Texte der Antike einen gewissen Spielraum für ein je individuelles Verhältnis zu sich, das noch nicht die totalisierende Form angenommen hat, sich so und nicht anders zu verhalten. Die Ethik der *Sorge um sich*, dieser Imperativ, »man solle sich um sich selbst kümmern« (Foucault 1991c: 62), der nach Foucaults Lesart von den ersten platonischen Dialogen bis zu den Texten der späten Stoa (Epiktet, Marc Aurel usw.) das gesamte moralische Denken der Antike durchzogen hat, zentriert sich um einen Begriff der Mäßigung und der Selbstbeherrschung. Nicht durch die Unterwerfung unter eine universelle Norm, sondern durch eine individuelle Haltung, die weitgehend agonal und kämpferisch bestimmt ist, konstituiert sich das ethische Individuum in der Antike: »Die Arbeit, die das Individuum an sich selber vorzunehmen hatte, die nötige Askese, besaß die Form eines *Kampfes*, der zu führen ist, eines *Sieges*, der zu erringen ist, indem man nach dem Modell einer häuslichen oder politischen *Macht* eine *Herrschaft* seiner über sich errichtet.« (Foucault 1991b: 121, Hervorhebungen von mir, M.S.) Ziel dieser Selbstherrschung und Mäßigung, die nicht als Fessel, sondern als »Ausübung der Freiheit« (ebd.: 122) charakterisiert wird, ist es, »nicht Sklave zu sein« (Foucault 1985a: 13): weder der seiner Umgebung noch der seiner eigenen Leidenschaften. »Unmäßig zu sein« dagegen bedeutet gerade, »sich gegenüber der Kraft der Lüste in einem Zustand von Nicht-Widerstand, in einem Zustand von Schwäche und Unterwerfung zu befinden« (Foucault 1991b: 112) und sich damit letztlich zum Sklaven seiner selbst zu machen. Dieser Freiheitsbegriff stellt für Foucault zugleich die Nahtstelle zwischen dem Feld der Politik und dem der Ethik dar: »Ich denke, daß in dem Maße, wie die Freiheit für die Griechen bedeutet, nicht Sklave zu sein (was ja schon eine von der unseren ganz verschiedene Definition ist), das Problem durch und durch politisch ist.« (Foucault 1985a: 12)

Schon hier wird deutlich, daß Foucault die Themen Macht und Herrschaft, Zwang und Widerstand nicht verlassen, sondern auf eine andere Ebene übertragen hat. Ging es in den machtanalytischen Schriften um den Widerstand des Individuums gegen die quasi von außen hereinbrechenden Machtstrukturen – wenngleich es stets an ihrer Hervorbringung selbst beteiligt war –, geht es nunmehr um den Kampf des Individuums mit seinen eigenen Leidenschaften und Trieben. Darüber gewinnt das Subjekt ein Verhältnis »zwischen sich und sich selber« (Foucault 1991b: 12), das in den bisherigen Analysen zwar angedeutet, aber nicht ausformuliert worden war.[74] Mit anderen Worten: Hatte Foucault zunächst sein Hauptaugenmerk stärker darauf gerichtet, wie Subjekte zu Subjekten gemacht werden, gilt sein Interesse nun den Praktiken, wie sich die Subjekte *selbst* als Subjekte konstituieren (vgl. Schmid 1991: 231).

Dennoch wird das Subjekt nicht als gänzlich unabhängig von den Machtstrukturen der griechischen Gesellschaft vorgestellt. Noch die Selbsttechniken des Individuums sind vorgefundene Muster, »die ihm von seiner Kultur, seiner Gesellschaft, seiner sozialen Gruppe vorgeschlagen, nahegelegt und aufgezwungen werden« (Foucault 1985a: 19), und nicht etwa selbsterfundene Praktiken eines schöpferisch-autonomen Individuums. Foucault bleibt der Idee durchaus treu, daß es dem Subjekt vorgängige Strukturen gibt. Ob ihnen die Praktiken eher vorgeschlagen, mehr nahegelegt oder schlicht aufgezwungen werden, macht die jeweilige Art und Weise der Subjektkonstituierung aus, die in unterschiedlichen Epochen höchst verschieden ist. Das mögliche Maß an Selbstkonstituierung in den antiken Gesellschaften wird dem »freien Mann« außerdem nicht aus Gnade gewährt, sondern weil die Idee vorherrscht, daß ein sich selbst kontrollierendes Wesen als Bürger ein brauchbareres Mitglied einer funktionierenden polis ist.

So ergibt sich ein durchaus ambivalentes Bild. Während Foucault einerseits der Gefahr einer Apotheose der griechisch-römischen Antike mit dem Hinweis auf die Vorläuferschaft ihrer moralischen Reflexionen über den Körper, die Ehe und die Knabenliebe für die christliche Moral entgeht, dienen ihm andererseits die mit der Etablierung der christlichen Moral aufkommenden Verbote und Vorschriften doch immer wieder als Negativfolie für die antike Ethik der Selbstsorge. Die stets betonte entscheidende Differenz bringt er wie folgt auf den Punkt: »Schematisch

---

74 So wird auch schon in *Wahnsinn und Gesellschaft* von einer »Beziehung von sich selbst zu sich selbst« (Foucault 1989: 15) gesprochen.

könnte man sagen, daß die Moralreflexion der Antike über die Lüste nicht auf eine Kodifizierung der Akte und nicht auf eine Hermeneutik des Subjekts abzielt, sondern auf eine Stilisierung der Haltung und eine Ästhetik der Existenz« (Foucault 1991b: 122): Auf der einen Seite die Unterwerfung unter eine Moral in der »Form einer Geschicklichkeit«, auf der anderen Seite die »Anerkennung des Gesetzes und eines Gehorsams gegenüber der pastoralen Autorität«; einerseits Stilisierung seiner selbst, andererseits »Dechiffrierung« des Subjekts; hier »Selbst*beherrschung*, dort Selbst*verleugnung*« (ebd.). Während die antike Ethik noch die Selbstbestimmung des einzelnen ermöglicht – eine Art »freiwillige Selbstkontrolle« hält hier die Fremdkontrolle in Schach –, erfordert die christliche Ethik die Fremdbestimmung aller.

Unverkennbar hegt Foucault große Sympathien für die in der Antike vorgefundene »Ästhetik der Existenz«, worunter eine Lebensweise zu verstehen ist, »deren moralischer Wert nicht auf ihrer Übereinstimmung mit einem Verhaltenscode und auch nicht auf einer Reinigungsarbeit beruht, sondern auf gewissen Formen oder vielmehr auf gewissen allgemeinen formellen Prinzipien im Gebrauch der Lüste, auf ihrer Aufteilung, Begrenzung und Hierarchisierung« (Foucault 1991b: 118). Im Zentrum der »techne tou biou« (Lebenskunst) steht »die Möglichkeit, sich selber als Herr-Subjekt seines Verhaltens zu konstituieren, d. h., sich [...] zum geschickten und klugen Führer seiner selber zu machen, der das Maß und den Augenblick abschätzen kann« (ebd.: 178). Wenn Foucault nach den Gründen für die in der Antike beobachtete »Intensivierung des Selbstbezugs« (Foucault 1991c: 57) fragt, so gibt er den Hinweis, daß dies oft mit dem Individualismus der hellenistischen und römischen Welt erklärt werde – ein Individualismus, der als Ausdruck der Betonung des Privaten angesichts einer Schwächung bzw. eines Absterbens des Öffentlichen gelesen werde. Doch Foucault zeigt sich, wenngleich er sie nicht rundherum ablehnt, skeptisch gegenüber dieser Erklärung: »Man kann sich fragen, wie weit es her ist mit der Realität dieses individualistischen Schubes und des sozialen und politischen Prozesses, der die Individuen aus ihren traditionellen Bindungen gelöst haben soll.« (Ebd.: 58) Am stärksten jedoch bezweifelt Foucault die These von der abnehmenden Bedeutung des Öffentlichen und die zunehmende Hinwendung zum Privaten. Er kritisiert aber insbesondere – höchst aktuell für die heutige Individualisierungsdebatte – die mangelnde Präzision des Begriffs: »Angesichts jenes ›Individualismus‹ aber, den man so gern anführt, um – zu verschiedenen Zeiten – die verschiedensten Phänomene zu erklären, muß man eine allgemeine Frage aufwerfen. Unter einer solchen Kategorie vermengt man häufig ganz unterschiedliche Realitäten.« (Ebd.) Damit wiederholt er eine schon von Max Weber formulierte Kritik: »Der Ausdruck ›Individualismus‹ umfaßt das denkbar Heterogenste […] und eine gründliche, historisch orientierte Begriffsanalyse wäre gerade jetzt wieder wissenschaftlich höchst wertvoll.« (Weber 1988a: 95) Obwohl von beiden eine solche historische Begriffsanalyse selbst nicht in Angriff genommen worden ist, unternimmt Foucault doch immerhin den Versuch einer begrifflichen Präzisierung. Er schlägt vor, zwischen drei Phänomenen zu unterscheiden (vgl. Foucault 1991c: 58 ff.): 1. die *individualistische Einstellung*, die sich in der Hochschätzung der Einzigkeit des Individuums und dem Grad an Unabhängigkeit zeigt, der dem einzelnen gegenüber den sozialen Gruppen und Institutionen eingeräumt wird; 2. die *Hochschätzung des Privatlebens*, die sich in der Wertschätzung des familialen Zusammenlebens und häuslicher Aktivitäten niederschlägt; 3. die *Intensität der Selbstbeziehungen*, »das heißt der Formen, in denen man sich selbst zum Erkenntnisgegenstand und Handlungsbereich nehmen soll, um sich auszubilden, zu verbessern, zu läutern, sein Heil zu schaffen« (ebd.: 59). Foucault mahnt, diese drei Bedeutungsdimensionen des Individualismus streng voneinander zu unterscheiden, da es kaum eine Epoche gibt, in der sich alle drei Formen des Individualismus zugleich nachweisen lassen. Zwar können sie theoretisch durchaus zusammen auftreten, doch »diese Verbindungen sind weder konstant noch notwendig« (ebd.). Die historischen Beispiele, die er anführt, sollen jedenfalls das ungleichzeitige Auftreten der drei Individualismusformen dokumentieren. So gelten ihm etwa die militärischen Aristokratien als Beispiel für eine Gesellschaft, in der der einzelne seine Einzigartigkeit durch besondere Taten hervorheben soll, dem Privatleben und den Beziehungen des einzelnen zu sich jedoch kaum Bedeutung beigemessen wird. Im Bürgertum des 19. Jahrhunderts dagegen wird zwar dem Privatleben ein hoher Stellenwert eingeräumt, doch die Betonung der Einzigartigkeit des Individuums spielt kaum eine Rolle. Im christlichen Asketentum der ersten Jahrhunderte wiederum läßt sich eine »extrem starke Betonung der Selbstbeziehungen« beobachten, die jedoch nicht mit einer Aufwertung des Individualismus und des Privatlebens einhergeht. In diesem Zeitraums steht allein eine ausgeprägte »›Kultur seiner selber‹« im Vordergrund, nach der man »›für sich selbst sorgen‹« (Foucault 1991c: 60) muß.

Aus dieser Unterscheidung heraus wird plausibel, daß Foucault die weitverbreitete These, daß diese *Sorge um sich* zu einem Niedergang der öffentlichen Sphäre geführt habe (die gerade heute wieder vertreten wird, vgl. Sennett 1983), entschieden zurückweist. Die Vorstellung, die *Sorge um sich* sei letztlich nur Ausdruck des Egoismus und der Selbstliebe, übersieht, daß die Intensivierung der Selbstbeziehungen keineswegs mit der Hochschätzung des Privatlebens einhergeht. Darüber hinaus verkennt sie den eigentlichen Charakter der Selbstsorge. Foucault zeigt, daß die Sorge um die anderen der *Sorge um sich* nicht etwa als weiteres Prinzip hinzutreten muß; vielmehr ist dem Selbstsorgekonzept die Sorge um die anderen inhärent (vgl. Foucault 1985a: 14).[75] Die *Sorge um sich* ist keine »Übung in Einsamkeit, sondern eine wahrhaft gesellschaftliche Praxis« (Foucault 1991c: 71); sie führt nicht zu einem Rückgang, sondern zu einer »Intensivierung der gesellschaftlichen Beziehung« (ebd.: 74). Die heidnische »techne erotike« war Foucault zufolge eine Ethik des sozialen Individuums, d. h. eines gesellschaftlichen Wesens, das sich im Einklang mit der Gesellschaft befand (vgl. ebd.: 57 f., 110 ff.). Unmittelbar politisch wirkt das Konzept allein deshalb, weil die Fähigkeit, sich selbst regieren zu können, davor bewahrt, andere beherrschen zu wollen! Wenn jeder sein eigener Herr, sein eigener Führer ist, bedarf es keiner fremden Herren und Führer, so scheint die Botschaft zu lauten.

Die Bände zwei und drei der *Geschichte der Sexualität* bedeuten keine Rückkehr zur Subjektphilosophie, wie es so gerne von denen gesehen würde, die Foucault zuvor in den Fallstricken des Objektivismus sich verfangen sahen. Ebensowenig wie es sich bei der These vom Verschwinden des Subjekts um die Vorstel-

---

75 Damit kommt Foucault der Vorstellung eines *solidarischen Individualismus* sehr nah, wie Beck ihn versteht. Ich komme weiter unten darauf noch zurück.

lung einer realen Eliminierung des Subjekts handelte, sondern um eine »etwas dramatische Metapher für seine Dezentrierung« (Schnädelbach 1989: 231)[76], handelt es sich bei der Beschäftigung mit dem Subjekt im Spätwerk um die Wiedergeburt des totgesagten Subjekts. Nach wie vor wendet sich Foucault gegen eine Vorstellung des Subjekts als autonomer Sinnstifter. Seine Kritik am Subjektbegriff der Subjektphilosophie, von der er auch jetzt nicht abrückt, richtet sich gegen eine ganz bestimmte Konzeption von Subjektivität: »Was ich zurückgewiesen habe, bestand genau darin, daß man sich vorweg eine Theorie des Subjekts bildet [...]. Was ich zeigen wollte, war, wie sich das Subjekt in der einen oder anderen determinierten Form durch eine gewisse Menge von Praktiken, die Wahrheitsspiele, Machtpraktiken usw. sind, selbst konstituiert als wahnsinniges oder gesundes Subjekt, als delinquentes oder als nichtdelinquentes Subjekt.« (Foucault 1985a: 18) Und tatsächlich heißt es schon in *Die Ordnung der Dinge*: »Wenn es aber einen Weg gibt, den ich ablehne, dann ist es der, [...] der dem betrachtenden Subjekt absolute Priorität einräumt« (Foucault 1991d: 15). Und auch der Archäologie ist »die Instanz des schöpferischen Subjekts als *raison d'être* eines Werkes und Prinzip seiner Einheit [...] fremd« (Foucault 1990a: 199). Foucaults Aussage »Es gibt keine Substanz« (Foucault 1985a: 18) ist der Dreh- und Angelpunkt dieser Kritik. Foucault wendet sich gegen die Vorstellung eines ahistorischen Subjekts. Er will hinter die Erfindung der Humanwissenschaften zurück, der Konstruktion eines allgemeinen Subjekts, das nur mehr Platzhalter für ein beliebiges sein konnte, um das darunter verschüttete besondere Subjekt, das Individuum, wieder freizulegen. Die Parallele zu den Griechen scheint für ihn gerade darin zu liegen, daß diese ein Ethos des Individuums und nicht eine Ethik des Subjekts entwickelt haben, was heute, nach dem endgültigen Ende der Subjektphilosophie, erneut zum Problem wird. An das Modell der individuellen Freiheit der antiken Philosophie will Foucault anknüpfen gegen den »mehr oder weniger von Hegel stammende[n] Allgemeinplatz, wonach die Freiheit des Einzel-

---

76 Dazu Foucault selbst: »Wenn ich sagte, daß der Mensch aufgehört hat zu existieren, so wollte ich natürlich nicht sagen, daß der Mensch als Lebewesen oder als Gesellschaftswesen vom Planeten verschwunden ist. Das gesellschaftliche Funktionieren ist und bleibt das Funktionieren der Individuen in Beziehungen aufeinander.« (Foucault 1974: 28)

nen keinerlei Bedeutung vor der schönen Ganzheit der Polis gehabt habe« (Foucault 1985a: 12f.).

Darüber hinaus sieht Foucault heute »die Idee einer Moral als Gehorsam gegenüber einem Regelkodex«, wie sie das Christentum etabliert hat, »im Verschwinden begriffen«, was den Weg freimacht für »die Suche nach einer Ästhetik der Existenz« (Foucault 1984b: 136). Wenn davon ausgegangen werden kann, »daß die meisten von uns nicht mehr glauben, daß die Ethik auf die Religion gegründet ist und daß wir kein Gesetzessystem wollen, das in unser Privatleben, in unser moralisches und persönliches Leben eingreift« (ebd.: 71), dann muß es sich dabei um eine »Suche nach einer *persönlichen Ethik* [Hervorhebung von mir, M. S.]« (ebd.: 136) handeln, wie es auch in der Antike der Fall war.

Foucault geht es also nicht darum, die antike Ethik insgesamt für unsere gesellschaftliche Situation heute zu reaktivieren. Weder läßt sich das Rad der Geschichte zurückdrehen, noch verkennt er den durchaus problematischen gesellschaftlichen Hintergrund dieser Ethik: »Die griechische Ethik der Lust ist an eine männliche Gesellschaft, an Asymmetrie, Ausschluß des anderen, Penetrationszwang, Furcht, um die eigene Energie gebracht zu werden, usw. gebunden. All das ist wenig verlockend!« (Foucault 1987b: 270)[77] Deshalb kann das von ihm gezeichnete Bild der antiken Lebenskunst nicht einfach als »rückwärtsgewandte Utopie« (Schlesier 1984: 821) gelesen werden. Er sieht in den antiken Gesellschaftsformen keine Alternative zur gegenwärtigen Gesellschaft. Doch er plädiert für die Möglichkeit eines selektiven Zugriffs auf eine vergangene Epoche: »Zu den Kulturerfindungen der Menschheit gehört ein Schatz von Ratschlägen, Techniken, Ideen, Verfahren usw., auf die man nicht ohne weiteres zurückgreifen kann, die aber zumindest eine gewisse Sichtweise ausbilden können oder helfen können, sie auszubilden, die nützlich sind, um zu analysieren, was heute vor sich geht – und um es zu verändern.« (Foucault 1987b: 273) Seine Zeitdiagnose, nach der wir uns »in der Epoche des Raumes, der Epoche des Simultanen […], des Nahen und des Fernen, des Nebeneinander

---

77 Vgl. auch: »Eine Periode, die nicht die unsere ist, besitzt keinen exemplarischen Wert […] nichts, zu dem man zurückkehren könnte.« (Ebd.: 271) Und: »Wir haben nicht die Wahl zwischen unserer und der griechischen Welt.« (Foucault 1984b: 79, vgl. auch ebd. 76)

und Auseinander« (Foucault 1990b: 34) befinden, kommt diesem nur partiellen Zugriff auf eine andere Epoche entgegen. Da wir nach Foucault unsere Gegenwart nicht mehr in zeitlichen, sondern in räumlichen Begriffen zu denken haben, sind die über das Bestehende hinausweisenden Alternativen weder in einer vergangenen Epoche auszumachen, zu der zurückzukehren wäre, noch in eine ferne Zukunft zu verlagern. Vielmehr begleiten sie beständig die sich im Raum entfaltenden Ereignisse, die immer auch andere sein könnten. Foucault geht es mit seiner »Reise nach Griechenland« darum zu zeigen, »daß das Vorhandene noch lange nicht alle *möglichen Räume* [Hervorhebung, M. S.] ausfüllt« (Foucault 1984b: 93). Die in der Antike aufgefundenen Praktiken, die zur »Konstitution einer Ethik als eine Ästhetik der Existenz« (ebd.: 71) geführt haben, figurieren im Werk Foucaults als die *anderen Räume* (vgl. Foucault 1990b), die den gegenwärtigen als Korrektiv gegenübergestellt werden.

Von den Selbsttechniken des Individuums und ihrer politischen Stoßkraft: Foucaults postmodernes Ethos des Widerstands

In einem Interview aus dem Jahre 1984 mit dem Titel *Freiheit und Selbstsorge* (Foucault 1985a), aus dem ich bereits mehrfach zitiert habe, ist Foucault darum bemüht, den Zusammenhang von Ethik und Politik, Macht und Lebenskunst herzustellen, wobei er zunächst eine Unterscheidung von Macht und Herrschaft einführt, die seinen früheren Texten fehlt. Das Entscheidende dieser Differenzierung läßt sich wie folgt zusammenfassen: Während Macht etwas Dynamisches ist, das noch in den kleinsten Zellen der Gesellschaft permanent hervorgebracht wird, ist Herrschaft etwas Starres und Irreversibles. Bei Macht handelt es sich um Beziehungen, während der Begriff Herrschaft einen Zustand beschreibt. Herrschaft ist sozusagen geronnene Macht (vgl. ebd.: 11). Erneut weist Foucault also darauf hin, daß er unter Macht nicht eine Regierung, eine herrschende Klasse, Staatsapparate usw. versteht, sondern das in jeder menschlichen Beziehung anzutreffende Verhältnis, in dem »der eine das Verhalten des anderen zu lenken versucht« (ebd.: 19).

Ein wichtiges Kriterium zur Unterscheidung von Herrschaft und Macht ist das Ausmaß an Beweglichkeit, der Grad an Symmetrie in einer Beziehung, von dem der Erfolg der Umkehrung von Machtbeziehungen abhängt. Handelt es sich um »dauernd unsymmetrische Beziehungen« (ebd.: 20), so spricht Foucault von Herrschaft. Dagegen zeichnen sich Machtbeziehungen dadurch aus, daß sie beweglich sind und sich verändern können.

Hatte Foucault in seinen früheren Schriften diese beiden Sphären auch begrifflich nicht immer hinreichend voneinander getrennt, oft genug miteinander vermengt oder sogar umgekehrt gebraucht, so ist doch die nun als Macht und Herrschaft explizit eingeführte Differenz auch hier schon angelegt. Der jetzt Herrschaft genannte Bereich wird in früheren Texten zumeist mit Chiffren wie »die große souveräne Macht«, »die« Macht usw. umschrieben, wenngleich sich die Differenzierung von Macht und Herrschaft in der in *Freiheit und Selbstsorge* gebrauchten Weise in einer Vorlesung von 1978 bereits andeutet. Statt einer deduktiven Vorgehensweise, die die Macht, von einem Zentrum ausgehend, daraufhin untersucht, »bis wohin sie sich nach unten hin fortsetzt«, plädiert Foucault für »eine aufsteigende Analyse der Macht«; d. h. man muß »von den unendlich kleinen Mechanismen ausgehen, die ihre Geschichte, ihren Ablauf, ihre Technik und Taktik haben, und dann ergründen, wie diese Mechanismen von immer *allgemeineren Machtmechanismen und von Formen globaler Herrschaft* [Hervorhebung von mir, M.S.] besetzt, kolonisiert, umgebogen, transformiert, verlagert, ausgedehnt usw. wurden und werden« (Foucault 1978: 83).[78]

Das eigentlich Neue in *Freiheit und Selbstsorge* ist also nicht

---

78 Eine Vorlesung aus dem Jahre 1978 untermauert die Beobachtung, daß es sich bei dem Verständnis von Macht in Foucaults Spätschriften nicht um eine *Revision*, sondern um eine *Präzision* seines früheren Machtbegriffs handelt: »Doch handelt es sich nicht darum, die Macht als Beherrschung oder Herrschaft zu verstehen und so als Grundgegebenheit, als einziges Erklärungs- oder Gesetzesprinzip gelten zu lassen; vielmehr gilt es, sie stets als eine Beziehung in einem Feld von Interaktionen zu betrachten, sie in einer unauflöslichen Beziehung zu Wissensformen zu sehen und sie immer so zu denken, daß man sie in einem Möglichkeitsfeld und folglich in einem Feld der Umkehrbarkeit, der möglichen Umkehrung sieht.« (Foucault 1992a: 40) Freilich gilt seine Selbstkritik: »Ich selbst bin nicht sicher, ob ich zu Beginn meines Interesses am Machtproblem sehr klar darüber gesprochen habe und die notwendigen Wörter verwendet habe. Jetzt habe ich von alldem eine viel klarere Vorstellung.« (Foucault 1985a: 26)

so sehr die Unterscheidung von Herrschaft und Macht, sondern eine andere, von Foucault zuvor nicht behandelte Beziehung: die Verbindung von *Macht* und *Freiheit*. Machtbeziehungen, so betont er jetzt, setzen »freie Subjekte« (Foucault 1987a: 255) voraus. Wo es Machtbeziehungen gibt, müssen Freiheitsspielräume existieren, die Widerstand möglich machen, und vice versa.

Den nunmehr eingeführten Zusammenhang zwischen *Herrschaft*, *Macht* und *Freiheit* verdeutlicht Foucault am Verhältnis von Mann und Frau innerhalb der gesellschaftlichen Strukturen des 18. und 19. Jahrhunderts (vgl. Foucault 1985a: 20 f.). Selbst hier sieht er die Macht nicht allein auf der Seite des Mannes, während die Frau ganz und gar zur Ohnmacht verdammt gewesen sei. Auch sie konnte Macht über den Mann erlangen, sich seinem Zugriff entziehen, indem sie ihn betrog, ihm das Geld aus der Tasche zog oder sich sexuell verweigerte. Doch konnte diese »Reihe von Listen« zwar die Macht des Mannes einschränken, nicht aber führte sie zur Aufhebung des der Ehe zugrundeliegenden Herrschaftsverhältnisses, das der Frau wie dem Mann eindeutige Rollenmuster auferlegte.

Parallel zu der nun expliziten Unterscheidung von Macht und Herrschaft erweitert sich der Begriff von Widerstand, der jetzt zwei Seiten hat: der sich auf Herrschaftsverhältnisse richtende Begriff des Widerstands als Aufbegehren, als »Gegen-Macht«, der sich auch selber immer der Macht bedient, und der sich auf Machtbeziehungen beziehende Begriff von Widerstand als Verweigerung vorgegebener Identitäts- und Rollenmuster. Ohne den ersten Begriff von Widerstand aufgeben zu müssen, gilt das ganze Interesse der späten Texte dem Widerstand gegenüber vorgefertigten Rollenmustern und auferlegten Subjektivitätsformen. Doch anders als noch in den machtanalytischen Schriften bleibt Foucault bei der Kritik und der Zurückweisung des Bestehenden nicht stehen. Nicht nur müssen wir abweisen, so betont er, was wir sind, vielmehr müssen wir uns das, »was wir sein könnten«, ausdenken und aufbauen«: »Wir müssen neue Formen der Subjektivität zustandebringen, indem wir die Art von Individualität, die man uns jahrhundertelang auferlegt hat, zurückweisen.« (Foucault 1987a: 250)[79] Diese Haltung zu einem Ethos zu erheben ist das Thema der späten Schriften Foucaults. Ihr Zentrum bildet das Konzept der Selbstsorge, das beides umfaßt: Widerstand gegen gesellschaftlich oktroyierte Subjektivierung und die Erfindung von anderen, selbstgewählten Subjektformen.

Doch die Machtanalytik kennt noch eine weitere Dimension, die bisher unberücksichtigt blieb: Foucault unterscheidet zwischen »strategische(n) Spiele(n), Regierungstechniken und Herrschaftszustände(n)«; er operiert damit auf drei Ebenen (Foucault 1985a: 26). Während es sich in Liebesbeziehungen um »strategische Spiele« (Machtbeziehungen) handeln kann, sind die Regierungstechniken etwa in Institutionen wie der Schule wirksam, in denen der eine dem anderen aufgrund zugewiesener Rollen (Lehrer/Schüler) zeitweise unterworfen ist. Herrschaftszustände dagegen sind dadurch charakterisiert, daß in ihnen einer dem anderen vollends unterworfen ist (vgl. ebd.: 19). Entscheidend ist, daß Foucault damit weniger eine Revision als vielmehr eine Präzisierung und Erweiterung seines Ansatzes vornimmt.

Entsprechend diesem deutlich differenzierteren Begriff von Macht entwickelt Foucault in *Freiheit und Selbstsorge* die folgende Perspektive: Gegenüber anderen Gesellschaften, »in denen die Art, in der man das Verhalten der anderen lenkt, im voraus so gut geregelt ist, daß alle Spiele schon gelaufen sind«, zeichnet sich die unsere dadurch aus, daß in ihr »die Spiele außerordentlich zahlreich« sein können, was in den heutigen »familiären, sexuellen und Gefühlsbeziehungen ganz offensichtlich« ist. Es gilt: »Je freier die Leute in ihren Beziehungen zueinander sind, desto größer ihre Lust, das Verhalten des jeweils anderen zu bestimmen.« (Ebd.: 27) Auf der anderen Seite jedoch heißt es: »Jetzt gibt es in der Tat Herrschaftszustände. In zahlreichen Fällen sind die Machtbeziehungen derart fest geworden, daß sie dauernd unsymmetrisch sind und der Freiheitsspielraum äußerst beschränkt ist.« (Ebd.: 20) Foucault trifft keine Aussage über die »Gesamtgesellschaft«, die er ja bereits in einem schon zitierten Interview aus dem Jahre 1974 als eine überholte Vorstellung zurückgewiesen hat. Die in *Überwachen und Strafen* analysierten Herrschaftstechnologien waren *eine* Seite, die »dunkle Kehrseite« (Foucault 1977a: 285) des Modernisierungsprozesses. Die hier getroffene Diagnose des *Disziplinarindividuums* ist eine,

---

79 Ein Modell dafür, »vorgefertigte Lebensweisen abzulehnen«, entdeckt Foucault im »Schwul-sein«. Es geht darum, »sich eine Welt zu wünschen, in der solche Beziehungen möglich sind« (Foucault 1984b: 109f.).

weiterhin gültige Seite der Gegenwart. Aber: Es gibt andere. Sie ist nicht abgelöst worden; vielmehr bestehen neben ihnen andere Möglichkeiten der Subjektivierung. In unterschiedlichen Beziehungen sind die Freiheitsspielräume unterschiedlich groß. Es bestehen sowohl für individuelle Gestaltung relativ offene Beziehungen als auch institutionell geregelte, die keine Abweichung zulassen, starre Verhältnisse, in denen Wechselseitigkeit kaum gegeben ist. Unterwerfungspraktiken und Freiheitspraktiken stehen in einem Verhältnis der Gleichzeitigkeit: »Was wir Disziplin nennen, ist etwas wirklich Wichtiges in dieser Art Institution [Asyle, Gefängnisse usw., M.S.]. Aber es ist nur *ein* [Hervorhebung von mir, M.S.] Aspekt der Kunst der Menschenregierung.« (Foucault 1984b: 36) Was sich in *Überwachen und Strafen* noch als Gesamtdiagnose der Gesellschaft interpretieren läßt, erscheint nun mehr als nur *eine* Seite im Prozeß der Modernisierung. So behält Foucault seine Sichtweise der Normalisierung und Disziplinierung der Individuen bei, während sich die in der Antike vorgefundenen Freiheitspraktiken und Selbsttechniken zum utopischen Horizont seiner Zeitdiagnose verdichten, da sich mit ihrer Hilfe der Zugriff der Normalisierungs- und Disziplinierungsstrategien begrenzen ließe.

Dieser Vorstellung einer differenzierten Gesellschaft entsprechend entwickelt Foucault eine Vorstellung vom Subjekt, das sich in wechselnden Beziehungen und Situationen je und je neu konstituiert: »Es ist eine Form, und diese Form ist weder vor allem noch immer mit sich selbst identisch. Man hat zu sich nicht dasselbe Verhältnis, wenn man sich als politisches Subjekt konstituiert, das wählen geht oder in einer Versammlung das Wort ergreift, als wenn man sein Begehren in einer sexuellen Beziehung zu befriedigen versucht. Zweifellos gibt es Beziehungen und Interferenzen zwischen diesen verschiedenen Formen des Subjekts, aber man steht nicht demselben Subjekttypus gegenüber. In jedem dieser Fälle spielt man mit, errichtet man verschiedene Formen der Beziehung zu sich selbst.« (Foucault 1985a: 18) Es geht um die Erfindung eines Selbst als permanenten Prozeß, ein sich stets wandelndes und veränderndes Selbst. Nicht mehr Selbst*verwirklichung*, sondern die nietzscheanisch inspirierte Idee der Selbst*erfindung* steht im Mittelpunkt dieses Subjektbegriffs. Doch dies ist nicht allein als ästhetisierende Spielerei, als Renaissance des Dandytums zu verstehen, sondern hat bei Foucault eine politische Komponente. Denn dieses sich nicht gleichbleibende, sich permanent neu hervorbringende, *multiple Selbst* trägt dazu bei, so hat es den Anschein, den Herrschaftstechnologien den Zugriff auf das Individuum zu erschweren.[80] Nur was sich beständig in Bewegung befindet, sich permanent selbst neu erfindet, hinter Masken und fremden Identitäten verbirgt, entkommt den zahlreichen Einschließungs- und Ausschließungsprozeduren, die das Abendland zur Disziplinierung des Individuums erfunden hat. Was sich permanent neu definiert und entwirft, verschwindet und dort wieder auftaucht, wo es niemand vermutet hätte, entgeht den starren Strukturen der zurichtenden Herrschaftstechnologien. Was sich nicht gleichbleibt, wird schwer identifizierbar und dadurch schwer erfaßbar, kontrollierbar.[81] Das kontinuierliche Thema Foucaults – Verände-

80 Schon deshalb ist der immer wieder – von Habermas bis Zima (1997: 130) – geäußerte Verdacht, Foucaults späte Texte liefen auf einen Rückzug ins Private hinaus, schlicht absurd. Solche Einschätzungen ignorieren systematisch die strukturellen Veränderungen hinsichtlich des Verhältnisses von Öffentlichkeit und Privatheit, um die sich doch seit Jahren eine breite Diskussion rankt. Insbesondere die Individualisierungsdebatte hat gezeigt, wie eminent politisch dieser angeblich private Bereich aufgeladen ist, wenn es um Fragen der Lebensführung geht, wenn Fragen nach Familiengründung, Kinderzeugung, Abtreibung usw. ins Haus stehen. Umgekehrt hat Sennett mit seiner These der »Tyrannei der Intimität« (1983) gezeigt, wie sehr der öffentliche Raum von Umgangsformen geprägt ist, die ehemals nur im Privaten zur Anwendung kamen.

81 In gewisser Weise steht Foucaults Biographie selbst Pate für diese Art von Widerstand als eine Art von Verwischen der eigenen Spuren: Dies reicht vom Wunsch, nicht als Urheber des Diskurses in seiner Antrittsvorlesung identifiziert zu werden (vgl. Foucault 1991e: 7 f.), über den fast schon berühmten Ausspruch »Man frage mich nicht, wer ich bin, und man sage mir nicht, ich solle der gleiche bleiben: das ist eine Moral des Personenstandes; sie beherrscht unsere Papiere. Sie soll uns frei lassen, wenn es sich darum handelt, zu schreiben« (Foucault ⁴1990b: 30), bis hin zu der Erklärung seiner Motive, die *Geschichte der Sexualität* anders zu schreiben als geplant, die in dem Wunsch gipfelt, »sich von sich selber zu lösen« (Foucault 1991a: 15); d. h., zu versuchen, anders zu denken, als man bisher gedacht hatte, anders wahrzunehmen, als man bisher wahrgenommen hat usw., womit Foucault uns seine beiden modifizierten Bände der *Geschichte der Sexualität* u. a. als eine philosophische Übung präsentiert. Parallel zur Perspektive eines sich selbst erfindenden Individuums verfolgt Foucault damit immer auch die Perspektive eines sich selbst negierenden Individuums. Da Foucault das Modell eines mit sich selbst identisch bleibenden Subjekts verabschiedet, um das Modell des sich selbst fortwährend neu erfindenden Individuums zu etablieren, geht die kontinuierliche Selbsterfindung mit einer konstanten Selbstauslöschung einher. Um ein neues Selbst auszuprägen, bedarf es des Absterbens

rungen – bekommt damit eine neue Dimension: Zentrum seines »Spätwerks« ist die Entdeckung, daß jeder selbst sich verändern muß, soll sich überhaupt etwas verändern.[82] Während das Veränderungspotential in den Machtanalysen der siebziger Jahre noch aus den Verhältnissen, wenngleich den mikrologischen, den scheinbar »privaten« kommen sollte, ist es unter dem neuen Blickwinkel Foucaults das Individuum selbst, das in diesen Verhältnissen als Gegenstand der Veränderung anzusehen ist.

Foucault will in seinen späten Arbeiten also keineswegs dem von jeglichen gesellschaftlichen Bezügen freien Subjekt zu neuen Ehren verhelfen. Vielmehr fragt er auf der Grundlage der von ihm zuvor analysierten *Unterwerfungs*weisen der Subjekte nun nach Möglichkeiten des *Selbstentwurfs* der Subjekte. Sie sind nunmehr beides: unterworfen und frei. Die Freiheitspraktiken sind die *andere Seite* der Unterwerfungstechnologien. Foucault verabschiedet nicht die einen zugunsten der anderen, sondern nimmt jetzt – nach seinem Perspektivenwechsel – beides in den Blick: »Zunächst denke ich allerdings, daß es keine universelle Form des Subjekts gibt, die man überall wiederfinden könnte. Einer solchen Konzeption stehe ich sehr skeptisch, ja feindlich gegenüber. Ich denke hingegen, daß das Subjekt sich über Praktiken der Unterwerfung konstituiert bzw. – auf autonomere Art und Weise – über Praktiken der Befreiung und der Freiheit. So geschah es in der Antike, und zwar ausgehend, wohlgemerkt, von einer gewissen Anzahl von Regeln, Stilen und Konventionen, die sich im kulturellen Bereich wiederfinden.« (Foucault 1984b: 137 f.) Diese in der Antike vorgefundenen Praktiken der Freiheit und Befreiung für die Gegenwart fruchtbar zu ma-

des alten. So ist die Utopie der Selbst*erfindung* begleitet von der Utopie der Selbst*auflösung*. Aus einer eher kulturkritischen Perspektive erscheint dies als die Sehnsucht nach dem Tod, denn nur »den Toten ist weder ein Ort noch ein Zeit/Raum zugewiesen, ihr Aufenthalt ist unauffindbar, sie sind in die radikale Utopie verstoßen« (Baudrillard 1991: 198). Zur Rolle des Todes bei Foucault vgl. Nassehi (1995a).

82 Ohne explizit auf Foucaults Entwurf einer neuen Ethik Bezug zu nehmen, beschreibt Ulrich Beck treffend ihre Stoßrichtung: »Es geht um die Neuentdeckung der schlichten, alten Erkenntnis, daß *der Mensch sich selbst verändern kann*, und zwar nicht nur in Kleinigkeiten seiner Lebensführung oder Besonderheiten seiner Persönlichkeit, sondern in so großen Dingen wie seinem Selbst-, Welt- und Wirklichkeitsverhältnis.« (Beck 1991: 60) Auch weist er darauf hin, daß diese Erkenntnis »Ansätze einer *neuen Ethik*« enthält, »die auf dem Prinzip der ›Pflichten gegenüber sich selbst‹ beruht« (ebd.).

chen, ohne zu dem damit verbundenen politischen Kontext zurückzukehren, macht die utopische Perspektive in seinem Spätwerk aus.

Doch nicht mehr das Problem der Befreiung ist das zentrale
(vgl. Foucault 1985a: 11), sondern das, was nach der Befreiung
kommen soll. Wie geht man um mit den neu errichteten Freiheiten? Wie kann man die Freiheit gebrauchen? Wie kann man sie
einsetzen? Foucault unterstellt offenbar eine Überwindung einer
für alle geltenden Zwangsmoral: »Wenn man das Beispiel der
Sexualität nimmt, ist klar, daß bezüglich der Macht des Mannes
eine ganze Reihe von Befreiungen nötig waren; daß es nötig war,
sich von einer Zwangsmoral zu befreien, die Hetero- wie Homo-
sexualität gleichermaßen betrifft.« (Ebd.) Doch diese Befreiung
hat keineswegs – wie die Repressionstheoretiker annahmen –
»das erfüllte und glückliche Sein einer Sexualität« hervorgebracht, »in der das Subjekt eine vollständige und befriedigende
Beziehung erreichte« (ebd.). Deshalb ist Foucaults Problemstellung nicht das In-Gang-Setzen der Befreiung, sondern die nach
den »Praktiken der Freiheit«, die die erreichte Freiheit in Bewegung halten sollen (vgl. ebd.: 10), die Frage also: »Wie kann man
die Freiheit gebrauchen?« (Ebd.: 12) Sowohl in den politischen
Befreiungsbewegungen als auch bei den sexuellen Befreiungen
beschäftigt man sich zuwenig damit, was im Anschluß daran passiert. Allzuoft wurde so getan, als ob das Problem schon gelöst
sei, wenn die Verbote aufgehoben würden. Statt dessen eröffnet
die Befreiung ein Feld für neue Machtverhältnisse, »das dann
aber von den Praktiken der Freiheit kontrolliert werden soll«
(ebd.: 11).

Hat Foucault mit diesen Annahmen nun seine ehemalige Position aufgegeben, hat er den Rückzug ins Private angetreten? Ich
meine nein. Nicht das Reich der Freiheit sieht er nach dem Wegfall verbindlicher Moralen entstehen. Vielmehr treten an die Stelle der überholten alten Zwänge neue. Die Freiheitspraktiken haben die Aufgabe zu verhindern, daß sich diese ihrerseits zu einer
allumfassenden Kontrolle potenzieren können. »Innerhalb der
Machtspiele mit dem geringsten Aufwand an Herrschaft zu spielen« (ebd.: 125) ist das Ziel der Freiheitspraktiken, um die zur
Veränderung freien Machtbeziehungen nicht zu starren Herrschaftsstrukturen degenerieren zu lassen.

Dabei steht das von Foucault ins Auge gefaßte Ethos des Individuums nicht außerhalb der von ihm interpretierten Macht- und Herrschaftsphänomene. Im Gegenteil: Erst vor dem Hintergrund der für die modernen Gesellschaften konstitutiven Phänomene der Disziplinierung, Überwachung und Kontrolle, deren Gültigkeit im Spätwerk keineswegs zurückgenommen wird, gewinnt das Ethos des Individuums seine gesellschaftskritische Perspektive. Das in der Konzeption der »Ästhetik der Existenz« anvisierte Individuum ist als Widerstandszentrum gegen die übermächtig werdenden Systemimperative und omnipräsenten Herrschaftsstrukturen konzipiert. Die vom Individuum ins Werk zu setzende Lebenskunst nämlich ist es, die den Umschlag von flexiblen Machtbeziehungen in starre Herrschaftsstrukturen verhindern soll. Sich selbst regieren zu können bietet eine Möglichkeit, sich dem Von-außen-regiert-Werden bis zu einem gewissen Grad zu entziehen; ja mehr noch: Das richtige Verhältnis zu sich würde zwar den Wunsch nach Lenkung, Beeinflussung, Regierung anderer, nicht aber den nach Unterdrückung und Tyrannei anderer aufkommen lassen.

Auf die Frage, ob die Verabsolutierung der Selbstsorge nicht eine Form der Machtausübung im Sinne der Beherrschung anderer werden könnte, antwortet Foucault: »Nein, weil die Gefahr, andere zu beherrschen und auf sie eine tyrannische Macht auszuüben, eben nur daher rührt, daß man sich nicht um sich gekümmert hat und zum Sklaven seiner Begierden geworden ist.« (Ebd.: 16) Wer im Konzept der Lebenskunst apolitische Rückzugsgefechte ins Private glaubt ausmachen zu können, die dem Hedonismus der Yuppie-Kultur in den achtziger Jahren Tribut zollen, verkennt seine eminent politische Stoßrichtung: Foucaults Konzept der Lebenskunst richtet sich »gegen alle schon vorhandenen oder drohenden Formen von Faschismus« (Foucault 1978: 228; vgl. auch Foucault 1992b: 48). Durchgängiger Zielhorizont bei der Analyse der moralischen Schriften der Antike in *Der Gebrauch der Lüste* und *Die Sorge um sich* ist ein genuin aufklärerischer: die Konstituierung einer nicht fremdbestimmten, sondern selbstbestimmten Existenz. Doch trotz dieser konkreten Zielvorgabe weigert sich Foucault, konkrete Anweisungen zu geben, wie in Zukunft sich jeder zu verhalten habe, um uns diesem Ziel näherzubringen: »Die Idee eines Programms mit Vorschlägen ist [...] gefährlich. Sobald ein Programm vorliegt, wird es zum Gesetz, d.h., es verbietet andere Entwürfe und

Erfindungen.« (Foucault 1984b: 92, vgl. auch Foucault 1991b: 16)[83]

In dieser nicht auf ein einheitliches Programm abzielenden, sondern auf Vielheit angelegten Perspektive sehe ich den postmodernen Zuschnitt der Foucaultschen Lebenskunst. Nicht der Durchsetzung einer konkreten Lebensform und ihrer Inhalte gilt sein Entwurf, sondern der Ermöglichung vieler verschiedener Lebensentwürfe, die von den Individuen selbst kreiert werden müssen. Foucaults offensichtliche Vorliebe für die in der Antike und der Renaissance vorgefundenen Lebensführungskonzepte (vgl. Foucault 1991b: 18) erklärt sich gerade aus dem Umstand, daß dort vielgestaltige Selbstentwürfe möglich waren; allerdings nur für eine kleine, auserwählte Schar.[84] Diese für jeden zu ermöglichen, gepaart mit der Hoffnung, daß sich mit ihrer Hilfe Machtbeziehungen nicht zu Herrschaftsstrukturen verfestigen, macht das kritisch-utopische Potential der von Foucault der Gegenwart anempfohlenen Konzeption der Lebenskunst aus: Denn »warum sollte nicht jeder einzelne aus seinem Leben ein Kunstwerk machen können?« (Foucault 1984b: 80) Foucault legt wieder einmal offen, daß etwas scheinbar Selbstverständliches durchaus nicht so selbstverständlich ist, wie es uns vorkommen mag – in diesem Fall die Tatsache, daß die Kunst in unserer Gesellschaft zu etwas geworden ist, was nur auf Gegenstände, nicht aber auf Individuen und ihr Leben bezogen wird. Er stellt diese Verengung, nach der Kunst nur von einigen Experten hervorgebracht wird, in Frage: »Warum sollte diese Lampe oder dieses Haus ein Kunstgegenstand sein und mein Leben nicht?« (Ebd.)

83 Ähnlich heißt es schon in einem Gespräch aus den siebziger Jahren: »Ich bin der Auffassung, daß man nichts vorzuschlagen hat. In dem Augenblick, wo man ›Vorschläge macht‹, schlägt man ein Vokabular vor, eine Ideologie, die nur Herrschaftswirkungen haben können. Was man anbieten muß, sind Instrumente und Werkzeuge, die man für nützlich hält. Indem man Gruppen bildet, eben um zu versuchen, solche Analysen zu machen, solche Kämpfe zu führen, wobei man diese oder andere Instrumente verwendet: Auf diese Weise eröffnen sich Möglichkeiten. Wenn aber der Intellektuelle sich anschickt, erneut die Rolle zu spielen, die er hundertfünfzig Jahre lang gespielt hat – nämlich die des Propheten angesichts dessen, was ›sein muß‹, was ›geschehen muß‹ –, dann wird man diese Herrschaftswirkungen fortsetzen und andere Ideologien hervorbringen, die nach dem gleichen Schema funktionieren.« (Cooper/Foucault 1979: 77)

84 Luhmann (1993c: 375) merkt insofern völlig zu Recht an: »Man hört nichts von einem Ethos der Ruderer in den Galeeren.«

Mit dieser Konzeption, die Kunst nicht den Spezialisten und den Gegenständen überlassen will, sondern mit dem Leben der Individuen in Verbindung bringt, ergeben sich zahlreiche Parallelen zu anderen postmodernen Ansätzen, der Individualisierungstheorie von Ulrich Beck und der Lebensstildebatte, die bisher kaum wahrgenommen worden sind. Dabei sind die Gemeinsamkeiten offensichtlich. In allen drei Bereichen werden die kreativen Eigenleistungen der Individuen bei der Herstellung der Biographie betont, die durch eine stärkere Unabhängigkeit von den Direktiven gesellschaftlicher Institutionen und Organisationen ermöglicht wird. Nur folgerichtig ist es insofern, daß postmoderne Ansätze, die Individualisierungsthese und ihre Adaptionen in der Lebensstildebatte immer wieder die gleichen Vorwürfe auf sich ziehen: Vom Privatismus, der Leugnung oder Verharmlosung sozialer Ungleichheiten und der unlauteren Übertragung der Lebensweise einiger Privilegierter auf das Leben aller ist wiederholt und übereinstimmend die Rede. Etwas Grundlegendes scheint getroffen zu werden, wenn es zu einer derart breiten und massiven Ablehnung gegenüber diesen Ansätzen kommt. Meine Vermutung ist, daß sich hinter diesen bisweilen heftig vorgetragenen Kritiken der Widerstand gegen die Auflösung fest institutionalisierter Grenzziehungen verbirgt. Die Individualisierungstheorie und die postmodernen Ansätze unterlaufen ganz offensichtlich die Aufteilung der Gesellschaft in streng voneinander geschiedene Bereiche und damit einen der strengsten Glaubenssätze der Modernisierungstheorien. Die Individualisierungstheorie ebenso wie postmoderne Ansätze betonen die Entgrenzung der Politik und die Entgrenzung der Kunst, sehen mehr und mehr die Scheidung zwischen Öffentlich und Privat, Arbeit und Freizeit eingezogen und halten das Links/Rechts-Schema nicht mehr länger für aussagekräftig. Selbst die Unterscheidung von Mann und Frau wird in Frage gestellt.[85]

85 Allein die mit der Globalisierung einhergehende Entgrenzung der Ökonomie stößt interessanterweise nicht auf eine vergleichbare Kritik. Ihr eine alle andere Bereiche überwölbende Bedeutung zuzugestehen ist durch die Tradition gut abgesichert und weiß sich im Einklang mit der alltäglichen Wahrnehmung. Wer weiß schließlich nicht, daß Geld die Welt regiert? Mit dem gestiegenen Stellenwert der Ökonomie behauptet man zugleich gerne den Rückgang der Erlebnisorientierung, Individualisierung, Kulturalisierung usw. und die Widerlegung der entsprechenden Theorien – was ein Kurzschluß ist, wie sich zeigen läßt, vgl. Funke/Schroer (1998a, b). Auffällig

4. Erste diachrone Zwischenbilanz: Das gefährdete Individuum bei Weber, Horkheimer/Adorno und Foucault

Die Gemeinsamkeiten zwischen den Perspektiven Max Webers, der kritischen Theorie Adornos und Horkheimers und Michel Foucaults sind unübersehbar: Alle drei Positionen zeichnen ein äußerst düsteres Bild der modernen Gesellschaft. Die Übereinstimmungen reichen bis in die Terminologie. Nach Webers Diagnose zieht sich die durchrationalisierte Welt der heraufziehenden Moderne zu einem »stahlharten Gehäuse« zusammen, in dem die standardisierten Individuen eingesperrt ihr Dasein fristen müssen. Adorno erscheint die kapitalistische Gesellschaft seiner Zeit als »total verwaltete Welt«, in der die Bedürfnisse der Individuen, ihre Spontaneität und Kreativität in einem Ausmaß unterdrückt werden, daß man ihre Liquidierung diagnostizieren muß. Auch Foucault stellt sich die modernen Individuen als Bewohner einer »Disziplinierungsgesellschaft« bzw. »Normalisierungsgesellschaft« vor. Das »stahlharte Gehäuse« (Weber 1988a: 203), das »Freiluftgefängnis« (Adorno 1976: 25) und das »Kerker-System« (Foucault 1977a: 379ff.) sind die bevorzugten Metaphern, um das Typische der modernen Gesellschaft hervorzuheben. Für Webers Diagnose resümiert Heins (1990: 108) deshalb zu Recht: »Weber beschreibt die moderne Welt, teils aufgrund von Analysen, teils auf der Basis einer übermächtigen Stimmung, als Gefängnis.« In der *Dialektik der Aufklärung* heißt es (1971: 202): »Der Mensch im Zuchthaus ist das virtuelle Bild des bür-

---

dabei ist, daß die genannten Phänomene gern als Moden klassifiziert wurden, um ihnen ihre Aussagekraft abzusprechen und ihre Kurzlebigkeit vorwegzunehmen. Merkwürdig nur, daß man bei der mit der Globalisierungsdiskussion einhergehenden neuen Konjunktur des Ökonomischen und der Rückkehr der »harten Themen« der Soziologie wie soziale Ungleichheit, Knappheit, Armut usw. so sicher glaubt, wieder auf dem Boden der »eigentlichen« Wirklichkeit zu stehen. Niemand kommt auf die Idee, daß es sich auch dort um eine Modeerscheinung handeln könnte. Fast wie Ertrinkende schleppen sich die von der »Spaßkultur« Gebeutelten an das rettende Ufer der harten sozialen Auseinandersetzungen, um das postmoderne Naß und den Erlebnisschaum an sich abtropfen zu lassen und den Individualisierungstang aus den Haaren zu kämmen. Noch einmal kurz geschüttelt, und schon ist der Spuk der achtziger Jahre verflogen. Zu einer solchen Perspektive vgl. etwa Geißler (1996) und Müller (1995).

gerlichen Typus, zu dem er sich in der Wirklichkeit erst machen soll.« Und weiter: »Die Isolierung, die man den Gefangenen einmal von außen antat, hat sich in Fleisch und Blut der Individuen inzwischen allgemein durchgesetzt. Ihre wohltrainierte Seele und ihr Glück ist öde wie die Gefängniszelle, deren die Machthaber schon entraten können, weil die gesamte Arbeitskraft der Nationen ihnen als Beute zugefallen ist. Die Freiheitsstrafe verblaßt vor der gesellschaftlichen Wirklichkeit.« (Ebd.: 204) Ähnliche Konsequenzen zieht Foucault aus seinen Analysen der modernen Gesellschaft: »In dem Maße, in dem die Medizin, die Psychologie, die Erziehung, die Fürsorge, die Sozialarbeit, immer mehr Kontroll- und Sanktionsgewalten übernehmen, kann sich der Justizapparat seinerseits zunehmend medizinisieren, psychologisieren, pädagogisieren; und in eben diesem Maße verliert das Scharnier an Nützlichkeit, welches das Gefängnis darstellte, als es durch die Kluft zwischen seinem Besserungsdiskurs und seiner Wirkung als Delinquenzkonsolidierung die Strafgewalt mit der Disziplinargewalt verknüpfte. Inmitten dieser immer dichter werdenden Normalisierungsnetze verliert das Gefängnis an Bedeutung.« (Foucault 1976: 395) Deshalb kann man in der Tat mit Breuer festhalten: »Wollte man das Fazit von *Überwachen und Strafen* auf eine Formel bringen, so wäre es diese: Die Gefängnistore können geöffnet werden, weil die Gesellschaft selbst zum Gefängnis geworden ist – zur Disziplinargesellschaft.« (Breuer 1986: 62)

In allen drei Versionen scheint sich die Gesellschaft also zu einem überdimensionalen Gefängnis entwickelt zu haben, so daß die einst nur für wenige Delinquenten eingerichtete Institution Gefängnis mehr und mehr an Bedeutung verliert. Die Individuen sind zu bloßen »Rädchen« (Foucault 1977a: 311) einer gewaltigen Maschinerie verkommen, die ihrer eigensinnigen Entfaltung keinerlei Raum bietet. Obwohl Foucault darauf beharrt, daß die Macht nicht bloß destruktive Kräfte entfaltet, indem sie verhindert, verbietet und unterdrückt, sondern im Gegenteil produktiv ist, also hervorbringt, schafft und kreiert, werden die Individuen nur geschaffen, um sie besser normieren, überwachen und kontrollieren zu können. Mit anderen Worten: In Foucaults Erzählung der Moderne fragt das kleine Geißlein den bösen Wolf: »Warum bin ich ein Individuum?« Und der Wolf antwortet: »Damit ich dich besser überwachen kann!«

In allen drei Beschreibungen erscheint der so oder so ungemütliche Aufenthalt im Metagefängnis Gesellschaft zunächst als schicksalhaft, unabwendbar und unentrinnbar. Und doch verbindet die Analysen die *eine* Frage nach Auswegen, nach den Flucht- und Widerstandsmöglichkeiten angesichts des drohenden (Weber) bzw. längst eingetretenen (Adorno, Foucault) Lebens im stahlharten Gehäuse, in der total verwalteten Welt und der Disziplinargesellschaft. Hinsichtlich der Einschätzung der Veränderungs*chancen* sind die Auffassungen Webers, Adornos und Foucaults jedoch durchaus verschieden. Während Weber ausdrücklich betont, daß sich die Gesellschaft nicht ändern läßt, der einmal eingeschlagene Weg nicht mehr verlassen werden kann, zeigen sich Horkheimer und Adorno – trotz der beinahe totalen Ausweglosigkeit, die in ihren Texten suggeriert wird – von der prinzipiellen Veränderbarkeit der gesellschaftlichen Zustände überzeugt. Allerdings werden von Horkheimer und Adorno keinerlei konkrete Vorschläge unterbreitet, wie eine bessere, eine gerechte Gesellschaft auszusehen hätte. Auch Foucaults Schriften scheinen einerseits kaum Raum für Möglichkeiten zu lassen, dem lückenlosen Überwachungssystem zu entkommen. Andererseits stehen Veränderungen gerade bei ihm im Vordergrund seiner historischen Analysen, werden Möglichkeiten zur Überschreitung des Gegebenen stets anvisiert. Dabei geht es freilich nicht um die große Revolution, sondern eher um einzelne subversive Widerstandsstrategien. Für die kritische Theorie insgesamt wie für Foucault ist es nicht die Aufgabe der Theorie bzw. des Theoretikers, Vorschläge zu machen und Lösungen für die gesellschaftlichen Ungerechtigkeiten und Mißstände anzubieten. Und in dieser Auffassung stimmen sie in gewisser Weise auch wieder mit Weber überein, dem die »Kathedersozialisten«, die ihre privilegierte Stellung für ideologische Schlachten und Propagandazwecke mißbrauchten, ein Greuel waren. Den Erwartungen hinsichtlich konkreter Lösungen von politischer Seite haben sich alle vier stets zu entziehen gewußt.[86] Ihre Zurückhaltung gegenüber vorschnellen Bewertungen, eilfertigen Vorschlägen und schlichten Problemlösungen werden zwar verschieden

---

86 Auch wenn Foucault andererseits – eindeutiger als Adorno – zu konkreten Anlässen durchaus seine Stimme erhoben hat. Aber er warnt zugleich vor der Falle, in die Intellektuelle dabei gelockt werden können (vgl. Foucault 1984b: 139).

begründet – bei Weber ist es das »Werturteilsfreiheitspostulat«, bei Adorno das »Bilderverbot« und bei Foucault eine dezidierte Kritik an der Rolle des Intellektuellen, dessen Allzuständigkeit in diesem Jahrhundert zu katastrophalen Ergebnissen geführt habe –, doch die Botschaft ist die gleiche: Wissenschaft soll nicht mit Politik vermengt, Analysen sollen nicht durch Predigten ersetzt und wissenschaftliche Ergebnisse nicht mit politischen Botschaften verwechselt werden. Trotz dieser Überzeugungen jedoch sind ihre Texte alles andere als auf Neutralität bedacht. Abgesehen davon, daß sie sich in Vorträgen, Reden und Interviews weit konkreter zu Gegenwartsproblemen äußern und dabei sich sogar zu Verbesserungsvorschlägen hinreißen lassen, die in ihren streng theoretischen Texten fehlen, sind doch auch diese nicht frei von der Suche nach Auswegen aus der beschriebenen Ausweglosigkeit. Doch wie gelingt es ihnen, durch die dunklen Diagnosen hindurch Veränderungs- und Widerstandsmöglichkeiten anzupeilen? Durch konsequente Beschreibung des schlechten Zustands, lautet offenbar die Antwort. Exakt in diesem Sinne liest Breuer Webers Analysen: »Ja man kann geradezu sagen: er malt vielleicht überhaupt nur deshalb so düster, um Gegenkräfte zu stimulieren und zu äußerster Anstrengung zu bewegen« (Breuer 1996b: 240). Ähnlich beschreibt Hoy (1986: 14) die Absicht von Foucaults pessimistischer Zeitdiagnose: »Foucault malt das Bild einer totalen normalisierten Gesellschaft nicht, weil er glaubt, daß unsere gegenwärtige Gesellschaft eine solche sei, sondern weil er hofft, daß wir das Bild bedrohlich finden werden.«[87] Und Adorno (1971: 23) schließlich bekennt

87 Vgl. dazu auch seine Aussage: »Ich stelle mir nicht vor, daß alles schlecht ist, sondern daß es überall Gefahren gibt, was nicht dasselbe ist. Wenn alles gefährlich ist, dann haben wir stets etwas zu tun. Meine Position führt also nicht zur Apathie, sondern zu einem Aktivismus, der den Pessimismus nicht ausschließt.« (Foucault 1984b: 71) Und: »Ich bin […] bestrebt, Mechanismen der effektiven Machtausübung zu erfassen; und ich tue es, weil diejenigen, die in sie verwickelt sind, in ihrem Handeln, in ihrem Widerstand und in ihrer Rebellion diesen Machtbeziehungen entkommen können, sie transformieren können, kurz, ihnen nicht mehr unterworfen sein müssen. Und wenn ich nicht sage, was zu tun ist, so nicht, weil ich glaubte, es gebe nichts zu tun. […] So gesehen beruht meine gesamte Forschung auf dem Postulat eines unbedingten Optimismus. Ich unternehme meine Analysen nicht, um zu sagen: seht, die Dinge stehen so und so, ihr sitzt in der Falle. Sondern weil ich meine, daß das, was ich sage, geeignet ist, die Dinge zu ändern. Ich sage alles, was ich sage, damit es nützt.« (Foucault ²1997: 117; vgl. auch 1987b: 268)

selbst: »Ich habe das Düstere übertrieben, der Maxime folgend, daß heute überhaupt nur die Übertreibung das Medium der Wahrheit sei. [...] Meine Absicht war, eine von der glatten Fassade des Alltags verdeckte Tendenz zu bezeichnen, ehe sie die institutionellen Dämme überspült, die ihr einstweilen entgegengesetzt sind.«

Ob Weber, Adorno/Horkheimer oder Foucault: In ihren Theorien werden also auch Schreckensbilder mit der Absicht gemalt, alles zu unternehmen, das Drohende doch noch abzuwenden. Bis hierher reichen die Parallelen zwischen Weber, Adorno/Horkheimer und Foucault allemal, und sie sind in der Tat verblüffend genug. Doch es gibt auch entscheidende Differenzen, ja Unvereinbarkeiten ihrer Theorien, die trotz der von mir behaupteten Traditionslinie Weber, Adorno und Foucault nicht verschwiegen werden sollen. Die Divergenzen lassen sich insbesondere an ihren unterschiedlichen Auffassungen vom Individuum zeigen. Foucault geht in seinen Arbeiten – bei allen Verschiebungen, die er hinsichtlich seiner Fragestellungen und methodischen Zugriffe im einzelnen vorgenommen hat – davon aus, daß es so etwas wie eine Entität namens »Individuum« nicht gibt. Vielmehr wird das Individuum auf verschiedene Weisen durch bestimmte Diskurse und Praktiken erst hervorgebracht. Seine Behandlung des Individualitätsproblems ist somit gänzlich ungetrübt vom romantischen Ideal eines quasi vorgesellschaftlichen Individuums, das vor den schädlichen Einflüssen der Gesellschaft und ihrem vereinnahmenden Zugriff beschützt werden müßte, weil die soziale Umwelt das Individuum an seiner freien Entfaltung hindert. Was in Theorien solcher Couleur angeblich in Schutz genommen werden muß, gibt es für ihn außerhalb gesellschaftlicher Praktiken und Diskurse überhaupt noch nicht. So ähnlich sich damit die Beschreibungen Webers, Adornos und Foucaults hinsichtlich des Disziplinarindividuums sind, der entscheidende Unterschied ist doch, daß die Rede von der Entstellung und Entfremdung des Individuums durch Institutionen und Organisationen bei Weber und Adorno die – wenn auch implizite – Vorstellung eines gleichsam natürlichen und gesunden Individuums voraussetzt, das durch den vereinnahmenden und repressiven Zugriff der gesellschaftlichen Institutionen an der Entfaltung seiner Bedürfnisse gehindert und dadurch nachhaltig beschädigt wird. Ihre Auffassung vom Individuum lebt gerade von jener Vorstellung, die man mit Dubiel (1973: 64) wie folgt beschreiben kann: »Es gehört zu den tief eingesenkten kulturellen Selbstverständlichkeiten aufklärerischer Provenienz, daß das Individuum vor dem Zugriff der Gesellschaft geschützt werden muß – daß es durch seine Zugehörigkeit zu bestimmten gesellschaftlichen Gruppierungen, seine Funktion in bestimmten Institutionen nicht ausdefiniert ist.«[88] Obwohl auch die Mitglieder der Frankfurter Schule eine alles andere als gesellschaftsunabhängig gedachte Vorstellung vom Individuum haben, vielmehr sogar zeigen, wie es erst unter bestimmten sozialen Bedingungen entsteht, gerät ihnen die Vorstellung eines nichtentfremdeten Individuums unter der Hand zum Ideal, an dem die Verfassung des Individuums unter den gegenwärtigen Bedingungen gemessen wird. Wie wir inzwischen wissen, fällt ihr Urteil verheerend aus. Für das Individuum gibt es in ihren Augen keine Rettung. Die »finstere Einheitsgesellschaft« (Adorno 1976: 25) hat die totale »Nichtigkeit des Individuums« (ebd.: 116) endgültig besiegelt; allein »Pseudoindividualisierung« (ebd.: 125) und »Pseudo-individualität« (Horkheimer/Adorno 1971: 139) offenbart sich ihrem kritischen Blick. Bei Foucault dagegen gibt es jenseits des zugerichteten Individuums kein unbeschädigtes, heiles Individuum, das erst durch bestimmte Herrschaftsformen zu einer bloßen Schrumpfform seiner selbst verkommt. Damit aber scheint Foucault auch zu fehlen, was Weber und Adorno in der Vorstellung eines autonomen Individuums noch zur Verfügung haben: ein kritischer Maßstab, mit dem sich die gesellschaftlichen Verhältnisse danach beurteilen lassen, wieweit sie der freien Entfaltung der Individuen entgegenstehen. Gerade dieses zum Maßstab

88 Auf dieser These der kritischen Theorie beruht auch Foucaults Kritik: »Nun scheint mir, daß die Vorstellung, die sich die Vertreter der Frankfurter Schule von dieser Erzeugung des Menschen durch den Menschen machten, wesentlich darin bestand, zu meinen, es müsse all das befreit werden, in einem System, das Rationalität mit Repression verbindet, oder in einem Ausbeutungssystem, das mit einer Klassengesellschaft verbunden ist, den Menschen von seinem *eigentlichen Wesen* entfremdet hat [Hervorhebung von mir, M.S.].« (Foucault ²1997: 84) Damit befreit sich Foucault von einer nostalgischen Rückschau auf ein einstmals bestehendes unentfremdetes Zeitalter, in dem das Individuum sein *eigentliches Wesen* noch entfalten konnte. Statt auf die Vergangenheit ist seine Strategie auf die Zukunft ausgerichtet, die eine neue, noch nicht bekannte Form von Subjektivität hervorbringen wird: »Wir haben etwas zu schaffen, das noch nicht existiert und von dem wir nicht wissen können, was es sein wird.« (Ebd.: 83)

erhobene Ideal verhindert aber den Blick auf die *in* den Institutionen und Organisationen vorhandenen Entfaltungsmöglichkeiten geradezu systematisch. Foucault nähert sich in seinen letzten Arbeiten jedoch insofern Weber und Adorno scheinbar wieder an, indem er in den auf Eigenleistung beruhenden Selbsttechniken der Antike einen Maßstab dafür gefunden zu haben scheint, die in einer Gesellschaft bestehenden Freiheitsgrade auszuloten. Weit davon entfernt, die nach wie vor vorhandenen Disziplinierungs- und Normalisierungsmechanismen zu leugnen, stellt er ihnen Möglichkeiten zur selbstbestimmten Lebensführung an die Seite, deren Ausmaß er für die Gegenwart der achtziger Jahre nicht gering geschätzt zu haben scheint. Aber auch mit diesem pluralistischeren und differenzierteren Blick auf die Gegenwart kehrt er nicht zurück zu der Vorstellung eines zunächst freien Individuums, das durch die verschiedenen gesellschaftlichen Mächte immer mehr unterdrückt wird. Ob die Mechanismen der Selbstkonstituierung oder die der Fremdkonstituierung überwiegen: beide wirken nicht auf eine zuvor bereits vorhandene Entität namens »Individuum« ein, sondern bringen dieses erst hervor. Im ersten Fall allerdings auf eine freiere Art und Weise als im zweiten Fall. Gerade in seinen späten Schriften und Äußerungen öffnet Foucault sich für eine Perspektive, die annimmt, daß verschiedene Formen der Selbstkonstituierung in ein und derselben Gesellschaft gleichzeitig nebeneinander stehen können.

Diese Auffassung des Individuums ist es letztlich auch, die – trotz durchaus vorhandener Ähnlichkeiten – sein Programm der *Lebenskunst* so deutlich von Webers Programm der *Lebensführung* unterscheidet. In Webers liberalprotestantischer Vorstellung von einer in sich stimmigen, methodischen Lebensführung verbirgt sich eine normative Konzeption von Individualität und Identität, die im Zuge der Postmodernediskussion insgesamt auf Kritik gestoßen ist und sich insbesondere an Foucaults Position konkretisieren läßt. Foucault vermutet hinter der Forderung nach einem einheitlichen Selbst, einer einheitlichen Identität eher eine weitere perfide Disziplinierungsmaßnahme, eine Form der Individualisierung, die dem Individuum von außen zugemutet wird. Nicht nur müssen wir abweisen, hält er dagegen, was wir sind, vielmehr müssen wir uns das, »was wir sein könnten, ausdenken und aufbauen«: »Wir müssen neue Formen der Subjektivität zustande bringen, indem wir die Art von Individualität, die man uns jahrhundertelang auferlegt hat, zurückweisen.« (Foucault 1987a: 250) Diese Haltung zu einem *Ethos* zu erheben ist das Thema seiner späten Schriften. Ihr Zentrum bildet das Konzept der Selbstsorge, das *beides* umfaßt: Widerstand gegen gesellschaftlich oktroyierte Subjektivierung und die Erfindung von anderen, selbstgewählten Subjektformen. Es geht um die Erfindung eines Selbst als permanenter Prozeß, eines sich stets wandelnden und verändernden Selbst. »Aus dem Gedanken, daß uns das Selbst nicht gegeben ist, kann m. E. nur eine praktische Konsequenz gezogen werden: wir müssen uns wie ein Kunstwerk begründen, herstellen und anordnen« (Foucault 1984b: 81). Bei Weber muß ein immer schon vorhandenes Selbst sich darum bemühen, seinen vorgegebenen Kern zu bewahren, trotz der zahlreichen Einflüsse und Anforderungen, denen es ausgesetzt ist. Bei Foucault dagegen soll sich das Individuum um sich sorgen, weil es nichts Gegebenes ist, vielmehr ständig im Werden begriffen ist und sich erst durch die Sorge um sich permanent neu hervorbringt. Während die von Weber analysierte *Protestantische Ethik* ein Individuum voraussetzt, das auf manche Teile seines Selbst verzichten muß, um dem Ideal der methodisch-rationalen Lebensführung gerecht zu werden, muß sich das Individuum der *antiken Morallehren* in Praktiken üben und Erfahrungen aussetzen, um sich allererst zu einem Selbst auszubilden (vgl. Foucault 1993: 25). Immer wieder neue Existenz- und Sinnentwürfe sind nur in Ermangelung eines festen Wesenskerns möglich. Während es in *modernen* Konzepten um den Aufbau und die Ausbildung einer stabilen Ich-Identität geht, liegt der *postmoderne* Ausgangspunkt Foucaults darin, diese *Individualisierungsstrategie als Disziplinierungsmechanismus* zurückzuweisen und ein Konzept der ständigen Selbstüberschreitung und Selbstveränderung dem Konzept der stabilen Ich-Identität entgegenzuhalten. Er zielt nicht auf Identitätsaufbau, sondern auf Identitätsverweigerung, nicht auf die stetige Vervollkommnung einer Identität, sondern ein chamäleongleiches Wechseln zwischen verschiedenen Identitäten.

Dabei verdankt sich *Foucaults Konzept der Lebenskunst* deutlich dem Impuls, mit Hilfe der Selbstpraktiken des Individuums gesellschaftliche Veränderungen herbeiführen zu können, während Weber derartige Veränderungen grundsätzlich nicht für möglich hält und deshalb nur ein Überleben in dem durch Bürokratisierungs- und Disziplinierungstendenzen gekennzeichneten »Gehäuse der Hörigkeit« anvisiert (vgl. Weber 1988c: 414). Bei der *expressiven Darstellung der Lebensführung*, der für jedermann sichtbaren Lebensführung, der zum Kunstwerk erhobenen Existenz handelt es sich also nicht um eitle Selbstschau. Vielmehr steht dahinter die Überlegung, daß nur durch eine Transformation der im *Schlupfwinkel des Privaten vollzogenen Lebensführung* in eine ans *Licht der Öffentlichkeit heraustretende Lebenskunst* das Verhältnis des einzelnen zu sich und zu seiner Umwelt zu einer politisch relevanten Haltung gemacht werden könnte, die die Machthaber nicht umhinkönnen wahrzunehmen (vgl. Foucault 1992b). Das Webersche Verdikt über ästhetisch motivierte Lebensmodelle, die sich der Realität des prophetenlosen Zeitalters nicht aussetzen, statt dessen der Jagd nach dem Erlebnis frönen, sich dem Genuß ergeben und damit eine ethisch unverantwortbare Existenz fristen, ist mit dem Foucaultschen Konzept der *Lebenskunst* ganz und gar unverträglich. Er fordert gerade umgekehrt, daß wir daran arbeiten müssen, »selbst unendlich genußfähiger zu werden« (Foucault 1984b: 88), was ihn wiederum stärker in die Nähe der kritischen Theorie rückt, die im Hedonismus keineswegs eine Dekadenzerscheinung gesehen hat, mit der einige Privilegierte vor den Härten des Lebens zu fliehen versuchen. Bei Horkheimer (1991: 398) heißt es sogar ausdrücklich: »Erziehung zur Genußfähigkeit bildet ein entscheidendes Moment im aussichtslosen Kampf gegen die heraufziehende totalitäre Epoche der Welt.« Auch hinsichtlich des Motivs der Nichtidentität wird häufig eine Parallele zur kritischen Theorie Adornos ausgemacht, der ebenfalls von einem »besseren Zustand« spricht, »in dem man ohne Angst verschieden sein kann« (Adorno 1989: 131). Doch während Adorno dies darauf bezieht, daß sich ein Individuum vom anderen unterscheiden können soll, statt aufgrund eines falsch verstandenen Gleichheitspostulats zum identischen Exemplar herabgewürdigt zu werden, bezieht sich Foucaults Nichtidentitätsprogramm darauf, daß ein und dieselbe Person in verschiedene Selbste schlüpfen können soll, ohne daß diese noch auf ein einheitliches Ich festgelegt werden können, das in der Zeit mit sich identisch bleibt. Auch der Hinweis von Brose/Hildenbrand (1988: 105): »Kein kleines Stück wäre es nach Adorno, ›nicht man selber zu sein‹« unterschlägt den Kontext dieser Aussage, in dem es vollständig heißt: »Ein Stück sexueller Utopie ist es, nicht man selber zu sein, auch in der Geliebten nicht bloß sie selber zu lieben: Negation des Ichprinzips. Sie rüttelt an jener Invariante der im weitesten Sinn bürgerlichen Gesellschaft, die von je auf Integration aus war, der Forderung nach Identität. Zunächst war sie herzustellen, schließlich wäre sie wieder aufzuheben. Was bloß identisch ist mit sich, ist ohne Glück.« (Adorno 1963: 104) Mitnichten jedoch verleitet Adorno diese Beobachtung zur Aufgabe des Ich-Prinzips. Ganz im Gegenteil ist gerade das Ich-Prinzip für ihn der Garant dafür, daß das Individuum nicht restlos im gesellschaftlichen Getriebe aufgeht. Wenn überhaupt etwas noch dazu in der Lage ist, dem enormen Druck zur totalen Anpassung zu widerstehen, dann ist es dieses starke Ich. Deshalb *kann* Adorno es gar nicht aufgeben.

Liest man Horkheimers/Adornos und Webers Befürchtungen einmal zusammen, teilen sie die Befürchtungen, die von David Riesman unter dem Namen des »außengeleiteten Charakters« zusammengefaßt worden sind. Durchgängige Kritik gilt dem vollständig an die jeweiligen Bedingungen sich anpassenden einzelnen, dem dieser Opportunismus leichtfällt, weil ihm kein gefestigtes Ich mehr gegenübersteht, das die Anpassung noch als gewaltsame Manipulation der eigenen Antriebe erleben könnte. »Die Möglichkeit, wie sie heute wieder vielfach gefordert ist und die – wie ich zugestehe – unumgänglich ist, sich, statt ein festes Ich auszubilden, auf stets wechselnde Situationen umzustellen, harmoniert mit dem Phänomen der Ich-Schwäche, die wir von der Psychologie her kennen, in einer [...] doch sehr problematischen Weise.« (Adorno 1971: 143) Problematisch deshalb, weil nach Adorno mit der gesellschaftlich geforderten Flexibilität und Anpassungsfähigkeit des einzelnen seine Mündigkeit auf der Strecke zu bleiben droht: »Ob etwa bei Menschen, in denen es die Festigkeit einer Vorstellung vom eigenen Beruf gar nicht mehr gibt, die sich also relativ mühelos, wie man so sagt, umstellen und einarbeiten können, dies wirklich der Mündigkeit zugute kommt oder ob dieselben Menschen nicht gerade, indem sie dann sonntags auf dem Sportplatz jede Besinnung verlieren, sich als unmündig erweisen, das möchte ich als Problem wenigstens offenhalten.« (Ebd.: 143) Während also für Adorno das feste Ich und die Festigkeit der Berufsvorstellung mündiges Verhalten fördern, die sich einer beliebigen Einsetzbarkeit entziehen, trägt die neuerdings im Berufsleben geforderte Flexibilität offenbar zur Entwicklung eines schwachen Ich bei, das – im Schutze der unübersichtlichen Masse – vollständig seine Contenance verliert.[89]

Von heute aus gesehen könnte man aber auch ebensogut fragen, ob es nicht genau umgekehrt jenes feste, im Beruf seinen Mann stehende Ich ist, das sich in der Freizeit hemmungslos Luft verschafft. Geht nicht mit der Beschreibung Adornos ein Bild der strikten Trennung von Beruf und Freizeit einher, die den einzelnen – für *kurze* Zeit den festen Verhaltensregeln des Berufsalltags entronnen – jene Besinnungslosigkeit im Freizeitbereich geradezu verordnet, um es am Arbeitsplatz mit um so verläßlicheren und berechenbareren Funktionsträgern zu tun zu haben? Gibt es in der bürgerlichen Gesellschaft nicht gerade deshalb den unter Schutz gestellten Privatraum, damit der arbeitende Mensch dort, in einem fast rechtsfreien Raum, auf seine Weise für die Reproduktion seiner Arbeitskraft sorgen kann? Wie dem auch sei: Die von Adorno angesprochene Flexibilisierung der Arbeitsverhältnisse jedenfalls führt zu einer tendenziellen Auflösung der strikten Trennung von Arbeit und Freizeit, was u. a. zur Folge hat, daß es in der Freizeit mitunter weit kontrollierter und während der Arbeit weit unkontrollierter zugeht, als es die strenge Aufteilung in Arbeit hier und Freizeit dort vorsieht. Ob dies der von Adorno angestrebten Mündigkeit tatsächlich entgegensteht oder sie nicht vielmehr sogar befördert, möchte ich als Problem wenigstens offenhalten.

Für den vorliegenden Zusammenhang entscheidender ist, daß Foucault und Adorno mit zwei gänzlich unterschiedlichen Konzepten ein durchaus ähnliches Ziel verfolgen. Bei beiden werden die verschiedenen Ich-Konzepte als Widerstandsformen gedacht. So heißt es bei Adorno (1971: 118) ausdrücklich: »Das Individu-

89 Adorno erklärt entschieden: »Es fehlen heute weitgehend soziale Möglichkeiten der Individuation, weil die allerrealsten, nämlich die Arbeitsprozesse, gar nicht mehr die spezifisch individuellen Eigenschaften erfordern.« Daraufhin erwidert sein Gesprächspartner Helmut Becker: »Hier würde ich auch wieder zu einer gewissen Vorsicht raten, weil die Schnelligkeit des Wechsels im Arbeitsprozeß wieder neue Maße individuellen Verhaltens setzt. [...] Die Notwendigkeit immer neuer Umstellungen erfordert eine ganz bestimmte Art von neuen individuellen Einstellungen.« Adornos Antwort auf diesen Einwand verrät weit über den aktuellen Anlaß hinaus Grundsätzliches über seine Denkweise: »Ja, aber es ist immer etwas anderes und dann doch immer wieder dasselbe.« (Adorno 1971: 117)

um [...] überlebt heute nur als Kraftzentrum des Widerstands.«[90] Während bei ihm jedoch nur ein gefestigtes, starkes Ich dem Anpassungsdruck widerstehen kann, der das Individuum vollständig zu manipulieren droht, entkommt nach Foucault genau umgekehrt nur ein vielfältiges, multiples Selbst den zahlreichen auf es ausgeübten Herrschaftstechniken. In Webers Konzeption ist allein ein *heroisches Individuum* dazu in der Lage, der vollständig bürokratisierten Welt die Stirn zu bieten. In Adornos Konzeption widersteht nur ein *starkes Individuum* dem Manipulationscharakter der kapitalistischen Tauschgesellschaft. In Foucaults Konzeption jedoch entschlüpft ein *bewegliches Individuum* den Disziplinierungen und Normalisierungsstrategien der Kontrollgesellschaft durch permanenten Gestaltwandel seiner selbst.

Der Vorteil der Foucaultschen Perspektive scheint mir gerade in der Verweigerung zu liegen, sich auf eine Theorie festlegen zu lassen, die so gebaut ist, daß sie nichts anderes mehr als die Bestätigung ihrer Annahme vorfinden kann, wonach das Individuum in der modernen Gesellschaft liquidiert werde. Vielmehr gestatten ihm seine stets neu ansetzenden Genealogien verschiedene Blicke auf komplexe Ereignisse, die sich niemals zu Totalitätsaussagen à la »Das Ganze ist das Unwahre« oder »Es gibt kein richtiges Leben im Falschen« verdichten, sondern bisweilen unvermittelt nebeneinander stehen können und sich sogar zu widersprechen scheinen.[91] Webers ebenso wie Adornos und Horkheimers These von der Uniformierung bzw. vom Ende des Individuums sind in ihrer Radikalität nicht in der Lage, andere Formen von Individualität wahrzunehmen. Was sie sehen, gilt ihnen als bloße Pseudoindividualität, die deshalb keine wahre Individualität mehr ist, weil mit ihr nicht darüber hinweggetäuscht werden kann, daß sich dahinter zunehmende Standardisierung, Nivellierung und Atomisierung verbergen, die die einzelnen immer ähnlicher und zugleich immer isolierter voneinander machen. Sie sind gar nicht mehr in der Lage, andere Entscheidungen

---

90 Weshalb für Adorno auch »die Erziehung eine Erziehung zum Widerspruch und zum Widerstand« (ebd.: 145) sein muß.

91 Gerade das ist es auch, was ihn später selber an der Aussage vom »Tod des Menschen« so gestört hat (vgl. Foucault 1997: 84), mit dem er eine ähnliche Totalaussage vorgenommen hat.

zu treffen, also solche, die sich kapitalistischer Verwertungslogik verdanken. Es ist zugleich diese Differenz, die Foucault – bei aller Ähnlichkeit zur Perspektive Webers und Adornos – von dieser Traditionslinie unterscheidet und in die Nähe anders gebauter Theorien rückt, wie ich weiter unten zeigen werde.

II. Positive Individualisierung:
Von der Steigerung der Individualität

1. Individualisierung und Moral – Emile Durkheim

Einleitung

Emile Durkheim entwickelt sein spezifisches soziologisches Programm in einer Phase des Übergangs. Die Verwandlung der traditionalen in eine moderne Gesellschaft, als deren Zeitzeuge er sich begreift, ist noch keineswegs abgeschlossen. Die Strukturen der traditionalen Gesellschaft sind zwar weitestgehend zusammengebrochen, die alten Formen des sozialen Zusammenlebens sind in Auflösung begriffen, eine neue gesellschaftliche Ordnung und neue Formen der sozialen Beziehungen sind jedoch noch nicht in Sicht. Durkheims Überlegungen verdanken sich somit der Erfahrung eines Vakuums, das durch den Verlust der traditionalen Ordnung und den Mangel einer neuen gekennzeichnet ist: »Tiefgreifende Veränderungen haben sich innerhalb sehr kurzer Zeit in der Struktur unserer Gesellschaften vollzogen. Sie haben mit einer Geschwindigkeit und in einem Ausmaß vom segmentären Typus befreit, für welche die Geschichte kein anderes Beispiel bietet. Folglich ist die Moral, die diesem Sozialtypus entsprach, verkümmert, ohne daß sich an deren Stelle die neue genügend rasch entwickelt hat, um den Raum zu füllen, den die andere in unserem Bewußtsein hinterlassen hat.« (Durkheim 1988: 479)

Offensichtlich also hält die Moral mit der Entwicklung der Gesellschaftsstruktur nicht Schritt. Deshalb bestimmt es Durkheim – fast hundert Jahre vor Foucault – als unsere vornehmste Aufgabe, uns eine neue Moral zu geben. Seine Studie zur Arbeitsteilung versteht er als konkreten Vorschlag, »das Ziel, das erreicht werden muß, zu verdeutlichen« (ebd.: 480). Erst die Abwesenheit einer der neuen Zeit angemessenen Moralkonzeption ruft seine soziologische Untersuchung auf den Plan, die es sich zur Aufgabe macht, die theoretische Grundlage für die Etablierung einer solchen Moral zu schaffen. Durkheims Überlegungen zur modernen Gesellschaft sind deshalb folgerichtig projektiv konzipiert. Die moderne Gesellschaft ist als Projekt angelegt, das erst noch in die Tat umgesetzt werden muß. Zwar geht er grundsätzlich davon aus, daß sich an Stelle der alten Ordnung eine neue etablieren wird, doch vollzieht sich dieser Prozeß keineswegs automatisch. Vielmehr unterstreicht Durkheim, daß es sich dabei um eine Aufgabe handelt, die von allen Gesellschaftsmitgliedern gemeinsam verwirklicht werden muß. Die Soziologie kann dabei seines Erachtens eine bedeutende Rolle spielen; denn sie »kann uns geben, was wir am dringendsten brauchen, d. h. ein Bündel richtungweisender Ideen, die die Seele unserer Praxis sind und die sie stützen, die unserem Tun einen Sinn geben und uns an sie binden« (Durkheim 1984a: 54).

Solange aber an die Stelle der alten Ordnung noch keine neue getreten ist, bietet die nun gleichsam schutzlose, weil im Übergang begriffene Gesellschaft zahlreiche Angriffsflächen für krisenhafte bzw. anomische Erscheinungen. Die Entwicklung der modernen Gesellschaft geht nicht reibungslos vonstatten. Nach der Erosion überkommener sozialer Beziehungsmuster drohen ihr zunächst Desintegrationsphänomene. Die Menschen vereinzeln, leiden unter Orientierungslosigkeit, sind verunsichert und fühlen sich entwurzelt; eine Diagnose, die sich nicht nur in zahlreichen anderen soziologischen Theorien zu Durkheims Zeit findet, sondern auch eine deutliche Parallele zur heutigen Diskussion aufweist. Anders aber als bei zahlreichen seiner Zeitgenossen und manchen seiner Nachfolger veranlaßt sie ihn weder zu einer nostalgischen Rückschau auf eine verklärte Vergangenheit noch zur resignativen Kapitulation vor den Herausforderungen seiner Gegenwart. Durkheim ist mit gutem Grund nicht als pessimistischer Gesellschaftstheoretiker in die Geschichte der Soziologie eingegangen. Statt einem in seiner Zeit durchaus modischen resignativen Kulturpessimismus zu erliegen, hält er den diagnostizierten Krisenzuständen konkrete Therapievorschläge entgegen. Dabei ist er optimistisch genug, nicht allein individuelle Fluchtrouten aufzuzeigen, die ohnehin nur von einer kleinen Schar Auserwählter beschritten werden können. Vielmehr begegnet er der allgemeinen Malaise mit gesamtgesellschaftlich konzipierten Lösungsvorschlägen. Durkheim zeigt sich grundsätzlich davon überzeugt, daß die neuen Zeiten, die er anbrechen sieht, nicht nur zu Krisen führen, sondern auch neue Möglichkeiten eröffnen und die Chance für weitreichende gesellschaftliche Veränderungen bieten. Seine Texte durchzieht deshalb weder der zu seiner Zeit übliche kulturpessimistische Trauergesang über verlorene Werte, noch erklingt in ihnen das Hohelied auf die guten alten Zeiten. Vielmehr sind sie von einer durchaus hoffnungsvollen Aufbruchstimmung geprägt, die ihn zwar nicht gleich zum »fanatische[n] Optimist[en]« machen, wie Raymond Aron (1979: 17) meint, durchaus aber als Vertreter eines »lebensbejahenden Optimismus« (Marica 1932: 32) vorstellen.

Durkheims Soziologie stellt deshalb so etwas wie den optimistischen Kontrapunkt zur überwiegend pessimistischen Soziologie Max Webers dar. Dies ändert sich letztlich auch dann nicht, wenn er sich näher mit anomischen Entwicklungen wie dem Selbstmord befaßt, wie auf den folgenden Seiten noch deutlich werden wird. Anders als etwa König (1976), Habermas (1988) und Tyrell (1985), die in Durkheims Studie über den Suizid eine *pessimistische Wende* ausmachen wollen, sehe ich in seinen nachfolgenden Arbeiten eine konsequente Fortsetzung des im Buch über die Arbeitsteilung entfalteten Programms. Die Bilder, die er von der heraufziehenden Moderne malt, sind jedenfalls bei weitem nicht so düster wie die Webers. Die von ihm analysierten Krisenphänomene führen nach seiner Einschätzung nicht zu einer ausweglosen Situation, in der etwa die egoistischen Individuen jeglichen sozialen Zusammenhalt aufgelöst hätten oder in der die Individuen einem nicht mehr steuerbaren Moloch namens Gesellschaft unterlägen. Das hängt m. E. mit seiner schon ausgeprägt funktionalistischen Argumentationsweise zusammen. Jeglicher Gedanke an ein ersatzloses Verschwinden – der Moral, der Solidarität, der Religion, des Individuums usw. – liegt ihm fern. Vielmehr hat jede Gesellschaft ihre spezifische Form der Moral, der Religion, ja auch ihre Form des Selbstmords. Durkheim ist dem gesellschaftlichen Wandel auf der Spur, den diese sozialen Tatbestände durchmachen. Durchweg zeigt er sich davon überzeugt, daß es nach dem Zusammenbruch der alten Ordnung zur Etablierung einer neuen kommen, sich die alte Form der Moral und der Solidarität in eine neue verwandeln wird, ebenso wie soziale Kontrolle und Zwang zwar zurückgehen, aber in neuem Gewande entstehen.

Ähnlich wie Webers pessimistischer Blick auf die Moderne in den Texten der kritischen Theorie und Michel Foucaults eine gewisse Fortsetzung erfahren hat, begründet auch Durkheim eine optimistische und funktionalistisch argumentierende Modernisierungstheorie, die sowohl in Talcott Parsons' Strukturfunktionalismus als auch in Niklas Luhmanns Systemtheorie deutliche Spuren hinterlassen hat.[1]

Ich werde mich im folgenden zunächst mit Durkheims Arbeitsteilungsschrift beschäftigen, die bereits alle weiteren Themen, denen er sich später zugewandt hat, beinhaltet. Sie enthält sein grundlegendes Programm zum Aufbau einer neuen Moral, beschreibt differenzierungstheoretisch den Übergang von segmentär zu funktional differenzierten Gesellschaften und widmet sich der damit einhergehenden Konstituierung der individuellen Persönlichkeit. In einem zweiten Schritt stelle ich Durkheims Analyse des Suizids vor, den er als gravierendstes Krisenphänomen seiner Zeit behandelt. In diesem Punkt soll deutlich werden, daß Durkheim hinsichtlich seiner ursprünglichen Vorstellung von einer sich mit der Arbeitsteilung beinahe automatisch entwickelnden neuen Form der Solidarität skeptischer wird. Ohne deshalb die einmal erreichte Bewegungsfreiheit des Individuums zurücknehmen zu wollen, drängt sich ihm doch immer mehr die Einsicht auf, daß das freigesetzte Individuum ohne die Kontrolle durch ein Kollektiv nicht auskommt. Durkheim beantwortet dieses Dilemma, indem er zwei Formen des Individualismus strikt unterscheidet. In seinen Erziehungs- und Moralvorlesungen, denen ich mich anschließend zuwende, zeigt er schließlich, wie ein solch erwünschter und heilsamer Individualismus hervorzubringen wäre. Abschließend widme ich mich seiner Therapie für die nicht nachlassenden anomischen Krisen, denen er mit einer Reaktivierung der Korporationen begegnen will, die zwischen Staat und Individuum vermittelnd eingreifen sollen.

---

[1] Selbstverständlich sind dies nicht die einzigen »Erben« der Durkheimschen Soziologie. Sowohl auf den Strukturalismus von Lévi-Strauss bis Michel Foucault als auch auf die gesamte funktionalistische Schule hat er einen nicht zu übersehenden Einfluß ausgeübt. Auch in den neofunktionalistischen Ansätzen von Jeffrey Alexander und Richard Münch haben seine Überlegungen deutliche Spuren hinterlassen. Hinsichtlich seiner Anomietheorie kann man derzeit sicherlich sogar von einer Renaissance Durkheims in der Gegenwartssoziologie sprechen, vgl. nur Heitmeyer (1997).

Von der mechanischen zur organischen Solidarität: Durkheims soziologisches Programm

Durkheims soziologische Theorie steht und fällt mit der evolutionistischen Annahme, daß sich einfache Gesellschaften zu höheren Gesellschaften entwickeln. In seiner 1893 erstmalig erschienenen Dissertationsschrift *De la division de travail social* beschreibt er den Übergang von traditionalen bzw. *einfachen Gesellschaften*, die durch eine *mechanische Solidarität* integriert sind, zu modernen bzw. *höheren Gesellschaften*, deren Integration auf der *organischen Solidarität* beruht.[2] Mit Solidarität ist dabei noch nicht jener normativ aufgeladene Kampfbegriff gemeint, zu dem er in der Arbeiterbewegung werden sollte. Vielmehr bezeichnet Solidarität das jeweilige soziale Band, das zwischen den Mitgliedern einer Gesellschaft existiert und das die Gesellschaft insgesamt zusammenhält, also die jeweilige Form der *Integration*, die in einer Gesellschaft vorherrscht. *Solidarität* führt somit ins Zentrum der Soziologie Durkheims, denn sie fragt grundsätzlich danach, »welche Bindungen es sind, die Menschen untereinander haben, d. h. wodurch die Bildung sozialer Aggregate bestimmt wird« (Durkheim 1981a: 54).[3] In seiner Studie *Über die soziale Arbeitsteilung* (Durkheim 1988) legt er ausführlich dar, daß und wie sich die Art der sozialen Bindungskräfte in einfachen, traditionalen Gesellschaften von denen in höheren, modernen Gesellschaften unterscheiden.

Einfache Gesellschaften zeichnen sich nach Durkheim durch ihre nur geringe Größe und ihre dadurch bedingte Überschaubarkeit aus. Sie bestehen aus einander ähnlichen Segmenten wie Horden, Stämmen, Clans oder Familien, die untereinander wenig Kontakt haben. Aufgrund der mangelnden Interdependenzen *zwischen* den einzelnen Segmenten und ihrer fast autarken Lebensweise bildet jede von ihnen »eine kleine Gesellschaft in der großen« (Durkheim 1988: 279). Die einzelnen homogenen Segmente zeichnen sich durch ein ausgeprägtes Kollektivbe-

---

2 Grundzüge seiner in der Arbeitsteilungsschrift entwickelten Argumentation hat Durkheim bereits in früheren Arbeiten entwickelt. Das Begriffspaar mechanische/organische Solidarität etwa findet sich schon in einem erstmalig 1888 erschienenen Beitrag zur Soziologie der Familie (vgl. Durkheim 1981a: 54 ff.).

3 Zum Begriff Solidarität im einzelnen vgl. Hondrich/Koch-Arzberger (1992).

wußtsein und eine nur gering entwickelte Arbeitsteilung aus. Unter *Kollektivbewußtsein* versteht Durkheim ein von allen Mitgliedern einer Gruppe geteiltes Reservoir an – überwiegend religiös motivierten – Überzeugungen, Gefühlen und Normen. Dabei geht das individuelle Bewußtsein in segmentär strukturierten Gesellschaften im Kollektivbewußtsein restlos auf. Diese von Durkheim unterstellte Ähnlichkeit der Bewußtseinszustände, die mit der nur wenig differenzierten sozialen Verortung der Individuen einhergeht, bedingt das gleichförmige Leben in diesem Gesellschaftstyp, weshalb Durkheim die hier vorherrschende Solidaritätsform *mechanisch* nennt.

Der segmentären Gesellschaftsform entspricht eine bestimmte Form des Rechts, die Durkheim repressives Recht nennt. Dieses reine Strafrecht sanktioniert Handlungsweisen, die von der allgemeinen Norm abweichen. Alle Handlungen, die den gemeinsam geteilten Fundus an Ideen und Gefühlen der Gemeinschaft in Frage stellen, werden als Anschlag auf die bestehende soziale Ordnung aufgefaßt, durch die der Weiterbestand des Kollektivs in Gefahr gerät (vgl. Durkheim 1988: 157). Nach dieser Rechtsform gilt eine Handlung dann als kriminell, »wenn sie starke und bestimmte Zustände des Kollektivbewußtseins verletzt« (ebd.: 129). Da das Kollektivbewußtsein »von jedem von uns ein Minimum an Ähnlichkeit« (ebd.: 157) verlangt, wird jede Abweichung von der Ähnlichkeit und jeder Verstoß gegen das Prinzip der Gleichheit streng geahndet.

Einfache, segmentär differenzierte Gesellschaften haben nur bis zu einer gewisse Größe und Dichte Bestand. Durch die Vergrößerung und Verdichtung der Gesellschaften nämlich wächst der Druck zur Differenzierung. Eine auf der Ähnlichkeit ihrer Elemente basierende Sozialordnung ist dann nicht mehr länger möglich. Nach und nach schält sich die *funktional differenzierte Gesellschaft* heraus, die nicht mehr auf der »Wiederholung von ähnlichen und homogenen Segmenten beruht, sondern auf einem System von verschiedenen Organen, von denen jedes eine Sonderrolle ausübt, und die ihrerseits aus differenzierten Teilen bestehen« (ebd.: 237). Nicht mehr ein gemeinsam geteilter Vorrat an Glaubensüberzeugungen, sondern ein System von verschiedenen und speziellen Funktionen stellt nun das vorherrschende Integrationsprinzip dar. Die gesellschaftliche Arbeitsteilung übernimmt also nach und nach die Rolle des Kollektivbewußtseins (vgl. ebd.: 228). Der gesellschaftliche Zusammenhalt ergibt sich aus den gegenseitigen Abhängigkeiten. Da die Menschen ihre Bedürfnisse nicht mehr alle selbst befriedigen können, sind sie verstärkt auf die Funktionsleistungen der anderen Gesellschaftsmitglieder angewiesen. Da diese Form der Solidarität der bei den höheren Tieren ähnelt, nennt Durkheim sie die organische (vgl. ebd.: 183; vgl. auch 1981: 54). Diesem Wandel entspricht wiederum ein Umbau des Rechtssystems. Die höheren Gesellschaften bilden das *restitutive* Recht bzw. das Erstattungsrecht aus, das nicht mehr auf Vergeltung, sondern auf die »*Wiederherstellung* des ursprünglichen Zustands« (ebd.: 162) ausgerichtet ist: »Die Arbeitsteilung führt zu Rechtsregeln, die die Natur und die Beziehungen der geteilten Funktionen bestimmen, deren Verletzung aber nur Reparationsmaßnahmen ohne Sühnecharakter nach sich ziehen.« (Ebd.: 283) Es regelt die zwischen den nunmehr differenzierten Einheiten der Gesellschaft stattfindenden sozialen Kontakte.[4]

Einschneidende Konsequenzen hat dieser idealtypisch konzipierte Übergang für die Rolle des Individuums. In einfachen Gesellschaften geht nach Durkheim das Individuum vollständig in der Gruppe auf, das individuelle Bewußtsein wird nahezu vollständig vom Kollektivbewußtsein absorbiert. Jedes Individuum ist direkt an die Gesellschaft gekoppelt und dadurch einer hohen sozialen Kontrolle ausgesetzt. Allerdings legt Durkheim Wert

---

4 Auf die Entwicklung des Rechts, die für Durkheim ein entscheidendes Kriterium des Wandels von traditionalen zu modernen Gesellschaften darstellt, muß ich für den Zusammenhang dieser Arbeit nicht näher eingehen. Vgl. dazu näher Habermas (1988b: 119ff.), der die soziale Evolution des Rechts als Gerüst des Arbeitsteilungsbuches versteht und sich entsprechend ausführlich damit befaßt. In seiner rechtsphilosophischen Studie *Faktizität und Geltung* (Habermas 1992) hat Habermas die Auseinandersetzung mit Durkheim jedoch nur sporadisch wiederaufgenommen. Zur Rechtsproblematik bei Durkheim vgl. auch Gephart (1990), der am Ende seiner Studie Durkheims Theorie des Verbrechens und Michel Foucaults Theorie der Disziplinierung einem Vergleich unterzieht. Nachhaltig unterstreichen möchte ich dabei die Beobachtung Gepharts, daß Foucault »weit enger in der *Durkheim*-Tradition verflochten ist, als es dem Autor selbst erscheint« (ebd.: 166). Über Gephart hinaus möchte ich – ohne an dieser Stelle darauf näher eingehen zu können – die These vertreten, daß dies auch für Foucaults Spätwerk gilt. Denn schließlich wendet sich Foucault darin einer Aufgabe zu, der sich auch Durkheim sein ganzes Leben lang gewidmet hat: der Konstituierung einer neuen Moral. Ein systematischer Vergleich beider Modelle würde sich sicher lohnen.

auf die Feststellung, daß nicht davon auszugehen sei, daß hier die Individualität durch Zwang niedrig gehalten würde, vielmehr sei in dieser Gesellschaftsform der Bedarf für Individualität einfach nicht gegeben: »Wenn in den niedrigen Gesellschaften in der Tat der individuellen Persönlichkeit ein so geringer Platz eingeräumt wird, so nicht darum, weil diese unterdrückt oder künstlich zurückgedrängt worden wäre, sondern einfach, weil sie zu diesem Zeitpunkt der Geschichte *nicht existiert* hat.« (Durkheim 1988: 250)[5] Wenn man das nicht berücksichtigt, so Durkheim, gelange man, wie etwa sein immer wieder erwähnter Antipode Herbert Spencer[6], zu der für ihn falschen Vorstellung, daß die Individualität in diesen Gesellschaften mittels Zwang unterbunden wurde (vgl. ebd.: 258f.). Ob aber nun gewaltsam niedergehalten oder noch nicht entwickelt: Im Ergebnis stimmen Spencer und Durkheim durchaus überein. Die Individualität in diesem Gesellschaftstypus ist »gleich Null« (Durkheim 1988: 182).[7]

Das ändert sich grundlegend beim Übergang zu höheren Gesellschaftsformen. Im Zuge dieser Entwicklung wird das Individuum zunehmend aus der Enge der gemeinschaftlichen Bindungen befreit. Die Individuen sind nicht mehr direkt an die Gesellschaft gekoppelt, so daß das Individuum nur mehr von Teilen der Gesellschaft abhängig ist; zwischen den einzelnen und die Gesellschaft tritt ein ganzes Feld von spezialisierten Tätigkeitsbereichen, die das Individuum in die Lage versetzen, sich zur Persönlichkeit heranzubilden. Parallel zu dieser zunehmenden Entfaltung des Individuums geht das Kollektivbewußtsein im-

5 Mit dieser Überlegung nimmt Durkheim eine Art Grundsteinlegung für die Auffassung des Individuums aus differenzierungstheoretischer Sicht vor, auf die in zahlreichen Varianten funktionalistischen und systemtheoretischen Denkens immer wieder zurückgegriffen wird. Als Gesamtüberblick über differenzierungstheoretische Ansätze eignen sich Kneer/Nollmann (1997) und Schimank (1996).

6 Mit dem er gleichwohl in der folgenden grundlegenden Einschätzung übereinstimmt: »Evolution ist ein Wandel von einem Zustand relativ unbestimmter, unzusammenhängender Homogenität zu einem Zustand relativ bestimmter, zusammenhängender Heterogenität« (Spencer 1958: 367; zitiert nach Giesen 1991: 518). Einen systematischen Vergleich zwischen Herbert Spencer und Durkheim liefert Rueschemeyer (1985).

7 Diese Vorstellung vom Leben in primitiven Gesellschaften wird insbesondere von kulturanthropologischer Seite inzwischen stark in Zweifel gezogen und kritisiert. Vgl. etwa Sigrist (1994); weitere Literaturhinweise bei Müller/Schmid (1988: 512).

mer weiter zurück. Die individuelle Persönlichkeit und das Kollektivleben entwickeln sich also umgekehrt proportional. Je stärker das Kollektivbewußtsein, desto geringer das Ausmaß an Individualität der Persönlichkeit und umgekehrt: Wenn die Individualität des einzelnen stark ausgeprägt ist, kann das Kollektivbewußtsein nur schwach entwickelt sein. Aus diesem Oppositionsverhältnis von Individualität auf der einen und Kollektivbewußtsein auf der anderen Seite ergibt sich für Durkheim das Problem, wie die modernen, vom Kollektivbewußtsein emanzipierten Einzelpersönlichkeiten so integriert werden können, daß die soziale Ordnung der Gesellschaft nicht gefährdet ist.[8] Da die Individuen aufgrund ihrer wachsenden Verschiedenheit nicht mehr problemlos im Kollektiv aufgehen, sondern Eigenaktivitäten entwickeln, deren Ziele keineswegs immer mit denen der Gesellschaft in Einklang stehen müssen – »denn die Gesellschaft hat ihre eigenen Bedürfnisse, die nicht auch die unseren sind« (Durkheim 1990: 393; vgl. auch Durkheim 1967: 138) –, stellt sich die Frage, wie der Zusammenhalt der Gesellschaft als Ganzes gewährleistet werden kann. Wie läßt es sich verhindern, daß die zunehmende Bewegungsfreiheit des einzelnen zu völlig chaotischen Zuständen führt? Wie bewahrt man die Gesellschaft vor Desintegration und moralischem Verfall, nachdem sich die traditionale Moral aufgelöst hat? Wie verhindert man – mit einem Wort – Anomie, die Durkheim als »Zustand der gestörten Ordnung« (1990: 289) definiert?

Durkheims höchst innovative Antwort auf diese Fragen besteht darin, den integrativen »Kitt« nicht außerhalb der arbeitsteilig organisierten Gesellschaft zu suchen, sondern in der funktionalen Differenzierungsform selbst. Seine These besagt, daß die moderne Gesellschaft trotz der Erosion des Kollektivbewußtseins und des Untergangs der traditionellen Moral nicht in Anarchie und Chaos versinken muß. Er besteht darauf, daß auch der auf Arbeitsteilung beruhenden modernen Gesellschaft ein moralischer Charakter nicht schlichtweg abzusprechen ist: »Zu Unrecht stellt man also die Gesellschaft, die aus der Gemeinschaft-

8 Diese Problemstellung wiederholt sich heute im Kommunitarismus (vgl. Müller 1991: 307ff., Cladis 1992, Peter 1997), aber auch in den Arbeiten etwa von Heitmeyer (1994a, b, 1997), die um eine Wiederbelebung der Kategorie der Kollektivität bzw. der Anomie bemüht sind. Darauf werde ich zurückkommen.

lichkeit des Glaubens entsteht, der Gesellschaft gegenüber, die auf der Zusammenarbeit beruht, indem man nur der ersten einen moralischen Charakter zubilligt und in der zweiten nur eine wirtschaftliche Gruppierung sieht. In Wirklichkeit hat gerade die Zusammenarbeit ebenfalls ihre eigenständige Moralität.« (Durkheim 1988: 285)

Mit dieser These nimmt Durkheim dezidiert gegen verfallstheoretische und kulturpessimistische Stimmen Stellung, die im Rückgang der religiös verbürgten Weltbilder eine ersatzlose Streichung verbindlicher Weltbilder, Werte und Normen überhaupt sehen wollen. Er insistiert dagegen darauf, daß es nicht um den *Verfall*, sondern um den *Wandel* der Moralform geht.[9] Er sieht in der auf Zusammenarbeit gegründeten Moral ein funktionales Äquivalent für die auf einem kollektiv geteilten Glauben beruhende Moral. Diese These versucht er mit dem Argument zu begründen, daß die Arbeitsteilung eine weit über den rein ökonomischen Zusammenhang wirksame soziale Tatsache darstellt. Die Arbeitsteilung, die zum Rückgang der mechanischen Solidarität führt, bildet zugleich die Quelle für die organische Solidarität und damit auch für die Entwicklung einer individuellen Persönlichkeit, die nach Durkheims Verständnis schon allein dadurch begünstigt wird, daß nun jeder ein abgegrenztes Betätigungsfeld zugewiesen bekommt. Während die mechanische Solidarität auf der Gleichheit der Individuen und ihrer übereinstimmenden Tätigkeitsbereiche basiert, beruht die organische Solidarität auf der Verschiedenheit der Individuen und ihrer spezialisierten Tätigkeitsbereiche. Jeder einzelne gerät damit in eine höchst paradoxe Lage. Auf der einen Seite wird er aus den Fesseln des Kollektivs befreit und in die Lage versetzt, ein eigenständigeres, individuelleres Leben zu führen. Auf der anderen

9 Vgl. dazu auch seine Aussage: »Manchmal behauptet man, daß die primitiven Völker keine Moral hätten. Das ist ein historischer Irrtum. Es gibt kein Volk ohne Moral: nur ist die Moral dieser niedrigen Gesellschaften nicht unsere Moral. Was sie charakterisiert, ist gerade, daß sie wesentlich religiös ist. Darunter verstehe ich, daß die zahlreichen und die wichtigsten Pflichten diejenigen sind, die der Mensch gegenüber seinen Göttern hat und nicht gegenüber seinen Mitmenschen. Die wichtigsten Verpflichtungen liegen nicht darin, seinen Nächsten zu achten, ihm zu helfen und ihn zu unterstützen, sondern genau die vorgeschriebenen Riten zu vollziehen, den Göttern zu geben, was ihnen gehört, und sogar im Notfall, sich zu ihrem Ruhm zu opfern.« (Durkheim 1984a: 61)

Seite nimmt seine Abhängigkeit zu. Da er selber nur noch eine begrenzte Teilfunktion ausübt, ist er in steigendem Maße auf die Leistungen und Tätigkeiten der anderen Individuen angewiesen: »Tatsächlich hängt einerseits jeder um so enger von der Gesellschaft ab, je geteilter die Arbeit ist, und andererseits ist die Tätigkeit eines jeden um so persönlicher, je spezieller sie ist. [...] Aber selbst in dem Falle ist das Joch, das wir tragen, viel weniger schwer, als wenn die ganze Gesellschaft auf uns lastet, und es beläßt dem freien Spiel unserer Initiative viel mehr Platz.« (Durkheim 1988: 183) Trotz steigender Abhängigkeit also wird das Individuum in erster Linie durch die funktionsteilige Gesellschaft entlastet. Da sich die Abhängigkeiten auf verschiedene Träger verteilen, statt sich in einer übermächtigen Instanz zu bündeln, erhält jedes Individuum einen größeren Bewegungsspielraum.

Durkheim ist davon überzeugt, daß diese Entwicklung der arbeitsteilig organisierten modernen Gesellschaft einen evolutionären Vorsprung gegenüber den einfachen Gesellschaften verschafft, denn die »Individualität des Ganzen« und die »Individualität der Teile« stehen nicht in Widerspruch zueinander, sondern greifen harmonisch ineinander und befruchten sich gegenseitig: »Die Gesellschaft wird fähiger sich zu bewegen, während zugleich jedes ihrer Elemente mehr Eigenbewegung hat.« (Ebd.)

Als Hauptschauplatz dieses Modernisierungsprozesses bestimmt Durkheim – in völliger Übereinstimmung mit Weber, Simmel und Tönnies[10] – die Großstädte. Sie sind »die Zentren

---

10 Wenngleich bei äußerst unterschiedlicher Bewertung dieser Entwicklungen. Nicht übersehen werden darf die radikale Gegenposition zu Tönnies' Begriffspaar von Gemeinschaft und Gesellschaft, das die Basis für zahlreiche nachfolgende Diagnosen bildet, nach denen die Gesellschaft das »Verderbliche« und »Unmoralische« und die Gemeinschaft das »Gesunde« und »Sittsame« verkörperte. Als Gegensatzpaar von (Groß-)Stadt und Land prägt es manche Untergangsvision und Stadtkritik bis in unsere Tage hinein (vgl. Gebhardt 1988). Genau entgegen der weitverbreiteten Vorstellung von der natürlichen, organisch gewachsenen Gemeinschaft und der künstlichen Gesellschaft dreht Durkheim den Spieß um. Indem er das soziale Band der heraufziehenden modernen Gesellschaft mit dem Namen »*organische* Solidarität« belegt, stellt er die auf Arbeitsteilung beruhende Gesellschaft gleichsam als die natürliche vor, während die frühere Gesellschaftsform durch eine bloß mechanisch funktionierende Solidaritätsform gekennzeichnet war. Diese Konnotation bewahrt Durkheim – so sollte man meinen – vor aller

des Fortschritts. In ihnen werden die neuen Ideen, Moden, Sitten, Bedürfnisse geboren, die sich dann später auf das übrige Land ausbreiten.« Nichts hat im pulsierenden Leben der Großstadt, in der sich »mit außergewöhnlicher Geschwindigkeit Glaubensüberzeugungen, Geschmack, Leidenschaften« (Durkheim 1988: 358) permanent ändern, lange Bestand. Das Kollektivbewußtsein ist unter diesen Bedingungen zur Bedeutungslosigkeit verkommen. In der Stadt ist der einzelne weit weniger »dem Joch des Kollektivs unterworfen« (ebd.: 360), als dies in Dörfern auf dem Land der Fall ist. Während der einzelne in den kleinen Gruppen der Kontrolle der öffentlichen Meinung untersteht, die jede seiner Handlungen überwacht und die kleinste Abweichung vom konformen Leben sofort registriert, um sie mit Sanktionen zu beantworten und schließlich ganz zu unterbinden, erlaubt die größer und dichter werdende Gesellschaft gleichsam das Abtauchen in der Menge: »Je größer und dichter eine Gruppe ist, desto weniger ist die Aufmerksamkeit, die über eine große Fläche verstreut ist, imstande, den Bewegungen eines jeden einzelnen zu folgen; denn die Aufmerksamkeit wird nicht nachdrücklicher, wenn die Individuen zahlreicher werden. Sie ist auf zu viele Punkte zugleich gerichtet, um sich auf einen einzelnen konzentrieren zu können. Die Überwachung ist also weniger genau, weil es zu viele Menschen und zu viele Dinge zu überwachen gilt.« (Ebd., vgl. auch Durkheim 1991: 90) Aber nicht nur das Ausmaß der Überwachung des einzelnen durch das Kollektiv, sondern auch das Interesse für den in unmittelbarer Nachbarschaft Lebenden läßt deutlich nach. Diese »gegenseitige Gleichgültigkeit« (Durkheim 1988: 361) hat die Lockerung der kollektiven Überwachung zur Folge, so daß sich erst jetzt die »Sphäre freien Handelns eines jeden Individuums faktisch« (ebd.) ausweiten kann.[11] Und dieses Faktum wird, so Durkheim, nach und

romantisierenden Verklärung althergebrachter Formen des Zusammenlebens. Hier dürfte zugleich die Grenze der Möglichkeiten des Kommunitarismus liegen, sich auf ihn statt auf Tönnies zu berufen.

11 Diese Beschreibung des Lebens in der Großstadt weist große Ähnlichkeiten mit Simmels Großstadtanalysen auf, auf die ich weiter unten noch zurückkommen werde. Insbesondere die »gegenseitige Gleichgültigkeit« ist seither ein Topos in der Beschreibung der sozialen Beziehungen in der Stadt. Auch für Durkheim hat die Urbanisierung nachhaltige Auswirkungen auf den Stellenwert des Fremden: »Zwar ist in einer kleinen Stadt der Fremde, der Unbekannte, nicht weniger Gegenstand der Überwachung als der Einheimi-

nach zu einem Recht, das, einmal etabliert, nicht mehr rückgängig zu machen ist. Aus dem *de facto* wird ein *de jure* (vgl. Durkheim 1991: 91).

Nun ist Durkheim weit davon entfernt, dieses Recht der Individuen auf freie Entfaltung als evolutionäre Errungenschaft kritiklos zu feiern. Allzusehr ist ihm bewußt, daß eine zunehmende Individualisierung immer auch eine Gefahr für die soziale Ordnung darstellt. Diese Einsicht verleitet ihn aber nicht dazu, die moralische Krise allein auf den wachsenden Individualismus zurückzuführen. Keineswegs plädiert er dafür, die Rechte des Individuums einzuschränken, um die alte Ordnung wiederherzustellen. Vielmehr zeigt er sich darum bemüht, den irreversiblen Prozeß der Individualisierung für die Etablierung einer neuen Moral nutzbar zu machen. Da er davon ausgeht, daß es sich beim Individualismus um ein Phänomen handelt, »das nirgendwo anfängt, sondern das sich unaufhaltsam die ganze Geschichte hindurch entwickelt hat« (Durkheim 1988: 227)[12], scheint es sinnlos, sich gegen ihn aufzulehnen. Aus dieser Einsicht ergibt sich der »positiv genommene moderne Individualismus« (Tyrell 1985: 224) in Durkheims Studie zur modernen Arbeitsteilung. Durkheims Festhalten am Prinzip des Individualismus speist sich nicht aus einem romantischen Ideal einer allseits ausgebildeten Persönlichkeit. Ebensowenig resultiert es aus einem politischen Votum für die individuellen Rechte des einzelnen. Schon gar nicht ist es das Ergebnis einer Wertentscheidung, die dem Individuum gegenüber der Gesellschaft die größeren Rechte einräumt. Durkheims Eintreten für den Individualismus verdankt sich vielmehr allein der These, daß für eine funktionierende arbeitsteilige Gesell-

sche. Dies aber deshalb, weil das Bild, das ihn darstellt, durch einen Kontrasteffekt sehr lebendig geworden ist, weil er die Ausnahme ist. Dasselbe gilt nicht für die große Stadt, wo in der Regel keiner den anderen kennt.« (Durkheim 1988: 361) In der Großstadt also fällt der Fremde nicht auf, da Anonymität an der Tagesordnung ist. Damit findet sich schon bei Durkheim implizit die These, daß unter den Bedingungen des unübersichtlichen und unpersönlichen Lebens in der Moderne alle zu Fremden werden, wie auch Simmel in seiner Analyse des Fremden zeigt (vgl. dazu Schroer 1997a).

12 Ausdrücklich heißt es: »Der Individualismus und das freie Denken entstammen nicht unseren Tagen, auch nicht 1789, weder der Reformation noch der Scholastik, weder dem Untergang des griechisch-römischen Polytheismus noch dem der orientalischen Theokratien.« (Ebd.: 225) Ähnlich gibt es auch für Elias keinen »Nullpunkt« in dieser Entwicklung. Darauf werde ich zurückkommen.

schaft, die an die Stelle der segmentären Gesellschaftsform getreten ist, ein gewisses Maß an Individualisierung erforderlich ist. Arbeitsteilung und Individualisierung gehören nach seiner Überzeugung unauflöslich zusammen: »Also hängen die Fortschritte der individuellen Persönlichkeit und die der Arbeitsteilung von ein und derselben Ursache ab. Es ist also unmöglich, die eine ohne die andere zu wollen.« (Durkheim 1988: 475) Kurz und gut: Durkheim verteidigt den Individualismus nicht aufgrund einer Vorliebe oder eines grundsätzlichen Eintretens für die Rechte des Individuums, sondern allein aufgrund seiner für eine arbeitsteilig organisierte Gesellschaft unabdingbaren *Funktion*. Will sie nicht auf eine frühere Stufe der Gesellschaftsentwicklung zurücksinken, ist sie geradezu dazu gezwungen, ihren Mitgliedern Handlungsspielräume einzuräumen.[13] Diese Notwendigkeit gibt die Gesellschaft an ihre Mitglieder als Pflicht weiter, sich zur Persönlichkeit zu entwickeln (vgl. Durkheim 1988: 475). Doch ebenso wie bei der Arbeitsteilung anomische Formen auftreten, die die ursprünglich positive Entwicklung zu konterkarieren drohen, so treten auch schädliche, anomische Formen des Individualismus auf, denen Einhalt geboten werden muß. Sosehr er ein gewisses *Maß* – das Zauberwort seines Gesellschaftsideals – an Individualisierung als *funktionsnotwendig* für den reibungslosen sozialen Verkehr in arbeitsteilig organisierten Gesellschaften de-

13 Um diese Entwicklung rückgängig machen zu wollen, wäre eine ganze Reihe von repressiven Maßnahmen nötig: So »müßte man die Menschen daran hindern, sich zunehmend voneinander zu differenzieren, müßte man ihre Persönlichkeit nivellieren, sie zu dem alten Konformismus früherer Zeiten zurückführen; man müßte infolgedessen die Tendenz der Gesellschaft, immer ausgedehnter und zentralistischer zu werden, aufhalten und die nicht endenden Fortschritte der Arbeitsteilung verhindern.« (Durkheim 1986: 64) All dies will Durkheim nicht. Aufschlußreich für seine theoretische Position insgesamt jedoch ist, daß er diesen Weg nicht etwa ablehnt, weil er in der differenzierten Persönlichkeit einen zu verteidigenden Wert an sich sieht. Sein Argument ist vielmehr die mangelnde Durchsetzbarkeit einer solchen Strategie, wobei er sich mit Wertungen betont zurückhält: »Ein solches Unterfangen geht aber, ob wünschenswert oder nicht, unendlich weit über die menschlichen Kräfte hinaus.« (Ebd.) Mit anderen Worten: Eine Debatte über die Wünschbarkeit der Entstehung einer arbeitsteiligen Gesellschaft, die im Zuge ihrer Entfaltung auch Individualismus befördert, mutet er sich erst gar nicht zu, weil diese Entwicklung schlicht nicht aufzuhalten ist. Vielmehr muß ihm zufolge danach gefragt werden, wie ein sich ohnehin entfaltender Prozeß in die erwünschte Bahn gelenkt werden kann, wozu einige flankierende Maßnahmen erforderlich sind.

klariert, so groß sind doch auch andererseits seine Zweifel, ob die Individuen die notwendigen Leistungen erbringen, um diese Organisationsform zu stützen. Wenn Durkheim im Laufe der Zeit Zweifel daran hegt, daß sich eine mit der arbeitsteiligen Gesellschaft automatisch entfaltende, kompatible Moral etabliert, dann speisen sich diese Zweifel m. E. letztlich aus seinem mangelnden Vertrauen in die Fähigkeiten der Individuen, eine solche Form des sozialen Lebens *auszuhalten*. Seine größte Sorge gilt einer Entwicklung, in der das nun einmal etablierte Recht der Individuen auf freie Entfaltung von den einzelnen nicht dafür genutzt wird, ihren je einmaligen Beitrag zur Aufrechterhaltung der neuen sozialen Ordnung zu leisten, sondern allein zur Erfüllung ihrer schier unstillbaren Bedürfnisse und Wünsche. Der auf Arbeitsteilung umgestellten sozialen Ordnung steht in Durkheims Perspektive mit dem freigesetzten Individuum gewissermaßen ein recht unsicherer und unberechenbarer Vertragspartner zur Seite, dem so ohne weiteres nicht zu trauen ist.[14] Diese Sorge hängt mit Durkheims negativer Anthropologie zusammen.

Bei aller Kritik an vertragstheoretischen Modellen der Gesellschaft von Hobbes bis Spencer teilt Durkheim nämlich mit Hobbes die Überzeugung, daß das Individuum von sozialer Ordnung abhängig ist. Das Individuum ist auch für ihn eine unendliche Quelle von Bedürfnissen und Wünschen, die gezügelt werden müssen, da sonst ein friedliches Zusammenleben nicht gewährleistet ist.[15] Disziplin, Zwang, Pflichten und Regeln sind die in seiner Soziologie immer wieder genannten Maßnahmen, mit de-

14 Ähnlich fürchtet Simmel, daß die Individuen ihre Freisetzung aus den Ketten traditionaler sozialer Bindungen nicht dazu nutzen könnten, neue, nun selbstgewählte Beziehungen aufzubauen, sondern statt dessen eine zunehmend atomisierte Existenz führen. Dazu weiter unten mehr.

15 Damit schreibt sich Durkheim in eine dem Konservatismus zugerechnete Denkschule ein, denn zum Konservatismus gehört es offenbar, »die menschliche Natur als dunkle und beständige Kraft anzusehen, die immer unter Kontrolle gehalten werden muß«, wie etwa Goudsblom (1979: 179) schreibt. Zu Recht hebt er hervor: »Sogar Durkheim, berühmt für seinen ›Soziologismus‹, läßt etwas von dieser Tendenz erkennen.« Trotz dieser Übereinstimmung kann man Durkheims Position insgesamt kaum dem Konservatismus zurechnen. Ein Bewahren alter Strukturen liegt ihm fern. Vielmehr legt er seine Hoffnungen ganz und gar in die sich entwickelnde funktional differenzierte Gesellschaft, die er keineswegs zugunsten eines ehemaligen Zustands zurückschrauben will, etwa durch die Verklärung einer homogenen Gemeinschaft, wie etwa Tönnies.

nen die unbändige Natur der Menschen gezähmt werden muß. Das Individuum bedarf nach seinem Verständnis der horizontbegrenzenden Reglementierung durch überindividuelle Zusammenhänge. Es ist abhängig davon, sich einem Allgemeinen zu unterwerfen: »Das isolierte, ungebundene Individuum ist ihm so gesehen – seines Egoismus, seiner Triebhaftigkeit und anthropologisch defizitären Sozialität wegen – immer Gegenstand der Besorgnis. Es ist ›die Gesellschaft‹, die diese Defizite zu kompensieren hat: nur durch sie, durch den heilsamen Druck, den sie ausübt, haben die Individuen moralischen Halt, ist ihnen die für den sozialen Zusammenhalt notwendige Disziplin aufgenötigt und ist ihr Lebens- und Zusammenlebenswille zureichend geschützt. Und folglich entziehen sie sich dem sozialen Leben nicht – nicht vagabundierend, nicht durch Rückzug und Isolation, nicht durch Selbstmord.« (Tyrell 1985: 219)

Jedoch führt Durkheim diese negative Einschätzung der anthropologischen Ausstattung des Individuums nicht dazu, die bedingungslose Unterordnung der einzelnen unter eine von außen auf sie einwirkende Macht zu propagieren. Vielmehr ist er auf der Suche nach einem sozialen Band zwischen den Gesellschaftsmitgliedern, das beides ermöglicht: eine soziale Ordnung, die nicht zu Lasten der individuellen Freiheit, und eine individuelle Freiheit, die nicht zu Lasten der sozialen Ordnung geht. Durkheims gesamtes Werk läßt sich als Versuch verstehen, zu beweisen, daß sich Individualisierung und moralische Verbindlichkeit nicht notwendig gegenseitig ausschließen. Ihm geht es im Gegenteil darum zu zeigen, daß zwischen Individualisierung und Moral ein unauflöslicher Zusammenhang besteht. Zu Beginn seiner Untersuchung *Über soziale Arbeitsteilung* stellt Durkheim die sein gesamtes Werk übergreifende Frage: »Wie geht es zu, daß das Individuum, obgleich es immer autonomer wird, immer mehr von der Gesellschaft abhängt? Wie kann es zur gleichen Zeit persönlicher und solidarischer sein? Denn es ist unwiderlegbar, daß diese beiden Bewegungen, wie gegensätzlich sie auch erscheinen, parallel verlaufen.« (Durkheim 1988: 82) Damit verläßt Durkheim die klassische Version des scheinbar ewigen Gegensatzes von Individuum und Gesellschaft, das stets nur als Nullsummenspiel denkbar schien: Entweder der Mensch wird immer autonomer, was zu Lasten des Zusammenhalts zwischen den Menschen geht, oder aber die Gesellschaft mit ihren Anforderungen an das Individuum wirkt so restriktiv, daß die Individuen Autonomie nicht erlangen können. Durkheim dagegen bringt das Verhältnis von sozialer Ordnung auf der einen und individueller Freiheit auf der andere Seite in einen gegenseitigen *Steigerungszusammenhang.* Wachsende Autonomie der Individuen und ein moralischer Zusammenhalt zwischen den Gesellschaftsmitgliedern leben nicht nur in friedlicher Koexistenz miteinander. Vielmehr ist die Steigerung des einen Bereichs die Bedingung für die Steigerung des anderen. Der entscheidende Unterschied gegenüber der Hobbesschen Position ist, daß Zwang allein nicht ausreicht, um die notwendige Integration der einzelnen zu erreichen, »denn es gibt keine Gesellschaft, die nur infolge von Zwang bestehen kann« (Durkheim 1988: 258). Es bedarf darüber hinaus der »freiwillige[n] Unterordnung« (Durkheim 1961: 203), die auf der *Einsicht* in die Notwendigkeit der Unterwerfung beruht. Jedoch nimmt dieses Einverständnis der Unterwerfung nicht ihren Zwangscharakter: »Vermöge meiner Geburt bin ich zwangsmäßig an ein bestimmtes Volk geknüpft. Man sagt, daß ich in der Folge, nachdem ich einmal erwachsen bin, diesem Zwange zustimme, indem ich einfach weiter in meiner Heimat bleibe. Doch das tut nichts zur Sache. Mein Einverständnis nimmt jener Obligation nicht ihren imperativen Charakter. Ein Druck, den man hinnimmt und dem man sich freiwillig unterwirft, hört darum nicht auf, ein Druck zu sein.« (Durkheim 1961: 188) Ist Durkheim mit der Betonung des Zwangs aber nicht doch wieder bei Hobbes angelangt?

Durkheim selbst verneint das entschieden. Er grenzt seine Position explizit von Hobbes und Rousseau auf der einen und Spencer auf der anderen Seite ab (vgl. ebd.: 201). Rousseau und Hobbes sind sich seiner Meinung nach darin einig, daß der Mensch von Natur aus nicht nach einem Leben in einem Sozialverband strebe. Die individuellen Zwecke seien in ihren Augen nicht kompatibel mit den sozialen Zwecken, so daß es bei ihnen »keine Kontinuität zwischen Individuum und Gesellschaft« (ebd.) gebe. Nur durch Zwang seien die Individuen in ihrer Perspektive dazu zu bewegen, sich dem sozialen Zweckverband zu unterwerfen. Dabei hätten, so Durkheims Kritik, beide nicht den Widerspruch ausräumen können, der sich daraus ergibt, daß die Individuen selbst die Urheber einer Macht sein sollen, die sie durch Zwang beherrscht und unterwirft. Da das Individuum in ihren Konzeptionen als die eigentliche Realität vorgestellt werde, müssen die Organisationen, die sich zum Zwecke der Aufrechterhaltung der sozialen Ordnung konstituieren, zwangsläufig als künstliche Gebilde angesehen werden, die den einzelnen bei der Ausübung seiner prinzipiell antisozialen bzw. asozialen Antriebe durch Zwang behindern.

Völlig konträr dazu steht nach Durkheims Auffassung die Konzeption der Theoretiker des Naturrechts, der Nationalökonomen und die Theorie Spencers. Sie gehen Durkheim zufolge – ganz im Gegensatz zu Hobbes' und Rousseaus Position – übereinstimmend davon aus, daß der Mensch von Natur aus zum geselligen Leben neigt, also jenes »zoon politikon« ist, als das schon Aristoteles den Menschen verstanden hatte. Aus der Prämisse, daß die Menschen von Natur aus für das Leben in der Gesellschaft gemacht sind, folgt nach Durkheim, daß es in den genannten theoretischen Positionen keinen fundamentalen Gegensatz zwischen den Bedürfnissen des einzelnen und der Gesellschaft gebe. Das Soziale resultiere vielmehr aus den natürlichen Antrieben des Menschen. Der Lehre dieser Richtung zufolge »braucht man nur die individuellen Kräfte sich frei entfalten zu lassen, damit sie sich sozial organisieren« (ebd.: 202).

Doch beide Denkrichtungen übersehen nach Durkheim gänzlich, daß es sich bei der Gesellschaft um ein »Wesen sui generis« (ebd.: 203) handelt, »das auf Grund besonderer Ursachen durch sich selbst existiert« (ebd.: 202), und nicht um eine Vereinigung, die durch einen Willensentschluß geschaffen wird und dadurch auch wieder verschwinden könnte. Allerdings sind für Durkheim die Vertreter der zweiten Richtung immerhin schon auf dem richtigen Weg, wenn sie die Gesellschaft als »Naturtatsache« (ebd.) bestimmen, denn auch für ihn ist die Kraft, der sich die Individuen gegenübersehen, keine »mehr oder weniger ergeklügelte Maschine« (ebd.), sondern eine »natürliche«, die sich »unmittelbar aus dem kollektiven Sein« (ebd.: 203) ableitet. Der Fehler ihrer Konzeption liegt seines Erachtens darin, diese Natürlichkeit an die Natur des Individuums zurückzubinden. Für Durkheim dagegen geht die Gesellschaft nicht aus dem vereinigten Willen der einzelnen, sondern »aus dem innersten Wesen der Wirklichkeit selbst hervor« (ebd.). Das soziale Leben bildet sich, »weil das soziale Leben der besonderen Formung entspringt, der die einzelnen Psychen vermöge der Tatsache ihrer

Assoziation unterliegen und aus der eine neue Existenzform entsteht« (ebd.).

Insgesamt also will Durkheim eine Mittelstellung zwischen beiden Theorien einnehmen. Seiner Auffassung nach steht die Gesellschaft mit ihren Einrichtungen dem einzelnen weder als gänzlich fremde, künstlich geschaffene Macht gegenüber wie in der ersten Position, noch ist sie ein bloßes Resultat der naturgemäß sozialen Ausstattung des Menschen, wie die zweite Konzeption glauben machen will. Wird in der ersten Konzeption der gewaltsame Zwang überbetont, dem sich die Individuen angeblich auch noch freiwillig fügen, übertreibt die zweite Position den harmonischen Einklang, der zwischen den natürlichen Neigungen des Individuums und den sozialen Organisationen besteht. Für Durkheim dagegen genügt es, dem Individuum »den Zustand seiner Abhängigkeit und natürlichen Inferiorität zum Bewußtsein zu bringen« (ebd.: 203), um ihn zur *freiwilligen Unterordnung* zu bewegen: »Die Reflexion, die den Menschen einsehen läßt, um wieviel reicher, differenzierter und lebenskräftiger das soziale Wesen ist als das individuelle, kann ihm nur einleuchtende Gründe für die Unterordnung, die von ihm gefordert wird, und für die Gefühle der Ergebenheit und des Respekts, welche die Gewohnheit in seinem Inneren fixiert hat, vermitteln.« (Ebd.) In Durkheims Konzeption fügen sich die einzelnen dem Ganzen aus dem schlichten Grunde, weil sie die Überlegenheit des sozialen Wesens gegenüber dem individuellen anerkennen. Dadurch bleibt zwar der Zwangscharakter des Sozialen prinzipiell erhalten, doch ergibt er sich in diesem Falle nicht aufgrund eines von den Menschen selbst entwickelten Herrschaftsapparats, dem sie sich freiwillig unterwerfen, sondern aufgrund einer *natürlichen* Machtquelle, der sie sich beugen. Während sich das Kollektiv im ersten Fall allein durch gewaltsamen Druck erhält, wird es im zweiten Fall von der Einsicht in die geistige oder moralische Überlegenheit des übergeordneten Ganzen getragen. Deshalb ist – obwohl auch im zweiten Fall der Zwang keineswegs entfällt (vgl. Durkheim 1961: 186) – die zweite Form des Zwangs normal, jene erste aber abnormal (vgl. ebd.: Fn. 1).

Mit dieser Unterscheidung will er seine Konzeption gegenüber den Kritikern in Schutz nehmen, die ihm eine bloße Wiederauflage der Gedanken Hobbes' und Machiavellis vorwerfen. Aufschlußreich daran ist, daß Durkheim annimmt, über beide Richtungen hinausgelangt zu sein, weil er die Kraft des Kollektivwesens nicht mehr an den individuellen Willensentschluß oder die sozietäre Ausstattung des Individuums rückkoppelt. Dies gelingt ihm aber offensichtlich nur durch eine fragwürdige Naturalisierung der Gesellschaft, die sich mitunter gar zu einer Vergöttlichung der Gesellschaft steigert. Darauf werde ich noch zu sprechen kommen.

Hinsichtlich des Menschenbildes aller drei Konzeptionen ließe sich zusammenfassend unterscheiden: Während Hobbes von einer natürlichen Asozialität des Menschen ausgeht, spricht Spencer dem Menschen eine natürliche Sozialität zu. Durkheim hält beiden Richtungen die *Soziabilität* des Menschen entgegen. Er ist weder sozial noch antisozial von Natur aus, kann aber durch die Einwirkungen der gleichsam natürlichen Gesellschaft und die Internalisierung ihrer Normen und Werte gleichwohl zum sozialen Wesen gemacht werden. Es bedarf also eines Individuums, das nicht in der rücksichtslosen Erfüllung seiner Triebe, sondern im Dienst an der Gesellschaft seine Erfüllung findet, wenn soziale Integration dauerhaft gelingen soll. Um solche Individuum hervorzubringen, muß die Gesellschaft die Individuen schon früh daran gewöhnen, unter Zurückstellung ihrer eigenen, egoistischen Bedürfnisse eine für die Belange des gemeinschaftlichen Lebens wichtige Funktion auszufüllen. Diese Aufgabe entwickelt Durkheim ausführlich in seinen Schriften zur Erziehung, denen ich mich im übernächsten Kapitel noch ausführlich widmen werde. Das zunächst egoistische Individuum wird so lange diszipliniert und domestiziert, bis es die Anforderungen der Gesellschaft nicht mehr nur als freiheitseinschränkenden Druck und als Zwang, sondern auch als heilsamen Schutz vor den Unsicherheiten der modernen Gesellschaft und den eigenen maßlosen Bedürfnissen empfindet. Daß Durkheim aber überhaupt einen Weg beschreiten kann, der zwischen der Steigerung individueller Freiheit und der Festigung der sozialen Ordnung keinen Gegensatz, sondern eine positive Korrelation sieht, wird ihm m. E. erst durch die Einführung eines »doppelten Individualismusbegriffs« (Kreckel 1991: 166) möglich. Durkheim unterscheidet streng zwischen zwei Formen des Individualismus, wobei der eine – der *egoistische Individualismus* – der real vorgefundene ist und der andere ein Ideal bezeichnet, das Durkheim später als *moralischen Individualismus* bezeichnet. Nur der *moralische Indivi-*

dualismus widerspricht nicht der gleichzeitigen Zunahme an Verbindlichkeiten gegenüber der Gemeinschaft.[16] Die Ausweitung des *utilitaristischen bzw. egoistischen Individualismus* hingegen führt in der Tat zu Krisenerscheinungen, die den moralischen Zusammenhalt der Gesellschaftsmitglieder gefährden.[17] Anhand der dramatisch gestiegenen Selbstmordzahlen widmet sich Durkheim eingehend diesen anomischen Auswüchsen.

Gefährdung der sozialen Ordnung durch Anomie: Durkheims Suizidstudie

Auf den ersten Blick mag es so scheinen, als hätten Durkheims Selbstmordstudie und sein Buch über die soziale Arbeitsteilung nur wenig Gemeinsames; hier die empirisch-analytische Studie zum Phänomen des Selbstmordes, dort die theoretisch-konzeptionelle Analyse der Arbeitsteilung. Auf den zweiten Blick jedoch wird deutlich, daß Durkheim sich auch in der Suizidstudie Fragen zuwendet, mit denen er sich schon in der Studie zur Arbeitsteilung[18] beschäftigt hatte: allen voran der Frage nach den Bedingungen und Konstitutionsprinzipien sozialer Integration. Der Suizid stellt für ihn die radikalste Form der Gefährdung des sozialen Zusammenhalts dar. Durch ihren Suizid kündigen die einzelnen gewissermaßen den Gesellschaftsvertrag auf und gefährden so das Überleben des Kollektivs. In der Zahl der Selbst-

16 Vgl.: »So besteht zwischen Gesellschaft und Individuum keineswegs ein Antagonismus, wie so oft behauptet wurde; der moralische Individualismus ist in Wahrheit das Werk der Gesellschaft: Sie ist es, die ihn errichtet hat: Sie ist es, die den Menschen zu einem Gott erhoben hat, dessen Dienerin sie geworden ist.« (Durkheim ²1985: 113) Der Antagonismus jedoch bricht sofort wieder auf, so scheint es, wenn es beim egoistischen Individualismus bleibt, der sich nicht zum moralischen Individualismus aufschwingt. Dann kommt es zur Anomie, und die soziale Ordnung gerät in Gefahr.

17 Auch in Simmels Position findet sich ähnlich wie bei Durkheim, wie ich noch zeigen werde, ein doppelter Individualitätsbegriff. Zum utilitaristischen und moralischen Individualismus bei Durkheim vgl. auch Müller (1986: 93f). Daß Durkheim den egoistischen mit dem utilitaristischen Individualismus gleichsetzt, zeigt, daß die utilitaristische Schule in seinen Augen die egoistischen Antriebe des Menschen nur verlängert und sie in den Stand einer Theorie erhebt.

18 Auch dort war schon ausführlich von anomischen Zuständen (vgl. Durkheim 1988: 276f., 421ff.) und dem Selbstmord die Rede (vgl. ebd.: 302ff.).

morde will Durkheim den Maßstab für den »Ernst der Situation« (Durkheim 1990: 466) gefunden haben, in der sich die Gesellschaft seiner Zeit befindet. Die besorgniserregend hohe Selbstmordrate ist für ihn nur das sichtbarste Zeichen der allgemeinen Verwirrung in den zivilisierten Gesellschaften (vgl. ebd.: 437).

Für Durkheim ist der Selbstmord also ein Krisensymptom angesichts des Übergangs in die Moderne und nur als solches von Interesse. Allerdings verfolgt er mit seiner empirischen Studie über den Suizid die weitreichende Absicht, die Soziologie als eigenständige Disziplin zu etablieren. Dieses von ihm angestrebte Ziel hat seiner Auffassung nach nur dann Aussicht auf Erfolg, wenn es gelingt, der Soziologie einen genuinen Gegenstandsbereich zuzuweisen, der sich von dem anderer Wissenschaften unterscheidet: »Wenn es eine Soziologie gibt, muß es ihre Aufgabe sein, eine bisher unbekannte Welt zu erforschen, verschieden von der, die die anderen Wissenschaften untersuchen.« (Durkheim 1990: 360) Damit stellt sich ihm in der Selbstmordstudie die Aufgabe, nachzuweisen, daß es sich beim Selbstmord weder um eine rein persönliche Angelegenheit handelt, die sich ohnehin wissenschaftlicher Bearbeitung entzieht, noch um eine allein aus individuellen Dispositionen heraus erklärbare Handlung, für die bereits die Psychologie zuständig ist. Nur wenn gezeigt werden kann, daß es sich beim Selbstmord um eine *soziale Tatsache* handelt, wäre in seinem Sinne die Spezifizität der Soziologie unter Beweis gestellt. Als sozial gelten für Durkheim grundsätzlich diejenigen Handlungen, Gedanken und Gefühle, »die außerhalb der Einzelnen stehen und mit zwingender Gewalt ausgestattet sind, kraft deren sie sich ihnen aufdrängen« (Durkheim 1961: 107). Sozial ist also letztlich alles das, was sich nicht »im Bewußtsein des Einzelnen erschöpft« (ebd.), sondern eine eigenständige Sphäre, eine emergente Ebene begründet, ja ein »Wesen sui generis« (ebd.: 203) schafft, das mit Macht auf den einzelnen einwirkt: »Es läßt sich heutzutage nicht mehr bestreiten, daß die Mehrzahl unserer Gedanken und Bestrebungen nicht unser eigenes Werk sind, sondern uns von außen zuströmen. Sie können nur in uns eindringen, indem sie sich uns aufdrängen.« (Ebd.: 107)

Dieses ehrgeizige Ziel bestimmt sein weiteres Vorgehen. Zunächst nimmt er – gemäß den von ihm aufgestellten »Regeln der soziologischen Methode« (Durkheim 1961) – eine Definition des Selbstmords vor (ebd.: 131). Anschließend werden Erklärungsmuster über den Zusammenhang von Klima, Rasse, Geistesgestörtheit und Selbstmord hinsichtlich ihrer Aussagekraft geprüft und schließlich verworfen. Geographische, psychologische und ökonomische Theorien können zwar einige Zusammenhänge plausibel nachweisen, doch sind sie in seinen Augen nicht in der Lage, für die Schwankungen der Selbstmordraten eine plausible Erklärung zu liefern. Allein darum aber – und nicht etwa um die Erklärung der individuellen Einzelhandlung, ihrer Motive und Absichten – geht es ihm (vgl. Durkheim 1990: 30, 37).[19] Doch wenn es keine klimatischen, geographischen, biologischen oder psychischen Faktoren sind, die das Schwanken der Selbstmordrate bedingen, dann müssen – so Durkheims Schlußfolgerung – soziale Ursachen dafür verantwortlich sein. Aufgrund dieser ein wenig kühnen Beweisführung »ex negativo« (Müller 1983: 140) kommt Durkheim zu einer Typologie des Suizids. Er unterscheidet drei Grundtypen, die er in einzelnen Kapiteln eingehend analysiert: den egoistischen, den altruistischen und den anomischen Selbstmord. Sie lassen sich wie folgt charakterisieren[20]:

Der *egoistische Selbstmord* (vgl. Durkheim 1990: 162-241) resultiert aus einer »übertriebenen Vereinzelung« (ebd.: 247). Die Gesellschaft hat das Individuum zu sehr aus ihrem Einflußbereich entweichen lassen. Allein auf sich gestellt, verliert der einzelne seinen Halt. Das Leben wird sinnlos, weil es außerhalb der eigenen Existenz nichts gibt, was ihn interessiert, dem er sich unterwerfen, opfern oder hingeben könnte, außer den eigenen Bedürfnissen und Trieben. So vereinzelt er immer mehr und nimmt sich schließlich das Leben.

Der *altruistische Selbstmord* (ebd.: 243-272) ist das Ergebnis einer nur »rudimentären Individualität« (ebd.: 247). Er ist über-

19 So vertritt auch etwa Dénes Némedi (1995), der sich mit dem Problem des Todes in Durkheims Soziologie auseinandersetzt, die These: »In theoretischem Sinne behandelt der *Selbstmord* nicht den Selbstmord« (ebd.: 61).
20 Zwar hat er noch einen vierten, den *fatalistischen* Selbstmord eingeführt, doch nur in einer Fußnote, ohne weiter auf ihn einzugehen. Interessant ist daran nur, daß der egoistische und der altruistische ein Gegensatzpaar bilden, und entsprechend dieser Logik findet auch der anomische im fatalistischen seinen Widerpart. Zusätzlich zu den drei bzw. vier Grundtypen differenziert er noch zwischen verschiedenen Untertypen, die uns jedoch nicht weiter beschäftigen sollen. Im Überblick vgl. Durkheim (1990: 339).

all dort zu finden, wo die Gesellschaft den einzelnen in enger Abhängigkeit an sich fesselt. Der einzelne geht ganz und gar in der Gruppe auf, die ihn fest umschließt. Es gibt keinen Raum für Eigeninitiative und Individualität. Der einzelne unterliegt einer lückenlosen Kontrolle der Gruppe, die kein Ausscheren aus dem Kollektiv duldet. Hier ist das Kollektiv alles, das Individuum nichts. Um dem übergroßen Druck, den die Gesellschaft auf ihn ausübt, zu entgehen, begeht er schließlich Selbstmord.

Der *anomische Selbstmord* (ebd.: 273-318) resultiert aus dem Zustand der Anomie, also der allgemeinen Regellosigkeit, die sich in der modernen Gesellschaft breitgemacht hat. Da die Gesellschaft dem einzelnen keine festen und allgemeinverbindlichen Regeln auferlegt, an die er sich halten kann, die ihn vor sich selbst schützen und sein Leben sicher machen, weiß er nicht, wie er sein Leben zu führen hat, verliert die Orientierung und das Zusammengehörigkeitsgefühl, was ihn schließlich zum Selbstmord treibt.

Wichtig für Durkheims Verständnis der Anomie ist sein Ergebnis, daß es nicht etwa nur negative Ereignisse wie wachsende Armut sind, die zu einer Steigerung der Selbstmordrate führen, sondern ebensogut auch positive Ereignisse wie eine allgemeine Steigerung des Reichtums: »Die Selbstmorde nehmen einfach zu, wegen der Krisen, das heißt, wegen der Störung der kollektiven Ordnung. Jede Störung des Gleichgewichts, sogar wenn sie einen größeren Wohlstand zur Folge hat oder eine Stärkung der allgemeinen Vitalität, treibt die Selbstmordzahlen in die Höhe.« (Durkheim 1990: 278)

Obwohl in der Suizidstudie das Begriffspaar mechanische/organische Solidarität nicht wieder aufgenommen wird, sind die von Durkheim unterschiedenen Selbstmordtypen des altruistischen und des egoistischen doch deutlich an die Beschreibung einfacher und höherer Gesellschaften angelehnt. Während der altruistische Selbstmord typisch für eine Phase der gesellschaftlichen Entwicklung ist, in der das Individuum vollständig der Gruppe untergeordnet ist, resultiert der egoistische Typus umgekehrt aus einer zu weit getriebenen Individualisierung, die den einzelnen in bedenklichem Ausmaß aus dem Kollektiv hat ausscheiden lassen. Der anomische Selbstmord schließlich taucht immer dort auf, wo es zu Störungen des Gleichgewichts kommt, wo alte Reglements abdanken, neue aber noch nicht etabliert sind. Da sich die Gesellschaft seiner Zeit wieder einmal an einem solchen Punkt befindet, so Durkheim, ist die Anomie »in unseren modernen Gesellschaften ein regelmäßig auftretender und spezifischer Selbstmordfaktor« (ebd.: 295).

Wenn wir einmal beim egoistischen und altruistischen Selbstmord bleiben, so wird deutlich, daß die Studie über den Suizid und die Arbeitsteilungsschrift zum gleichen Ergebnis führen: In beiden Schriften wird gezeigt, daß das Individuum sowohl zu schwach als auch zu stark in die Gesellschaft integriert sein kann. Insofern warnt Durkheim vor einer zu umfassenden sozialen Kontrolle des einzelnen wie vor einer mangelnden Einbindung in die Gesellschaft. Während die erste Möglichkeit ein Individuum im Sinne einer eigenständigen Persönlichkeit nicht etwa unterdrückt, sondern gar nicht erst entstehen läßt, birgt die zweite Möglichkeit die Gefahr, daß das freigesetzte Individuum seine Freiheit mit Vereinzelung und Vereinsamung bezahlen muß. Beide Formen – übertriebener Egoismus wie übertriebener Altruismus – sind für ihn pathologische Formen des Sozialen. Während der altruistische Selbstmord sich einer »rüden Moral« (Durkheim 1990: 255) verdankt, in der der einzelne nichts zählt und die Gesellschaft alles, ergibt sich der egoistische Selbstmord aus der »abgeklärten Ethik« (ebd.), die den einzelnen so sehr zum Wert an sich erhöht, daß er außerstande ist, sich einem außerhalb seines Selbst liegenden Ziel unterzuordnen. In diesen beiden gleichermaßen pathologischen Formen liegt für Durkheim gleichwohl der Unterschied zwischen primitiven und hochzivilisierten Völkern, zwischen einfachen und höher entwickelten Gesellschaften (vgl. ebd.: 255). Das heißt freilich nicht, daß der altruistische Selbstmord gänzlich verschwunden wäre.[21] Doch die von ihm herangezogenen empirischen Ergebnisse zeigen eindeutig, daß dieser Typus in modernen Gesellschaften nicht sehr zahlreich ist, da hier die Einzelpersönlichkeit insgesamt einen hohen Stellenwert einnimmt. Der am häufigsten auftretende Selbst-

21 Im Bereich des Militärs hat sich Durkheim zufolge diese primitive Form gehalten. Dort spielt der einzelne keine Rolle, vielmehr ist er Erfüllungsgehilfe bei der Erreichung »höherer Zwecke« (ebd.: 263). Damit liefert er ein Beispiel dafür, daß sich die auf mechanischer Solidarität und die auf organischer Solidarität gegründeten Gesellschaftsformen nicht restlos ablösen. Vielmehr überleben Strukturen der alten Gesellschaftsform in bestimmten Nischen wie dem Militär, auf dem Land usw.

mordtyp der modernen Gesellschaft ist dementsprechend der egoistische Selbstmord (vgl. ebd.: 419). Folglich müssen sich die gesellschaftlichen Anstrengungen verstärkt darauf richten, wie der einzelne wieder stärker in die Gesellschaft eingebunden werden kann. Obwohl Durkheim grundsätzlich auch eine Überintegration für möglich hält, sieht er die aktuelle Gefahr eindeutig in der mangelnden Einbindung des einzelnen.[22] Deshalb denkt er am Ende seiner Studie darüber nach, wie eine stärkere Integration wiederhergestellt werden könnte. Den einzig erfolgversprechenden Weg zur Bekämpfung des egoistischen Selbstmords sieht Durkheim schließlich darin, »den sozialen Gruppen wieder genügend Zusammenhalt zu verschaffen, damit sie das Individuum enger fesseln und dieses von sich aus zu ihnen drängt« (Durkheim 1990: 442).[23]

Doch wie erreicht man diese festere Bindung des einzelnen, wenn man nicht gleichzeitig das errungene Maß an Individualität wieder aufgeben oder gar mit Gewalt unterdrücken will? Durkheim gerät in der Beantwortung der Integrationsfrage mehr und mehr in das Dilemma, einerseits nicht den Individualismus zurückschrauben zu wollen, ihn andererseits aber auch nicht derart wuchern zu lassen, daß Desintegrationsphänomene unvermeidlich sind und Anomie zum Dauerzustand wird. Sein Glaube an eine *gleichzeitige* Steigerung von individueller Freiheit *und* sozialer Kohäsion scheint jedoch – im Gegensatz zu seinen Ausführungen in der Arbeitsteilungsstudie – schon deutlich nachgelassen zu haben.[24] Mehr und mehr betont er die Notwendigkeit

22 Für Durkheim gibt es ein unmittelbares Bedingungsverhältnis zwischen »Suizidanfälligkeit« und Vereinzelung bzw. zwischen Suizidresistenz und Reichtum an Kollektivzugehörigkeiten: »Der Mensch ist dem Selbstmord um so mehr ausgesetzt, je mehr er von jeder Kollektivität ausgeschlossen ist, d. h. je egoistischer er lebt. So ist der Selbstmord bei den Junggesellen dreimal so hoch wie bei den Verheirateten, zweimal so hoch in unfruchtbaren Ehen wie in fruchtbaren Ehen. Er steigt sogar im umgekehrten Verhältnis zur Zahl der Kinder. Je nachdem, ob ein Individuum einer Familie angehört oder nicht, je nachdem, ob diese allein auf die Ehepartner vermindert ist oder ob sie durch die Gegenwart mehr oder weniger zahlreicher Kinder gefestigt ist, d.h. je mehr die Familie mehr oder weniger zusammenhängend, kompakt und stark ist, in dem Maß hängt der Mensch mehr oder weniger am Leben. Er bringt sich um so weniger um, je mehr er an etwas anderes denken muß als an sich selbst.« (Durkheim 1984a: 118)
23 In dieser Betonung der Freiwilligkeit knüpft Durkheim offenbar an Kant an, vgl. Schluchter (1996: 268 ff.).

einer modernen Form des Kollektivbewußtseins. Um mit einer solchen Perspektive nicht den Rückfall in das Stadium der mechanischen Solidarität zu propagieren, betont er das nötige *Einverständnis* des Individuums bei der eingeforderten Hingabe an die Gruppe und die *Verschiedenheit* der einzelnen sozialen Gruppen, was einer auf Ähnlichkeit basierenden Solidarität deutlich widerspricht.

Doch bei aller zunehmenden Skepsis, so meine These, entpuppt sich Durkheim damit auch in der Selbstmordstudie nicht als Gegner des Individualismus. Vielmehr kristallisiert sich die Unterscheidung zweier verschiedener Individualismusbegriffe immer deutlicher heraus. So schreibt Durkheim in *Le Suicide* zwar einerseits in der Tat: »Natürlich ist der Individualismus nicht notwendig gleichbedeutend mit Egoismus, aber er kommt ihm recht nahe.« (Durkheim 1990: 430) Davon unterscheidet er jedoch streng den »Kult des Menschen« (Durkheim 1984: 60) bzw. den »Kult des Individuums« (Durkheim 1991: 84), der bei ihm durchgängig positiv konnotiert ist: »Dieser Kult des Menschen ist also eine ganz andere Idee als der egoistische Individualismus, [...] der zum Selbstmord führt.« (Durkheim 1990: 395)[25]

24 Zu Recht schreibt di Fabio (1991: 41), daß Durkheim das »rein auf Arbeitsteilung aufbauende Integrationskonzept zwar nicht aufgegeben, aber erheblich relativiert« habe. »Fast scheint es«, so di Fabio weiter, »als traue er der aus der Arbeitsteilung entspringenden organischen Solidarität die Leistung, soziale Ordnung zu garantieren, doch nicht ganz zu.« Dem stimme ich zu. Wenn di Fabio jedoch darüber hinaus die These aufstellt, daß sich Durkheim deshalb auf die Suche nach zusätzlichen Integrationsfaktoren gemacht und sie in der Wirkung von Erziehung und Moral gefunden habe, übersieht er den Stellenwert, den Moral und Erziehung für Durkheim (vgl. 1981) auch schon vor der Arbeitsteilungsschrift spielen. Moral ist für Durkheim keine zusätzliche Integrationsinstanz, sondern die Integrationsinstanz schlechthin, Erziehung schon in seinen Vorlesungen in Bordeaux entscheidendes Instrument für die Herstellung der Moral.

25 Wenn Tyrell (1985: 224) dagegen behauptet, daß »der in der ›Arbeitsteilung‹ so positiv genommene moderne Individualismus ins Zwielicht und in die nächste Nachbarschaft des ›Egoismus‹« gerät, und fortfährt: »von nun an ist Durkheim in seiner Einschätzung des ›Kults des Individuums‹ gänzlich zwiespältig«, so vernachlässigt er sträflich die entscheidende Trennung von egoistischem Individualismus einerseits und dem positiv verstandenen Kult des Menschen andererseits, die für Durkheims Auffassung der Individualisierung grundlegend ist. Auch die Nähe des Individualismus zum Egoismus taucht nicht erst in der Selbstmordstudie auf, wie Tyrell beobachtet haben will, sondern war ebenfalls schon in der Arbeitsteilungsschrift vorhanden. Auch dort heißt es: »Man kann seine Persönlichkeit nicht im Übermaß ent-

Hinsichtlich dieses Kults um den Menschen und die Würde der Person wird Durkheims Einstellung keineswegs zwiespältig. Im Gegenteil: Er entwickelt sich mehr und mehr zum emphatischen Befürworter dieser Form des Individualismus, stellt er doch – als Glaubensbekenntnis – zunehmend das gemeinsame Dach des ansonsten auseinanderbrechenden gesellschaftlichen Gefüges dar. Durkheim, der nie davon ausgegangen ist, daß sich die Religion komplett überwinden läßt, sondern darauf beharrt, daß sie – ebenso wie die Moral, die Solidarität usw. – bloß ihre Form und ihre Funktion wechseln wird[26], sieht im Glauben an das Indivi-

wickeln, ohne dem Egoismus zu verfallen.« (Durkheim 1988: 295) Die Unterteilung in Durkheims optimistische Arbeitsteilungsschrift und die pessimistische Selbstmordstudie wird von Tyrell m. E. stark überzeichnet. Daß sich Durkheim im Selbstmordbuch zum Pessimisten gewandelt habe, widerspricht allein schon der Tatsache, daß er sich bereits 1888, also deutlich vor seinem Arbeitsteilungsbuch, in einem Aufsatz mit dem Suizid auseinandergesetzt hat, der die grundlegenden Thesen seiner späteren Monographie bereits enthält (vgl. Marica 1932: 48; Némedi 1995: 60). Darüber hinaus lassen sich m. E. auch seine späteren Arbeiten nicht als Ausdruck des Pessimismus bewerten. Auch in seinem religionssoziologischen Spätwerk verrät sich die für ihn typische optimistische Haltung, die geradezu in einer eschatologischen Heilserwartung kulminiert: »Aber dieser Zustand der Unsicherheit und der verwirrten Unruhe kann nicht ewig dauern. Ein Tag wird kommen, an dem unsere Gesellschaften aufs neue Stunden der schöpferischen Erregung kennen werden, in deren Verlauf neue Ideen auftauchen und neue Formen erscheinen werden, die eine Zeitlang als Führer der Menschheit dienen werden.« (Durkheim 1984b: 572)

26 Vgl. auch seine Aussage: »Denn man weiß heute, daß eine Religion nicht unbedingt Symbole und Riten im eigentlichen Sinne, Tempel und Priester impliziert; dieser ganz äußerliche Apparat ist nur der oberflächliche Teil. Im wesentlichen ist eine Religion nichts anderes als die Gesamtheit von Glaubenshaltungen und kollektiven Praktiken von besonderer Autorität. [...] wenn es wahr ist, daß eine Religion in bestimmter Hinsicht unentbehrlich ist, so ist es nicht weniger gewiß, daß die Religionen sich wandeln, daß die Religion von gestern nicht die von morgen sein kann. Wichtig wäre also, uns zu sagen, was die Religion von heute beinhalten soll. Alles spricht nun aber dafür, daß die einzig mögliche Religion die der Menschheit sei, deren rationaler Ausdruck die individualistische Moral ist.« (Durkheim 1986: 63) Damit legt Durkheim den Grundstein für eine soziologische Auffassung der Religion, die Religion nicht mit einem festen Bestandteil bestimmter religiöser Inhalte definiert, sondern nach der *Funktion* der Religion fragt, die sich auch anderen Inhalten und Trägern zuwenden kann als beispielsweise der christlichen Symbolik und der Kirche. Überdeutlich hat dieses Religionsverständnis bei funktionalistischen Theoretikern seine Spuren hinterlassen, vgl. etwa: »Die Religion erweist sich anscheinend deshalb als unabdingbar, weil die menschlichen Gesellschaften ihre Einheit vor allem dadurch erreichen, daß ihre Mitglieder gemeinsam bestimmten letzten Werten und Zielen an-

duum eine »Religion des Individuums« entstehen, eine Heilig-
sprechung des Individuums, die er keineswegs für abwegig,
sondern für notwendig erachtet. Der Glaube an die Rechte des
Individuums macht gewissermaßen die moderne Form des Kollektivbewußtseins aus, das Durkheim uneingestandenermaßen,
aber unübersehbar für unverzichtbarer hält, als es seine Ausführungen in der Arbeitsteilungsschrift zunächst vermuten ließen.
Zwar ist er auch dort schon davon überzeugt, daß der unaufhalt-
same Individualismus nicht dazu führt, »daß das gemeinsame
Bewußtsein vom völligen Verschwinden bedroht wäre« (Durkheim 1988: 227). Doch der zunehmende Individualismus gilt ihm
dort noch als ganz und gar unverträglich mit der Annahme eines
sich ebenfalls verstärkenden Kollektivbewußtseins. Was aber ist,
wenn der Inhalt des Kollektivbewußtseins mit ebendieser Individualität ausgefüllt werden könnte?

Dieser Gedanke ist zwar in der Arbeitsteilungsschrift bereits
angelegt, doch verstellt Durkheim sich dort noch die Einsicht in
die ganze Tragweite dieses Gedankens, indem er die Arbeitsteilung an die Stelle des Kollektivbewußtseins treten sieht. Auch in
seiner Studie über den Selbstmord nimmt Durkheim den Gedanken wieder auf, ausführlich entfaltet findet er sich aber erst in
seinem aufschlußreichen Beitrag zur berühmten Dreyfus-Affäre
(vgl. Durkheim 1986), in dem er entschieden den klerikalen und
konservativen Kreisen entgegentritt, die im Individualismus die
»große Krankheit unserer Zeit« (Durkheim 1986: 54) ausmachen
wollen. Statt in diese allgemeine Klage einzufallen, unterscheidet
er kategorial zwischen zwei Formen des Individualismus. Die
erste Form des Individualismus ist der »utilitaristische Individualismus«, der von den Utilitaristen, den Ökonomisten und
seinem Erzrivalen Herbert Spencer vertreten wird. Ginge es allein um diesen egoistischen Individualismus – daran läßt Durk-

hängen. [...] In einer sehr hoch entwickelten, wissenschaftlich-technologi-
schen Gesellschaft kommt es häufig zu Statusminderung des Priestertums,
da die geheiligten Traditionen und der Kult des Übernatürlichen in den
Hintergrund treten. [...] Keine Gesellschaft ist so vollständig säkularisiert,
daß der Glaube an transzendente Ziele und übernatürliche Wesen gänzlich
zerstört worden wäre. Selbst in einer Säkulargesellschaft muß irgendein System bestehen, das die letzten Werte integriert, für ihre ritualistische Kund-
gabe sorgt und jene emotionale Anpassung zuwege bringt, die nach Enttäuschung, Tod und Unglück zustande kommen muß.« (Davis/Moore 1967:
351, 352, 353) Vgl. dazu auch etwa Luckmann (1991) und Luhmann (1977b).

heim keinen Zweifel aufkommen –, hätten seine Gegner in ihm einen überzeugten Mitstreiter. Denn in diesem Individualismus sieht auch er die Propagierung eines radikalen Egoismus, der die Destruktion jeder gemeinschaftlichen Lebensform zur Folge hat bzw. sie erst gar nicht entstehen läßt. Allerdings hält er den Streit über *diese* Form des Individualismus für völlig vergeblich und unnütz, da sie ohnehin »dabei ist, in aller Ruhe eines natürlichen Todes zu sterben« (ebd.: 55). Die ganze Aufregung wäre folglich der Mühe nicht wert, die Erhitzung der Gemüter völlig überflüssig, gäbe es da nicht auch noch einen anderen Individualismus, »über den man weniger leicht siegen kann« (ebd.). Diese zweite Form des Individualismus, so Durkheim, ist nämlich nicht nur der Individualismus eines Kant, eines Rousseau und der Spiritualisten, sondern er ist es auch, der in die Erklärung der Menschenrechte eingegangen ist und seither in den Schulen gelehrt wird. Und für *diesen* Individualismus, der zur »Grundlage unseres moralischen Katechismus geworden ist« (ebd.), ergreift Durkheim vehement Partei. Denn dieser *moralische Individualismus* richtet sein Augenmerk gerade nicht – und darauf kommt es Durkheim an – auf den »egoistischen Kult des Ichs« (ebd.), wie es der *utilitaristische Individualismus* tut. Vielmehr wendet sich dieser Individualismus von allem bloß Persönlichen ab und konzentriert sich auf die Stellung des einzelnen als Mensch und auf die daraus sich ergebenden Ähnlichkeiten mit allen anderen Menschen, auf das Individuum im allgemeinen mithin. Der besonderen »empirischen Individualität« (ebd.) für sich alleine genommen wird dagegen keinerlei Wert beigemessen. Wollte man diesen Individualismus zu Fall bringen, so warnt Durkheim seine Gegner, würde man die »gesamte moralische Organisation umstürzen« (Durkheim 1986: 58), die auf ebendiesem Individualismus beruht. Durkheim sieht im Individualismus dieses Zuschnitts das »einzige Glaubenssystem […], das die moralische Einheit des Landes sicherstellen kann« (ebd.: 62). Er ist das einzige Band, das die individualisierten Persönlichkeiten, die aufgrund der Pluralisierung der Welt je individuelle Einstellungen vertreten, zusammenhalten kann. Die Gesellschaft und ihre individuellen Mitglieder sind dabei, so differenziert zu werden, daß sie eines Tages »nichts Gemeinsames mehr haben werden außer ihrer Eigenschaft als Mensch«, wie Durkheim mehrfach betont (ebd.: 63; vgl. auch 1990: 395).

Die über jedes individuelle Bewußtsein hinausreichende Menschheitsidee, festgehalten in der Erklärung der Menschenrechte, ist für Durkheim der einzige Kitt, der die sich aufgrund ihrer spezialisierten Funktionen in einer arbeitsteiligen Gesellschaft immer mehr voneinander unterscheidenden Individuen noch zusammenhalten kann. Um diese Entwicklung, in der »der Mensch ein Gott für den Menschen geworden ist« (Durkheim 1986: 63; vgl. auch 1990: 391, 429), rückgängig machen zu wollen, wäre eine ganze Reihe von repressiven Maßnahmen nötig, die nicht nur den Individualismus, sondern die gesellschaftliche Entwicklung insgesamt auf den Stand einfacher Gesellschaften zurückkatapultieren würden (vgl. Durkheim 1986: 64). Statt Religion im traditionalen Sinne künstlich wiederherstellen zu wollen, gilt es für Durkheim anzuerkennen, welche neuen Inhalte die Religion angenommen hat. Die »Religion des Individuums« (Durkheim 1986: 65, 66) ist für ihn die zeitgemäße, säkularisierte Form der Religion, die – wie jede Religion – längst zu einer »gesellschaftlichen Institution« (ebd.) geworden ist. Im Kult der Person konkretisiert sich die für arbeitsteilige Gesellschaften adäquate Form des Kollektivbewußtseins, das sich für Durkheim nicht vollständig auflöst, sondern seinen Inhalt wechselt. Schon in der Studie zur Arbeitsteilung heißt es: »In dem Maß, in dem alle anderen Überzeugungen und Praktiken einen immer weniger religiösen Charakter annehmen, wird das Individuum der Gegenstand einer Art von Religion.« (Durkheim 1988: 227) Allerdings geht es ihm bei dieser Idee des Individualismus als Religion nicht um die bloße Restauration des Individualismus, den das 18. Jahrhundert hervorgebracht hat. Denn dieser Individualismus, der sich die Befreiung des Individuums aus den politischen Fesseln auf die Fahne geschrieben hatte, hat zu der bitteren und ernüchternden Einsicht geführt, »daß man nicht wußte, was man mit dieser so mühsam erworbenen Freiheit anfangen sollte« (Durkheim 1986: 67).[27] Ihre Erfinder haben sie lediglich dazu benutzt, sich – im wahrsten Sinne des Wortes – gegenseitig die Köpfe einzuschlagen. Entsprechend wirbt Durkheim für einen äußerst behutsamen Umgang mit der Freiheit, der aus den ver-

---

27 Diese Bilanzierung des Individualismus-Ideals aus dem 18. Jahrhundert weist verblüffende Ähnlichkeiten mit der Bestimmung des Individualismus bei Simmel auf. Ich werde darauf weiter unten noch ausführlich zurückkommen.

gangenen Erfahrungen seine Lehren zieht. Er plädiert daher mit Emphase dafür, diese errungene Freiheit dafür zu nutzen, »zu erkennen und zu tun, was zu tun ist, um die gesellschaftliche Maschinerie, die dem Individuum noch immer so starr gegenübertritt, geschmeidiger funktionieren zu lassen; um ihnen alle verfügbaren Mittel an die Hand zu geben, ihre Fähigkeiten unbehindert zu entwickeln; um schließlich daran zu arbeiten, daß die berühmte Maxime Wirklichkeit wird: Jedem nach seiner Leistung!« (Ebd.: 68)

Insgesamt zieht Durkheim aus seiner Thematisierung des Individualismus eine Konsequenz, die mit seiner Auffassung vom Individualismus in der Studie zur Arbeitsteilung voll und ganz übereinstimmt: »Es handelt sich darum, den Individualismus zu vervollständigen, zu erweitern und zu organisieren, nicht ihn zu beschränken und zu bekämpfen. Es dreht sich darum, die Reflexion zu benutzen, nicht darum, ihr Schweigen aufzuerlegen.« (Durkheim 1986: 68)

Halten wir fest: Für Durkheim ist der Individualismus die notwendige Begleiterscheinung beim Übergang von einfachen zu höher entwickelten Gesellschaften. Die Frage, ob diese Entwicklung wünschbar ist oder nicht, stellt sich für ihn nicht. Die entscheidende Frage ist für ihn, wie sich der Individualismus im richtigen, gesunden Maß entwickeln läßt. Denn alle anomischen Erscheinungen, wie etwa die hohen Selbstmordraten, ergeben sich aus einem Merkmal, das nicht an sich schon verwerflich oder gefährdend ist, sondern nur in seiner übersteigerten Ausdehnung: So geht der egoistische Selbstmord aus einer »übermäßigen« (Durkheim 1990: 232) bzw. »übertriebenen Individuation« (ebd.: 419) hervor; der »exzessive Individualismus« (ebd.: 233) ist eine unmittelbare Ursache des Selbstmords; während dagegen der »gemäßigte Individualismus« (ebd.: 253) in den Grundzügen des Christentums ein »Hindernis auf dem Weg zum Selbstmord« (ebd.) darstellt. Durkheims ganze theoretische Anstrengung ist letztlich darauf ausgerichtet nachzuweisen, daß alles so lange gut ist, wie es in Maßen stattfindet. Er ist ein geradezu glühender Anhänger des richtigen Maßes und des Gleichgewichts. Jedes Ausschlagen in ein Extrem ist in seinen Augen schädlich und führt zu pathologischen Entwicklungen und sozialen Krisen. Seine Maxime ist: »In der Ordnung des Lebens ist nichts gut, was maßlos ist.« (Durkheim 1990: 242)[28]

Um zu einem derart maßvollen, moralischen Individualismus zu gelangen, bedarf es jedoch bestimmter Maßnahmen, denen Durkheim sich in seinen Vorlesungen über Erziehung und Moral – man könnte auch sagen: zur Moralerziehung – eingehend gewidmet hat.[29]

Vorbereitung auf das Leben in arbeitsteiligen Gesellschaften: Durkheims Erziehungs- und Morallehre

Auch in seinen Vorlesungen zur Erziehung knüpft Durkheim an eine Einsicht an, die in der Studie zur sozialen Arbeitsteilung schon angelegt war. Dort betont er bereits: »Das Schicksal des Menschen ist es, eine spezielle Funktion im sozialen Organismus zu erfüllen, und folglich muß er von vornherein lernen, seine Rolle als ein Organ zu spielen; dazu braucht man ebenso eine Erziehung, wie um ihn seine Rolle als Mensch zu lehren.« (Durkheim 1988: 472, Fn. 3) Die Erziehung ist für die Aufgabe vorgesehen, die Menschen auf ein Leben in der arbeitsteiligen Gesellschaft vorzubereiten. Es bedarf nach seiner Einschätzung folglich insgesamt bestimmter flankierender Maßnahmen, damit sich die wünschbare Wirkung sozialer Arbeitsteilung einstellt.

In seinen Vorlesungen über die Erziehung, die er an der Sorbonne in den Jahren 1902 und 1903 gehalten hat, thematisiert er die Aufgaben der Erziehungswissenschaft bei der »Herstellung« eines funktionierenden Individuums in arbeitsteilig organisierten Gesellschaften. Anders als in seiner Studie zur Arbeitsteilung, in der die Anforderungen der Gesellschaft – unter Idealbedingun-

28 Vgl. auch: »Jedes Übermaß ist ebenso ein Übel wie jede Unzulänglichkeit.« (Durkheim 1988: 406) Das gilt bei Durkheim ausnahmslos für alle Lebensbereiche. In bezug auf die »ästhetische Tätigkeit« etwa heißt es: »Sie ist nur dann gesund, wenn sie gemäßigt ist.« (Ebd.: 296) Und sogar die Moral ist von dieser Regel nicht ausgenommen: »Es kann also sehr wohl ein Übermaß an Moral geben […]. Zuviel Idealismus und zuviel moralische Erhabenheit sind oft der Grund, warum der Mensch die Freude an den täglichen Pflichten verliert.« (Ebd.: 295 f.) Vgl. auch: »Ohne Maß und Ende ist jedoch nichts gut.« (Durkheim 1961: 160)

29 Deutliche Anklänge an diesen von Durkheim befürworteten *moralischen Individualismus* finden sich in durchaus ähnlichen Begriffsvorschlägen in der gegenwärtigen Individualisierungsdiskussion, etwa wenn Helmut Berking und Ulrich Beck von »Solidarischem Individualismus« sprechen. Ich komme darauf weiter unten noch eingehend zu sprechen.

gen – mit den Bedürfnissen der Individuen scheinbar problemlos in Einklang gebracht werden können, betont er hier die unaufhörlichen Anstrengungen, denen sich jeder Heranwachsende unterziehen muß, um ein nützliches Element einer auf Spezialisierung basierenden Gesellschaftsordnung zu werden. Freilich nimmt Durkheim dies nicht zum Anlaß, um im Sinne einer kritischen Gesellschaftstheorie diese Disziplinierungen und Zwänge zu beklagen.[30] Vielmehr reicht ihm das von der Gesellschaft Geforderte schon aus, um es als notwendig, unausweichlich und letztlich auch für das Individuum vorteilhaft auszuweisen.[31] Dabei ist sich Durkheim durchaus darüber im klaren, daß den Menschen von sich aus nichts dazu drängt, sich zu spezialisieren und damit nur einer seiner verschiedenen Anlagen nachzugehen, während die anderen ungenutzt verkümmern (vgl. ebd.: 41). Da niemand von Natur aus geneigt sei, »sich einer politischen Autorität zu unterwerfen, eine moralische Disziplin zu befolgen, sich hinzugeben, um sich zu opfern« (ebd.: 46), muß die Gesellschaft nach Durkheim »auf dem raschesten Weg dem geborenen egoistischen und asozialen Wesen ein anderes Wesen hinzufügen, das imstande ist, ein soziales und moralisches Leben zu führen« (Durkheim 1984a: 47). Diese Aufgabe der Erziehung resultiert insofern aus Durkheims Menschenbild. Der Mensch ist für

30 Zwang gilt Durkheim schließlich als *der* soziologische Tatbestand schlechthin (vgl. 1961: 105ff., 202) Vgl.: »Wenn ich meine Pflichten als Bruder, Gatte oder Bürger erfülle, oder wenn ich übernommene Verbindlichkeiten einlöse, so gehorche ich damit Pflichten, die außerhalb meiner Person und der Sphäre meines Willens im Recht und in der Sitte begründet sind. Selbst wenn sie mit meinen persönlichen Gefühlen im Einklange stehen und ich ihre Wirklichkeit im Innersten empfinde, so ist diese doch etwas Objektives. [...] In anderen Fällen ist der Zwang weniger fühlbar. Allein er besteht auch da. Wenn ich mich geltenden Konventionen der Gesellschaft nicht füge, etwa in meiner Kleidung den Gewohnheiten meines Landes und meiner Klasse keine Rechnung trage, wird die Heiterkeit, die ich errege, und die Distanz, in der man mich hält, auf sanftere Art denselben Erfolg erzielen wie eine eigentliche Strafe.« (Durkheim 1961: 105f.) Zwang ist also bei Durkheim ein Grundtatbestand des Sozialen, der sich in unterschiedlichster Gestalt äußern kann. Auch wenn er gar nicht mehr wahrgenommen wird, ist er da. Auch wenn er subtiler ausgeübt wird als in früheren Zeiten, nimmt ihm das nichts von seiner Wirkung.

31 Entsprechend kommentiert Adorno (1979: 270): »Durkheim zeichnet den Zwangscharakter der Gesellschaft fasziniert auf und erniedrigt sich zu dessen Lobredner.«

Durkheim ein »Doppelwesen« (Durkheim 1990: 237)[32], ein »homo duplex«, bestehend aus physischen und sozialen Komponenten, was ein »Doppelleben« (Durkheim 1990: 371) nach sich zieht: »Wir werden in die Gesellschaft hineingezogen und versuchen doch unseren persönlichen Neigungen zu folgen. [...] Zwei antagonistische Kräfte stehen sich gegenüber. Die eine entstammt der Kollektivität und sucht sich des Individuums zu bemächtigen, die andere entstammt dem Individuum, das versucht, jene zurückzudrängen. Zwar ist die Kollektivkraft der Individualkraft überlegen, da sie eine Kombination aus allen Einzelkräften ist; aber da sie auf ebensoviel Widerstand trifft, wie es Einzelmenschen gibt, verbraucht sie sich zum Teil in diesen vielfachen Kämpfen und wirkt auf uns nur verformt und abgeschwächt.« (Durkheim 1990: 372) Zwar sieht Durkheim, daß »das Individuum zu einem Grad der Vollendung strebt, zu dem es von sich aus tendiert« (Durkheim 1984a: 48). Aber im Gegensatz etwa zur Position der romantischen Schule zeigt er sich davon überzeugt, daß es seine Vollendung »rascher mit Hilfe der Gesellschaft erreicht« (ebd.). Zwar führt die Spezialisierung nicht notwendigerweise zur »menschlichen Vollkommenheit« (ebd.: 41), weil sie die Ausbildung auch der anderen im Individuum angelegten Fertigkeiten verhindert. Sie ist aber gleichwohl notwendig, wenn der einzelne die in seinem Beruf erforderte Leistung wirklich zur Zufriedenheit aller erfüllen will.

Es führt für ihn kein Weg daran vorbei: Für die Erfordernisse des Kollektivs bedarf es der Beschneidung individueller Neigungen und Bedürfnisse. Allerdings versucht er zu zeigen, daß dies am Ende auch dem Individuum nützt. Dabei schreibt er geradezu leidenschaftlich gegen eine Tradition an, die in jeder Art von Begrenzung der Bedürfnisse des Individuums ein Übel sehen will. Die Tradition, von der er sich abgrenzt, gehe davon aus, daß das Leben an sich gut ist und es deshalb nicht gut sein könne,

32 Durkheim merkt hier an – ohne freilich Namen zu nennen –, daß dies oft zu lesen sei. Zu denken ist hier etwa an Karl Marx, der auch von einer Doppelstellung des Menschen in der sozialen Wirklichkeit ausgeht: »Wo der politische Staat seine wahre Ausbildung erreicht hat, führt der Mensch nicht nur im Gedanken, im Bewußtsein, sondern in der *Wirklichkeit*, im Leben, ein doppeltes, ein himmlisches und ein irdisches, das Leben im politischen Gemeinwesen, worin er sich als *Gemeinwesen* gilt, und das Leben in der *bürgerlichen Gesellschaft*, worin er als *Privatmensch* tätig ist.« (Marx 1972: 354f.)

ihm Grenzen aufzuzeigen und Hindernisse in den Weg zu stellen. Vielmehr sei es dem Leben selbst vorbehalten, sich ein Gesetz zu geben (vgl. Durkheim 1984a: 89f.). Eine solche Position jedoch hält er für problematisch, ja gefährlich. Sie wecke im Menschen nicht »den Geschmack für das Maß und die Mäßigung« (ebd.: 89) – erneut taucht hier der für Durkheim zentrale Begriff auf –, sondern bestärke ihn in dem Gefühl, eingeengt zu sein, wenn es sich nicht grenzenlos entfalten dürfe. Sie fördere das Individuum außerdem in dem Bestreben, »sich unbehindert zu entwickeln«, und rufe den »Appetit auf die Unendlichkeit« (ebd.: 90) hervor, worin Durkheim eines der schlimmsten Laster seiner Zeit ausmacht (vgl. auch ebd.: 96 und 1990: 281).[33] Dieses Streben nach dem Unendlichen geht mit einem Hang zum Pessimismus einher. »Daher sind Zeiten, wie die unsrige, die nur die Sehnsucht nach dem Unendlichen gekannt haben, notwendigerweise traurige Zeiten.« (Durkheim 1984a: 93; vgl. auch ebd.: 122) Gerade das Streben nach den unbegrenzten Möglichkeiten und nach der freien Entfaltung aller individuellen Anlagen führt nach Durkheim zum Leiden des Individuums. Es quält sich ab, einen Horizont zu erreichen, den zu erreichen es nie in der Lage sein wird. Dieses faustische Prinzip (vgl. Durkheim 1984a: 93) leitet seiner Meinung nach vollkommen in die Irre. Statt dessen verweist er auf die Notwendigkeit der Unterwerfung, der Begrenzung und der Pflicht. Nur so ist es möglich, Sicherheit zu erlangen, während die konträre Position das Individuum mit der Unsicherheit alleine lasse. Durkheim legt den Akzent darauf, daß dieses Gefühl der Unsicherheit beim Menschen Leiden hervorruft, während ein Leben in Sicherheit und Ordnung sogar Glück

33 Vgl. auch: »Jeden Tag wird uns die Sehnsucht nach dem Unendlichen als ein Zeichen sittlicher Vollendung dargestellt, obwohl es sich doch nur in Wirrköpfen austoben kann, die die Regellosigkeit, unter der sie leiden, zum System erhoben haben.« (Durkheim 1990: 294) *Daß* die Menschen an Zuständen der Regellosigkeit leiden, ist für Durkheim scheinbar unmittelbar evident. Wenn die Grundprämisse seiner soziologischen Arbeiten nicht zutreffen würde, bräche sein gesamtes Theoriegebäude wie ein Kartenhaus zusammen. Konträr jedenfalls verlaufen seine Annahmen zu Überlegungen postmoderner Ansätze, die nicht mehr darauf setzen, Unordnung in Ordnung und Unsicherheit in Sicherheit überführen zu können, und die z. T. sogar genau dieses Streben der Moderne für die Katastrophen dieses Jahrhunderts verantwortlich machen. Ich werde darauf noch zu sprechen kommen.

verheißt: »Um sich seiner voll bewußt zu werden, braucht der Mensch keinen grenzenlosen Horizont. Nichts ist ihm schmerzlicher als die Unsicherheit einer solchen Perspektive. Er braucht keinen Auslauf ohne erkennbares Ziel. Er kann nur glücklich sein, wenn er sich bestimmten und besonderen Aufgaben widmet.« (Durkheim 1984a: 93) Außerdem bringen die Mäßigung, die Beherrschung und die Disziplinierung der eigenen Triebe erst hervor, »was in uns das Wesentliche ist, nämlich unsere Persönlichkeit« (ebd.: 101). Sozialer Zwang und die Ausbildung einer individuellen Persönlichkeit widersprechen sich also nicht notwendig (vgl. Durkheim 1961: 107). Vielmehr erwächst individuelle Freiheit letztlich aus sozialen Zwängen und sozialer Kontrolle.[34] Sich selbst beherrschen zu können ist dabei für ihn geradezu die Grundbedingung, um eine Persönlichkeit sein zu können: »Die Selbstherrschaft ist die erste Bedingung einer jeden wirklichen Macht, einer jeden Freiheit, die dieses Namens würdig ist.« (Ebd.: 97) Für Durkheim ist es die Moraldisziplin, die nach dem Zusammenbruch der traditionalen Sozialbeziehungen und konventionellen Schranken allein noch die notwendige »Regelfunktion« (ebd.: 101) übernehmen kann, »ohne die der Mensch nicht auskommen kann«.

Das Individuum bedarf nach Durkheim gleichsam zu seinem eigenen Schutz der beschränkenden und disziplinierenden Maßnahmen, die seine Bedürfnisse und Wünsche nicht ins Unendliche wachsen lassen. Indem die Ziele und Bedürfnisse begrenzt und eingeschränkt werden, werden sie für den Menschen erreichbar und erfüllbar, womit sie zum Glück des einzelnen beitragen. Jegliche Freizügigkeit, jedes Nachlassen der Disziplin zieht dagegen sofort eine Regression nach sich: »Weicht der Wall an irgendeiner Stelle, so stürzen die menschlichen Kräfte sofort

---

34 Die These, daß sich die Individualität nicht jenseits sozialer Kontrolle entwickelt, sondern gerade durch soziale Kontrolle, wird auch von einer ganz anders gelagerten Theorietradition angenommen: »Somit tendiert die gesellschaftliche Kontrolle keineswegs dazu, das menschliche Individuum zu unterdrücken oder seine bewußte Individualität auszulöschen; ganz im Gegenteil, sie ist in Wirklichkeit für diese Individualität von entscheidender Bedeutung und untrennbar mit ihr verbunden. Der Einzelne ist das, was er ist, als bewußte und individuelle Persönlichkeit nur insoweit, als er ein Mitglied der Gesellschaft, in den gesellschaftlichen Erfahrungs- und Verhaltensprozeß eingeschaltet und dadurch in seinem Verhalten gesellschaftlich kontrolliert ist.« (Mead [8]1991: 302)

durch die Bresche wütend hindurch« (Durkheim 1984a: 95).[35]
Durkheim entwickelt eine Art *antifaustisches Prinzip*, wenn er
statt für die permanente Erweiterung der Wünsche für ihre Begrenzung, statt für den Drang nach Unendlichkeit für die Akzeptanz der Endlichkeit plädiert.[36]

Die Durkheimsche Morallehre richtet den einzelnen auf die
Aufgabe des Erfüllungsgehilfen für die Vollendung der Gesellschaft ab. Dabei erlangt die Gesellschaft beinahe schon die Funktion eines Gottes, dem Opfer gebracht werden müssen: »Wir
müssen also die Gesellschaft fragen, wir müssen ihre Bedürfnisse
kennen, denn ihre Bedürfnisse müssen befriedigt werden.«
(Durkheim 1984a: 54)[37] Während es für Durkheim gefährlich
ist, die Bedürfnisse der einzelnen befriedigen zu wollen, weil
es sich letztlich immer um egoistische Bedürfnisse handelt, die
Desintegrationsphänomene heraufbeschwören und damit zu Lasten des moralischen Zusammenhalts einer Gesellschaft gehen,
sieht er in der Bedürfnisbefriedigung der Gesellschaft keine Gefahr. Der wahre Feind des Menschen kommt für ihn nicht von
außen, von der Gesellschaft, die den einzelnen maßregelt und

---

35 Eine ähnliche Vorstellung findet sich auch bei Gehlen (1961: 59): »Wenn
die äußeren Sicherungen und Stabilisierungen, die in den festen Traditionen
liegen, entfallen und mit abgebaut werden, dann wird unser Verhalten ent-
formt, affektbestimmt, triebhaft, unberechenbar, unzuverlässig. Sofern nun
auch normalerweise der Fortschritt der Zivilisation abbauend wirkt, nämlich
Traditionen, Rechte, Institutionen schleift, insofern vernatürlicht er den
Menschen, primitiviert ihn und wirft ihn zurück auf die natürliche Unsta-
bilität seines Instinktlebens.«

36 Damit aber steht er im Gegensatz zu den deutschen Gründervätern der
Soziologie, insbesondere zu Weber und Simmel, die weitaus positiver an
diese Tradition anknüpfen. Hier wird Goethe immer wieder als freies Individuum mit Vorbildcharakter bemüht, der den gesellschaftlich bedingten Einschränkungen des individuellen Entfaltungsspielraums erfolgreich widersteht und dies auch als Botschaft in seinen Werken transportiert.

37 »In der Erfahrungswelt kenne ich nur *ein* Subjekt, das eine reichere, komple-
xere moralische Wirklichkeit besitzt als wir, und das ist die Kollektivität.
Doch, es gibt noch ein anderes Subjekt, das diese Rolle spielen könnte: die
Göttlichkeit. Zwischen Gott und der Gesellschaft muß man wählen. [...]
Für mich möchte ich nur hinzufügen, daß mich diese Wahl recht gleichgültig
läßt, da ich in der Göttlichkeit nur die transfigurierte und symbolisch gedachte Gesellschaft sehe.« (Durkheim 1985: 105) Vgl. auch: »Für die empirische Erkenntnis ist die Gesellschaft das einzige denkende Wesen, das größere
Macht besitzt als der Mensch. [...] Der Zustand der dauernden Abhängigkeit, in dem wir uns ihr gegenüber befinden, weckt in uns ihr gegenüber fast
so etwas wie religiöse Ehrfurcht.« (Durkheim 1967: 137)

unterdrückt, sondern aus dem Inneren, seinem Körper: Seine natürlichen Bedürfnisse und Triebe drohen den Menschen zu zerstören, wenn nicht ein moralisches Regelwerk über die Einhaltung bestimmter Grenzen wacht und seine Leidenschaften zügelt. Die Gesellschaft schützt den einzelnen letztlich immer auch vor sich selbst. Durkheim setzt darauf, daß die Menschen diese Hilfeleistung der Gesellschaft anerkennen werden, sich dankbar erweisen für den von ihr gebotenen Schutz gegenüber den eigenen Leidenschaften. Auf diese Einsicht und Dankbarkeit soll sich das soziale Band in modernen Gesellschaften stützen können. »Jede Gesellschaft ist eine moralische Gesellschaft. In bestimmter Hinsicht ist dieser Zug in organisierten Gesellschaften sogar noch stärker betont. Weil sich das Individuum nicht selbst genügt, erhält es von der Gesellschaft alles, was es benötigt, und für ebendiese Gesellschaft setzt es sich ein.« (Durkheim 1988: 285) Da die Gesellschaft als Empfängerin jedoch für den einzelnen zu weit entfernt ist, muß es die Gruppen geben, die den Menschen nah genug sind, daß sie die positiven Auswirkungen ihrer Zurückhaltung direkt vor Augen haben. So wichtig die Erziehung auch ist, sie allein reicht nicht aus, um anomischen Entwicklungen entgegenzuwirken (vgl. 1990: 440ff). Es bedarf darüber hinaus – dieser Gedanke drängt sich Durkheim immer stärker auf – der Integration des einzelnen in begrenzte soziale Gruppen.

Berufsverbände als moralische Bindekräfte
der funktional differenzierten Gesellschaft:
Durkheims kollektive Therapie

In den letzten Abschnitten haben wir gesehen, daß Durkheim zunächst ein Modell entwickelt, wie sich seines Erachtens die Gesellschaft entwickeln sollte, und wie er sich anschließend der Analyse der Erscheinungen zuwendet, die sich der Verwirklichung dieses Ideals recht hartnäckig entgegenstellen. Anomische Erscheinungen verhindern es, daß sich die auf Arbeitsteilung beruhende organische Solidarität so entfalten kann, wie er dies für wünschenswert hält. Seine zeitdiagnostischen Aussagen bringen deutlich eine Ernüchterung über das Erreichen des in seiner Arbeitsteilungsschrift anvisierten Ziels zum Ausdruck. Ausgerechnet auf dem Feld der Ökonomie, das gegenüber dem militärischen, dem administrativen und dem religiösen in der modernen Gesellschaft einen so ungeheuren Aufschwung erlebt hat, zeigt sich eine beklagenswerte moralische Anomie in den sozialen Beziehungen. Da es in dieser Sphäre einen gravierenden Mangel an Moral gibt, die Individuen sich aber beinahe ausschließlich im »industriellen und kommerziellen Milieu« (Durkheim 1988: 44) betätigen, verläuft »der größte Teil ihrer Existenz außerhalb jedes moralischen Handelns« (ebd.). Während zunächst noch die Religion den wirtschaftlichen Bereich mit moralischen Maximen versorgte, herrscht im Wirtschaftsleben inzwischen der »latente oder offene Kriegszustand« (Durkheim 1988: 43).[38] Aufgrund ihres Machtverlusts (vgl. Durkheim 1990: 291)[39] ist die Religion nicht mehr in der Lage, auf das Wirtschaftsleben Einfluß zu nehmen. Das deprimierende Bild, das sich hier dem zeitgenössischen Beobachter bietet, verdankt sich nach Durkheims Einschätzung der Tatsache, daß an die Stelle der Religion noch keine neue Instanz getreten ist, die den wirtschaftlichen Verkehr moralisch zu regeln in der Lage wäre.[40] Die einzig verbindliche Orientierung scheint vielmehr der wirtschaftliche Erfolg abzugeben, mit dem offenbar jede moralisch verwerfliche Handlung legitimiert werden kann (vgl. Durkheim 1988: 42). Am Ende eines wahrhaft darwinistischen Kampfes der Starken gegen die Schwachen hat sich Durkheim zufolge inzwischen zwar eine Ordnung herausgebildet, in der das »Recht des Stärkeren gilt« (ebd.: 43). Doch dieser »Burgfrieden« (ebd.) zwischen Arbeitern und Arbeitgebern bzw. zwischen Arbeitern und Unternehmern kann seines Erachtens nicht von langer Dauer sein, da er durch Gewaltanwendung und eine erzwungene Unterwerfung zustande gekom-

---

38 Dieser Zustand aber verstößt »gegen das vornehmste Ziel einer jeden Gesellschaft, nämlich den Krieg zwischen den Menschen zu unterdrücken oder zum wenigsten zu mildern« (Durkheim 1988: 43).

39 An dieser Stelle erinnert Durkheims Argumentation stark an die Schrift über die protestantische Ethik von Weber, der ebenfalls davon ausgeht, daß der Kapitalismus zunehmend die religiösen Fesseln abgestreift hat, die ihm einst erst zum Erfolg verholfen haben. Eine Entwicklung, die nach Weber ebenso wie nach Durkheim zu einer krisenhaften Situation führt.

40 Noch in seiner Spätschrift *Die elementaren Formen des religiösen Lebens* (1984b: 572) beklagt er diesen immer noch andauernden Zustand: »Die alten Götter werden alt und sterben, und andere sind noch nicht geboren.«

men ist. Für ein tragfähiges und dauerhaft geregeltes Zusammenleben taugt aber nur eine moralische Macht, die die Menschen respektieren und zu einer *freiwilligen Unterordnung* motiviert. Eine ausschließlich auf Zwang begründete gesellschaftliche Ordnung, dies ist eine grundsätzliche Einsicht der Durkheimschen Soziologie, trägt nicht lange.

Die ernüchternde Bilanz des Stellenwerts der Moral·in den ökonomisch geprägten Beziehungen verleitet Durkheim dennoch nicht dazu, in der Arbeitsteilung an sich die Ursache für die moralische Misere zu sehen. Seiner grundsätzlich positiven Bewertung einer zunehmend funktional differenzierten Gesellschaft, die eine ihr gemäße Moral entwickelt, bleibt er treu. Die Ursache für die Krise seiner Zeit scheint er in der Durchsetzung einer anomischen Form der Arbeitsteilung zu vermuten. Auch für die Arbeitsteilung gilt das, was für alle anderen Bereiche zutrifft: Nur ein *bestimmtes Maß* an Arbeitsteilung ist gesund. Eine zu weit getriebene Arbeitsteilung dagegen, die in einem Ausmaß auf Konkurrenz gegründet ist, daß sie Zusammenhalt eher verhindert, statt ihn zu erzeugen, ist schädlich.

Was nach Durkheims Diagnose fehlt, um dieser Misere Einhalt zu gebieten, ist eine *intermediäre Instanz*, die zwischen den individuellen Nutzenkalkülen der Individuen und den überindividuellen Zielen der Gesellschaft zu vermitteln weiß, denn: »Eine Gesellschaft, die aus einer Unmasse von unorganisierten Individuen zusammengesetzt ist und die sich ein Überstaat bemüht zusammenzuhalten, ist ein wahres soziologisches Monstrum.« (Durkheim 1988: 71) Genau auf diesen Zustand hin aber bewegt sich nach seiner Diagnose die Gesellschaft. Der Staat ist nicht mehr in der Lage, für die notwendige Bindung der Individuen untereinander zu sorgen. Ebensowenig aber ergibt sich die notwendige soziale Integration aus der individuellen Nutzenverfolgung, wie die individualistische Schule meint. Durkheim sieht weder in der Förderung der egoistischen Nutzenkalküle der Individuen noch in der Unterwerfung des einzelnen unter die ihm notwendig uneinsichtigen moralischen Anforderungen eines übermächtigen Staates eine tragfähige Lösung. Auf die selbstgestellte Frage, welche Instanz am besten dafür geeignet ist, eine Vermittlerrolle einzunehmen, um »den Menschen immer wieder zu diesem heilsamen Gefühl der Solidarität zurückzurufen« (Durkheim 1990: 443), verwirft er nacheinander die politische

Gesellschaft, die Religion und die Familie (vgl. ebd.: 443 ff.). Religion und Familie haben einen derart radikalen Funktionsverlust erlitten, daß sie als Kandidaten nicht mehr in Frage kommen.[41] Sein Vorschlag gilt daher der Integration der einzelnen in verschiedene Berufsgruppen und Fachverbände. Sie allein sind seines Erachtens dazu in der Lage, im Individuum wachzurufen, was er beinahe beschwörend als dringlichste Aufgabe der Gegenwart bestimmt: »Es muß erreicht werden, daß der einzelne sich wieder solidarischer mit einem Kollektivwesen fühlt, das ihm in der Zeit vorausgegangen ist, das ihn überdauern wird und das ihn ganz überflutet.« (Durkheim 1990: 443) Damit aber fordert er eine Identifikation mit dem Kollektiv, die er zunächst für die primitive Gesellschaft mit ihrer rein mechanischen Solidarität reserviert hatte. Im Unterschied zu der einfachen Gesellschaftsstufe jedoch soll sich diese Verbundenheit mit dem Kollektiv nun nicht mehr auf die gesamte Gesellschaft, sondern auf die jeweilige Berufsgruppe beziehen: »Da sie sich aus Individuen zusammensetzt, die die gleiche Arbeit auf sich genommen haben und deren Interessen in ein und derselben Richtung laufen oder gar identisch sind, gibt es kein geeigneteres Feld für die Bildung sozialer Vorstellungen und Gefühle.« (Ebd.: 449) Durch ihre Zwischenstellung können sie zwischen den Erfordernissen des Gemeinwesens und den individuellen Bedürfnissen der einzelnen Mitglieder vermitteln.[42] Diese Gruppen verhindern einerseits die

41 Die Familie ist für Durkheim in Auflösung begriffen: »Teilweise ist es hierauf zurückzuführen, daß die Einpersonenhaushalte immer zahlreicher werden, und wir haben gesehen, daß eine solche Isolierung die Anfälligkeit für den Selbstmord erhöht.« (Durkheim 1990: 448)

42 Vgl.: »Eine Nation kann sich nur dann erhalten, wenn sich zwischen den Staat und die Bürger eine ganze Reihe von sekundären Gruppen schiebt, die den Individuen nahe genug sind, um sie in ihren Wirkungsradius einzufangen und damit im allgemeinen Strom des sozialen Lebens mitzureißen.« (Durkheim 1988: 71) Diesen Aspekt übersieht Schluchter, wenn er Durkheim vorwirft: »Der moderne Staat muß eine Zivilreligion und einen dazugehörigen Kultus entwickeln, um die Bürger vor den Gefahren eines exzessiven Individualismus, also vor sich selbst, zu schützen. Am Ende soll der Staat doch wieder den großen ›Vermittler‹ und ›Versöhner‹, ja den ›Führer‹ spielen.« (Schluchter 1996: 272) Durkheim hat insgesamt zum Staat ein zu zwiespältiges Verhältnis, als daß er in ihm allein die Instanz für die Lösung der Integrationsprobleme moderner Gesellschaften vermuten würde. Seiner Meinung nach bedarf es vielmehr intermediärer Instanzen, die zwischen Individuum und Staat zu vermitteln in der Lage sind. Sowohl dem Individuum als auch dem Staat müssen Begrenzungen auferlegt werden, damit ihre aus-

Gefahr einer staatlichen Tyrannei und andererseits die Gefahr einer – wenn man so will – *Tyrannei der Egoismen.* In derart abgegrenzten, übersichtlichen sozialen Zusammenhängen soll dem einzelnen deutlicher werden, warum er sich mit seinen eigenen Wünschen und Bedürfnissen zurückhalten muß, da er die Auswirkungen seiner Handlungen auf die anderen und ebenso die Auswirkungen der Handlungen auf sich selbst unmittelbar beobachten kann. Außerdem sollen ihm die übergeordneten Ziele einer solchen Gemeinschaft ersichtlicher sein, als dies für ein so anonymes und abstraktes Gebilde wie den Staat je gelten könnte. Ausschließlich die Korporationen können noch die Aufgabe erfüllen, die Durkheim für so dringend geboten hält: »Wir sehen in der Berufsgruppe vor allem die moralische Kraft, die die individuellen Egoismen zügeln, im Herzen der Arbeiter ein lebhafteres Gefühl ihrer Solidarität erhalten und das Gesetz des Stärkeren daran hindern kann, sich derart brutal auf die gewerblichen und kommerziellen Beziehungen auszuwirken.« (Durkheim 1988: 51)

Die Berufsverbände dienen also sowohl dazu, die einzelnen zu schützen, als auch dazu, die einzelnen besser kontrollieren zu können. Insofern lösen die Berufsgruppen auch das Problem, daß die einzelnen in einer derart komplexen Gesellschaft wie der modernen nicht mehr so lückenlos überwacht werden können, wie dies in einfachen Gesellschaften noch möglich war: »Die Macht [der Berufsgruppe, M. S.] ist immer um sie, wohin sie auch gehen, das bringt nicht einmal die Familie fertig.« (Durkheim 1990: 450) Allerdings verkommt der Staat unter diesen Bedingungen keineswegs zum völlig unbedeutenden »Nachtwächterstaat«. Selbst zu unbeweglich und schwerfällig, gibt er doch den Rahmen ab, in dem sich das »System von Kollektivinstanzen« (ebd.: 451) entfalten kann. Außerdem wacht er darüber, daß die Macht der Verbände nicht zu stark wird. So ergibt sich aus Durkheims politischen Reformvorschlägen schließlich das Bild verschiedener Instanzen, die sich gegenseitig in Schach halten und kontrollieren. Während die Verbände, Sekundärgruppen und Organisationen die Egoismen des einzelnen zügeln, be-

ufernden Ansprüche nicht überhand nehmen. Die sekundären Gruppen erfüllen bei Durkheim diese Aufgabe. Zur konträren Staatsauffassung Durkheims und Webers vgl. auch Giddens (1988c: 277 ff.).

grenzt der Staat die Egoismen der Verbände. Der Staat wiederum erhält durch die verschiedenen Verbände ein Gegengewicht, das seine Macht einschränkt. Würde der Staat seine Macht direkt auf das einzelne Individuum ausüben, so wäre dies für das Individuum unerträglich. Durch die kleinen Gruppen, denen sich der einzelne anschließt, wird der Einfluß des Staates abgefedert und gemildert (vgl. Durkheim 1991: 93).

Trotz dieser potentiell repressiven und despotischen Auswirkungen staatlicher Macht ist der Staat für Durkheim der Garant für individuelle Freiheiten. Ohne Staat kein Individuum – daran besteht für ihn kein Zweifel. Insgesamt gesehen vertritt Durkheim also keineswegs ein Modell, nach dem die einzelnen gesellschaftlichen Instanzen ohne Reibungen harmonisch ineinandergreifen. Vielmehr rechnet er mit Spannungen, Widerständen und Konflikten zwischen den einzelnen gesellschaftlichen Kräften. Aber erst daraus, so Durkheim, »erwachsen die individuellen Freiheiten« (ebd.).[43]

Natürlich setzt Durkheim sich mit diesem Therapievorschlag dem Verdacht aus, der Lösung der gegenwärtigen Probleme mit Konzepten aus der Vergangenheit beikommen zu wollen, kann doch der Korporationsgedanke auf eine lange Geschichte zurückblicken.[44] Dies aber widerspricht entschieden seiner Intention. Am Ende seiner Studie über den Selbstmord hebt er hervor, daß die Lösung der gegenwärtigen Krise weder darin liegen kann, »überlebte soziale Formen künstlich wiederherzustellen, denen man doch nur den Schein von Leben mitgeben könnte, noch völlig neue Formen zu erfinden, die in der Geschichte keinerlei Analogie haben. Nötig ist hingegen, in der Vergangenheit nach den Keimzellen für neues Leben zu forschen und deren Entwicklung dann voranzutreiben« (Durkheim 1990: 466).[45]

43 Insofern stellt er sich die neue Form der Solidarität gerade nicht als »*reibungsloses* Zusammenspiel von Berufsgruppen, demokratischem Staat und individualistischem Ideal [Hervorhebung von mir, M. S.]« vor, wie Müller (1991: 316) meint. Ähnlich wie für Simmel sind wohl auch für Durkheim Konflikte »eine Schule, in der das Ich sich bildet« (Simmel 1991: 381).

44 Auf die er auch selber mehrfach eingeht, vgl. Durkheim 1988: 60ff.; 1990: 449ff., 1991: 9ff.

45 Wenn Foucault zur Etablierung einer neuen Moral auf das antike Konzept zurückgreift, scheint mir ein durchaus ähnlicher Begründungszusammenhang vorzuliegen. Schließlich greift auch er auf das antike Konzept der Selbstsorge zurück, um es für die Probleme der heutigen Gesellschaft fruchtbar zu machen, vgl. Schroer (1996b: 152f.).

Entsprechend dieser Überzeugung zeigt sich Durkheim im Vorwort zur zweiten Ausgabe der Arbeitsteilungsschrift deutlich darum bemüht, eine Revitalisierung des mittelalterlichen Korporationsgedankens zu betreiben. Nicht um die nahtlose Implementierung der Korporationen in die moderne Gesellschaft geht es, sondern zunächst nur um die Frage, »ob die Bedürfnisse, die sie befriedigte, nicht etwa für alle Zeiten gültig sind und diese Institutionen sich nur den jeweiligen Gegebenheiten entsprechend verändern müßten, um ihnen zu genügen« (Durkheim 1988: 48).[46] Für ihn steht jedenfalls fest, daß es derzeit keine andere Instanz als die Organisation der Fachverbände gibt, die »das soziale Gewebe, dessen Maschen so gefährlich locker geworden sind« (Durkheim 1990: 453), wieder straff werden zu lassen. Vor allem können mit der Neuorganisation der Berufsverbände in Durkheims Perspektive zwei Ziele zugleich erreicht werden. Die Erschaffung der Berufsgruppen sichert nicht nur das (moralische) Überleben der Gesellschaft, sondern ihre festen Regeln dienen letztlich auch dem Interesse des Individuums, das in der Einordnung in eine Berufsgruppe eine »Quelle der Freude« ausmachen wird, »denn die Anarchie ist ihm schmerzlich, und es leidet an den Reibungen und an der Unordnung, die jedesmal dann entstehen, wenn die zwischenmenschlichen Beziehungen keinem regelnden Einfluß unterworfen sind« (Durkheim 1988: 56). Insofern findet Durkheim in den intermediären Gruppen auch theorietechnisch gesehen eine Lösung, um einerseits das einmal erreichte Maß an individueller Freiheit des einzelnen zu verteidigen – denn jeder einzelne soll sich freiwillig einer ihm gemäßen Berufsgruppe anschließen, in der er eine fest umrissene Aufgabe zu erfüllen hat –, andererseits aber auch die Sorge vor den überzogenen Egoismen des Individuums stillzustellen, die aus seiner negativen Anthropologie rührt, die die mangelnde sozietäre Ausstattung des Menschen betont. Wir erinnern uns, daß

---

46 »Wenn sie nur aus dem Mittelalter stammten, so könnte man annehmen, daß sie, mit einem bestimmten politischen System entstanden, auch notwendigerweise mit ihm verschwinden müßten. In Wirklichkeit aber sind sie viel älter. Sie erscheinen im allgemeinen, seit es das Handwerk gibt, d.h., seit der Mensch aufhört, nur Ackerbauer zu sein.« (Durkheim 1988: 48) Daß sie immer wieder aufgetaucht und wieder verschwunden sind, ist für Durkheim Grund genug, an ihre nochmalige Wiederauferstehung zu glauben (vgl. ebd.: 50).

für Durkheim der Mensch von Natur aus nicht gesellschaftsfähig ist. Das Individuum ist eine unberechenbare und unkontrollierte Quelle egoistischer Triebe. Deshalb muß das Individuum durch Beschneidung seiner egoistischen Bedürfnisse und Wünsche zu einem gesellschaftsfähigen Individuum gemacht werden. Dazu sind zahlreiche Einschränkungen, Disziplinierungsmaßnahmen und Zwänge erforderlich. Am Ende jedoch wird das Individuum für diese harte Schule der Entsagungen mit dem Leben in der Gemeinschaft belohnt. Wenn der Mensch erst gelernt habe, so Durkheims Gedanke, »die Reize dieser neuen Existenz auszukosten, werden sie ihm notwendig, und es gibt keine Form der Tätigkeit, anhand deren er sie nicht leidenschaftlich sucht [...], um das Vergnügen zu haben zu kommunizieren, um eins zu sein mit anderen, d. h. nichts anderes, als um gemeinsam ein und dasselbe moralische Leben zu führen« (Durkheim 1988: 56). Diese Erfüllung soll der einzelne nun in den Korporationen finden. Durkheims Hypostasierung der Gruppenexistenz und seine bisweilen pejorativen Bemerkungen über individuelle Bedürfnisse geraten dabei manchmal zu wahren Apotheosen des Gemeinschaftslebens, wie man sie sonst nur noch bei Tönnies[47] und den Kommunitaristen unserer Tage – etwa Amitai Etzioni – vorfinden kann: »Eine Gruppe ist nicht nur eine moralische Autorität, die das Leben ihrer Mitglieder lenkt, sie ist auch eine Lebensquelle sui generis. Aus ihr strömt eine Wärme, die Herzen anregt und belebt, die sie für die Sympathie öffnet und die Egoismen zergehen läßt.« (Durkheim 1988: 69)[48]

47 Die Bezüge Durkheims zur Soziologie von Ferdinand Tönnies sind immer wieder Gegenstand der Forschung gewesen. Dabei steht insbesondere die Ähnlichkeit der Tönniesschen Unterscheidung von Gemeinschaft/Gesellschaft mit Durkheims Unterscheidung von mechanischer/organischer Solidarität im Mittelpunkt. Durkheim hat nicht nur nachweisbar von Tönnies' Studie Kenntnis genommen, sondern auch eine Rezension darüber angefertigt (vgl. Durkheim 1981a: 77ff.). Interessant an dieser Auseinandersetzung, in der es darum geht, wieviel Durkheim von Tönnies übernommen hat, ist, daß die Arbeit von Tönnies zwar schon zum ersten Mal 1887 erschienen ist und Durkheims Studie erst 1893, es aber von der Arbeitsteilungsschrift eine bisher nicht zur Verfügung stehende erste Fassung aus dem Jahre 1886 gibt (vgl. dazu Marica 1932: 44), die weiteren Aufschluß über die gegenseitigen Bezüge verschaffen könnte. Zu den Parallelen zwischen Tönnies und Durkheim vgl. detailliert Cahnmann (1970).

48 Vgl. auch: »Der einzige Herd, an dem wir uns moralisch wärmen können, ist der, den die Gesellschaft mit unseresgleichen bildet.« (Durkheim 1984b: 569) Es sind solche Aussagen, die Durkheim heute für kommunitaristische

Damit hat Durkheim am Ende zwar nicht ganz und gar seine optimistische Grundhaltung aufgegeben, denn er hält die Krise seiner Zeit für durchaus abwendbar. Unter der Hand aber ist ihm die Bestimmung der mechanischen Solidarität und des Kollektivbewußtsein unübersehbar zum Lösungsmodell für diese Krise geraten.[49] Trotz seiner anderslautenden Beteuerungen bedient er sich bei der vorgeschlagenen Therapie für die gegenwärtige Malaise der Vergangenheit. Doch statt dies vorschnell als Scheitern seines gesamten Programms zu werten, wie dies die überwiegende Mehrheit der Durkheiminterpreten tut, möchte ich eine andere Deutung vorschlagen: Man könnte auch von einer Vermischung der mechanischen mit der organischen Solidarität sprechen und damit von einer stärkeren Vermischung vormoderner mit modernen Strukturen ausgehen, als dies in dem dichotomischen Modell der Arbeitsteilungsschrift anklingt. Durch die Integration des einzelnen in die verschiedenen Berufsverbände, die wiederum in eine übergeordnete Gesellschaft integriert sein müssen, ergibt sich nämlich keineswegs eine bloße Rückkehr zur mechanischen Solidarität, sondern eine Parallelisierung der organischen und der mechanischen Solidarität, eine Vermengung des Prinzips der Ähnlichkeit mit dem der Verschiedenheit. Anders als im segmentären Gesellschaftstyp besteht die Gesellschaft nun nicht aus untereinander ähnlichen Segmenten, sondern aus verschiedenen Gruppen, in denen die Individuen aufgrund ihrer ähnlichen Interessen zusammengehalten werden. Auf diese Weise reichert Durkheim seine auf der organischen Solidarität beruhende funktional differenzierte Gesellschaft zwar mit einem gehörigen Schuß mechanischer Solidarität an, damit soziale Integration überhaupt funktioniert und Anomie ausgeschaltet bzw. in Grenzen gehalten werden kann. Keineswegs jedoch gibt er die Vorstellung der Arbeitsteilung zugunsten des Kollektivbewußtseins auf. Allerdings macht er diese Mischung aus mechanischer und organischer Solidarität selbst nicht explizit. Zu weit hat er

Ideen anschlußfähig machen, wenngleich dies die Kommunitarier selber so recht noch nicht entdeckt zu haben scheinen (vgl. jedoch Müller 1991: 333; Cladis 1992).

49 Ebenso nüchtern wie zutreffend notiert Habermas (1988b: 177): »Auch die organische Form der gesellschaftlichen Solidarität muß über Werte und Normen gesichert werden; sie ist wie die mechanische Ausdruck eines, wie immer auch in seinen Strukturen veränderten Kollektivbewußtseins.«

sich verrannt in die dichotomische Gegenüberstellung von Kollektivbewußtsein, kaum vorhandener Arbeitsteilung und mechanischer Solidarität auf der einen und stetiger Abnahme des Kollektivbewußtseins, ausgeprägter Arbeitsteilung und organischer Solidarität auf der anderen Seite (vgl. Müller 1983: 147). Damit legt er schließlich selber nahe, daß die Anreicherung mit mechanischer Solidarität als Scheitern seines ursprünglichen Programms ausgelegt wird. Ebensogut könnte man aber fragen, ob darin, daß Durkheim die Attribute der traditionalen Gesellschaft nicht ganz hat sich auflösen sehen, sondern bestimmte Formen unter anderen Bedingungen in der modernen Gesellschaft fortgeführt sehen wollte, nicht eher ein Gewinn seiner Analysen liegt, die das dichotomische Modell von hier: mechanischer Solidarität und dort: organischer Solidarität nicht aufrechterhält, sondern stärker von einer Durchdringung beider Prinzipien ausgeht. Damit hätte Durkheim bereits jenen Stand erreicht, den Parsons für seine eigene Theorie reklamiert. Wenn Tyrell, Habermas u. a. dagegen von einem Rückfall Durkheims auf den Stand der mechanischen Solidarität und des Kollektivbewußtseins ausgehen, bestätigen sie nämlich insgeheim nur das Parsonssche (vgl. Parsons 1968a: 320, 360) Urteil über Durkheims theoretischen Weg, der auf einen Zirkel hinauslaufe: »Ein Zirkel liegt insofern vor, als eben schon das Kollektivbewußtsein der mechanischen Solidarität [...] jenes subjektive Element gemeinsamer Wertorientierung verkörpert, das Resultat von Durkheims Argumentationsgang sein wird: Durkheim nimmt einen Umweg über die Residualkategorie der organischen Solidarität, über den universalistischen Kult des Individuums, zu den als äußerlich und zwanghaft erfahrenen kollektiven Vorstellungen, um nach deren Reinterpretation an eben diesem Punkt wieder anzulangen.« (Wenzel 1990: 299) Doch gerade weil diese Interpretation von Parsons vorgegeben wird, ist Vorsicht geboten. Schließlich will Parsons damit nachweisen, daß erst seine Theorie über die von den Klassikern generell überbetonte Diskontinuität von vormodernen und modernen Gesellschaften hinausgehe und die bisher völlig vernachlässigten Kontinuitäten berücksichtige. Doch dazu mehr im nächsten Kapitel.

2. Individualisierung und Integration –
Talcott Parsons

Einleitung

Ähnlich wie Durkheim wird Parsons innerhalb der Geschichte der Soziologie als konservativer Soziologe gehandelt. Da er die Gesellschaft nicht kritisch betrachte und schon gar nicht im Hinblick auf ihre erwünschte Überwindung, ist »affirmativ« das stetig wiederkehrende Etikett für seine Theorie. Aus unserem abgeklärten postmodernen Zeitalter heraus ist man versucht zu sagen: Gute alte Zeiten, in denen solche Kategorisierungen unmittelbar einleuchteten und auf breite Zustimmung hoffen durften.[50] In Zeiten »Jenseits von Stand und Klasse« (Beck 1983) und »Jenseits von Links und Rechts« (Giddens 1997) fallen solche Kategorisierungen nicht mehr so leicht wie in den sechziger und siebziger Jahren, in denen die Fronten noch klarer zu sein schienen. Doch darin liegt auch die Chance, die festgeschriebenen Urteile über die abgestempelten, in einzelne Schubladen sortierten »Klassiker« einer erneuten Überprüfung zu unterziehen. Dieser Prozeß hat – gerade in der Parsons-Rezeption – längst eingesetzt. Ausdruck für diesen Wandel sind engagierte Monographien zu Parsons aus den letzten Jahren, die sich darum bemühen, Parsons in einem anderen Licht erscheinen zu lassen, zumindest aber die aus Sekundärliteratur gewonnenen Sekundärurteile über Parsons anhand einer detaillierten Textexegese zu überprüfen, statt weiterhin den Urteilen der »soziologischen Folklore« (Wenzel) zu trauen (vgl. Alexander 1993, Münch 1982, Turner 1994, Wenzel 1990, Brandt 1993).

Dabei fehlt es auch nicht an Versuchen, Parsons vor dem grundsätzlichen Urteil des konservativen Bestandserhalters zu bewahren. Galt Parsons über lange Zeit hinweg als der Theoretiker, dessen alleiniges Interesse darin bestand, die Systemstabilität und die Werteintegration zu behandeln, sind in den neueren genannten Arbeiten auch andere Problemfelder in den Mittelpunkt gerückt worden, denen sich Parsons in seinen Schriften gewidmet hat. Entgegen der vorherrschenden Meinung, Parsons habe sich ausschließlich mit dem Problem des Erhalts sozialer Ord-

---

50 Zur Rezeptionsgeschichte der Parsonsschen Theorie vgl. Joas 1994: 19 ff.

nung befaßt, was immer wieder Kritiker auf den Plan rief, die gegenüber dieser scheinbar harmonistischen Verklärung des Bestehenden die Konflikthaftigkeit gesellschaftlicher Verhältnisse in Rechnung gestellt wissen wollten (vgl. Dahrendorf u. a.), ergibt sich bei einem weniger voreingenommenen Blick auf das Spätwerk offenbar ein ganz anderes Parsonsbild: Angesichts etwa der beiden Schriften *Das System moderner Gesellschaften* (1972) und *Gesellschaften* (1975) wird »aus dem zuvor kritisierten konservativen Apologeten der bestehenden Machtverhältnisse ein fortschrittlicher Kritiker der kapitalistischen Gegenwart, ein Verfechter der pluralistischen Demokratie« (Turner 1994: 320). Turner zufolge hat sich Parsons entgegen einem weitverbreiteten Verständnis durchaus gesellschaftlichen Konflikten seiner Zeit zugewandt. So habe er sich dem Problem des Rassismus in den Vereinigten Staaten gewidmet und in empirischen Arbeiten politisch brisanten Fragen seiner Gegenwart durchaus gestellt, was zu dem vorherrschenden Bild des »Großtheoretikers«, der bei seiner theoretischen Abstraktionshöhe jegliche Bodenhaftung verloren hat, so gar nicht passen will.

Freilich liegt bei der Intention, dem alten Bild von Parsons korrigierend ein neues entgegenzusetzen, die Gefahr nahe, nun umgekehrt in allzu emphatischen Rettungsversuchen jegliche Kritik an Parsons im Keim zu ersticken. So übersieht etwa Turner bei seiner forschen Verteidigung von Parsons' Arbeiten, daß dessen Bekenntnis und Verteidigung demokratischer Gesellschaften oft zur unkritischen Apotheose der amerikanischen Gesellschaft gerät, auch und gerade in den beiden Werken, auf die etwa Turner sich in seiner Verteidigungsschrift bezieht (vgl. Halfmann/Knostmann 1990).

Doch auch jenseits der jüngsten Monographien zu Parsons' Werk ist nicht zu übersehen, welch bedeutende Rolle Parsons – nach einer Zeit fast völliger Bedeutungslosigkeit – in aktuellen gesellschaftstheoretischen Konzepten wieder spielt. So entwickkelt etwa Habermas nicht zuletzt vor dem Hintergrund einer detaillierten Auseinandersetzung mit Parsons seinen eigenen theoretischen Standpunkt. Habermas (1988b: 297) bescheinigt dem Werk Parsons: »Das heute vorliegende Werk ist konkurrenzlos im Hinblick auf Abstraktionshöhe und Differenziertheit, gesellschaftstheoretische Spannweite und Systematik bei gleichzeitigem Anschluß an die Literatur einzelner Forschungsgebiete.« Und er fährt fort, daß »heute keine Gesellschaftstheorie ernstgenommen werden« könne, »die sich nicht zu der von Parsons wenigstens in Beziehung setzt«. Gesagt, getan. Bis hin zu Arbeitsweise und Aufbau der *Theorie des kommunikativen Handelns* folgt Habermas Parsons' eigenem ersten großen, zweibändigen Werk *The Structure of Social Action* (Parsons 1968a).[51] Und nicht zuletzt die Habermassche Parsonsrezeption in seinem opus magnum hat eine erneute Auseinandersetzung mit dessen Schriften eingeleitet.

Entscheidend für das Interesse der vorliegenden Arbeit ist es, daß Parsons für die gegenwärtige Debatte um die Individualisierung wichtige Anregungen gegeben hat, ohne daß diese noch explizit auf ihn zurückgeführt werden. Deshalb soll auf den nächsten Seiten Parsons' spezifischer Beitrag zum Thema Individuum, Individualismus und Individualisierung nachvollzogen werden, der deutlich an Durkheim anschließt und die Grundlage für Luhmanns Auffassungen bildet, wie im Laufe der Argumentation deutlich werden soll.

Der vereinzelte Aktor und die normativen Orientierungsmuster moderner Gesellschaften: Parsons' voluntaristische Handlungstheorie

In seinem ersten großen Werk *The Structure of Social Action* (Parsons 1968a) legt Parsons sich seine voluntaristische Handlungstheorie in Abgrenzung gegenüber zwei großen Denkrichtungen zurecht. Auf der einen Seite grenzt er sich von der positivistisch-utilitaristischen Handlungstheorie ab, zu denen er Darwin, Malthus, Locke, Hobbes und Spencer rechnet (vgl. ebd.: 87-125). Auf der anderen Seite wendet er sich gegen die Tradition des deutschen Idealismus, die ausgehend von Hegel die deutsche Geschichtswissenschaft und Geschichtsphilosophie bis zu Leopold von Ranke und Max Weber inspiriert habe. Während sich die erste Richtung an beobachtbaren Ursache-Wirkung-Verkettungen orientiere, die empirisch-wissenschaftlich beschrieben

---

51 Selbst in der (bedauerlichen) Aussparung des Klassikers Simmel folgt er Parsons' Beispiel (vgl. Joas 1992: 35 f.). Zu den nachweisbaren Auseinandersetzungen Parsons' mit Simmels Werk vgl. Levine (1980, 1984: 353 ff.).

werden können, gehe die zweite von einem sich in allen Einzel-
handlungen niederschlagenden »objektiven Geist« aus. Jede individuelle Handlung ist immer nur die Realisation eines übergreifenden, kollektiven Sinnzusammenhangs, eines Systems idealer
Realitäten. Hinsichtlich ihrer Erklärungskraft für das Problem
sozialer Ordnung hält Parsons beide Theorierichtungen für de-
fizitär: Der Utilitarismus kann laut Parsons nicht erklären, wie
es überhaupt zu sozialer Ordnung kommt, wenn sich alle Handlungen in der Verfolgung individueller Nutzenkalküle erschöpfen. Der idealistischen Schule dagegen gelte individuelles Handeln als bloßes Derivat eines übergeordneten Wert- oder Sinnsy-
stems, das sie – so Parsons' Kritik – stets schon voraussetzt, ohne
sein Zustandekommen erklären zu können. Dieser Tradition zufolge werde soziale Ordnung gleichsam von »oben« gestiftet,
statt von »unten« erzeugt zu werden. Grob vereinfachend läßt
sich diese Gegenüberstellung, die Parsons mit seiner *voluntaristischen* Handlungstheorie überwinden will, auch als Individualismus auf der einen und Kollektivismus auf der anderen Seite,
als Subjektivismus hier und Objektivismus dort charakterisieren.
Die utilitaristische wie die idealistische Theorietradition sind
nach Parsons noch ganz und gar in dieser Dichotomie gefangen,
die eine Vermittlung auszuschließen scheint.

Erst mit den Theorien von Alfred Marshall, Vilfredo Pareto,
Emile Durkheim und Max Weber, mit denen sich Parsons in *The
Structure of Social Action* eingehend auseinandersetzt, sieht er
eine neue Stufe der Theoriebildung erreicht. Bei allen sonst
durchaus gravierenden Divergenzen konvergieren seiner Einschätzung nach alle vier Theorien in der Überwindung des starren Schemas von individualistischen versus kollektivistischen
Ansätzen. Zwar hätten Durkheim, Marshall, Pareto und Weber
in der subjektivistischen oder in der objektivistischen Tradition
ihre Wurzeln – an entscheidender Stelle jedoch hätten sie sich
von ihnen befreit, so Parsons. Während sich Marshall, Pareto
und Durkheim in erster Linie von der utilitaristisch-positivisti-
schen Tradition abgrenzten, entwickle Weber seine Position in
erster Linie anhand der Auseinandersetzung mit der idealistischen Tradition. Gemeinsam aber sei den vier Positionen dabei
die Überzeugung, daß sich die Ziele des Handelns an übergreifenden *normativen* Orientierungen ausrichten müssen, die von
allen oder doch der überwiegenden Mehrzahl der Mitglieder ei-

ner Gesellschaft geteilt werden – eine Prämisse, die auch für Parsons' eigene Theorie konstitutiv ist. Im einzelnen charakterisiert er die jeweiligen Theorieleistungen der vier Theoretiker wie folgt:

Marshall entdeckt als Nationalökonom die für Parsons so zentrale Wertedimension des Handelns auf dem Gebiet der Ökonomie. Abweichend vom utilitaristischen Vorläufer betone er, daß wirtschaftliche Aktivitäten nicht allein im Rahmen des Zweck-Mittel-Schemas analysiert werden können. Über das Ziel maximaler Bedürfnisbefriedigung hinaus flössen vielmehr Werthaltungen in die wirtschaftlichen Aktivitäten ein. So müsse für Marshall in Gesellschaften, in welchen das freie Unternehmertum institutionalisiert ist, zumindest der Wert der Freiheit allgemeine Anerkennung finden. Ökonomisches Handeln ist nach Marshall von Werten also keineswegs unabhängig. Vielmehr wirken sie in das ökonomische Feld hinein (vgl. Parsons 1968a: 702 f.). Auch die Theorieleistung *Paretos* sieht Parsons in dessen Betonung der Notwendigkeit gültiger Werte, die die rationale Wahl sowohl handelnder Individuen als auch ganzer Gemeinschaften bestimmen (vgl. ebd.: 704 f.). Ähnlich stoße Durkheim bei der Beantwortung der Frage, welche Faktoren es sind, die die Handlungsentscheidungen eines Akteurs bestimmen, auf die prägende und integrierende Kraft eines gemeinsam geteilten Wertekanons, der dauerhaft nicht durch die Androhung negativer Sanktionen, sondern nur durch ein in den Individuen verankertes moralisches Pflichtgefühl aufrechterhalten werden könne (vgl. ebd.: 708 f.).[52] Insbesondere an diese Vorstellung einer über gemeinsam geteilte Werte verlaufenden sozialen Integration kann Parsons unmittelbar anknüpfen. Für *Weber* schließlich sei die Orientierung an Werten von konstitutiver Bedeutung für das menschliche Handeln schlechthin. Kulturelle Erscheinungen seien in seinen Augen gewissermaßen Manifestationen eines ihnen zugrundeliegenden Wertesystems (vgl. ebd.: 714).

Fassen wir zusammen: Die besondere Leistung der vier Theoretiker besteht für Parsons darin, die diametral entgegengesetzten theoretischen Richtungen überwunden zu haben, die Handlungen entweder auf die Nutzenverfolgung einzelner Individuen oder aber auf die (automatische) subjektive Realisierung eines

---

52 Das ist im vorangehenden Kapitel ausführlich behandelt worden.

objektiv gegebenen Werte- und Ideenhimmels reduzieren. Während im ersten, intrinsisch gedachten Modell Akteure selbstgesetzte Ziele realisieren, setzen im zweiten, extrinsisch gedachten Modell Akteure vorgegebene Ideen um. Doch wenn man meint, damit auf der einen Seite ein Handlungsmodell zu erhalten, das die Aktivität des Handelnden betont, während das andere den Handelnden nur als passives, bloß ausführendes Organ ansetzt, übersieht man nach Parsons die wesentliche Übereinstimmung beider Modelle. In beiden Fällen nämlich werde der Handelnde letztlich als determiniert gedacht. Nur die Art bzw. die Quelle der Determination sei jeweils eine andere. Im ersten Fall, der *positivistischen Handlungstheorie*, stelle das aktuell gültige wissenschaftliche Wissen das oberste Kriterium dar, anhand dessen eine Handlung beurteilt wird. Alle Handlungen, die dem aktuell gegebenen Wissensstand nicht entsprechen und das Rationalitätskriterium nicht erfüllen, werden nach dieser Theorie dementsprechend als irrational eingestuft oder auf unzureichendes Wissen zurückgeführt, so Parsons. Damit würden aber Handlungen, die sich nicht auf die empirisch überprüfbare Welt beziehen, sondern auf weniger leicht zugängliche Welten, etwa auf Emotionen, von vornherein ausgeklammert. Sie seien, so sein endgültiges Urteil, mit diesem Modell schlicht nicht zu erfassen.[53]

Im zweiten Fall, der *idealistischen Handlungstheorie*, realisieren sich laut Parsons' Interpretation Ideen, Ideale und normative Orientierungen gewissermaßen durch die einzelne Handlung hindurch, ohne Rücksicht auf die je spezifische Situation und den Kontext der Handlung. In diesem Modell wird seines Erachtens der im ersten Modell so betonte wissenschaftliche Rationalitätsstandard als völlig unerheblich für die Handlungsorientierung angesehen (vgl. Brandt 1993: 73 f.). Parsons will entgegen der positivistischen wie idealistischen Handlungstheorie, aber im Einklang mit Marshall, Pareto, Durkheim und Weber den *kreati-*

---

53 Genau diesen von der positivistischen Handlungstheorie ausgeschlossenen Handlungsorientierungen widmet sich das Werk Paretos. In seiner Handlungstheorie, die von der Unterscheidung zwischen logischen und nichtlogischen Handlungen lebt, überwiegen deutlich die irrationalen, die nichtlogischen Handlungen. Für Pareto sind die von den Positivisten betonten rationalen Entscheidungen letztlich nur die »Derivationen«, die intellektuellen Rechtfertigungssysteme, für die darunter verborgenen »Residuen«, die in der Natur des Menschen verankerten Gefühle und Glaubensvorstellungen. Vgl. ausführlich dazu Aron (1979: 96 ff.).

ven Anteil der Menschen an ihren Handlungen herausarbeiten. Schon in *The Place of Ultimate Values in Sociological Theory* (Parsons 1935) wirft Parsons den Vertretern des Positivismus vor, zu wenig zu berücksichtigen, »that man is essentially an active, creative, evaluating creature« (ebd.: 283; vgl. auch 1968a: 439).[54] Wenn Parsons sich in völliger Übereinstimmung mit Marshall, Pareto, Durkheim und Weber davon überzeugt zeigt, daß es gemeinsam geteilter Werte bedarf, um zu sozialer Ordnung zu gelangen, so betont er doch ausdrücklich, daß es dabei nur um die Akzeptanz eines Handlungsrahmens gehe, der ein schöpferisches Element der Handelnden keineswegs ausschließt: »I wish to use the term ›value‹ [...] to designate the *creative element* in action in general« (Parsons 1935: 306, Fn. 19, Hervorhebung von mir, M. S.).[55] Parsons verlangt deshalb folgerichtig von einer Handlungstheorie, daß sie in der Lage sein muß, begrifflich zu erfassen, daß und wie sich handelnde Personen, Gruppen oder Kollektive zu ihren Handlungen verhalten. Sie soll das reflexive Verhältnis analysieren können, das die jeweiligen sozialen Einheiten gegenüber ihren Handlungen einnehmen. Dabei darf freilich die Betonung des kreativen Elements nicht so weit gehen, daß die objektiven bzw. strukturellen Vorgaben vernachlässigt werden, wie er ausdrücklich betont.

Parsons beansprucht mit seiner voluntaristischen Handlungstheorie und ihrer Betonung der Kreativität, über die Reduktionismen der bisherigen Handlungstheorien hinauszugehen. Im Mittelpunkt steht dabei die Konzeption des »*unit act*«, des nicht weiter zerlegbaren einzelnen Handlungsakts, der sich seinerseits aus verschiedenen Handlungselementen zusammensetzt. Zusammengenommen ergeben sie die elementaren Voraussetzungen für das Zustandekommen einer konkreten Handlung: 1. Jede Handlung ist davon abhängig, daß es eine ausführende Instanz, also einen Handelnden bzw. einen *Aktor* gibt; 2. Die Handlung muß

---

54 Weitaus detailliertere Untersuchungen über die Auseinandersetzung Parsons' mit den genannten vier Klassikern, als ich dies hier leisten kann, finden sich etwa bei Wenzel 1990: 273 ff., Brandt 1993: 62 ff. und Joas 1992: 30 ff., vgl. auch Luhmann 1993c: 258 ff.

55 In völliger Übereinstimmung mit Durkheims Auffassung ist er weit davon entfernt, »moralische Normen als etwas zu begreifen, das den Aktor zur Konformität mit einem Muster gegen seine ›natürlichen‹ Neigungen ›zwingt‹« (Parsons 1994: 180).

an einer Änderung des gegenwärtigen Zustands orientiert sein, also ein *Ziel* verfolgen; 3. Diese zielorientierte Handlung findet in einer bestimmten Situation statt, die dem Aktor sowohl die (von ihm nicht beeinflußbaren) Bedingungen diktiert, an denen er seine Handlung ausrichten muß, als auch die Mittel bereitstellt, mit denen er die Verfolgung seiner Ziele erreichen kann; 4. In jede Handlung fließen normative Handlungsorientierungen ein, die der Aktor mit den anderen Mitgliedern der Gesellschaft teilt und die über die Verfolgung situationsspezifischer Ziele hinausgehen. (Vgl. Parsons 1968a: 44ff.)

Auffallend an diesem analytischen Begriffsrahmen ist, daß die Punkte 1 bis 3 auch von einer utilitaristischen Handlungstheorie erfaßt werden können. Erst mit der in Punkt vier genannten *normativen* Handlungsorientierung gelangt er über die utilitaristisch-positivistische Theorietradition hinaus. Allein die Orientierung an einem normativ vorgegebenen Horizont macht es für Parsons möglich, den von Hobbes beschriebenen Zustand des »Kriegs aller gegen alle« (Hobbes 1980: 151) zu überwinden und zu einer stabilen sozialen Ordnung zu gelangen. Unabhängig von den situationsspezifisch divergierenden Handlungszielen einzelner Akteure – die jedoch immer schon gesellschaftlich geprägt, niemals rein subjektiven Charakters sind – muß es nach Parsons die gemeinsam geteilten Werte einer Gesellschaft geben, die dem einzelnen bestimmte Handlungen nahelegen bzw. auferlegen, von anderen dagegen abraten oder sie schlicht verbieten. Insofern finden sich Handelnde grundsätzlich in Situationen vor, die zum einen durch bestimmte Handlungsbedingungen und zum anderen durch einen normativen Erwartungshorizont vorstrukturiert sind. Beide Faktoren steuern die jeweiligen Handlungsziele und verhindern völlig frei gewählte, womöglich unkalkulierbare Entscheidungen. Fehlt der übergreifende Wertehorizont, an dem die Aktoren ihre Handlungen ausrichten, kommt es auch in Parsons Perspektive zu der so vielfach beschworenen Orientierungslosigkeit, die die einzelnen gleichsam völlig aus dem Ruder laufen läßt. Der schon von Durkheim so gefürchtete Zustand der Anarchie, der Anomie und der Desintegration wäre damit vorprogrammiert. Halten wir fest: Für Parsons läßt sich soziale Integration nicht anders erreichen als durch »*gesellschaftsweit etablierte normative Orientierungen*« (Schimank 1996: 85).

Um diese normativen Orientierungen genauer erfassen zu

können, gelangt Parsons beim weiteren Ausbau seiner voluntaristischen Handlungstheorie zu dem berühmten Modell der »pattern variables« (Parsons 1951: 58ff.). Parsons unterscheidet zwischen fünf dichotomisch gebauten Kategorien, anhand deren sich Handlungen analysieren lassen. Für den Aktor stellen sie ein allgemeines Orientierungsraster dar, anhand dessen er seine Handlungen ausrichten muß. Da sich jede der einzelnen Kategorien aus jeweils zwei Optionsmöglichkeiten zusammensetzt, steht der Aktor bei jeder Handlung vor der Situation, sich für eine der beiden Möglichkeiten entscheiden zu müssen. Parsons nennt die folgenden fünf Orientierungsalternativen (Parsons/ Shils 1951: 77ff.):

1. Affektivität – affektive Neutralität
2. Selbstorientierung – Kollektivorientierung
3. Partikularismus – Universalismus
4. Zuschreibung – Leistungsorientierung
5. Diffusität – Spezifität

Das *erste* Begriffspaar betrifft die Entscheidung, ob ein Aktor sein Handeln auf unmittelbare Bedürfnisbefriedigung und Auslebung der Emotionen ausrichtet oder ob er seine eigenen Bedürfnisse zugunsten einer distanziert-neutralen Einstellung zurückstellt. Das *zweite* Kategorienpaar problematisiert die Frage, ob ein Aktor seine individuellen Bedürfnisse und Interessen ohne Rücksicht auf die Interessen der Gesamtheit auslebt oder ob er sie dem Allgemeinwohl unterordnet.[56] Das *dritte* Variablenpaar stellt die Alternative, ob der Handelnde sich nur seiner engsten Umgebung verpflichtet fühlt und seine Handlungen nach Intensität der persönlichen Beziehung differenziert oder ob er sich in ihnen an allgemeinen Standards orientiert. Die *vierte* Orientierungsalternative stellt den Aktor vor die Wahl, ob er sein Verhalten anderen gegenüber von deren vorgegebenen bzw. zugeschriebenen Eigenschaften (Rasse, Geschlecht usw.) oder von ihren Fähigkeiten und speziellen Leistungen abhängig macht. Das *fünfte* und letzte Mustervariablenpaar schließlich be-

---

56 Diese Unterscheidung gibt Parsons später, in den *Working papers* (Parsons/ Bales/Shils 1953), auf. Da er hier den Versuch unternimmt, die »pattern« mit seinem Vier-Felder-Schema zu kombinieren, liegt die Vermutung nahe, daß eine fünfte Variable schlicht hinderlich war, wie Brandenburg (1971: 65) annimmt. Daß es ausgerechnet *diese* ist, begründet Parsons selbst damit, daß sie auf einer höheren Allgemeinheitsstufe liegt als die anderen (vgl. ebd.).

trifft die Frage, ob die Beziehung zwischen Ego und Alter in ganz allgemeinen, nicht näher spezifizierten Kontexten stattfindet oder ob sie sich auf eine besondere Handlungssituation beschränkt, in der jeder eine bestimmte, mehr oder weniger festgelegte Position übernimmt.[57]

So erweist sich, daß bei Parsons eine Handlung grundsätzlich als eine *dilemmatische* Entscheidung zwischen Alternativen gedacht ist. Die Dichotomien legen offen, daß es keine externe Determination des Handelns gibt. Vielmehr betont Parsons »that an actor in a situation is confronted by a series of major dilemmas of orientation, a series of choices that the actor must make before the situation has a determinate meaning for him« (Parsons/Shils 1951: 76).[58] Parsons geht also von der Annahme aus, daß ein Aktor sich zunächst zwischen diesen Orientierungskategorien entscheiden muß, bevor eine Handlung vollzogen werden kann. Damit wird zugleich deutlich, daß jede Wahl durch die begrenzte Anzahl von Wahlalternativen vorstrukturiert ist, sich also keineswegs im gesellschaftsfreien Raum vollzieht (vgl. Joas 1992: 25).

Mit diesem Konzept wagt Parsons gewissermaßen den Drahtseilakt zwischen der Vorstellung eines absolut freien Individuums auf der einen und eines ganz und gar determinierten Individuums auf der anderen Seite. Dennoch hat er mit diesem Modell die Kritik auf sich gezogen, Handelnde als ganz und gar determiniert zu begreifen. Allerdings wird dabei oft aus einer geradezu vorsoziologischen Vorstellung absoluter Freiheit des Menschen heraus argumentiert. In Ralf Dahrendorfs *Homo sociologicus* (1972) etwa wird Gesellschaft ganz in der Tradition der Rousseauschen Freiheitsphilosophie als prinzipiell freiheitseinschränkend angesehen, da sie ein zuvor freies, weil unvergesellschafte-

---

57 Auf Parsons' verschiedene Abwandlungen der »Pattern Variables« weiter einzugehen ist für das spezielle Interesse dieser Arbeit nicht erforderlich. Zu weiteren Erläuterungen vgl. Schlottmann (1968: 26f.), Münch (1982: 77ff.), Brandt (1993: 103f.) und Schimank (1996: 85ff.).

58 Entgegen der Annahme von Habermas, daß Parsons am utilitaristischen Handlungsmodell festhalte, weil er die Entscheidungsfreiheit eines Aktors als Wahl zwischen alternativen Mitteln zur Erreichung eines gesetzten Zwecks konzipiere (vgl. Habermas 1988b: 321), zeigt sich, daß der Zweck bei Parsons nicht gesetzt ist, sondern sich erst aus den Entscheidungen ergibt. Parsons betont ausdrücklich: »Die ›Wahl‹ von Mitteln für einen *vorgegebenen* Zweck stellt einen besonderen Fall dar.« (Parsons 1994: 73, Fn. 13)

tes Individuum zu einem fremdbestimmten Leben unter ihre Regie zwingt. Angesichts einer solchen Vorstellung wird Gesellschaft dann auch nur folgerichtig zur »ärgerlichen Tatsache« (ebd.: 17) erklärt. Für Parsons gibt es dagegen kein außerhalb der Gesellschaft stehendes Individuum, das durch den Sozialisationsprozeß an seiner freien Entfaltung gehindert und in Rollen gepreßt wird, durch die seine ursprüngliche Persönlichkeit beschädigt und entfremdet wird. Er geht vielmehr davon aus, daß sich die Persönlichkeit erst durch den Sozialisationsprozeß konstituiert (vgl. Schlottmann 1968: 59).[59] Die ihm zugemuteten Rollen verschaffen der Persönlichkeit die notwendige Orientierung, um sich in einer pluralen Gesellschaft überhaupt zurechtfinden zu können.

Nach Habermas (1988b: 336) lassen sich mit dem Parsonsschen Entscheidungsmodell die hohen Anforderungen erfassen, die an die Bewohner der modernen Welt gestellt werden: »Moderne Gesellschaften weisen eine hohe strukturelle Differenzierung von Handlungsbereichen auf, die von den Aktoren verlangt, daß sie zwischen jenen fundamentalen Entscheidungsalternativen überhaupt unterscheiden, für verschiedene Lebens-

---

59 Zur Sozialisationstheorie von Parsons vgl. die Gesamtdarstellungen von Brandenburg (1971), Geulen (1989), Schlottmann (1968), Tillmann (1989) und Veith (1996). Reichwein (1970) liefert eine detaillierte Kritik an Parsons' Ansatz, Geißler (1979) diskutiert kritisch resümierend die Einwände gegen Parsons' Sozialisationskonzept. Die entscheidenden Stichwortgeber für Parsons' Theorie der Sozialisation sind Freud und Durkheim, die seines Erachtens verblüffende Übereinstimmungen in der Frage aufweisen, wie ein Individuum in die Gesellschaft sozialisiert wird: Durkheim und Freud – aber auch Charles H. Cooley und George Herbert Mead – haben den Stellenwert moralischer Werte für das menschliche Verhalten und die Notwendigkeit der Verinnerlichung dieser Werte in der Persönlichkeitsstruktur des Individuums betont (vgl. Parsons 1968b: 6, 26 f., 101). Durkheims und Freuds Theorien weisen Parsons zufolge jedoch Einseitigkeiten in ihrer Perspektive auf, die er in seiner Sozialisationstheorie überwinden will: »Auf der einen Seite haben Freud und seine Schüler versäumt, die Bedeutung der Interaktion des Individuums mit anderen Personen, die zusammen ein System bilden, gebührend zu berücksichtigen, indem sie sich auf die Einzelpersönlichkeit konzentrierten. Auf der anderen Seite haben Durkheim und die anderen Soziologen – indem sie sich ihrerseits auf das soziale System als solches konzentrierten – versäumt, systematisch die Tatsache zu berücksichtigen, daß es die Interaktion von Persönlichkeiten ist, die das soziale System bildet, mit dem sie sich beschäftigt hatten, und daß aus diesem Grunde eine angemessene Analyse des Motivationsprozesses innerhalb eines derartigen Systems die Probleme der Persönlichkeit berücksichtigen muß.« (Ebd.: 28)

bereiche gegebenenfalls konträre Entscheidungsmuster bewußt adoptieren und von einer Präferenzenkombination auf die entgegengesetzte umschalten können.« (Ebd.: 336) Insofern trägt Parsons mit seinem Modell – entgegen der Meinung seiner schärfsten Kritiker – durchaus der Tatsache Rechnung, daß die moderne Gesellschaft kein passiv angepaßtes, sondern ein flexibles Individuum benötigt, wenn sie den einmal erreichten Stand der gesellschaftlichen Entwicklung halten und nicht auf den Stand vormoderner Gesellschaften zurücksinken will.[60] Doch auch Habermas übersieht den Grad an interpretativen Eigenleistungen, die von jedem Aktor erbracht werden müssen, um sich in einer Situation zurechtzufinden, wenn er schreibt: »Der durch Präferenzmuster regulierte Entscheidungsspielraum wird nicht durch Interpretationsleistungen des Aktors ausgefüllt.« (Ebd.: 337) Ganz im Gegensatz zu dieser Annahme geht Parsons m. E. nicht nur von Interpretationsleistungen des Aktors aus, sondern nimmt darüber hinaus auch an, daß diese um so größer werden, je mehr sich die Gesellschaft zu einer modernen entwickelt.

Nicht zufällig sind anhand des »pattern variables«-Modells verschiedene Versuche von funktionalistischen Modernisierungstheoretikern unternommen worden, einfache, »unterentwickelte« von modernen, »entwickelten« Gesellschaften zu unterscheiden. Dabei zeichnen sich vormoderne Gesellschaften dadurch aus, daß in ihnen affektive Gefühlsbindungen vorherrschen, die Selbstorientierung stark ausgeprägt ist, partikularistische, also je nach Situation variierende Beziehungen überwiegen, ein nur diffuses Interesse gegenüber dem Anderen dominiert und der soziale Kontakt stark von zugeschriebenen Merkmalen ab-

---

60 Entgegen der Auffassung von Habermas (1988b: 337), daß »der durch Präferenzmuster regulierte Entscheidungsspielraum [...] nicht durch Interpretationsleistungen des Aktors ausgefüllt« wird, verweist Parsons sehr wohl auf die von den Individuen zu erbringenden Interpretationsleistungen. Auch nach der Wende von der handlungstheoretischen zur systemtheoretischen Ausrichtung seiner Theorie notiert er etwa: »[...] die Handelnden benötigen einen beträchtlichen Ermessensspielraum, wenn sie ihre Werte unter unterschiedlichen Umständen in die Tat umsetzen wollen.« (Parsons 1972: 25) Auch die Behauptung Geulens (1989: 156), die von Parsons angesprochenen Wahlen seien fiktiv, weil durch Sozialisation vorentschieden, überschätzt m. E. bei weitem das Ausmaß des Determinismus in dessen Handlungstheorie. Sie sind nicht vorentschieden, sondern vorstrukturiert, was doch ein gravierender Unterschied ist.

hängig ist. Entsprechend zeichnen sich moderne Gesellschaften durch die jeweiligen Gegensätze in den Begriffspaaren aus: also durch die Dominanz von emotionaler Neutralität und Distanz, die Orientierung am Kollektiv und an universal geltenden Standards, durch spezifisches, an der *Funktion* des Gegenübers orientiertes Interesse und durch die Leistungsorientierung.[61] Das dichotomisch gebaute »pattern-variable«-Modell ist unübersehbar an Tönnies' Gegenüberstellung von »Gemeinschaft und Gesellschaft« (Tönnies 1991) angelehnt.[62] Dennoch handelt es sich keineswegs um eine bloße Reformulierung der Tönniesschen Begrifflichkeit. Obwohl Parsons erst sehr viel später explizit darauf hingewiesen hat, daß die Tönniessche Unterscheidung zu einfach ist, da vormoderne Gesellschaften nicht im Begriff »Gemeinschaft« und moderne Gesellschaften nicht im Begriff »Gesellschaft« restlos aufgehen (Parsons 1968b; vgl. Schimank 1996: 86 und Schlottmann 1968: 26), darf nicht übersehen werden, daß Parsons' fünfdimensionales Konzept der »pattern« von Anbeginn daraufhin angelegt ist, einen reichhaltigeren *analytischen Differenzierungsrahmen* zu entwickeln, als dies mit der einfachen Zweiteilung von vormoderner Gemeinschaft hier und moderner Gesellschaft dort möglich ist. Es eröffnet ihm die Möglichkeit, auch die verschiedenen Orientierungen in unterschiedlichen Subsystemen einer Gesellschaft zu erfassen, die nebeneinander bestehen können. So ist etwa für das Familiensystem die Orientierung an der linken (s. o.), der »Gemeinschafts«seite typisch, während sich das Berufssystem an der rechten (s. o.), der »Gesellschafts«seite orientiert.[63] Keineswegs

---

61 Da von den meisten Modernisierungstheorien gerade umgekehrt ein Übergang von der Kollektiv- zur Selbstorientierung angenommen wird, wird das Variablenpaar oft stillschweigend umgedreht. Festzuhalten aber ist, daß Parsons von einer Entwicklung von der Selbst- zur Kollektivorientierung ausgeht.

62 Das hat Parsons auch selbst wahrgenommen und explizit angesprochen, vgl. dazu den Exkurs zu Tönnies in: Parsons (1968a: 686-694). Zur Wirkung von Tönnies auf die amerikanische Soziologie insgesamt vgl. Cahnman (1970). Weniger häufig findet sich der Hinweis auf die ebenfalls augenfällige Ähnlichkeit zu Durkheims Modell von mechanischer/organischer Solidarität bzw. einfachen/entwickelten Gesellschaften. Siehe dazu das vorangegangene Kapitel.

63 Daraus ergibt sich die für die Sozialisationstheorie zentrale Frage, wie ein Kind, das in der Familie mit partikularistischen Werten konfrontiert wird, in die Lage versetzt wird, die universalistischen Werte der Gesellschaft zu

erschöpft sich also die Bedeutung der Mustervariablen darin, die Handlungsalternativen zu spezifizieren, zwischen denen sich ein einsamer Aktor entscheiden muß. Vielmehr dienen sie Parsons dazu, die »*Interdependenz von Sozialsystem, Persönlichkeitssystem und Kultursystem*« zu verdeutlichen, wie Brandt (1993: 104) mit Recht betont. In jedem der drei Systeme kommen die fünf Mustervariablen noch einmal vor. Im *Persönlichkeitssystem* erscheinen sie als Wahlgewohnheiten, im *Sozialsystem* als Rollendefinitionen und im *Kultursystem* als Wertstandards.[64] Die drei Systeme greifen ineinander, indem die kulturellen Werte dem sozialen System durch Institutionalisierung und dem Persönlichkeitssystem durch Internalisierung implantiert werden (vgl. Parsons 1967: 160; 1969a: 44; 1972: 14).

Mit diesem Modell, das sich durch verschiedene Kreuztabellierungen immer weiter auffächern läßt, will Parsons weniger die historische Ablösung bestimmter traditionaler durch moderne Orientierungen in den Blick bekommen, sondern ein analytisches Modell entwickeln, das so konkret wie nötig, aber so abstrakt wie möglich angelegt ist, damit es auf die verschiedensten sozialen Systeme in einer bestimmten Gesellschaft sowie auf verschiedene evolutionäre Stufen der Gesellschaftsentwicklung applizierbar ist, wodurch sich immer wieder neue Kombinationen der – jedoch stets gleichbleibenden – Variablen ergeben. Nicht zuletzt will Parsons damit auf die *Kontinuitäten* zwischen vormodernen und modernen Gesellschaften aufmerksam machen, die seinem Verständnis nach von den Klassikern insgesamt unterschätzt worden sind. Ihre auf die rasante Entwicklung der modernen Gesellschaft kaprizierte Perspektive führt zu den allzu starren Kontrastierungen von vormoderner, einfacher Gesellschaft einerseits und moderner, entwickelter Gesellschaft andererseits. Ohne diese Differenzen zu leugnen, will Parsons stärker

internalisieren. Die Beantwortung liegt für Parsons darin, daß Sozialisation in erster Linie die Aufgabe der Aneignung und Beherrschung unterschiedlicher Rollen durch das Individuum zufällt. Gelingt diese Aufgabe, hat die sozialisierte Persönlichkeit später keinerlei Probleme, verschiedene Rollen in verschiedenen Situationen zu beherrschen. Allerdings muß sich der einzelne von den zur Herkunftsfamilie aufgebauten Beziehungen trennen: »Es ist als Befehl von seiten der Gesellschaft zu interpretieren, Kindheitsbeziehungen abzubrechen, damit Rollen in der Gesamtgesellschaft, jenseits der Kernfamilie, übernommen werden können.« (Parsons 1980: 77)

64 Vgl. dazu ausführlich Brandt (1993: 104ff.).

auf die Kontinuitäten zwischen vormodernen und modernen Strukturen den Schwerpunkt seiner Betrachtungen legen, die eine Überwindung der Dichotomie vormodern/modern mit sich bringt und ihn schließlich zur Einteilung in *primitive, intermediäre* und *moderne* Gesellschaften führt (vgl. Parsons 1975: 12; vgl. auch Parsons 1969a, 1969b, 1972, 1975).[65]

Am Beispiel der Berufsrolle des modernen Arztes etwa führt Parsons vor, daß sich Gemeinschaftshandeln und Gesellschaftshandeln durchaus überlappen können. Eine ungebremste Verfolgung seiner ökonomischen Eigeninteressen wird durch seine Mitgliedschaft in einem Berufsstand, dessen ethische Prinzipien ein solches Verhalten untersagen, gemeinschaftlich abgefedert: Am Eigeninteresse orientiertes zweckrationales und am Kollektiv orientiertes wertrationales Handeln fallen damit nicht notwendig auseinander, sondern lassen sich kombinieren (vgl. Parsons 1968b: 409 ff.; Habermas 1988b: 335 f.; Schimank 1996: 86 f.). Statt von einer allmählichen Verdrängung des Gemeinschaftshandelns durch das Gesellschaftshandeln auszugehen, betont Parsons ein hartnäckiges Überleben gemeinschaftlicher Elemente in modernen Gesellschaften. Allerdings handelt es sich dabei nicht um bloße Relikte aus der prämodernen Gesellschaft, die bei der weiteren Entwicklung der Gesellschaft automatisch und unweigerlich verschwinden werden, sondern um sich immer wieder neu herstellende Gemeinschaftsbezüge unter modernen Bedingungen – Gemeinschaftsbezüge auf erweiterter Stufenleiter, wenn man so will.

Zweifellos hat Parsons mit seiner Konzeption der Mustervariablen ein innovatives und flexibles Modell entwickelt, das über ein einfaches dichotomisches Modell von vormoderner versus moderner Gesellschaft hinausgeht. Dabei kann er sich auf ein von Weber und Durkheim bereits gut bestelltes Feld fruchtbarer Einsichten stützen. So kann etwa Webers Dynamisierung des

---

65 Tatsächlich ist es ein Gemeinplatz »linker« wie »rechter« Kulturkritik, von einem Übergang des Gemeinschaftscharakters traditionaler Ordnung zur Unpersönlichkeit des sozialen Lebens in der Moderne auszugehen. Anders als Parsons suggeriert, findet sich die Erkenntnis, daß die moderne Gesellschaft keineswegs die vormoderne restlos überwindet, schon bei Durkheim, wie ich im letzten Kapitel gezeigt habe. Während es sich dabei nach »progressiver« Lesart stets um Relikte aus alter Zeit handelt, die abgeschafft gehören, transportiert Durkheim ebenso wie Parsons offensiv die Ansicht, daß es dabei um stets neu herzustellende Gemeinschaftsbezüge geht.

starren Tönniesschen Begriffspaares von Gemeinschaft und Gesellschaft in Vergemeinschaftung und Vergesellschaftung als wichtige Etappe auf dem Weg zu Parsons »patterns« gelten. Schon nach Weber schließen sich Gemeinschaft und Gesellschaft nicht kategorial aus, sondern können als alternative Orientierungen nebeneinander stehen (vgl. Weber 1972: 22; Kreckel 1991: 168). Auch Durkheim wird durch seine Analyse der modernen Gesellschaft am Ende zu der Einsicht geführt, daß die Grenze zwischen den Mechanismen einfacher und entwickelter Gesellschaften weitaus durchlässiger ist, als sein Modell ursprünglich nahezulegen scheint. Mehr und mehr begreift er mechanische und organische Solidarität nicht als einander ablösende Ordnungs- bzw. Beziehungsmuster, sondern als gleichzeitig zu etablierende Orientierungen (vgl. Kapitel II. 1).[66]

Trotz des kaum bestreitbaren theoretischen Geländegewinns gegenüber den Klassikern, der sich in erster Linie aus dem analytischen Rahmen ergibt, der ein weitaus größeres Auflösungsvermögen besitzt und sich damit aus dem »Konkretismus der Gemeinschafts-Gesellschaftstypologie« (Habermas 1988b: 335) befreit, verwickelt sich das Modell der »pattern-variables« in fundamentale Widersprüche, die Parsons zu einem radikalen Umbau seiner Theorie zwingen. Wenzel erklärt den in den Mustervariablen geronnenen Makroprozeß als das zentrale Problem: »Sie benennen Grunddimensionen des Übergangs von der traditionalen zur modernen Gesellschaftsform. Es darf vermutet werden, daß sie deshalb in ihrem Vermögen, Dynamik angemessen zu fassen, beschränkt sind.« (Wenzel 1990: 407) Somit ist ein System von Variablen sowohl für Mikro- als auch für Makroprozesse zuständig und damit eindeutig überfrachtet: »Letztlich

---

66 Dieses notwendige gleichzeitige Nebeneinander von mechanischer und organischer Solidarität wird erst von Parsons explizit gemacht (vgl. Parsons 1993; 1976: 281 f.). Übrigens taucht auch in Habermas' Modell von System und Lebenswelt die Differenz von Gesellschaft und Gemeinschaft als zwei *gleichzeitig* bestehenden Sphären wieder auf. Obwohl sich heute wohl niemand auf eine einfache Differenzierung zwischen unterentwickelter Gemeinschaft und fortschrittlicher Gesellschaft einlassen würde, wird der Übergang als Trend gleichwohl nicht grundsätzlich bezweifelt. Gewichen ist allein die wertende Konnotation, die bei dem Konzept einer »niedrigeren« bzw. »höheren« Entwicklung stets mitschwingt, zugunsten einer neutraleren Beobachtung dieses Übergangs in andere Formen der gesellschaftlichen Organisation.

kann die strukturfunktionalistische Theorie Funktionsprobleme nicht aus einer Systematik funktionaler Differenzierung von Handlungssystemen herleiten, die zugleich den Konstitutionsprozeß der Einzelhandlung erfaßt, die Integration der Theorie mißlingt hier.« (Ebd.)

Das zunächst anhand »monadischer Aktoren« (Habermas 1988b: 320; Brandt 1993: 100) vorgestellte Modell, das bei der Wahl eines einzelnen Aktors und dessen Orientierungsalternativen ansetzt, wird von Parsons im Laufe der Zeit umgebaut und hinsichtlich einer entgegengesetzten theoretischen Perspektive aufgegeben. Parsons stellt seine voluntaristische Handlungstheorie zunehmend auf eine allgemeine Systemtheorie um (vgl. Habermas 1988b: 338). Ohne diesen Übergang mit all seinen Konsequenzen hier im einzelnen nachzeichnen zu wollen (vgl. dazu Brandt 1993, Habermas 1988b, Münch 1982, Wenzel 1990), sei im folgenden das wichtigste Ergebnis dieser theoretischen Entwicklung – das AGIL-Schema – vorgestellt. Wichtig für den Zusammenhang der vorliegenden Arbeit ist dabei in erster Linie, daß Parsons sein grundlegendes theoretisches Interesse an einer Begründung *normativer Integration* beibehält, der auch seinen Blick auf das Individuum weiterhin entscheidend prägt.

Werte, Normen und die Entwicklung moderner Gesellschaften: Parsons' strukturfunktionalistische Systemtheorie

Ausgangspunkt des Parsonsschen Strukturfunktionalismus ist die Annahme eines gegebenen, relativ stabilen Systems, das auf der relativen Stabilität seiner Subsysteme aufbaut und gegenüber einer überkomplexen Umwelt für seine Bestandserhaltung sorgen muß. Eine Veränderung des Systemzustands in einem der Subsysteme zeitigt Auswirkungen auf die anderen. Das System bleibt nur erhalten, wenn sich die Struktur der einzelnen Systeme nicht grundlegend verändert (vgl. Parsons 1976: 168). Die Funktionen haben die Aufgabe, die jeweils optimale Anpassung der Strukturen an eine sich verändernde Umwelt zu gewährleisten. Wenn die Struktur eines sozialen Systems analysiert worden ist, können Handlungen daraufhin untersucht werden, ob sie für den

Systemerhalt funktional oder dysfunktional sind. Sind sie funktional, sichern sie den Erhalt des Systems, sind sie dysfunktional, gefährden sie den Systemerhalt.[67] Insofern handelt es sich bei Struktur um den statischen, bei Funktion um den dynamischen Aspekt eines Systems.

Mit dem Ausbau der strukturfunktionalistischen Systemtheorie kann Parsons an die Differenzierungstheorien Spencers und Durkheims anknüpfen. In der Theorie der ausdifferenzierten Teilbereiche, die jeweils verschiedene Funktionen für das Gesamtsystem übernehmen, wiederholt sich deutlich erkennbar die Arbeitsteilungskonzeption, die zunächst als Aufgabenteilung zwischen einzelnen Personen konzipiert war und jetzt auf einzelne Systeme übertragen wird. Dabei erklärt Parsons das Zusammenspiel der einzelnen Systeme in ähnlicher Weise wie die Gesellschaftstheorie des 19. Jahrhunderts, die sich anhand der Analogie zum menschlichen Körper, seinen einzelnen Organen und ihren Funktionen die notwendige Koordination der einzelnen Bereiche einer Gesellschaft zu plausibilisieren versuchte.[68]

Nach Parsons (vgl. 1972, 1975) setzt sich das allgemeine Handlungssystem aus dem Verhaltensorganismus, dem Persönlichkeitssystem, dem kulturellen System und dem sozialen System zusammen. Neu daran ist erstens, daß das kulturelle System seine privilegierte Stellung verliert, um zu einem Subsystem des Handlungssystems zu werden. Neu daran ist zweitens die Einführung des Verhaltenssystems bzw. des Organismus. Damit ersetzt Parsons die Vorstellung eines handelnden Subjekts, das noch allzusehr an die utilitaristische Handlungstheorie angelehnt war, durch die systemtheoretische Gedankenfigur, die das Subjekt in einzelne Systeme auflöst: »Das Individuum in diesem Sinn ist [...] eine komplexe Einheit, bei der [...] analytisch vor allem zwei

---

67 Die Unterscheidung funktional/dysfunktional taucht in der funktionalistischen Sozialisationstheorie auch als Unterscheidung von Konformität/Devianz wieder auf (vgl. Merton u. a.). Freilich hat Dahrendorf recht, wenn er anmerkt, daß die Kategorie der Dysfunktion zwar erwähnt wird, letztlich aber eine Residualkategorie bleibt, der im strukturell-funktionalen Theoriemodell keine entscheidende Rolle zukommt (vgl. Dahrendorf 1968: 239). Ähnlich kritisiert Luhmann (1997: 620): »Vor allem fehlt es bei Parsons, wie typisch in seiner Theorie, an einer ausreichenden Berücksichtigung des Negativfalles der Kategorien.«

68 Daraus ergibt sich auch eine deutliche Parallele zur Soziologie Spencers (vgl. Brandenburg 1971: 24; Kunczik 1983).

›Schichten‹ unterschieden werden können. Es ist ›Persönlichkeit‹ unter dem Gesichtspunkt seiner Mitgliedschaft in der Gesellschaft und seiner kulturellen Beziehungen und Bindungen. Es ist ›Organismus‹ unter dem Gesichtspunkt seiner biochemischen und physiologischen Konstitution und seiner Beziehung zur physischen Umgebung. Diese beiden Aspekte sind nur analytisch klar trennbar, aber die Unterscheidung ist dennoch wesentlich.« (Parsons 1968b: 156; vgl. 1967: 161) Über die von Parsons ausdrücklich mit Durkheim geteilte Annahme hinaus, daß die Gesellschaft eine eigene emergente Ebene bildet, eine »›Realität eigener Art‹« (Parsons 1972: 15), die sich nicht auf die Beiträge der Individuen zurückführen läßt, betont Parsons, daß sich auch die Persönlichkeit nicht als bloßes Anhängsel der Gesellschaft verstehen läßt, sondern ebenfalls ein eigenständiges System bildet: »Ich werde die Ansicht vertreten, daß die wesentlichen Züge der Persönlichkeitsstruktur zwar durch Sozialisation von den sozialen Systemen und der Kultur abgeleitet sind, die Persönlichkeit aber dennoch durch ihre Beziehungen zu ihrem eigenen Organismus und durch die Einzigartigkeit ihrer Lebenserfahrung ein unabhängiges System wird; sie ist kein bloßes Epiphänomen der Gesellschaftsstruktur. Beide sind jedoch nicht nur interdependent, sondern durchdringen sich zugleich auch. Der entscheidende soziologische Begriff der Rolle bezeichnet auf allen Stufen des Sozialisationsprozesses diesen Bereich der Durchdringung.« (Parsons 1968b: 103) Mit anderen Worten: Nicht nur das Sozialsystem ist nicht auf das Persönlichkeitssystem reduzierbar, sondern auch das Persönlichkeitssystem ist, bezogen auf die anderen Systeme, als irreduzibel anzusehen (vgl. Parsons 1976: 123, 299).

Obwohl alle vier Systeme die Subsysteme des allgemeinen Handlungssystems darstellen, nimmt das soziale System insofern eine herausgehobene Stellung ein, als die drei anderen Systeme als Bestandteile der *Umwelt* des sozialen Systems definiert sind. Jedem dieser Subsysteme ist jeweils eine Hauptfunktion zugewiesen, deren Zusammenspiel die Erhaltung des Systems gewährleisten soll: Jedes Handlungssystem erhält sich durch die Anpassungsfunktion, die Zielverwirklichungsfunktion, die Integrationsfunktion, die Normenerhaltungs- bzw. Strukturerhaltungsfunktion am Leben. Dieses Vier-Funktionen-Schema ist als *AGIL*-Schema [*A*daption, *G*oal attainment, *I*ntegration, *L*atency (Latent Structure Maintenance)] in die Geschichte der Soziologie eingegangen. Jedes der Subsysteme widmet sich primär jeweils einer der vier Funktionen.

Der *Verhaltensorganismus* ist das Fundament, auf dem die anderen Subsysteme aufbauen. Als »Ort der primären menschlichen Fähigkeiten« (Parsons 1972: 13) regelt es den Austauschprozeß mit der physischen Umwelt, stellt Ressourcen bereit und kanalisiert die Aufnahme zentraler Informationen, um sich so den Gegebenheiten der Umwelt anzupassen. Das *Persönlichkeitssystem* als »Haupt*triebkraft* von Handlungsprozessen« (ebd.) ist für die Verwirklichung der Handlungsziele zuständig, wobei das Ziel in der »Optimierung von Gratifikation und Befriedigung der Persönlichkeiten« (ebd.) besteht. Das *kulturelle System* hat für »Normenerhaltung und schöpferischen Normenwandel« (ebd.) zu sorgen. Das *soziale System* schließlich übernimmt in erster Linie die Aufgabe der Integration und Koordination seiner Teileinheiten, was für jedes Handlungssystem das primäre Ziel ist.

Das soziale System bzw. die Gesellschaft als umfassendstes Sozialsystem ist nach Parsons nun wiederum unterteilt in vier verschiedene Subsysteme, die je eine der Hauptfunktionen übernehmen. Daraus ergibt sich das folgende Schema (vgl. Parsons 1972: 20):

SUBSYSTEME	STRUKTUR-KOMPONENTEN	HAUPT-FUNKTIONEN
Gesellschaftliche Gemeinschaft	Normen	Integration (L)
Treuhandprinzip	Werte	Normenerhaltung (I)
Politisches Gemeinwesen	Gesamtheiten/Kollektive	Zielverwirklichung (G)
Wirtschaft	Rollen	Anpassung (A)

Parsons hebt hervor, daß die Unterteilung der Subsysteme und ihre Aufgabenverteilung in erster Linie *analytischen* Zwecken dienen. Systeme kommen realiter weder in dieser Konkretheit tatsächlich vor, noch sind sie immer so trennscharf auseinanderzuhalten, wie das Modell es vorsieht. Andererseits wird es erst durch diese »analytischen Konstruktionen« (ebd.: 12) möglich, die »*gegenseitige Durchdringung*« (ebd.: 14), die »*Interpenetra-tion*« (Parsons 1976: 124, 166 f.) der Systeme zu analysieren, die im Mittelpunkt der Parsonsschen Systemtheorie stehen. So spielt etwa das Verwandtschaftssystem sowohl in das kulturelle als auch in das System des Verhaltensorganismus und das Persön-lichkeitssystem hinein. Da es für das Individuum die erste wich-tige Quelle für die Begegnung mit Werten, Normen und Kom-munikationsweisen ist, überschneidet es sich z. T. etwa mit dem Normenerhaltungssystem, und durch die Bereitstellung soziali-sierter Dienstleistungen partizipiert es am politischen Gemein-wesen. Als bekanntesten Fall *gegenseitiger Durchdringung* stellt Parsons die »*Internalisierung* sozialer Objekte und kultureller Normen in die Persönlichkeit des Individuums« (ebd.) vor. Durch den Internalisierungsprozeß gehören die Werte und Nor-men einer Gesellschaft nicht mehr länger zur externen Umwelt des Individuums, sondern werden zu »*konstitutiven Bestandtei-len* der Persönlichkeit« (Parsons 1980: 72). Allerdings hat man sich dies nicht als vollständige Indoktrination des einzelnen durch die kulturellen Werte der Gesellschaft vorzustellen. Par-sons hebt vielmehr hervor, daß »das internalisierte Wertsystem niemals mit ›dem‹ gemeinsamen Wertsystem identisch« ist; »es tritt immer spezialisiert und *individualisiert* auf und kann in mannigfaltiger Weise und in unterschiedlichem Ausmaß ver-formt sein« (Parsons 1967: 161, Hervorhebung von mir, M. S.).

Bezogen auf die Theoriearchitektur bleibt also festzuhalten: Das Ineinandergreifen der Systeme ermöglicht die Austausch-prozesse zwischen den prinzipiell *offenen* Systemen, durch die sie sich letztlich am Leben erhalten. Umgekehrt könnte man die-se Wechselbeziehungen jedoch gar nicht wahrnehmen, wenn man nicht zuvor bestimmte Systeme unterscheiden würde. Par-sons erläutert die Funktionen der bereits genannten vier Sub-systeme wie folgt:

1. Die *gesellschaftliche Gemeinschaft* als Kernbereich der Ge-sellschaft erfüllt ihre integrative Funktion durch die Bestimmung spezifischer Normen, die von ihren Mitgliedern weitgehend ak-zeptiert werden müssen. Sie regelt die Loyalitätspflichten des einzelnen gegenüber der Gemeinschaft. Dabei faßt Parsons Loyalität als »die Bereitschaft, auf angemessen ›gerechtfertigte‹ Appelle im Namen des Kollektivs oder des ›öffentlichen‹ Inter-esses oder Bedarfs zu reagieren« (ebd.: 22). Als Beispiel für eine

»Loyalitätsprüfung« (ebd.) nennt er den Militärdienst für Männer. Problematisch ist für Parsons dabei nicht der von der individualistischen Gesellschaftstheorie hervorgehobene Konflikt des einzelnen zwischen seinen Eigeninteressen und den Anforderungen der Gesellschaft. Er geht vielmehr von einer weitreichenden Verträglichkeit zwischen den Interessen des einzelnen und den Bedürfnissen des sozialen Systems aus. Problematisch wird es erst bei der Abstimmung verschiedener »miteinander konkurrierender Loyalitäten« (ebd.: 23), die sich aus dem für moderne Gesellschaften konstitutiven hohen Grad an »*Rollen-Pluralismus*« (ebd.) zwangsläufig für den einzelnen ergibt. Deshalb muß sichergestellt werden, daß die Loyalität zur gesellschaftlichen Gemeinschaft in der »Loyalitätenhierarchie« (ebd.) die oberste Priorität hat. Dies kann etwa durch Einflußnahme geschehen, wobei als Mittel Geld und Macht zugelassen sind. Ziel dieser Intervention ist es, »andere soziale Einheiten zu gewünschten Entscheidungen zu bringen« (ebd.: 24). Dieser »Einfluß muß durch Überredung ausgeübt werden, so daß das Gegenüber überzeugt sein muß, eine Entscheidung im Sinne des Beeinflussenden sei eine Handlung im Interesse des kollektiven Systems, dem beide sich verbunden fühlen« (ebd.). Über unterschiedliche Entwicklungsstufen hinweg wird dieser Aufgabenbereich durch den Stamm, das Volk, die polis oder die Nation repräsentiert (vgl. Parsons 1976: 281).

2. Das *Treuhandsystem* versorgt die Gesellschaft mit einem allgemeinen Wertesystem. Es definiert Wertverpflichtungen, denen sich der einzelne kaum entziehen kann und die ihn daher weit enger an die gesellschaftliche Gemeinschaft binden, als dies Loyalitäten vermögen. Da die Pflichten als legitim angesehen werden, ist die Erfüllung Ehren- oder Gewissenssache, ihre Verletzung dagegen zieht Unehre und Schuld nach sich. Sie sind restriktiver, nehmen keine Rücksicht auf Abwägungen über Vor- und Nachteile bei Erfüllung bzw. Nichterfüllung. Die Familie und die Schule sind mit ihren sozialisatorischen Funktionen zentrale Bestandteile dieses Subsystems. Während die normativen Integrationselemente noch auf »freiwilliger Basis mittels Überredung und Appell an Ehre und Gewissen« (ebd.: 26) erfolgen, sorgt erst

3. das *politische Gemeinwesen* für die absolut verbindliche, obligatorische Einhaltung seiner normativen Ordnung, ohne die

ein großes und komplexes System nicht überleben könnte. Das politische Gemeinwesen erreicht dies durch die Androhung und Ausübung negativer Sanktionen bei Nichterfüllung bzw. Zuwiderhandlung. Diese »*Durchsetzungs*funktion« (ebd.: 27) wird in modernen, differenzierten Gesellschaften in der Regel »von Spezialinstanzen wie Polizei und Militär« (ebd.), dem »*Durchsetzungsapparat*« (Parsons 1975: 27), übernommen. Im Unterschied zur gesellschaftlichen Gemeinschaft wird auf dieser Ebene nicht versucht, durch Überredungsversuche *Einfluß* zu nehmen. Hier wird vielmehr durch die »Verkündigung bindender Entscheidungen« (ebd.: 28) unverblümt *Macht* ausgeübt. Als Machtausübung begreift Parsons freilich auch den Stimmzettel der Bürger, die das Wahlergebnis bestimmen, denn er ist überzeugt: »Auch ein bißchen Macht ist Macht« (ebd.).

4. Die *Wirtschaft* schließlich ist für die restlose Ausschöpfung rationaler Standards verantwortlich. Es geht um die rationale Ausschöpfung und Bereitstellung vorhandener Naturressourcen zur Erfüllung und Befriedigung spezifischer Konsumentenbedürfnisse. Ohne damit schon unmittelbar den Bereich verbindlicher Pflichten und moralischer Fragen zu berühren, geht es auch hier um die Einhaltung normativer Standards. Dazu gehört etwa die Verpflichtung, innerhalb eines »Arbeitsverhältnisses effektiv zu arbeiten« (ebd.). Das ist eine konkrete Erwartung, die unmittelbar mit der *Rolle* des Arbeitenden verknüpft ist.

Jedes dieser vier Subsysteme ist wiederum in verschiedene Subsysteme unterteilbar, die ebenfalls die entsprechenden vier Funktionen übernehmen. Das AGIL-Schema scheint vertikal wie horizontal unendlich ineinander verschachtelbar zu sein. Es läßt sich auf alle nur denkbaren Phänomene anwenden, mit ihm sind immer wieder Handlungen danach zu beurteilen, ob sie funktional oder dysfunktional für die Bestandserhaltung des jeweils übergeordneten Systems sind. Das verleiht der Theorie zwar eine schier grenzenlose Anwendung zur Erklärung sozialer Sachverhalte[69], aber auch einen unübersehbar mechanistischen Charakter. Deutlich wird, daß diese Form der Theorie durchaus die Funktionalität bestimmter gesellschaftlicher Erscheinungen für die Erhaltung eines Systems erklären kann, weniger jedoch die

---

69 Sehr treffend hat deshalb Korte (1993: 173 ff.) Parsons Ansatz als »Theorie für alle Fälle« beschrieben.

Entstehung, Existenz oder Fortexistenz dieser gesellschaftlichen Erscheinungen. Schimank (1996: 102) wirft Parsons deshalb eine an Hegel erinnernde Argumentationsfigur vor: »Man erklärt, ganz hegelianisch, daß, was ist, aufgrund dessen entstanden ist, wozu es gut ist; und man meint sogar, daß das, was ist, notwendig so kommen mußte und auch immer weiter so bleibt.« Dieser Vorwurf ist zunächst nicht ganz von der Hand zu weisen, führt aber letztlich auf eine falsche Fährte. Zwar nimmt Parsons in der Tat an, daß die amerikanische Gesellschaft bei der Weiterentwicklung ihres Erfolgsmodells einem »vorbestimmten Kurs« (Parsons 1968b: 228) zu folgen scheint, was sich mit der hegelianischen Gedankenfigur durchaus verträgt. Außerdem lobt Parsons Hegel ausdrücklich für dessen »hervorragende Theorie allgemeiner gesellschaftlicher Evolution und ihrer Kulmination im modernen Westen« (Parsons 1972: 9), die bei der gebetsmühlenhaft wiederholten Kritik an seiner Glorifizierung des preußischen Staates nicht vergessen werden dürfe. Er wirft jedoch Hegel ebenso wie Marx und allen auf deren Gedanken aufbauenden Ideologien vor, daß sie für die gesellschaftliche Entwicklung einen »zu bestimmten zeitlichen Abschluß« (ebd.) vorsehen.

Anders als die kommunistischen Gesellschaften bemüht sich die amerikanische Parsons zufolge nicht um die Erreichung eines vorgegebenen Ziels. Vielmehr ist sie an der »progressiven Verbesserung auf der Ebene der Verwirklichung ihrer Werte orientiert« (ebd.: 248). In ihr gibt es »keine Idealisierung eines endgültigen ›vollendeten‹ Zustand[s]« (Parsons 1968b: 349) – und folglich gibt es sie auch nicht in seiner Theorie. Allerdings neigt Parsons zur Idealisierung des seiner Meinung nach in den Vereinigten Staaten erreichten Standes gesellschaftlicher Entwicklung, der immer noch verbesserbar, im Vergleich zu anderen Gesellschaften jedoch weit vorangeschritten ist. Doch die nicht in eine ferne Zukunft verlagerte Erreichung bestimmter Ideale – der auf dem Weg dorthin manch Ideale geopfert werden, wie wir inzwischen noch genauer wissen als Parsons zu seiner Zeit –, sondern die auf die Gegenwart ausgerichtete stete Verbesserung der Gesellschaft setzt eine große Dynamik frei. Verantwortlich für diese Dynamik ist der von Parsons so genannte Wert des »*instrumentalen Aktivismus*« (Parsons 1968b: 199, 299): »Der Aktivismus unserer Werte erhellt, daß wir nicht eine statische, unveränderliche Gesellschaft positiv bewerten, sondern vielmehr eine Gesellschaft, die sich ständig in einer ›progressiven‹ Richtung wandelt, das heißt in Übereinstimmung mit unseren zentralen Werten. [...] Wir schätzen Stabilität *im* Wandel, nicht totale Stagnation.« (Parsons 1968b: 300)

Und auf diese Aufgabe werden die Mitglieder der amerikanischen Gesellschaft verpflichtet und von den verschiedenen Sozialisationsagenten vorbereitet. Ziel der Individuen darf demzufolge nicht etwa Genuß und maximale Bedürfnisbefriedigung, sondern muß die »Leistung im Dienst einer guten Gesellschaft sein« (1968b: 248). Den Individualismus, der für die Erreichung dieses Ziels erforderlich ist, bezeichnet Parsons als »instrumentalen oder institutionalisierten Individualismus« (ebd.: 199, 223; Parsons 1976: 218; Parsons/Platt 1990: 11, 63, 114, 119), der sich darin gravierend vom utilitaristischen unterscheidet. Bis ins Detail entspricht die Unterscheidung von Parsons zwischen einem utilitaristischen Individualismus auf der einen und einem instrumentalen bzw. »institutionalisierten Individualismus« (Parsons 1968b: 199, 223) auf der anderen Seite der Durkheimschen Unterscheidung von einem egoistischen bzw. utilitaristischen Individualismus einerseits und einem moralischen Individualismus andererseits (vgl. Parsons 1968b: 248).

In völliger Übereinstimmung mit Durkheim geht Parsons davon aus, daß die Entwicklung der modernen Gesellschaft »eher eine Zunahme als eine Abnahme von Autonomie« (Parsons 1968b: 224) für das Individuum mit sich bringt, obwohl der Differenzierungsprozeß auch zu einer stärkeren gegenseitigen Abhängigkeit führt (aufgrund deren es zu spezialisierten Rollen kommt). Für Parsons wie für Durkheim ist entscheidend, wie die Individuen diesen Autonomiespielraum nutzen. Beide führen dafür einen Individualismusbegriff ein, der über einen egoistischen Individualismus hinausgeht. Dieser Individualismus ist nicht mehr gemeinschaftsgefährdend oder bedrohlich für die soziale Ordnung, sondern Grundlage der Gemeinschaft und Bedingung der sozialen Ordnung. Allerdings setzt diese Art von Individualismus in beiden Theorien Lernprozesse, Verinnerlichung, Sozialisierung und Erziehung voraus, in denen ein ursprünglich asoziales Individuum zu einem funktionierenden Gesellschaftsmitglied geformt werden muß. Dabei betonen sowohl Durkheim als auch Parsons, daß diese Anpassung an die Erwartungsstrukturen des Gesellschaftssystems nicht durch die totale

Unterwerfung des Individuums unter den Status quo, sondern nur durch die Motivierung eines Einverständnisses des Individuums zu seinen ihm zugedachten Funktionen bzw. Rollen erreicht werden kann. Erst durch die permanente »›Konditionierung‹ von Geburt an« (Parsons 1994: 180) werden aus den potentiell unberechenbaren Bedürfnisbündeln berechenbare, gut integrierte Persönlichkeiten. Da die Individuen von Geburt an nach und nach auf die Gesellschaft vorbereitet und an sie herangeführt werden, wird auch der scheinbar natürliche Teil des Individuums, sein Organismus, vergesellschaftet (vgl. Parsons 1968b: 138). Dennoch entstehen Persönlichkeiten, die untereinander weder jemals identisch sein können noch völlig deckungsgleich mit den objektiven Werten einer Gesellschaft sind. Parsons schreibt ausdrücklich: »Das Individuum wird jedoch niemals in der Form in ›die‹ Gesellschaft sozialisiert, daß es nur ein standardisiertes Rädchen der Maschinerie wird.« (Parsons 1968b: 379) Im Gegenteil garantiert die jeweils einmalige Kombination von Elementen, die die Identität der Person ausmachen, ihre Einzigartigkeit: »Das um so mehr, je differenzierter die sozialen und kulturellen Systeme, mit denen das Individuum in enge Berührung gekommen ist, sind.« (Parsons 1980: 84)

Da sich in modernen Gesellschaften die moralischen Regeln nicht mehr auf eng umrissene Situationen für ganz bestimmte Einheiten beziehen, sondern zu allgemeinen Normen entwickelt haben, wird dem Individuum eine Interpretationsleistung bei der Erfüllung dieser Normen abverlangt (vgl. Parsons 1968b: 204). Ein Vorgang, den er »normative Aufwertung« nennt und als »notwendige Begleiterscheinung des Differenzierungsprozesses« vorstellt (ebd.): »Dem Individuum wird ein großer Teil der Verantwortung überlassen, nicht nur für die Leistung *innerhalb* der institutionalisierten normativen Ordnung, sondern auch für seine eigene Interpretation ihrer Bedeutung und seiner Verpflichtung in und gegenüber dieser Ordnung.« (Parsons 1968b: 201) Parsons hält es für einen allgemeinen Entwicklungstrend, der sich auch in Zukunft fortsetzen wird, daß an den einzelnen eher größere als geringere Anforderungen gestellt werden (vgl. ebd.: 207, 306). Der einzelne muß damit umzugehen lernen, in weit komplexeren Zusammenhängen als früher zu handeln. Blieb dem Individuum in primitiven Gesellschaften letztlich »›nur eine Möglichkeit‹« (Parsons 1975: 70), sein Leben zu leben, so steht dem modernen Individuum »ein häufig verwirrender Bereich von Wahlmöglichkeiten« (Parsons 1980: 68) zur Verfügung. Wurde einstmals jedem Individuum sein Platz in der Gesellschaft zugewiesen, sind die Individuen in modernen Gesellschaften zur »Selbstlokalisierung« (ebd.: 71) aufgerufen. Auf die Frage »Wer oder was bin ich« (ebd.: 73) muß das Individuum nun selbst Antworten finden. Das Problem der Identität ist für Parsons folglich ein Problem, das erst mit dem für eine moderne Gesellschaft typischen Ausmaß an Rollenpluralismus entsteht (vgl. ebd.: 79).

Allerdings macht Parsons hinsichtlich dieser Entwicklung ein deutliches Mißverhältnis zwischen den an den einzelnen gestellten Anforderungen und dessen Kompetenzen bei der Bewältigung dieser Anforderungen aus. Würden Fähigkeiten und Erwartungen in gleichem Maße wachsen, wäre das Leben weder schwerer noch einfacher als in früheren Gesellschaftsformen. Doch Parsons geht davon aus, daß sich die beiden Bereiche keineswegs komplementär entfalten. Vielmehr gibt es deutliche Anzeichen für eine Erhöhung der Anforderungen an die Individuen, mit denen ihre Fähigkeiten nicht Schritt halten und so in *Über*forderungen auszuarten drohen. In diesem Ungleichgewicht sieht er einen wesentlichen Grund der »gegenwärtigen Unruhe und Malaise« (1968b: 207), die unter den Jugendlichen ausgebrochen ist. Für Parsons ist dies kein Zufall, sind es doch die Jugendlichen, die »in ein Interaktionssystem einzutreten haben, das erheblich komplexer und verzweigter ist als das, dem ihre Eltern zum entsprechenden Zeitpunkt ihres Lebenszyklus gegenüberstanden« (Parsons 1980: 71).[70]

Aufschlußreich ist, wie Parsons die Spannungen und Konflikte in der amerikanischen Gesellschaft seiner Zeit auflöst, die in seiner Theorie angeblich keinen Platz haben. Seine Analyse der Jugendkultur in den Vereinigten Staaten zeigt, daß ihm ein be-

---

70 Vgl. auch: »In einer Gesellschaft, die sich so rasch wandelt wie die unsere und in der es so viel Statusmobilität gibt, ist es natürlich, daß die ältere Generation keine unmittelbare Führung und keine Rollenmodelle bieten kann, die den Jugendlichen mit einer klar strukturierten Definition der Situation versehen würden. Er muß vielmehr seinen eigenen Weg finden, denn er wird aus dem Nest gestoßen, und man erwartet von ihm, daß er fliegt. Selbst das Medium, in dem er fliegen soll, ändert sich ständig« (Parsons 1968b: 224).

stimmtes Ausmaß an Spannungen und Konflikten keineswegs als besorgniserregend gilt. Ja, ein gewisses *Maß* an Anomie scheint für eine Gesellschaft, die nicht stehenbleiben will, sondern fortwährend an der Einrichtung und Verbesserung einer guten Gesellschaft arbeitet, sogar ganz normal zu sein. Jeder Jugendliche hat für Parsons »das Recht, sich zu beklagen, daß er in eine Welt geboren wurde, ›die er nicht gemacht hat‹« (1968b: 226). Die sich daraus ergebende Unruhe und Unzufriedenheit scheint die Antriebskraft zu sein, daß sich die Gesellschaft weiterhin auf ihren Weg zur fortwährenden Verbesserung ihrer Grundlagen macht. Insofern sieht Parsons die Ungeduld der amerikanischen Jugend in völliger Übereinstimmung mit der »aktivistischen Komponente des Wertsystems« (ebd.: 227). Seine positive Beurteilung der Jugendunruhen hängt also entscheidend davon ab, daß sie nicht das etablierte Wertesystem verlassen. Er interpretiert sie als aktive Eingriffe zur Verbesserung der Gesellschaft als ganzer, die sich für Parsons in weit besserer Übereinstimmung mit dem Wertesystem befinden als passive Anpassung an das Bestehende. Kritisch würde es in seinen Augen erst dann, wenn man einen entscheidenden Wandel der »herrschenden Wertmuster« feststellen müßte (vgl. ebd.: 228). Doch nach seiner Einschätzung bewegen sich die Reaktionsmuster der Jugend in durchaus normalen Grenzen.[71]

An dieser Argumentation wird deutlich, daß der Vorwurf an Parsons, seine Haltung befördere die bloße Anpassung an das Bestehende, unpräzise ist. Worum es ihm geht, ist die Anpassung an ein Wertmuster, das die aktive Weiterentwicklung und Verbesserung der Gesellschaft zum Ziele hat. Das hat mit einer Festschreibung des Status quo nur wenig zu tun. Vielmehr handelt es sich bei seinem Wertintegrations- und Gleichgewichtsmodell um ein höchst elastisches Modell. Die Schwäche dieses Modells scheint mir nicht zu sein, daß sich mit ihm Konflikte und Spannungen nicht erfassen lassen, sondern daß diese in einem sehr weiten Umfang als mit dem Wertesystem übereinstimmend deklariert werden können. Jede Form von Spannungen, Konflikten

---

71 In seiner Auseinandersetzung mit den Thesen Riesmans lautet einer der entscheidenden Einwände, daß Riesman beim Übergang vom innen- zum außengeleiteten Typus eher von einer abnehmenden Verantwortung des einzelnen ausgeht. Parsons aber sieht dies genau umgekehrt (vgl. Parsons 1968b: 255).

und Unruhen, die in anderen Modellen als systemgefährdend eingestuft werden, können auf diese Weise als Stabilisierung und Weiterentwicklung des Wertesystems gedeutet werden.[72]

Halten wir als Ergebnis fest: Auch nach dem Umbau seiner Theorie von der Handlungs- zur Systemtheorie bleibt Parsons der Vorstellung treu, daß soziale Ordnung ohne einen gemeinsam geteilten Vorrat an »*obligatorisch*« (Parsons 1972: 26) geltenden Werten und Normen nicht dauerhaft konstituiert und aufrechterhalten werden kann. Parsons antwortet der individualistischen Gesellschaftstheorie, nach der das Eigeninteresse der Individuen einer Integration der sozialen Systeme im Wege stehe, nicht etwa mit der Vorstellung einer notwendig Unterjochung des einzelnen durch einen übermächtigen Staat, sondern durch die Vorstellung einer Vielzahl von Mitgliedschaften in verschiedenen Systemen, denen gegenüber der einzelne eine Loyalitätsverpflichtung empfindet. Damit speist sich die für ein soziales System notwendige normative Integration ihrer Mitglieder nicht aus einer Quelle, sondern aus einer Vielzahl von ineinander verschränkten Verpflichtungen, denen sich die einzelnen in freiwilliger Mitgliedschaft anschließen.

Sozialisation und soziale Ordnung: Parsons' Theorie normativer Integration

Talcott Parsons hat in seiner Soziologie wie kaum ein zweiter Soziologe dieses Jahrhunderts das klassische Thema der Soziologie, das Problem sozialer Ordnung (vgl. Luhmann 1993b: 193ff.), in den Mittelpunkt gerückt. Die Herausforderung für diese Fragestellung geht für Parsons von Hobbes aus, der ja schon in Durkheims Soziologie eine zentrale Rolle spielt. Parsons ist sich mit Hobbes einig, daß es einer sozialen Ordnung bedarf, die die egoistischen Individuen davon abhält, in ein »bellum omnium contra omnes« einzutreten. Bekanntlich hat Hobbes das Problem durch die bedingungslose – aber freiwillige – Unterwerfung

72 Ergibt sich nicht gerade aus einer solchen Konzeption die wohlwollende Zustimmung, mit der es auch die Studentenbewegung 1997 zu tun gekriegt hat? Aus der Sicht der Bewegung lähmt diese Umarmungsstrategie den Protest viel mehr, als ein ganzer Katalog repressiver Sanktionen gegen die Aktivisten es vermöchte.

des einzelnen unter den Leviathan, den starken Staat und seine Institutionen, gesehen; eine Lösung, die für Parsons nicht mehr akzeptabel ist. Parsons widerspricht schon den anthropologischen Prämissen[73], die in diese vertragstheoretische Konzeption eingegangen sind und die sich in den utilitaristischen Ansätzen verschiedenster Provenienz perpetuieren. Er hält sowohl die Annahme eines gesellschaftlichen Urzustandes, in der die Individuen sich frei bewegen können, als auch die Vorstellung, daß sich menschliches Handeln an individuellen Zielen, weitgehend unabhängig von gesellschaftlichen Vorgaben, ausrichtet, für falsch. Durch die utilitaristische Annahme einer individuellen, unabhängig von anderen unternommenen Zielverfolgung kommt es beinahe zwangsläufig zur Vorstellung konfligierender Interessen, die schließlich in gewalttätigen Kämpfen ausgetragen werden: Der »Kampf aller gegen alle« um Sicherheit und knappe Güter, die permanente Bedrohung durch Gewalt erscheint unausweichlich. Deshalb dreht Parsons – ähnlich wie vor ihm Durkheim – die Problembetrachtung um. Statt bei den unvergesellschafteten einzelnen anzusetzen und nach den Bedingungen zu fragen, die gegeben sein müssen, um ein friedliches Zusammenleben zu ermöglichen, geht Parsons von sozialer Ordnung aus und untersucht die Bedingungen, die vorhanden sein müssen, um diese aufrechtzuerhalten. Parsons sieht den Utilitarismus in dem Dilemma gefangen, »daß er nur entweder die Willensfreiheit annehmen kann, dann aber eine zufällige Variation der Ziele behaupten muß, oder umgekehrt akzeptiert, daß Ziele nicht zufällig variieren, dann aber keinen Ort für Wahl und Entscheidung in seinem Gebäude mehr finden könne« (Joas 1992: 24). Die aus diesem Dilemma hinausführende Lösung weist in eine Richtung, die bereits Durkheim eingeschlagen hatte. Es ist die Theorie der *normativen Integration* durch die Verinnerlichung *moralischer Werte*. Damit Integration funktioniert, muß das kulturelle System im

---

73 Während diese Absetzbewegung Durkheim wesentlich schwerer fiel, teilt er doch die anthropologischen Annahmen von Hobbes weitgehend. Auch die bei Durkheim ebenfalls fortgesetzte Vorstellung eines starken, wenn auch nicht übermächtigen Staates fehlt bei Parsons gänzlich. Vgl. nur seine Aussage: »Das amerikanische Wertsystem kann als ein Wertsystem des *instrumentalen Aktivismus* verstanden werden. *Instrumental* bedeutet in diesem Zusammenhang, daß weder die Gesellschaft als ganze noch irgendeiner ihrer Aspekte (etwa der Staat) zu einem ›Zweck an sich‹ erhoben, sondern als instrumental für ›lohnende‹ Dinge betrachtet werden.« (Parsons 1968b: 299)

sozialen System institutionalisiert und vom Persönlichkeitssystem internalisiert werden.

Parsons geht nicht wie Hobbes davon aus, daß die egoistischen Verhaltensweisen der Menschen bzw. deren Leidenschaften gezügelt werden müssen, damit sich eine stabile soziale Ordnung entwickeln kann. Ebensowenig teilt er die Auffassung Kants, nach der die moralischen Normen dem einzelnen ein Verhaltensmuster vorschreiben, das seinen eigentlichen, »natürlichen« Neigungen zuwiderläuft und ihm deshalb regelrecht aufgezwungen werden muß. Beide Modelle unterstellen einen Konflikt zwischen den Leidenschaften, Neigungen bzw. Bedürfnissen des einzelnen und den Interessen des Kollektivs, den es nach Parsons in dieser Form nicht gibt. Die überaus große »Plastizität«[74] (Parsons 1994: 180; Parsons 1968b: 30, 49) der menschlichen Natur verhindert es in seinen Augen, daß die gesellschaftlich-moralischen Anforderungen mit den Handlungsmotiven des einzelnen per se kollidieren. Es gibt keine feststehenden Verhaltenstendenzen oder Handlungsmotive im einzelnen, die ihn mit den moralischen Normen in Konflikt geraten lassen würden (vgl. ebd.).[75] Die »menschliche Natur« ist im Gegenteil so offen angelegt, daß sie scheinbar beliebig (aus)gefüllt werden kann. Da das Individuum in seiner Grundstruktur weder egoistisch noch altruistisch, weder hedonistisch noch asozial oder sonstwie ausgerichtet ist, rufen die zahlreichen Konditionierungsversuche, denen es im Laufe seiner Sozialisation ausgesetzt ist, auch keinerlei Widerstand in ihm hervor. Vielmehr kommt es aufgrund »sozialer ›Konditionierung von Geburt an‹« (Parsons 1994: 180) erst zur allmählichen Herausbildung einer konkreten Persönlichkeitsstruktur. Obwohl dieser Prozeß durchaus verschiedene Persönlichkeitsstrukturen hervorbringt, da die entsprechenden Einflüsse, denen das Individuum im Laufe des Sozialisierungsprozesses ausgesetzt ist, sehr unterschiedlich ausfallen können,

74 Genau auf diese »Plastizität« stützt auch Arnold Gehlen seine Anthropologie (vgl. Gehlen 1955: 380 ff.; dazu Schlottmann 1968: 6). Ebenso heißt es bei Durkheim (1984a: 41): »Der Durchschnittsmensch ist außerordentlich plastisch. Er kann in sehr verschiedenen Berufen eingesetzt werden.« Auch bei Riesman ist explizit von »Plastizität« die Rede (1958: 138).
75 Insofern teilt Parsons nicht die Hobbessche Vorstellung des egoistischen Individuums, das nur durch die Zwangsunterwerfung unter einen allmächtigen Staat gebändigt werden kann, wie hin und wieder behauptet wird (vgl. nur Furth 1991: 230).

besteht für Parsons kein Zweifel über die grundlegende Tendenz, »relativ integrierte Persönlichkeiten auszubilden, die sowohl intern als System wie auch mit den Erfordernissen und Mustern des umfassenderen sozialen Systems integriert sind« (Parsons 1994: 180).

Das Ergebnis des Sozialisationsprozesses führt also – im Idealfall – zu einer weitgehenden Übereinstimmung der normativen Muster und kognitiven Orientierungen des einzelnen mit den anderen Aktoren in einem sozialen System: »Das normale Individuum neigt im großen und ganzen dazu, das zu ›wollen‹, was mit den normativen, speziell moralischen Mustern übereinstimmt, die in die Bildung seiner Persönlichkeit eingegangen sind.« (Ebd.: 181) Das so entstehende Gleichgewicht zwischen gewollten und gewünschten, erforderlichen und angestrebten Verhaltensmustern ergibt sich für Parsons durch die Orientierung des einzelnen am Verhalten der anderen. Entscheidend ist, daß jeder Aktor, dessen Handlungen sich stets aus einer Mischung von eigennützigen und uneigennützigen Motivationen zusammensetzen, für die mit den normativen Mustern übereinstimmenden Verhaltensweisen belohnt wird, während die abweichenden Verhaltensweisen negative Sanktionen nach sich ziehen. Im Falle einer deutlichen Abweichung von den allgemein akzeptierten normativen Verhaltensmustern tritt eine Reihe von Mechanismen in Kraft, die den einzelnen zum Einlenken bewegen und ihn gleichsam wieder auf den »Pfad der Tugend zurückgeleiten«. Es ist also nicht ein Zwang oder gar Gewalt ausübender Staat oder eine übermächtige Gruppe, die den einzelnen zur Konformität zwingen. Vielmehr ist es das sprichwörtliche Angewiesensein auf die anderen, das den einzelnen vom abweichenden Verhalten abhält. Denn ohne den »›guten Willen‹« der anderen, ihre Hilfe bei der Erfüllung seiner Bedürfnisse, der Anerkennung für seine uneigennützigen Taten und der Erwiderung seiner Affekte, kann der einzelne nicht auskommen, so daß sich schließlich jeder um eine Übereinstimmung mit den Erwartungen der anderen von sich aus bemüht (vgl. ebd.: 157, 182; vgl. ebenfalls Parsons 1973: 146). Damit wird ein Gegensatz wie der zwischen egoistischem und altruistischem bzw. antisozialem und sozialem Handeln mit dem Argument aufgelöst, daß die Individuen *aus Eigeninteresse* sozial handeln.

Obwohl Durkheim, wie weiter oben gezeigt, diese Lösung

schon sehr weitgehend vorbereitet hat und sich hinsichtlich der Plastizitätsannahme der menschlichen Natur in völliger Übereinstimmung mit Parsons befindet, betont Durkheim stärker als Parsons, daß mit den Konditionierungsmaßnahmen von Sozialisation und Erziehung Zwang auf den einzelnen ausgeübt wird. Während sich bei Parsons durch die immer schon unterstellte freiwillige Übereinstimmung mit den moralischen und normativen Mustern die Vorstellung des Zwangs erledigt, hält Durkheim daran fest, daß die freiwillige Unterordnung unter die moralischen Prinzipien einer Gesellschaft den Zwang keineswegs obsolet werden läßt. Damit steht Durkheim – wenn auch wider Willen – noch in weit stärkerem Maße als Parsons in der Hobbesschen Tradition. Als Ziel haben freilich sowohl Durkheim als auch Parsons den nur mehr *moralischen Zwang* im Auge, den Habermas (1988b: 310) treffend wie folgt charakterisiert: »Es ist ein ›Zwang‹, den sich der Aktor so zu eigen gemacht hat, daß er nicht mehr als äußere Gewalt auf ihn zukommt, sondern von innen die Motive durchdringt und ausrichtet.« Insofern bleibt bei Parsons von Durkheims Unterscheidung zwischen physischem und moralischem Zwang (vgl. Durkheim 1991: 99) allein der moralische übrig, der als solcher jedoch nicht mehr empfunden wird, wenn die Sozialisation erfolgreich verlaufen ist.

Zwar weist Parsons ausdrücklich darauf hin, daß es sich bei diesen Vorstellungen um Idealtypen sowohl der »integrierten menschlichen Persönlichkeit« als auch des »integrierten sozialen Systems« handelt, die in der Wirklichkeit »nur in sehr unterschiedlichem Maß und nie auf perfekte Weise« dem Ideal nahekommen (Parsons 1994: 182). Im gleichen Atemzug betont er dennoch, daß die Persönlichkeiten dazu »›neigen‹«, in Übereinstimmung mit den Idealtypen zu sein, so wie ein Organismus grundsätzlich dazu neige, die Krankheit zu überwinden und wieder gesund zu werden. Obwohl er mit der Betonung der rein analytisch ausgerichteten Kategorien seiner Theorie zunächst dem Verdacht einer allzu harmonistischen Vorstellung entgegenwirkt, zeigt der Zusatz deutlich, daß er »normalerweise« von einer weitgehenden Erfüllung des Idealtyps in der Realität ausgeht. Auf welch wackligen Füßen diese Annahme steht, belegt schon das Wort »Neigung«. Ausgerechnet Parsons, der gegen die Annahmen der verschiedensten Denktraditionen mit dem Argument antritt, daß es bestimmte natürliche Neigungen nicht gibt, nimmt offenbar an, daß es immerhin die Neigung der menschlichen Persönlichkeit gibt, sich in Übereinstimmung mit den Normen und Werten der Gesellschaft zu befinden. Ähnlich wie Durkheim immer wieder die Behauptung aufstellt, daß die Individuen unter der Regellosigkeit der sozialen Beziehungen leiden, weil sie prinzipiell der Regelung bedürfen, arbeitet Parsons mit der Prämisse, daß sich die einzelnen in Übereinstimmung mit den anderen befinden *wollen* und es deshalb vermeiden, durch nonkonformes Verhalten aufzufallen.

Es sind dies die typischen Prämissen der um normative Integration und soziale Ordnung zentrierten Theorien, die zwar eine zu weit gehende Reglementierung und pathologische Abweichungen in ihre Theorien – gewissermaßen der Vollständigkeit halber – einbauen, insgesamt aber derart auf das Ziel eines Gleichgewichts ausgerichtet sind, daß ihnen die individuellen Kosten aus dem Blick zu geraten drohen, die als pathologische Phänomene und als Ergebnis »mangelhafter Integration« kleingerechnet werden. Gesellschaftstheoretisch schwerer wiegt womöglich der Einwand, daß in diese Konzeption die Vorstellung von gesamtgesellschaftlich etablierten Werten und Normen eingeht, die von einem Kollektiv getragen werden, das mächtig genug ist, um die vereinzelt auftretenden Abweichler zur Räson zu bringen. Damit soziale Integration funktioniert, muß sich die überwiegende Mehrheit der Bevölkerung im Einklang mit den geltenden Werten und Normen befinden, so die immer wiederkehrende Zauberformel Parsons' für die Lösung des Problems sozialer Ordnung. Daß sich aber erst aufgrund einer solchen Vorstellung normativer Integration ein bestimmtes Verhalten als »pathologische« Abweichung aufdrängt, die »tatsächlich« womöglich eher eine überaus »gesunde« Reaktion des einzelnen etwa auf unzumutbare Überforderungen durch Rollenkonflikte darstellt, entzieht sich ganz offensichtlich dem Reflexionshorizont der Parsonsschen Theorie. Einerseits erfolgt der Hinweis auf die Idealisierung der Annahme einer vollständigen Integration von vorgegebenen Wertmustern und Motivation der einzelnen, die in der empirischen Wirklichkeit kaum jemals in Reinkultur anzutreffen sind. Andererseits reproduziert dieser homöostatische Ausgangspunkt immer wieder die Annahme, daß das Ungleichgewicht, die Nichtübereinstimmung, die Abweichung, der Widerstand die Ausnahmen sein müssen. Ähnlich wie der kritischen Theorie die zunächst als Stilmittel eingeführte Übertreibung unter der Hand zu Aussagen über den »tatsächlichen« Zustand der Welt gerät, vgl. Kapitel I. 2, verwandelt sich bei Parsons, so meine Vermutung, die zunächst zu rein analytischen Zwecken eingeführte idealistische Annahme der Vollintegration zu Aussagen über empirisch anzutreffende Sachverhalte. In beiden Fällen widerstehen die Theorien dem Sog ihrer eigenen methodischen Mittel nicht, sondern werden am Ende von ihnen förmlich mitgerissen.

Doch ähnlich wie bei Durkheim ist das Kreisen um das in beiden Theorien zentrale Thema der sozialen Ordnung und der Integration – das sei noch einmal festgehalten – nicht mit einem Desinteresse am Problem individueller Freiheit gleichzusetzen. Im Gegenteil wird sogar behauptet, daß »die Suche nach den Möglichkeiten individueller Freiheit« (Nolte 1987: 583) ein durchgängiges Thema in Parsons Werk sei.[76]

76 Nolte fährt weiter fort: »Doch der verkrampft-heroische, sehr ›deutsche‹ Gestus Webers, bei dem der Freiheitsanspruch manchmal zur trotzigen Gebärde zu erstarren droht, ist Parsons fremd. Der Vergleich mit Weber kann noch einen Schritt weiter geführt werden. Der deutsche Soziologe fragt, jedenfalls in den heute so populären Stellen, nach Freiheit *gegen* die bestehenden Ordnungen – für ihn vor allem Bürokratie und industrieller Kapitalismus – und verliert so eine soziologische Perspektive. Parsons dagegen interessiert sich für die Bedingungen der Möglichkeit von Freiheit *in* den sozialen Beziehungen, *in* sozialen Strukturen der Moderne. Er fragt nach der ›Institutionalisierung‹ – ein Schlüsselbegriff Parsons' – also nach der Verankerung von Freiheit und anderer für die Moderne charakteristischer liberaler Werte im sozialen Handeln.« (Nolte 1987: 583) Soviel richtige Beobachtungen hier auch gemacht werden – hier der sehr deutsche Gestus Webers, der z. T. in trotziger und auch hilfloser Gebärde steckenbleibt, und dort der nüchternere Parsons auf der anderen Seite –, so schießt Nolte dennoch über das Ziel hinaus: Seine Charakterisierung stilisiert Weber zum revolutionär gestimmten Systemüberwinder, der er nun wirklich nicht war. Seine Wertschätzung der Leistungen des Kapitalismus und der Bürokratie waren viel zu groß, als daß er eine Überwindung dieser für die westliche Moderne typischen Errungenschaften angestrebt, sein Blick auf die einmal entwickelten Realitäten war viel zu klar, als daß er einen Schritt hinter diese Prinzipien zurück auch nur für möglich gehalten hätte. Weder von der Möglichkeit noch auch nur von der Wünschbarkeit einer Abschaffung der kapitalistischen Ordnung ist bei Weber die Rede. Was er beklagt, sind Auswüchse des mächtigen Prozesses der Rationalisierung und Bürokratisierung, nicht die Prozesse selbst. Webers Handlungsanweisungen für seine Zeitgenossen sind auf Aushalten, nicht auf Flucht und schon gar nicht auf Rebellion ausgerichtet. Eben das hat Weber – genau wie Parsons – in den Augen sich progressiv verstehender Wissenschaftler immer so verdächtig gemacht. Am

Als direkte Parallele zu Durkheims Steigerungshypothese (vgl. Durkheim 1988: 82) lese ich Parsons Aussage: »In den fortgeschritteneren Gesellschaften kann die Variationsbreite der individuellen Persönlichkeit sogar zunehmen, während die Struktur und die Prozesse der Gesellschaft weniger abhängig von individuellen Idiosynkrasien werden.« (Parsons 1975: 21) Der Unterschied ist freilich, daß sich aus der wechselseitigen Steigerung individueller Freiheit und sozialer Ordnung bei Durkheim eine starke Verknüpfung von Individuum und Gesellschaft ergibt, während Parsons die »analytische Unabhängigkeit von Sozialsystem und Persönlichkeit« betont, aus der die »Freiräume für Kreativität« (Parsons 1976: 300) entstehen. Die wechselseitige Unabhängigkeit von Sozial- und Persönlichkeitssystem ist die Voraussetzung für die »Autonomie des Individuums« (ebd.).

Parsons' späte Studie zum *System moderner Gesellschaften* (Parsons 1972) liest sich über weite Strecken wie ein Katalog von Idealen, die nach seinem Dafürhalten in den meisten Punkten in den Vereinigten Staaten bereits verankert sind, aber hier und dort noch durchaus der Vervollkommnung harren. Das erinnert an Durkheims Vorgehen, der ebenfalls immer wieder beschreibt, wie es sein müßte, was nötig wäre, damit Gesellschaften reibungslos funktionieren. Diametral entgegengesetzt ist ein solches Vorgehen den Überzeugungen der kritischen Theorie, nach der man sich bereits ins Unrecht setzt, wenn man ausmalen wollte, wie es sein soll. Erklärt man gar das Bestehende zur fast gelungenen Umsetzung des Ideals in den meisten Punkten, wäre man ein Opfer des »falschen Bewußtseins« und des »Verblendungszusammenhangs«. Doch der immer wieder vorgebrachte Einwand, Parsons übersehe und negiere Spannungsverhältnisse und Konflikte, die das soziale Leben nun einmal mit sich brächten und die nur in utopischen Gesellschaften fehlten (vgl. Schlottmann 1968: 61), ist in dieser Pauschalität nicht zu halten. Freilich vermag ein Verteidigungsversuch wie »Nichtbehandlung ist jedoch nicht gleichbedeutend mit der Annahme, daß derartige

ehesten noch könnte der Vergleich Plausibilität für sich beanspruchen, wenn Nolte nicht Weber, sondern Vertreter der kritischen Theorie an den entsprechenden Stellen eingesetzt hätte. Richtig bleibt dennoch, daß Parsons sehr viel stärker von einer Gleichzeitigkeit von individueller Freiheit und sozialer Ordnung ausgeht als Weber. Das ist auch der Grund, warum er in dieser Frage m. E. Durkheim näher steht als Weber.

Konflikte nicht existieren« (Geißler 1979: 273), nicht zu überzeugen.[77] Erstens kann von Nichtbehandlung keine Rede sein, und zweitens verstellt dieses Argument den Blick auf den *Grund* dieser, sagen wir besser: marginalen Behandlung von Konflikten: Parsons hat die soziale Welt zunächst so beschreiben wollen, wie sie störungsfrei funktionieren könnte. Die tatsächlich stattfindenden Konflikte hat er dabei keineswegs geleugnet, wie inzwischen deutlich geworden sein dürfte, aber er hat sie auch nicht zum Zentrum seines Denkens erhoben.[78] Ausgehend von diesem analytischen Gleichgewichtsmodell sind ihm Konflikte und Spannungen – sowohl im Mikrobereich als auch im Makrobereich – beinahe notwendig immer nur als zeitweilig auftretende, folglich vorübergehende und überwindbare Krisen in den Blick geraten. Eben darin drückt sich der starke Optimismus im Denken von Parsons und Durkheim aus. Ihr Vertrauen in die Steuerbarkeit moderner Gesellschaften in die richtige Richtung und das Gegensteuern gegen Irrwege und Sackgassen ist beinahe grenzenlos, wenngleich in Durkheims Anomietheorie eine ungleich

77 Als Rezipienten können wir immer nur von dem ausgehen, was ein Autor behandelt. Wir müssen unterstellen, daß er das, was er schreibt, als zentral begreift und die Dinge, die er nicht behandelt, als weniger zentral. Nur so kann man beispielsweise zu dem Vorwurf gelangen, daß Habermas in seinem Konsensmodell Machtprozesse unterschätze. Sie haben an zentraler Stelle seiner Theorie keinen Platz, folglich klafft dort eine Lücke. Würde das Argument Geißlers gelten, könnte man den soziologischen Theorien kaum den Vorwurf machen, sie hätten etwa das Ökologieproblem oder die Todesproblematik in ihren Entwürfen sträflich vernachlässigt, was jedoch der Fall ist.
78 Vgl.: »Parsons hat [...] keineswegs unmittelbar eine empirische Theorie im Sinne eines hierarchischen Systems synthetischer Aussagen über die Wirklichkeit, die an kontrollierten Beobachtungen überprüft und hinsichtlich ihrer Gültigkeit beurteilt werden können, im Auge. Vielmehr konstruiert er, von einem bestimmten hypothetischen Zustand der Gesellschaft ausgehend, die *idealen* Bedingungen, die für diesen Zustand erfüllt sein müssen. Daß Parsons als hypothetischen Bezugspunkt gerade die Integration der Gesellschaft wählt und wie er seine Theorie schließlich ausführt, hängt schließlich damit zusammen, daß er von dem Hobbesschen Ordnungsproblem und der Richtung, in der einige Klassiker soziologischen Denkens seine Lösung gesucht hatten, ausgeht. Hobbes hatte gewissermaßen den Idealtypus der ›Nicht-Gesellschaft‹ analysiert und seine empirische Unmöglichkeit dargetan. Parsons geht daraufhin nicht ohne Konsequenz von dem Gegenpol aus, den er ebenfalls idealtypisch konzipiert; daher ist seine Theorie schon im Ansatz als Integrationstheorie intendiert, allerdings zunächst eben nur als eine rein hypothetische.« (Geulen 1989: 78 f.) Diese Herangehensweise teilt er m. E. mit Durkheim.

stärkere Berücksichtung sozialer Pathologien zum Tragen kommt als bei Parsons. Für beide jedoch geht die über Systeme gesteuerte und aufrechterhaltene soziale Ordnung grundsätzlich nicht zu Lasten individueller Freiheiten. Diese Grundüberzeugung kommt in folgender Passage noch einmal deutlich zum Ausdruck: »Wenn so viele voneinander unabhängige, wenn auch interdependente, Faktoren wirksam sind, sollte jeder, der mit den Grundgedanken der Kombinatorik vertraut ist, es schwierig finden zu behaupten, daß eine moderne, hoch differenzierte Gesellschaft unvereinbar mit Individualismus ist. Natürlich gibt es Probleme hinsichtlich *spezifischer Arten* von Autonomie und Individualität. Die Behauptung jedoch, daß moderne Gesellschaften repressiv gegen jede Autonomie sind und alle Individualität unterdrücken, ist häufig so sehr verallgemeinert, daß sie den Anschein erweckt, sie bestreitet überhaupt die Gültigkeit des eben skizzierten, auf die Kombinatorik gestützten Arguments. Darüber hinaus kann mit guten Gründen behauptet werden, daß der Trend der *modernen* Gesellschaft, weil diese so hoch differenziert und pluralistisch geworden ist, gerade Individualität unterstütze und nicht zugunsten von Konformismus unterdrücke.« (Parsons 1976: 301)[79]

79 Insofern trifft die Feststellung Habermas' zu: »Überhaupt hat Parsons [...] in Fragen der Gegenwartsdiagnose eine Webers Auffassungen entgegengesetzte Position bezogen. Er glaubt nicht daran, daß in modernen Gesellschaften mit dem Zerfall religiöser und metaphysischer Weltbilder die solidarischen Beziehungen und die Identität von Einzelnen, die ihr Leben nicht mehr an ›letzten Ideen‹ ausrichten können, bedroht sind. Vielmehr ist Parsons davon überzeugt, daß moderne Gesellschaften für die Masse der Bevölkerung einen unvergleichlichen Zuwachs an Freiheit herbeigeführt haben. Parsons bestreitet *beide* Komponenten der Weberschen Gegenwartsdiagnose, sowohl die These vom Sinnverlust wie auch die vom Freiheitsverlust.« (Habermas 1988b: 432) Vgl. auch: »Parsons setzt seine Kategorien so an, daß *dieselben* Erscheinungen, die Weber als Anzeichen für soziale Pathologien deuten kann, als weiterer Beleg dafür gelten, daß die modernen Gesellschaften des Westens die ihrer Komplexität angemessenen Formen der Solidarität ausgebildet haben.« (Habermas 1988b: 433)

3. Individualisierung und Funktionalisierung – Niklas Luhmann

Einleitung

Niklas Luhmann steht fest in der Tradition des Parsonsschen Strukturfunktionalismus. Ähnlich wie dieser bescheidet auch er sich nicht mit dem Anspruch, den zahlreichen Theorien der Moderne eine weitere hinzuzufügen, die die Besonderheiten gegenüber vormodernen Gesellschaften herauszuarbeitet. Vielmehr will er gleich Parsons eine allgemeine Theorie des Sozialen mit universalem Anspruch entwickeln. Das heißt freilich nicht, daß er sich der Theorie seines Lehrers und Vorgängers in allen Punkten kritiklos anschließen würde. Im Gegenteil gibt es grundlegende Einwände, die Luhmann als scharfen Kritiker des Parsonsschen Ansatzes ausweisen. Mit vielen der in Parsons' Theorie eingelassenen Annahmen und Voraussetzungen hat Luhmann fundamental gebrochen. Schon in den sechziger Jahren hegt Luhmann »Zweifel, ob die soziale Differenzierung durch eine Theorie der Untersystembildung nach Art chinesischer Kästchen angemessen und vollständig dargestellt werden kann« (Luhmann 1965: 105). Anders aber als zahlreiche andere Kritiker von Parsons' Werk, die sein funktionalistisches Modell durch alternative Konzepte überwinden wollen, versteht Luhmann seine Kritik von Anfang an als Weiterentwicklung der von Parsons eingeleiteten systemtheoretischen Ausrichtung der Soziologie (vgl. Luhmann 1970: 114; Habermas/Luhmann 1971: 13ff.). Von den Anfängen bis zu seinem Hauptwerk *Die Gesellschaft der Gesellschaft* (Luhmann 1997) bleibt Parsons der bevorzugte Bezugspunkt seiner eigenen theoretischen Anstrengungen.

Mit dieser Kontinuität gegenüber Parsons' Werk hat die Rezeption der Luhmannschen Theorie dann auch scheinbar folgerichtig zunächst ähnliche Kritikpunkte auf sich gezogen, die bereits gegen Parsons' Ansatz vorgebracht worden waren. Sein gänzlich neuer theoretischer Versuch, die Systemtheorie von einer strukturell-funktionalistischen auf eine funktional-strukturelle Theorie umzustellen, und die Konsequenzen, die sich daraus ergeben, sind erst nach und nach zur Kenntnis genommen worden, so als ob man mit den schon aus der Parsons-Rezeption bereitgestellten Urteilen ganz gut hätte leben können.

Eine entscheidende Differenz gegenüber der Parsonsschen Theorie ist, daß Bestandserhaltung nicht mehr länger der Ausgangs- und Zielpunkt der theoretischen Bemühungen ist: »Dieser Theorie geht es also nicht, wie klassischen Gleichgewichtstheorien, um Rückkehr in eine stabile Ruhelage nach Absorption von Störungen, sondern um die Sicherung der unaufhörlichen Erneuerung der Systemelemente; oder in kurzer Formulierung: nicht um statische, sondern um dynamische Stabilität.« (Luhmann 1984a: 79) Es geht ihr also nicht, wie immer wieder unterstellt, um Bestandserhaltung im Sinne der unbedingten Erhaltung des Bestehenden, wie noch der Parsonsschen Variante immer wieder entgegengehalten worden ist, sondern um »Erhaltung der Geschlossenheit und der Unaufhörlichkeit der Reproduktion von Elementen, die im Entstehen schon wieder verschwinden« (Luhmann 1984a: 86). Insofern gilt: »Bestandserhaltung ist für Luhmann Erhaltung des erreichten Grades an Änderbarkeit des Bestehenden.« (Scholz 1982: 137) Selbst Kritiker gestehen zu: »Man muß schon ein sehr eigenwilliges Verständnis von Konservatismus haben, um diese Position für konservativ zu halten.« (Breuer 1992: 100)

Dennoch hat die Kritik lange Zeit von Habermas' Diktum zehren können, daß sich Luhmanns Theorie »auf herrschaftskonforme Fragestellungen, auf die Apologie des Bestehenden um seiner Bestandserhaltung willen« (Habermas/Luhmann 1971: 170) verpflichtet habe. Mit solchen und ähnlichen Verdikten hat man dann in den achtziger Jahren auch die Postmoderne zu torpedieren versucht. Offenbar helfen solche Beschwörungsformeln dabei, unliebsame Fragen abzuwürgen, Probleme zu umgehen und zu signalisieren, daß man auf der richtigen Seite steht, auch wenn man gar nicht mehr zu sagen wüßte, was das beinhaltet. Das Repertoire der gängigen Vorwürfe reicht dabei von »affirmativ« über »konservativ« bis »zynisch«.

Ein weiterer, auffälliger Unterschied zu Parsons ist, daß Luhmann seinen Ansatz nicht aus einer Auseinandersetzung mit den Klassikern gewinnt. Vielmehr wird er nicht müde, die Beschäftigung mit den Klassikern als Zeichen einer theorielahmen Sozialwissenschaft, ja als Ersatz für eigenständige Theorieleistungen anzusehen. Geht es um eine aus der Kommunikation mit den Klassikern heraus gewonnene eigenständige Theorie, so haben

Richard Münch und Jürgen Habermas in weit größerem Ausmaß die Nachfolge von Parsons angetreten als Luhmann. Sowohl diese eigenwillige Verweigerung der eigenen Tradition des Faches gegenüber als auch die Hinwendung zu Ergebnissen aus der Biologie, Chemie und Mathematik haben Luhmanns Arbeiten der eigenen Zunft zumindest suspekt erscheinen lassen. Die Verknüpfung von sozial- und naturwissenschaftlichen Ansätzen scheint innerhalb der Geistes- und Sozialwissenschaften ein von vornherein verdächtiges Unternehmen zu sein.

Ohne auf die Gesamtarchitektur der Luhmannschen Systemtheorie im folgenden näher einzugehen und eine grundlegende Auseinandersetzung mit ihr zu leisten, werde ich sie auf den nächsten Seiten auf ihre Behandlung des Themas Individualität, Individualismus und Individualisierung hin befragen. Dabei gehe ich wie folgt vor: In einem ersten Schritt werde ich mich mit Luhmanns grundlegender Unterscheidung von System und Umwelt befassen und nachvollziehen, welche Auswirkungen die Auslagerung des »Menschen« in die Umwelt hat, die Luhmann als Akt des »Antihumanismus« angekreidet wird. Anschließend wende ich mich Luhmanns differenzierungstheoretischem Zugang zur Individualisierungsproblematik zu. Anhand der einzelnen einander ablösenden Differenzierungsformen bestimmt Luhmann die spezifische Lage des Individuums. In einem letzten Schritt schließlich verfolge ich Luhmanns Thematisierung des Individualisierungsproblems anhand seiner Rekonstruktion der semantischen Tradition des Themenkomplexes »Individualität, Individuum, Individualismus«.

Die Vertreibung aus dem »Paradies«? Der »Mensch« in der Theorie autopoietischer Systeme

Luhmann bricht in seiner Theorie sozialer Systeme mit zahlreichen in der klassischen Soziologie wie selbstverständlich vorausgesetzten Prämissen. Einer der radikalsten Brüche gegenüber den traditionellen Auffassungen der Soziologie liegt in seiner Entscheidung, den Menschen nicht mehr als Wesen aufzufassen, das in der Gesellschaft sein Leben lebt, sondern den Menschen in der Umwelt sozialer Systeme anzusiedeln. Für Luhmann ist der Mensch nicht länger als *Element* der Gesellschaft oder als *Be-*

standteil sozialer Ordnung aufzufassen, der *innerhalb* der Gesellschaft sein Leben zu führen hätte. Vielmehr steht er nunmehr *außerhalb* der Gesellschaft. Mit diesem theoretischen Umbau büßt der als Subjekt vorgestellte Mensch seine exponierte Stellung ein, die ihm in der humanistischen Tradition zukam und in konkurrierenden Theorien nach wie vor zugesprochen wird.[80] Es ist kaum übertrieben zu sagen, daß Luhmann damit eine Art kopernikanische Wende in der Theoriegeschichte vornimmt, die – innerhalb der Profession – ähnlich aufgeregte Empörung auf den Plan gerufen hat wie einstmals die Ablösung des ptolemäischen Weltbildes: »Wie die Astronomie die Erde aus dem Mittelpunkt in eine Randstellung rückte, vertreibt auch Luhmann den Menschen als intentionalen Schöpfer, Bezugspunkt oder Element aus dem Zentrum der Soziologie an den Rand.« (di Fabio 1991: 205) Und dort, am Rand, wird der Mensch nicht mehr als unteilbares Ganzes angesehen, sondern als Individuum vorgestellt, das einerseits als psychisches System und andererseits als Selbstbeschreibungsfolie fungiert, während die Person als Adressat einer system- oder situationsspezifischen Kommunikation figuriert. Ähnlich wie das als nicht weiter spaltbar gedachte Atom noch einmal in Neutronen, Protonen und Elektronen aufgeteilt wurde, wird bei Luhmann der in der europäischen Ideengeschichte immer als Ganzheit geführte Mensch in unterschiedliche Systeme zerlegt; in das organische System, das Immunsystem, das neurophysiologische System und das psychische System. Entscheidend dabei ist, daß diese verschiedenen den Menschen bildenden Systeme nicht durch ein sie überwölbendes System integriert werden, so daß man noch von einer Einheit »Mensch« sprechen könnte. »Mensch« ist nur mehr der Name für eine Kombination unterschiedlicher organisch-psychischer Systeme, die je für sich selbstreferentiell operieren.

Diese gegenüber der »alteuropäischen« Tradition höchst unkonventionelle Annahme wird von Luhmann mit dem Argument untermauert, daß der Mensch nicht einmal selbst beobachten

---

80 Diesen Ausgangspunkt teilt Luhmann mit so unterschiedlichen Theoretikern wie Michel Foucault und Jürgen Habermas. Vgl. dazu Kneer (1996), der detailliert herausarbeitet, inwieweit es den drei Theorien gelingt, sich aus der subjektphilosophischen Erbmasse zu befreien. Völlig entgegengesetzt zu diesen Ansätzen muß die als Menschenwissenschaft vorgestellte Theorie von Norbert Elias angesehen werden, vgl. dazu weiter unten.

kann, »was in ihm an physischen, chemischen, lebenden Prozessen abläuft« (Luhmann 1984a: 68). Es gibt somit keine die einzelnen Bestandteile bündelnde bzw. übergeordnete Instanz »Mensch«, die »alles im Griff hat«, weil sie über die Möglichkeit der Steuerung der einzelnen Systeme verfügen würde.[81] Mit anderen Worten: Der »Mensch« ist nicht mehr »Herr« im eigenen »Haus«. Jedes der verschiedenen Systeme reproduziert sich vielmehr autopoietisch, und sie alle operieren in der Umwelt sozialer Systeme, ohne deshalb je *Bestandteil* des jeweiligen Systems zu sein. Parallel zur in diesem Falle behaupteten gegenseitig möglichen Irritierbarkeit, nicht aber direkten Steuerbarkeit ist auch die Beziehung der Funktionssysteme der Gesellschaft untereinander gedacht. Auch für die unterschiedlichen sozialen Systeme gibt es kein sie überwölbendes Supersystem, das alle anderen zusammenhält. Darauf wird noch zurückzukommen sein. Für die systemtheoretische Behandlung des Menschen bzw. des Individuums ist zunächst entscheidend, daß die traditionell als strikt voneinander getrennt gedachten Bereiche Individuum und Gesellschaft zunächst insofern einander angeglichen werden, als sie beide als Systeme behandelt werden.[82] Soziale wie psychische Systeme sind autopoietische, also sich selbst herstellende und reproduzierende Systeme, womit beide Seiten eine Gleichbehandlung erfahren, die eine Exklusivität des einen gegenüber dem anderen als das eigentlich zentrale oder bedeutsame schon rein begrifflich unmöglich macht. Nur reproduziert sich das Gesellschaftssystem mittels Kommunikation und das psychische mittels Bewußtsein, ohne daß die eine Seite jemals in die andere Seite direkt hineinoperieren könnte. Sie bleiben unhintergehbar

---

81 Eine direkte Verständigung zwischen den Organen, nach dem Motto: Gehirn an Faust: »Schlag zu«, Faust an Gehirn: »Ich trau mich nicht«, ist nach diesem Modell ausgeschlossen.

82 Allerdings geht der Begriff »Individuum« nicht einfach im Begriff »psychisches System« auf. Vielmehr unterscheidet Luhmann explizit zwischen Person, Individuum und Inklusion. Während die Person in der Luhmannschen Systemtheorie nur den Adressaten sozialer Systeme bezeichnet, meint Inklusion die Teilhabe von Personen an unterschiedlichen Funktionssystemen. Unter Individuum schließlich wird einerseits die »Individualität psychischer Systeme«, die allein aufgrund der Unteilbarkeit psychischer Operationen gegeben ist, und andererseits die Individualität als allgemeines Muster moderner Selbstbeschreibungen verstanden. Das gilt es immer mit zu bedenken. Vgl. dazu zusammenfassend Kneer/Nassehi (1993: 156ff.).

Umwelt füreinander, sind nicht auf einer Ebene anzusiedeln, sondern immer durch System/Umwelt-Differenzen voneinander getrennt (vgl. Luhmann 1984a: 289). Auf der einen Seite steht also nicht mehr »die« Gesellschaft und auf der anderen Seite nicht »der« Mensch, so daß man dann nur noch einer der beiden Seiten Priorität gegenüber der je anderen einräumen könnte. Allerdings kommt dem psychischen System eine Sonderstellung insofern zu, als daß es nur ihm möglich ist, die Kommunikation zu reizen, zu stören oder zu irritieren. Wenn man so will, führt Luhmann durch diesen »Kunstgriff« den desavouierten Sonderstatus des Menschen in gewisser Weise durch die Hintertür wieder ein: »Bemerkenswert daran ist vor allem, daß Kommunikation sich *nur* durch Bewußtsein reizen läßt, und nicht durch physikalische, chemische, biochemische, neurophysiologische Operationen als solche. Radioaktivität, Smog, Krankheiten aller Art mögen zunehmen oder abnehmen; das hat keinen Einfluß auf die Kommunikation, wenn es nicht wahrgenommen wird, gemessen, bewußt gemacht wird und dann den Versuch stimuliert, darüber nach Regeln der Kommunikation zu kommunizieren. Selbst in einem abstürzenden Flugzeug kann über den Absturz nur kommuniziert werden, wenn er bemerkt wird. Der Absturz selbst kann die Kommunikation nicht beeinflussen, sondern nur beenden.« (Luhmann 1995: 45) Freilich nur unter den bedauernswerten Passagieren, wie zu ergänzen wäre; ansonsten wird das Ereignis des Absturzes zur Kommunikation sogar anregen; allerdings nur insofern es – ganz in Luhmanns Sinne – wahrgenommen wird, womit in unserem Medienzeitalter, das auf solche Katastrophen fixiert ist, jedoch zu rechnen ist.[83] Deutlich wird an diesem Beispiel jedenfalls, daß sich zwischen dem Ereignis des Absturzes und der Kommunikation über das Ereignis das Bewußtseinssystem als Wahrnehmungsinstanz befindet, ohne das über das Ereignis gar nicht kommuniziert werden könnte.

83 Das Verhältnis von Bewußtsein und Kommunikation im Luhmannschen Sinne, das uns hier nicht weiter interessieren muß, läßt sich mit Kneer (1996: 327) wie folgt auf den Punkt bringen: »Die Kommunikation kann allein an Kommunikation, aber nicht unmittelbar an Gedanken anschließen. *Die Kommunikation kommuniziert und denkt nicht.* Das Bewußtsein wiederum kann mit Hilfe seiner Operationen nicht in direkter Weise an Kommunikation anknüpfen. *Das Bewußtsein denkt und kommuniziert nicht.* Zugleich sind Kommunikation und Bewußtsein aber auch abhängig voneinander, insofern sich Kommunikation allein durch Bewußtsein reizen läßt.«

Es zeigt darüber hinaus, daß Kommunikation und Bewußtsein zwar unabhängig voneinander operieren, nicht aber völlig autark sind. Sie sind vielmehr *strukturell gekoppelt* (vgl. Luhmann 1990: 29 ff.; 163 ff.). Damit bleiben – in die »alteuropäische« Terminologie übersetzt – Individuum und Gesellschaft notwendig aufeinander angewiesen. Insofern wird hier keineswegs eine Gesellschaft ohne Individuen postuliert, in der es auf deren Beiträge nicht mehr ankäme.

Dennoch behauptet etwa Martin Kohli (1988: 48) stellvertretend für viele: »Für sie [die Systemtheorie, M.S.] ist Individualisierung im Hinblick auf gesellschaftliche Ordnung belanglos. Die Individuen können sich nach Belieben tummeln, da die wesentlichen Steuerungsleistungen von den zentralen Apparaten – also nach einer System- und keiner Subjektlogik – erbracht werden.« Wäre es so, wie Kohli annimmt, dann wäre die systemtheoretische Bestimmung der Rolle des Individuums in modernen Gesellschaften tatsächlich mit der von der kritischen Theorie vertretenen Auffassung vom »Ende des Individuums« verträglich, wie Kohli auch folgerichtig annimmt (vgl. ebd.). Obwohl sich durchaus Parallelen zu dieser These auffinden lassen (vgl. Breuer 1991; Brose/Hillenbrand 1988), greift diese Auslegung der Individualisierungsauffassung Luhmanns deutlich zu kurz, wenn sie unterstellt, daß die Systemtheorie eine Umstellung der Subjektlogik auf eine Systemlogik behauptet. Übersehen wird in dieser Lesart, daß soziale Systeme zwar autonom, aber nicht autark sind, daß psychische Systeme und soziale Systeme zwar entkoppelt, aber nicht – gleichsam wie Quecksilberperlen – völlig verschlossen sind und deshalb berührungsfrei nebeneinander existieren. Übersehen wird, kurz gesagt: die *strukturelle Kopplung* zwischen psychischen und sozialen Systemen, die je füreinander Umwelten bilden. Insofern wird hier nicht auf eine Systemlogik umgestellt, sondern auf eine System/Umwelt-Logik. System und Umwelt kleben – beinahe wie siamesische Zwillinge – untrennbar aneinander. Das eine (System) ist ohne das andere (Umwelt) nicht zu haben und umgekehrt: »Die Gesellschaft ist relevante Umwelt des Bewußtseins, *und* das Bewußtsein ist relevante Umwelt der Gesellschaft. Es gibt keine Priorität auf der einen oder anderen Seite der Unterscheidung, sondern nur die Differenz« (Fuchs 1994: 16).[84] Systeme können in Luhmanns Perspektive deshalb niemals isoliert betrachtet werden, so als sei ihr Umweltkontakt ein vorübergehendes und von daher zu vernachlässigendes Randphänomen. Beide Seiten bilden vielmehr so etwas wie kurzweilige (!) Symbiosen, in denen die jeweils eine Seite parasitär an den Leistungen der anderen partizipiert, ohne deshalb auch nur einen Teil der eigenen Souveränität zu verlieren oder gar im anderen Bereich vollständig aufzugehen. Im Prinzip vollziehen Systeme damit ein aus der Familiensoziologie bekanntes Beziehungs-Muster: *Living apart together!* Vollzieht sich ihre gegenseitige Beeinflußbarkeit auch nicht direkt, so doch durch reziproke Irritierbarkeit. Die Individuen werden deshalb keineswegs so überflüssig oder einflußlos gedacht, wie Kohli u. v. a. suggerieren. Deutlich wird das nicht zuletzt an den – für Luhmanns Begriffe – recht aufgeregten Reaktionen auf die von den neuen sozialen Bewegungen gepflegte Angstkommunikation vor den möglichen Folgen eines atomaren Unfalls, die er zeitweise höher zu veranschlagen schien als die von den Atomkraftwerken ausgehenden Gefahren selbst, weil allein die *Kommunikation* der Gefahren und der entsprechenden Ängste zu empfindlichen Störungen in den Funktionssystemen führen kann und nicht »die Sache selbst«.[85] Von den Individuen kann also durchaus Gefahr drohen. Sie tragen Unruhe in die Funktionssysteme und werden zu Störenfrieden. Ganz im Gegensatz zur von Kohli u. a. eingenommenen Perspektive kann man mit Vobruba (1983: 41) argumentieren: »Der Form nach [...] wird Subjektivität aufgewertet: Systemerhaltung wird in subjektive Verantwortung gestellt, Handeln wird unmittelbar systemrelevant. Konsequenz davon [...] ist: Die Systemstabilität ist von den Subjekten geliehen. Systemstabilität stellt sich nicht mehr aus genuinem Systemfunktio-

84 Strenggenommen wird in Luhmanns Theorie das Individuum also nicht als nachrangig gegenüber den sozialen Systemen behandelt, wie so oft angenommen wird (vgl. Treibel ²1994: 29), sondern nur eben nicht mehr als vorrangig. Aber auch die sozialen Systeme werden nicht vorrangig behandelt. Derartige Ränge gibt es nicht, vielmehr werden Systeme in ihrem jeweiligen Verhältnis zu ihrer Umwelt betrachtet. Das eine kommt ohne das andere schlicht nicht vor. Diese immer wieder auf Differenz rekurrierende Theorie wehrt sich gegen die normativ aufgeladene Sonderbehandlung des Menschen.

85 Luhmann empfiehlt deshalb: »Unsere Gesellschaft hat im Horizont möglicher Katastrophen zu leben, und zwar ganz normal und unaufgeregt zu leben; sonst verschwinden die eventuellen Katastrophen zwar nicht, aber es kommen vermeidbare Aufregungsschäden dazu.« (Luhmann 1986: 21)

nieren her, dessen gesellschaftssynthetisierende Leistungen nicht ad personam zurechenbar sind, sondern wird zum Handlungsziel der Subjekte erhoben und damit ihrer Verantwortlichkeit anheimgestellt.« Mit anderen Worten: Wenn hier überhaupt ein Ende ausgerufen wird[86], dann ist es das Ende des altehrwürdigen Subjekts, das vom Geiste des Humanismus und der Aufklärung zur Grundlage und zum Zentrum aller Dinge erhöht wurde – des bürgerlichen Individuums, das von der kritischen Theorie als Maßstab für alle anderen Formen von Individualität genommen wurde, aber eben nicht das Ende des Individuums schlechthin, das vielmehr erst jetzt, durch das Ableben des bürgerlichen Subjekts, eine Chance zu erhalten scheint. »Für unsere Zwecke muß

86 Womit Luhmanns Theorie prinzipiell nur wenig im Sinn hat. So versteht er die »Thesen über post-histoire, *Ende des Individuums*, über Eindimensionalität, Technokratie, Krise des kapitalistischen Staates usw.« ausdrücklich als »Verlegenheits-Behauptungen, die mehr vernebeln als klären« (Luhmann 1975: 186; Hervorhebung von mir, M.S.). Auch angesichts der in den achtziger Jahren z.T. hitzig geführten Debatte um die ökologischen Gefährdungen hält er »ein resigniertes Kommentieren des Untergangs im Stile von Adorno und Gehlen« (Luhmann 1986: 236) für wenig hilfreich. Das bedeutet jedoch keineswegs, wie etwa Breuer (1992: 91) meint, daß Luhmann für Pessimismus keinen Anlaß sieht; vielmehr will Luhmann damit zum Ausdruck bringen, daß diese Kommentierungen *theoretisch* nicht befriedigen können. Dies würde seiner Theorie zufolge – für das persönliche *Temperament* Luhmanns mag anderes gelten (vgl. Reese-Schäfer 1992: 104) – für optimistische Stimmen ebenso gelten. Der Ausblick in die Zukunft, den er unternimmt, fällt jedenfalls keineswegs durchweg optimistisch aus. Auch ein resignativer Tonfall mischt sich hier und dort in die sonst mit Ironie durchsetzte Sachlichkeit seiner Texte: »Am Ende dieses Jahrhunderts ist kaum noch zu bestreiten, daß die Menschen mit einer Gesellschaft ohne Glück, ohne Solidarität und ohne Aussicht auf Angleichung der Lebensverhältnisse zurechtkommen müssen.« (Luhmann 1995: 8) Doch er weiß: »Wer das Kommende ohne Zeichen des Entsetzens in Aussicht stellt, wird als Zyniker abgelehnt.« (Luhmann 1992: 150) Damit bestätigt er die bereits von Gehlen formulierte Annahme: »Vielleicht ist es heute schon riskant, zu sagen, wie es ist; das klingt sofort provokatorisch oder zynisch.« (Adorno/Gehlen 1975: 239) Luhmann sieht die Theorie weder wie die kritische Theorie festgelegt auf die Ausweisung dessen, was schlecht ist, noch gibt er sich – wie Habermas – einen prähergozianischen »Ruck«, um zu konstatieren, daß doch vieles besser geworden ist (vgl. Habermas 1985: 194, 203). Vielmehr hält er sich in einem postmodern-konstruktivistischen Gestus von solcherlei eindeutigen Stellungnahmen nach gut/schlecht, richtig/falsch ausdrücklich zurück: »Aber eine Vorstellung, wie die Gesellschaft gut oder auch nur besser sein könnte, habe ich gar nicht. Ich finde, daß unsere Gesellschaft mehr positive und mehr negative Eigenschaften hat als jede frühere Gesellschaft zuvor. Es ist heute also zugleich besser und schlechter.« (Luhmann 1987: 139)

es genügen, festzuhalten, daß die Theorie autopoietischer, sich-selbst-ausdifferenzierender Systeme eine radikal individualistische Theorie ist, weil sie die Individuen nicht nur durch konkret einzigartige Merkmalskombinationen, sondern außerdem noch durch jeweils eigene, selbstkonstruierte Umweltperspektiven, also durch jeweils anders konstruierte Welteinschnitte, kennzeichnet.« (Luhmann 1995: 165)

Entgegen einer weitverbreiteten Annahme ist in Luhmanns Theorie für das Individuum also durchaus Platz. Psychische Systeme sind danach schon allein deshalb individuell, weil sie als empirisch operierende, operativ geschlossene und sinnhaft beobachtende Systeme aufgefaßt werden. Die daraus resultierenden Umweltkontakte sind mit keinem anderen System identisch, also einzigartig.[87] Dennoch hat sich Luhmann mit der provozierenden Exkommunizierung des Menschen aus der Mitte der Gesellschaft in das Abseits der Umwelt den Vorwurf des »methodischen Antihumanismus« (Habermas 1985: 436) eingehandelt. Und in der Tat: Entgegen einer bis zu Aristoteles reichenden Tradition, in der der Mensch immer wieder zum Ausgangs- und Mittelpunkt erklärt wurde, weil er durch seine Handlungen soziale Ordnung schafft und aufrechterhält, stößt Luhmann König Mensch vom Thron, indem er ihm diesen exklusiven Stellenwert streitig macht und damit dem anthropozentrischen Modell die Gefolgschaft versagt. Für den Menschen ist kein Platz mehr vorgesehen, weder auf der Seite der sozialen noch auf der Seite der psychischen Systeme. Er ist im radikalen Sinn utopisch, ortlos geworden. Insofern verschwindet in Luhmanns Theorie der Mensch »wie am Meeresufer ein Gesicht im Sand« (Foucault 1991: 462). Ähnlich wie einst Adorno mit seinen pessimistischen Ausblicken in die Zukunft die Frage herausforderte: »Wo bleibt denn da das Positive, Herr Adorno?«, so provoziert Luhmanns Systemtheorie, die die Analyse sozialer Systeme, von Interak-

---

87 »Erst recht kann kein Subjekt, wenn es Individuum sein soll, ›dasselbe denken‹ wie ein anderes; denn Individuum kann es nur sein aufgrund einer operativen Schließung und Selbstreproduktion seines eigenen Erlebens.« (Luhmann 1997a: 872) Ein in Interaktionen leichthin gesagter Satz wie »Das habe ich auch gerade gedacht« ist so gesehen ein Angriff auf den Anspruch, Individuum zu sein. Allerdings gibt es die beruhigende Zusatzinformation, daß dies zwar so kommuniziert werden kann, als absolut identische Bewußtseinsleistung aber unmöglich ist.

tions-, Organisations-, Funktions- und psychischen Systemen, nicht aber von handelnden Individuen in den Mittelpunkt stellt, automatisch die Frage: »Wo bleibt denn da der Mensch, Herr Luhmann?« Und ähnlich wie Adorno könnte auch Luhmann darauf süffisant geantwortet haben: »Ja, wo bleibt er denn?« Denn statt sich des Vorwurfs empört zu erwehren, bekennt sich Luhmann kühn zu einem »radikal antihumanistisch[en]« Ansatz, »wenn unter Humanismus eine Semantik verstanden wird, die alles, auch die Gesellschaft, auf die Einheit und Perfektion des Menschen bezieht: Sie ist zugleich eine Theorie, die, im Unterschied zur humanistischen Tradition, das Individuum ernst nimmt« (Luhmann 1995: 36, vgl. auch Luhmann 1997a: 35; Luhmann 1984a: 289).[88] Hier wird also nicht nur mit einer altehrwürdigen Tradition gebrochen, indem der Mensch nicht mehr zum Maß aller Dinge erhoben wird, sondern darüber hinaus noch die provokative Behauptung aufgestellt, daß gerade damit das Individuum erstmalig zu seinem Recht kommt.[89] Wie geht das zusammen?

Luhmanns Argumentation ist eindeutig: Aus der Verschiebung des Menschen aus der Gesellschaft in ihre Umwelt zu folgern, daß er damit unwichtiger würde, kommt der klerikalen Auffassung gleich, die Erde – um die Analogie noch einmal aufzugreifen – sei unwichtiger geworden, seit sie aus dem Mittelpunkt unseres Sonnensystems verbannt worden ist. Ganz im Gegensatz dazu leitet Luhmann aus der theorietechnischen – aber gleichwohl häretischen – Entscheidung, den Menschen nicht län-

---

88 Und mit dieser These kann sich Luhmann sowohl der Unterstützung Gehlens als auch der Adornos sicher sein. Mit der Ablehnung des Begriffs Mensch als zentraler Einheit des Sozialen ist Luhmann von Adorno gar nicht so weit entfernt. Adorno weist in einem Gespräch mit Arnold Gehlen darauf hin, daß er schon im *Jargon der Eigentlichkeit* gesagt habe, »daß heute der Mensch die Ideologie für die Unmenschlichkeit sei« (Adorno/Gehlen ²1975: 227). Und er fährt fort: »Also von dem ›Mythos Mensch‹, von dem ehrfürchtigen Augenaufschlag oder Augengeklimper, das sich erhebt, wenn man nur sagt: ›es kommt alles auf den Menschen an‹, davon wollen wir uns von vornherein distanzieren.« (Ebd.) (Vgl. auch Adorno 1971: 16.) Zu den Parallelen im Denken Adornos und Gehlens vgl. Thies (1997).

89 Entgegen der These von Habermas, der Systemfunktionalismus würde das »Ende des Individuums« »sprachlos besiegeln« (Habermas 1983: 250), behauptet Luhmann, mit seinem theoretischen Umbau würde das Individuum erstmalig ernst genommen.

ger in den Mittelpunkt zu stellen, auf seiten der sozialen Systeme eine gewisse Erleichterung darüber ab, daß von diesen unberechenbaren Größen nicht mehr alles abhängt, während sich daraus für das Individuum ein Zugewinn seiner Freiheiten ergibt. Es steht gleichsam nicht mehr länger unter der Generalaufsicht der Gesellschaft, sondern wird aus deren Fesseln befreit.[90] Insofern betreibt Luhmanns Theorie radikal die Exkommunizierung des Menschen aus der Gesellschaft, die zugleich als Befreiung des Individuums von der Gesellschaft vorgestellt wird: »Gewonnen wird mit der Unterscheidung von System und Umwelt aber die Möglichkeit, den Menschen als Teil der gesellschaftlichen Umwelt zugleich komplexer und ungebundener zu begreifen, als dies möglich wäre, wenn er als Teil der Gesellschaft aufgefaßt werden müßte; denn Umwelt ist im Vergleich zum System eben derjenige Bereich der Unterscheidung, der höhere Komplexität und geringeres Geordnetsein aufweist. Dem Menschen werden so höhere Freiheiten im Verhältnis zu seiner Umwelt konzediert, insbesondere Freiheiten zu unvernünftigem und unmoralischem Verhalten.« (Luhmann 1984a: 289)[91]

Sollten die Individuen von Luhmann tatsächlich aus dem System ausgelagert worden sein, weil sie sonst als Störenfriede die soziale Ordnung beeinträchtigen könnten (vgl. Schimank 1996: 208), ist die Rechnung nicht aufgegangen. Denn gerade dort, in

90 Ich vermute, daß die starken Vorbehalte gegenüber der Verlagerung des Menschen in die Umwelt mit den Konnotationen des Begriffs »Rand« zu tun hat. Was am Rande ist, kann nicht wichtig sein oder ist sogar gefährlich. Am »Rande« der Welt, das war immerhin einmal der Aufenthaltsort der Ungeheuer, Kobolde und Sagengestalten. Außerhalb der Gesellschaft – das weckt außerdem Assoziationen mit der Randlage bestimmter unterprivilegierter Gruppen. Deren Schicksal soll sich nach Luhmann nun für alle Individuen erfüllt haben? Das ist das eigentliche Skandalon seiner Theoriearchitektur. Statt im Zentrum stehen nun ausnahmslos alle im Abseits, um das eigentliche Geschehen den nicht mehr lenkbaren Systemen zu überlassen. Vorstellungen, in denen die Maschinen die Herrschaft über die Menschen errungen haben, scheinen in kritischen Einlassungen über systemtheoretische Gesellschaftsauffassungen oftmals durch, wenn Systeme als völlig autarke, den Menschen überflüssig machende Giganten vorgestellt werden.

91 Damit verspricht sich Luhmann von der Auslagerung des Individuums aus der Gesellschaft einen Effekt, den sich Simmel vom steten Anwachsen der sozialen Kreise für das Individuum erhoffte: »daß die weitere Gruppe geringere Ansprüche an uns selbst stellt, sich weniger um den Einzelnen kümmert und deshalb das volle Auswachsen auch der perversesten Triebe weniger hindert als die engere.« (Simmel 1992: 810f.)

der Umwelt des Systems, erhalten sie soviel Bewegungsspielraum, daß Störung so richtig erst möglich wird. Mit der Frage: *Wie ist soziale Ordnung möglich?* steht Luhmann zwar deutlich in der Tradition Durkheims und Parsons'. Mit seiner Antwort jedoch bricht er aus dem vorhandenen Kategoriengebäude aus. Entgegen der Perspektive von Parsons und Durkheim erwartet die Gesellschaft nach Luhmann von den Individuen nicht mehr länger, daß sie sich einem normativen Wertekanon unterwerfen – bei Parsons und Durkheim übernimmt die Sozialisation diese Aufgabe. Gefordert ist eher eine anpassungsgeschickte Flexibilität bei sich permanent verändernden Bedingungen und Verhältnissen. Die Situationen und Ereignisse, denen sich Individuen in modernen Gesellschaften gegenübersehen, wechseln zu schnell und sind zu vielfältig, als daß es noch funktional wäre, die Individuen auf ein lebenslang gültiges Wertemuster zu verpflichten. In Luhmanns Perspektive also ist das Individuum zwar von den unterdrückenden Kräften frei, bezahlt diese neue Bewegungsfreiheit aber mit der Indifferenz der Systeme gegenüber den individuellen Problemen, was zu Unsicherheit führen kann, wenn nicht Bewältigungsressourcen an die Hand gegeben werden, um diese Entwicklung zu meistern. Weit entfernt davon, das Individuum zur Wertkategorie zu erheben, wie noch die deutschen Klassiker der Soziologie, ist der Referenzpunkt Luhmanns primär die Gesellschaft: »Der Mensch ist von sich aus nicht einmal vertragsfähig. Er verdankt seine Sozialität – der Gesellschaft.« (Luhmann 1984a: 288)

Ganz im Gegensatz zu Weber, Adorno und selbst noch zu Habermas, aber in völliger Übereinstimmung mit Durkheim und Parsons verhindert die Steigerung des Komplexitätsgrades sozialer Systeme nicht die Autonomisierung der psychischen Systeme, sondern setzt diese voraus, ja fördert sie sogar. Weil beide, psychische wie soziale Systeme als autonome, autopoietische Systeme gedacht werden, gibt es keinen unmittelbaren Zusammenhang zwischen beiden. Weder ist das psychische System durch politische oder ökonomische Maßnahmen unmittelbar zu beeinflussen, noch können die psychischen Systeme die Funktionssysteme ihrerseits direkt steuern. Damit kann – in meine Kategorien übersetzt – das Individuum der Gesellschaft nicht mehr gefährlich werden und die Gesellschaft nicht mehr dem Individuum. Ein Argument, das sich ebenso zutreffend auch so wenden läßt: Beide Gefahren sind mit dieser Theorie thematisierbar. Sie ist nicht auf die Analyse nur einer der Gefahren – etwa durch eine Präferenz *für* den Menschen oder *für* die Gesellschaft – unnötig einzuschränken. Deshalb fehlen ihr auch die tragischen, pathetischen und dramatischen Elemente, in denen sonst ein zunehmender Freiheitsverlust oder aber eine zunehmende Bedrohung der sozialen Ordnung durch anomische Entwicklungen konstatiert werden. Diese beiderseitige Autonomie gewinnt Luhmann dadurch, daß er das alte Paradigma von Individuum und Gesellschaft verläßt und durch die System/Umwelt-Differenz ersetzt: »Man fragt sich nach all dem, weshalb die Placierung der Menschen in der Umwelt des Gesellschaftssystems (und erst recht: aller anderen sozialen Systeme) so ungern gesehen und so scharf abgelehnt wird. Das mag zum Teil an humanistischen Erblasten liegen; aber jede genauere Analyse dieser Tradition stößt hier auf Denkvoraussetzungen, die heute schlechterdings unakzeptabel sind. [...] Im übrigen ist nicht einzusehen, weshalb der Platz in der Umwelt des Gesellschaftssystems ein so schlechter Platz sein sollte. Ich jedenfalls würde nicht tauschen wollen.« (Luhmann 1995: 167).

Von der Inklusions- zur Exklusionsindividualität? Zur Lagerung des Individuums in segmentären, stratifikatorischen und funktional differenzierten Gesellschaften

Luhmann unterscheidet in seiner Theorie der Gesellschaft vier Stufen der primären gesellschaftlichen Differenzierungsform, die mit »Hilfe der Unterscheidung von gleich und ungleich gewonnen« (Luhmann 1997a: 613) werden. Er diskriminiert im einzelnen zwischen der segmentären Differenzierung, der Differenzierung in Zentrum und Peripherie, der stratifikatorischen und der funktionalen Differenzierung (vgl. Luhmann 1997a: 613ff.; Schimank 1996: 150).[92] Damit geht er über seine Vorgänger Durk-

---

92 Den Differenzierungstypen gehen die allein nach askriptiven Merkmalen wie Alter und Geschlecht gegliederten »frühesten Gesellschaften« voraus, die in Horden lebten (vgl. Luhmann 1997a: 612). Außerdem hebt er hervor, daß eine der Stufen nicht beliebig übersprungen werden kann, sich also eine segmentäre plötzlich in eine funktional differenzierte Gesellschaft verwan-

heim und Parsons entscheidend hinaus, die lediglich zwischen segmentärer und funktionaler Differenzierung getrennt hatten. Für eines der Hauptanliegen seiner Theorie – die Beschreibung des Übergangs von vormodernen zu modernen Gesellschaften – steht Luhmann damit ein weit differenzierteres Analyseinstrumentarium zur Verfügung.

In einer *segmentär differenzierten Gesellschaft* besteht das Gesellschaftssystem aus *gleichen* Teilen wie Clans, Familien, Geschlechtern, Stämmen, Dörfern. Diesen Typus trifft man vornehmlich in einfachen, archaisch-tribalen Gesellschaften an. Schon die *Differenzierung* nach *Zentrum* und *Peripherie* ist dagegen nicht mehr nach dem Prinzip der *Gleichheit*, sondern nach dem der *Ungleichheit* gebildet. Dieser Fall tritt dann ein, wenn ein bestimmter Raum nur von einer ganz bestimmten Gruppe, etwa von einer Familie oder einem Clan, bewohnt werden darf, von allen anderen Familien oder Clans dagegen nicht.[93]

Eine *stratifikatorisch differenzierte Gesellschaft* teilt das Gesellschaftssystem ebenfalls in *ungleiche* Teile auf. Statt eines gleichrangigen horizontalen Nebeneinanders wie bei der segmentären Differenzierung ergibt sich nun eine vertikale Einteilung in ungleiche Schichten, etwa in Adel und gemeines Volk oder auch in drei- und mehrgliedrige Schichtenmodelle, wie sie etwa im indischen Kastensystem oder in der spätmittelalterlichen Ständeordnung vorgesehen waren. Diese Art der Differenzierungsform herrscht bereits bei den europäischen, asiatischen und mittel- bzw. südamerikanischen Hochkulturen vor und läßt sich bis ins 15. und 16. Jahrhundert hinein als dominierendes Differenzierungsprinzip nachweisen.

Funktional differenzierte Gesellschaften schließlich beruhen sowohl auf der Ungleichheit als auch auf der Gleichheit ihrer Teilsysteme. »Funktionssysteme sind in ihrer Ungleichheit gleich.« (Luhmann 1997a: 613) Erst auf dieser Stufe differenzieren sich verschiedene Teilsysteme aus, die spezifische gesellschaftliche Funktionen übernehmen, die nur von diesem einen Teilsystem und nicht von einem anderen erfüllt werden können.

delt, wie man etwa an den Schwierigkeiten in Somalia und Afghanistan sehen könne (vgl. ebd.: 615).

93 Die Differenz von Zentrum und Peripherie, von separierten Räumen und einem ungleichen Zugang zur Raumnutzung spielt in der aktuellen Stadtsoziologie wieder eine große Rolle, vgl. etwa Dangschat (1997).

Die einzelnen funktionalen Teilsysteme wie Politik, Wirtschaft, Recht, Religion, Erziehung, Wissenschaft, Kunst und Massenmedien sind weder untereinander substituierbar, noch werden sie durch eine übergeordnete Ebene zusammengehalten.[94] Die einzelnen Teile gehen in keinem wie immer gearteten Ganzen mehr auf, wie es die alteuropäische Tradition noch vorsah. Vielmehr beobachten die Systeme aus einem je spezifischen Blickwinkel heraus, mit einem *binären Code*, die gesellschaftlichen Ereignisse, ohne daß diese jeweilige systeminterne Blickverengung zur Zentralperspektive eines »Supersystems« gebündelt werden könnte, das ausnahmslos alles in den Blick bekäme.[95] Das heißt konkret: Das *Politiksystem* beobachtet mit der Leitdifferenz bzw. dem Code Teilhabe/Nichtteilhabe an der Macht; das *Wirtschaftssystem* beobachtet hinsichtlich des Codes Zahlen/Nicht-Zahlen, die *Wissenschaft* mit dem Code wahr/unwahr, das

94 Prinzipiell skeptisch gegenüber dem Modell funktionaler Differenzierung zeigen sich prominent etwa Hondrich (1987), Münch (1991: 375) und Peters (1993). Peters möchte statt dessen von »pluralistischer Differenzierung« (Peters 1993: 197) sprechen, um auf die *gleichzeitig* vorhandenen Differenzierungsformen aufmerksam zu machen. Dabei übersieht er freilich, daß ja auch Luhmann nicht von der vollständigen Ablösung der einzelnen Differenzierungsformen ausgeht, sondern von der *primär* funktionalen Differenzierung der Gesellschaft, die andere Differenzierungsformen eben *nicht* ausschließt.

95 Das veranlaßt Luhmann zu einer Aussage, die man ähnlich auch bei Adorno finden kann: Funktionale Differenzierung »hat zur Folge, daß sich kein Standpunkt mehr festlegen läßt, von dem aus das Ganze, mag man es nun Staat oder Gesellschaft nennen, richtig beobachtet werden kann« (Luhmann 1984a: 629). Bei Adorno heißt es entsprechend: »Kein Standort außerhalb des Getriebes läßt sich mehr beziehen, von dem aus der Spuk mit Namen zu nennen wäre.« (Adorno 1979: 369) Ebensowenig gibt es ein dominierendes System, dem alle anderen untergeordnet wären, wie es etwa marxistisch inspirierte Gesellschaftstheorien stets für das ökonomische System behauptet haben. Allerdings spricht selbst Luhmann von einer »latente(n) Dominanz der Wirtschaft in der modernen Gesellschaft« (Luhmann 1988: 322). Weniger Beachtung findet im Rahmen der Theorie funktionaler Differenzierung die Tatsache, daß die Ausdifferenzierung eines Systems zu Lasten eines anderen gehen kann: »So wird das Leben in der modernen Gesellschaft zunehmend nicht von der Alternative Heil oder Verdammnis, sondern von der von Gesundheit oder Krankheit codiert.« (Hahn/Jacob 1994: 164) Mit anderen Worten: Das Gesundheitssystem übernimmt gleichsam die liegengebliebenen Aufgaben des immer mehr an Einfluß verlierenden Religionssystems. Freilich könnte man auch sagen: Der Code des Religionssystems sichert sich in nur semantisch veränderter, strukturell aber gleicher Form in anderen Systemen sein Überleben.

Rechtssystem mit Recht/Unrecht usw.[96] Dabei beobachten sie nicht passiv etwas zuvor schon Vorhandenes, sondern bringen strenggenommen durch *ihr* spezielles Wahrnehmungsraster *ihre*

96 Gegenüber der Funktionsbestimmung der Teilsysteme bei Parsons liegt der entscheidende Vorteil der *binären Codes* darin, daß sie stets auch den Negativfall mitberücksichtigen, worauf Luhmann gesteigerten Wert legt (vgl. Luhmann 1997a: 620, 750). Auch im Begriffspaar Inklusion/Exklusion stellt die Berücksichtigung der Exklusion den entscheidenden theoretischen Geländegewinn gegenüber Parsons' Modell dar, das beinahe ausschließlich auf den (positiven) Fall der Inklusion ausgerichtet ist. Zwar meint Stichweh (1997: 124), daß sich, »wenn man mit dem Wissen von heute in den älteren Texten nachsieht, [...] en passant mitgeführte Verwendungen von ›Exklusion‹« finden lassen, was in der Tat nachweisbar ist, doch darf diese Beobachtung nicht darüber hinwegtäuschen, daß Exklusion bei Parsons eine ganz und gar untergeordnete Rolle spielt. Entscheidender scheint mir zu sein, daß die Luhmannsche Kritik an Parsons' einseitiger Ausrichtung am *positiven Fall* nur notdürftig darüber hinwegtäuschen kann, daß seine eigene Berücksichtigung von Exklusionsphänomenen erst reichlich spät erfolgt. Ähnlich wie Parsons selbst betrachtet Luhmann zunächst ausschließlich den Fall der Inklusion (vgl. Luhmann 1981: 25 ff.) und stellt dies durchaus zunächst im Sinne einer Erfolgsstory vor: »In dem Maße, als Inklusion verwirklicht wird, verschwinden Gruppen, die am gesellschaftlichen Leben nicht oder nur marginal teilhaben.« (Ebd.: 25) Und: »Wohlfahrtsstaat, das ist realisierte politische Inklusion.« (Ebd.: 27) Zu dem Zeitpunkt, da er beginnt, Exklusion wahrzunehmen, steht er – ähnlich wie Durkheim und Parsons – offenbar vor dem Phänomen, daß sich die in den Modernisierungsprozeß gesetzten Hoffnungen auf Integration bzw. Inklusion *trotz* funktionaler Differenzierung nicht so ohne weiteres einstellen wie zunächst angenommen. Im Gegenteil konstatiert er nunmehr Exklusionsphänomene in einem Ausmaß, die die »Versprechen« der Inklusion in funktional differenzierten Gesellschaften zu konterkarieren drohen (vgl. Luhmann 1995: 250). Nach der scheinbaren »Neuentdeckung« des Phänomens Exklusion nimmt die systemtheoretisch informierte Zunft jedenfalls erstaunt zur Kenntnis, daß es für die Analyse von Exklusionsphänomenen auch andere mögliche Kandidaten gibt, etwa Michel Foucault (vgl. Stichweh 1997) – freilich ohne die längst laufende Rezeption dazu auch nur ansatzweise zur Kenntnis zu nehmen. Als weiterer Kandidat böte sich auch Robert Castel (1996) an. Die so gerne belächelte *Postmoderne* läßt sich sogar insgesamt durch ihr ausgeprägtes Interesse an *Ausschließungspraktiken* bzw. *-diskursen* charakterisieren, so daß es in diesem Umfeld noch zahlreiche andere Kandidaten auszumachen gäbe (vgl. dazu Schroer 1994). Noch fragwürdiger wird die Problematisierung des Exklusionsbereichs als Neuentdeckung, wenn man den Hinweis zur Kenntnis nimmt, daß man sich damit Bereichen zuwendet, »mit denen sich die Sozial- und Gruppenpsychologie, der Symbolische Interaktionismus, die Mikrosoziologie der Randgruppen, auch die neuere Kultursoziologie der Milieus und Lebensstile seit langem beschäftigt haben, die aber von der Systemtheorie bisher unterbelichtet oder ausgeklammert wurden«, wie Reichwein (1997: 110) völlig zu Recht hervorhebt.

spezifische Welt erst hervor. Das zunächst ganz undramatisch erscheinende Prinzip, nach dem das eine Funktionssystem nicht die Funktion eines anderen Funktionssystems übernehmen kann, erlangt durch den Hinweis auf die für das jeweilige System unhintergehbaren Leitdifferenzen seine gesellschaftstheoretische Brisanz. Die alternativlose Bindung der Teilsysteme an ihren jeweiligen Beobachtungscode bedeutet konkret, daß ökonomische Probleme nicht durch Politik, wissenschaftliche nicht durch Glauben, religiöse nicht rechtlich, erzieherische nicht ästhetisch usw. gelöst werden können, sondern für das jeweilige System zunächst nur innerhalb seines geltenden operativen Rahmens behandelbar sind.[97] Das heißt freilich nicht, daß es keine Versuche bzw. Möglichkeiten der gegenseitigen Beeinflussung bzw. Steuerung geben würde, so als ob die einzelnen Subsysteme nach einer Art gegenseitigem Nichteinmischungspakt konfliktfrei und selbstzufrieden nebeneinander herdümpelten. Ganz im Gegenteil lassen sich ständig Kommunikationen beobachten, die die Systemgrenzen überschreiten. Da die »unaufhebbar operative Differenz zwischen den Teilsystemen« (Kneer/Nassehi 1993: 134) aber einen Direktkontakt zwischen den Systemen ausschließt, haben sich im Laufe der gesellschaftlichen Evolution für diesen Bedarf Organisationen herausgebildet, mit deren Hilfe »ein System mit seiner Umwelt kommunizieren« (Luhmann 1997a: 607) kann. Auf diesem Wege können sich die je füreinander Umwelt bildenden sozialen Systeme immerhin reziprok irritieren.[98]

97 Diese Sicht auf die Dinge kann vor manchen Illusionen bewahren. Sie kann z.B. im politischen Alltag dazu beitragen einzusehen, daß keine Kirchentage und keine revolutionären Schriften Unternehmen dazu veranlassen können, von Ressourcen verschwendenden Produktionsverfahren auf ökologisch verträglichere Produktionsweisen umzustellen, sondern nur der Nachweis, daß sich dies auch im ökonomischen Sinne lohnt, also »rechnet«. Man muß den sozialen Systemen gleichsam ›ihre eigene Melodie vorspielen‹, wenn man sie zu einem Kurswechsel veranlassen will. Moralische Probleme etwa müßten erst in die »Sprache« der Ökonomie übersetzt werden, bevor sich die Ökonomie überhaupt damit befassen kann. Es bedarf also zahlreicher Übersetzungsleistungen, damit ein Funktionssystem sich einem an es herangetragenen Problem widmen bzw. ein von einem Funktionssystem bearbeitetes Problem an ein anderes weitergereicht werden kann. Hinsichtlich der Thematisierung dieser Übersetzungsprobleme ergeben sich Berührungspunkte zu Lyotards postmoderner Theorie des Widerstreits, vgl. Lyotard (1987), dazu Schroer (1994).

98 Eine weitere Möglichkeit der operativ geschlossenen Teilsysteme, ihre externe Umwelt zu erreichen, bieten die *Programme*, wie etwa Theorien im Wis-

Erst die *funktionale Differenzierungsform*, die schon im 16. Jahrhundert in Ansätzen zu erkennen ist, sich aber erst um die Jahrhundertwende endgültig durchsetzt, transformiert die vormoderne Gesellschaft in die *moderne Gesellschaft*, mit der wir es nach Luhmann bis heute zu tun haben.[99] Dabei berücksichtigt er systematisch, daß die eine Differenzierungsform die

senschaftssystem, die über wahr und unwahr entscheiden. Diese Programme ermöglichen es den Subsystemen, Externes zu bearbeiten, ohne ihren Code ändern zu müssen (vgl. dazu näher Kneer/Nassehi 1993: 133). Scharf kritisiert wird die strikte Trennung der Teilsystemperspektiven insbesondere vom Neofunktionalisten Richard Münch (1991a: 23), der mehr »Interpenetration der Subsysteme« als Verfolgung ihrer Eigenlogik ausmacht, weshalb er gar vom »Mythos der funktionalen Differenzierung« (Münch 1991b: 375) spricht. Er folgt damit weit mehr als Luhmann der Parsonsschen Perspektive, die ebenfalls durch das Zusammenwirken der verschiedenen Teilsysteme die Erhaltung der sozialen Ordnung garantiert sieht. Kein Zufall, daß sich Münchs Perspektive deshalb den nämlichen Vorwürfen ausgesetzt sieht wie weiland Parsons: »Eine zu stark auf gesellschaftliche Einheit und auf Interpenetration der Subsysteme abstellende Theorie scheint das Konfliktpotential der modernen Gesellschaft, ihre riskante Verfassung und ihre Steuerungsprobleme zu unterschätzen und gibt ein eher harmonisches Bild der Gesellschaft ab.« (Nassehi 1997a: 120) Wir erinnern uns, daß dies exakt der Vorwurf ist, dem Parsons' Theorie sich bevorzugt ausgesetzt sah. Darüber hinaus führt Münch die Bemühungen einzelner *Akteure* an, die systemintern vorgegebenen Grenzen zu überwinden, rekurriert also auf Personen, um Luhmanns Sichtweise zu widerlegen. Auf dieser Ebene aber würde Luhmann Überwindungsversuche der teilsystemspezifischen Grenzen gar nicht bestreiten. Ja, für Personen gelten diese Grenzen nicht einmal. Münch unterscheidet insgesamt nicht hinreichend zwischen den verschiedenen Ebenen, auf denen sich Luhmanns Argumentation bewegt. Personen, Programme, Organisationen – all diese Instanzen können durchaus darauf hinwirken, für mehr Abstimmung zwischen den Subsystemen zu sorgen. Davon bleibt die operative Geschlossenheit der Teilsysteme jedoch gänzlich unberührt; vgl. dazu auch Kneer/Nassehi (1993: 139f.).

99 In ausdrücklicher Kontinuität zu Weber behauptet Luhmann die einzigartige Stellung dieser Differenzierungsform innerhalb der gesellschaftlichen Evolution: »Die traditionale stratifizierte Gesellschaft entwickelt sich in einer Weise, die als historisch einmalig und als evolutionär ganz exzeptionell gelten muß, in eine funktional differenzierte Gesellschaft.« (Luhmann 1993b: 222) Vgl. auch: »Diese Differenzierungsform ist nur ein einziges Mal realisiert worden: in der von Europa ausgehenden modernen Gesellschaft.« (Luhmann 1993a: 27). Keineswegs hält er es für angebracht, für unsere Gegenwart bereits von einer *Postmoderne* zu sprechen (vgl. Luhmann 1997a: 1143). Wenn allerdings die Unterscheidung Inklusion/Exklusion sich anschickt, zur neuen Primärdifferenzierung zu werden, wie Luhmann (vgl. 1995: 237ff.) argwöhnt, so könnte man darin – entgegen seiner eigenen Perspektive – das Kriterium für den Übergang in die Postmoderne sehen.

vorangegangene nicht ohne Rest ablöst. Vielmehr wechselt im Laufe der Evolution deren Primat. Trotz *primär* funktionaler Differenzierung persistieren auch in modernen Gesellschaften Bereiche, die segmentär bzw. stratifikatorisch differenziert sind, ebenso wie in der stratifizierten Gesellschaft des europäischen Mittelalters in Teilbereichen segmentäre Differenzierung überlebt hatte (vgl. Luhmann 1993b: 178, 1993c: 165). So läßt sich in modernen Gesellschaften nach wie vor ein Nebeneinander verschiedener Familien oder Unternehmen (segmentäre Differenzierung) beobachten, ebenso wie es selbstverständlich immer noch streng hierarchisierte Lebenszusammenhänge etwa zwischen Professor und Assistent an Universitäten, starke Gefälle zwischen Reich und Arm usw. gibt (vgl. Luhmann 1997a: 772, 776; Schimank 1996: 152 f.). Nur: Schichtung stellt in modernen Gesellschaften nicht mehr das *primäre* Differenzierungskriterium dar, gilt nicht mehr länger als alleiniger Garant der sozialen Ordnung.[100]

100 Jede Kritik an Luhmanns Systemtheorie, die ihr vorrechnet, daß es nach wie vor Hierarchien und soziale Ungleichheiten gibt, und dies als Beleg dafür anführt, daß sich funktionale Differenzierung eben nicht durchgesetzt habe, läuft deshalb letztlich ins Leere. Das bedeutet freilich nicht, daß man sich über das *Ausmaß* der nach wie vor bestehenden oder neu entstehenden Ungleichheiten und die *unzureichende* Berücksichtigung dieses Phänomens im Rahmen der Theorie funktionaler Differenzierung nicht trefflich streiten könnte, sind dort doch solche Phänomene allenfalls als Randphänomene geführt worden. Zum Versuch, das Thema *soziale Ungleichheit* gleichwohl mit systemtheoretischen Mitteln zu bearbeiten, ohne dabei den Bezugsrahmen der funktionalen Differenzierung aufzugeben, vgl. Nassehi (1997a). Luhmanns eigene Einlassung zu diesem Thema hebt vielversprechend mit der Forderung an: »Die Gesellschaftstheorie hätte sich eher für die Frage zu interessieren, wie es kommt, daß nach wie vor krasse Unterschiede der Lebenschancen reproduziert werden, auch wenn die Differenzierungsform der Gesellschaft darauf nicht mehr angewiesen ist« – der Leser frohlockt. Gleich darauf wird das Kapitel jedoch mit dem ein wenig hilflosen Zusatz »Die Antwortet lautet: daß dies offenbar ein Nebenprodukt des rationalen Operierens der einzelnen Funktionssysteme ist, und vor allem: des Wirtschaftssystems und des Erziehungssystems« (Luhmann 1997a: 774) schon wieder geschlossen – der Leser liest desillusioniert weiter und stößt kurz darauf immerhin noch auf den Hinweis, daß das Wirtschafts- und das Erziehungssystem »kleinste Unterschiede (der Arbeitsfähigkeit, der Kreditwürdigkeit, des Standortvorteils, der Begabung, Diszipliniertheit etc.)« nutzen, womit »eine fast erreichte Nivellierung wieder in soziale Differenzierungen umgeformt wird« (ebd.). Ohne explizit darauf aufmerksam zu machen, werden diese kleinen, aber *feinen Unterschiede* – Luhmann verweist an dieser Stelle explizit auf Bourdieus Arbei-

Über die Tatsache hinaus, daß in einer neuen Stufe der Differenzierung Rudimente der alten Form erhalten bleiben können, gilt auch umgekehrt, daß sich Ansätze der neuen Differenzierungsform bereits in der alten Form herauszubilden beginnen.[101] So läßt sich beispielsweise nachweisen, daß schon lange vor der gesamtgesellschaftlichen Umstellung auf funktionale Differenzierung in Teilbereichen funktionale Differenzierung vorkommt (vgl. Luhmann 1993c: 27).[102] Insofern sind »Gemengelagen mehrerer Differenzierungsformen« nicht etwa die Ausnahme, sondern geradezu »typisch« (Luhmann 1997a: 612).

Die weitverzweigte Diskussion um die Differenzierungskonzeption und seine Plausibilität wollen wir an dieser Stelle nicht weiter verfolgen. Für unseren Zusammenhang ist entscheidend, daß die hier nur knapp nachgezeichnete Ablösung der unterschiedlichen Differenzierungsformen gravierende Konsequenzen für die Verortung der Individuen in den jeweiligen Gesellschaftstypen hat, auf die ich im folgenden näher eingehen werde.

Segmentär differenzierte Gesellschaften zeichnen sich nach

ten – paradoxerweise von den Individuen in ihrem »verbissenen Kampf gegen Nivellierung« (ebd.: Fn. 333) selbst konstruiert. Was als Distinktionsgewinn gegenüber den anderen geplant ist, führt zu gleichsam künstlich eingeführten Ungleichheiten, die von den Funktionssystemen aufgegriffen werden, um »postinklusive Differenzierung« (Fuchs/Buhrow/Krüger 1994: 243) zu ermöglichen. Die Individuen finden sich gleichsam mit der wohlfahrtsstaatlich zementierten *Gleichheit* in der funktional differenzierten Gesellschaft nicht ab und beharren trotzig auf Ungleichheit, die in symbolisch überhöhten Lebensstilkämpfen ihren Ausdruck findet (vgl. Funke/Schroer 1998a, b). Daß diese Beobachtung nach Luhmanns Verständnis im krassen Gegensatz zur *fast erreichten Nivellierung* steht, bestätigt in meinen Augen Nassehis Verdacht, daß die Theorie funktionaler Differenzierung noch allzusehr von Schelskys *nivellierter Mittelstandsgesellschaft* zu zehren scheint (vgl. Nassehi 1997a: 142).

101 Vgl. dazu auch Luhmanns Aussage: »Evolution erfordert an solchen Bruchstellen eine Art latente Vorbereitung und eine Entstehung neuer Ordnungen innerhalb der alten, bis sie ausgereift genug sind, um als dominierende Gesellschaftsformation sichtbar zu werden und der alten Ordnung die Überzeugungsgrundlagen zu entziehen.« (Luhmann 1997a: 612) Das ist von Marx' Überzeugung, daß Keime des Neuen im Alten schon stets angelegt sind, die schließlich zu gegebener Zeit die vorherrschende Form ausmachen werden, nicht weit entfernt.

102 Wie es genau innerhalb der Evolution zur Ausbildung einer *neuen* Differenzierungsform kommt, statt daß sich die alte Form nur immer weiter fortsetzt und steigert, vgl. Luhmann (1997a: 611) und Kneer/Nassehi (1993: 122ff.).

Luhmann durch eine gewisse Trägheit und Unveränderbarkeit aus. Sie sind alles in allem »darauf eingestellt, daß sie so bleiben, wie sie sind« (Luhmann 1997a: 654). Die Möglichkeit einer alternativen sozialen Ordnung liegt gleichsam außerhalb des Vorstellungsvermögens. Jede Veränderung wird als Bedrohung erfahren, jedes Verlassen der eingefahrenen Wege als gefährliche Abweichung eingestuft und als Unrecht geahndet. In einer derart gefestigten Ordnung erhält jedes Individuum seinen festen Platz, der auch durch individuelle Leistungen nicht entscheidend verändert werden kann. Das Individuum durchläuft keine »Karriere« im heutigen Sinne, sondern beendet sein Leben gewissermaßen an der gleichen Stelle, von der aus es auch gestartet war (vgl. ebd.: 636): Seine Laufbahn ist weitestgehend festgelegt. Nicht nur wer man ist, sondern auch wer man werden kann, entzieht sich dem Willen, den Wünschen und dem Bestreben des einzelnen. Insofern sind tribale Gesellschaften darauf eingestellt, daß auch ihre Mitglieder *so bleiben, wie sie sind.* Für Individualisierung also, so scheint es, ist hier noch kein Platz. Dennoch teilt Luhmann nicht die unter Soziologen weitverbreitete Vorstellung, daß die Individualität des einzelnen in einer solchen Gesellschaftsform überhaupt kein Ansehen genoß.[103] Vielmehr betont er für diese Gesellschaftsform ausdrücklich: »In diesem Sinne besteht die Gesellschaft aus Menschen, deren individuelle Eigenart bekannt ist und, wie besonders neuere Forschung zeigt, in hohem Maße respektiert wird«[104], und folgert aus diesem Befund, daß »von

103 In diesem Sinne argumentiert Mead: »In anderen Worten, die primitive menschliche Gesellschaft bietet viel weniger Raum für Individualität – für originelles, einzigartiges oder schöpferisches Denken und Verhalten seitens der einzelnen Identität in ihr – als die zivilisierte menschliche Gesellschaft.« (Mead 1991: 265) Wenn er allerdings weiterhin konstatiert: »In der primitiven Gesellschaft manifestiert sich Individualität in einem weit größeren Ausmaß als in zivilisierten Gesellschaft durch die mehr oder weniger perfekte Anpassung an einen gegebenen gesellschaftlichen Typus [...]. In der zivilisierten Gesellschaft manifestiert sich die Individualität weit mehr durch die Ablehnung oder die modifizierte Verwirklichung der jeweiligen gesellschaftlichen Typen als durch Konformismus« (Mead 1991: 267), hat er damit in Luhmann keinen Gegner, weil damit für Luhmann die wechselnde Semantik angesprochen ist, mit der Individuen sich als Individuen beschreiben.
104 Darin kommt Luhmann mit David Riesman (1958: 28) überein, der ebenfalls warnt: »Man darf sich [...] nicht dazu verleiten lassen, zu glauben, daß das Individuum in solchen Gesellschaften nicht doch sehr hoch eingeschätzt werden könnte [...]. In einigen primitiven Gesellschaften wird der

einer im Laufe der Entwicklung zunehmenden Individualisierung des Menschen« gar keine Rede sein könne (Luhmann
1997a: 642; vgl. auch 1993c: 155, 229; 1982: 17). Luhmann hebt
damit deutlich hervor, daß es sich bei der Individualisierung für
ihn nicht um einen von einer zur anderen evolutionären Stufe
stetig steigernden Zusammenhang handelt, wie viele andere Soziologen annehmen.[105] Sein Argument lautet vielmehr: Ähnlich
wie Gesellschaften sich nicht einfach immer *mehr* ausdifferenzie-
ren, sondern ihre jeweilige *Form* der Differenzierung wechseln,
so hat jede dieser Gesellschaftsformen ihre jeweilige *Form* der
Individualisierung, ohne daß sie in der einen Gesellschaft als ausgeprägter als in einer anderen beschrieben werden könnte. Gerade in ihrer allein auf quantifizierbare Sachverhalte hin ausgeleg-
ten Blickrichtung war die klassische Differenzierungstheorie in
seinen Augen zu eng gefaßt. Es wie die Klassiker beim Hinweis
auf *zunehmende Differenzierung* und *steigerbare Individualität*
zu belassen reicht seines Erachtens nicht aus, wenn man den
Übergang in die moderne Gesellschaft adäquat erfassen will (vgl.
Luhmann 1993c: 153, 155). Damit würden der Theorie die sich
»katastrophisch« (Luhmann 1997a: 655) vollziehenden Über-
gänge zwischen verschiedenen Formen der Differenzierung entgehen, die auch eine andere Form von Individualität auf den
Plan rufen. So ist die Position des Individuums in segmentär und
stratifikatorisch differenzierten Gesellschaften von der heutigen
extrem verschieden. Segmentäre Differenzierungen sind ebenso
wie nach Zentrum/Peripherie oder stratifikatorisch differenzierte Gesellschaften darauf angewiesen, Individuen jeweils nur einem Subsystem zuzuordnen. Dabei ist die nach Rangunterschie-

einzelne tatsächlich weit mehr gewürdigt und respektiert als in vielen Bereichen der modernen Gesellschaft, da das Individuum in einer auf Traditions-
Lenkung beruhenden Gesellschaft in einer wohldefinierten funktionalen
Beziehung zu den anderen Mitgliedern der Gruppe steht. Wenn er nicht
getötet wird, ›gehört er dazu‹ und ist nicht Überschuß, wie die Arbeitslosen
in der modernen Gesellschaft, noch Ausschuß, wie die ungelernten Arbeiter in der modernen Gesellschaft.«

105 Diese Annahme unterscheidet sich insbesondere auch von Durkheims Auffassung, daß allein schon die Größe der Gesellschaft über das Ausmaß der
Individualität entscheidet (vgl. Durkheim 1991: 90ff.). Allein die Unübersichtlichkeit in einer viele Mitglieder umfassenden Gesellschaft ist hier der
Garant für den Rückgang sozialer Kontrolle, der scheinbar automatisch zu
einer größeren individuellen Bewegungsfreiheit führt.

den geschichtete Gesellschaft innerhalb der einzelnen Schichten noch segmentär, nach Haushalten und Familien, gegliedert (vgl. Luhmann 1993c: 157). Ähnlich wie es in segmentären Gesellschaften ausgeschlossen war, mehreren Familien oder Clans anzugehören, ist es in stratifikatorischen denkunmöglich, mehreren Schichten zugleich anzugehören. Die entscheidende Verteilungsinstanz bleibt auch in der stratifikatorischen Gesellschaft die Familie: »Alle Personen gehören über die Familie, der sie angehören, zu einer und nur zu einer Schicht. Die Personen sind also über die Familien auf die primären Teilsysteme der Gesellschaft verteilt. Sie gehören einer Kaste oder einem Stand an – und nicht den jeweils anderen. Sie können Personen sein dadurch, daß sie durch Familie und Stand bestimmt sind; denn nur so – und nicht als ›private‹ Individuen – können sie ordnungsgemäß kommunizieren. Individualität in Anspruch nehmen hieße: aus der Ordnung herausfallen: Privatus heißt inordinatus.« (Luhmann 1993a: 72)

Ein entscheidender Umbruch ergibt sich erst durch den Übergang zu funktional differenzierten Gesellschaften (vgl. Luhmann 1993a: 30f., 72; 1997a: 680, 688, 744). Jetzt kann das Individuum nicht mehr nur einem Teilsystem angehören, sondern muß sich in die unterschiedlichsten Teilsysteme »einbringen« (vgl. Luhmann 1993c: 158). Kein einzelnes System vermag es mehr, den »ganzen Menschen« in sich zu beherbergen. In keinem der Funktionssysteme allein ist er noch zu Hause, weshalb er von nun an als »sozial ortlos« (Luhmann 1982: 16) vorausgesetzt werden muß: »Man kann nicht Menschen den Funktionssystemen derart zuordnen, daß jeder von ihnen nur einem System angehört, also nur am Recht, aber nicht an der Wirtschaft, nur an der Politik, aber nicht am Erziehungssystem teilnimmt.« (Luhmann 1997a: 744) Daraus zieht Luhmann die sowohl theorietechnisch als auch zeitdiagnostisch entscheidende Konsequenz, daß der Mensch nicht mehr als Bestandteil der Gesellschaft aufgefaßt werden kann, sondern in der Umwelt des Gesellschaftssystems angesiedelt werden muß (vgl. Luhmann 1997a: 744).[106] Daß das Individuum nicht mehr als gesellschaftliches

106 Theorietechnisch gesehen liegt hier der Berührungspunkt zweier Theoriebausteine, auf denen Luhmanns Theorie im wesentlichen fußt: die Theorie autopoietischer Systeme, die sich an die Ergebnisse der Biologen Maturana und Varela anlehnt, und die Theorie funktionaler Differenzierung, die auf

Wesen, als Teil der Gesellschaft verstanden werden kann, sondern sich durch die Auslagerung in die Umwelt des Gesellschaftssystems auszeichnet, bedeutet zugleich, daß es nicht mehr durch soziale *Inklusion*, sondern durch soziale *Exklusion* charakterisiert ist. Funktionale Differenzierung betreibt die *Exklusion* der Individuen aus der Gesellschaft, um sie unter je spezifischen Gesichtspunkten wieder in die sozialen Systeme zu inkludieren. Damit »sprengt« (Fuchs 1992: 213) sie gleichsam die Einheit der Person, weil diese nunmehr nur noch »mit jeweils funktionsrelevanten Ausschnitten ihrer Lebensführung« (Luhmann 1981: 26) in die Funktionssysteme einbezogen wird. Mit anderen Worten: Die Gesellschaft stellt von *Inklusionsindividualität* auf *Exklusionsindividualität* um.[107]

Das bedeutet keineswegs, daß die Individuen sich völlig losgelöst von der Gesellschaft bewegen könnten, so daß sich der langgehegte Traum der Freiheit des Menschen *von* der Gesellschaft nun endlich erfüllt hätte (vgl. Schelsky 1959: 99); es bedeutet allerdings ebensowenig, daß die Individuen zu nutzlosen Statisten herabgewürdigt werden, die zum Fortbestand gesellschaftlicher Evolution nichts Wesentliches mehr beizutragen hätten. Individuen wie soziale Systeme sind auf die Beiträge ihrer Umwelt,

den Ergebnissen von Spencer, Durkheim, Simmel und Parsons aufbaut. *Beide* Theoriequellen führen zum Ergebnis, daß der Mensch nicht mehr als Generalnenner der Gesellschaftstheorie taugt, sondern in der Umwelt des Gesellschaftssystems angesiedelt werden muß, wenn man der Komplexität sozialer wie psychischer Systeme gerecht werden will. Zugleich ist es diese Entscheidung, mit der sich die Luhmannsche Systemtheorie die meisten Einwände eingehandelt hat.

107 Präziser ist m. E., von einer Mischung aus Exklusionsindividualität und Inklusionsindividualität auszugehen, wie Nassehi/Nollmann (1998) vorschlagen. Das führt allerdings in die unmittelbare Nähe eines verblüffend ähnlich gebauten Begriffspaares, nämlich zu Simmels Unterscheidung in quantitative und qualitative Individualität (vgl. Kapitel III.). Die Unterscheidung Inklusion/Exklusion läßt sich für den Fall funktional differenzierter Gesellschaften noch einmal für die Differenz von Funktionssystemen und Organisationen fruchtbar machen: Während die Funktionssysteme den »Zugang für alle« anstreben, gilt für Organisationen das Gegenteil: »sie schließen alle aus mit Ausnahme der hochselektiv ausgewählten Mitglieder.« (Luhmann 1997a: 844) Während für Funktionssysteme also der Grundsatz gilt, »daß eingeschlossen ist, wer nicht ausdrücklich ausgeschlossen ist«, gilt für Organisationen der umgekehrte Grundsatz, »daß ausgeschlossen ist, wer nicht ausdrücklich eingeschlossen ist« (Simmel 1992: 447).

die sie sich wechselseitig zur Verfügung stellen, geradezu über-
lebensnotwendig angewiesen. So stellt beispielsweise im Falle der
Inklusion ein autopoietisch über Bewußtsein operierendes psychisches System »seine Eigenkomplexität zum Aufbau sozialer
Systeme zur Verfügung«.[108] Im Falle der *Sozialisation* stellt dagegen umgekehrt das ebenfalls autopoietisch – aber mittels Kommunikation – operierende soziale System Gesellschaft »seine
Eigenkomplexität zum Aufbau psychischer Systeme zur Verfügung« (Luhmann 1993c: 162).[109]

Erst in dem Moment, da Individuen nicht mehr als Bestandteile der Gesellschaft in einem Teilsystem fest verortet sind, sondern »von vornherein als extrasozietal gedacht werden« (Luhmann 1993c: 160) müssen, kann die Gesellschaft in unterschiedlicher Weise auf die Individuen zugreifen, sie also etwa in ihrer
Rolle als Wähler, Väter, Touristen, Organspender, Konsumenten
usw. wahrnehmen. Für Individuen in modernen Gesellschaften
wird damit normal, was in vormodernen noch als Abweichung,
ja als Monstrosität gegolten hätte: das Leben einer »Mischindivi-
dualität« (Luhmann 1993c: 16) bzw. einer »Mischexistenz«
(Luhmann 1993a: 30) zu führen.[110] Niemand mehr kann eine
ausschließlich juristische, familiale oder religiöse Existenz bestreiten[111], sondern muß jederzeit Zugang zu den verschiedenen

---

108 Zum wichtigen Sachverhalt, daß Inklusion in der modernen Gesellschaft
keineswegs einheitlich geregelt ist, sondern von Funktionssystem zu Funktionssystem differiert, vgl. Stichweh (1988).

109 Solche interpenetrierenden Systeme ließen sich gegenüber penetrierenden
(vgl. Luhmann 1984a: 290) auch als Unterscheidung von symbiotischen
und parasitischen Bindungen charakterisieren. Während Luhmann allein
Interpenetration für zwischenmenschliche Intimbeziehungen gelten läßt
(vgl. Luhmann 1982: 14, 1984a: 157), müßte man auch den Fall der Penetra-
tion berücksichtigen, bei dem sich ein Parasit von seinem Wirt so lange
ernährt, bis er aufhört zu existieren, so daß sich der Parasit einen neuen
Wirt suchen muß. Bei symbiotischen Beziehungen »benutzen« sich psychische Systeme im gegenseitigen Einvernehmen, bei parasitären bleibt eines
unweigerlich auf der Strecke.

110 Vgl. dazu die stetig anwachsende Literatur zur Hybridität, etwa Bronfen/
Marius/Steffen (1997) und Stichweh (1995).

111 »Der letzte derart konzipierte Fall, den man um 1800 noch für möglich
hielt, war die Hausfrau und Mutter der bürgerlichen Familie. Auch das ist
ein inzwischen abgeschlossenes Kapitel.« (Luhmann 1993a: 30) Allerdings
dürfte die, sagen wir: Inklusionsstärke bzw. -vielfalt, wenn schon nicht
mehr hinsichtlich der Geschlechterdifferenz, so doch hinsichtlich verschiedener Altersstufen durchaus verschieden ausfallen. So werden kleine Kinder tatsächlich zunächst nur – mal mehr, mal weniger – erzogen, partizipie-

Teilsystemen haben, ohne einem dieser Systeme anzugehören. Diesen Tatbestand bezeichnet Luhmann – im Anschluß an Parsons (1972) – mit dem Begriff Inklusion. Das Programm der Inklusion lautet: »Im Prinzip sollte jeder rechtsfähig sein und über ausreichendes Geldeinkommen verfügen, um an Wirtschaft teilnehmen zu können. Jeder sollte als Teilnehmer an politischen Wahlen auf seine Erfahrungen mit Politik reagieren können. Jeder durchläuft, soweit er es bringt, zumindest die Elementarschulen. Jeder hat Anspruch auf ein Minimum an Sozialleistungen, Krankenpflege und ordnungsgemäße Beerdigung. Jeder kann, ohne von Genehmigungen abzuhängen, heiraten. Jeder kann einen religiösen Glauben wählen oder es lassen. Und wenn jemand seine Chancen, an Inklusion teilzunehmen, nicht nutzt, wird ihm das individuell zugerechnet.« (Luhmann 1997a: 625; vgl. Luhmann 1995: 139; 1993a: 31; 1981: 25 f.) Mit dieser Bestimmung von *Inklusion* ist das Minimalprogramm formuliert, das es dem einzelnen ermöglichen soll, an den Leistungen der ausdifferenzierten Funktionssysteme partizipieren zu können. Der im Zitat vollzogene Wechsel von »sollte«- zu »kann«-Formulierungen macht deutlich, daß es sich sowohl um Verpflichtungen der Funktionssysteme gegenüber den Individuen handelt, sie so auszustatten (eine Art Grundversorgung), daß ihnen eine Teilnahme am politischen, wirtschaftlichen und sozialen Geschehen ermöglicht wird, als auch um bereitgestellte Optionen, zwischen denen sich der einzelne zu entscheiden hat. Nimmt der einzelne keines der Angebote in Anspruch, muß er dies individuell verantworten. Die nicht genutzten Möglichkeiten werden ihm im Zweifelsfalle nicht nur zu-, sondern auch vorgerechnet. So drängt das Inklusionsangebot mit sanfter Gewalt auf Inanspruchnahme. Im Falle der Nichtinanspruchnahme macht sich

ren aber bald schon am Wirtschaftssystem, wählen vielleicht sogar, nehmen also am Politiksystem teil, gründen evtl. – obwohl zunehmend unwahrscheinlich – selbst eine Familie, nehmen schließlich aber nur mehr im begrenzten Rahmen das Wirtschafts-, Politik- und erst recht das Sportsystem in Anspruch, dafür aber um so mehr das medizinische, um am Ende wieder nur mehr »verwahrt« oder gar erneut »erzogen« zu werden – freilich nicht mehr auf das Leben hin, sondern vom Leben weg auf den Tod zu. Die unterschiedlich ausgeprägte Teilhabe an den einzelnen Funktionsbereichen je nach Lebensalter tritt m. E. dem – auch von Luhmann konzedierten (vgl. 1981: 25) – höchst unterschiedlichen *Partizipationsgrad* nach Schichtzugehörigkeit hinzu.

das Individuum der *selbstverschuldeten Exklusion* schuldig. Insofern hat Inklusion, ist funktionale Differenzierung erst einmal etabliert, eine »erzwingende Struktur« (Fuchs/Buhrow/Krüger 1994: 242), d. h.: Niemand kann sich letztlich den Funktionssystemen dauerhaft entziehen.[112]

112 Ob diese »Unhintergehbarkeit« freilich wirklich auch für Kunst und Religion gilt, wie die Autorengruppe meint, ist äußerst fraglich. Für Luhmann jedenfalls gilt für Kunst und Religion (vgl. Luhmann 1993c: 349), ja selbst für Familie (ebd.: 170) genau das Gegenteil: auf sie kann der einzelne getrost verzichten, auch wenn er dann womöglich in Kauf nimmt, ungetröstet durchs Leben zu gehen. Daß die Funktionssysteme für sich wie selbstverständlich reklamieren, gewissermaßen »die ganze Welt« zu repräsentieren und entsprechend unverzichtbar zu sein, widerlegt diese Einschätzung nicht. Fuchs/Buhrow/Krüger (1994) jedenfalls argumentieren weiter, daß das Erziehungssystem der alten BRD auf »Komplettinklusion« (ebd.: 243) angelegt gewesen sei, da sich niemand der Schulpflicht entziehen konnte, Exklusion also ausgeschlossen war. Dafür aber habe es »postinklusive Differenzierungen« nach verschiedenen Schultypen gegeben. Die Autoren scheinen dabei jedoch zu übersehen, daß eine Komplettinklusion nicht nur vom Erziehungssystem angestrebt wird, sondern von allen Teilsystemen. Auch den meisten anderen Systemen kann sich keiner entziehen, wie die Autoren selbst kurz zuvor behauptet haben. Die »postinklusive Differenzierung« ließe sich ebenfalls für andere Teilsysteme aufzeigen, denn ähnlich wie beim Schulbeispiel bewegt man sich damit auf der Ebene von Organisationen, in denen man – das ist nun keine Überraschung mehr – durchaus auf stratifikatorische Differenzierung treffen kann. Nassehi (1997a) hegt nicht zuletzt aus diesem Grund starke Zweifel an der Luhmannschen Fassung von Inklusion: »Inklusion ist kein gesellschaftliches Ziel, sondern pure Faktizität der modernen Gesellschaft in unserer Region der Weltgesellschaft.« (Ebd.: 142; vgl. auch Nassehi/Nollmann 1998) Die Frage allerdings ist, ob mit der Umstellung von Inklusion als normativem Ziel (Luhmann) zur Inklusion als purer Faktizität (Nassehi) nicht genau das erzeugt oder gar noch verstärkt wird, was Luhmann vorgehalten wird, nämlich »eine gewissermaßen unproblematische Form der Inklusion« (Nassehi 1997a: 136) vorauszusetzen. Oder anders gewendet: Wenn auch noch die Zahlungsunfähigen und die nicht Rechtsfähigen auf der Seite der Inklusion erscheinen, wie Nassehi betont und wie es der Logik der binären Codierung entspricht, wie erreicht man dann überhaupt noch den Bereich der Exklusion? Nur über den Systemreferenzwechsel auf Organisationen, wie Nassehi und Nollmann vorschlagen? Damit gewinnt man m. E. letztlich keinen differenzierteren Zugang zum Exklusionsbereich – was doch offenbar angestrebt ist –, sondern einen eingeschränkteren. Übersehen wird bei dieser Kritik, daß die »Inklusion für alle« gleichsam die »Ideologie« bzw. die »Semantik« der modernen Gesellschaft ausmacht (vgl. Luhmann 1996a: 189; s. auch Luhmann 1996c: 223), was über das tatsächliche Ausmaß an Inklusions- und Exklusionsverhältnissen noch gar nichts aussagt. Wenn die Hochverschuldeten ebenso im Wirtschaftssystem inkludiert sind wie die Millionäre und Milliardäre, was theorieimmanent einleuchtet, braucht man

In der Mischung aus Ansprüchen und Optionen ist beschrieben, was von Beckscher Seite als Individualisierung gefaßt wird. Beck gründet – ich komme noch ausführlich darauf zu sprechen – seine Individualisierungsthese auf den Umstand, daß die Verortung des einzelnen nicht mehr reguliert ist, sondern vom einzelnen selbst vorgenommen werden *muß*.[113] Insofern ließe

für diejenigen, die erst gar nicht in die Lage kommen können, sechsstellige rote Zahlen zu schreiben, weil sie schlicht niemals einen solchen Kreditspielraum bewilligt bekämen, einen weiteren Begriff, ein weiteres Kriterium oder auch eine *trinäre Codierung*, die besagen könnte: positiv oder negativ inkludiert und exkludiert mit dem Hintergrund: liquide/illiquide und pleite, oder besser: zahlungskräftig/zahlungsunfähig und nicht kreditwürdig. Der Unterschied zwischen den jeweils letzten beiden Begriffen ist entscheidend. Er bedeutet, daß die einen wenigstens zum Spiel zugelassen sind, während die anderen erst gar nicht zugelassen werden, sondern von Anfang an »draußen« bleiben müssen, um sich – wie die Hunde vor den Metzgereien – an den Scheiben die Nasen platt zu drücken. Aber auch bei Luhmann scheint die Bestimmung des Exklusionsbereichs Probleme zu bereiten. Will er neuerdings in den Favelas komplett Ausgeschlossene ausfindig gemacht haben, heißt es dagegen in früheren Texten: »Andererseits gibt es keine Exklusion von Personen aus der Gesellschaft. Solange jemand an Kommunikation teilnimmt, nimmt er an Gesellschaft teil. Und gerade Terroristen legen ja typisch wert auf diese Teilnahme. Sie legen einen Zettel an den Ort ihrer Tat oder schicken einen ›Bekennerbrief‹, um mitzuteilen, sie seien es gewesen. [...] Als Kommunikationsteilnehmer sind andere nicht zu ignorieren, es sei denn: man tötet sie [...]. Das Kommunikationssystem [...] kann nicht Menschen ausschließen, die ja ohnehin nicht zum System, sondern zur Umwelt des Systems gehören. Diese Unmöglichkeit, jemand aus der Mitwirkung an Gesellschaft auszuschließen (es sei denn: man tötet ihn), gibt der Moral ihre Emphase, ihren Eifer, ihre Aufdringlichkeit.« (Luhmann 1993c: 367) Was also bisher qua definitionem theoretisch ausgeschlossen war, soll nun doch möglich sein: Totalexklusion aus der Gesellschaft!?

113 Das »Prinzip der *Inklusion* aller in alle Funktionssysteme« erklärt Luhmann wie folgt: »Jede Person muß danach Zugang zu allen Funktionskreisen erhalten können je nach Bedarf, nach Situationslagen, nach funktionsrelevanten Fähigkeiten oder sonstigen Relevanzgesichtspunkten. Jeder muß rechtsfähig sein, eine Familie gründen können, politische Macht mitausüben oder doch mitkontrollieren können; jeder muß in Schulen erzogen werden, im Bedarfsfalle medizinisch versorgt werden, am Wirtschaftsverkehr teilnehmen können. Das Prinzip der Inklusion ersetzt jene Solidarität, die darauf beruhte, daß man einer und nur einer Gruppe angehörte. Die universelle Inklusion wird mit Wertpostulaten wie Freiheit und Gleichheit idealisiert; sie ist in Wahrheit natürlich keineswegs freigestellt oder gleich verteilt, aber sie ist durch die Differenzierungsform der Gesellschaft nicht mehr vorreguliert.« (Luhmann 1993a: 31) Nach einer ähnlichen Aufzählung (vgl. Luhmann 1995: 139) fährt Luhmann fort: »In all diesen Hinsichten sind Chancengleichheit und Freiheit der Auswahl unzulänglich reali-

sich von hier aus die These formulieren, daß Individualisierung bedeutet, daß das Individuum mehr und mehr selbst über Teilhabe und Stärke bzw. Schwäche der Teilhabe an den verschiedenen Teilsystemen entscheiden kann: »Eine ausgeprägt funktionale Differenzierung des Gesellschaftssystems muß es dem einzelnen überlassen, in welchem Moment und mit welchen Interessen er an den Funktionssystemen der Gesellschaft partizipiert: wen er heiratet und ob und wie viele Kinder er haben will; welchen Beruf er ergreift und mit welchen Prioritäten er Konsumwünsche befriedigt; ob und in welcher Form er seinem Leben einen religiösen Sinn gibt; für welche Wahrheiten er sich interessiert; ob und wie er politisch wählt oder sich parteipolitisch oder auf andere Weise in der Politik engagiert; welche Rechtspositionen er freiwillig aufbaut und ob er seine Rechte im Falle der Verletzung verfolgt oder die Sache auf sich beruhen läßt; ja in einem nicht unerheblichen Maße sogar: ob er sich für krank und für behandlungsbedürftig hält oder nicht.« (Luhmann 1995: 99 f.) Das ist exakt das von Ulrich Beck als Individualisierung beschriebene Programm. Doch daß all dies der »Entscheidung des einzelnen überlassen wird« (ebd.), ist für Luhmann kein Zeichen einer *Zunahme* an Individualisierung, sondern vielmehr ein Zeichen für »die Nichtregulierbarkeit dieser Fragen«, die in »Form von Freiheitskonzessionen ausgedrückt werden« (Luhmann 1995: 100).[114] Dies dürfte zugleich die entscheidende Differenz zu Becks Individualisierungsthese ausmachen, die aus der von Luhmann beschriebenen Abnahme verbindlicher gesellschaftlicher Regelungen eine Zunahme an individuellen Freiräumen und Chancen für eine selbstbestimmte Lebensführung des Individuums ableitet. Der Rückgang an vorentschiedenen Fragen wird

siert. Wenn darüber geklagt wird, wird aber übersehen, daß die Realisierung solcher Ansprüche die Selbstfindung des Einzelnen nicht erleichtern, sondern erschweren würde.« (Ebd.)

114 Vgl. auch: »Unberechenbarkeit wird durch Freiheitskonzessionen aufgefangen, fast könnte man sagen ›sublimiert‹.« (Luhmann 1984a: 156) Ähnlich hat Foucault die scheinbar auf Befreiung hin angelegten Entwicklungen im Umgang mit Sexualität ihres Freiheitsmäntelchens beraubt. Allerdings weniger um zu zeigen, daß dahinter die gesellschaftliche Unfähigkeit zur Regulierbarkeit steht, sondern weit mehr um die dahinter verborgenen, subtilen Machtmechanismen zu entlarven. Auf die Ähnlichkeiten zwischen Luhmann und Foucault in dieser Frage komme ich weiter unten noch einmal zurück.

bei Beck weniger von seiner Kosten- als vielmehr von seiner Gewinnseite her betrachtet (vgl. Kap. III. 5).

Diese gleichsam als Freiheiten getarnten Rückzüge des Gesellschaftssystems aus allen Fragen individueller Lebensführung werden den Individuen in Luhmanns Augen nur deshalb konzediert, weil die funktional differenzierte Gesellschaft auf die konformen Leistungen einzelner nicht mehr angewiesen ist. Sie bringen, was immer sie tun, das Funktionieren der Teilsysteme nicht mehr – jedenfalls nicht so ohne weiteres – in ernsthafte Bedrängnis. Der »Lohn«, den sie für diese Indifferenz der sozialen Systeme erhalten, ist eine stärkere Unabhängigkeit von den Direktiven und Erwartungen der Gesellschaft, die ihnen als Erlangung eines höheren Freiheitsgrades in ihren Entscheidungen schmackhaft gemacht wird. Die Tatsache, daß die Individuen in die Funktionslogik der Teilsysteme nicht mehr steuernd eingreifen können, wird ihnen gleichsam mit der Zurückhaltung der Teilsysteme bei Fragen der individuellen Lebensführung versüßt, wobei dies von den Individuen nicht notwendig als Befreiung, sondern auch als Überforderung, als »illegitime« oder »unerwünschte Indifferenz« erlebt werden kann.[115] Deutlich wird jedenfalls: Freiheitszuwächse sind auf *beiden Seiten* zu konstatieren und als wechselseitige Indifferenz reformulierbar. Freilich heißt diese neue Unabhängigkeit voneinander nicht, daß zwischen beiden Bereichen überhaupt keine Kontakte und Möglichkeiten der Einflußnahme mehr bestehen. Wenn die jeweils andere Seite erreicht werden soll, sind bestimmte Anstrengungen erforderlich, weil es eine selbstverständliche, quasi latent vorhandene und bloß noch zu aktivierende Kontaktstelle zwischen beiden nicht gibt. Das Individuum muß in einer funktional differenzierten Gesellschaft genau darüber Bescheid wissen, welche Forderungen es an welches Funktionssystem in welcher Form richten kann, um sich unnötigen Aufwand und möglichen »Frust« zu ersparen. Ebenso aber müssen umgekehrt die Funktionssysteme wissen, auf welchem Wege und mit welchen Mitteln sie Individuen erreichen können, wenn sie deren notwendige Beiträge zu ihrem Fortbestehen abrufen wollen (vgl. di Fabio 1991: 116). In diesem Sinne kann etwa die Werbung gleichsam als Vermitt-

---

115 In Anlehnung an Tyrells Begriff »legitimer Indifferenz« (Tyrell 1978: 183), mit dem er die Gleichgültigkeit der Systeme untereinander bezeichnet.

lungsbüro zwischen Wirtschaftssystem und Konsumenten fungieren. Automatisch steht den Funktionssystemen die Aufmerksamkeit der psychischen Systeme jedenfalls nicht zur Verfügung.

Mit dieser Argumentation entzieht sich Luhmann im Prinzip *beiden* hier vorgestellten Theorietraditionen. Weder sind Individuen durch soziale Systeme derart direkt beeinflußbar, kontrollierbar oder gar determinierbar, daß jegliche Bewegungsfreiheit bereits im Keim erstickt wird, wie dies von Weber über Adorno bis Foucault immer wieder angenommen wird, noch sind die sozialen Systeme in ihren Funktionsleistungen durch die Aktivitäten der Individuen derart störanfällig, daß es zu anomischen Zuständen kommt, die die soziale Ordnung außer Kraft zu setzen drohen, wie dies von Durkheim über Parsons bis Dahrendorf (1979) und Heitmeyer (1994a, 1994b, 1997) immer wieder befürchtet wird. Daß sich Luhmann weder auf die eine noch auf die andere Diagnose festlegt – wenngleich es in meinen Augen größere Affinitäten zur zweiten Richtung gibt –, bedeutet umgekehrt, daß die Theorie flexibel genug angelegt ist, beide Perspektiven thematisieren zu können. Obzwar ein völlig determiniertes, auf ein Lurchbewußtsein reduziertes Individuum, wie Horkheimer/Adorno (vgl. 1971: 36) befürchteten, kategorial ausgeschlossen ist, gibt es gleichwohl Formulierungen, die an die dunklen Diagnosen eines Adorno oder Günter Anders zumindest erinnern. Etwa, wenn Luhmann ungewohnt pessimistisch notiert: »Durch Kultur und soziale Bedingungen ist die Ausübung von Freiheit stark asymmetrisiert, daß dem Individuum nur noch belanglose Entscheidungen bleiben – oder Proteste, die nichts ändern.« (Luhmann 1996c: 229)[116]

116 Luhmann konstatiert eine deutlich auf Standardisierung und Nivellierung hinauslaufende Entwicklung: »In der modernen Angebotsgesellschaft wird Freiheit nicht mehr durch Zwang eingeschränkt, sondern durch Angebote so strukturiert, daß die Ausübung nicht mehr als Selbstverwirklichung des Individuums zugerechnet werden kann. Man kauft günstig ein, sieht die empfohlenen Filme, wählt eine Religion oder nicht nach eigenem Gutdünken – wie andere auch.« (Ebd.) Auch an anderer Stelle heißt es: »Der Konsument reagiert, ob er kauft oder nicht, gleichsinnig mit anderen, ohne daß dazu eine direkte Imitation anderer erforderlich wäre. Auch das hängt damit zusammen, daß es keine überzeugende Oberschicht mehr gibt, an der man ablesen könnte, was ›geht‹ und was ›nicht geht‹. Eher ist es umgekehrt: daß die Oberschicht auch sich selbst in dem, was sie begehrt und für vorzeigenswürdig hält, nach dem Geschmacksdiktat der Werbung richtet; nicht zuletzt auch deshalb, weil der Markt gar nichts anderes anbietet,

Halten wir als Ergebnis fest: Entscheidend für das Individualitätsverständnis Luhmanns ist, daß es Individuen selbstverständlich schon immer gab, die Semantik der Individualität und ihre
Konnotationen von Selbstverwirklichung, Emanzipation usw.
aber erst relativ spät auftreten und wahrscheinlich als Reaktion
auf gesellschaftsstrukturelle Umbrüche verstanden werden müssen (vgl. Luhmann 1993c: 153). Individualisierung ist für Luhmann keine zu feiernde Errungenschaft moderner Vorwärtsent-
wicklung, sondern schlicht – und doch nicht einfach – eine Fol-
gelast der modernen, funktional differenzierten Gesellschaft (vgl.
Luhmann 1997a: 805; Luhmann 1997c: 73). Gleichwohl ist das
Theorem funktionaler Differenzierung mit Individualisierung
kompatibel. Funktionale Differenzierung kann für das Individuum einen Zuwachs an Individualität bedeuten, weil es sich strukturell der Überwachung einer Gesamtheit durch die Aufteilung
in Funktionsbereiche entziehen kann. Der Zugriff auf die ganze
Person wird rückläufig und durch partielle Zugriffe ersetzt. Damit steigt tendenziell die Handlungsfreiheit des einzelnen. Luhmann geht von einer für die moderne Gesellschaft typischen
»größeren Distanz zwischen psychischen und sozialen Systemen«
(Luhmann 1995: 99)[117] aus, die beiden Seiten eine stärkere Unabhängigkeit oder – wenn man will – Freiheit voneinander beschert.

Vom Individuum zum Dividuum?
Zur Paradoxie der Individualität

Es gibt bei Luhmann noch einen weiteren Zugang zum Thema
Individuum, Individualität und Individualisierung, der aus einer
dritten Säule seines Theoriegebäudes resultiert. Bildet die Sy-

sondern allenfalls nach Preisen differenziert.« (Luhmann 1996b: 90) Das
deckt sich z.T. mit der Perspektive der kritischen Theorie auf die kapitalistische Warengesellschaft, aber auch mit der postmodernen Perspektive von
Lipovetsky (1995) und Bauman (1995b). Ich komme darauf zurück.
117 Eine weitere entscheidende Differenz gegenüber Becks Ansatz, der umgekehrt von einer neuen »Unmittelbarkeit von Individuum und Gesellschaft«
(Beck 1986: 118) ausgeht, wodurch jede der beiden Seiten durch die Ereignisse im jeweils anderen Bereich unmittelbar beeinflußt wird. Gerade durch
die von Beck konstatierte Erosion des intermediären Bereichs, der eine
Art Pufferzone zwischen Individuum und Gesellschaft gebildet hat, prallen

stem/Umwelt-Unterscheidung die erste, so die Differenzierungstheorie die zweite Säule. Die dritte Säule ist Luhmanns Unterscheidung von Gesellschaftsstruktur und Semantik. Es ist diese Ebene, die Aufschluß darüber zu geben verspricht, wie der einzelne mit den gesellschaftsstrukturell beschreibbaren Veränderungen seiner Position fertig wird, welche Sinnangebote dem einzelnen geliefert werden, um sich und anderen seine veränderte Lage zu erklären. Wenn Luhmann dem psychischen System schon aufgrund seiner operativen Geschlossenheit Individualität zuspricht, ist damit noch nicht die Frage beantwortet, »welche sozialen Anregungen ein solches System benötigt, sich selbst zu beobachten und beschreiben zu können. [...] Und hierbei stellt sich die Frage, ob und unter welchen gesellschaftlichen Bedingungen ihm das Insistieren auf Individualität als Selbstbeschreibung erlaubt oder gar aufgenötigt wird.« (Luhmann 1984a: 361)

Für Luhmann hat es Individuen immer schon gegeben und haben Menschen Merkmale der Individualität aufgewiesen. Individualität ist insofern zunächst einmal nichts anderes als ein »kulturelles Artefakt« (Luhmann 1997a: 1016). Niemand könne bestreiten, so Luhmann, daß Menschen immer schon je für sich existierten, also Individuen im heutigen Sinne waren. Um so erstaunlicher deshalb der Befund, daß das Fremdwort »Individuum« erst reichlich spät im Sprachgebrauch auftaucht, um den einzelnen Menschen zu bezeichnen: »Wenn die Menschen immer schon Individuen gewesen sind: warum hat man das nicht gleich gesagt? Wieso ist das Wort dafür dann relativ spät und offensichtlich als Kunstwort in die Sprache eingeführt worden? Wieso mußte man irgendwann einmal das, was damit gemeint ist, kommunikationsfähig machen?« (Luhmann 1995: 126) Wenn man so will, steht man hinsichtlich Individualität vor dem Rätsel, warum das, was immer schon galt, erst so spät – und dann so vehement – betont wurde.

Ein erstes Ergebnis von Luhmanns historisch-semantischen Tiefenbohrungen lautet, daß bis ins 17. Jahrhundert etwas Unteilbares und getrennt von anderen Existierendes als Individuum bezeichnet wird. Die Bezeichnung ist also zunächst keineswegs für den Menschen reserviert. Vielmehr erscheint er nur als ein

Individuum und Gesellschaft ungeschützt aufeinander und erzeugen damit Reibungsflächen, aus denen etliche neue Konfliktherde resultieren.

Fall unter anderen, für die insgesamt gilt, daß sie nicht zerlegt werden können, ohne daß sie dadurch in ihrem Wesen zerstört würden, was ebensogut auch auf Gegenstände, auf Teller und Tassen zutrifft (vgl. Luhmann 1995: 126). Das Individuum war insofern unteilbar qua definitionem. Dabei garantierte die *Unteilbarkeit* der Seele zugleich ihre *Unsterblichkeit*. Wenn man über die Merkmalsbestimmung der Unteilbarkeit, die das Individuum mit allen anderen Individuen teilte, hinaus etwas über ein Individuum in Erfahrung bringen wollte, griff man nicht auf je individuelle Merkmale bzw. Merkmalskombinationen zurück, sondern auf die Angabe der sozialen Konstellationen, in denen sich das Individuum befand. Auf die Frage *Wer bin ich?* erfolgte der Verweis auf den Geburtsstand, auf die Schichtzugehörigkeit, auf geographische Lokalisierungen, Nationalität usw. (vgl. Luhmann 1995: 126).

Selbstverständlich sind dies auch heute noch gängige Muster und Angaben, mit denen Individuen bestimmt werden bzw. sich selbst bestimmen, wie Luhmann einräumt.[118] Entscheidend sind bei der heutigen Bestimmung eines Individuums jedoch nicht mehr primär »*seine Beziehungen zu anderen*«, sondern »*seine Beziehung zu sich selbst*«, genauer: »seine auf Grund dieser Selbstbeziehung *erworbenen Eigenschaften*« (Luhmann 1995: 126). Auch diese »Bestimmung des Menschen durch Selbstreferenz«, die in Luhmanns Perspektive gegenüber fremdreferentiellen Bestimmungen deutlich zugenommen hat, besitzt eine Tradition; eine Tradition, die im religiösen wie juridischen Diskurs ihre Wurzeln hat; in der Beichtpraxis wie in der Geständnispraxis (vgl. Luhmann 1995: 127); eine Tradition, die verlangt, daß der einzelne zunächst mit sich selbst ins reine gekommen sein muß, ehe er auf die Welt losgelassen werden kann. Im 18. Jahrhundert dann verschmelzen die zunächst getrennt voneinander geführten Diskurse um Subjektivität und Individualität. Die klassische Theorie der Bildung von Schiller, Humboldt u. a. bestimmt den Menschen nunmehr als dasjenige Wesen, das gleichsam über den Umweg der Weltaneignung zur Selbstbestimmung gelangt. Dem Menschen fällt danach die Aufgabe zu, in sich so viel Welt wie

---

118 Statt daß askriptive Merkmale an Bedeutung verloren hätten, muß man konzedieren, daß sie z. Z. eher wieder an Attraktivität zu gewinnen scheinen, was die Modernisierungstheorien wohl insgesamt eher unterschätzt haben, vgl. dazu Nassehi (1990).

möglich hineinzuholen, um sich damit erst recht eigentlich zum Menschen heranzubilden: »Jetzt gilt: Das Allgemeinste am Menschen ist gerade seine Individualität, weil ›jedermann‹ ein konkretes Individuum ist. Das Individuum ist dann nicht mehr Teil eines seriellen Arrangements (nach dem Muster: Mensch – Bürger – Mitglied eines Standes oder Berufes – Individuum), sondern es ist selbst Grund aller allgemeinen und besonderen Merkmale: Subjekt.« (Luhmann 1993b: 242) Für Luhmann liefert das historische Zusammentreffen von Kants Transzendentalphilosophie mit der Französischen Revolution die entscheidende Voraussetzung für die Inthronisierung des »Subjekts«. Das Subjekt ist damit erkenntnistheoretisch zur Grundlage alles Seienden und politisch-praktisch zum Maß aller Dinge erhoben worden (vgl. Luhmann 1995: 128). Das Individuelle ist jetzt das Allgemeine, weil es ausnahmslos jedem zukommt, und das Allgemeine ist nun im Individuum aufzufinden, da jedes Individuum durch Bildung »das Allgemeine, die Menschheit, die Welt in sich realisiert« (Luhmann 1984a: 350). Dieser Lösungsversuch, das Allgemeine und das Besondere im *individuellen Allgemeinen* zusammenzuziehen, in dem der einzelne das Allgemeine im Besonderen zu repräsentieren hatte, hat das Problem am Ende jedoch derart überfrachtet, daß um beide Bereiche gefürchtet werden mußte. Das Individuelle drohte im Allgemeinen zu verschwinden und das Allgemeine im Besonderen aufzugehen. Gegen beide Gefahren formieren sich im Laufe des 19. Jahrhunderts zwei Bewegungen, die unter dem Namen Individualismus und Sozialismus dem Individuum bzw. dem Allgemeinen ihr Recht zurückgeben wollten, sich dabei aber »in der bloßen Entgegensetzung festliefen« (Luhmann 1984a: 351). Trotz dieser Anwaltschaft spielte die Individualität des einzelnen im Individualismus letztlich überhaupt keine Rolle, so daß es sich beim Individualismus eher um eine Art gut getarnten Kollektivismus handelte. Die Fronten aber waren ideologisch zu verhärtet, als daß man die Übereinstimmung hätte bemerken können (vgl. Luhmann 1995: 129).

In dieser Konstellation sieht Luhmann die Ausgangslage der Soziologie, als sie sich als Fach zu formieren beginnt: zwei widerstreitende Lager, die entweder für die Rechte des Individuums oder für die Rechte der Gesellschaft optierten. Die auf diese Weise besetzten Rollen schließen eine Parteinahme der Soziologie für eine der beiden Seiten von vornherein aus. Da diese Rollen vergeben sind, bemüht sich die junge Wissenschaft von Anfang an um eine dritte, zwischen beiden vermittelnde bzw. über sie hinausgehende Stellung. Aber erst Durkheim bricht nach Luhmann aus dem unfruchtbaren Dualismus von hier Individualismus und dort Kollektivismus aus, indem er das Bedingungsverhältnis von Individuum und Gesellschaft umkehrt: Nicht die Individuen konstituieren die Gesellschaft, sondern die Gesellschaft konstituiert die Individuen. Nicht die Individuen beschließen per Vertrag, sich zusammenzuschließen, sondern die Gesellschaft ermöglicht es den Individuen, sich als Individuen anzusehen, Verträge, Bindungen und Beziehungen einzugehen, Verantwortlichkeit einzuklagen, Sanktionen zu verhängen (vgl. Luhmann 1984b: 5).[119] Damit besteht zwischen Individuum und Gesellschaft nicht länger ein *Summenkonstanzverhältnis*, indem der Individualismus stets davon ausging, daß die Errichtung der sozialen Ordnung nur durch die Beschneidung individueller Freiheiten zu haben ist, während der Kollektivismus stets davor warnte, daß die Gewährung individueller Freiheiten und Rechte notwendig zu Lasten der gesellschaftlichen Ordnung geht. Diese Art von (zumeist politisch inspirierter) Parteilichkeit überwindet Durkheim in Luhmanns Augen dadurch, daß er das Verhältnis von Individuum und Gesellschaft in einen *Steigerungszusammenhang* übersetzt (vgl. Luhmann 1995: 130). Damit ist erstmalig die Behauptung aufgestellt, daß die Steigerung des einen Bereichs nicht notwendig zu Verlusten im anderen Bereich führt, sondern daß Steigerungen auf beiden Seiten zugleich denkbar sind, im Falle Durkheims: höhere individuelle Freiheiten *und* starker Staat. Ja, mehr noch: Nicht nur lassen sich auf beiden Seiten Steigerungen denken, die harmonisch ineinandergreifen,

---

119 Diese entscheidende theoretische Umkehrung spricht Thomas Luckmann Durkheim *und* Mead zu (vgl. Luckmann 1991: 52). Und in der Tat findet sich bei Mead die bei Luhmann allein Durkheim zugeschriebene Einsicht: »Somit tendiert die gesellschaftliche Kontrolle keineswegs dazu, das menschliche Individuum zu unterdrücken oder seine bewußte Individualität auszulöschen; ganz im Gegenteil, sie ist in Wirklichkeit für diese Individualität von entscheidender Bedeutung und untrennbar mit ihr verbunden. Der Einzelne ist das, was er ist, als bewußte und individuelle Persönlichkeit nur insoweit, als er ein Mitglied der Gesellschaft, in den gesellschaftlichen Erfahrungs- und Verhaltensprozeß eingeschaltet und dadurch in seinem Verhalten gesellschaftlich kontrolliert ist.« (Mead [8]1991: 302)

die Steigerung des einen Bereichs ist sogar die Bedingung für die Steigerung im anderen Bereich. Bei Durkheim kann nur ein mächtiger und durchsetzungsfähiger Staat die Freiheiten der Individuen dauerhaft garantieren. Er überwindet den scheinbar ewigen Streit zwischen Individualismus und Kollektivismus als konkurrierenden politischen Ideen, indem er zeigt, wie die gesellschaftsstrukturelle Entwicklung die Semantik der Individualität hervorbringt. Er verleiht damit der gleichsam bodenlosen Ideengeschichte ein solides soziologisches Fundament, das fernab der ideologisch gefärbten Debatten dazu in der Lage ist, zunächst einmal Erklärungen dafür zu liefern, warum Gesellschaften von einer auf die andere Semantik umstellen. Dadurch ist der Grundstein für eine Einsicht gelegt, an die Luhmanns systemtheoretisch ausgerichtete Gesellschaftstheorie direkt anknüpfen kann: »Die Gesellschaft ist nicht einfach Partei im Streit um die Güter; sie erzeugt selbst die Differenz von Individuum und Gesellschaft; erzeugt die entsprechenden individualistischen bzw. kollektivistischen Ideologien und erzeugt vor allem einen Bedarf für ›Solidarität‹, den sie dann mit Hilfe einer entsprechenden Moral auch zu befriedigen hofft. Bei diesem Theoriedesign kommt also die Gesellschaft in sich selbst noch einmal vor; sie erzeugt sich selbst in Differenz zum Individuum. Sie muß sich selbst eine Beschreibung ihrer selbst anfertigen, die es auf der operativen Ebene erlaubt, Gesellschaft und Individuum zu unterscheiden.« (Luhmann 1993c: 151)[120] Die einzige Kritik, die Luhmann gegenüber dem mit Durkheim erreichten Stand der Theorieentwicklung vorbringt, ist, daß die Klassiker der Soziologie zwar herausarbeiten, welche Veränderungen sich für das Individuum durch die gesellschaftsstrukturellen Entwicklungen ergeben, nicht aber, welche Folgeprobleme daraus für das Individuum entstehen. Ansonsten aber kann man an Luhmanns Theorie studieren, wie weit der Arm Durkheims reicht: Luh-

---

120 Das führt Luhmann jedoch mitunter zu einer Überhöhung der Gesellschaft zum eigentlichen Subjekt der Geschichte, zum Lenker allen Geschehens, wie es auch bei Durkheim vorzufinden ist und sich in Formulierungen wie »Die Gesellschaft hält sich für diese Zwecke ›kritische‹ Intellektuelle und Therapeuten.« (Luhmann 1996b: 27) Tapfer stellt er sich mitunter eigend vor »die« Gesellschaft, um sie gegen die Angriffe der Frankfurter in Schutz zu nehmen, wenn diese die Gesellschaft schuldig sprechen wollen angesichts etwa der nicht eingelösten Versprechen der Emanzipation des Individuums (vgl. Luhmann 1984a: 587).

manns Theorie der System/Umwelt-Differenz, nach der sich etwa psychische und soziale Systeme wechselseitig ihre Komplexität zum Systemaufbau zur Verfügung stellen, ist ganz im Sinne der Durkheimschen Steigerungshypothese gebaut. Auch hier geht die Steigerung der Komplexität im einem Bereich nicht notwendig auf Kosten der Komplexität im anderen Bereich. Durkheims wie Luhmanns Steigerungsmodell funktionieren nach dem Prinzip der *kommunizierenden Röhren*. Eine Erhöhung des Wasserpegels in einer Röhre führt zu einer Angleichung des Wasserspiegels in der anderen, mit der ersten verbundenen Röhre, solange bis wieder ein identischer – jetzt aber erhöhter – Wasserstand erreicht ist.

Vom Menschen wird nunmehr erwartet, eine solche Sozialordnung auszuhalten, wofür es notwendig wird, ihn zu individualisieren, »damit er der jeweiligen Konstellation, in der er sich findet, ihren Reibungen, Konflikten, wechselnden Anforderungen und Anschlußmöglichkeiten gerecht werden kann; er muß seine Identität finden und deklarieren, damit sein Verhalten in dieser nur für ihn geltenden Konstellation *an Hand seiner individuellen Person für andere wieder erwartbar gemacht werden kann*« (Luhmann 1995: 132).

Für Luhmann ergibt sich aus dem erstmals mit Durkheim erreichten Reflexionsniveau, daß die scheinbar von den Individuen selbst ausgehenden und eingeforderten Wünsche nach Emanzipation, Autonomie und Selbstverwirklichung »ursprünglich« keineswegs deren innersten Bedürfnissen entsprechen, sondern ihnen nur als eigene Wunschliste vermittelt werden, obwohl es sich um strukturelle Erfordernisse handelt, die aus dem gesellschaftlichen Wandel folgen: »Die Notwendigkeit der Selbstbestimmung fällt dem Einzelnen als Korrelat einer gesellschaftlichen Entwicklung zu. Er wird in die Autonomie entlassen wie die Bauern mit den preußischen Reformen: ob er will oder nicht. Und selbst wenn er fragen würde, wie soll ich damit fertig werden, würde man ihn auf den kulturellen Imperativ verweisen, der da sagt: das mußt Du selbst wissen. Traum und Trauma der Freiheit gehen unversehens ineinander über.« (Luhmann 1995: 132)

Luhmann ist weit davon entfernt, es der semantischen Tradition nachzutun und die Selbstbestimmung als Befreiung bedenkenlos zu feiern (vgl. Luhmann 1995: 133). Er verweist weit mehr auf die Folgeprobleme, er betont in erster Linie die Lasten, die damit für das Individuum entstehen.[121] Keineswegs ist er gewillt, in den Kategorien von Selbstverwirklichung, Emanzipation und Autonomie etwas anderes zu sehen als dem Individuum auferlegte Bürden, denen es sich kaum gewachsen zeigt. Statt in den Freiheiten des Individuums Errungenschaften zu erblicken, die in politischen Kämpfen und sozialen Bewegungen erstritten worden sind, erkennt er darin Versäumnisse der sich funktional ausdifferenzierenden Gesellschaft: Den Individuen wird aufgebürdet, was sich gesellschaftlich in Ermangelung eines steuernden Zentrums nicht mehr verbindlich regeln läßt. Kurz: Das Individuum wird mit sich und seinen Problemen alleine gelassen. Selbst auf Anfrage erhält es keine Antwort mehr, die bei der Bewältigung der Lebensführung helfen könnte. Es muß nunmehr selbst die Antwort darauf wissen, wer es ist. Offenbar überfordert mit dieser Notwendigkeit, selbst zu bestimmen, wer und was man ist, suchen die Individuen die Antwort bevorzugt bei anderen. Neben einer literarischen Tradition, die die Selbstbestimmung des Individuums und seine Freiheit vorbehaltlos begrüßt und auch noch fördern will, was ohnehin schon entstanden war, »treten aber auch ganz andere Figuren auf, die zeigen, wie

---

121 Luhmann sieht die Übernahme der Regie durch die Funktionssysteme eher als Entlastung im Sinne Gehlens denn als Entmündigung der Individuen. Vgl. auch die ebenfalls an Gehlen anschließende Perspektive von Berger/Berger/Kellner: »Der einzelne hat einen enorm großen Spielraum, sich sein eigenes, besonderes Privatleben zurechtzuzimmern – eine Art ›selbstgebasteltes‹ Universum. Dieser Spielraum bringt offenkundig gewisse Befriedigungen mit sich, daneben aber auch schwere Belastungen. Die offensichtlichste ist, daß die meisten Menschen *nicht wissen, wie* sie ein Universum konstruieren sollen und deshalb in wütende Frustrationen verfallen, wenn sie vor der Notwendigkeit stehen, das zu tun. [...] Die Menschen sind nicht imstande, die ständige Unsicherheit (oder auch, wenn man will, Freiheit) einer Existenz ohne institutionelle Stützen zu ertragen.« (Berger/Berger/Kellner 1987: 161) Im Anschluß an Gehlen begreifen die Autoren Individualisierung primär als Deinstitutionalisierung. Ehemals institutionell geregelte Entscheidungen müssen nun von den Individuen selbst getroffen werden, was sie mit Gehlen als eine Überforderung des Individuums begreifen: »Die fundamentalste Funktion der Institutionen besteht wahrscheinlich darin, das Individuum davor zu bewahren, daß es zu viele Wahlentscheidungen treffen muß.« (Ebd.) Institutionen also versprechen ganze *Ent*lastung. Fallen sie weg, bedeutet das für die Individuen eine zunehmende *Be*lastung. Auch Luhmann knüpft an diese Tradition an, wenn er von der zunehmenden Überforderung der Individuen spricht. Jeder Funktionsausfall der Systeme führt entsprechend zur *Be*lastung der Individuen, die schnell zur *Über*lastung wird.

man's wirklich macht. Man reflektiert nicht auf sich selbst, man copiert andere« (Luhmann 1984b: 7; vgl. Luhmann 1996b: 111; 1997: 871). Mit dem Copieren der vorgegebenen Muster entlastet sich das Individuum von der auferlegten Reflexionslast, gerät aber damit in den Widerspruch, ein Muster zu copieren, »das es verbietet, Muster zu copieren« (Nassehi 1993: 359; vgl. Luhmann 1993c: 221 ff.; 1995: 104 f.). Eine »copierte Existenz zu führen« (Luhmann 1993c: 221), also eine nur geliehene Identität anzunehmen, bedeutet für Luhmann jedoch, »das Scheitern des Individualitätsprogramms von vornherein zuzugestehen und das eigene Lebensprinzip auf das Gegenteil zu gründen« (Luhmann 1993c: 221; vgl. auch Luhmann 1997a: 765 f.). Andererseits regen die semantischen Beschreibungsfolien das Individuum dazu an, sich mit sich selbst zu beschäftigen, denn »in Kunst und Literatur sieht das Individuum sich als beobachteter Beobachter dargestellt – als Beobachter, der gehalten ist, zu beobachten, wie er beobachtet wird« (Luhmann 1997a: 1021). Darüber kann der einzelne lernen, was von ihm als modernes Individuum verlangt wird, nämlich »ein sein eigenes Beobachten beobachtender Beobachter zu sein: ein Selbstbeobachter zweiter Ordnung« (ebd.: 1026), denn »die moderne Individualität fordert vom Einzelnen nicht nur, zu sein, was er ist; sondern darüber hinaus auch, sich selbst als Beobachter zu beobachten« (ebd.: 768). Damit ändert sich die Art und Weise der Selbstverortung radikal: »Nicht mehr: ›was hat man zu sein?‹ sondern: ›wie hat man zu sein?‹ ist die Frage. [...] Es weiß nicht mehr nur sich selbst. Es bezeichnet nicht mehr nur sich selbst mit Namen, Körper und sozialer Placierung. In all dem wird es verunsichert. Und statt dessen gewinnt es die Möglichkeit einer Beobachtung zweiter Ordnung. Individuum im modernen Sinne ist, wer sein eigenes Beobachten beobachten kann. Und wer nicht von selber darauf kommt oder von seinem Therapeuten darauf gebracht wird, hat die Möglichkeit, Romane zu lesen und auf sich selbst zu projizieren« (Luhmann 1992: 22). Dem Zirkel, Individualität durch das Copieren von Individualitätsmustern erhalten zu können, die genau das verbieten, entflieht man nicht. Bleibt der Anspruch auf Individualität also notwendig illusionär?

Die Notwendigkeit, daß das Problem der Identität vom Individuum selbst gelöst werden muß, ergibt sich für Luhmann aus einem beim Übergang von der vormodernen in die moderne Gesellschaft entstandenen Vakuum. In segmentär und stratifikatorisch differenzierten Gesellschaften konnte die Identität der Person noch direkt aus der Zugehörigkeit zu *einem* Stamm, *einem* Clan, *einer* Familie oder *einem* Stand abgeleitet werden. Funktional differenzierte Gesellschaften verfügen dagegen über keine so eindeutigen Zuordnungsregeln mehr, da Personen nun *gleichzeitig* in verschiedenen Funktionssystemen inkludiert sind. Dadurch muß sich die Person in viele verschiedene Rollen aufteilen, muß als Wähler, Käufer und Erzieher in Erscheinung treten. Eine Rolle allein genügt nicht mehr. Vielmehr muß das Individuum die Fähigkeit entwickeln, »sich in mehrere Selbsts, mehrere Identitäten, mehrere Persönlichkeiten zu zerlegen, um der Mehrheit sozialer Umwelten und der Unterschiedlichkeiten der Anforderungen gerecht werden zu können« (Luhmann 1993c: 223).[122] Dabei interessieren sich weder »die« Gesellschaft noch die jeweiligen Funktionssysteme für die »ganze Person«. Vielmehr nehmen sie den einzelnen nur in einem funktionsrelevanten Ausschnitt seiner Lebensführung in Anspruch. Vom Politiksystem ist der einzelne in erster Linie als Wähler von Interesse, der in regelmäßigen Abständen zur Teilnahme an einer Wahl motiviert werden muß. Ob er außerdem gerne in die Oper geht und dabei Verdi Wagner vorzieht, ist nicht von Belang (auch wenn solche Informationen – massenhaft erhoben – den Wahlforschern bereits einigen Aufschluß über die jeweilige Parteipräferenz verschaffen könnten – aber das ist eine andere Ebene). Das Wirtschaftssystem ist in erster Linie am einzelnen in seiner Rolle als Produzent oder Konsument von Waren interessiert. Ob der einzelne aber ein liebender Familienvater oder ein Haustyrann ist, ist für das Wirtschaftssystem völlig unerheblich. Das Wissenschaftssystem interessiert sich für qualifizierte Wissenschaftler, von denen in ihrem Bereich hochwertige Leistungen erwartet werden, ganz unabhängig davon, ob sie regelmäßig zur Wahl gehen und ihre Kinder gut erziehen. Das medizinische System hat es beispielsweise mit Patienten zu tun, deren Krankheit behandelt werden soll, ohne daß es sich dafür interessiert, daß ein Patient zwar August-Macke-Bilder liebt, aber nicht seine Eltern.

122 Das wußte auch schon Nietzsche (1980: 355), wenngleich er es ungleich drastischer formuliert: »Scharf und milde, grob und fein/Vertraut und seltsam, schmutzig und rein/Der Narren und Weisen Stelldichein/Diess Alles bin ich, will ich sein/Taube zugleich, Schlange und Schwein.«

Kurz: Soziale Systeme behandeln Individuen im Prinzip als *gleich gültig*, solange sie die von System zu System variierenden Inklusionsbedingungen erfüllen, verhalten sich aber gegenüber dem »Rest« der Person *gleichgültig*. Sie kümmern sich weder um die Rolle des einzelnen in den jeweils anderen Funktionssystemen, noch interessieren sie sich dafür, wie der einzelne die verschiedenen Rollen für sich zu einer sinnhaften Ganzheit bündelt.[123]

Es ist dieser Zusammenhang, der die Klagen über die angeblich zunehmend unpersönlicher werdende Gesellschaft, über die in der modernen Gesellschaft herrschende Entfremdung, Anonymität und Kälte hervorgerufen hat und immer wieder hervorruft, ohne daß dabei die für das Individuum offensichtlich werdenden Vorteile Berücksichtigung finden: Für das Individuum ergibt sich aufgrund der vielfältigen Rollenanforderungen in funktional differenzierten Gesellschaften ja nicht nur eine existentielle Verunsicherung hinsichtlich der Frage: *Wer bin ich?* Oder: *Was ist eigentlich mein wahres Ich*, wenn ich derart viele verschiedene Rollen ausfüllen muß? *Bin das wirklich noch »Ich«?* usw. Vielmehr sorgt die jeweils nur *partielle* Inklusion in die sozialen Systeme auch für Entlastungen und unübersehbare Freiheitszuwächse derart, daß die Teilhabe am Wirtschaftssystem nicht an außerordentliche wissenschaftliche Leistungen des einzelnen gekoppelt ist; daß das medizinische System dem ins Krankenhaus eingelieferten Patienten nicht erst einen Nachweis über die Beteiligung an der letzten Wahl oder gar das Votum für eine bestimmte Partei abverlangt[124], bevor es ihm eine medizinische Behandlung angedeihen läßt. Mit anderen Worten: Die tatsächlich zu beobachtende *Unpersönlichkeit* kann der Person durchaus *persönliche* Vorteile verschaffen. Luhmann geht auch in diesem Fall von einem *gegenseitigen Steigerungszusammenhang* aus. Er ist überzeugt, »daß im Vergleich zu älteren Gesellschaftsformationen die moderne Gesellschaft sich durch eine Steigerung in

---

123 Das erinnert im übrigen sehr an das schon von Weber gesehene Problem, daß der einzelne mit den verschiedenen *Wertsphären* so zu jonglieren wissen muß, daß dabei eine sinnhafte Lebensführung noch möglich ist (vgl. Kap. I. 1).

124 Schon eher mag die Behandlung oder doch zumindest die *Art*, sprich: Qualität der Behandlung von der Mitgliedschaft in einer bestimmten Sozialversicherungs*kasse* (statt ehemals *Klasse*) abhängen.

doppelter Hinsicht auszeichnet: durch mehr Möglichkeiten zu unpersönlichen *und* durch intensivere persönliche Beziehungen. Diese Doppelmöglichkeit kann ausgebaut werden, weil die Gesellschaft insgesamt komplexer ist und weil sie Interdependenzen zwischen verschiedenartigen sozialen Beziehungen besser regulieren, Interferenzen besser abfiltern kann« (Luhmann 1982: 13; Hervorhebung von mir, M.S.).[125] Bedingung dafür, beide in der modernen Gesellschaft eingelassenen Möglichkeiten in den Blick zu bekommen, ist allerdings, Gesellschaft nicht nur aus der Perspektive bloß *eines* Funktionssystems heraus zu beschreiben. Denn in der Tat zeichnet sich das Wirtschaftssystem durch eine »Vorherrschaft unpersönlicher Beziehungen« aus, was durch den Perspektivwechsel auf den einzelnen sogar noch Unterstützung erhält, denn für ihn gilt tatsächlich, »daß er zu den meisten anderen nur unpersönliche Beziehungen herstellen kann« (Luhmann 1982: 13). Nicht übersehen werden darf aber, daß diese Versachlichung »soziale Beziehungen ermöglicht, in denen mehr individuelle, einzigartige Eigenschaften einer individuellen Person bedeutsam werden« (Luhmann 1982: 14). Auf diese Weise entsteht überhaupt erst der Freiraum für den Aufbau von Intimbeziehun-

---

125 Diese Perspektive eines Steigerungszusammenhangs sowohl im privat-persönlichen als auch im öffentlich-unpersönlichen Bereich widerspricht einerseits Habermas' These einer Kolonialisierung der Lebenswelt, die eine Gefährdung der Lebenswelt durch die Macht der Systemimperative thematisiert, und andererseits der These Sennetts, die eine Gefährdung des Öffentlichkeitsbereichs durch eine »Tyrannei der Intimität« (Sennett 1983), durch das Eindringen eigentlich privater Umgangsformen in die öffentliche Sphäre, annimmt. Auch Hitzler (1985: 514) betont gegenüber den vereinseitigenden Perspektiven von Habermas auf der einen und Sennett auf der anderen Seite die wechselseitige Beeinflussung von Privatem und Öffentlichem, wenn er schreibt: »*Habermas* unterschätzt in seinem vehementen Bedürfnis, die Auszehrung bzw. Überlagerung der Privatsphäre durch den Rationalisierungszwang der Institutionen zu explizieren, deren *wechselseitige* Infiltration: Das Eindringen systemischer Zwänge in immer mehr vorgängig private Angelegenheiten des einzelnen, vor allem also das bürokratische Kontrollinteresse an intimen (und mithin potentiell subversiven) Verrichtungen im außerinstitutionellen Raum, ist verschränkt mit in immer neuen Formationen sich bündelnden, kollektivisierenden (also öffentlichkeitsrelevant formulierten) Ansprüchen ansonsten disparater Individuen. [...] Die ›Tyrannis des Systems‹ hat durchaus ihre Entsprechung in der ›Tyrannei der Intimität‹.« Vgl. dazu auch Breuer (1992: 24). Doch während hier die gegenseitige Durchdringung im Vordergrund steht, betont Luhmann eher die beiderseitige Steigerung, ohne daß damit schon wechselseitige Einflußnahmen behauptet würden.

gen zu einigen wenigen, selbst gewählten Individuen, und nicht zuletzt kommt es dadurch zur Ausdifferenzierung des Sozialsystems Familie, das in seiner modernen Form als Gegengewicht zur versachlichten Arbeitswelt entstanden ist.[126]

Entscheidend ist, daß mit diesem Umbau der Gesellschaft Identität für das Individuum zwangsläufig zum Problem wird. Während in segmentären und stratifikatorischen Gesellschaften die Identität der Person »*direkt* auf dem Prinzip sozialer Differenzierung« (Luhmann 1993b: 30) beruhte, gilt für funktional differenzierte Gesellschaften genau umgekehrt, daß die Identität der Person *quer* zur funktionalen Differenzierung steht (vgl. Beck 1986: 218). Das Individuum wird erstmalig nicht mehr durch Unteilbarkeit, sondern durch seine »Teilbarkeit definiert. Es benötigt ein musikalisches Selbst für die Oper, ein strebsames Selbst für den Beruf, ein geduldiges Selbst für die Familie.« (Luhmann 1993c: 223) Die Frage, die sich daraus ergibt, lautet, wie das Individuum diese verschiedenen, multiplen Selbste miteinander in Einklang bringt, die Frage also, wie sich ein Selbst trotz dividueller Existenz noch Individualität zusprechen kann, wie aus offenbar unhintergehbarer Vielheit an dem Anspruch auf Einheit festgehalten, angesichts von Teilbarkeit auf Unteilbarkeit bestanden, aufgrund von Differenz glaubhaft Identität in Anspruch genommen werden kann? *Eine* mögliche Antwort auf diese Sachlage ist die, sich vom Individualitätskonzept kurzerhand zu verabschieden, wie Peter Fuchs (1992: 204) vorschlägt: »Der Name für die Einheit des Zerlegten mag das Mythologem ›Individuum‹ sein, aber gleichgültig, was man darunter verstehen

---

126 Damit beschreibt Luhmann letztlich einen Trend, den auch schon Simmel, Durkheim, Mead und Parsons so gesehen haben. Ähnlich auch formuliert Schelsky (1965: 30): »Mir scheint, daß im Leben des Großstädters die Arbeit immer sachlicher, die Freizeit aber immer privater geworden ist […].« Also auch hier: eine Steigerung in beiden Bereichen. Anders als Luhmann aber unterstellt Schelsky, »daß der moderne Mensch diese Entwicklung von sich aus erstrebt und bejaht. Je sachlicher die menschlichen Beziehungen im Arbeitsraum werden und je privater und individuell wählbarer die im Freizeitraum, um so angemessener empfindet sie heute der Mensch. So wird gerade die Großstadt heute mehr und mehr zu seiner *optimalen Umwelt*, in der sich der moderne Mensch wohl fühlt und die er der kleinstädtischen oder dörflichen vorzieht, die ihm viel mehr Belastungen auferlegt.« Immerhin kommt es auch für Luhmann mit der Ausbreitung der Moderne zur »Befreiung vom Gemeinschaftsterror des dörflichen Zusammenlebens« (Luhmann 1997a: 814).

könnte, besser und genauer spräche man vom *Dividuum*.« Doch statt es bei der vom Gesellschaftssystem aus beobachteten dividuellen Existenz zu belassen, hat Nassehi (1993: 15) vorgeschlagen, über die »*Systemreferenz Gesellschaft*« hinaus auch die »*Systemreferenz des Psychischen*« mit zu berücksichtigen. Denn während Gesellschaft tatsächlich nur Dividualitäten beobachte, bekomme man durch den Referenzwechsel auf das psychische System sehr wohl Individualitäten in den Blick: »Das psychische System betrachtet sich selbst trotz der sozialen Fragmentierung als psychophysische Individualität.« (Ebd.: 16) Freilich würde ich über Nassehi hinaus formulieren, daß sich das psychische System nicht *trotz*, sondern *aufgrund* der sozialen Fragmentierung als psychophysische Individualität beschreibt. Die von den Romantikern über Georg Simmel bis Günter Anders gesehene[127] *empirisch gegebene Dividualität* des einzelnen bringt die Selbstbeschreibung als Individuum gerade hervor. Mit anderen Worten: *Die dividuelle Existenz des einzelnen in der modernen Gesellschaft wirkt als Katalysator für den Anspruch des einzelnen, Individuum sein zu wollen*. Abgesehen davon aber erhält man mit Nassehis Vorschlag die theorietechnisch elegante Zwei-Seiten-Form »Dividualität/Individualität« (Nassehi 1993: 17) bzw. »Inklusionsdividualität/Exklusionsindividualität« (Nassehi 1997a: 134), die die Frage: Dividuum *oder* Individuum? in die Aussage: Dividuum *und* Individuum überführt.[128] Mit dieser Lösung aber wird weiterhin an der nicht unproblematischen Vorstellung festgehalten, daß sich das Individuum, will es wirklich Individuum sein, als wie auch immer verstandene Einheit begreifen muß, das sich trotz der Komplexität und widersprüchlichen Anforderungen nicht in verschiedene Selbste auflöst, sondern ein einheitliches Selbst hervorzubringen vermag: »Ein psychisches System kann seine Zerrissenheit nur dann reflektieren, wenn es *weiß*, daß es auf *sich* reflektiert, auch wenn es hier in der Moderne auf Widersprüchliches, Disparates und womöglich Unvermittelbares trifft. Die *Identität des Selbst* und die *Diffe-*

---

127 Vgl. für die Romantiker: »Das ächte Dividuum ist auch das ächte Individuum.« (Novalis 1978: 692; vgl. auch ebd.: 524, 564) Günter Anders (1992b: 177) spricht explizit von »Dividuen«.

128 Diese Unterscheidung weist deutlich Ähnlichkeiten mit Simmels Unterscheidung vom quantitativen und qualitativen Individualismus auf (vgl. Kap. III).

renz der Selbste müssen unterschieden werden können, und diese Unterscheidung scheint es zu sein, mit Hilfe deren sich Individuen ihrer Individualität versichern.« (Nassehi 1993: 17) Die Losung also lautet: Identität trotz Differenz, die der postmodernen Auflösung der Identität in Differenz nicht erliegt.[129]

Durch den Verlust einer gesellschaftlichen Instanz, die dem einzelnen Identität und Individualität durch seine eindeutige Zugehörigkeit zuweist, entsteht die Identität als vom Individuum selbst zu erbringende Aufgabe. Identität und Individualität fallen dem Individuum nun nicht mehr zu, sondern müssen über je individuelle Selbstbeschreibungen, die über Selbstbeobachtungen gewonnen werden, eigenständig angefertigt werden. Während die Inanspruchnahme von Individualität unter vormodernen Bedingungen dazu geführt hätte, »aus der Ordnung heraus (zu) fallen« (Luhmann 1993b: 72), würde in der modernen Gesellschaft die Nichtinanspruchnahme von Individualität zu diesem Ergebnis führen.[130] Insofern hat der einzelne keine Wahl: Ob er sich als Individuum beschreibt oder nicht, ist nicht *seine* Entscheidung. *Daß* er sich als Individuum beschreibt – wie an zahlreichen Produkten der Geistesgeschichte ablesbar –, ist dagegen eine unmittelbare Folge der Umstellung der Gesellschaft von stratifikatorischer auf funktionale Differenzierung. Damit geht hinsichtlich der Verortung der Individuen ein Wandel von *Inklusions-* zu *Exklusionsindividualität* einher, dem zugleich ein Wechsel von *Fremdreferenz* auf *Selbstreferenz* entspricht. Nicht mehr die Zugehörigkeit (Inklusion), sondern gerade seine Nicht-

129 Das Individuum erreicht durch Selbstreflexion, durch Tiefenbohrungen im eigenen Selbst keinen Grund. Was sich gewissermaßen als Leitmotiv durch eine lange Geschichte von Autobiographien hindurchzieht, ist, was Rousseau wie folgt auf den Punkt bringt: »Nichts ist mir selbst so unähnlich wie ich selbst« (zitiert nach Bruckner 1997: 26). Nichts anderes meint Julia Kristeva, wenn sie eines ihrer Bücher betitelt: *Fremde sind wir uns selbst* (Kristeva 1990) und aus dieser Erfahrung mit der eigenen, innerlichen Fremdheit Hoffnung schöpft für den Umgang mit dem von Außen kommenden Fremden. Für Luhmann wird daraus die »*Grundparadoxie aller Reflexion: daß sie Einheit will und Differenz erzeugt*« (Luhmann 1995: 107) ersichtlich. Freilich gibt es Fluchtwege: einer ist die Gewalt, die Reflexion erspart (vgl. Luhmann 1995: 134).

130 Damit ergibt sich noch einmal eine starke Differenz zu Adornos These vom Ende des Individuums, die genau umgekehrt behauptet: »Einst stand eine Prämie auf Individualität, heute macht sie sich als Abweichung verdächtig.« (Adorno 1979: 444)

zugehörigkeit (Exklusion) zu einem bestimmten sozialen Aggregat zeichnet den einzelnen als Individuum aus; nicht die von außen (fremdreferentiell) an es herangetragenen, sondern seine selbst erworbenen bzw. sich selbst zugeschriebenen Merkmale und Eigenschaften (selbstreferentiell) machen nunmehr seine individuelle Persönlichkeit aus. Es sind nicht mehr länger die äußeren Merkmale, sondern »eine Geschichte von Selbstfestlegungen im Bestimmungsbereich der Funktionssysteme [...], die Synthesen von Selbstsein und Fremddienlichkeit, Glückseligkeit und Nutzen ermöglichen. Die Sozialordnung beruht auf der Möglichkeit und hinreichenden Wahrscheinlichkeit solcher *Synthesen im Einzelnen selbst*, der selbst entscheidet, wie er sich im Magnetfeld der sozialen Anforderungen bewegt« (Luhmann 1993b: 219; Hervorhebung von mir, M.S.). Durch diese vom Individuum selbst hervorgebrachten Merkmale und Eigenschaften kann es sich nunmehr Einzigartigkeit und Unverwechselbarkeit zusprechen. Durch die Differenz zu sozialen Systemen und zu anderen psychischen Systemen kann es Individualität für sich in Anspruch nehmen. Freilich nur noch in der Zeit. Das Identitätsproblem wird aus der Sach- und Sozialdimension in die Zeitdimension verlagert. Damit wird die Biographie zum bevorzugten Medium der Reflexion von Identität.[131] Nachdem sich Identität in der Sach- und Sozialdimension nicht mehr gewinnen läßt, tritt die Zeitdimension an deren Stelle: »Biographische Perspektiven werden mehr und mehr zum funktionalen Äquivalent gesellschaftlicher Inklusion; sie sind der Ort, an dem *exkludierte* ganze Personen ihre Individualität mit den und gegen die Ansprüche gesellschaftlicher Funktionszentren in Form institutionalisierter Lebensläufe oder präskriptiver Rollen ausbilden. Biographische Perspektiven sind der Ort, an dem die Differenz von gesellschaftlich erforderter *Dividualität* und psychisch erlebter *Individualität* individuell erfahren, erlitten und notgedrungen überwunden wird.« (Nassehi 1996: 50)[132] Allerdings führt diese Art

131 Der einzige Ausweg aus dem »*circulus vitiosus des Copierens*« liegt in einer »allmählich sich versteifende[n] Biographie. Man findet sich dann vor ohne Erinnerung an einen Anfang als Resultat einer Selbstselektion – unbestimmt und doch fast unabänderlich festgelegt. Weder Held noch Original.« (Luhmann 1995: 109)

132 Wer sagt jedoch, daß es wirklich Anspruch des Individuums ist, eine in sich stimmige Biographie zu haben? Vielleicht ist das auch noch gesellschaftliche Vorgabe, sich wenn schon auch sonst nicht mehr, dann doch

der Selbstbestimmung unweigerlich in ein Dilemma, das nicht weniger ausweglos erscheint als der berühmte hermeneutische Zirkel: »Die Individualität ist dem Individuum immer schon gegeben, sie ist nicht etwas, was man durch Einzigartigkeitsbeweise erst erringen müßte oder auch nur könnte. Man kann seine eigene Einzigartigkeit – oder auch nur: daß man anders ist als die anderen – nicht kommunizieren, denn allein dadurch schon würde man sich mit den anderen vergleichen.« (Luhmann 1993c: 182) Kann man also Einzigartigkeit nur still genießen? Führt Schweigen aus dem Zirkel heraus? Dem steht im Wege, daß nur der Vergleich Aufschluß über die Individualität des einzelnen zu geben vermag, denn in kontaktloser Einsamkeit wird man ihrer wohl kaum gewahr. Doch für Luhmann führt die Artikulation des Anspruchs unweigerlich zu seiner Aufhebung. Einzigartigkeit also ist immer schon gegeben; erst wenn sie betont wird, verrennt man sich unweigerlich in Tautologien. In diese Annahme aber ist stillschweigend die These eingelassen, daß *jegliche* Übereinstimmung eines Individuums mit einem anderen das Einzigartigkeitspostulat desavouiert. Doch damit nimmt Luhmann die Semantik der Einmaligkeit womöglich allzu wörtlich. Nur diese außerordentlich enge Auslegung der Einmaligkeit im Sinne einer Verschiedenheit gegenüber allen anderen in *jeder* Hinsicht erlaubt die These, daß es sich von vornherein um einen prinzipiell nicht zu erfüllenden Anspruch handelt. Was aber, wenn sich die Betonung der Einmaligkeit und Einzigartigkeit eines Individuums gar nicht auf alle seine Eigenschaften und Leistungen bezieht, sondern nur für einen Teil oder gar eine einzige beansprucht wird? Das wäre weitaus kompatibler mit der Vorstellung von einer dividuellen Existenz, ohne daß sich deshalb der jeweilige Anspruch des Individuums auf Individualität ins Reich der Illusionen abschieben ließe. Kurz und gut: Die These, schon der Vergleich mit dem anderen und dem Nachweis einer Ähnlichkeit führe die Behauptung der Einmaligkeit ad absurdum, ist nicht zwingend, reproduziert vielmehr jene »Leidenschaft für das unbedingt Eigene« (Simmel ⁴1921: 151) des romantischen Individualismus, der sich etwa in folgendem Goethe-Zi-

wenigstens hinsichtlich der Erfüllung der Lebenslaufvorgaben verläßlich zu erweisen. Mit Foucault handelt es sich dabei ganz entschieden um einen oktroyierten Zwang.

tat niedergeschlagen hat: »Hätte ich Kinder und einer sagte mir: sie sehen diesem oder jenem ähnlich, ich setzte sie aus, wenn's wahr wäre.« (Vgl. Simmel ⁴1921: 142) Zeitgemäßer als solches Suchen nach dem absolut Unvergleichlichen dürfte es sein, das jeweils Originelle, Kreative und Individuelle in der Brechung des vorgefundenen Musters, der Abweichung vom Standard zu suchen, die zwangsläufig entsteht, da sich niemand auf völlig identische Weise ein Muster aneignet. Die Frage muß sein, *wie* genau der einzelne ein sei es noch so bekanntes Modell übernimmt, auf welche Weise, mit welcher Abweichung. Darin, also im je spezifischen Umgang mit dem Vorgegebenen, dürfte sich das Individuelle erweisen.[133]

Vielleicht verrät sich in Luhmanns Auffassung der Stendhalschen »homme-copie«, daß er in diesem Fall selbst noch allzusehr den Konturen eines romantischen Individualismus verhaftet ist. Etwa wenn er davon ausgeht, daß das auf Einzigartigkeit pochende Individuum sich keinesfalls eingestehen kann, »daß gerade dieses Ziel individueller Einzigartigkeit eine Copie ist« (Luhmann 1995: 104), weil damit die behauptete Einmaligkeit als Mehrmaligkeit entlarvt wäre. Auffällig ist jedenfalls, daß die von Luhmann bemühten Quellen in dieser Frage nicht über Stendhal, E. T. A. Hoffmann und Novalis hinausgehen. Zeitgenössische literarische Beispiele finden sich nicht. Dabei scheint es dringend geboten, die Gegenwartsliteratur[134] nach zeitgenössischen Antworten auf das Individualitäts- und Identitätsproblem hin zu befragen, damit die Soziologie in ein paar Jahrzehnten nicht wieder ausrufen muß: »Es ist unverzeihlich, die Soziologie hat eine ganze Welt nicht gesehen« (Luhmann 1995: 134) – womit Luhmann zum Ausdruck bringt, daß in der Literatur schon einmal längst vorbereitet war, was in der Soziologie erst sehr viel später »entdeckt« worden ist.

Halten wir bis dahin fest: Luhmanns Untersuchung der Möglichkeiten für Individualität in der modernen Gesellschaft fällt

133 Luhmann bemüht hier immer wieder die von Stendhal benutzte Formel des »*homme-copie*, der sich seine Persönlichkeit aus vorgegebenen Erfolgsmodellen zusammenbastelt« (Breuer 1992: 91). Nach Grün (1964) benutzt Stendhal diesen Begriff, der den Konformisten bezeichnet, als Gegenbegriff zu den positiv konnotierten Begriffen »homme supérieur« oder »homme different«, die für den »genialen Ausnahmemenschen« stehen.

134 Dabei denke ich etwa an die Romane Paul Austers.

insgesamt reichlich skeptisch aus: »Die Semantik der Individualität scheint nun geradezu eine kompensatorische Funktion für stärkere Abhängigkeit zu übernehmen. Das Individuum rettet sich in Subjektivität und in die Einzigartigkeit als diejenige Beschreibung, die durch keinerlei empirisch-kausale Abhängigkeiten in Frage gestellt werden kann. Es ist bei vermehrten und komplexeren Abhängigkeitsketten in einem radikaleren Sinne mehr Individuum als je zuvor.« (Luhmann 1993c: 158 ff.) Ein Hauch von Dialektik liegt in dieser Aussage. Die Semantik der *Individualität* im Sinne der *Einzigartigkeit* verdeckt letztlich nur die *Individualisierung* im Sinne der *Vereinzelung*, aufgrund deren das *Individuum* in immer stärkere *Abhängigkeit* gerät. Einen qualitativen Sprung zu mehr individueller Freiheit – das wird aus dem Zitat noch einmal deutlich – gibt es für Luhmann nicht. Die Semantik der Individualität reagiert vielmehr auf das empirische Defizit der Individualisierung. Sie »lobt« auch in diesem Fall nur, »was ohnehin nicht zu ändern ist« (Luhmann 1984a: 303). *Andererseits* bestätigt Luhmann zahlreiche der unter *Individualisierung* laufenden Befunde, etwa wenn er konzediert, daß Individuen »an ihrer sozialen Justierung stärker beteiligt« (Luhmann 1993c: 255) sind als je zuvor und daß sich »die Entscheidungsspielräume auf allen Ebenen immens erweitert« (Luhmann 1996b: 157) haben.[135] Doch dieses Oszillieren zwischen *negativer* und *positiver Individualisierung* erklärt sich aus dem Umstand, daß Luhmann Individualisierung weder feiern noch verdammen, sondern sie möglichst nüchtern und sachlich gleichsam als Abfallprodukt – »die Individuen sind eine zweite ökologische Problematik der modernen Gesellschaft« (Luhmann 1997c: 73) – funktionaler Differenzierung betrachten will, die zwar tatsächlich zu einer Erweiterung des individuellen Handlungs- und Entscheidungsspielraums führt, dabei aber sowohl auf seiten psychischer Systeme als auch auf seiten sozialer Systeme erhebliche Folgeprobleme produziert.

Damit läßt sich resümieren: Luhmann unterscheidet *erstens* analytisch eine aufgrund der *Selbstreferentialität* psychischer Systeme gegebene Individualität des Menschen, die ihm ganz unabhängig von jeglichem sozialen Wandel oder gesellschaftlicher

---

135 Insofern wird er etwa auch von Breuer (1992: 65 ff.) folgerichtig als Individualisierungstheoretiker geführt.

Evolution zugesprochen werden kann. Das ist, wenn man so will, der ahistorische Teil der Bestimmung von Individualität, da er von historischem Wandel unabhängig ist. *Zweitens* ergibt sich aufgrund gesellschaftlicher Differenzierungsprozesse, dem Wandel von der stratifikatorischen zur funktional differenzierten Gesellschaft, ein Zwang zur individuellen *Selbstverortung* des Individuums. *Drittens* werden dafür auf der Ebene der Semantik emphatisch aufgeladene Begriffe wie *Selbstverwirklichung, Emanzipation und Autonomie* bereitgestellt, die diese Entwicklung begleiten und dabei so tun, als handele es sich um Errungenschaften des Modernisierungsprozesses zugunsten des Individuums, die seinem innersten Wesen entsprächen, obwohl es sich eigentlich um nichts weiter als um gesellschaftlich bedingte Notwendigkeiten handelt, die sich dem Wünschen, Hoffen und Verfluchen der Menschen vollständig entziehen. Oder kürzer: 1. Das Individuum ist ein Individuum ist ein Individuum. 2. Aufgrund tiefgreifender gesellschaftlicher Umbrüche entsteht für das Individuum der Zwang, seine Individualität zu behaupten. 3. Um diese Zumutung für das Individuum aushaltbar zu machen, wird ihm, was sich als strukturell notwendig erweist, als individuelles Bedürfnis vorgelegt. In der Semantik schlägt sich dies als Streben des Individuums nach Emanzipation, Selbstverwirklichung und Autonomie nieder: »Das Individuum wird zwangsläufig in die Individualität abgeschoben, und dazu wird ihm noch souffliert, daß dies seinen eigensten Wünschen entspreche. Fast fühlt man sich an Adam und Eva erinnert: keine Wohnung, keine Kleidung, keine Arbeit, nur einen Apfel für beide – und dann mußten sie es noch Paradies nennen.« (Luhmann 1984b: 7)

4. Zweite diachrone Zwischenbilanz: Das gefährliche Individuum bei Durkheim, Parsons und Luhmann

Durkheim – Parsons – Luhmann – damit ist eine Argumentationslinie benannt, die im strikten Gegensatz zur Linie Weber – Adorno/Horkheimer – Foucault nicht die Gefährdung der individuellen Freiheit und den Untergang des Individuums beschwört. Gegenüber der ersten von mir unterschiedenen Traditionsreihe liegt mit Durkheim, Parsons und Luhmann eine insgesamt weitaus optimistischere Variante soziologischer Modernisierungstheorie vor.

Alle drei Theoretiker sind sich darin einig, daß die moderne Gesellschaft die Individuen aus traditionellen Abhängigkeitsverhältnissen befreit und zunehmend auf sich selbst zurückwirft. Sie konstatieren übereinstimmend Individualisierung und gehen – im Gegensatz zu den pessimistischen Diagnosen Webers, Adornos, Horkheimers und Foucaults – nicht davon aus, daß der Herauslösung aus den alten Fesseln subtilere Macht- und Kontrollinstanzen folgen, die die gerade errungenen Freiheiten des Individuums wieder zerstören. Ihnen gilt die Individualisierung nicht als eine Veranstaltung, die allein zur besseren Überwachung der Individuen ersonnen worden ist. Sie haben keinen Gesellschaftsmoloch im Blick, der den Individualisierungsprozeß ad absurdum führen würde, indem er das Individuum zu einem unscheinbaren Rädchen im Getriebe oder zu einer bloßen Marionette degradiert: keinen übermächtigen Staat, keine allmächtige Bürokratie, keine kapitalistische Suprematie, kein blind waltendes Gesetz der Geschichte. Vielmehr gilt ihnen Individualisierung zunächst einmal als schlichte Begleiterscheinung des von ihnen analysierten Differenzierungsprozesses, der die traditionalen Gesellschaften in eine funktional differenzierte, moderne Gesellschaft verwandelt.

Die sich wandelnde Lage des Individuums steht nicht im Gegensatz zu diesem allgemeinen Entwicklungstrend, sondern folgt der gleichen Logik. Das Individuum ist bei ihnen kein verzichtbares Anhängsel einer sich zunehmend ausdifferenzierenden Gesellschaft, sondern notwendiges Element der modernen Gesellschaftsstruktur, Träger und Garant einer funktional differenzierten Gesellschaft. Durkheim, Parsons und Luhmann gehen in ihrem makrosoziologisch geprägten Blick auf das Soziale davon aus, daß Stellung und Lage der Individuen dem jeweiligen Differenzierungsgrad der Gesellschaft folgen. In segmentären oder stratifikatorisch differenzierten Gesellschaft muß sie folglich anders sein als in einer funktional differenzierten. Insofern werden die jeweiligen Möglichkeiten der Individuen jeweils im Hinblick auf die von der Gesellschaft bereitgestellten Möglichkeiten hin gedacht und nicht umgekehrt die jeweilige Gesellschaftsform als Produkt individueller Anstrengungen bewertet. Das Individuum steht und bestimmt sich in allen drei Konzeptionen niemals außerhalb der von der Gesellschaft vorgegebenen Möglichkeiten. Es nimmt immer – ob es will oder nicht – am Vollzug von Gesellschaft teil, auch wenn es sich scheinbar verweigert oder dies ausdrücklich beabsichtigt.

Diese Sichtweise hat immer wieder den Vorwurf eines Determinismus auf sich gezogen, der dem Individuum seine Kreativität, Autonomie und Spontaneität abspreche, indem es zur bloßen Marionette von über es hinausgehenden gesellschaftlichen Kräften erklärt werde. Allerdings wird dieser Vorwurf oftmals auf dem Boden der soziologisch reichlich naiven Annahme eines sich selbst setzenden Individuums formuliert, die jegliche gesellschaftliche Präskription der sozialen Lagerung als Angriff auf die Entscheidungsautonomie des Individuums wertet, jede institutionelle Vorgabe als Zwang und jede Beeinflussung als Machtausübung einstuft. So verkehren sich jedoch unter der Hand die Fronten. Die als Anwälte der Individuen und ihrer Freiheit auftretenden Theoretiker sind es oft genug selbst, die den Individuen eine eigensinnige, kreative, individuelle Entscheidung, Aktion oder Handlung *vor dem Hintergrund gesellschaftlicher Vorgaben* nicht zutrauen. Die Logik scheint zu lauten: Gesellschaftliche Strukturen und soziale Erwartungen sind stets stärker als die Aspirationen des Individuums, das zu wehr- und willenloser Passivität gezwungen wird.

Die vielleicht unscheinbaren, eher unspektakulären Kreativitätsleistungen entgehen notwendig einem Blick, der auf revolutionäre Umgestaltung, spektakuläre Umbrüche, massive Widerstände, unverstellte Subjektivität und authentische Erfahrung gerichtet ist. Eine sich trotz oder gar aufgrund zunehmender Differenzierung durchsetzende Individualisierung scheint nach diesem Modell ebenso ausgeschlossen wie eine sich *innerhalb* von Institutionen und Organisationen entfaltende Individualität. Anders als es die von Durkheim über Parsons bis Luhmann reichende Steigerungshypothese behauptet, gehen bei Weber, Adorno/Horkheimer und Foucault die in mächtigen Unterdrückungsapparaten kulminierenden Bürokratisierungs- und Disziplinierungstendenzen der modernen Gesellschaft eindeutig zu Lasten des Individuums. Das Individuum muß sich stets *gegen* die gesellschaftlichen Instanzen behaupten.[136] Damit verharren sie im Grunde noch in der von Durkheim erstmals überwundenen Summenkonstanzannahme, nach dem eine Steigerung der sozialen Ordnung notwendig zu einem Verlust an individueller Freiheit führt. Die umgekehrte Tendenz, eine Steigerung individueller Freiheit, die zu Lasten der sozialen Ordnung geht, haben Weber, Adorno/Horkheimer und Foucault freilich kaum im Blick. Durkheim, Parsons und Luhmann dagegen scheint das Bild des *gefährlichen* Individuums weit eher entgegenzukommen als die Sorge um das *gefährdete* Individuum.

Bei Weber, in der kritischen Theorie Adornos und Horkheimers und auch bei Foucault tauchen Institutionen und Organisationen als Individualitätsförderer nur im Sinne zunehmender Vereinzelung und perfekterer Überwachung auf, als Instanzen *negativer Individualisierung* also. Eine gewissermaßen durch die zunehmenden Abhängigkeitsketten hindurchgehende, die gesamte soziale Ordnung nicht sprengende, sondern eine *in* der Konsumgesellschaft, *innerhalb* der Kulturindustrie und *in* Organisationen stattfindende Individualisierung galt etwa Adorno als bloße *Pseudoindividualisierung*. Ganz im Gegensatz zu dieser um das autonome, emanzipierte und mündige Individuum bangenden Perspektive erfolgt die Akzentsetzung bei Durkheim, Parsons und Luhmann eher umgekehrt. Sie fragen nach den Folgen der Individualisierung für die Gesellschaft. Sie fragen, was eine Gesellschaft noch zusammenhält, die ihre Mitglieder zunehmend individualisiert. Obwohl sie den Individualisierungsprozeß prinzipiell begrüßen und sich darüber im klaren sind, daß eine ausdifferenzierte und so komplexe Gesellschaft wie die moderne auf flexible Individuen mit großem Aktionsradius angewiesen ist, treibt Durkheim und Parsons dennoch die Sorge um, wie Individuen von ordnungsgefährdendem Verhalten abgehalten und auf konformes Verhalten verpflichtet werden können. Durkheim und Parsons sehen sich schließlich sogar genötigt, regelrechte Bollwerke gegen eine zu weit getriebene Individualisie-

136 Auf Foucault trifft diese Perspektive freilich nur bedingt zu, wie ich weiter oben ausführlich zu zeigen versucht habe (vgl. Kap. I. 3). Denn erstens lenkt er den Blick auf die eher unscheinbaren, mikropolitischen Widerstände. Und zweitens gibt es bei ihm kein außerhalb der Disziplinierungsvorgänge existierendes, essentialistisch gedachtes Individuum, das erst nachträglich unterdrückt würde. Vielmehr wird das Individuum durch Disziplinierungen hervorgebracht. Individualisierung dient der lückenloseren Kontrolle und Überwachung des einzelnen.

rung zu errichten. In ihren Augen bedarf es gemeinsam geteilter Werte und Normen, die die Individuen auf eine (immerhin: gesellschaftliche) Gemeinschaft einschwören und von einer übertriebenen Selbstbezüglichkeit abhalten sollen. Völlig sich selbst überlassene, solipsistische Individuen sind ihres Erachtens eine Gefahr für den Zusammenhalt einer Gesellschaft. Sie sind davon überzeugt, daß das Individuum bestimmte Regeln und allgemeine Grundsätze, denen es sich zu fügen hat, braucht. Sie schützen letztlich nicht nur die Gesellschaft vor völlig unberechenbar gewordenen Individuen, sondern auch die Individuen selbst vor ihren eigenen maßlosen Bedürfnissen, Ansprüchen und Leidenschaften, die sie sonst zu zerreißen drohen. Frühzeitig einsetzende Maßregelungen und Disziplinierungen durch Erziehung und Sozialisation haben hier dafür zu sorgen, daß das Individuum von sich aus zur Übereinstimmung mit den gesellschaftlichen Anforderungen und Erwartungen gelangt.

Durkheim hat in seiner Studie über den Selbstmord detailliert die Folgen von Anomie und Desintegration untersucht, die in Umbruchsituationen entstehen und sich verfestigen können, wenn ihnen nicht mit neuen verbindlichen Sozialbindungen begegnet wird. Ein völlig sich selbst überlassenes Individuum ist in seinen Augen nicht überlebensfähig. Die Individuen erscheinen sowohl bei Durkheim als auch bei Parsons als von stabilen sozialen Bezügen abhängig, die ihnen einerseits die Grenzen ihres eigensinnigen Tuns im Sinne der Aufrechterhaltung der Gemeinschaft aufzeigen und andererseits die notwendige Anerkennung für die Zurückhaltung hinsichtlich des rücksichtslosen Auslebens ihrer egoistischen Triebe und Bedürfnisse in Aussicht stellen. Parsons schätzt diese Gefahren durchaus ähnlich ein, doch wählt er ein anderes Verfahren, um sich dem Thema sozialer Ordnung und Integration zu nähern. Er widmet sich nicht dezidiert der Analyse sozialer Pathologien, um von dort aus zur Vorstellung einer »gesunden« oder intakten Gesellschaft zu gelangen. Vielmehr nimmt er den umgekehrten Weg. Er geht analytisch von einem bereits erreichten harmonischen Gleichgewicht als Idealzustand aus, in dem individuelle Bedürfnisse und gesellschaftliche Notwendigkeiten so aufeinander abgestimmt sind, daß jedes Individuum als Rollenträger zur Stabilisierung und Perfektionierung der gegebenen gesellschaftlichen Ordnung beiträgt.[137] Diese Zielvorgabe motiviert die funktionalistische Frage, welche Bedingungen gegeben sein müssen, damit dieser Ideal-zustand erreicht werden kann. Für Parsons steht fest, daß sich dieses Ziel nur über die individuelle Akzeptanz von Werten und Normen, die während der Sozialisation internalisiert werden müssen und über deren Einhaltung die Gemeinschaft wacht, er-reichen läßt.

Beiden Konzepten ist jedoch eine Auffassung von sozialer Ordnung eigen, die Individualisierung gewissermaßen nicht in den Himmel wachsen lassen will. Es ist, als trauten sie den freige-setzten und völlig auf sich gestellten Individuen von sich aus nicht zu, für die notwendigen Beiträge zur Aufrechterhaltung der sozialen Ordnung zu sorgen. In beiden Versionen einer Theorie sozialer Integration müssen die einzelnen gewisserma-ßen zu ihrem Glück gezwungen werden, das eben nicht in der Selbstverwirklichung ihrer egoistischen Interessen und Lebens-ziele, sondern im Dienst an der Gemeinschaft liegt. So sind die Individuen zwar ganz entschieden Garanten, aber auch potenti-elle Störfaktoren der sozialen Ordnung. Dennoch überwiegt letztlich die optimistische, erste Lesart. Aber es bleiben Möglich-keiten einer zu weit getriebenen Individualisierung, einer Indivi-dualisierung, die aus dem Ruder läuft, ständig gegenwärtig, so daß nur das anpassungsbereite (Durkheim, Parsons) bzw. anpas-sungsgeschickte (Luhmann) Individuum nicht als die soziale Ordnung gefährdend angesehen wird. So betrachtet hält diese Tradition – bei Durkheim und Parsons explizit, bei Luhmann nur mehr implizit – eine Unterscheidung von gelungener und mißlungener Individualisierung, nämlich einer funktionalen oder dysfunktionalen Individualisierung, aufrecht, oder, wie man

---

137 Dieser von Parsons gewählte Ausgangspunkt hat nicht zuletzt mit seiner dezidierten Absetzbewegung gegenüber der Psychoanalyse Freuds zu tun, die seines Erachtens eine »Voreingenommenheit für das Pathologische« (1994: 183, Fn. 66) aufweist. Er hält es deshalb für geboten, von einem erreichten Zustand der Integration auszugehen, um dann die Abweichun-gen wie die der »mangelhaften Integration« analysieren zu können, damit nicht die pathologischen Einzelfälle am Ende für das Typische gehalten werden. Wenn Parsons immer wieder den Vorwurf auf sich gezogen hat, nun umgekehrt die Pathologien zu vernachlässigen, könnte man dies so interpretieren, daß der Impuls, sich der Anfälligkeit für pathologische Phä-nomene in der Psychoanalyse zu entziehen, vielleicht so stark war, daß er in sein Gegenteil, die *Voreingenommenheit für das Gesunde und Normale*, umgeschlagen ist.

auch formulieren könnte, die Unterscheidung zwischen einer positiv und einer negativ verstandenen Individualisierung. Hinsichtlich der Beiträge der Individuen für die soziale Ordnung ist die Argumentation also durchaus ambivalent, und es ist diese Ambivalenz, die die Erfindung zweier Individualismusbegriffe erst nahelegt.[138] Dem gefährlichen, weil ungezähmten, »wilden« Individualismus wird bei Durkheim mit einem *moralischen Individualismus*, bei Parsons mit einem *institutionalisierten Individualismus* begegnet. Damit stellen beide dem empirisch vorgefundenen, potentiell ordnungsgefährdenden Individualismus einen idealen, die soziale Ordnung stützenden Individualismus entgegen.

Doch wie steht es mit dem Beitrag Luhmanns? Wie verhält es sich mit Luhmanns Stellung innerhalb der Durkheim-Parsons-Linie? Haben nicht die Formulierungen auf den letzten Seiten schon zu erkennen gegeben, daß sich Luhmann – allen unverkennbaren Übereinstimmungen zum Trotz – nicht reibungslos in diese Tradition einordnen läßt? Die Antwort lautet auf einen Punkt gebracht: Luhmann schreibt sich in diese Linie hinein und auch wieder aus ihr heraus – ganz ähnlich wie dies bei Foucault in der ersten Traditionslinie zu beobachten war. Er teilt den grundsätzlichen Ansatzpunkt beider Vorläufer, entfernt sich jedoch deutlich von ihren Vorgaben.

Die auffälligste Differenz gegenüber den Antworten Durkheims und Parsons' auf das Problem sozialer Ordnung liegt darin, daß Luhmann eine derartige, über Wertekonsens erzielte gesellschaftliche Integration nicht nur nicht für möglich hält, sondern auch nicht als ordnungstheoretische Präsupposition gelten lassen will. *Dieses* Erbe Durkheims und Parsons' scheint eher Habermas mit seinem Konsensmodell der Verständigung angetreten zu haben. Luhmann dagegen, in dessen Theoriekonzeption es grundsätzlich kein Zentrum und keine Spitze mehr gibt,

138 Diese Ambivalenz übersieht Schimank, wenn er die Ansätze von Durkheim und Parsons unter eine »sociology of social system« subsumiert, der er unterstellt, daß sie »die einzelnen Menschen (sic!) vor allem als Störenfriede der sozialen Ordnung« (Schimank 1996: 208) behandele, obwohl er doch selbst vorher anschaulich herausarbeitet, daß sie auch als Garanten der sozialen Ordnung vorgestellt werden. So aber wird es plausibler, die »sociology of social action« und ihre akteurstheoretische Perspektive als notwendige Ergänzung zur akteursvergessenen Systemtheorie vorzustellen.

muß ohne eine die Teilsysteme übergreifende und zusammenhaltende Kultur auskommen. Aber auch andere prominente Kandidaten, wie etwa Politik oder Recht, sind nach Luhmann nicht mehr dazu in der Lage, diese Integrationsaufgabe zu erfüllen.[139] Freilich macht Luhmann aus der Not eine Tugend, indem er Integration und Zusammenspiel lediglich als (unwahrscheinliche) Folge, keineswegs aber als Voraussetzung sozialer Prozesse gelten läßt. Was bleibt, ist der empirische Blick auf die Frage, ob die Funktionssysteme unkontrolliert voneinander wegdriften oder ob sie durch bestimmte Mechanismen zusammengehalten werden können bzw. müssen.[140]

Der Abschied von einer nicht mehr länger durch gemeinsam geteilte Werte und Normen sichergestellten Integration hat für die Individuen jedenfalls erhebliche Folgen. Anders als bei Durkheim und Parsons erwartet die Gesellschaft nach Luhmann von ihren Mitgliedern nicht mehr die Befolgung eines normativen Wertekanons. Die Individuen werden weder auf ein bestimmtes Ziel hin sozialisiert noch auf bestimmte Verhaltensweisen hin festgelegt. Die einzige Festlegung, die von ihnen verlangt wird, ist die, sich nicht festzulegen. Das Individuum muß angesichts des sich immer schnelleren sozialen Wandels in der Lage sein, sich auf immer neue Situationen einlassen zu können. Die Orientierung an lebenslang gültigen Verhaltensmustern und Lebensstilen wird unter den Vorgaben immer komplexer werdender gesellschaftlicher Verhältnisse schlicht kontraproduktiv und dysfunktional. Deshalb stellt die moderne Weltgesellschaft nach Luhmann von normativ-vorschreibenden auf lernbereit-kognitive Erwartungsstrukturen um. Während *normatives Erwarten* sich dadurch auszeichnet, daß an den Erwartungen auch im Enttäuschungsfall festgehalten wird, drückt sich *kognitives Erwarten* in der Bereitschaft zum Umdenken und Umlernen aus. Geht es im ersten Fall etwa um die Durchsetzung innerer Überzeugungen auch gegen äußeren Widerstand, handelt es sich im zwei-

139 Allerdings werden in dieser Hinsicht auch im systemtheoretischen Kontext andere Auffassungen vertreten, vgl. etwa Horster (1998), Willke (1992), dazu Kneer (1993).
140 Dabei reichen die Vorschläge von Interpenetration über Kontextsteuerung bis hin zu Reflexion, vgl. zusammenfassend Schimank (1996: 190ff.). Nassehi (1997a, 1997b) problematisiert dagegen die in diesen Vorschlägen unterstellte Notwendigkeit gesellschaftlicher Gesamtintegration.

ten Fall um die möglichst flexible Anpassung an äußere Bedingungen: »Kognitives Erwarten sucht sich selbst, normatives Erwarten sucht sein Objekt zu ändern.« (Luhmann ²1982: 55)[141]

Gefahr droht so gesehen noch am ehesten von denjenigen, die sich den Forderungen nach Flexibilität, Mobilität und Eigeninitiative zu entziehen versuchen und nach stabilen Identitäten, festen Rollenmustern und unmißverständlichen Vorgaben verlangen. Zu dieser Klientel gehören für Luhmann etwa die Akteure der neuen sozialen Bewegungen, deren Aktivitäten er nicht zufällig als »*Protest gegen die funktional differenzierte Gesellschaft und ihre Effekte*« (Luhmann 1986: 234) klassifiziert. Wenn überhaupt, dann droht für Luhmann die Gefahr nicht von einer Systemlogik, die bis in die letzten Reservate der Lebenswelt eindringt (vgl. Habermas 1988b: 522), sondern von Individuen, die sich von der Eigendynamik der losgelassenen Funktionssysteme bedroht fühlen. Die Artikulation ihrer Ängste gefährdet die äußerst störungsanfälligen Systeme und ruft damit die »wirkli-

---

141 Nicht zu Unrecht fühlt Breuer (vgl. 1991: 91) sich angesichts dieser Argumentation an Riesmans Unterscheidung zwischen »Innen«- und »Außenlenkung« erinnert (vgl. Riesman 1958). Während der »innengeleitete Mensch [...] frühzeitig einen seelischen Kreiselkompaß in sich aufnimmt« (ebd.: 40), der ihm in jeder neuen Situation als Orientierungshilfe dient, nach der er sein Verhalten ausrichtet, orientiert sich der »außengeleitete Mensch« – wie eine »Radar-Anlage« (ebd.: 41) – an den von außen kommenden Signalen, nach denen er seine Ziele immer wieder neu ausrichtet. Jurczyk/Rerrich (1993: 40) ziehen daraus die Konsequenz, daß heute »eine strategische Planung der Lebensführung, zumindest als ihre einzige oder dominante Methode, zunehmend unangemessen« erscheint. »Die Fiktion, daß das eigene Leben und die Gesellschaft längerfristig und als Gesamtprojekt planbar seien [...], ist jedenfalls in Frage gestellt oder sogar verlorengegangen.« An den Einwänden gegenüber einem einheitlichen Lebensplan und einer konsistenten Lebensführung wiederholt sich gewissermaßen auf individueller Ebene der Abschied von den modernen Machbarkeits- und Fortschrittsphantasien. Jurczyk/Rerrich, die systematisch zwischen der *traditionalen*, der *methodischen* und der – in Anlehnung an Simmel – »*situativ-reflexiven*« Lebensführung unterscheiden, bestimmen die letztere, die sie auch als *postmodernen Typus* bezeichnen (Jurczyk/Rerrich 1993: 41), dabei wie folgt: »Ihre Funktionsweise ist weniger von Zweckrationalität bestimmt als von Offenheit und Kontingenz. [...] Man hängt gar nicht mehr der Illusion der Machbarkeit einer bis ins Detail vorausschauenden Planung des Lebens an, sondern verfolgt das Ziel, Rahmenbedingungen zu schaffen, die genügend Offenheit gewährleisten, um im richtigen Moment – eben situativ – die richtige Entscheidung treffen zu können.« Dieser Typus stimmt damit exakt mit dem kognitiven Erwartungstyp Luhmanns überein.

chen« Gefahren erst hervor (vgl. Luhmann 1986: 237 ff.; Breuer 1991: 100 f.). Für Luhmann (1984a: 365) »ist die Gesellschaft mehr, als man gemeinhin denkt, durch Emotionalität *gefährdet* [Hervorhebung von mir M. S.]«.

Halten wir fest: trotz der theoretischen und diagnostischen Unterschiede scheint die Differenzierungstheorie gleich welcher Couleur ein Steigerungsverhältnis von Differenzierung und Individualisierung zu postulieren. Sowohl für Durkheim und Parsons als auch für Luhmann gilt, daß den einzelnen der Anspruch auf Einzigartigkeit und Selbstbestimmung nicht nur ermöglicht, sondern geradezu abverlangt wird. Die Individualisierung der einzelnen Akteure wird zur notwendigen Bedingung für das Funktionieren gesellschaftlicher Ordnung. Insofern ist Individualisierung – wenn man so will – kein uneigennütziges Geschenk der Gesellschaft an die Individuen, sondern schlichtes Funktionserfordernis, das den Individuen bestimmte Pflichten abverlangt, dabei aber auch manche Rechte zugesteht. Ganz sicher teilt Luhmann mit Durkheim und Parsons eine auch etwa bei Gehlen vorzufindende Überzeugung, daß sich das Individuum gegenüber einer unübersichtlichen Fülle an Möglichkeiten kaum zu erhalten vermag und es insofern der die Optionen kanalisierenden und limitierenden Institutionen bedarf. Individualisierung, das bedeutet in diesen drei Theorien immer auch den Verlust institutioneller Muster, die dem Individuum Entlastung angesichts der Tyrannei der Möglichkeiten versprachen. Eine weitgehend dem einzelnen überantwortete Lebensplanung heißt in diesem Kontext immer auch ein Versagen der institutionellen Ordnung, die ihren Verantwortungsbereich an den einzelnen abtritt, statt für Regulierungen zu sorgen, die eine Überforderung der Individuen verhindert. Nur wenn man sie nicht mit allen Problemen alleine läßt, sondern ihnen bestimmte Angebote macht, kann man entsprechende Leistungen von ihnen erwarten – das ist der Hintergrund der sowohl bei Durkheim als auch bei Parsons und Luhmann vorherrschenden Argumentationsfigur.

III. Ambivalente Individualisierung:
Gefahren und Chancen der Individualität

1. Individualisierung und Differenzierung –
Georg Simmel

Einleitung

»Simmel lehrt nichts, empfiehlt nichts und entwirft auch keine ausgeklügelte Theorie.« Dieser Satz, mit dem Werner Jung (1990: 94) in seiner Einführung zu Georg Simmel einen sich über Jahrzehnte hartnäckig haltenden Vorbehalt gegenüber der Soziologie Simmels auf den Punkt bringt, könnte heute gerade seine unübersehbare Aktualität erklären. Die Diskussion um die »Postmoderne« hat eine starke Aversion gegen alles Totalitäre, Geschlossene, Einheitliche, Normative und Präskriptive hervorgebracht, die Simmels wenig systematischen, oft essayistischen Zugriff auf gesellschaftliche Phänomene in einem ganz neuen, weitaus positiveren Licht erscheinen lassen, als dies jahrzehntelang der Fall gewesen ist.

Mit Hilfe der Rezeption der Postmoderne scheint Simmel endlich der Aufstieg auf den Olymp der Klassiker der Soziologie zu gelingen, der ihm so lange verweigert worden ist. Zwar gibt es schon seit langem den Versuch, ihm diesen Platz zuzuweisen. Doch während die Rettungsversuche Simmels als ernst zu nehmenden Soziologen bislang immer darauf hinausliefen, entgegen dem Vorwurf des Unsystematischen das Systematische in seinen Schriften hervorzuheben und seine Arbeiten als exakte Soziologie auszuweisen (Dahme 1981), wird neuerdings die Qualität von Simmels Soziologie gerade in der Verweigerungshaltung gegenüber einer geschlossenen Theorie goutiert. Die schon von ihm eingeleitete Abkehr von substantiellen Grundbegriffen wie Gesellschaft, Subjekt usw. zugunsten von Vergesellschaftung, Individualisierung und Wechselwirkung weist der postmodernen Verabschiedung »des« Subjekts und »der« Gesellschaft den Weg. In einer Zeit der Erschlaffung der großen Entwürfe (vgl. Fischer u.a. 1992), des Mißtrauens gegenüber den Metaerzählungen (vgl. Lyotard 1986) und der Hinwendung zum Mikrologischen und

Partikularen (vgl. Foucault 1976) erlangt das – im Vergleich mit Durkheim und Weber – lange Zeit eher geringgeschätzte Werk eine unverhoffte Konjunktur.

Ganz in diesem Sinne unterzieht Zygmunt Bauman (1995a: 227) das Werk Simmels einer Würdigung, die er wie folgt auf den Punkt bringt: »Eben die Aspekte der Simmelschen Soziologie, die ihn zu seiner eigenen Zeit an die Ränder der Profession verwiesen, werden jetzt allmählich als geradezu unheimlich einsichtsvolle Antizipationen der Gestalt der zukünftigen Dinge angesehen. Simmels frühere Laster haben sich in Tugenden, seine Schwächen in Verdienste verwandelt.« Zu diesen vermeintlichen Schwächen gehört u. a. die ästhetische Herangehensweise an gesellschaftliche Phänomene, die Simmel immer wieder nachgesagt wurde. Die starke Betonung des Ästhetischen sowohl auf der Gegenstands- wie auf der Theorieseite rückt ihn in deutliche Nähe zu den postmodernen Strömungen der Gegenwart. Ähnlich wie die Texte eines Derrida, Foucault, Lyotard und Baudrillard überschreitet Simmel die Grenzen zwischen Soziologie, Philosophie, Ästhetik und Literatur nicht nur hinsichtlich der Themenfelder, denen er sich zugewandt hat, sondern auch hinsichtlich des methodischen Zugriffs.[1] Wie den genannten Autoren geballte Ablehnung zunächst sicher sein konnte – insbesondere etwa durch Habermas (1985), der das Schiff »Postmoderne« durch eine frühe Breitseite zu versenken hoffte –, so konnte sich auch Simmel auf die vereinigte Schelte der damaligen Soziologenzunft verlassen.[2]

Es ist kein Zufall, daß die Postmoderne sich mit ihrem ausgeprägten Interesse an allem irgendwie Ausgeschlossenen (vgl. Schroer 1994) Simmels Ideen annimmt, nachdem die selbster-

---

1 Zu weiteren Parallelen Simmels zur Postmoderne vgl. Gephart (1993), Dörr-Backes/Nieder (1995).
2 Liest sich die folgende Aussage nicht wirklich wie ein frühes Programm der Postmoderne? »Wollte man den Charakter und die Größe des neuzeitlichen Lebens in eine Formel zusammenzufassen wagen, so könnte es diese sein: daß die Gehalte der Erkenntnis, des Handelns, der Idealbildung aus ihrer festen, substantiellen und stabilen Form in den Zustand der Entwicklung, der Bewegung, der Labilität übergeführt werden. Jeder Blick auf die unter unseren Augen vorgehenden Schicksale jener Lebensinhalte zeigt unverkennbar diese Linie ihrer Gestaltung: Wir verzichten auf die unbedingten Wahrheiten, die aller Entwicklung entgegen wären, und geben unser Erkennen gerne fortwährender Umgestaltung, Vermehrung, Korrektur preis« (Simmel 1983a: 92).

nannten Protagonisten der Moderne ihn immer wieder schmäh-
lich vernachlässigt haben. So lautet etwa Habermas' (1983: 244)
kategorisches Urteil: »Zum ›Klassiker‹ hat es Simmel nicht gebracht.« Und er wiederholt das beinahe klassische Verdikt über
Simmel, er sei »eher Anreger als Systematiker gewesen – eher
philosophierender Zeitdiagnostiker mit sozialwissenschaftlichem
Einschlag als ein solide im Wissenschaftsbetrieb verwurzelter
Philosoph und Soziologe« (ebd.). Es hat schon etwas Tragisches,
daß Simmel auch heute noch mit den gleichen Argumenten aus
der »guten Stube« des Wissenschaftsbetriebs ausgeschlossen
werden soll, die schon zu seinen Lebzeiten eine universitäre Karriere verhindert haben.[3]

Wie dem auch sei, fest steht: Den Mittelpunkt seines Interesses
bildet in allen Phasen seiner Arbeit das Problem des Individuums
und der Individualisierung. Entsprechend charakterisiert Michael Landmann Simmel als »Philosophen der Individualität«
(Landmann 1976: 7). Friedrich Pohlmann betont: »Zentrales
Thema des gesellschaftsanalytischen Werks Simmels ist der immer neu reflektierte, variierte und problematisierte Begriff der
Individualität.« (Pohlmann 1987: 75) Helmut Berking und Sighard Neckel (1988: 271) gilt er gar als »der Soziologe der Individualisierung schlechthin«.[4]

Und in der Tat: Ob in seinen ausgesprochen kulturtheoretischen, seinen gesellschaftstheoretischen oder seinen ästhetischen
Schriften, ob in der *Lebensanschauung* (Simmel 1918), der *Philosophie des Geldes* (Simmel 1989b) oder in *Rembrandt* (Simmel
1985) – immer steht seine Auffassung von der Individualität, dem
Individuum und der Individualisierung im Vordergrund. Simmel
fragt nach Veränderungen im Zusammenspiel von Individuum

3 Ohne dies im einzelnen in diesem Zusammenhang zeigen zu können, sei doch
 zumindest angemerkt: Hat Habermas mit seiner Vernachlässigung Simmels
 und Bevorzugung Parsons' nicht vielleicht sogar die Schwäche des Parsonsan-
 satzes geerbt? Führt das Versöhnungs- und Konsensdenken von Habermas
 nicht ebenso zu einer Vernachlässigung von Konflikt, Kampf und Machtphä-
 nomenen wie bei Parsons, und damit zu eben jenen Kategorien, die ihm bei
 einer systematischen Berücksichtigung des konflikttheoretischen Ansatzes
 Simmels gar nicht hätten entgehen können?
4 Selbst bei Luhmann, der von Klassikerexegese bekanntlich nur wenig hält,
 wird nur Simmel vom generellen Vorwurf an die Adresse der Klassiker ausgenommen, nicht von Individuen, sondern von Individualismus gesprochen zu
 haben (vgl. Luhmann 1993c: 218).

und Gesellschaft, nach Konstitutionsbedingungen des Individuums in der modernen Gesellschaft und nach der Rolle der Geldwirtschaft für das individuelle Leben bzw. die Möglichkeiten einer individuell gesteuerten Lebensführung.

Im weiteren Verlauf der Argumentation werde ich zunächst Simmels speziellen Zugang zur Soziologie, seine Differenzierungstheorie und sein Prinzip der *Wechselwirkung* vorstellen und dabei zeigen, daß Simmel in dieser Phase das Individuum primär als Produkt der Kreuzung sozialer Kreise versteht, die im Laufe der Differenzierungsprozesse immer komplexer werden. In einem zweiten Schritt stehen die geldtheoretischen Arbeiten und Simmels Großstadtanalyse im Mittelpunkt. In diesen zeitdiagnostisch bedeutsamen Schriften arbeitet er sowohl die Chancen als auch die Gefahren heraus, die das Leben in der modernen Geldwirtschaft mit sich bringen. In einem dritten Schritt schließlich geht es um den doppelten Individualismusbegriff Simmels und die Möglichkeiten für ein individuelles Leben unter den Bedingungen einer immer sachlicher werdenden Welt. Dabei soll deutlich werden, daß in seinen rein kulturtheoretischen bzw. lebensphilosophischen Texten zwar durchaus kulturpessimistische Züge auszumachen sind, insgesamt aber eine ambivalente Haltung gegenüber den Entwicklungen der mit der Moderne einhergehenden Individualisierung überwiegt.

Gesellschaftliche Differenzierung, Individualisierung und das Prinzip der Wechselwirkung: Simmels soziologisches Programm

Gleich den anderen »Gründervätern« der Soziologie bemüht sich Simmel in seinen Schriften immer wieder um eine Klärung dessen, was Soziologie als Wissenschaft zu leisten in der Lage ist, welche speziellen Fragen sich ihr stellen, welche Methoden sie zur Klärung dieser Fragen anwenden kann, und schließlich darum, ob ihr ein originäres Forschungsfeld zukommt, das noch nicht durch andere Wissenschaften abgedeckt ist. Die Beschäftigung damit, was Soziologie kann und soll, bildet eine Klammer, die Simmels frühe Arbeiten mit seinen späten verbindet (vgl. Simmel 1984b: 5 ff., 1989a: 115 ff., 1992: 13 ff.).

Dabei ist er sich zunächst keineswegs sicher, ob die Soziologie tatsächlich eine eigenständige Wissenschaft begründen kann. Vielmehr stellt er sie als »*Methode*« (Simmel 1992: 15) vor – ähnlich der Induktion –, die zunächst nur Ausdruck dafür ist, daß bei der Erklärung von historischen Tatsachen, den Inhalten der Kultur oder den Arten der Wirtschaftsweise nicht mehr länger auf die Leistung einiger genialer Individuen zurückgegriffen oder gar in metaphysischen oder mystischen Vorstellungen Zuflucht gesucht werden muß: »Vielmehr glauben wir jetzt die historischen Erscheinungen aus dem Wechselwirken und dem Zusammenwirken der Einzelnen zu verstehen, aus der Summierung und Sublimierung unzähliger Einzelbeiträge, aus der Verkörperung der sozialen Energien in Gebilden, die jenseits des Individuums stehen und sich entwickeln.« (Ebd.) Die daraus ableitbare Vorstellung freilich, daß »die Gesellschaft der Träger alles historischen Geschehens« (ebd.: 16) und die Menschen keine Einzel-, sondern *Gesellschaftswesen* sind, reicht in seinen Augen noch keineswegs aus, um die Soziologie als neue Wissenschaft zu etablieren. So verstanden fehlt ihr immer noch ein genuines »*Objekt*« (ebd.), das nicht schon von anderen Wissenschaften hinreichend bearbeitet wird. Dennoch ist der Weg, sich über den Begriff der Gesellschaft Klärung über das spezielle Arbeitsfeld der Soziologie zu verschaffen, seines Erachtens richtig gewählt. Nur sollen darunter nicht schon bekannte Sachverhalte wie Politik, Wirtschaft, Kultur einfach subsumiert werden. Vielmehr geht es darum, weitgehend unbeachtet gebliebene Beziehungen und Konstellationen zwischen diesen Gebieten zu beleuchten und bisher als versprengt und unzusammengehörig geltende Einzelbegebenheiten als zusammengehörig zu betrachten, um sie als »Objekte *einer* Wissenschaft« (ebd.) vorzustellen. Zwar sind Staaten, Gewerkschaften, Kirchen, Familienformen, Wirtschaftsverfassungen, Zünfte, Gemeinden, Klassen usw. tatsächlich die etablierten Untersuchungsgegenstände soziologischer Forschung. Doch für Simmel sind sie nur die mehr oder minder zufälligen und vorübergehenden Aggregate, die sich aus den zahlreichen Beziehungskonstellationen und Wechselwirkungen zwischen Individuen ergeben *können*. Nach seinem Verständnis ist es schon deshalb unzureichend, sich allein auf die genannten Organe und Systeme der Gesellschaft zu konzentrieren, weil darüber gleichsam die Essenz in Vergessenheit gerät, durch die diesen Gebilden gewissermaßen erst Leben eingehaucht wird: die zahlreichen, sich zwischen den Individuen permanent abspielenden Wechselwirkungen.[5] Darüber hinaus jedoch entgeht einer solchen, einseitig makrologisch ausgerichteten Perspektive eine Unzahl an gesellschaftlichen Phänomenen, weil sich keineswegs alle permanent fortspinnenden Beziehungen zwischen den Individuen zu solch überindividuellen Gebilden verfestigen. Für Simmel gehört es deshalb zur dringlichsten Aufgabe der Soziologie, sich jenen mikrologischen Phänomenen zu widmen, die letztlich das Leben einer Gesellschaft ausmachen und ohne die auch jene scheinbar festen Einheiten wie Staaten oder Familien nicht existieren könnten (vgl. Simmel 1992: 32 f.). In den scheinbar belanglosen und unscheinbaren Begebenheiten, die sich täglich zwischen Menschen ereignen, findet die Soziologie nach Simmel ihr genuines Untersuchungsfeld: »Daß die Menschen sich gegenseitig anblicken, und daß sie aufeinander eifersüchtig sind; daß sie sich Briefe schreiben oder miteinander zu Mittag essen; daß sie sich, ganz jenseits aller greifbaren Interessen, sympathisch oder antipathisch berühren; daß die Dankbarkeit der altruistischen Leistung eine unzerreißbar bindende Weiterwirkung bietet; daß einer den anderen nach dem Wege fragt und daß sie sich füreinander anziehn und schmücken – all die tausend, von Person zu Person spielenden, momentanen oder dauernden, bewußten oder unbewußten, vorüberfliegenden oder folgenreichen Beziehungen, aus denen diese Beispiele ganz zufällig gewählt sind, knüpfen uns unaufhörlich zusammen. In jedem Augenblick spinnen sich solche Fäden, werden fallen gelassen, wieder aufgenommen, durch andere ersetzt, mit andern verwebt.« (Simmel 1992: 33)[6] Simmels Blick auf das Soziale gleicht

5 Die isolierte Betrachtung der einzelnen Aggregate wie Staat, Klasse, Familie usw. kommt für Simmel dem altertümlichen Umgang mit dem inneren menschlichen Körper gleich, der sich auf die Untersuchung der Organe wie Herz, Leber, Lunge usw. beschränkte, während die dazwischenliegenden Gewebe, »ohne die jene deutlicheren Organe niemals einen lebendigen Leib ergeben würden« (Simmel 1992: 32), vernachlässigt wurden. Dabei sind sie es, wie Simmel betont, die scheinbar unscheinbaren »Zwischenglieder«, die erst alle lebenswichtigen Organe miteinander verbinden und zusammenhalten und so einen überlebensfähigen Organismus bilden. Ähnlich verhält es sich mit den gesellschaftlichen Einrichtungen auch.

6 Mit dieser Auflistung hat Simmel nicht nur sein eigenes Arbeitsprogramm umrissen. Bis in die Wortwahl hinein wiederholt sich bei Elias dieser spezielle Zugang zum Sozialen. Ich komme darauf zurück.

einem Blick durch das Mikroskop, bei dem sich scheinbar feste Substanzen in ein unübersichtliches Gewimmel von Einzelheiten auflösen, die sich nur dem makroskopischen Blick als einheitliche Gebilde darbieten. Er legt großen Wert auf die Analyse der mikroskopisch kleinen Vorgänge, die »Aufdeckung der zarten Fäden, der minimalen Beziehungen zwischen Menschen« (ebd.: 34), die sich »jenseits der makroskopisch wahrnehmbaren Sondergebilde« (ebd.: 33) abspielen und diese zusammenhalten. Alle großen Gebilde, Systeme und überindividuellen Organisationen sind für Simmel immer nur Verfestigungen, Versteinerungen und Kristallisationen, die er durchschaubar machen will als das, was sie eigentlich sind: das Ergebnis der ständig zwischen den Individuen fließenden Ströme von Wechselwirkungen.

Aus dieser Perspektive zieht er die für seine Soziologie insgesamt zentrale Konsequenz, nicht die Gesellschaft als Grundbegriff der Soziologie zu etablieren, sondern den Begriff der *Vergesellschaftung*, der das Fließende, Prozeßhafte und Dynamische, sich hier und dort zu flüchtigen Konstellationen zusammenfügende, aber jederzeit wieder Auflösbare eines Zustandes betont. Gesellschaft ist für ihn dezidiert keine »Substanz«, sondern ein »*Geschehen*« (Simmel 1984b: 14), nur der »Name für einen Umkreis von Individuen, die durch derartig sich auswirkende Wechselbeziehungen aneinander gebunden sind und die man deshalb als Einheit bezeichnet« (ebd.).

Nichts läge nun näher, als von diesen ausgeprägten Vorbehalten Simmels gegenüber dem als Substanz verstandenen Gesellschaftsbegriff darauf zu schließen, daß für ihn statt dessen das Individuum im Vordergrund soziologischer Betrachtungen stehen müsse. Wer die Analyse der Makroebene zugunsten der Mikroebene verläßt, muß, so scheint es, statt der Gesamtgesellschaft das Individuum und seine Handlungen im Blick haben und sich um die Aufklärung seiner Bedürfnisse und Motive kümmern. Doch diesen Weg beschreitet Simmel ausdrücklich nicht. Seine dezidierte Ablehnung der Einheits-, Wesenheits- und Substanzbegriffe bezieht sich nämlich keineswegs nur auf die Gesellschaft. Vielmehr ist auch das Individuum als eine Einheit nur eine Abstraktion bzw. Konstruktion. Denn ebenso wie die Gesellschaft besteht für ihn auch der Mensch aus einer *Vielheit*: Er ist kein Atom, sondern der Kreuzungs- und Durchgangspunkt verschiedenster Einflüsse: »Er ist vielmehr die Summe und das

Produkt der allermannichfaltigsten Faktoren, von denen man sowohl der Qualität wie der Funktion nach nur in sehr ungefährem und relativem Sinne sagen kann, daß sie zu einer Einheit zusammengehen.« (Simmel 1989a: 127) Es gibt für Simmel keine gleichsam vorgefertigte Einheit, sondern nur jeweils den *Anspruch* auf Einheit, den Versuch zur *Erlangung* von Einheit. Gegen die Versuche, entweder beim einzelnen oder bei der Gesellschaft anzusetzen, stellt Simmel die *Wechselwirkung*. Damit bezeichnet er das, was sich zwischen Individuen ereignet und einen Bereich bildet, der zu klein für die Gesellschaft und zu groß für das einzelne Individuum ist.

Halten wir fest: Nach Simmels Verständnis darf die Soziologie weder mit »der Gesellschaft« noch mit »dem Individuum« als Grundbegriff einsetzen, so als gäbe es das eine oder das andere als tatsächlich vorhandene Einheit ohne das jeweils andere. Simmel versucht einen Mittelweg zwischen einer objektivistischen und einer subjektivistischen Herangehensweise, wenn er davon ausgeht, daß Gesellschaft »da existiert, wo mehrere Individuen in Wechselwirkung treten« (Simmel 1992: 24). Außerhalb der Wechselwirkung gibt es weder das Individuum noch die Gesellschaft als bereits vorhandene Einheiten des Sozialen.[7]

Diese weder auf »die« Gesellschaft noch auf »das« Individuum, sondern auf die zwischen Individuen sich abspielenden Austauschprozesse gerichtete Perspektive ist es auch, die Simmels grundlegendes Verständnis des Individuums prägt: Simmel geht von einem bei jedem Individuum anzutreffenden vergesellschafteten und einem nicht-vergesellschafteten Teil aus. Nur hinsichtlich der jeweiligen Anteile bestehen durchaus gravierende Unterschiede zwischen den Individuen. Mit anderen Worten: Das Individuum ist für Simmel weder bloßes »Kollektivwesen« noch reines »Individualwesen«. Vielmehr trägt ein jeder Mensch »ceteris paribus gleichsam eine unveränderliche Proportion zwischen dem Individuellen und dem Socialem« in sich, »die nur die Form wechselt« (Simmel 1989a: 173). Dabei gilt: Je enger der soziale Kreis ist, der das Individuum umschließt, desto weniger werden dem einzelnen individuelle Freiheiten zugestanden. Da-

---

7 Eine Idee, mit der sich Simmel von der Völkerpsychologie ebenso distanziert wie von der – in der Bedeutung in seiner Zeit kaum zu überschätzenden – Position Wilhelm Diltheys (vgl. Schwerdtfeger 1994: 125).

gegen stellt in diesem Falle der Kreis selbst etwas Individuelles dar, das sich von anderen Kreisen stark unterscheidet und abgrenzt. Eine solche Relation von Kollektivität und Individualität sieht Simmel in früheren, primitiven Gesellschaftsformen gegeben. Innerhalb eines Stammes sind die einzelnen Mitglieder »so einheitlich und einander so gleich als möglich«, die einzelnen Stämme untereinander dagegen stehen sich »fremd und feindlich gegenüber« (ebd.). An diesem Punkt der gesellschaftlichen Entwicklung kommt der Mensch also primär als uniformes Kollektivwesen vor. Das ändert sich im Laufe der gesellschaftlichen Entwicklung gravierend: »Mit fortschreitender Kultur wächst die Differenzierung unter den Individuen und steigt die Annäherung an den fremden Stamm.« (Ebd.) Je mehr sich der Kreis erweitert, in dem sich der einzelne bewegt, desto mehr Spielraum erwächst ihm daraus für die Ausbildung und Betonung seiner Individualität. Andererseits kommt ihm als Teil dieses differenzierten Ganzen nur wenig Eigenart oder Originalität zu, da es dem erweiterten Kreis selbst an Individualität mangelt. Ihm fehlt gewissermaßen der Gegenpart, gegen den er sich deutlich abzuheben vermag. Für Simmel gilt also: Entweder eine Gruppe ist individuell, aber nicht ihre Bestandteile, oder aber die Bestandteile sind individuell, dann kann es die Gruppe nicht sein. Anders ausgedrückt: Der Differenzierungsgewinn auf der einen Seite führt zu einem Differenzierungsverlust auf der anderen Seite; ein Plus hier bedeutet ein Minus dort und umgekehrt.

Grundsätzlich gilt für Simmel, daß der kleinere und engere Kreis dem Individuum nur wenig Spielraum läßt, während sich der weitere sehr viel günstiger auf die Chancen zur individuellen Entfaltung auswirkt. Nun schließen sich aber kleinere und größere Kreise weder gegenseitig aus, noch lösen sie sich evolutionär vollständig voneinander ab, sondern existieren auch gleichzeitig nebeneinander. In diesem Fall kommt dem kleineren Kreis, der in einem größeren Kreis aufgehoben ist, eine andere Bedeutung zu. So kann etwa »innerhalb einer sehr großen Kulturgemeinschaft die Zugehörigkeit zu einer Familie die Individualisierung« (Simmel 1989a: 176) befördern, während sie dort, wo die Zugehörigkeit zur Familie mehr oder weniger den einzigen sozialen Kreis ausmacht, dem das Individuum angeschlossen ist, seiner Individualität keineswegs förderlich ist. Der Grund für diesen Funktionswandel der Familie sieht Simmel darin, daß sich innerhalb einer *komplexen Gesellschaft*, wie wir heute sagen würden, der einzelne nicht allein, sondern nur im Verbund mit einigen anderen zu behaupten weiß: »Der Einzelne vermag sich gegen die Gesamtheit nicht zu retten; nur indem er einen Teil seines absoluten Ich an ein paar andere aufgibt, sich mit ihnen zusammenschließt, kann er noch das Gefühl der Individualität und zwar ohne übertriebenes Abschließen, ohne Bitterkeit und Absonderlichkeit bewahren.« (Ebd.) Simmel denkt also die Gesamtheit sozialer Gruppen, die Gesellschaft, als so mächtig und überlegen, daß der einzelne Verstärkung braucht, um sich ihr gegenüber behaupten zu können. Die Familie gilt Simmel in »höheren Kulturen« als Vermittlungsinstanz zwischen Individuum und Gesellschaft, indem sie die Bedeutung der engen und der erweiterten Gruppe in sich vereint: Einerseits nämlich ermöglicht sie ihrem Mitglied eine »vorläufige Differenzierung, die es auf diejenige im Sinne der absoluten Individualität wenigstens vorbereitet«. Andererseits übernimmt sie eine Schutzfunktion, mit deren Hilfe sich die Individualität allererst auszubilden vermag »bis sie der weitesten Allgemeinheit gegenüber bestandsfähig ist« (ebd.).[8]

Die Entwicklung der modernen Gesellschaft fördert insgesamt die Erweiterung der sozialen Kreise, die dem Individuum ungleich mehr Spielraum gewähren, als ihm in engen sozialen Bindungen zugebilligt werden (vgl. Simmel 1989b: 476). Diesen Weg geht jedoch nicht nur die »Evolution der Gesellschaften« (ebd.: 469) insgesamt, vielmehr entwickeln sich auch Familienformen, Religions- und politische Gemeinschaften, Wirtschaftsorganisationen, Gewerkschaften und Universitäten nach eben diesem Muster. Die Entwicklung jeder dieser Vereinigungen führt von der kleinen zur großen Gruppe, die ihren Mitgliedern ein Vielfaches an individuellen Freiheiten und Differenzierungen gestattet. Sogar die »perversesten Triebe« (Simmel 1989a: 177) bekommen unter diesen Bedingungen eine Chance, sich zu entfalten, da »die weitere Gruppe geringere Ansprüche an uns stellt, sich weniger um den Einzelnen kümmert«, als es die engere Gruppe etwa einer Dorfgemeinschaft tut, die gleichsam mit Argusaugen über das Leben und Treiben ihrer Bewohner wacht.[9]

8 Deshalb spricht Simmel (1992: 804) auch von der »soziologischen Doppelrolle« bzw. »Zweideutigkeit der Familie«.

Simmel ist weit davon entfernt, diese Folgen der Individualisierung zu beklagen und auf Maßnahmen zu sinnen, die dem bunten Treiben Einhalt gebieten könnten. Vielmehr gilt ihm die Anzahl der verschiedenen sozialen Kreise, in denen sich das Individuum bewegt – die mitunter auch zu der ein oder anderen Auffälligkeit Anlaß bieten –, als ein »Gradmesser der Kultur« (ebd.: 239). Für die moderne Gesellschaft ist es typisch, daß der einzelne zunächst der elterlichen Familie angehört, später selbst eine eigene Familie gründet, einen Beruf ergreift, der ihm eine ganze Anzahl neuer Kreise zuführt, Mitglied in verschiedenen Vereinen wird usw., womit schon eine beachtliche Zahl an Gruppenzugehörigkeiten erreicht ist, die der einzelne miteinander koordinieren muß. Je mehr solchen Kreisen der einzelne angehört, desto unwahrscheinlicher wird es, daß die gleiche Kombination von Gruppenzugehörigkeiten sich bei einem anderen Individuum wiederfinden läßt. Individualität wird mithin »durch die *Kombination* der Kreise gewahrt, die in jedem Fall eine andere sein kann« (Simmel 1989a: 244; vgl. 1992: 466).[10]

Mit diesen in jedem Einzelfall einmaligen Kombinationen löst sich der einzelne mehr und mehr aus den traditionellen Bindungen, die ihm qua Geburt und Standesangehörigkeit zugewiesen waren, um die Chance zu nutzen, in selbstgewählte Beziehungen einzutreten, die die moderne Gesellschaft für ihn im großen Maßstab bereithält. Simmel beschreibt den Übergang in die Moderne als eine Entwicklung, die den einzelnen als gesamte Persönlichkeit aus den Fesseln traditionaler Zusammenhänge befreit, wodurch sich die Persönlichkeit in verschiedene Seiten aufspalten kann. Für jeden dieser Teile seines Ich sucht der einzelne den Zusammenschluß mit Gleichgesinnten, womit der *individualistischen Willkür* freiwillig Einhalt geboten wird (vgl. Simmel 1989a: 246), die sich aus der Befreiung aus »den verrosteten Ketten der Zunft, des Geburtsstandes, der Kirche« (Simmel 1984b: 91) durchaus ergeben könnte. Als Beleg für diese These

9 Bei diesen Ausführungen ergeben sich große Übereinstimmungen zu Durkheim (vgl. Kap. II. 1).
10 Zu Recht gilt Simmel als Mitbegründer der Rollentheorie, vgl. Tenbruck (1961) und Gerhardt (1976). Dies ist mit der Individualitätsformel Parsons' durchaus kompatibel. Die Anzahl der Rollen, die ein Individuum in sich in einer stets einmaligen Kombination vereinigt, ist hier wie dort das Kriterium für Individualität..

führt er die Tatsache an, daß überall dort, wo große politische und individuelle Freiheiten gewährt werden, es ein ausgedehntes Vereinsleben, religiöse Gemeinschaften usw. zu beobachten gibt. Durch diese »sekundäre Vergemeinschaftung« (Lau 1988), wie wir heute sagen würden, ist zugleich auch ein Gegengewicht für die »Vereinsamung der Persönlichkeit, die aus dem Bruch mit der engen Umschränktheit früherer Zustände hervorgeht« (Simmel 1989a: 245), geschaffen.

Mit anderen Worten: Für Simmel ergibt sich aus der zunehmenden Individualisierung nicht die Gefahr der Anomie oder der Desintegration wie für Durkheim. Weder steht am Ende dieser Entwicklung der völlig vereinzelte einzelne, noch löst sich die Gesellschaft in Wohlgefallen auf. Simmel sieht durch die Entwicklung der modernen Gesellschaft, ihrer Differenzierungs- und Individualisierungsprozesse weder die Gesellschaft noch das Individuum ernsthaft bedroht. Durch die Wiedervereinigung der zersprengten einzelnen zu nun selbstgewählten Sozialformen scheinen beide Gefahren vielmehr hinreichend gebannt. Damit legt Simmel den Grundstein für eine sich in Elias und Beck fortsetzende Theorie der Individualisierung, wie in den nächsten Kapiteln noch deutlich werden soll. Allerdings erwähnt Simmel – wenn auch eher beiläufig – eine Voraussetzung für den Erhalt und Zusammenhalt der selbstgewählten Bindungen: »Infolgedessen genügt statt äußerer Zwangsmittel schon das Gefühl der Ehre, um ihn an diejenigen Normen zu fesseln, deren es zum Bestande der Gruppe bedarf« (Simmel 1992: 487). Nur nebenbei streift er damit das, wie wir gesehen haben, bei Durkheim und Parsons zentrale Thema der sozialen Ordnung bzw. Integration.

Aus seiner Diagnose, daß der einzelne aus althergebrachten und alternativlosen Sozialbeziehungen befreit wird, um in neue, selbstgewählte Bindungen einzutreten, zieht Simmel den wichtigen Schluß, daß durch Differenzierungs- und Individualisierungsprozesse die Ideale des Kollektivismus wie des Individualismus *gleichzeitig* befördert werden (vgl. Simmel 1989a: 244). Doch damit hat er keineswegs eine so reibungslose und harmonische Entwicklung vor Augen, wie es zunächst den Anschein haben könnte. Anders als sein Zeitgenosse Durkheim geht Simmel mit seinen Überlegungen hinsichtlich der Kreuzung der sozialen Kreise bzw. seiner Differenzierungstheorie nicht von einem gegenseitigen Steigerungsprozeß aus, der beiden Seiten, Individuum und Gesellschaft, zu immer differenzierteren Formen verhilft. Ganz im Gegenteil nimmt Simmel an: »Die Differenzierung der socialen Gruppe steht nämlich offenbar zu der des Individuums in direktem Gegensatz.« (Ebd.: 283) Aus dem gleichlautenden Entwicklungsgesetz von Individuum und Gesellschaft ergibt sich also ein folgenschwerer Konflikt. Die Differenzierung der sozialen Gruppe verlangt von jedem einzelnen, daß er sich so einseitig wie möglich entwickelt, seine Fähigkeiten ganz auf die Erfüllung nur einer Aufgabe hin bündelt und alle sonstigen Antriebe in sich ruhen läßt. Das politische und wirtschaftliche Leben etwa verlangt eine derartige Vereinseitigung eines jeden, indem es ihn zur Spezialisierung in seinem Beruf und zur Festlegung auf einen politischen Standpunkt zwingt. Doch dieser Tendenz steht die Differenzierung des Individuums selbst gegenüber, die an der Vermeidung solcher Einseitigkeiten interessiert ist: »Gerade indem der Einzelne das Schicksal der Gattung in sich wiederholt, setzt er sich in Gegensatz zu diesem selbst.« (Ebd.: 284)[11] Damit bahnt sich ein scheinbar unlösbarer Konflikt zwischen Individuum und Gesellschaft an. Denn wer soll der sich unaufhaltsam fortschreitenden Differenzierung in beiden Bereichen Einhalt gebieten? Oder können beide Bereiche vielleicht doch so aufeinander abgestimmt werden, daß sie sich gegenseitig befördern, statt sich zu behindern?

Simmels Antwort auf diese Fragen lautet, daß in jeder der beiden Differenzierungstendenzen eine Art Stoppregel eingebaut ist, die eine endlose Weiterdifferenzierung unterbindet. Und zwar ist die Grenze des jeweiligen Differenzierungstriebes sowohl für den »Einzel«- als auch für den »Kollektivorganismus« dort erreicht, wo er den Geltungsbereich des entgegengesetzten Triebes, also den der Vereinigung, berührt. Das heißt im Klartext: Für die Gruppe kann es einen Grad an Individualisierung ihrer Mitglieder geben, »bei dem entweder die Leistungsfähigkeit dieser auch für ihren Specialberuf aufhört, oder bei dem die Gruppe auseinanderfällt, weil jene keine Beziehung mehr zueinander finden« (Simmel 1989a: 284). Das Individuum demgegenüber wird »für sich selbst darauf verzichten, die Mannichfaltig

11 Simmel geht von der Übereinstimmung »phylogenetischer wie ontogenetischer Entwicklung« aus (Simmel 1992: 456) und nimmt auch damit eine zentrale Kategorie der Eliasschen Soziologie vorweg, wie sich später noch zeigen wird.

keit seiner Triebe bis in die äußerste Möglichkeit hin auszuleben, weil diese die unerträglichste Zersplitterung bedeuten würde« (ebd.: 285). Letztlich also wird einer völlig ausufernden Differenzierungstendenz durch eine Art Selbsterhaltungsdrang des Individuums Einhalt geboten. Wo jedoch im einzelnen diese Grenze liegt, jenseits deren der Differenzierungsprozeß nur noch destruktive Folgen nach sich zieht, ist äußerst schwer zu bestimmen. Ein wenig vage schließt Simmel deshalb diese – m. E. auch für die gegenwärtige Differenzierungstheorie höchst aktuelle – Überlegung mit der Forderung ab: »Es ist jedenfalls die Aufgabe der Kultur, jene Grenze immer zu erweitern und die socialen wie die individuellen Aufgaben immer mehr so zu gestalten, daß der gleiche Grad von Differenzierung für beide erforderlich ist.« (Simmel 1989a: 285) Anzustreben ist für Simmel also ein Zustand, in dem sich beide Seiten in einer Weise weiter differenzieren können, die nicht notwendig zu Lasten des jeweils anderen Bereichs geht.[12] Ohne je genauere Angaben über den möglichen Abschluß dieses Prozesses zu machen, sieht Simmel im permanent weitergärenden Konflikt beider Bereiche die Lösung dieser Aufgabe. Die Entfaltung und Differenzierung von Individuum und Gesellschaft bleibt gewissermaßen eine dauernde, niemals endgültig zu lösende Aufgabe. Mehr noch gilt es gerade den Zustand zu vermeiden, in dem einer der beiden Bereiche es vollständig geschafft hat, da dies nach Simmel in letzter Konsequenz zur völligen Auslöschung des anderen Bereichs führen müßte.[13]

12 An dieser Stelle ergibt sich eine zentrale Differenz zur Differenzierungstheorie Durkheims. Während Durkheim sein theoretisches Programm mit der gegenseitigen Steigerung von Individuum und Gesellschaft beginnt, im Laufe seiner Arbeiten jedoch nach und nach der Enttäuschung über das Ausbleiben dieses ursprünglichen Ziels Ausdruck verleihen muß, startet und beschließt Simmel sein soziologisches Programm mit der ständig wiederkehrenden Forderung, die Bedingungen bereitzustellen bzw. für ein Klima zu sorgen, in dem sich beide Bereiche entfalten können.

13 Während sich bei Simmel somit die Dynamik gesellschaftlicher Entwicklung letztlich aus dem Widerspruch ergibt, der immer neu zwischen den Ansprüchen des Individuums und den Ansprüchen der Gesellschaft aufbricht, kommt es bei Parsons nur durch die immer wieder neu herzustellende Übereinstimmung von Individuum und Gesellschaft zur Veränderung und Verbesserung der Gesellschaft, die durch die Übereinstimmung mit den Werten abgeleitet wird, ohne die Notwendigkeit des Widerspruchs zu sehen, der nicht immer neu die Werte bestätigt, sondern diese massiv verändert (vgl. Kap. II).

Nicht zuletzt vor dem Hintergrund seiner späteren kultur-theoretischen Schriften ist es höchst bedeutsam, daß er der Kultur die Aufgabe zuweist, für ein Klima zu sorgen, das sowohl dem Individuum als auch der Gesellschaft zu gleichen Anteilen die Chance zur Differenzierung einräumt. Doch auch hier zeigt er sich bereits skeptisch hinsichtlich der Erfolgsaussichten dieser Aufgabe. Denn statt beide Tendenzen zu einem Ausgleich zu führen, scheint es eher zu einer immer weiteren Potenzierung der Ansprüche zu kommen, die eine gleichgewichtige Differen-zierung verunmöglicht. Wo sich die Gesellschaft aus verschie-denartigen Teilen zusammensetzt, will auch der einzelne seine verschiedenen Anlagen entfalten und pflegen können, während die differenzierte Gesellschaft, die dem Individuum diesen Wunsch nach Differenzierung erst eingepflanzt hat, diesem Wunsch widersprechen muß, um ihre Differenzierung nicht zu gefährden. So ergibt sich ein schier unauflösbares Dilemma: »In je umfassenderer Weise die verschiedenen Bestandteile der Ge-sellschaft sich kreuzen, desto verschiedenere Dispositionen trägt jeder Nachkömmling von ihr zu Lehen, desto vollkommner er-scheint er der Anlage nach als ihr Mikrokosmos, desto unmögli-cher aber ist es ihm zugleich, jede Anlage zu der Entfaltung zu bringen, auf die sie hindrängt. Denn erst bei starkem Anwachsen des socialen Makrokosmos findet jene Mischung seiner Elemente statt, und gerade dieses Anwachsen zwingt ihn, immer größere Specialisierung seiner Mitglieder zu verlangen.« (Simmel 1989a: 286)

Es ist dieser Konflikt, der am Anfang der Arbeiten Simmels steht und ihn bis in seine späten Schriften begleitet. Dabei nähert er sich dem Problem aus immer neuen Blickwinkeln und über-setzt den Dualismus – hier: Differenzierung versus Entdifferen-zierung, Individualisierung versus Kollektivierung – in ähnlich gebaute Begriffspaare.

Wichtig aber ist es festzuhalten, daß er in dieser frühen Diffe-renzierungsschrift das Individuum primär als Mitglied verschie-dener, sich überschneidender sozialer Kreise konzipiert, aus de-ren speziellen Mischung sich seine Individualität ergibt. Die be-reits anklingende Vorstellung, daß sich das Individuum nicht mit dieser Rolle begnügt, sondern mehr sein will als ein Rollenträger im Schnittpunkt sozialer Kreise, verstärkt sich in Simmels nach-folgenden Schriften.

Das Geld, die Großstadt und das Individuum: Simmels Zeitdiagnose

Ähnlich wie in allen bisher vorgestellten Theorien der Moderne steht auch bei Simmel die Differenz zwischen früheren und späteren Gesellschaftsformen, zwischen primitiven und fortgeschrittenen Gesellschaften im Mittelpunkt seines theoretischen Interesses, wenngleich er keine ähnlich eingängige Formel wie Tönnies' »Gemeinschaft und Gesellschaft« oder Durkheims »mechanische und organische Solidarität« für diesen Gegensatz kreiert hat. Simmel spricht zumeist – in eher historischen als genuin soziologischen Kategorien – vom Unterschied der neueren Zeit gegenüber dem Mittelalter und/oder der Antike. Dabei gilt ihm die Herauslösung des einzelnen aus den genau und bindend festgelegten Sozialverbänden des Mittelalters – der Gemeinde, den Zünften und Korporationen – als das hervorstechendste Merkmal beim Übergang in die moderne Zeit. Das Individuum erlangte eine gegenüber dem kleinstädtisch geprägten Mittelalter eine geradezu unerhörte Beweglichkeit und Unabhängigkeit.

Doch diese Freisetzung des Individuums – die er auch schon in seiner gerade behandelten Differenzierungsschrift ausführlich behandelt – ist für ihn nicht die einzige Befreiung, die die neuere Zeit eingeleitet hat. Sie hat ebenfalls für die Verselbständigung der »sachlichen Lebensinhalte« gesorgt: Technik, Betriebe, Organisationen und Berufe leben mehr und mehr nach eigenen Gesetzen und entledigen sich der »Färbung durch Einzelpersönlichkeiten« (Simmel 1983a: 78). Damit löst die neuere Zeit die Verbindung von Person und Sache auf, die im Mittelalter noch eine Einheit bildeten. War die Persönlichkeit dort »eingeschmolzen in sachliche oder soziale Interessenkreise« (ebd.), trennt die Neuzeit Mensch und Ding, Besitzer und Besitz voneinander, wie sie Subjekt und Objekt generell gegenüberstellt.

Einen vorläufigen Höhepunkt erlangt diese allgemeine Entwicklungsrichtung der Neuzeit durch die Etablierung der Geldwirtschaft: »Sie schiebt zwischen die Person und die bestimmt qualifizierte Sache in jedem Augenblick die völlig objektive, an sich qualitätslose Instanz des Geldes und des Geldwertes. Sie stiftet eine Entfernung zwischen Person und Besitz, indem sie das Verhältnis zwischen beiden zu einem Vermittelten macht.«

(Ebd.: 79) Doch gerade durch diese Eigenschaft des Geldes, durch seine »Unpersönlichkeit«, »Farblosigkeit«, ja »Charakterlosigkeit« (ebd.: 80) trägt es dazu bei, zwischen einander völlig fremden Menschen Beziehungen zu stiften. Beziehungen freilich, die sich allein auf diese wirtschaftliche Aktivität, eine rein monetäre Transaktion etwa, beziehen, ohne zu verlangen, daß sich das Individuum dabei als ganze Person engagiert. Erst das Geld macht gemeinsame Aktionen zwischen Menschen möglich, die »ihre Getrenntheit und Reserviertheit in allen sonstigen Punkten scharf betonen« (ebd.).

Die Umstellung der Wirtschaft von dem Natural- auf den Geldverkehr führt also dazu, daß sich die Persönlichkeit in einzelne Teile zerlegen kann, so daß sich Assoziationen zwischen Menschen ergeben können, die sich nur mit bestimmten Ausschnitten ihres Selbst in diese Verbindungen hineinbegeben, ohne daß die anderen Teile ihres Ich davon in irgendeiner Weise tangiert würden[14]: »Das Geld hat die vorhin betonte Scheidung zwischen dem Menschen als Persönlichkeit und als Träger einer bestimmten Einzelleistung oder -bedeutung auf den Gipfel gehoben« (Simmel 1992: 273; vgl. 1989b: 465) – auf einen Gipfel, den das Mittelalter noch nicht einmal in Umrissen am Horizont sich abzeichnen sah.

Entgegen einer Perspektive, die beklagt, daß die Gesellschaft den einzelnen nur noch partiell einbindet – und damit teilweise auch ausschließt –, ist es für Simmel eine Errungenschaft der modernen Geldwirtschaft, daß sich der einzelne an verschiedenen Gruppen beteiligen kann, »ohne daß für die Persönlichkeit im übrigen die Verbindung irgend eine Bindung mit sich brächte« (Simmel 1989b: 465). Die persönliche Freiheit wird durch die Assoziation mit anderen nicht angetastet, da sie nur noch an einem Teil seiner Persönlichkeit interessiert ist. In der mittelalterlichen Gesellschaft dagegen ging der einzelne komplett, als ganze Person in den Assoziationen auf; er mußte sich gleichsam

---

14 Das hat nach Simmel (1989a: 155) unmittelbare Wirkungen auf die Schuldfähigkeit des Individuums: »Je feiner die Persönlichkeit ist, je gesonderter und selbständiger ihre verschiedenen Triebe, Fähigkeiten und Interessen nebeneinander stehen, desto eher kann die Schuld thatsächlich auf einem Teil ihrer haften, ohne ihrer Gesamtheit zurechenbar zu sein; dies ist z. B. auf dem sexuellen Gebiet recht klar, das oft eine ziemlich hochgradige Unsittlichkeit bei völliger Tadellosigkeit des anderweitigen Verhaltens aufweist.«

mit Haut und Haaren, nach dem Prinzip des »Ganz oder Gar-
nicht« (ebd.) einfügen und unterordnen. Eine solche Gesellschaftsform, die »den ganzen Menschen« (ebd.: 464) in sich ein-
schloß, duldete nach Simmel gerade nicht die »Zerlegbarkeit«
der Persönlichkeit, die bloß »Partikelchen« ihres Selbst an die
Assoziation abgibt, um ansonsten unabhängig von dieser zu existieren. So verleiht das Geld »dem Individuum eine neue Selbständigkeit dem unmittelbaren Gruppeninteresse gegenüber«
(ebd.: 463).[15]

Die Einführung der Geldwirtschaft bringt damit auch ein ganz
neues Arrangement zwischen Freiheit und Bindung hervor. Der

15 Simmel spricht an anderer Stelle von der »Fähigkeit des Menschen, sich
   selbst in Parteien zu zerlegen und irgendeinen Teil seiner selbst als sein
   eigentliches Selbst zu empfinden« (Simmel 1984b: 69). Bei Mead (1991: 184)
   findet sich gleichsam die Übersetzung dieses Gedankens in ein Identitäts-
   konzept: »Wir haben viele verschiedene Beziehungen zu verschiedenen
   Menschen. Für den einen Menschen bedeuten wir dieses, für den anderen
   jenes. Es gibt Teile der Identität, die nur im Verhältnis der Identität zu ihr
   selbst existieren. Wir spalten uns in die verschiedensten Identitäten auf, wenn
   wir zu unseren Bekannten sprechen. Mit dem einen diskutieren wir Politik,
   mit einem anderen Religion. Es gibt die verschiedensten Identitäten, die den
   verschiedensten gesellschaftlichen Reaktionen entsprechen.« Mead entwik-
   kelt hier die Vorstellung einer »funktionalen Differenzierung« (ebd.: 375)
   im Interaktionsbereich, die dem einzelnen die Entwicklung zu einer »funktional differenzierten Persönlichkeit« (ebd.: 374) ermöglicht, die er näher
   wie folgt charakterisiert: »Der Begriff ›Persönlichkeit‹ schließt ein, daß der
   Einzelne bestimmte, allen gemeinsame Rechte und Werte hat, die er in sich
   und durch sich entwickelt; über diese gesellschaftliche Ausstattung des Einzelnen hinaus gibt es aber noch das, was ihn von jedem anderen Menschen
   unterscheidet, ihn zu dem macht, was er ist. Das ist der wertvollste Teil des
   Individuums.« (Ebd.: 373) Mead teilt also die Vorstellung Simmels von einer
   einerseits quantitativen Individualität, die der einzelne mit allen gemeinsam
   hat, und einer andererseits qualitativen Individualität, die ihn von jedem
   anderen unterscheidet. Martin Kohli (1988) hat in unseren Tagen diese Unterscheidung in die Form »Allgemeinheitsindividualität« und »Besonderheitsindividualität« gegossen. Auch Odo Marquards (1979: 362) Unterscheidung von »Allgemeinheitsidentität und Besonderheitsidentität« bezieht sich
   auf diesen Sachverhalt. Versteht man Luhmanns Unterscheidung von Inklu-
   sions- und Exklusionsindividualität nicht als zwei evolutionär einander ablösende Individualitätsformen, sondern mit Nassehi (1997a: 134) als – gleichzeitig gegebene – »Zwei-Seiten-Form«, so ergeben sich damit auch in Luhmanns Konzept Anklänge an das Simmelsche Begriffspaar. Ebenso wie
   Simmel benutzt über diese Gemeinsamkeit hinaus auch Mead den Begriff
   der »Wechselwirkung« (Mead 1991: 268, 269), um die Beziehungen der
   Menschen untereinander, die ein »organisiertes Netz gesellschaftlicher Beziehungen« (ebd.: 268) hervorbringen, zu beschreiben.

Mensch in einfachen Gesellschaften war nach Simmel nur von einer kleinen Schar von Menschen abhängig, während sich der moderne Mensch in Abhängigkeit zu einer kaum zu überblickenden Vielzahl anderer Menschen vorfindet. Mitnichten jedoch schränkt diese Zunahme an Abhängigkeiten die Freiheit des einzelnen ein. Denn entscheidender als diese rein quantitative Bestimmung der Abhängigkeit ist die qualitative: Anders als der vormoderne Mensch ist der moderne zwar von vielen anderen abhängig, nicht aber von ganz bestimmten Personen, denen er sich komplett ausliefern muß. Vielmehr unterhält das Individuum in der modernen Gesellschaft zu einer Vielzahl von Personen eine Beziehung, die es nur in ihrer Eigenschaft als Funktionsträger, nicht aber als »Mensch an sich« kennt. Statt diese Entwicklung als Fortschritt zu feiern oder als Rückschritt zu geißeln, verweist Simmel zunächst einmal darauf, daß beide Entwicklungsstufen ihren Preis bzw. ihre Vor- und Nachteile haben: »Während der Mensch der früheren Stufe die geringere Anzahl seiner Abhängigkeiten mit der Enge persönlicher Beziehungen, oft persönlicher Unersetzbarkeit derselben bezahlen mußte, werden wir für die Vielheit unserer Abhängigkeiten durch die Gleichgültigkeit gegen die dahinterstehenden Personen und durch die Freiheiten des Wechsels mit ihnen entschädigt.« (Simmel 1989b: 396)

Mit der auf Arbeitsteilung basierenden Geldwirtschaft wächst also für Simmel keineswegs die Unfreiheit der einzelnen, die sich in ein immer dichter werdendes Netz von Abhängigkeiten verstricken. Vielmehr nimmt die Freiheit der einzelnen zu, da sie sich gegenseitig nur noch als Funktionsträger zu beanspruchen brauchen, ohne sich für die jeweils dahinterstehenden Persönlichkeiten interessieren zu müssen. Simmel betont eindeutig die Entlastung von persönlich gefärbten Abhängigkeitsverhältnissen, wenn er die Auswirkungen der modernen Geldwirtschaft beschreibt. Die wachsende Unpersönlichkeit in der Mehrzahl der vom Individuum eingegangen sozialen Beziehungen bewertet er mitnichten als Kulturverfall, denn damit ist keineswegs das Zeitalter des atomisierten einzelnen eingeläutet. Die Geldwirtschaft führt nach Simmel nicht zur totalen Beziehungslosigkeit zwischen den Menschen, sondern bringt ganz im Gegenteil Beziehungen in großer Zahl hervor: »So ist es schließlich das Geld, das unvergleichlich mehr Verknüpfungen zwischen den Menschen stiftet, als sie je in den von den Assoziations-Romantikern gerühmtesten Zeiten des Feudalverkehrs oder der gewillkürten Einung bestanden.« (Simmel 1983a: 82)

Es sind die Sachlichkeit und Unpersönlichkeit, die den Boden bereiten, auf dem die individuelle Freiheit so richtig erst gedeihen kann. Besonders dort, wo der einzelne hinsichtlich seiner Leistungen jederzeit ersetzt bzw. ausgetauscht werden kann, gelangt das »Gefühl individuellen Fürsichseins« (Simmel 1989b: 397) zur Entfaltung. Die Differenz ist somit die Geburtshelferin der Individualität. Doch um dieser Differenz gewahr zu werden, muß der einzelne Beziehungen zu anderen unterhalten und Bindungen eingehen, denn: »Die individuelle Freiheit ist keine rein innere Beschaffenheit eines isolierten Subjekts, sondern eine Korrelationserscheinung, die ihren Sinn verliert, wenn kein Gegenpart da ist.« (Ebd.) So kann sich da, wo ein gewisses Maß an Unfreiheit insofern besteht, daß »allen einschlägigen Verhältnissen eine durchgehende Form sozial auferlegt ist« (Simmel 1992: 110), individuelle Freiheit paradoxerweise viel besser entfalten als dort, wo »mit scheinbarem Eingehen auf individuelle Lagen und Bedürfnisse die sozialen Festsetzungen sich selbst in allerhand Sonderformen spezialisieren« (ebd.). So bietet etwa die »Einheit der modernen Eheform« weit mehr Möglichkeiten zur individuellen Ausgestaltung der Ehe, als »eine Mehrheit sozial vorgeprägter Formen es tut« (ebd.).

An diesem Beispiel wird noch einmal deutlich, daß sich das Individuelle für Simmel prinzipiell nur in Abgrenzung gegenüber einem Allgemeinen entfalten kann. Es vermag nur in einem Klima zu gedeihen, das es eben nicht auf die Förderung des konkret Individuellen abgesehen hat, sondern auf die Verallgemeinerung und Versachlichung. Mit anderen Worten: Erst in der Opposition zum Kollektiven gewinnt das Individuelle an Gestalt. Damit bringt Simmel bereits eine Einsicht zum Ausdruck, die sich in Adornos Formel: »Dem Individuum kann nicht dadurch geholfen werden, indem man es begießt wie eine Blume« (Adorno 1979: 454) wiederholt.

In der *Philosophie des Geldes* beurteilt Simmel die Chancen für die Entfaltung der Individualität insgesamt als durchaus günstig. Die Geldwirtschaft stellt die notwendigen Bedingungen für die Entfaltung der Individualität bereit: »Indem das Geld ebenso Symbol wie Ursache der Vergleichgültigung und Veräußerlichung alles dessen ist, was sich überhaupt vergleichgültigen und veräußerlichen läßt, wird es doch auch zum Torhüter des Innerlichsten, das sich nun in eigensten Grenzen ausbauen kann.« (Simmel 1989b: 653) Allerdings verweist er auch darauf, daß die Geldwirtschaft nicht Garant dieser Entwicklung sein kann, sondern eben nur günstige Voraussetzung für die »Verfeinerung, Besonderung und Verinnerlichung des Subjekts« (ebd.) schafft. Ob diese auch wirklich in geeigneter Weise genutzt werden, »das hängt nicht mehr vom Gelde, sondern eben vom Menschen ab« (ebd.). Und an dieser Stelle teilt Simmel die auch von Weber geäußerten starken Zweifel an den Fähigkeiten des modernen Individuums, mit dieser Situation umgehen zu können – worauf noch zurückzukommen sein wird.[16] Darüber hinaus muß sich

16 In der »Selbstanzeige« zu seinem Buch *Die Philosophie des Geldes* äußert Simmel die Befürchtung, daß die neugewonnenen Freiheiten nicht recht wahrgenommen werden, daß die »eigentlich« oder theoretisch bestehenden Möglichkeiten für ein individuelles Leben nicht genutzt werden, daß die immer nur als Möglichkeit gegebenen Chancen zur Entfaltung der Individualität ungenutzt brachliegen. Wenn dies so ist, stellt sich die Frage, warum die Individuen die neuen Möglichkeiten nicht aufgreifen. Offensichtlich nimmt Simmel – ähnlich wie Weber und Sartre (vgl. Alexander 1993a), die eine Furcht vor den neuen Freiheiten ausmachen – an, daß die Individuen die sich neu ergebenden Möglichkeiten nicht nutzen, sondern ihnen entfliehen. Dafür spricht m. E. auch Simmels folgende Auffassung: »Der Mensch hat ein inneres Doppelverhältnis zum Prinzip der Unterordnung: er will zwar einerseits beherrscht sein, die Mehrzahl der Menschen *kann* nicht nur nicht ohne Führung nicht existieren, sondern sie fühlen das auch, sie suchen die höhere Gewalt, die ihnen die Selbstverantwortlichkeit abnimmt, und eine einschränkende, regulierende Strenge, die sie nicht nur gegen außen, sondern auch gegen sich selbst schützt. Nicht weniger aber brauchen sie die Opposition gegen diese führende Macht, sie bekommen so erst, gleichsam durch Zug und Gegenzug, die richtige Stelle im inneren Lebenssystem der Gehorchenden. Ja, man möchte fast sagen, daß Gehorsam und Opposition nur die beiden, nach verschiedenen Richtungen orientierten und als selbstständige Triebe erscheinenden Seiten oder Glieder eines in sich ganz einheitlichen Verhaltens des Menschen sind.« (Simmel 1992: 171) Auch im Zwang sieht Simmel nicht von vornherein etwas Negatives (vgl. ebd.: 279). Insofern scheint mir Jungs (1990: 40) Aussage »Simmels Vision schließlich ist die einer Weltgesellschaft, in der freie Individuen, d.h. Individuen, die sich weitgehend vom Zwang der Gesellschaft, in der sie leben, befreit haben, miteinander umgehen«, nur sehr bedingt zu gelten. Denn die Individuen bedürfen bei Simmel geradezu bestimmter Zwangsmittel, um *dagegen* ihre Individualität entfalten zu können. Auch an diesem Problem zeigt sich, daß seine Soziologie ganz und gar auf einem Konflikt- und nicht auf einem Konsens- bzw. Versöhnungsmodell beruht. Zur Entwicklung und Aktualität der Konfliktsoziologie insgesamt vgl. Nollmann (1997).

diese für die Entfaltung des Individuums günstige Lage nicht in einem größeren Glücksgefühl des einzelnen niederschlagen. Simmel weiß darum, daß Freiheiten keineswegs mit einem Wohlbefinden des einzelnen einhergehen müssen (vgl. Simmel 1984a: 200). Ganz im Gegenteil sieht er etwa in der »Härte und Unsicherheit« der Lage des Arbeiters geradezu einen »Beweis für den Befreiungsprozeß«, der den Arbeiter deshalb besonders hart trifft, weil seine Befreiung »mit einer Befreiung des Arbeitgebers, d. h. mit dem Wegfall der Fürsorge, die der Unfreie genoß, bezahlt werden« (Simmel 1989b: 400) muß. Die Folgen der Individualisierung sind aus der Sicht des Individuums also durchaus ambivalent. Simmel betont immer wieder sowohl Chancen als auch Gefahren, die die Etablierung der modernen Geldwirtschaft für das Individuum mit sich bringt. In der Unsicherheit, die sich für das Individuum beim Wegfall traditionaler Sozialbeziehungen, die nicht nur normierendes Korsett, sondern auch sicherheitsspendende Stütze waren, sieht er die unumgängliche Folge, »das unvermeidliche Korrelat der Freiheit« (Simmel 1989b: 456).

Die ambivalenten Folgen ergeben sich nicht zuletzt aus dem Doppelcharakter des Geldes, den Simmel immer wieder hervorhebt. Das Geld hat für Simmel stets *sowohl* zersetzende, isolierende und auflösende *als auch* versöhnende, verbindende und vereinigende Wirkungen (vgl. Simmel 1989b: 468). Beide Wirkungen schlagen sich konkret m. E. auf dreierlei Weise nieder. *Erstens* scheidet das Geld Person und Sache voneinander, wodurch das Individuum in die Lage versetzt wird, unpersönliche Beziehungen zu ansonsten fremd bleibenden Personen aufzunehmen – insofern bringt das trennende das verbindende Element hervor. *Zweitens* sorgt der Geldverkehr für die Überwindung räumlicher Distanzen über (Länder-) Grenzen hinweg und schafft Verbindungen zwischen sich sonst fremd gegenüberstehenden Parteien.[17] *Drittens* fördert das Geld jedoch auch die

17 Dabei lesen sich die Beispiele für das verbindende Element des Geldes – die bisher im Mittelpunkt standen – wie eine Lektion zum Thema »Geschichte der Globalisierung«. Erst durch die »Übersetzung der Werte in die Geldform«, so Simmel, werden »jene Interessenverknüpfungen ermöglicht, die nach dem räumlichen Abstand der Interessenten überhaupt nicht mehr fragen; erst durch sie kann es, um ein Beispiel aus hunderten zu nennen, ein deutscher Kapitalist, aber auch ein deutscher Arbeiter an einem spanischen Ministerwechsel, an dem Ertrage afrikanischer Goldfelder, an dem Ausgange einer südamerikanischen Revolution real beteiligt sein« (Simmel 1989b: 663).

Distanz zwischen räumlich eng verbundenen Menschen, wie Simmel insbesondere in seinem Vortrag *Die Großstädte und das Geistesleben* (Simmel 1984a) betont. So trägt die Geldwirtschaft etwa zur »Lockerung des Familienzusammenhangs« (ebd.) bei, weil nicht mehr dessen Überleben als Kollektiv, sondern seine individuellen Mitglieder mit ihren spezifischen Interessen Ausgangspunkt und Ziel der wirtschaftlichen Aktivitäten sind. Doch weit über den Familienzusammenhang hinaus errichtet das Geld generell eine Barriere zwischen den Personen, »schiebt eine unsichtbare, funktionelle Distanz zwischen die Menschen« (Simmel 1989b: 665).

Trotz dieser Auflösungs- und Trennungsfunktion ist Simmel jedoch weit davon entfernt, das Aufkommen der Geldwirtschaft zu verdammen, seine Auswirkungen zu beklagen und auf eine wie immer geartete Vergangenheit zu rekurrieren, in der das Leben noch nicht durch das Streben nach dem schnöden Mammon gekennzeichnet war. Vielmehr weist er dem distanzierten Umgang der Menschen miteinander eine spezifische *Funktion* für das Leben in der Großstadt zu, in der sich die Geldwirtschaft ausgebreitet hat. Allein die Distanz zwischen den einzelnen Menschen macht das Leben im dicht gedrängten Großstadtdschungel möglich und erträglich. Ohne die in der Stadt vorherrschende Reserviertheit der Menschen untereinander und die Unpersönlichkeit ihrer Beziehungen wären die vielen tausend Begegnungen, die jeder Großstadteinwohner Tag für Tag zu bewältigen hat, gar nicht auszuhalten (vgl. Simmel 1989b: 665). Die dem außenstehenden Betrachter oft kühl und herzlos erscheinende »Gleichgültigkeit gegen den räumlich Nahen« ist in Simmels Augen »einfach eine Schutzvorrichtung, ohne die man in der Großstadt seelisch zerrieben und zersprengt werden würde« (Simmel 1992: 721). Damit erfüllt die Indifferenz gegenüber dem Nächsten in gewisser Weise die oben erwähnte *Stoppfunktion*, die den einzelnen vor einer bis zu seiner Auflösung voranschreitenden Differenzierung bewahrt.

In der Reserviertheit und Gleichgültigkeit sieht Simmel die

Ein weiteres Beispiel gibt er vier Jahre zuvor: Die Instanz des Geldes hat »das frühere enge Zusammengehören des personalen und des lokalen Elements bis zu dem Grade differenziert, daß ich heute in Berlin meine Einkünfte aus amerikanischen Eisenbahnen, norwegischen Hypotheken und afrikanischen Goldminen empfangen kann« (Simmel 1983a: 79).

adäquate Reaktion des großstädtischen Individuums auf die durch das Geld gestifteten zahlreichen Verbindungen, vor deren Überzahl es sich gleichsam zu schützen versucht. Ein Gedanke, der die gleichzeitig trennende *und* zusammenführende Wirkung des Geldes noch einmal schlagend deutlich macht (vgl. Simmel 1989b: 468). Insofern dient die von kulturkritischer Seite bis auf den heutigen Tag so oft und gern beklagte Reserviertheit, Distanz und Gleichgültigkeit der Großstadtbewohner nach Simmel letztlich schlicht der Selbsterhaltung des einzelnen.[18]

18 Während Simmel die auch von Durkheim beschriebene »gegenseitige Gleichgültigkeit« (Durkheim 1988: 361), die das Leben in der Großstadt bestimmt, eher im Sinne einer Befreiung aus der Enge des dörflichen Zusammenlebens und der nachbarschaftlichen Überwachung liest, findet sich etwa bei Friedrich Engels und Ferdinand Tönnies eine kulturpessimistische Klage über die typischen Erscheinungen der Großstadt, die in beiden Fällen mit der modernen Gesellschaft gleichgesetzt wird. So schreibt Engels: »Schon das Straßengewühl hat etwas Widerliches, etwas, wogegen sich die menschliche Natur empört. Diese Hunderttausende von allen Klassen und aus allen Ständen, die sich da aneinander vorbeidrängen, sind sie nicht *alle* Menschen mit denselben Eigenschaften und Fähigkeiten und mit demselben Interesse, glücklich zu werden? [...] Und doch rennen sie aneinander vorüber, als ob sie gar nichts gemein, gar nichts miteinander zu tun hätten [...]; und doch fällt es keinem ein, die anderen auch nur eines Blickes zu würdigen.« Die »brutale« und »barbarische Gleichgültigkeit«, die »gefühllose Isolierung jedes einzelnen auf seine Privatinteressen« und die »borniertе Selbstsucht« sind für Engels die Grundprinzipien der »modernen Gesellschaft« (ebd.: 104), die in den Großstädten, zumal in einer »Weltstadt« (Engels 1974: 92) wie London, nur besonders kraß zum Ausdruck kommen. Er folgert: »Die Auflösung der Menschheit in Monaden, deren jede ein apartes Lebensprinzip und einen aparten Zweck hat, die Welt der Atome ist hier auf ihre höchste Spitze getrieben.« (Ebd.) Walter Benjamin hat diese Beschreibung Engels treffend wie folgt kommentiert: »Für Engels hat die Menge etwas Bestürzendes. Sie löst eine moralische Reaktion bei ihm aus. Eine ästhetische spielt dabei mit; ihn berührt das Tempo, in dem die Passanten aneinander vorüberschießen, nicht angenehm. Es macht den Reiz der Schilderung aus, wie sich der unbestechliche kritische Habitus mit dem altväterlichen Tenor in ihr verschränkt.« (Benjamin 1977: 198) Freilich wird man für Engels ins Feld führen können, daß diesem nicht wie Benjamin das Paris der Passanten und Flaneure vor Augen steht, sondern das soziale Elend der arbeitenden Klasse im London der Jahrhundertmitte. Doch wie dem auch sei: Während Engels später ein eher dialektisches Verhältnis zur Stadt entwickelt, da das Proletariat in der Stadt »in seiner vollsten Klassizität zur Erscheinung« (Engels [7]1972: 273) kommt und die großen Städte zum »der Herd der Arbeiterbewegung« (ebd.: 349) werden, zeichnet Tönnies ein ganz und gar negatives, verfallstheoretisches Bild der Großstadt. Für ihn bündeln sich in der Großstadt bzw. »Weltstadt« (Tönnies 1991: 212) gewissermaßen alle Sünden der Gesellschaft im Gegensatz zur Gemeinschaft. Die Herrschaft der Zwecke und

Nach Simmel bringt die ebenso anregende wie erdrückende Vielfalt an Eindrücken des modernen Großstadtlebens für das Individuum grundsätzlich sowohl ganz neue Möglichkeiten als auch neue Gefahren mit sich. Einerseits bietet das weniger kontrollierte Leben in der Großstadt beste Voraussetzungen für die Entfaltung der Individualität. Andererseits wird es durch die Fülle der Eindrücke immer schwerer, als einzelner aus der Masse herauszuragen. Der Aufwand, der betrieben werden muß, um seine Individualität hinreichend von den anderen zu unterscheiden und den von Sachlichkeit und Nüchternheit geprägten sozialen Beziehungen ein Gegengewicht entgegenzusetzen, nimmt ständig zu. Der einzelne führt einen erbitterten Kampf gegen die Bedeutungslosigkeit, in die er angesichts des pulsierenden und vielgestaltigen Lebens der Großstadt versinken könnte. Der Kampf gilt dem unbedingten Bedürfnis, wahrgenommen statt übersehen zu werden. Es ist ein Kampf um die *Sichtbarkeit*, der gewissermaßen ein Zweifrontenkrieg ist, da sich das Individuum sowohl gegenüber der – wenn man so will – »Sachwelt«, einer von Technik beherrschten Umwelt, als auch gegenüber seiner »Mitwelt« der vielen anderen Bewohner der Stadt abzugrenzen hat, um die Außengrenzen seines Ich zu verteidigen. Die ungewöhnlichen Erscheinungen und bisweilen bizarren Extravaganzen, die man in der Großstadt allenthalben beobachten kann, sind für manch einen das einzig probate Mittel, um wenigstens für einen Moment die Aufmerksamkeit der anderen auf sich zu ziehen. Durch die Kürze und Seltenheit der Begegnungen wird die Tendenz zur besonders pointierten und charakteristischen Darstellung noch immer weiter angestachelt (vgl. Simmel 1984a: 202, 203). Gerade im von der Geldwirtschaft beherrschten Leben der Großstadt droht der von allem Persönlichen und Unvergleichlichen gereinigte Verkehr ein solche Überhand zu erlangen, daß die Persönlichkeit einer steten Gefährdung ausgesetzt ist.

Tauschinteressen, das rechnerische Kalkül und das entfremdete Leben, die Tönnies als spezifische Merkmale der Gesellschaft gelten, zeichnen sich zunächst in der Großstadt ab. Seine Klage gipfelt schließlich in dem Satz: »So ist Großstadt und gesellschaftlicher Zustand überhaupt das Verderben und der Tod des Volkes« (ebd.: 215). Und er fordert angesichts dieser Diagnose: »Der Staat, als die Vernunft der Gesellschaft, müßte sich entschließen, die Gesellschaft zu vernichten, oder doch umgestaltend zu erneuern.« (Ebd.: 214)

Nur indem sie »ein Äußerstes an Eigenart und Besonderung« (ebd.: 203) aufbietet, ist sie für sich selbst und für andere überhaupt noch wahrnehmbar, vermag sie das Persönlichste gegenüber dem »fürchterlichste[n] Nivellierer« (ebd.: 196), dem Geld, zu retten.[19] Doch wie sehr die Persönlichkeit auch einerseits von der Sachlichkeit bedroht sein mag, andererseits sind in Simmels Augen die Großstadt und die in ihr waltende Geldwirtschaft Bedingung der Möglichkeit für die Entfaltung der Persönlichkeit, die in der Enge des Kleinstadtlebens schlicht verdorren müßte, wie ein Vergleich mit der athenischen Gesellschaft zeigt: »Die ungeheure Bewegtheit und Erregtheit, die einzigartige Farbigkeit des athenischen Lebens erklärt sich vielleicht daraus, daß ein Volk von unvergleichlich individuellen Persönlichkeiten gegen den steten inneren und äußeren Druck einer entindividualisierenden Kleinstadt ankämpfte.« (Ebd.: 199) So gesehen also hält der Differenzierungsgrad der Gesellschaft mit dem ihrer Individuen nicht Schritt. Sie hält den einzelnen noch in enger Abhängigkeit und legt seinen Individualisierungsbestrebungen enge Fesseln an. Doch gerade aus dem Widerstand gegen die einengenden Verhältnisse entwickelt sich Simmel zufolge die Idee des »allgemein Menschlichen«, die eine wichtige Vorstufe zu der in der Moderne entwickelten Idee der Besonderheit des Individuums darstellt. Während Simmel die erste Variante als *quantitativen Individualismus* bezeichnet, gibt er der anderen den Namen des *qualitativen Individualismus*. Diese Unterscheidung ist für Simmels Individualitätsverständnis und das Thema dieses Buches so zentral, daß ich sie im nächsten Kapitel ausführlich vorstellen möchte.

Zuvor jedoch gilt es festzuhalten, was an diesem Zitat außerdem deutlich wird: Das Geld und die Großstadt sind zwar äußerst zweckdienlich für die Entfaltung der Persönlichkeit, bringen aber keineswegs die Persönlichkeit erst hervor. Anders als etwa Durkheim betont Simmel nicht die Erfindung des Individuums in einem bestimmtem Kontext; vielmehr geht er offenbar von einem ahistorischen Modell der Individualität aus. Unterschiedliche gesellschaftliche Formationen befragt er danach, wel-

19 Und dieser Kampf ist noch keineswegs zu Ende, sondern gewinnt angesichts der Globalisierung an erneuter Brisanz und Aktualität, wie die gegenwärtige Lebensstildebatte zeigt. Vgl. dazu Funke/Schroer (1998a, b).

che Chancen sie dem einzelnen zur Entfaltung seiner Persönlichkeit einräumen, die das im Menschen fest verankerte Verhältnis von Individualität und Sozialität lediglich zu immer neuen Anteilen mischen. Anders als Durkheim scheint Simmel auch eher anzunehmen, daß in bestimmten Zeiten die Gesellschaft noch nicht so weit war, die Individualität ihrer Mitglieder zu befördern oder ihr zumindest freien Lauf zu lassen, statt davon auszugehen, daß es der Individualität noch nicht bedurfte. Eher als Durkheim stimmt Simmel insofern mit Spencer darin überein, daß das Individuum zu bestimmten Zeiten unterdrückt, künstlich niedergehalten und nicht etwa noch gar nicht erfunden war. Auch das folgende Zitat bestätigt meiner Ansicht nach diese Annahme: »Wegen dieses Auseinandertreibens von Sache und Person sind auch Zeitalter der ausgebildetsten und ganz objektiv gewordenen Technik zugleich solche der individualisiertesten und subjektivsten Persönlichkeiten: der Beginn der römischen Kaiserzeit und die letzten 100-150 Jahre sind beides Zeiten intensivster Geldwirtschaft.« (Simmel 1989b: 450) Das für die Entfaltung der Individualität günstige Klima ist also kein Novum der Moderne, sondern eine sich wiederholende Konstellation innerhalb einer Geschichte, die sich Simmel im Sinne von Zyklen starker Unterdrückung und späterer Entfaltung des Individuums vorstellt, wobei ersteres geradezu die Voraussetzung für letzteres ist: »Die Entwicklung der Menschheit gelangt immer wieder zu Stadien, wo die Unterdrückung der Individualität der unausbleibliche Durchgangspunkt für ihre spätere freie Entfaltung, wo die bloße Äußerlichkeit der Lebensbestimmungen die Schule der Innerlichkeit wird, wo die vergewaltigende Formung eine Aufsammlung der Kräfte bewirkt, die später alle persönliche Eigenart tragen.« (Simmel 1989b: 506)

An Simmels Großstadtanalyse wird darüber hinaus ersichtlich, daß die moderne Gesellschaft in der Organisation sozialer Beziehungen von Persönlichkeit auf Unpersönlichkeit, von absoluter Vertrautheit auf Fremdheit umstellt. Das Leben in der modernen Großstadt bringt Fremdheit massenhaft hervor. Simmels bleibendes Verdienst ist es, Anonymität, Unpersönlichkeit und Entfremdung nicht kulturpessimistisch zu beklagen wie so viele vor, während und nach ihm, sondern als Bedingung der Möglichkeit für ein Leben in individueller Freiheit zu bestimmen. Denn erst jetzt kann das Individuum an einige selbstgewählte Kreise seine

Individualität verlieren, ganz und gar persönlich gefärbte Beziehungen aufnehmen, während es die Großzahl der täglichen Begegnungen in einer Sphäre folgenloser Oberflächenkontakte belassen kann. Mit anderen Worten: Die gegenseitige Fremdheit gilt ihm als durchaus positive Errungenschaft der Moderne, während die Aufhebung der Fremdheit im Sinne einer Ent-Fremdung nur wieder in jene mittelalterlichen Zustände zurückführen würde, in denen sich ein Individuum mit allen Fasern seines Ich einer Lebensgemeinschaft zu unterwerfen hatte (vgl. Hahn 1994; Nassehi 1995b; Schroer 1997a).

Zwei Formen des Individualismus, der Lebensstil und die Mode: Simmels Therapien

Simmel unterscheidet spätestens seit der *Philosophie des Geldes* explizit zwischen einem quantitativen und einem qualitativen Individualismus (Simmel 1989b: 493). In *Die beiden Formen des Individualismus* (Simmel 1901/1902) analysiert er im einzelnen Entstehung und Folgen sowie Stärken und Schwächen der beiden Individualismusbegriffe, die er auch in nachfolgenden Texten immer wieder aufnimmt (vgl. Simmel 1918: 201 ff.; 1921: 142 f.; 1992: 811 f.).

Der Individualismus des 18. Jahrhunderts war nach Simmel allein darauf konzentriert, die Individuen aus ihren politisch, religiös und ökonomisch bedingten, unerträglich gewordenen Fesseln zu befreien. Dann, so die verbreitete Hoffnung, würde die unter den Ständeklauseln und Klassenschranken leidende Persönlichkeit im vollen Glanz wiederauferstehen und zum Aufbau einer vernünftigen Gesellschaftsordnung beitragen. Getragen wird diese Vorstellung vom Rationalismus des 18. Jahrhunderts, der lediglich das Allgemeine, nicht aber das Besondere in den Blick nahm. Stets ist die Rede von »dem« Menschen, »dem« Volk, »der« Freiheit und »dem« Tyrannen. Wäre »der« Mensch von »dem« Tyrannen befreit, so hätte »der« Mensch »die« Freiheit errungen, die es ihm möglich macht »der« Gleichheit unter ihnen gewahr zu werden, die sich gerade daraus ableitet, daß sie alle Menschen sind. Das Individuum, so könnte man sagen, das ist nach Kant die Menschheit in einem konkreten Fall. Zwar löst dieser Individualismus das Individuum aus den mittelalterlichen

Ketten und begreift es als auf sich allein gestellt und für sich selbst verantwortlich und nicht als bloßes Anhängsel eines Kollektivs. Insofern bedeutet »die Allgemeinheit nicht soziale Verschmelzung, sondern inhaltliche oder Rechts- oder Wertgleichheit isolierter Individuen« (Simmel 1901/1902: 399). Aber es ist immer bloß ein – zudem auswechselbarer – Stellvertreter eines Allgemeinen, das über ihn hinausweist. Das Konkrete des einzelnen fällt dabei gewissermaßen durch die grob geknüpften Maschen des Allgemeinen hindurch. Die Ideen Fichtes und Kants sind für Simmel der philosophische, die Konkurrenzwirtschaft der ökonomische, der Liberalismus der politische Ausdruck der Vorstellung, daß jeder Mensch zwar ein von allen Bindungen losgelöstes Ich darstellt, »dieses Ich aber als das allgemein menschliche, in allen gleiche und gleich wertvolle bedeutet« (ebd.).

Das Ideal des 18. Jahrhunderts – Freiheit und Gleichheit – spaltet sich nach Simmel im 19. Jahrhundert in die Idee der »Freiheit ohne Gleichheit« und die der »Gleichheit ohne Freiheit« (1984b: 85) auf oder, wie er auch sagt, in die Idee der »Individualität ohne Gleichheit« und die der »Gleichheit ohne Individualität« (1901/02: 400). Die letztere Idee sieht Simmel im Sozialismus verkörpert, die erstere gilt ihm als die typisch moderne Variante, deren Entwicklung sich von Goethe über Schleiermacher bis Nietzsche nachvollziehen läßt. Der Individualisierungsprozeß bringt also einen weiteren Individualismus hervor: »Nachdem die prinzipielle Lösung des Individuums von den verrosteten Ketten der Zunft, des Geburtsstandes, der Kirche vollbracht war, geht sie nun dahin weiter, daß die so verselbständigten Individuen sich auch *voneinander* unterscheiden wollen; nicht mehr darauf, daß man überhaupt ein freier Einzelner ist, sondern daß man dieser Bestimmte und Unverwechselbare ist, kommt es an. Die Idealbildung des 18. Jahrhunderts forderte isolierte und im Wesen gleichartige Individuen, die zusammengehalten waren durch ein rational-allgemeines Gesetz und durch die natürliche Harmonie der Interessen. Die für das 19. Jahrhundert charakteristische rechnete mit lauter arbeitsteilig differenzierten, zusammengehalten durch Organisationen, die gerade auf der Arbeitsteilung und dem Ineinandergreifen des Differenzierten beruhten.« (Simmel 1901/1902: 400)

Der Individualismus des 18. Jahrhunderts hat nach Simmel in

gewisser Weise nicht damit gerechnet, daß die Individuen ihre neuerrungene Freiheit nicht dazu benutzen würden, ihre Gleichheit untereinander zu betonen, sondern ihre Unterschiedenheit hervorzukehren.[20] Die Freiheit allein führt eben nicht zu Gleichheit unter den Menschen, sondern zur Ungleichheit. Zwar hat die Französische Revolution die Beseitigung der »klassenmäßigen Ungleichheiten« besorgt, nicht aber die gleichsam darunter liegenden, viel tiefer gehenden »persönlichen Ungleichheiten« (Simmel 1901/1902: 397) abgeschafft, die sich vielmehr aufgrund der individuellen Freiheit erst so richtig hat entfalten können. Auch für Simmel ist »der Unterschied gegen die Anderen von weit größerem Interesse, als die Gleichheit mit ihnen. Die Differenzierung gegen andere Wesen ist es, was unsere Thätigkeit großenteils herausfordert und bestimmt; auf die Beobachtung der Verschiedenheiten sind wir angewiesen, wenn wir sie benutzen und die richtige Stellung unter ihnen einnehmen wollen« (Simmel 1989a: 200). Ja, »es ist, als ob jeder seine Bedeutung so sehr nur im Gegensatz gegen andere fühlte, daß dieser Gegensatz künstlich geschaffen wird, wo er von vornherein nicht da ist« (ebd.: 201).[21] Das kann sogar so weit gehen, daß »über der Differenzierung die Hauptsache, über dem Trennenden das Zusammenschließende vergessen werden« (ebd.), wie Simmel am Beispiel der Streitigkeiten zwischen Lutheranern und Reformisten vorführt.[22]

20 Nicht von ungefähr ist der Freiheit und der Gleichheit das Ideal der Brüderlichkeit an die Seite gestellt, so Simmel: »Denn nur durch ausdrücklichen Altruismus, durch sittlichen Verzicht auf das Geltendmachen natürlicher Vorzüge wäre die Gleichheit wieder herzustellen, nachdem die Freiheit sie aufgehoben hat.« (Simmel 1901/1902: 397)

21 Diese Einsicht teilt Simmel mit Adam Ferguson, der bereits 1767 notiert: »Wir wenden uns von denen ab, die uns nicht gefallen, wir nehmen unsere Zuflucht zu einer Gesellschaft, die mehr nach unserem Sinne ist. Wir lieben Unterscheidungen. Wir stellen uns in Gegensatz zu anderen und streiten als Partei und Gegenpartei, ohne daß es einen handfesten Anlaß zur Auseinandersetzung gäbe.« (Ferguson 1986: 123 f.) Auch Freuds »›Narzißmus der kleinen Differenzen‹« (Freud 1986: 243) klingt hier bereits an. Zur Erläuterung vermerkt Freud, »daß gerade benachbarte und einander auch sonst nahestehende Gemeinschaften sich gegenseitig befehden und verspotten, so Spanier und Portugiesen, Nord- und Süddeutsche, Engländer und Schotten usw.« Auch darin erkennt man deutlich eine schon von Simmel (vgl. 1992: 312 f.) formulierte Erkenntnis.

22 Ähnlich wie Durkheim registriert Simmel das Ungenügen einer nur auf Befreiung der Individuen aus den traditionellen Ketten angelegten Bewegung.

Oft werden diese beiden von Simmel unterschiedenen Formen des Individualismus als einander widersprechende Ideale interpretiert und im Sinne einer Verfallsgeschichte gelesen (vgl. Breuer 1992: 56; 1996: 323). Dabei wird Simmels eigentliches Interesse jedoch verfehlt. Er geht nicht von einem Verfallsprozeß aus, der einen zunächst qualitativen Individualismus nach und nach in einen »bloß« quantitativen Individualismus verwandelt. Der quantitative Individualismus gilt ihm keineswegs als schnödes Abfallprodukt eines einstmals stolzen qualitativen Individualismus. Vielmehr strebt er die Verknüpfung beider Individualismusformen an, die er als Aufgabe des 20. Jahrhunderts bestimmt. Austragungsort des Konflikts zwischen beiden Formen ist bei Simmel die Großstadt, die nicht etwa die Chancen des qualitativen Individualismus zum Erliegen bringt, sondern beide Entwicklungsrichtungen unterstützt (Simmel 1984a: 204; 1992: 814). »Es ist die Funktion der Großstädte, den Platz für den Streit und für die Einigungsversuche beider herzugeben« (ebd.).[23]

Durkheim und Simmel notieren ähnliche Ernüchterungen gegenüber dem Individualismus, den das 18. Jahrhundert hervorgebracht hat. Denn dieser Individualismus, der sich die Befreiung des Individuums aus den politischen Fesseln auf die Fahne geschrieben hatte, hat zu der bitteren und ernüchternden Einsicht geführt, »daß man nicht wußte, was man mit dieser so mühsam erworbenen Freiheit anfangen sollte« (Durkheim 1986: 67). Ihre Erfinder haben sie nach Durkheim lediglich dazu benutzt, sich gegenseitig die Köpfe einzuschlagen. Doch während Durkheim dies notiert, um diesem Befund eine alternative Form des Individualismus entgegenzusetzen, die er eindeutig favorisiert, hält Simmel für diese Beobachtung Durkheims auch eine Erklärung parat, gilt für ihn doch grundsätzlich, daß Gleichheit und Ähnlichkeit keineswegs eine pazifizierende Wirkung haben müssen. Im Gegenteil: »Menschen, die viel Gemeinsames haben, tun sich oft schlimmeres, ungerechteres Unrecht, als ganz Fremde.« (Simmel 1992: 312) Das zeigt sich sowohl zwischen einzelnen Nationen, wo es zwischen einander eng verbundenen Nachbarstaaten zu schlimmeren Ausbrüchen des Hasses kommt, als auch zwischen Nationen, »die räumlich wie sachlich einander völlig fremd sind« (ebd.: 311), wie in Familienkonflikten, wo sich die heftigsten Streitereien oft an den geringfügigsten Anlässen entzünden. Die Ursache für diese dem Alltagsverständnis zuwiderlaufende Erkenntnis sieht Simmel darin, daß dort, wo eine tiefe Übereinstimmung vorherrscht bzw. unterstellt wird, »jeder kleinste Antagonismus« (ebd.: 312) eine unverhältnismäßige Bedeutung erlangt, während man in der Beziehung zu Fremden ohnehin mit Differenzen rechnet, insofern auch von ihnen nicht überrascht und erschüttert werden kann.

23 Besonders deutlich wird Simmels Vermittlungsversuch beider Individualismusbegriffe auch an seiner Kritik Max Stirners (vgl. Simmel 1901/1902: 402f.). Ihm wirft er vor, weder die Leistung des Individualismus des 18. Jahr-

Das ist nicht das letzte Mal, daß Simmel die Notwendigkeit der Vereinigung der beiden Ideale einfordert. Doch während seine soziologischen Schriften um einen Ausgleich zwischen beiden Formen des Individualismus bemüht sind, verrät sich in den späten kultur- bzw. kunstphilosophischen Schriften eine eindeutige Vorliebe für den qualitativen Individualismus.

Aufschlußreich ist in diesem Zusammenhang seine Übersetzung in die Dichotomie von *germanischem* und *romanischem* Individualismus (vgl. Simmel 1983c: 267ff.). Auch wenn Simmel beide Unterscheidungen nicht explizit gleichsetzt, sind die Übereinstimmungen – nun primär an Beispielen aus der Kunst erläutert – nicht zu übersehen. Der romanische Individualismus ist für Simmel, obwohl um Besonderung bemüht, letztlich doch immer zugleich auch einem Allgemeinen verpflichtet. An den Produkten der romanischen Kunst will er die Bindung an ein Formgesetz, die Unterwerfung unter einen bestimmten Stil ausgemacht haben, die der germanisch geprägten Kunst fremd sei. Die Figuren etwa in den Romanen Balzacs seien keine einzelnen, ganz auf sich gestellte isolierte Individuen, sondern immer nur Exemplare des Typus Mensch, bloße Vertreter einer über den einzelnen hinausgehenden allgemeinen Gattung.[24] Mit diesem Grad an Allgemeinheit erklärt sich Simmel auch die weitere Verbreitung dieses Ideals, als es der germanischen Form zuteil wurde. Der germanische Geist bzw. Individualismus dagegen ist Simmel zufolge um das wahrhaft Individuelle bemüht, um die Hervorbringung des Unvergleichlichen, des Besonderen, das sich keinerlei allgemeinem Gesetz unterwirft und keinem Stil oder einer vorgegebenen Form fügt. Er ist dem alleinigen Ziel oder Ideal ver-

hunderts noch die des 19. Jahrhunderts gebührend zu würdigen. Denn Stirner löst nach Simmel den Gegensatz zwischen beiden durch die Ablehnung beider auf. Er selbst dagegen will beide miteinander versöhnen: »Die große Aufgabe der Zukunft aber ist eine Lebens- und Gesellschaftsverfassung, die eine positive Synthese der beiden Arten des Individualismus schafft; das unhistorische Ideal des 18. Jahrhunderts mit seinen gleichen und gleichberechtigten, nur durch das allgemeine und bloß rationale Gesetz verbundenen Individuen in eine höhere Einheit mit dem des 19. Jahrhunderts zu fassen, das in der Differenzierung der Einzelnen, in der Eigengesetzlichkeit der Persönlichkeiten und in ihrer Organisierung durch das historische Leben seine geistesgeschichtliche Leistung fand.« (Simmel 1901/1902: 403)

24 Ganz in diesem Sinne interpretiert der Simmel-Schüler Lukács die Romane Balzacs (vgl. Lukács 1985: 329ff.).

pflichtet, »daß der Sinn und Wert der individuellen Existenz schließlich aus ihrer eigenen Wurzel wächst« (Simmel 1983c: 271). Durch Goethe und sein Werk geht diese Unterscheidung gewissermaßen hindurch: Zeigt er sich zunächst ganz und gar der »echt germanische[n] Passion« (ebd.: 272) eines radikalen Individualismus verhaftet, so wird er während seiner Italienreise gewissermaßen vom Virus des romanischen Individualismus befallen: In seinen späteren Werken werden seine Figuren »mehr und mehr zu Typen, nach einem Formgesetz gebildet, das nicht auf ihre Einzigkeit beschränkt ist; jedes Individuum repräsentiert etwas Allgemeines« (ebd.). Simmel sieht Goethe in diesem Zwiespalt zwischen den beiden Formen des Individualismus gefangen. Wie Simmel selbst die beiden Formen gewichtet, wird vollends klar, wenn er es als Schicksal des deutschen Geistes beschreibt, daß ihm die romanische Individualitätsform immer wieder zum »Verhängnis« wird. Da es ohnehin »viel gefährlicher, viel dunkler, viel verantwortlicher [ist], auf germanische Art als auf klassisch-romanische zu leben« (ebd.: 273), widersteht der germanische Geist, der auf das »einsam in sich kreisende Selbstbewußtsein« angewiesen ist, in einer schwachen Stunde den Verlockungen seines Widerparts nicht, der die Entlastung des vereinzelten Lebens durch die Teilhabe an einem Allgemeinen verspricht. Doch wenn sich auch das »deutsche Individuum« scheinbar selbstlos allgemeinen Gesetzen und Formen unterwirft, so bleibt es doch immer – meint Simmel – nur dem eigenen Selbst verpflichtet, während das romanische Individuum gerade in der Einordnung unter ein Allgemeines seine Erfüllung findet (vgl. ebd.: 274). Simmel konnte nicht ahnen, wie gerade dem deutschen Individuum die perfekte Unterordnung unter eine überindividuelle Idee noch gelingen sollte.

Simmels für die Individualisierungsdiskussion gewichtige Unterscheidung von qualitativem und quantitativem Individualismus und seine jeweils zugeordneten Attribute möchte ich im folgenden Schema zusammenfassen (vgl. S. 317):

Jenseits der in seinem Text *Individualismus* erkennbaren Vorliebe für den germanischen Individualismus, insbesondere was seine künstlerischen Produkte angeht, ist es immer wieder die *Synthese* beider, die Simmel als eigentliches Ziel ausmacht. Allein die gelungene Verknüpfung beider Formen findet seine ungeteilte Zustimmung. Wie für die Kultur insgesamt gilt, daß sie »im-

	Quantitativer/romanischer/ soziologischer Individualismus	Qualitativer/ germanischer/ lebensphilosophischer Individualismus
Zeitalter	18. Jahrhundert	19. Jahrhundert
Epoche	Aufklärung	Romantik
Prinzip	Einzelheit	Einzigkeit
Ideal	Freiheit und Gleichheit/Individualismus der Gleichheit	Freiheit ohne Gleichheit/Individualismus der Ungleichheit
Philosophische Vertreter	Kant, Fichte	Herder, Schleiermacher, Nietzsche, Kierkegaard
Künstlerischer Ausdruck	Jünglinge des Parthenonfrieses, Sophoklesstatue, Gestalten von Leonardos Abendmahl und des klass. frz. Dramas, Tizians und Balzacs Figuren	Goethe, Novalis, Ibsen, Lagerlöf, Rembrandt, Beethoven, Stefan George
Inhalt	Gemeinsamkeiten der Individuen (der allgemeine Mensch)/intelligibles Ich	Unterschiede und Eigenarten des einzelnen Individuums/Unverwechselbarkeit/empirisches Individuum
Wirtschaftordnung	freie Konkurrenz/»natürliche Harmonie des Interesses« (1901/1902)	Arbeitsteilung/ »Ineinandergreifen des Differenzierten«

mer Synthese« (Simmel 1968a: 129) ist, so gilt auch für eine kultivierte Persönlichkeit, daß sie die Spannungen in sich zu einer harmonischen Form zu vereinigen hat. Simmels Ideal gilt nicht der Entfaltung einer allein qualitativ ausgerichteten Individualität, sondern vielmehr denjenigen Individuen, die beide Ideale in sich zu vereinigen wissen.[25]

25 Simmel hat keine einlinige Entwicklung vor Augen, die von einem zunächst qualitativ bestimmten Individualismus zu einem quantitativen Individualismus führt, wobei der letztere die negative Folge zunehmender Differenzie-

Beide Formen des Individualismus treffen sich darin, daß sie nicht im gesellschaftsfreien Raum erwachsen können. Bei all »ihrer fundamentalen Gegensätzlichkeit finden sie sich in einem Punkte zusammen: daß eine jede die Möglichkeit ihrer Entwicklung in dem Maße findet, in dem der Kreis um das Individuum ihr durch seine quantitative Erweiterung dazu den Raum, die Anregung und den Stoff gewährt« (Simmel 1992: 814). D. h.: Auch der qualitative Individualismus ist »an eine relativ erhebliche Größe der Gruppe gebunden, in der er entstehen und bestehen kann« (ebd.: 812). Um des Gefühls der qualitativen Besonderheit teilhaftig zu werden, braucht der einzelne die Begegnung mit den anderen, so wie andererseits die schnellebige und vielfältige Begegnung mit den anderen den Willen, sich unterscheiden zu wollen, hervorruft. Insofern bedingen beide Formen einander und bringen sich gegenseitig hervor.[26] Beide Individualismusfor-

rung ist. Vielmehr stehen sich beide Formen des Individualismus gegenüber, die Simmel historisch einerseits aus der Aufklärung und andererseits aus der Romantik ableitet. Und diese beiden Bestrebungen nach Verallgemeinerung auf der einen und nach Besonderung auf der anderen Seite sind im Individuum selbst angelegt, das in sich immer schon das Bedürfnis nach Sozialisierung und Individualisierung in sich trägt. Beispielsweise dient auch seine Monographie über Goethe nicht dem Nachweis, daß dieser noch eine qualitative Individualität hat ausprägen können, die heute nicht mehr möglich ist. Vielmehr dient Goethe als historisches Beispiel für eine gelungene Vermittlung von beiden Formen des Individualismus. Beide Formen des Individualismus bezeichnen je für sich »ein besonderes Ideal« (Simmel 1918: 198), ihre mögliche Synthese gilt Simmel als »die große Aufgabe der Zukunft« (Simmel 1901/1902: 397). Dazu heißt es in Simmels Kant-Vorlesungen dezidiert, daß die Form des Individualismus des 19. Jahrhunderts die Form des Individualismus des 18. Jahrhunderts nicht einfach abgelöst hat, sondern daß nun beide nebeneinander stehen: »Jede von ihnen zeichnet ein besonderes Ideal vor, wie es besonderen Seelen und besonderen Problemen entspricht, und es scheint fast, als sollte das neue Jahrhundert in einer Synthese beider seine tiefste Aufgabe finden – oder in einem Dritten, das den Dualismus jener beiden zur Basis hat.« (Simmel 1918: 211)

26 Die Großstadt ist dabei nach Simmel immer beides: Ursache und Ausdruck des rastlosen Daseins der Menschen (vgl. Simmel 1989b: 675; 1983a: 89): »Ich glaube, daß diese heimliche Unruhe, dies rastlose Drängen unter der Schwelle des Bewußtseins, das den jetzigen Menschen vom Sozialismus zu Nietzsche, von Böcklin zum Impressionismus, von Hegel zu Schopenhauer und wieder zurückjagt – nicht nur der äußeren Hast und Aufgeregtheit des modernen Lebens entstammt, sondern das umgekehrt diese vielfach der Ausdruck, die Erscheinung, die Entlastung jenes innersten Zustands ist.« (Simmel 1989b: 675) Die Entwicklung der modernen Gesellschaft, die sich im Leben der Großstadt besonders signifikant zeigt, ist also nicht allein als

men zusammengenommen kommen dem »Doppelbedürfnis des Geistes, einerseits nach Zusammenfassung, andrerseits nach Unterscheidung« (Simmel 1992: 855) entgegen. Schon deshalb geht es Simmel nicht darum, einen der beiden zu bevorzugen, sondern zu zeigen, wie sich ein ewiger Gegensatz, der letztlich der Psyche des Menschen entspringt, in immer neue kulturhistorische Formen gießt.

Im Lebensstil und in der Mode schießen beide Elemente zu einer spannungsgeladenen Einheit zusammen. Mit Hilfe des Lebensstils schließt man sich mit bestimmten Individuen zu einer Gruppe zusammen, während man sich gegenüber anderen abgrenzt. Die Mode übernimmt in Simmels Augen eine ähnliche Funktion: »Die Mode ist eines jener gesellschaftlichen Gebilde, die den Reiz von Unterschied und Abwechslung mit dem von Gleichheit und Zusammenschluß in einer besonderen Proportion vereinen. Jede Mode ist ihrem Wesen nach Klassenmode, d. h. sie bezeichnet jedesmal eine Gesellschaftsschicht, die sich durch die Gleichheit ihrer Erscheinung ebensowohl nach innen einheitlich zusammenschließt, wie nach außen gegen andere Stände abschließt.« (Simmel 1989b: 640; vgl. auch 1983b: 132) Zwar hat es nach Simmel Moden dort immer schon gegeben, »wo soziale Unterschiede sich einen Ausdruck in der Sichtbarkeit gesucht haben« (ebd.), neu jedoch ist das ungeheure Tempo, mit dem die Moden einander ablösen. Den Grund dafür sieht Simmel in der stärker werdenden Durchlässigkeit der Klassenschranken und in den damit einhergehenden Aufstiegen einzelner Individuen oder gar ganzer Gruppen in eine höhere Gesellschaftsschicht. Da sich eine Mode für Simmel von oben nach unten ausbreitet, sind die oberen Gesellschaftsschichten durch die zunehmende vertikale Mobilität zu immer schnelleren Wechseln in der Mode gezwungen. Sie müssen sich quasi permanent

Ursache für die Unruhe und das unstete Leben der Individuen anzusehen, das von einer Anregung zur nächsten hastet, ständig auf der Suche nach neuen Reizen ist und von einer Mode zur nächsten jagt. Vielmehr gilt auch umgekehrt, daß das wenig gefestigte, von den verschiedenen Bestrebungen seines Ich hin- und hergeworfene Individuum sich im pulsierenden Leben der Großstadt und den schnellebigen Beziehungen niederschlägt. Zwischen den immer neuen Erregungen und Verlockungen gierenden Großstadtbewohnern und den schnell wechselnden Stilen und Moden gibt es also nach Simmel statt einer einfachen Ursache-Wirkung-Erklärung eher eine Art Wahlverwandtschaft, ein sich gegenseitig bedingendes Verhältnis.

etwas Neues einfallen lassen, »denn das Nachdrängen der unteren, das der bestehenden Mode ihren Sinn und Reiz raubt, erfolgt jetzt sehr bald« (Simmel 1989b: 640).[27] Die Verbreitung der Mode in Schichten, die in früheren Jahrhunderten von ihr ausgeschlossen waren, bringt die Erfinder und eigentlichen Träger der Mode quasi um ihren »Distinktionsgewinn«, wie Bourdieu (1982) später formulieren wird. Wenn sich ein bestimmter Kleidungsstil oder bestimmte Umgangsformen vollkommen durchgesetzt haben, also nicht mehr nur von wenigen Gruppen getragen bzw. ausgeübt werden, wird das »Unterschiedsbedürfnis« nicht mehr hinreichend befriedigt, so daß neue Produkte erfunden werden müssen, die die Homogenität unter den Gleichgestellten und die Differenz gegenüber den sozial niedriger Stehenden erneut zum Ausdruck bringen können: »Das Wesen der Mode besteht darin, daß immer nur ein Teil der Gruppe sie übt, die Gesamtheit aber sich auf dem Wege zu ihr befindet. Sie ist nie, sondern wird immer.« (Simmel 1983b: 134) Dabei muß die Mode stets »Anschluß« und »Abschluß«, »Nachahmungsmoment« und »Abscheidungsmoment« in sich vereinigen. Dort, wo nur eines der beiden Prinzipien vorkommt – der Wunsch nach Gleichmäßigkeit ohne das Bedürfnis nach Selbständigkeit, der Wunsch nach Einheitlichkeit ohne den Drang des Sich-Abhebens von der Allgemeinheit –, da gibt es keine Mode (vgl. Simmel 1983b: 132, 133). Die eigentlichen Träger der Mode sieht Simmel dabei im Mittelstand, den wohlhabenden Bürgern der Städte. Dort sind die Variabilität, der Wunsch nach Abwechslung, das schnelle Tempo der Veränderungen zu Hause, die immer wieder neue Moden hervorbringen. Die unteren Schichten dagegen sind zu schwerfällig und unbeweglich, die oberen zu konservativ eingestellt, um Initiatoren der Mode zu sein. Die Mode ist für Simmel eine der vielen Kompromißformeln, die die Geschichte erfunden hat, um jene beiden wirkungsmächtigen Tendenzen der Egalisierung wie der Individualisierung miteinander zu versöhnen (Simmel 1983b: 131).

Allerdings gilt ihm die Mode als »Tummelplatz für Individu-

---

27 An diesen Ausführungen Simmels wird deutlich, wie sehr sich Pierre Bourdieus Studien über die »feinen Unterschiede« (Bourdieu 1982) auch auf die Überlegungen Simmels stützen können, was in der bisherigen Bourdieu-Diskussion noch kaum Beachtung gefunden hat, obwohl sich ein systematischer Vergleich sicher lohnen würde.

en, welche innerlich und inhaltlich unselbständig, anlehnungsbedürftig sind, deren Selbstgefühl aber doch einer gewissen Auszeichnung, Aufmerksamkeit, Besonderung bedarf« (ebd.: 134). Schmuck, Parfüm und Kleidung tragen als typische »Stilisierungserscheinung« zu einer »Auflösung der Persönlichkeit in ein Allgemeines« bei, »das doch die Persönlichkeit ihrem Reize nach zu eindringlicherem, geformterem Ausdruck bringt, als ihre unmittelbare Wirklichkeit es könnte« (Simmel 1992: 736). Mit anderen Worten: mit der Teilhabe an einer Mode weiß sich das Individuum der erdrückenden »Vielheit der Stile« (Simmel 1989b: 641) und der »Qual der Wahl« (Simmel 1983b: 132) zumindest für kurze Zeit enthoben, weil die Mode ein bestimmtes Repertoire verschiedener Accessoires bereitstellt, dessen sich das Individuum nur zu bedienen braucht. Zur Kreation eines ganz und gar eigenen, individuellen Stils gelangt es damit zwar nicht, weil es sich einem Allgemeinen unterstellt, doch dem Bedürfnis nach Absonderung und Unterscheidung trägt es hinreichend Rechnung, da es immer noch genügend Individuen gibt, die bislang nicht an der Mode teilhaben, sondern erst auf dem Weg zu ihr sind.

Wie sehr sich das Individuum auch um Auszeichnung bemühen mag: Die Sachwelt droht – so betont Simmel in seinen späteren Texten immer stärker – derart anzuschwellen, daß sich das Individuum zu immer neuen Anstrengungen aufraffen muß, will es nicht »zu einem Staubkorn gegenüber einer ungeheuren Organisation von Dingen und Mächten« (Simmel 1984a: 203) zerrieben werden. Nur einige wenige – wenn überhaupt – scheinen nach ihm noch dazu in der Lage zu sein, die stetig wachsende objektive Kultur in eine subjektive zu verwandeln, der mehr und mehr dominierenden Sach- und Dingwelt ein individuelles Leben abzutrotzen, statt sich der Schnellebigkeit der Mode auszuliefern und vor der »Qual der Wahl« (Simmel 1983b: 132) in ein vorgegebenes Formgesetz oder einen Lebensstil zu flüchten.

Obwohl Simmel, wie wir gesehen haben, die Arbeitsteilung, die Geldwirtschaft und die Großstadt keineswegs für schädliche Entwicklungen, sondern für Errungenschaften der Moderne hält, nimmt die Sachwelt immer mehr eine solch exponierte Stellung ein, daß das Individuum mehr und mehr darunter zu ersticken droht. Es hält mit dem enormen Fortschritt auf dem Feld von Sprache, Sitte und politischer Verfassung, der Religionslehren, der Literatur und der Technik einfach nicht mehr Schritt. Die einmal vom Subjekt in Gang gesetzten Kulturprodukte verselbständigen sich derart radikal, daß sie vom Individuum gewissermaßen nicht mehr eingeholt werden können (vgl. Simmel 1989b: 621 f.).[28] Die Herrschaft der Sachen droht den einzelnen schließlich zum Sklaven seiner eigenen Produkte zu machen.

Der zunächst zu begrüßende Differenzierungsprozeß führt am Ende ebenso wie der Objektivierungsprozeß in der Kultur dazu, daß die von den Individuen geschaffenen Instanzen eine Eigendynamik und ein Eigenleben in einem Maße entfalten (vgl. Simmel 1968b: 148), das eine gelungene Harmonie zwischen Individuum und Gesellschaft unmöglich zu machen droht, da sich die objektive Kultur *auf Kosten* der subjektiven ausbreitet. Damit wird das von Simmel formulierte Gesellschaftsideal gänzlich unterlaufen. Eine ideale, »vollendete Gesellschaft« wäre für ihn nämlich diejenige, die aus »vollendeten Individuen« bestünde (Simmel 1906: 55). Doch was sich immer mehr abzuzeichnen scheint, ist, daß sich diese beiderseitige und einvernehmliche Vollendung zwischen Individuum und Gesellschaft nicht einstellt. Denn der Vollendungsdrang der Gesellschaft, ihr Wille, »eine Ganzheit und organische Einheit« (ebd.: 52) sein zu wollen, kollidiert mit dem gleichlautenden Interesse des Individuums. Es will selbst ebenfalls eine in sich abgerundete Einheit und eine Ganzheit darstellen, statt nur bei der Konstituierung der Gesellschaft zur Einheit als Teilchen behilflich zu sein. Das Individuum strebt nach der ungehinderten Entfaltung seiner Fähig-

---

28 Diese Entfremdungsprozesse, die aus einem Übergewicht der Mittel über die Zwecke bestehen, sind für Simmel keineswegs ein spezifisch modernes Phänomen: »Solcher Betonung der Mittelinstanzen des Lebens, gegenüber seinem zentralen und definitiven Sinne, wüßte ich übrigens keine Zeit, der dies ganz fremd gewesen wäre, entgegenzustellen. Vielmehr, da der Mensch ganz auf die Kategorie von Zweck und Mittel gestellt ist, so ist es wohl sein dauerndes Verhängnis, sich in einem Widerstreit der Ansprüche zu bewegen, die der Zweck unmittelbar, und die die Mittel stellen.« (Simmel 1989b: 674) Die Vorherrschaft der Mittel gegenüber den Zwecken ist also letztlich im einzelnen Menschen bereits angelegt. Eben daraus leitet Simmel auch die Tragik dieses ganzen Prozesses aus: »Denn als ein tragisches Verhängnis – im Unterschied gegen ein trauriges oder von außen her zerstörendes – bezeichnen wir doch wohl dies: daß die gegen ein Wesen gerichteten vernichtenden Kräfte aus den tiefen Schichten eben dieses Wesens selbst entspringen; daß sich mit seiner Zerstörung ein Schicksal vollzieht, das in ihm selbst angelegt [...] ist.« (Simmel 1968a: 142)

keiten, wird aber von der Gesellschaft in diesem Bestreben behindert. Sie, die »ein Leben für sich« (ebd: 55) lebt, weist dem einzelnen nur eine *Rolle* zu, in der er vollständig aufgehen soll, sie degradiert ihn zu einem bloßen Funktionsträger, der außerhalb dessen nichts weiter ist. Erst wenn die Vollendung der Gesellschaft mit einer Vollendung der Individuen einhergehen würde, würde sich der von Simmel anvisierte Idealzustand einstellen. Statt dessen aber erkauft sich die Gesellschaft ihre Vollendung »mit der Unvollendetheit des Individuums« (ebd.: 59, vgl. auch 1984b: 69). Dieser Widerstreit ist nach Simmel nicht nur »prinzipiell nicht zu lösen«, sondern er »setzt sich in das Individuum selbst als der Kampf seiner Wesensteile fort« (Simmel 1984b: 69). Die von Simmel so oft beschriebene Unruhe, Hast und Unbeständigkeit des modernen Individuums entspringt diesem Konflikt, den es in seinem Innersten permanent mit sich austragen muß.

Simmel scheint anzunehmen, daß sich nur der vornehme Mensch, den er in Anknüpfung an Nietzsche als Persönlichkeitsideal entwirft (vgl. Lichtblau 1984), den nivellierenden Tendenzen der durch die Geldwirtschaft geprägten Moderne zu entziehen weiß, um gleichsam hinter den Kulissen, im abgeschiedenen privaten Raum, ein individuelles Dasein zu führen. Freilich ist ein Individuum gänzlich außerhalb gesellschaftlicher Bezüge und Relationen für ihn nicht denkbar. Entscheidend ist vielmehr, sich nur mit der Peripherie seiner Persönlichkeit in die gesellschaftlichen Mechanismen hineinzubegeben, das Zentrum, das Innerste der Persönlichkeit davon jedoch reinzuhalten. Nur dem vornehmen Menschen scheint dies zu gelingen.[29] Er »ist der ganz Persönliche, der seine Persönlichkeit doch ganz reserviert. Die Vornehmheit repräsentiert eine ganz einzigartige Kombination von

---

29 Die Persönlichkeit besteht Simmel zufolge grundsätzlich aus Zentrum und Peripherie, die auch weitgehend identisch sind mit dem »Gemüt« und dem »Verstand«, die er als »Schichten der Seele« in *Die Großstädte und das Geistesleben* (Simmel 1984a: 193) unterscheidet. Vgl. dazu auch Simmel (1906: 51ff.; 1989b: 522). Wenn Simmel (1989b: 591) ferner annimmt, daß das Gefühl und das Gemüt in früheren, »nicht geldwirtschaftlich bestimmten Perioden«, der Verstand dagegen eine typische und dominierende Erscheinung der Geldwirtschaft ist, erinnert er damit stark an die Tönniessche Unterscheidung von Gemeinschaft und Gesellschaft, die ähnlich konnotiert ist (vgl. Tönnies ³1991). Zum Verhältnis Simmel–Tönnies vgl. Deichsel (1988), Frisby (1988) Dahme (1988).

Unterschiedsgefühlen, die auf Vergleichung beruhen, und stolzem Ablehnen jeder Vergleichung überhaupt.« (Simmel 1989b: 535)[30]

Es hat den Anschein, als ob bei Simmel der gemeine Mensch sich den Lebensstilkämpfen aussetzen muß, während der vornehme Mensch in einiger Distanz zur Gesellschaft sich dieser Kämpfe enthoben weiß, von »innen heraus« (Simmel 1921: 144) lebt, wie es für Simmel das ureigenste Bedürfnis des Menschen ist.[31] Das gemeine Individuum dagegen ist über die Oberfläche hinaus bis an die Wurzel seines Ich von der Sachlichkeit des modernen Lebens affiziert, so daß sich dort kein inneres Zentrum der totalen Vereinnahmung durch die Gesellschaft entgegenzustellen vermag.[32] Vielmehr wird es ohne nennenswerten Widerstand – wie ein schwimmender Korken auf See – mal hier- und mal dorthin getrieben: »Der Mangel an Definitivem im Zentrum der Seele treibt dazu, in immer neuen Anregungen, Sensationen, äußeren Aktivitäten eine momentane Befriedigung zu suchen; so verstrickt uns dieser erst seinerseits in die wirre Halt- und Ratlosigkeit, die sich bald als Tumult der Großstadt, bald als die wilde Jagd der Konkurrenz, bald als die spezifisch moderne Treulosigkeit auf den Gebieten des Geschmacks, der Stile, der Gesinnungen, der Beziehungen offenbart.« (Simmel 1989b: 675)

Nun hat Simmel jedoch nicht nur – ähnlich wie Durkheim – einen doppelten Individualismusbegriff, vielmehr leitet er von diesen Begriffen auch zwei unterschiedliche *Lebensführungsmodelle* ab (vgl. Nedelmann 1992, 1993). Simmel unterscheidet zwischen einer rhythmisch-symmetrischen und einer individualistisch-spontanen Lebensführung: »Auf der einen Seite die Syste-

30 In seiner Goethe-Monographie führt er dafür ein schönes Beispiel an. Goethe, heißt es dort, habe im Alter von achtzehn Jahren geschrieben: »Hätte ich Kinder und einer sagte mir: sie sehen diesem oder jenem ähnlich, ich setzte sie aus, wenn's wahr wäre.« Und das interpretiert Simmel nicht als antizipierten Zweifel an der eigenen Vaterschaft, sondern als »Leidenschaft für das unbedingt Eigene« (Simmel 1921: 151).

31 Für die Möglichkeit, sich fernab von allen gesellschaftlichen Sachbeziehungen, aber auch jenseits des Allerpersönlichsten zu betätigen, hält Simmel den Begriff der *Geselligkeit* bereit (vgl. Simmel 1984b: 48 ff.). Geselligkeit definiert er als »*Spielform der Vergesellschaftung*« (ebd.: 53).

32 Insofern schlägt Simmel in der Tat »zwei Lösungswege« vor, »um dem Bedürfnis nach Individualität gerecht zu werden«, wie Müller (1993b: 134) herausarbeitet: einen für die breite Masse und einen für eine kleine Elite.

matisierung des Lebens: seine einzelnen Provinzen harmonisch um einen Mittelpunkt geordnet, alle Interessen sorgfältig abgestuft und jeder Inhalt eines solchen nur soweit zugelassen, wie das ganze System es vorzeichnet; die einzelnen Betätigungen regelmäßig abwechselnd, zwischen Aktivitäten und Pausen eine festgestellter Turnus, kurz, im Nebeneinander wie im Nacheinander eine Rhythmik, die weder der unberechenbaren Fluktuation der Bedürfnisse, Kraftentladungen und Stimmungen, noch dem Zufall äußerer Anregungen, Situationen und Chancen Rechnung trägt. [...] Auf der anderen Seite: die Formung des Lebens von Fall zu Fall, die innere Gegebenheit jedes Augenblicks mit den koinzidierenden Gegebenheiten der Außenwelt in das möglichst günstige Verhältnis gesetzt, eine ununterbrochene Bereitheit zum Empfinden und Handeln zugleich mit einem steten Hinhören auf das Eigenleben der Dinge, um ihren Darbietungen und Formen, wann immer sie eintreten, gerecht zu werden. Damit ist freilich die Berechenbarkeit und sichere Abgewogenheit des Lebens preisgegeben, sein Stil im engeren Sinne, das Leben wird nicht von Ideen beherrscht, die in ihrer Anwendung auf sein Material sich immer zu einer Systematik und festen Rhythmik ausbreiten, sondern von seinen individuellen Elementen aus wird es gestaltet, unbekümmert um die Symmetrie seines Gesamtbildes, die hier nur als Zwang, aber nicht als Reiz empfunden würde.« (Simmel 1989b: 689f.)

Das erste Modell weist unübersehbar Parallelen zu Webers Ideal der methodischen Lebensführung auf, in dem eine Persönlichkeit von innen heraus ihr Leben führt. Im zweiten Modell dagegen richtet ein Individuum sein Leben nicht nach einem einmal gefaßten und unerschütterlich verfolgten Plan aus, sondern paßt sich geschickt an die sich wandelnden, äußeren Bedingungen und Gegebenheiten an. Mit diesen beiden Modellen nimmt Simmel m. E. nicht nur die ähnlich gelagerte Unterscheidung David Riesmans von innen- und außenorientierter Lebensführung vorweg, sondern auch die Unterscheidung von einer methodischen Lebensführung auf der einen und einer individuell zu gestaltenden »Bastelbiographie« auf der anderen Seite, die die gegenwärtige Diskussion um Individualisierung bestimmt und auf die weiter unten noch näher einzugehen sein wird. Simmel ist – und darin liegt m. E. seine große Anschlußfähigkeit für postmoderne Ansätze begründet – weit davon entfernt, die zweite Form der Lebensführung als Verfallsprozeß zu beschreiben. Ganz im Gegenteil verweist die folgende Aussage eher auf eine Sympathie mit der zweiten Form: »Die Art, auf die die Freiheit sich darstellt, ist Unregelmäßigkeit, Unberechenbarkeit, Asymmetrie, weshalb denn [...] freiheitliche Verfassungen, wie die englische, durch ihre inneren Anomalien, ihren Mangel an Planmäßigkeit und systematischem Aufbau charakterisiert sind, während despotischer Zwang allenthalben auf symmetrische Strukturen, Gleichförmigkeit der Elemente, Vermeidung alles Rhapsodischen ausgeht.« (Simmel 1989b: 456) Insofern befindet sich Simmels bevorzugte Therapie im diametralen Gegensatz zu Webers Lebensführungsmodell. Doch es ist letztlich gar nicht Simmels Sache, einem der beiden Modelle den Vorzug zu geben. Ihm geht es weit mehr darum, den Konflikt und den Kampf zwischen beiden aufrechtzuerhalten, denn schließlich sind Konflikte für Simmel »eine Schule, in der das Ich sich bildet« (Simmel 1991: 381).

Anders als Webers Prognose einer sich zum stahlharten Gehäuse entwickelnden Moderne, in dem der einzelne auf ein unbedeutendes Funktionsrädchen reduziert werden wird, sieht Simmel den »ewigen Kampf« zwischen der »Totalität des Ganzen« und der »Totalität des Individuums« (Simmel 1989b: 690), zwischen Individuum und Gesellschaft, subjektiver und objektiver Kultur, quantitativem und qualitativem Individualismus noch keineswegs endgültig entschieden. Ja, letztlich ist es für Simmel auch gar nicht das Ziel, zu einem Ausgleich der Differenzen zu gelangen. Im Gegenteil mag es sogar »für die Schwungkraft unserer Innerlichkeit gerade darauf ankommen, jenen Widerspruch lebendig zu erhalten, und an seiner Heftigkeit, an dem Überwiegen der einen oder der anderen Seite [...] dürften sich die Lebensstile mit am charakteristischsten unterscheiden« (Simmel 1989b: 674).[33]

33 Vgl. auch seine folgende Aussage, die in die gleiche Richtung zielt: »Lieber aber möchte ich glauben, daß die Idee der schlechthin freien Persönlichkeit und die der schlechthin einzigartigen Persönlichkeit noch nicht die letzten Worte des Individualismus sind; daß die Arbeit der Menschheit immer mehr, immer mannigfaltigere Formen aufbringen wird, mit denen die Persönlichkeit sich bejahen und den Wert ihres Daseins beweisen wird.« (Simmel 1984b: 98) Und an anderer Stelle heißt es: »Aber es ist auch ein ganz philiströses Vorurteil, daß alle Konflikte und Probleme dazu da sind, gelöst zu werden.« (Simmel 1968a: 173)

Dieses Plädoyer für das Offenhalten von Ambivalenzen und Spannungen, Widersprüchen und Paradoxien rückt Simmel in die Nähe der Postmoderne. Seine Beschreibung der großstädtischen Individuen als »unbestimmte Existenzen« und »unsichere Persönlichkeiten, die man nicht recht greifen und ›stellen‹ kann, weil ihre Beweglichkeit und Vielseitigkeit es ihnen erspart, sich sozusagen in irgend einer Situation festzulegen« (Simmel 1989b: 597), entspricht bis ins Detail den gegenwärtigen Charakterisierungen postmoderner Individuen. Simmel ist der Postmoderne unter den »Gründervätern« der Soziologie (vgl. Bauman 1995b: 60).

2. Erste synchrone Zwischenbilanz:
Das heroische, das anomische und das hybride
Individuum bei Weber, Durkheim und Simmel

In Webers, Durkheims und Simmels soziologischen Ansätzen begegnen uns – wie im einzelnen gezeigt – drei höchst unterschiedliche Auffassungen über die Entwicklung moderner Gesellschaften und die Folgen für das Individuum, obwohl der Ausgangspunkt ihrer Arbeiten zunächst mehr oder weniger derselbe ist. Alle drei Theoretiker widmen sich der Beschreibung des Phänomens »Modernität« und bearbeiten damit verbundene Problemfelder wie etwa das Schicksal der Religionen, die Urbanisierung und das städtische Leben, die Rolle der Moral, die Bedeutung von Arbeit und Beruf und den Gegensatz zwischen ethisch-moralischen und ästhetischen Lebensorientierungen.[34]

34 Die von Weber, Durkheim und Simmel beschriebene Individualisierung und deren Folgen sind von einer Aktualität, die ihren Überlegungen auch in der gegenwärtigen Debatte noch großes Gewicht verleihen, was den ein oder anderen bewogen hat, die aktuelle Individualisierungsthese Becks bloß als müden Aufguß der klassischen Individualisierungsthese zu lesen (vgl. Müller 1992: 35, Fn. 30; Kippele 1998). So richtig der Hinweis auf die Parallelen und den analytischen Reichtum der Individualisierungsanalyse bei den Klassikern auch ist, so verfehlt scheint es mir, die gegenwärtige Debatte für letztlich überflüssig zu halten, weil ohnehin schon alles bei den Klassikern steht. Entscheidend ist vielmehr, über die bestehenden Ähnlichkeiten hinaus die Verschiedenheiten herauszuarbeiten, damit der Blick auf die tatsächlich neuen Phänomene der Individualisierung, die anders gelagerten Ursachen, Folgen und Hintergründe nicht durch eine falsch verstandene, gleichsam »ewige« Aktualität der Klassiker verstellt wird. Für viele der aktuell sich

In allen drei Versionen einer Theorie der Moderne steht der Modernisierungsprozeß im Vordergrund, der zum Aufbrechen traditionaler Strukturen führt, das Individuum aus der Einbindung in die Gemeinschaft löst und es auf sich selbst zurückwirft (vgl. Rammstedt 1988: 288 ff.).

Doch sosehr sich die Themen und Felder auch gleichen mögen, auf denen sich die drei Gründerväter der Soziologie bewegen – ihre Erklärungen, Einschätzungen und Bewertungen von Ursache und Verlauf des Modernisierungs- und Individualisierungsprozesses fallen höchst unterschiedlich aus. Insofern läßt sich die Beziehung zwischen Weber, Durkheim *und* Simmel mit Giddens (1988: 280) treffend als »›kontextuelle Verbundenheit und Geschiedenheit‹« bezeichnen.[35]

Wie ich oben ausführlich gezeigt habe (vgl. Kapitel I. 1), liefert Weber für die Beschreibung der modernen Gesellschaft denkbar düstere Bilder: Sinn-, Orientierungs- und Freiheitsverlust drohen dem modernen Individuum in der »entzauberten Welt«. Einerseits ist der einzelne von einer Vielzahl disparater Wertsphären und Lebensordnungen umzingelt, die er ohne Anleitung oder fremde Hilfe zu einer sinnvollen Einheit zu integrieren hat. Andererseits zwingt die Rationalisierung aller Lebensbereiche dem einzelnen eine zunehmend standardisierte und uniforme Existenz auf, die für individuelle Entscheidungen immer weniger Raum läßt. Das Individuum wird von den vielen auf ihn einwirkenden Ansprüchen, die die verschiedenen Wertsphären an ihn stellen, förmlich zerrissen und von den Bürokratisierungs- und Rationalisierungstendenzen zum bloßen Rädchen im Getriebe erniedrigt. Die Bürokratisierung des Lebens entmündigt das autonome Individuum, indem sie es von äußeren Ordnungen abhängig macht und damit seine Freiheit, Kreativität und Unabhängigkeit zu einem selbstbestimmten Leben *aus eigener Wurzel* zerstört.

Durkheim dagegen ist dieser Pessimismus fremd. Seine Urteile über die heraufziehende Moderne fallen eindeutig optimistischer

stellenden Individualisierungsphänomene reichen die Erklärungsmuster und Beschreibungsfolien von Weber, Durkheim und Simmel eben nicht mehr aus.

35 Giddens reserviert diese Beschreibung allerdings nur für die von ihm herausgearbeitete Beziehung zwischen Weber und Durkheim (vgl. Giddens 1988c: 280 ff.).

aus. Keineswegs blind gegenüber Krisenphänomenen wie etwa der bedrohlich steigenden Suizidrate zu seiner Zeit, läßt er sich dennoch an keiner Stelle zu Bildern hinreißen, die ähnlich wie Webers »stahlhartes Gehäuse« Ausweglosigkeit, Bewegungslosigkeit und Erstarrung suggerieren. Er begnügt sich weder damit, die Errungenschaften der modernen Gesellschaft wie etwa die Arbeitsteilung und die damit einhergehenden neuen Freiheiten für das Individuum als Fortschritt zu feiern, noch beläßt er es bei der bloßen Beschreibung von Krisenphänomenen, die die Errungenschaften ernsthaft bedrohen; schon gar nicht versteigt er sich dazu, Untergangsszenarien zu entwerfen. Vielmehr ist sein gesamtes Projekt auf eine behutsame Steuerung der Modernisierung ausgerichtet, durch die Freisetzungsprozesse aufgefangen und anomischen Entwicklungen entgegengewirkt werden soll. Dazu kann seines Erachtens die Soziologie einen wichtigen Beitrag leisten. Durkheims Verständnis nach ist die Soziologie geradezu prädestiniert, Auswege anzubieten, wie die Krise des Übergangs überwunden werden könnte.

In diesen Überwindungsversuchen liegt m. E. auch der als optimistisch zu betrachtende Beitrag Durkheims im Gegensatz zur entschieden pessimistischen Variante Webers, der weit weniger Hoffnungen in die Steuerbarkeit gesellschaftlicher Entwicklungen setzt. Während Durkheims Schriften von gesamtgesellschaftlichen Reformvorschlägen und dem Vertrauen in Veränderungen geprägt sind, durchzieht Webers Arbeiten ein unübersehbarer Fatalismus. Können bei Durkheim die Folgen der Modernisierung gestaltet und ihre Probleme prinzipiell gelöst werden, sind sie bei Weber unausweichlich, können letztlich nicht geändert, sondern nur mehr *ausgehalten* werden.

Im strikten Gegensatz zu Max Weber ist für Durkheim nicht das Problem, wie sich angesichts einer zunehmend rationalisierten und bürokratisierten Gesellschaft eine individuelle Lebensführung verwirklichen läßt. Diese Gefahr einer Auslieferung der individuellen Freiheit an die Funktionserfordernisse einer funktional differenzierten Gesellschaft sieht Durkheim nicht. Sein Ausgangsproblem ist genau umgekehrt, wie sich die Lockerung des Individuums aus seiner traditionellen gesellschaftlichen Einbindung so gestalten läßt, daß die zunehmende Individualisierung nicht zur Auflösung gesellschaftlicher Zusammenhänge insgesamt führt. Durkheim fragt im Gegensatz zu Weber nicht aus der Perspektive des Individuums, wie dieses seine Individualität gegenüber der Gesellschaft retten kann, sondern aus der Perspektive der Gesellschaft, wie die Individuen am besten an die Erfordernisse des Ganzen gebunden werden können, wie sie zu einem sinnvollen Beitrag zum Bestehen und zur Aufrechterhaltung einer arbeitsteilig organisierten Gesellschaft motiviert werden können. Der latent stets vorhandenen Gefahr eines gemeinschaftssprengenden, egoistischen Individualismus setzt Durkheim sein Konzept des *moralischen Individualismus* entgegen, in dem die individuellen Freiheiten mit den Erfordernissen einer arbeitsteiligen Gesellschaft versöhnt werden sollen. Obwohl er überzeugt ist, daß die Individualisierung für das Funktionieren einer arbeitsteilig organisierten Gesellschaft erforderlich ist, bleibt eine zu weit getriebene Individualisierung, die keine integrativen, sondern zerstörerische Auswirkungen auf das soziale Zusammenleben hätte, Anathema seiner soziologischen Schriften. Damit legt er den Grundstein für eine funktionalistische Auffassung, die Individualisierung prinzipiell positiv einschätzt, weil funktional differenzierte Gesellschaften auf nicht mehr durch traditionelle Bande gefesselte, sondern frei bewegliche, flexible Individuen angewiesen sind. Gleichwohl lauert in dieser positiv verstandenen Individualisierung stets die Gefahr einer übertriebenen Individualisierung, die sich etwa in Parsons' und Mertons Konzept der Anomie und der Dysfunktionalität niedergeschlagen hat. Durkheim gibt mit seiner These, daß eine aus den sozialen Kontrollen der Gemeinschaft *ent*lassenes und sich selbst *über*lassenes Individuum zur unberechenbaren Größe wird, die jede Form von Gemeinschaft zu zerstören droht, den Anstoß für eine sich über den Funktionalismus von Parsons und Merton bis hin zu einigen kommunitaristischen Konzepten unserer Tage reichenden Befürchtung.[36] Insofern ist bei Durkheim das *gefährliche Individuum* vorherrschendes Thema und nicht das *gefährdete Individuum* wie bei Weber.

Simmel steht zwischen beiden Versionen, wenn er die *ambivalenten* Folgen der Modernisierung und Individualisierung betont. Seine Diagnose oszilliert zwischen Möglichkeiten und Ein-

---

36 Es ist kein Zufall, daß das »Manifest des Kommunitarismus« (Peter 1997: 46), die Studie *Gewohnheiten des Herzens*, aus der Feder des Parsons-Schülers Robert Bellah (1987) stammt.

schränkungen, Chancen und Gefahren, die seines Erachtens mit der Etablierung der modernen Gesellschaft einhergehen.

Die Theorie Simmels führt zu einer differenzierteren, weniger einseitigen Einschätzung der Individualisierung. Weder die Frage: *Wie ist soziale Ordnung möglich?* noch die Frage: *Wie läßt sich individuelle Freiheit retten?* steht im Vordergrund seiner soziologischen Arbeiten. Simmels Perspektive ist vielmehr davon geprägt, wie sich der gleichlautende Anspruch von Gesellschaft und Individuum auf Differenzierung bzw. Vollendung zum Vorteil beider miteinander verbinden lassen. Und seine ungemein optimistische Antwort ist zunächst, daß die Geldwirtschaft zur Entfaltung *beider* Seiten die idealen Voraussetzungen schafft. Insofern findet die Steigerungshypothese Durkheims, die besagt, daß sich Steigerungen auf beiden Seiten denken lassen, in Simmels Arbeiten eine fast schon konsequentere Umsetzung und Bestätigung als bei Durkheim selbst. Denn während Durkheims Beitrag letztlich nicht auf den Ausgleich beider Seiten, sondern auf die von den Individuen zu erbringende Leistung für die Aufrechterhaltung sozialer Ordnung ausgerichtet ist, macht Simmel auf beiden Seiten Steigerungsprozesse aus. Freilich verläuft diese gegenseitige Steigerung bei Simmel alles andere als harmonisch. Wie zwei Kontrahenten in einem Streit stehen sich Individuum und Gesellschaft mit ihrem gleichlautenden Anspruch gegenüber, sich selbst zu vollenden, statt als bloßes Mittel zur Vollendung des jeweils anderen zu fungieren. Dabei muß es keineswegs zwangsläufig zum offenen Schlagabtausch kommen, aus dem nur einer als Sieger hervorgehen kann. Vielmehr geht Simmel zunächst von einer Art Eigenlogik aus, nach der sich beide Bereiche nebeneinander her entwickeln, auf ihre Entfaltung bedacht sind und sich in einer Art Nichtangriffspakt ihre Beiträge zur Aufrechterhaltung zur Verfügung stellen.

Während sich in diesem Streit Weber auf die Seite des Individuums schlägt und für die Rechte der individuellen Freiheit Partei ergreift, die durch Bürokratisierungs- und Rationalisierungstendenzen bedroht wird, vertritt Durkheim die Auffassung, daß sich die individuelle Freiheit dort am besten zugleich verwirklichen und begrenzen läßt, wo der einzelne seine Bedürfnisse einer überschaubaren Gruppe unterwirft, die ihm nicht fremd und übermächtig als Bedrohung gegenübersteht, sondern als sein Förderer und Beschützer auftritt, die ihn vor dem Abrutschen in die bodenlose Unsicherheit der säkularisierten Moderne bewahrt. Selbst wenn Simmel im Laufe seiner Entwicklung mehr und mehr die Besorgnis Webers über das Schicksal der Individuen zu teilen scheint, die Übermacht der objektiven Kultur gegenüber der subjektiven an Webers Gefährdung der individuellen Freiheit durch den bürokratischen Anstaltsstaat erinnert, so verdichtet sich diese Sorge doch nicht zu einer Diagnose, die einen endgültigen Triumph des einen Bereichs über den anderen behauptet. Sein letztes Wort – und die in seinen *soziologischen* Schriften gegebene Antwort – scheint vielmehr zu sein, daß der Konflikt nicht zu lösen, nicht zu schlichten und nicht endgültig stillzustellen ist, sondern immer wieder neu ausgetragen werden muß. Eine – wenn man so will – *ewige Wiederkehr des Kampfes zwischen zwei Rivalen.* Steigerungen in beiden Bereichen sind nicht wie bei Durkheim harmonisch gedacht, sondern beinhalten einen vorprogrammierten Zeitpunkt, an dem die weitere Differenzierung der Gesellschaft nicht mehr zugunsten, sondern zu Lasten des Individuums geht. Simmel sieht eine Entwicklung, an der eine zunächst für beide Seiten fruchtbare Differenzierung umschlägt und nur noch schädliche Folgen zeitigt. Und bei diesem Umschlagen liegen auch bei Simmel die Kosten eindeutig auf der Seite der Individuen. Das verbindet ihn mit der Argumentation Webers.

Simmels Theorie der Moderne entgeht dennoch einer vereinseitigenden Betrachtung der Modernisierung, indem sie immer wieder die *Ambivalenz* dieses Prozesses in den Blick nimmt und für die Aufrechterhaltung dieser Ambivalenz eintritt. Während Weber die Freisetzung des Individuums durch eine drohende Uniformierung der Lebensstile und Entindividualisierung konterkariert sieht, betont Simmel im Einklang mit Durkheim mehr das befreiende Potential der Moderne und den Zugewinn an Freiheitsspielräumen. Zwar stellt auch Simmel die Frage, wie die qualitative Einzigkeit und Unverwechselbarkeit des modernen Individuums gegenüber der Nivellierung und Vermassung des Großstadtlebens verteidigt werden kann. Doch andererseits sieht er, daß der Prozeß zunehmender sozialer Differenzierung erst die Individualität des modernen Menschen ermöglicht: Individualität beruht nach Simmel ja gerade auf der Zugehörigkeit zu verschiedenen Gruppen. Indem der einzelne Mitglied wechselnder und konkurrierender sozialer Kreise wird, wird er sich selbst um so mehr dessen bewußt, was ihn von den anderen unterscheidet, was die Besonderheit seiner Person ausmacht. Es ist insbesondere die Entwicklung der Geldwirtschaft – für Simmel mehr oder weniger die Chiffre für »Moderne« –, die den einzelnen aus personalen Abhängigkeiten in die Freiheit entläßt; wobei an die Stelle traditionaler Abhängigkeit allerdings sofort die funktionale Abhängigkeit tritt. Das Geld läßt Freiräume entstehen und birgt zugleich die Gefahr, diese wieder zu negieren. »Nicht den Untergang des Abendlandes macht Simmel mit der Entstehung der Moderne aus«, schreibt deshalb treffend Nassehi (1993: 5), »sondern eine paradoxe Situation, die in der Entpersönlichung des öffentlichen Verkehrs zugleich die Bedingung der Möglichkeit für die volle Entfaltung der individuellen Freiheit des Menschen sieht.« Ohne gänzlich von einem tragischen Tonfall und kulturkritischen Untertönen frei zu sein, der die deutsche Soziologie um die Jahrhundertwende überhaupt auszuzeichnen scheint (vgl. Lenk 1964), wird bei Simmel im Vergleich zu Weber in ungleich nüchternerer Weise versucht, die Veränderungen wahrzunehmen und angemessen zu beschreiben, die mit dem Modernisierungsprozeß einhergehen. Dabei werden immer wieder sowohl Chancen als auch Gefahren für das Individuum ausgelotet.

Diese ambivalente Beurteilung der sozialen Differenzierung und ihrer Folgen für das Individuum gelingt Simmel nicht zuletzt mit seiner Unterscheidung zwischen einem *qualitativen* und einem *quantitativen Individualismus*, der ihn – anders als Weber – vor einer einseitigen Verlustanzeige bewahrt: Während der *qualitative Individualismus* nach einer umfassenden Entfaltung der Persönlichkeit strebt, ist die *quantitative Individualität* Produkt einer sich zunehmend ausdifferenzierenden Gesellschaft. Ergibt sich die *quantitative Individualität* aus dem je einmaligen Rollenrepertoire eines Individuums, verlangt der *qualitative Individualismus* nach Besonderung außerhalb gesellschaftlich bestimmter Funktionsbereiche.

Mit diesem doppelten Begriff von Individualität gelingt Simmel der Anschluß an zwei verschiedene Theorietraditionen: Auf der einen Seite rückt er mit seiner Idee der *quantitativen Individualität* in die Nähe der Differenzierungstheorie Durkheims, die in erweiterter und veränderter Form zunächst von Talcott Parsons und Niklas Luhmann prominent vertreten wird. Auf der anderen Seite unterhält er mit dem Begriff der *qualitativen Indi-*

vidualität eine Beziehung zu den pessimistischen Zeitdiagnosen von Tönnies und Weber, die in erster Linie ein Individuum im Auge haben, das unter den zunehmend unübersichtlicher werdenden Strukturen der Moderne und einer ständig anwachsenden objektiven Kultur leidet. Diese Vorstellung eines Individuums, das vor dem schädlichen, weil freiheitseinschränkenden Einfluß der Gesellschaft geschützt werden muß, setzt sich dagegen in den Schriften der älteren kritischen Theorie fort.[37] Wenn etwa Adorno das »Ende des Individuums« ausruft, so hat er damit letztlich die von Simmel als *qualitativ* bestimmte Individualität vor Augen, während ihm die rein *quantitativ* bestimmte Individualität bloß als Pseudoindividualisierung gilt. Michel Foucault hat – zunächst ohne an der Vorstellung eines qualitativen Individualität zu partizipieren – ebenfalls eine Form »negativer Individualisierung« im Blick, nach der das Individuum allein zu dem Zweck erfunden wird, um den einzelnen besser kontrollieren und überwachen zu können. Während er sich in seinen früheren Arbeiten zunächst rein auf die Analyse dieser *negativen Individualisierung* verlegt, stellt er unter Bezugnahme auf die griechische Antike und das Konzept der Selbstsorge so etwas wie ein Modell gelungener, also *qualitativer Individualisierung* vor. Ähnlich wie damit der aktuellste Vertreter der *negativen Individualisierung* in gewisser Weise aus dieser Argumentationsfigur ausbricht, weil er sich mit der Verlustanzeige allein nicht mehr begnügt, erreicht auch Luhmann als aktuellster Vertreter der konkurrierenden Argumentationsfigur der *positiven Individualisierung* einen breiteren Analyserahmen als Durkheim und Parsons, die sich mit der Vorstellung einer rein quantitativen In-

37 Die ambivalente Sichtweise der Folgen der Modernisierung für das Individuum dagegen legt den Grundstein für Ansätze, die sich dadurch auszeichnen, daß sie einen theoretischen Zugang zum Sozialen wählen, der weder bei »dem« Individuum noch bei »der« Gesellschaft ansetzt. Zu dieser Theorietradition rechne ich auch die späteren Vermittlungsversuche zwischen Individuum und Gesellschaft von Norbert Elias (1991). Heißt bei Simmel das Zauberwort »Wechselwirkung«, so ist es bei Elias der Begriff der »Verflechtung« bzw. »Figuration«, der die Vermittlung zwischen individueller und gesellschaftlicher Seite bezeichnen soll. Eine ähnliche Funktion übernimmt bei Bourdieu der Begriff des »Habitus«: »Eines der typischen Beispiele für eine derartige, wissenschaftlich absurde Gegenüberstellung ist die von Individuum und Gesellschaft. Der Begriff des Habitus als inkorporiertes, folglich individuiertes Soziales ist nun auch ein Versuch, sie zu überwinden.« (Bourdieu 1992: 43)

dividualität zufriedengaben. Mit Luhmanns Instrumentarium wird beschreibbar, wie Individuen dazu veranlaßt werden, sich eine qualitative Individualität zuzuschreiben (vgl. Kapitel II. 3).

Simmels Reichtum bei der Beschreibung der Individualisierung (vgl. Junge 1997) entsteht aus seiner Entscheidung, den qualitativen gegenüber dem quantitativen Individualismus nicht eindeutig zu bevorzugen, sondern die Rivalität beider herauszustellen, die immer wieder aufs neue vom Individuum zu einer sinnvollen Einheit zu verschmelzen sind. Auch an diesem Punkt setzt sich sein grundsätzlich konflikttheoretisches Modell des Sozialen durch.

Die Logik meiner Rekonstruktion der Ansätze von Weber, Durkheim und Simmel könnte man an dieser Stelle beschließen: ihre »Geschiedenheit durch kontextuelle Verbundenheit« (Giddens 1988: 282) dürfte hinreichend deutlich geworden sein. Doch es gibt noch ein weiteres Feld, das die drei »Klassiker« miteinander verbindet und auf dem sich verblüffende Konvergenzen wie Divergenzen zeigen. Es ist die Frage nach der Lebensführung und der Persönlichkeit.

Erinnern wir uns daran, daß es für Weber nur einen Weg gibt, eine Persönlichkeit zu sein: den leidenschaftlichen *Dienst an einer Sache*, die jedes eitle Beharren auf einer eigenen, individuellen Note zurückstellt. Statt sein eigenes Selbst zur Schau zu stellen, führt nur eine rückhaltlose Hingabe an eine Sache, etwa an die Belange der Politik oder der Wissenschaft, zur Ausbildung einer Persönlichkeit. Vehement tritt Weber mit dieser Auffassung dem zu seiner Zeit grassierenden und von ihm bitter beklagten Persönlichkeitskult und der Erlebnissucht entgegen.

Durkheim teilt zunächst mit Weber die Überzeugung, daß nur die *Hingabe an die Sache* ein moralisch integriertes Leben in der modernen arbeitsteiligen Gesellschaft ermöglicht – und nicht die *Hingabe an das eigene Selbst*: »Man kann also wörtlich sagen, daß in den höheren Gesellschaften die Pflicht nicht darin besteht, unsere Tätigkeit oberflächlich auszudehnen; sondern sie zu konzentrieren und zu spezialisieren. Wir müssen unsere Horizonte begrenzen, eine bestimmte Aufgabe wählen und ihr uns ganz hingeben, statt aus unserem Wesen eine Art *vollkommenes Kunstwerk* [!] zu machen, das seinen ganzen Wert aus sich selbst bezieht und nicht aus den Diensten, die es leistet.« (Durkheim 1988: 471, Hervorhebung durch mich, M. S.) Die Ähnlichkeit dieser Passage mit der Position Webers ist verblüffend: Durkheim erhebt ebenfalls die Forderung, sich einer Sache ganz hinzugeben, und lehnt dabei ebenso ästhetisch inspirierte Lebensmodelle strikt ab, nach denen das eigene Selbst zum Kunstwerk stilisiert werden soll.[38] Auch bei Weber hieß es ja, daß es sich schon bei Goethe gerächt habe, »daß er sich die Freiheit nahm, sein ›Leben‹ zu einem Kunstwerk machen zu wollen« (Weber 1988b: 591).

Andererseits würde man Webers Kritik am »Fachmenschen ohne Geist« unterschätzen, wenn man seine Position mit der Durkheims einfach kurzschließen wollte. Bei Durkheim hat die Hingabe eine ganz andere Funktion als bei Weber. Während Weber die Hingabe an die Sache als unabdingbare Voraussetzung für die Entwicklung einer individuellen Persönlichkeit gilt, die als Bollwerk gegenüber dem bürokratischen Anstaltsstaat dienen soll, ist sie für Durkheim notwendige Bedingung, damit der einzelne ein wichtiger, moralisch integrer Bestandteil der Gesellschaft sein kann. Die Vorbehalte der Befürworter einer allgemeinen Bildung gegenüber einer speziellen Berufsausbildung lehnt Durkheim ausdrücklich ab: »Nicht ohne Grund empfindet das öffentliche Gefühl einen immer betonteren Abstand gegenüber einem Dilettanten und sogar gegenüber jenen Menschen, die sich zu sehr für eine ausschließlich allgemeine Bildung begeistern und sich weigern, sich ganz im Netz einer Berufsorganisation einfangen zu lassen.« (Durkheim 1988: 472, vgl. auch ebd. 86 f.)

Gegenüber einer solchen Position hätten Weber und Simmel sicher Einspruch angemeldet. Dieser Reduzierung der Persön-

38 Von Weber über Durkheim, von der amerikanischen Kulturkritik bis hin zu den Kritikern Foucaults und den Gegnern kulturalistisch argumentierender Lebensstilanalysen reicht diese Ablehnung ästhetischer Lebensführungsmodelle, die immer wieder unterstellen, daß sie einen unmoralischen Kern haben und zur Auflösung gesellschaftlicher Zusammenhänge führen, da die Orientierung am eigenen Selbst zu Lasten der Orientierung an der Allgemeinheit gehen. Foucaults späte Texte verstehe ich gerade so, daß sie diesem alten Vorwurf entgegen ein Ethos entwickeln, die die Verbindung von Ethik und Ästhetik zum Inhalt haben (vgl. Kap. I. 3). Wie bei Beck steht dahinter die Auffassung, daß die Sorge um sich nicht etwa der Sorge um andere entgegensteht, sondern diese zur Voraussetzung hat. Individualisierung führt in beiden Konzepten nicht zur Auflösung von Gesellschaft und Gemeinschaft, sondern zu neuen Formen gesellschaftlicher Bezüge, die jetzt vom Individuum selbst aufgebaut werden müssen. Ich komme auf diese Diskussion noch ausführlich zu sprechen.

lichkeit auf ihre Funktion in der Gesellschaft gilt ihre Kritik. Sie wollen ein außerhalb der Funktionserfordernisse der Gesellschaft stehendes Individuum retten, das nicht ganz und gar im Getriebe aufgeht, sondern sich Residuen der Abgeschiedenheit offenhält, in denen es der Pflege und Kultivierung der eigenen Person nachgehen kann. Dabei versucht Simmel zu Anfang noch – in deutlicher Nähe zu Durkheim –, die Persönlichkeitsvorstellung mit den Erfordernissen einer auf Arbeitsteilung gegründeten Gesellschaft zu versöhnen. Dieses Ideal einer voll ausgebildeten Persönlichkeit lehnt Durkheim ab, weil die allgemeine Bildung für ihn Oberflächlichkeit, die spezialisierte Bildung dagegen Tiefe bedeutet (vgl. Durkheim 1988: 473). »Warum«, so fragt er, »soll eine ausgedehntere, aber stärker zersplitterte Tätigkeit höherwertiger sein als eine konzentriertere und umgrenztere Tätigkeit? Warum soll es würdiger sein, vollständig und mittelmäßig zu sein, als ein spezialisiertes, aber intensiveres Leben zu führen, besonders wenn es uns möglich ist, das, was wir auf diese Art verlieren, durch unsere Verbindung mit anderen Wesen wiederzufinden, die das besitzen, was uns fehlt, und uns vervollständigen.« (Durkheim 1988: 473) Damit fordert Durkheim, was Weber als Anlaß für seine Kritik an der Moderne nimmt, die vollständige Integration des einzelnen in den gesellschaftlichen Verwertungszusammenhang: »In den fortgeschrittenen Gesellschaften besteht seine Natur [die des Menschen, M.S.] zum größten Teil darin, ein Organ der Gesellschaft zu sein, und seine Hauptaufgabe besteht folglich darin, seine Rolle als Organ zu spielen.« (Durkheim 1988: 473) Die Individuen werden bei Durkheim zu ebenjenen Erfüllungsgehilfen zur Vollendung der Gesellschaft, gegen die sich der Vollendungswille der Individuen bei Simmel entschieden sträubt.

Die entscheidende Differenz gegenüber der Position Webers ist die Überzeugung Durkheims, daß diese Aufgabe des Menschen, seine Rolle als Element der Gesellschaft zu spielen, *nicht* zu Lasten der Persönlichkeit geht. Im Gegenteil: »Die individuelle Persönlichkeit ist weit davon entfernt, durch die Fortschritte der Spezialisierung beeinträchtigt zu sein, sondern entwickelt sich nachgerade mit der Arbeitsteilung. Eine Person zu sein heißt tatsächlich, eine autonome Quelle des Handelns darzustellen.« (Durkheim 1988: 473 f.) Für Durkheim ist die berufliche Tätigkeit, eine fest umrissene spezialisierte Beschäftigung, mit dem

Ideal der Ausbildung einer Persönlichkeit vereinbar, während für Weber die Erfüllung einer begrenzten Aufgabe ein zwar notwendiges, aber letztlich verhaßtes Zugeständnis an die Erfordernisse der modernen Gesellschaft darstellt. Die einseitige Orientierung am Beruf und die Notwendigkeit der Spezialisierung trägt Weber im Gegensatz zu Durkheim in Form einer Klage vor, die aus der Alternativlosigkeit dieses Daseins resultiert: »Der Puritaner wollte Berufsmensch sein, – wir müssen es sein.« (Weber 1988a: 203) Durkheim macht sich zum Befürworter der Spezialisierung, während Weber sie zwar als unabwendbares Schicksal anerkennt, nicht aber befürworten kann. Für das Individuum kann nicht allein schon die berufliche Tätigkeit die Erfüllung sein. Erst wenn man sich ihr mit Leidenschaft und Engagement hingibt, kann der Beruf eine sinnspendende Tätigkeit sein.

Simmel vertritt in diesem Punkt eine Position, die große Ähnlichkeiten mit Weber aufweist. Simmel und Weber ist gemeinsam, daß sie eine Lösung für einige wenige im Blick haben und eine Lösung für die breite Masse anbieten – eine Attitüde, die Durkheim völlig fremd ist. Simmel sympathisiert ebenso wie Weber mit herausragenden Einzelgestalten, die ihrem Leben ein eigenes Gesetz aufzudrücken in der Lage sind oder waren. Simmel formuliert über das aristokratische Individuum, das ein Leben aus eigener Wurzel zu leben vermag: »Hier ist das Individuelle der Fall eines individuellen Gesetzes; wer dazu nicht stark genug ist, muß sich an ein allgemeines Gesetz halten« (Simmel 1908: 314). Die einfachen Individuen dagegen sind der Qual der Wahl zwischen der Vielheit der Stile ausgesetzt, lehnen sich an Moden an, die sie von der Überforderung der eigenen Entscheidung entlasten. Ähnlich wie Weber die Erlebnissucht und eitle Selbstzurschaustellung der Jugend seiner Zeit kritisiert, klagt Simmel: »Die *Originalitätssucht* bei so vielen jungen Leuten der Gegenwart ist vielfach, keineswegs aber ausschließlich, Eitelkeit und ein Bemühen, sich für sich selbst und andere zu einer Sensation zu machen.« (Simmel 1968b: 161) Doch die Einschränkung zeigt schon an, daß Simmel – bei oft durchaus vergleichbaren Motiven – weniger scharfe und generalisierende Töne anschlägt als Weber. Anders als dieser zeigt Simmel auch Sympathie mit jenem an der Jugend ablesbaren Ringen um Originalität, hinter der sich immerhin ein Ringen um »*Lebendigkeit*« (ebd.) verbirgt, dem Simmel seine Sympathie nicht versagen kann. Simmel fährt fort:

»In den besseren Fällen wirkt darin doch die Leidenschaft, das wirkliche eigene Leben zur Äußerung zu bringen, und die Sicherheit, daß es wirklich *seine* Äußerung ist, scheint nur gegeben, wenn nichts sonst Bestehendes, Überliefertes in sie aufgenommen ist.« (Ebd.)

Was Simmel jedoch von *beiden* Positionen unterscheidet, ist seine stärkere Affinität zu Lebensstilen, die Weber und Durkheim als rein ästhetisch motiviert ablehnen. Doch Simmels Unterscheidung zweier möglicher Lebensführungsmodelle macht deutlich, daß sich *beide* Modelle ästhetischen Prinzipien verdanken. Die *rhythmisch-symmetrische* wie die *individualistisch-spontane* Lebensführung gehen nicht in der Unterscheidung ethisch/ästhetisch auf, sondern beinhalten beide ästhetische, ethische und weitere Komponenten (vgl. Nedelmann 1992: 99). Im Gegensatz zu Weber geht es Simmel auch hier nicht darum, für eine der beiden Modelle Partei zu ergreifen, sondern beide als nebeneinander bestehende Möglichkeiten anzusehen, zwischen denen die Individuen wählen können. Beide sind für Simmel Extremformen, die mit einer weiteren Unterscheidung einhergehen: Wiederum ähnlich zu Webers Unterscheidung zwischen »Fachmenschen ohne Geist« und »Genußmenschen ohne Herz« spricht Simmel einerseits vom »Spezialisten« und andererseits vom »Säulenheiligen« (Simmel 1968a: 130). Sowohl bei demjenigen Typus, der sich nur der Sachwelt widmet und den »Fachfanatismus« stärkt, als auch bei demjenigen, der sich allein dem »Heil der Seele« widmet, mangelt es am integrativen Faktor der Kultur, der beide Extreme zu einer Synthese bringen könnte (vgl. ebd.: 131). Hier wie sonst auch gibt Simmel es als Aufgabe der Individuen aus, beide miteinander zu verknüpfen.

3. Individualisierung und Zivilisierung – Norbert Elias

Einleitung

Norbert Elias hat sich viel vorgenommen. Nicht weniger als eine umfassende »Theorie der menschlichen Gesellschaft, genauer gesagt der Menschheitsentwicklung« (Elias 1990: 59) hat er vorlegen wollen. Um diesen universalistischen Anspruch einlösen zu können, hat er Zeit seines Lebens an der Ausarbeitung einer interdisziplinär ausgerichteten Theorie gearbeitet, die er »Menschenwissenschaft« nannte. Sie soll die institutionalisierten disziplinären Grenzen zwischen Geschichte, Ökonomie und Soziologie ebenso wie zwischen Psychologie, Ethnologie und Anthropologie überwinden und ihre jeweiligen Teilperspektiven auf die soziale Wirklichkeit zu einer einheitlichen theoretischen Perspektive ausbauen. Nur im Zusammenspiel dieser Einzeldisziplinen kann es seiner Meinung nach gelingen, die menschliche Entwicklung in all ihren Facetten in den Blick zu bekommen. Eine Disziplin allein, so seine feste Überzeugung, kann dieser Aufgabe nicht gerecht werden.[39]

Einzulösen versucht hat Elias dieses ehrgeizige Unternehmen mit seiner Zivilisations- und Staatsbildungstheorie, die er mit seinem frühen Hauptwerk *Über den Prozeß der Zivilisation* (Elias 1976) vorgelegt hat. Flankiert wird die auch später fortgesetzte Ausarbeitung einer Zivilisationstheorie von Anfang an durch immer wieder neu aufgenommene methodische Reflexionen zum Thema Individuum und Gesellschaft. Beide Stränge arbeitet er nach und nach zu einer Figurations- und Prozeßtheorie aus, die sich als eigenständiger theoretischer Ansatz gegenüber konkurrierenden sozialwissenschaftlichen Ansätzen etablieren sollte. Elias' weitere, zahlreiche Arbeitsgebiete – etwa seine Beiträge zur Kunst-, Sport-, Minderheiten- und Wissenssoziologie – sind eingespannt in diesen übergreifenden Rahmen. Unermüdlich kommt er dabei auf das Thema zurück, das völlig zu Recht als sein »Kardinalproblem« (Baumgart/Eichener 1991: 38) bezeichnet worden ist, gleichzeitig aber auch ein *Kardinalproblem* der gesamten Soziologie (vgl. Elias 1991: 10) seit ihren Anfängen darstellt: das Verhältnis von Individuum und Gesellschaft. Dieses Thema nimmt in Elias' Denken schon während der Arbeit am Zivilisationsbuch in den dreißiger Jahren einen so raumgrei-

---

39 Mit dieser Konzeption ergibt sich zunächst durchaus eine Parallele zu dem von Horkheimer vorgestellten Forschungsprogramm der kritischen Theorie, die ebenfalls zahlreiche Disziplinen an ihrem Forschungsvorhaben beteiligen wollte. Mit dem wichtigen Unterschied freilich, daß hier unterschiedliche Wissenschaftler aus den verschiedensten Fächern dieses Unternehmen tragen sollten, während Elias' ambitioniertes Vorhaben ein Alleinunternehmen blieb. Er selbst wollte in seiner Theorie die verschiedenen Perspektiven einzelner Wissenschaften zu einem gemeinsamen menschenwissenschaftlichen Blick vereinen.

fenden Stellenwert ein, daß er die zunächst als Teil des Zivilisationsbuches konzipierte Abhandlung zu diesem Thema auskoppelte und als separate Arbeit unter dem Titel *Die Gesellschaft der Individuen* publizierte (vgl. Elias 1939). Seit 1987 liegt die Fassung von 1939 wieder vor, ergänzt durch verschiedene Überarbeitungen des Textes aus den vierziger und fünfziger Jahren sowie durch einen neu verfaßten Beitrag aus dem Jahre 1987 zum gleichen Thema. Neben dieser explizit theoretisch-methodologischen und zeitdiagnostischen Reflexion über das Verhältnis von Individuum und Gesellschaft findet das Thema in Elias' Schriften – angefangen von seiner Dissertation *Idee und Individuum* von 1924 über sein Hauptwerk *Über den Prozeß der Zivilisation* (Elias 1976) bis hin zu späteren Schriften wie *Die Einsamkeit der Sterbenden in unseren Tagen* (Elias 1982) und *Studien über die Deutschen* (Elias 1992) – immer wieder neue Beachtung. Sein grundlegender Anspruch, über die etablierten Grenzen einzelner Wissenschaftsdisziplinen hinauszugehen, manifestiert sich gerade in seiner Bestimmung des Individuums und dessen Verhältnisses zur Gesellschaft (vgl. Elias 1991: 60). Insbesondere auf diesem Feld können nur soziologische, historische und psychologische Theorien gemeinsam ein verläßliches Bild des Wandels liefern, den dieses Verhältnis im Laufe der Menschheitsentwicklung erfahren hat. Immer wieder, so Elias, sind Individuum und Gesellschaft fälschlicherweise als zwei voneinander isoliert auftretende Phänomene behandelt worden.

Elias' Menschenwissenschaft ist es dagegen darum zu tun, die Interdependenz von Psychogenese und Soziogenese, den Zusammenhang zwischen der menschlichen Psyche und den Strukturen der menschlichen Gesellschaft, herauszuarbeiten (vgl. Goudsblom 1979, Baumgart/Eichener 1991: 40). Anders als es die seit Dilthey üblich gewordene Trennung von Geistes- bzw. Sozialwissenschaften auf der einen und Naturwissenschaften auf der anderen Seite nahelegt, scheut Elias sich als Sozialwissenschaftler nicht, auch auf naturwissenschaftliche, vor allem biologische und medizinische Erkenntnisse zurückzugreifen, wenn er das Besondere des Menschen und seiner Entwicklung herausarbeiten will (vgl. Elias 1990: 41). Am Zusammenspiel von gesellschaftlichen Prozessen, menschlichen Verhaltensänderungen und psychischen Strukturen die Entwicklung der Zivilisation zu rekonstruieren ist das erklärte Programm von Elias' umfassendem wissenschaftlichen Unternehmen, für das er mit seinem zweibändigen Werk *Über den Prozeß der Zivilisation* den Grundstein legt.

Damit sind die drei Hauptfelder des Eliasschen Ansatzes bereits angesprochen, die ich im folgenden abhandeln werde.

Jenseits von Kollektivismus und Individualismus – Elias' Figurationstheorie

Kollektivistische wie individualistische Theorien sind die ständig wiederkehrenden Gegner, von denen Elias seine eigene Konzeption unterschieden wissen will. Während die erste Richtung den Anteil des einzelnen an der Herausbildung gesellschaftlicher Institutionen und Organisationen herunterspielt und damit der Gesellschaft einen überindividuellen, beinahe ontologischen Stellenwert einräumt, reduzieren die Anhänger der zweiten Richtung komplexe soziale Prozesse auf geplante Handlungen von Individuen. Statt sich einer der beiden Richtungen anzuschließen, strebt Elias eine Vermittlung beider Herangehensweisen an. Dieser Vermittlungsversuch stellt heraus, daß die soziale Wirklichkeit auf den vielfältigen sozialen Beziehungen beruht, die Menschen miteinander eingehen. Das Soziale läßt sich weder auf die isolierten Handlungen einzelner zurückführen, noch geht es in überindividuellen Strukturen auf, die sich gleichsam unabhängig von den Aktionen, Handlungen und Gefühlen der einzelnen reproduzieren. Vielmehr sind es die von den Menschen gebildeten, wandelbaren Beziehungsgeflechte und -konstellationen, die für Elias das Soziale ausmachen. Dieser Zusammenhang soll mit dem Begriff »Figuration«[40] ausgedrückt werden, den er mit der Analogie des Tanzes zu plausibilisieren versucht: »Die gleiche Tanzfiguration kann gewiß von verschiedenen Individuen getanzt werden; aber ohne eine Pluralität von aufeinander ausgerichteten, voneinander abhängigen Individuen, die miteinander tanzen, gibt es keinen Tanz; wie jede andere gesellschaftliche Figuration ist eine Tanzfiguration relativ unabhängig von den spezifischen Individuen, die sie hier und jetzt bilden, aber nicht

---

40 Zwar führt Elias »Figuration« als Begriff erst später ein, doch ist er der Bedeutung nach schon vorher präsent und wird mit Begriffen wie »Verflechtung« und »Menschengeflecht« belegt.

von Individuen überhaupt. [...] Wie sich die kleinen Tanzfigurationen wandeln [...], so wandeln sich auch [...] die großen Figurationen, die wir Gesellschaften nennen.« (Elias 1976a: LXVIII; vgl. auch Elias 1991: 38) Damit stellt Elias heraus, daß das Fortbestehen einer Gesellschaft zwar nicht auf die Leistungen bestimmter Individuen angewiesen ist, die unvertretbar eine besondere Stelle im Gefüge einnehmen, daß es aber ohne aufeinander abgestimmte und angewiesene Individuen Gesellschaft gar nicht gäbe. Dabei betont Elias immer wieder die zwischen den Individuen bestehenden Abhängigkeiten (vgl. Baumgart/Eichener 1991: 43).

Mit diesem Konzept der Figuration will Elias die Dynamik des sozialen Wandels betonen, die er in Konzeptionen wie der Systemtheorie Parsonsscher Provenienz als prominenter Vertreterin der kollektivistischen, objektivistischen Betrachtungsweise des Sozialen so sträflich vernachlässigt findet. Dort werde im Gegenteil – so Elias' Vorwurf – sozialer Wandel als ein durch »Störungen herbeigeführter Übergangszustand zwischen zwei Normalzuständen der Wandellosigkeit« (Elias 1976a: XX) aufgefaßt: und damit Ruhe und Statik zum Normalzustand erhoben, Wandel und Veränderung dagegen zur Krise erklärt.[41] Statt dessen mahnt er die Soziologen, Vergangenheit, Gegenwart und Zukunft nicht als Übergang zwischen Zuständen zu begreifen, sondern die Verflochtenheit von Vergangenheit, Gegenwart und Zukunft als Kontinuum zu verstehen.[42] Elias wehrt sich deshalb auch ganz entschieden gegen die institutionalisierte Trennung von Geschichte und Sozialwissenschaften. Ebensosehr durchbricht er die Trennung von Soziologie und Psychologie, indem

41 Elias wirft Parsons vor, daß hinter dem Begriff des »sozialen Systems« das »Bild einer Nation als Gemeinschaft« stehe (Elias 1976a: XL). Daß Parsons mit dieser Gleichsetzung von Gesellschaft und Nation innerhalb der Soziologie keine Ausnahme darstellt, ist inzwischen bekannt, vgl. dazu etwa Richter (1995).

42 Anders als noch bei den Klassikern der Soziologie sei bei den Gegenwartssoziologen nicht mehr viel zu spüren »von dem Bemühen, Eigentümlichkeiten gegenwärtiger Gesellschaften mit Hilfe eines weiten geschichtlichen oder ethnologischen Wissens durch Vergleiche mit anderen Entwicklungsstufen der Gesellschaft selbst theoretisch in den Griff zu bekommen« (Elias 1983: 31). Elias selbst ordnet seinen Ansatz ausdrücklich dieser Tradition einer historisch verfahrenden Soziologie zu. Auch heute fehlt es nicht an geradezu emphatischen Aufrufen, Elias auf diesem Weg zu folgen, vgl. Käsler (1996).

er darauf hinweist, daß »die psychologischen Ebenen einer Men-
schenperson [...] gleichzeitig natürliche und soziale Eigentümlichkeiten aufweisen« (Elias 1984: 124). Am entschiedensten aber
wehrt er sich dagegen, die gesellschaftliche Entwicklung entweder als Produkt einiger weniger, mächtiger Individuen aufzufassen oder sie als anonymen, von menschlichen Handlungen unbeeinflußbaren Vorgang zu betrachten. Mit beiden Traditionen –
dort die lange Zeit übliche Form der Geschichtsschreibung als
Geschichte einiger »großer Männer«, hier die geschichtsphiloso-
phische Betrachtung eines sich »hinter dem Rücken der Subjekte« entfaltenden »Weltgeistes« bei Hegel und Marx – bricht Elias. Gegen die erste Richtung führt er ins Feld, daß noch die
bestgeplanten Handlungen und wohlüberlegten Entscheidungen
Folgen zeitigen können, die so niemand gewollt hat. Außerdem
sind alle Handelnden generell derart verwoben in ein komplexes
Handlungsgeflecht, daß sie niemals – auch wenn sie es noch so
sehr anstreben – autonome Entscheidungen treffen könnten, die
ausschließlich auf ihren eigenen Willen zurückgehen. Gegen die
zweite Richtung, der Elias aufgrund seiner Ablehnung der ersten
zunächst entgegenzukommen scheint, spricht seine grundsätzliche Abneigung gegenüber teleologischen Modellen, wie sie diese
Tradition immer wieder hervorgebracht hat. Die genaue Bestimmung von Beginn, Richtung und Ziel einer Entwicklung verschafft diesen Theorien einen metaphysischen Status, gegen den
Elias als Soziologe vehement Einspruch erhebt. Auch deren implizite wie explizite Wertung des menschlichen Entwicklungsprozesses als Fortschrittsgeschichte lehnt Elias strikt ab.[43] Elias

43 Daß er auch eine Verfallsgeschichte im Sinne einer umgekehrten Fortschrittsgeschichte nicht als Alternative gelten läßt, trennt ihn von seinen
   zeitweiligen Frankfurter »Kollegen« Horkheimer und Adorno. Die Elias-
   Kritik von Breuer (1992) und König (1993) lebt im Grunde von dem implizi-
   ten Vorwurf, diesen Weg nicht beschritten zu haben. Breuers Hinweise auf
   die dünne Decke der Zivilisation (vgl. Breuer 1992: 36, 39), die schon beim
   Kampf um eine Parklücke zu reißen droht, decken sich weitgehend mit der
   Duerrschen Version einer zivilisatorischen Verfallstheorie (vgl. Duerr 1988,
   1990), die dieser der Eliasschen Zivilisationstheorie entgegensetzen will.
   Breuer beklagt bei Elias, daß dieser die »Logik des Zerfalls« übersehe, und
   tut damit so, als sei es völlig ausgemacht, daß es eine solche Verfallslogik
   gibt. Seine Perspektive eines allgemeinen Entzivilisierungstrends erhebt allzu
   selbstverständlich die düsteren Bilder aus der *Dialektik der Aufklärung* zum
   allein gültigen Maßstab, an dem gemessen sich Elias' Version der Zivilisationstheorie in der Tat irritierend optimistisch ausnimmt. Vgl. dazu auch
   Bogner (1989), Hohl (1994).

hält *beiden* Richtungen eine empirisch verfahrende und historisch ausgerichtete Theorie entgegen, die allen geschichtsphilosophischen Spekulationen über Beginn, notwendigen Verlauf und unaufhaltsames Ende der Geschichte leidenschaftlich widerspricht.

In Elias' Version des Entwicklungsprozesses gibt es grundsätzlich keinen Anfangspunkt, kein Ziel und keine Determinanten (vgl. Baumgart/Eichener 1991: 81). Jegliche allein auf überindividuelle, auf einen geheimen Bauplan abstellende Theorie ist Elias zutiefst suspekt. Ohne geschichtliche und gesellschaftliche Abläufe auf einzelne Menschen und deren Handlungen reduzieren zu wollen, möchte er deren Beitrag am Geschehen nicht völlig vernachlässigt sehen. Wenngleich sie letztlich Dinge in Gang setzen, die Folgen zeitigen, die so niemand gewollt hat, gehen die gesellschaftlichen Erscheinungen dennoch letztlich auf ihre Handlungen zurück und nicht auf etwas Übersinnliches und aller Erfahrung Enthobenes. Dennoch ist das Ergebnis des Prozesses niemals auf die individuellen Handlungen einzelner zurückzuführen. Um diese Zwischenstellung zwischen individualistischen und strukturtheoretischen, zwischen subjektivistischen und objektivistischen Ansätzen zu plausibilisieren, bietet Elias den Begriff *Figuration* an.[44] Dabei versteht er seinen Ansatz nicht einfach als dritten Weg, der zwischen den streng individualistischen und den streng strukturalistischen Ansätzen vermitteln will. Eine solche Position gesteht er auch Weber[45] und Parsons zu. Diese gehen dennoch von einer erst *nachträglichen* Vermengung und Wechselwirkung der fälschlicherweise isoliert gedachten Sphären von Individuum und Gesellschaft aus. Seine Herangehensweise will dagegen die *immer schon* in Verflechtungen verstrickten und sie stets neu produzierenden Menschen herausstreichen, so daß Betrachtungen des einzelnen Individuums und der Gesellschaft als übergeordneter Instanz stets künstlich sind, auf Abstraktionen beruhen, die so in der Wirklichkeit nicht vorzufinden sind: »Ein zentraler Punkt meines Denkens [...] war die Erkenntnis, daß man Individuum und Gesellschaft nicht

---

44 Elias' Kritik am Begriff der Wechselwirkung als »noch recht unbeholfen und nicht besonders sachgerecht« (Elias 1991: 126) täuscht nur notdürftig über die große Übereinstimmung mit Simmels Auffassung hinweg.
45 Allerdings nicht durchgehend, zumeist schlägt er ihn auf die Seite der individualistischen Ansätze, vgl. Elias (1991: 220).

trennen kann, daß sie lediglich zwei verschiedene Beobachtungs-
ebenen darstellen.« (Elias 1990: 82; vgl. auch 1991: 199) Nicht
der einzelne Mensch und nicht die scheinbar wie von außen auf
ihn einwirkenden Kräfte der Gesellschaft sind die Motoren der
gesellschaftlichen Entwicklung, sondern die zwischen den Menschen bestehenden Beziehungen. Folglich sind diese von den
Menschen geschaffenen Beziehungsgeflechte der Gegenstand einer sich als Menschenwissenschaft verstehenden Soziologie.

Mit dieser Ausrichtung auf eine jenseits von Individualismus
und Kollektivismus argumentierende Sozialtheorie will Elias die
in den Sozialwissenschaften etablierte Trennung in subjektivisti-
sche und objektivistische Ansätze überwinden.[46] Grundvoraus-
setzung dieser Perspektive ist die Prämisse, daß Menschen ihr
Handeln stets aufeinander ausrichten, von vornherein auf andere
beziehen, folglich niemals solipsistisch sind. Eine einzelne Handlung, ohne Einbindung in das Handlungsgeflecht, das durch die
anderen gebildet wird, ist in Elias' Gedankengebäude kategorial
ausgeschlossen. Menschen finden sich immer schon in Verhältnissen wechselseitiger Interdependenz vor. Sie bilden weitläufige
Verflechtungszusammenhänge, Figurationen eben, in denen der
eine von den Handlungen des anderen abhängig ist und umgekehrt. Je enger diese Verflechtungsordnung wird, desto mehr bewirkt sie, daß die sie bildenden und in ihr lebenden Menschen
ihre spontanen Emotionen zurückhalten müssen, so daß es im
Verlaufe dieses Prozesses zu immer stärkeren Regulierungen des
kompletten Affekt- und Triebhaushaltes kommt, zur Ausbildung
jener Selbstdisziplin, bei der der einzelne zum Kontrolleur seines
eigenen Gefühlshaushalts avanciert. Nicht mehr spontan und un-

---

46 Mit diesem Überwindungsversuch gibt Elias eine Richtung vor, die bis ins
Detail so auch von Giddens und Bourdieu verfolgt wird (vgl. Giddens 1988;
Kießling 1988). Während Giddens die Vermittlung zwischen individualistischen und strukturtheoretischen Ansätzen durch sein Konzept der »Dualität
von Handlung und Struktur« leisten will, soll bei Bourdieu der Begriff des
Habitus diese Funktion erfüllen: »Eines der typischen Beispiele für eine
derartige, wissenschaftlich absurde Gegenüberstellung ist die von Individuum und Gesellschaft. Der Begriff des Habitus als inkorporiertes, folglich
individuiertes Soziales ist nun auch ein Versuch, sie zu überwinden.« (Bourdieu 1992: 43) Auch Elias gesteht dem Begriff des *sozialen Habitus* zu:
»Im Verein mit dem Begriff der zu- oder abnehmenden Individualisierung
vergrößert er die Chance, dem Entweder-Oder, das sich so oft in soziologischen Erörterungen des Verhältnisses von Individuum und Gesellschaft
findet, zu entkommen.« (Elias 1991: 244)

gehemmt, sondern kontrolliert und gleichmäßig werden nunmehr Gefühle zum Ausdruck gebracht. Dabei bringt Elias die Entwicklung in ein deutliches Bedingungsverhältnis: »Es ändert sich die Art, in der die Menschen miteinander zu leben gehalten sind; *deshalb* ändert sich ihr Verhalten; *deshalb* ändert sich ihr Bewußtsein und ihr Triebhaushalt als Ganzes. Die ›Umstände‹, die sich ändern, sind nichts, was gleichsam von ›außen‹ an den Menschen herankommt; die ›Umstände‹, die sich ändern, sind die Beziehungen zwischen den Menschen selbst.« (Elias 1976b: 377, Hervorhebung durch mich, M. S.) Dieser Satz enthält Elias' spezifischen Ansatz in nuce: Im ersten Teil wird ausgesagt, daß die Menschen zunächst offensichtlich durch etwas von außen Kommendes, auf das sie selbst keinerlei Einfluß haben, dazu motiviert werden, ihr Verhalten und schließlich ihren gesamten Bewußtseins- und Triebhaushalt umzustellen. Im zweiten Teil des Satzes wird der Eindruck eines einseitigen Determinationsverhältnisses durch die Aussage abgeschwächt, daß die Menschen keineswegs auf etwas reagieren, was ihnen aus einem unbeeinflußbaren, fremden Außen auferlegt wird, sondern durch etwas, was sie in die Welt gesetzt haben, ja, durch etwas, dessen Teil sie selbst sind. Sie sind Auslöser und Initiatoren der sich wandelnden »Umstände«, auf die sie ihr Verhalten immer wieder aufs neue korrigierend ausrichten müssen. Aus dieser Überlegung folgt der für Elias' gesamten Ansatz weitreichende und immer wieder neu vorgetragene Schluß, daß es keine überindividuellen Instanzen gibt, die so unüberschaubar und mächtig wären, daß sie die Individuen zu willenlosen und handlungsohnmächtigen »Rädchen im Getriebe« degradierten. Und seien die Verflechtungszusammenhänge in hochdifferenzierten Gesellschaften noch so dicht, in Elias' Perspektive verlieren die Individuen sich in den Knäueln des Flechtwerks niemals derart hoffnungslos, daß diese sich gänzlich ohne »menschliche« Beteiligung selbstständig fortspinnen könnten. Die Individuen behalten letztendlich die Fäden stets in der Hand.

Zur Genese des zivilisierten Individuums:
Elias' Zivilisationstheorie

Elias' theoretische Perspektive, eine Vermittlung zwischen individualistischen und kollektivistischen, handlungs- und strukturtheoretischen Ansätzen herzustellen, hat in seiner Studie *Über den Prozeß der Zivilisation* eine materiale Einlösung erfahren. Dort wird der Zivilisationsprozeß weder als Produkt der Individualhandlungen einiger mächtiger Protagonisten wie Königen, Fürsten und Staatsmännern noch als eine von den Individuen völlig abgekoppelte, autonome Entwicklung gedeutet. Elias will mit seinem theoretischen Ansatz vielmehr zeigen, daß es in der Entwicklung menschlicher Gesellschaften bestimmte ineinandergreifende Zusammenhänge gibt, die sonst oftmals als voneinander isoliert dargestellt werden. So will er demonstrieren, daß die (von den Klassikern Weber, Durkheim und Simmel ausgiebig behandelte) fortschreitende Differenzierung gesellschaftlicher Funktionen im Zusammenhang mit der Staatsbildung, der Zivilisierung menschlichen Verhaltens und dem Wandel von Persönlichkeitsstrukturen gesehen werden muß. Hatten sich Comte, Marx, Weber und Freud Elias zufolge zumeist auf nur eines dieser Felder konzentriert, tritt er selbst mit dem Anspruch an, sie alle zu behandeln und als interdependente Erscheinungen herauszuarbeiten. Als bevorzugtes Material für diese Untersuchung dienen ihm dabei – neben Biographien, Berichten und Bildern – französische, englische und deutsche Etiketten- und Manierenbücher vom 13. bis 18. Jahrhundert, an denen er den Wandel von Verhaltensstandards glaubt ablesen zu können.

Elias' Hauptwerk *Über den Prozeß der Zivilisation* trägt den Untertitel *Soziogenetische und psychogenetische Untersuchungen*. Während die Psychogenese die langfristige Entwicklung menschlichen Verhaltens analysiert, die in Richtung »Zivilisierung« weist, nimmt die Soziogenese die langfristige Entwicklung der Gesellschaftsstrukturen, der Ordnungs- und Machtfigurationen in den Blick, die in Richtung »Staatenbildung« weist. Beide Perspektiven zusammengenommen – Zivilisations- *und* Staatsbildungstheorie – bilden das Fundament seines theoretischen Entwurfs. Entscheidend für diesen Erklärungsansatz ist dabei der Nachweis des Zusammenwirkens und der wechselseitigen Beeinflussung beider Prozesse, wobei jedoch der jeweilige

Stand der Zivilisation von dem Ausmaß der Staatenbildung abhängig ist (vgl. Breuer 1992: 16). Mit anderen Worten: ohne Staaten keine Zivilisation.[47]

Besonders im zweiten Band des Zivilisationsbuches beschreibt Elias die gesellschaftliche Entwicklung als fortschreitende sozioökonomische Differenzierung, als Prozeß zunehmender Funktions- und Arbeitsteilung. Dabei betont er jedoch weniger die wachsende Autonomie der Teilbereiche als vielmehr die Notwendigkeit der immer schwerer zu bewältigenden Abstimmung der ausdifferenzierten Teilbereiche aufeinander. Handlungen müssen weit mehr koordiniert werden, als dies in weniger differenzierten Gesellschaften der Fall gewesen ist: »Das Verhalten von immer mehr Menschen muß aufeinander abgestimmt, das Gewebe der Aktionen immer genauer und straffer durchorganisiert sein, damit die einzelne Handlung darin ihre gesellschaftliche Funktion erfüllt. Der Einzelne wird gezwungen, sein Verhalten immer differenzierter, immer gleichmäßiger und stabiler zu regulieren.« (Elias 1976b: 317) Die Abhängigkeits- und Wirkungsketten der einzelnen Handlungen werden länger. Damit wächst der Druck auf den einzelnen, sich berechenbar und kontrolliert zu verhalten, den Trieben und Leidenschaften nicht widerstandslos nachzugeben, die Affekte zu zügeln und die Wirkungen der eigenen Handlungen auf die anderen stets mitzubedenken. Elias' detailreiche Untersuchungen im ersten Band des Zivilisationsbuches belegen diese Zunahme an Trieb- und Affektkontrollen seit dem Mittelalter scheinbar schlagend.[48] An die

47 Ohne modernen Staat aber auch keine Individualisierung. Dem Staat kommt bei der Individualisierung – ähnlich wie bei Durkheim – eine »Doppelfunktion« zu (vgl. Elias 1991: 241). Einerseits steht er der Individualisierung entgegen, weil er die Verschiedenheiten zwischen den Menschen durch eine staatsbürgerliche Gleichbehandlung einebnet. Andererseits jedoch bezieht er sich auf sie nicht in ihrer Rolle als Staatsbürger und Steuerzahler, sondern als einzelne Individuen, womit er doch »das Seine zu einem Schub der Massenindividualisierung« (Elias 1991: 242) beiträgt.

48 Daß Elias das Mittelalter als Ausgangspunkt wählt, hat enorme Auswirkungen auf seine Ergebnisse über den Verlauf der gesellschaftlichen Entwicklung. Hätte er andere Regionen als Westeuropa in seine Untersuchung miteinbezogen (etwa: Japan) oder weiter in der Geschichte zurückgegriffen (etwa: Antike), wäre vielleicht deutlicher geworden, daß von einem stetigen und permanenten Anwachsen von zivilisierterem Verhalten kaum die Rede sein kann. Immerhin hat es schon im alten Mesopotamien ein ausgebautes Kanalisationsnetz gegeben. Zahlreiche historische Darstellungen gehen davon aus, daß das Mittelalter eine Art Rückfall hinter vorher schon erreichte

Stelle eines spontanen Auslebens menschlicher Bedürfnisse tritt das geplante, abgewogene, kontrollierte – auch nach Zeitregularien (vgl. Elias 1984) – abgestimmte Verhalten. Angesichts der Schilderungen der üblichen Sitten bei Tisch zur Zeit des Erasmus von Rotterdam um 1530 bekommt der Leser einen anschaulichen Eindruck davon, wie sehr sich im Laufe der Zeit die Sitten und Gebräuche in Richtung regulierteren, kontrollierteren Verhaltens verschoben haben. Natürlich wird im Laufe der Zeit nicht auf die ehemals vor aller Augen vollzogenen körperlichen Verrichtungen vollständig verzichtet. Vielmehr werden sie in eine sich allmählich herausbildende Intim- und Privatsphäre verlagert. Einst öffentlich vollzogene »körperliche Verrichtungen« wie etwa Schlafen, Waschen und Essen werden – so legt es das von Elias herangezogene Material nahe – zunehmend »hinter die Kulissen des gesellschaftlichen Lebens« (Elias 1976a: 163) in die Privatsphäre der Kleinfamilie (vgl. ebd.: 222) verbannt.[49]

Eine einschneidende Zäsur, die mit Beginn der Renaissance erreicht ist, liegt für Elias jedoch nicht allein in der Veränderung des Verhaltens, sondern vor allem in der wechselseitigen Wahrnehmung des eigenen und des Verhaltens anderer, was Elias als neue Form der Integration vorstellt: »Die verstärkte Neigung des Menschen, sich und andere zu beobachten, ist eines der Anzeichen dafür, wie nun die ganze Frage des Verhaltens einen anderen Charakter erhält. Die Menschen formen sich und andere mit größerer Bewußtheit als im Mittelalter.« (Elias 1976a: 102) Dieses zivilisierte Verhalten wird jedem einzelnen abverlangt und durch Sozialisation in seine Persönlichkeit implementiert: Die Zwänge werden so stark internalisiert, daß sie als Selbstkontrollapparatur zum Bestandteil der menschlichen Persönlichkeitsstruktur werden. Unabdingbar für das Gelingen dieses Prozesses ist die Sozialisation[50], die bereits in sehr frühen Jahren beginnen muß: »Der Einzelne wird bereits von der frühesten

Standards darstellt. Auch wenn hier oftmals ein übertrieben dunkles Bild des Mittelalters gemalt wird, zeigen diese Hinweise doch, daß von diesem gewählten Ausgangspunkt her gesehen in der Tat alles Spätere in einem zuvor noch nie erreichten Maße als zivilisiert und kultiviert erscheinen muß.

49 Insbesondere auf das Sexualverhalten bezogen sich die stärker werdenden Scham- und Peinlichkeitsgefühle. In seinem Buch über die *Einsamkeit der Sterbenden* (Elias 1982) spekuliert Elias darüber, ob in unseren Tagen nicht das Sterben und der Tod diesen Platz eingenommen haben, vgl. dazu Nassehi/Weber (1989).

Jugend an auf jene beständige Zurückhaltung und Langsicht abgestimmt, die er für die Erwachsenenfunktionen braucht; diese Zurückhaltung, diese Regelung seines Verhaltens und seines Triebhaushalts wird ihm von klein auf so zur Gewohnheit gemacht, daß sich in ihm, gleichsam als eine Relaisstation der gesellschaftlichen Standarde, eine automatische Selbstüberwachung der Triebe im Sinne der jeweiligen gesellschaftsüblichen Schemata und Modelle, eine ›Vernunft‹, ein differenzierteres und stabileres ›Über-Ich‹ herausbildet, und daß ein Teil der zurückgehaltenen Triebregungen und Neigungen ihm überhaupt nicht mehr unmittelbar zum Bewußtsein kommt.« (Elias 1976b: 329)

Für Elias ist Sozialisation unabdingbar für die Heranführung des einzelnen an die Gesellschaft. Das Individuum muß seine Triebe und Effekte zu beherrschen lernen. Es muß sich sowohl hinsichtlich seiner Handlungen als auch in bezug auf das Sprechen über bestimmte Handlungen eine Zurückhaltung auferlegen. Diese Zurückhaltung »wird immer weniger durch unmittelbare äußere körperliche Gewalt erzwungen; sie wird durch den Aufbau des gesellschaftlichen Lebens, durch den Druck der gesellschaftlichen Institutionen im allgemeinen und im besonderen durch bestimmte *gesellschaftliche Exekutionsorgane*, vor allem durch die Familie, dem Einzelnen als Selbstzwang, als automatisch wirkende Gewohnheit von klein auf angezüchtet; die gesellschaftlichen Gebote und Verbote werden damit immer nachdrücklicher zu einem Teil seines Selbst, zu einem streng geregelten Über-Ich gemacht.« (Elias 1976a: 258; Hervorhebung durch mich, M.S.) Und er fährt fort: »Nach einer Art von ›soziogenetischem Grundgesetz‹ durchläuft das Individuum während seiner kleinen Geschichte noch einmal etwas von den Prozessen, die seine Gesellschaft während ihrer großen Geschichte durchlaufen hat.« (Elias 1976a: LXXIV)[51] Insofern ist für Elias »die Sozialisa-

50 Obwohl Elias diese Vorgänge der langsamen, aber kontinuierlichen Anpassung des Individuums an die Erfordernisse der Gesellschaft beschreibt, vermeidet er das Wort Sozialisation. Wahrscheinlich ist für ihn damit zu sehr die Vorstellung verbunden, daß ein Individuum erst nachträglich mit der Gesellschaft in Kontakt tritt – eine Vorstellung, die er für völlig falsch hält und deshalb offensichtlich vermeiden will.

51 An anderer Stelle nennt er es auch »soziologenetisches Grundgesetz« (Elias 1976a: 330). Auch bei Durkheim (1988: 405) heißt es bereits: »Die Entwicklung des Individuums wiederholt die Entwicklung der Gattung nur in verkürzter Form. Sie durchläuft nicht alle Phasen, die die Gattung durchlaufen

tion ein Theater der gesellschaftlichen Erinnerung, in dem für jede Generation noch einmal neu das Drama der Zivilisierung aufgeführt wird«, wie Neckel (1991: 129) kommentiert.

Dabei werden die veränderten Verhaltensstandards keineswegs bloß situativ eingenommen; vielmehr führen sie zu einer gravierenden Veränderung der kompletten Persönlichkeitsstruktur, des sozialen Habitus. Das Verhalten des einzelnen wird dadurch kalkulierbar und berechenbar. Die Richtung verläuft von Fremdzwängen zu Selbstzwängen. Allerdings betont Elias in späteren Schriften stärker, daß es auch in weniger entwickelten Gesellschaften Selbstzwänge gegeben hat bzw. gibt und umgekehrt in entwickelteren Gesellschaften Fremdzwänge durchaus vorhanden sind.

Sozialisation erfolgt als »Konditionierung auf den bestehenden gesellschaftlichen Standard« (Elias 1976a: 329) hin. Entzieht sich der einzelne typischen Verrichtungen wie etwa der Körperwäsche, ist das für Elias »der Ausdruck für eine nicht ganz geglückte Konditionierung« (ebd.). Elias teilt offenbar mit Freud die »Auffassung, daß das Über-Ich im einzelnen die gesellschaftliche Allgemeinheit vertritt und damit als Conditio sine qua non der Zivilisation bzw. der Kultur fungiert« (Breuer 1991: 27).[52] Während Freud dies triebtheoretisch begründet, spricht Elias fortwährend von einem Konditionierungsvorgang (vgl. Elias 1976a: 88, 109, 191, 229, 260, 282), wobei er sich an einer Stelle direkt auf den Behaviorismus beruft (vgl. Elias 1976a: 319, Fn. 40).[53] Die Eltern spielen hier die Rolle von »Exekutoren der Konditionierung« (1976a: 191) für das Kind. Insofern wendet Neckel völlig zu Recht gegen Elias ein: »In Gestalt humaner

hat, sondern läßt Phasen aus und durchläuft andere rascher, weil die Erfahrungen, die die Rasse gemacht hat, dem Individuum erlauben, seinen eigenen Phasendurchlauf zu beschleunigen.« Hinter die Ansicht, daß das einzelne Individuum auch Phasen auslassen kann, fällt Elias zurück. Er stellt sich die Entwicklung, die das Kind bis zum »Eintritt« ins Erwachsenenalter absolvieren muß, als immer länger andauernde und zunehmend schwieriger zu bewältigende Lebensphase vor, weil immer mehr gesellschaftliches Wissen angeeignet werden muß. Zu einem ähnlichen Gedanken vgl. auch Simmel (1989a: 163).

52 Zum Vergleich der Freudschen mit der Eliasschen Zivilisationstheorie siehe Breuer (1992), König (1993).

53 In erster Linie beschreibt Elias diesen Vorgang anhand des Kindes. Es geht um »Kinder-Konditionierung« (Elias 1976a: 182), denn das Kind kommt als »hilfloses, wildes Geschöpf« zur Welt (Elias 1991: 40).

Inkonsistenz oder reflektierter Variation, in Gleichgültigkeit, heimlicher Resistenz oder offener Ablehnung modifizieren die Menschen die zivilisatorischen Regeln auch, von denen Elias sagt, daß sie ein automatisch wirkender, gleichartig ausgeprägter Selbstzwang sind.« (Neckel 1991: 133)[54]

Durch diese Effektivierung der Kontrolle, bei der jedes Individuum gleichsam zu seinem eigenen Bewacher wird, wird wiederum eine erneute Differenzierung ermöglicht, so daß die von der Soziogenese bewirkte Psychogenese nun wieder auf die Soziogenese zurückwirkt. Beide Prozesse bedingen also einander und befördern sich gegenseitig. Das wird beim Thema Gewalt ganz offensichtlich. Das Gewaltmonopol des Staates in zivilisierten Gesellschaften schafft pazifizierte Räume; die einzelnen Individuen können auf Gewaltanwendung verzichten. Der Staat ist der Hüter der sozialen Ordnung; er sorgt für Sicherheit, zwingt den einzelnen zur Affektkontrolle, wie er es ihm ermöglicht, seine Affekte zu regulieren. Beide Prozesse greifen ineinander: »Die Psychogenese der Affektregulierung entspricht der Soziogenese des Staates.« (Baumgart/Eichener 1991: 63)

Die zunehmende »Intimisierung aller körperlichen Funktionen« (Elias 1976a: 261) und ihre »Verlegung hinter verschlossene Türen« bewirkt eine »eigentümliche Gespaltenheit des Menschen« in eine öffentliche und eine private (intime oder geheime) Seite: »Es scheiden sich mit anderen Worten im Leben der Menschen selbst mit der fortschreitenden Zivilisation immer stärker eine intime oder heimliche Sphäre und eine öffentliche Sphäre, ein heimliches Verhalten und ein öffentliches Verhalten voneinander. Und diese Spaltung wird den Menschen so selbstverständlich, sie wird ihnen dermaßen zur zwingenden Gewohnheit, daß sie ihnen selbst kaum noch zum Bewußtsein kommt.« (Elias

54 Auch dieser Hinweis bestärkt mich weiter in meiner Verwunderung darüber, daß zwar gegenüber Parsons' Modell immer wieder davon die Rede ist, daß Menschen bei ihm wie »passive Marionette[n]« behandelt werden (Giddens 1988b: 287), nicht aber bei Elias. Möglich, daß seine Bezeichnung als Menschenwissenschaftler ihn vor solchen Vorwürfen, die – im weitesten Sinne – Strukturtheorien stets auf sich ziehen, bewahrt hat. Verstellt man sich durch solche Etiketten jedoch nicht den Blick auf die theoretische Substanz des Eliasschen Ansatzes, entdeckt man mehr Ähnlichkeiten mit strukturtheoretischen Annahmen, als der Fangemeinde, die ihn vor solcherlei Verwandtschaft tunlichst bewahren will, lieb sein mag.

1976a: 262)[55] Schließlich wirken die gesellschaftlichen Sanktionen und Verbote derart auf den einzelnen ein, daß er sich selbst in unbeobachteten Momenten, allein in einem privaten Raum, ihrer Wirkung nicht entziehen kann (vgl. Elias 1976a: 1986). Die Selbstzwänge sind die perfekten Instanzen für eine naht- und lückenlose, ununterbrochene und unausweichliche Kontrolle: Sind die Zwänge im Selbst derart implantiert, funktioniert die Kontrolle perfekt, denn seinem Selbst entflieht man nicht.

Nun hat sich diese Entwicklung nicht über Nacht und aus heiterem Himmel vollzogen, vielmehr war es ein langer Prozeß, bis sich die Fremdzwänge immer mehr in Selbstzwänge transformiert haben.[56] Elias vermeidet es, ein dichotomisches Modell von einfachen Gesellschaften (Fremdzwang) dort und modernen, zivilisierten Gesellschaften (Selbstzwang) hier aufzustellen. Er zeichnet nicht auf der einen Seite das Bild eines Mittelalters, in dem es noch zu spontaner und ungehemmter Triebauslebung kommt, und auf der anderen Seite das einer zivilisierten Gesellschaft, in der sich ein kontrolliertes und schamhaftes Verhalten irreversibel und lückenlos durchgesetzt hat. Er spricht nicht in absoluten Größen, sondern – um Neutralität bemüht – überwiegend im komparativen Stil von »mehr« oder »weniger« Selbst- bzw. Fremdzwang. Keineswegs nimmt er an, es hätte einstmals eine völlig freie und ungeregelte Auslebung der Affekte gegeben, die nun, im Zuge der Zivilisation, unterdrückt würde. Vielmehr hat es, solange Menschen in Gemeinschaft mit anderen Menschen leben, immer schon Regularien und Rituale der Abstimmung des Verhaltens aufeinander gegeben. In dieser – wie auch in vielerlei anderer Hinsicht – gibt es für Elias keinen »Nullpunkt« der Entwicklung. In dieser Annahme auch liegt m. E. der soziologische Gehalt und Gewinn seiner Theorie, die sich von

55 Mit anderen, der berühmten Weber-Formulierung nachempfundenen Worten: »Der Höfling *wollte* sich noch selbst kontrollieren, um seinen sozialen Status nicht zu verlieren; der Bürger und der moderne Mensch *müssen* es, um überhaupt existieren zu können. Der Vorgang aber erreicht ihr Bewußtsein kaum noch.« (Nassehi/Weber 1989: 307) Die derzeit vieldiskutierten Phänomene der Entzivilisierung gehen von einer zunehmenden Auflösung dieser strikten Trennung von öffentlicher und privater Sphäre aus, vgl. etwa Sennett (1983).

56 Die Parallelen zu Foucaults Studien zur Überwachung sind hier unübersehbar, vgl. Hahn (1982, 1986), van Krieken (1989). Auf diese Gemeinsamkeiten zwischen Elias und Foucault weist Rehberg (1982: 116) schon 1977 hin.

jeglicher geschichtsphilosophischer Spekulation freihält. Allein entscheidend für das, was Elias unter Zivilisierung versteht, ist der *Umbau* des ehemals von außen auf das Individuum ausgeübten Fremdzwangs in einen von innen auf sich selbst ausgeübten Selbstzwang.[57] Der Mensch ist immer schon Teil eines mehr oder weniger dichten Netzes sozialer Beziehungen und damit immer schon abhängig von anderen Menschen, also niemals frei von Zwang: »Der Mensch ohne Restriktionen ist ein Phantom.« (Ebd.) Deshalb sind Gesellschaftsformen gänzlich ohne Zwänge

57 Simmel nimmt dieses Eliassche Programm der Zivilisation, den Übergang von Fremd- zu Selbstzwängen, mit den Worten vorweg: »Die Gesellschaft tritt dem Einzelnen mit Vorschriften gegenüber, an deren Zwang er sich gewöhnt, bis es der gröberen und feineren Mittel, die diesen Zwang trugen, nicht mehr bedarf. Entweder wird seine Natur dadurch so gebildet oder umgebildet, daß er wie triebhaft in diesem Sinne handelt, mit einheitlich unmittelbarem Wollen, das kein Bewußtsein eines Gesetzes einschließt; [...]. Oder das Gesetz lebt als befehlendes, durch den Autoritätswert der Gesellschaft getragenes, im individuellen Bewußtsein, aber unabhängig davon, ob die Gesellschaft wirklich noch mit ihrer Zwangsmacht oder selbst nur mit ihrem ausgesprochenen Willen dahintersteht. Das Individuum vertritt so sich selbst gegenüber der Gesellschaft, das äußere Sich-Gegenüberstehen, mit seinen Unterdrückungen, Befreiungen, wechselnden Akzentuierungen, ist zum Wechselspiel zwischen seinen sozialen Impulsen und denen seines Ich im engeren Sinne geworden, wobei beides vom Ich im weiteren Sinne umfaßt ist.« (Simmel 1992: 233 f.) Elias' Konzept des seit dem Mittelalter ständig zunehmenden Grades an Zivilisation trägt unübersehbar Züge der Vorstellung des Erwachsenwerdens. Seine Parallelschaltung zwischen ontogenetischer und psychogenetischer Entwicklung legt unvermeidlich die Gefahr nahe, die Menschen des Mittelalters als Kinder, die der höher entwickelten Gesellschaften als Erwachsene anzusehen. Während sich nach Elias das Mittelalter als Zeitalter der Offenheit präsentiert, werden die nachfolgenden Epochen immer mehr zu solchen des Geheimnisses im Simmelschen Sinne: »Das Geheimnis [...], das durch negative oder positive Mittel getragene Verbergen von Wirklichkeiten, ist eine der größten Errungenschaften der Menschheit; gegenüber dem kindischen Zustand, in dem jede Vorstellung sofort ausgesprochen wird, jedes Unternehmen allen Blicken zugänglich ist, wird durch das Geheimnis eine ungeheure Erweiterung des Lebens erreicht, weil vielerlei Inhalte desselben bei völliger Publizität überhaupt nicht auftauchen können.« (Simmel 1992: 406) Anders aber als Elias betont Simmel die zwei entgegengesetzten Richtungen in dieser Entwicklung: »Die geschichtliche Entwicklung der Gesellschaft ist in vielen Teilen dadurch bezeichnet, daß früher Offenbares in den Schutz des Geheimnisses tritt, und daß umgekehrt früher Geheimes dieses Schutzes entbehren kann und sich offenbart – vergleichbar jener anderen Evolution des Geistes: daß zuerst bewußt Ausgeführtes zu unbewußt-mechanischer Übung herabsinkt, und andrerseits früher Unbewußt-Instinktives in die Helle des Bewußtseins aufsteigt.« (Ebd.)

nicht vorstellbar. Doch ebensowenig wie es für ihn den absolut freien Menschen gibt, der nur seinen eigenen Bedürfnissen und Interessen folgt, ohne auf andere Rücksicht nehmen zu müssen, gibt es für Elias den total determinierten Menschen, der zu keiner eigenen Entscheidung mehr in der Lage ist. Worauf Elias sein Hauptaugenmerk legt, ist der *Wandel* von »Art, Stärke und Verarbeitung der Versagungen und Zwänge« (ebd.). Selbst der Mächtigste ist nicht frei. Auch auf ihn trifft das allgemeine Entwicklungsgesetz des Zivilisationsprozesses zu: Jeder wird von jedem anderen abhängiger, »auch die sozial Höherstehenden von den sozial niedriger Rangierenden und Schwächeren« (Elias 1976a: 187). Unabhängig von Macht, Stärke und Intelligenz gilt, daß niemand »die Eigengesetzlichkeit des Menschengeflechts« (Elias 1991: 77) durchbrechen kann. Die Mächtigen ebenso wie die Ohnmächtigen, die Reichen so gut wie die Armen sind in ein Geflecht gegenseitiger Abhängigkeiten eingespannt, das sie permanent selbst reproduzieren und erweitern. Aber obwohl alle Menschen gleichermaßen in ihrem Entscheidungsspielraum durch die Anwesenheit und die Handlungen anderer Menschen begrenzt sind, divergieren Art und Umfang des Entscheidungsspielraums »je nach den Machtinstrumenten, die einem Menschen zur Verfügung stehen« (Elias 1991: 83). Grundsätzlich gilt: »Die individuelle Aktivität der einen ist die gesellschaftliche Bindung der anderen. Und es hängt einzig von der jeweiligen Machtausrüstung der interdependenten Funktionen ab, es hängt von der Stärke der wechselseitigen Abhängigkeiten ab, wer den anderen durch seine Aktivität stärker zu binden vermag.« (Elias 1991: 83)[58] Insofern versteht Elias unter Macht »eine besonders große Chance, die Selbststeuerung anderer Menschen zu beeinflussen und das Schicksal anderer Menschen mitzuentscheiden« (Elias 1991: 80).

Mögen sich Gesellschaften auch hinsichtlich des zugelassenen

58 In seiner Schrift *Die höfische Gesellschaft* hat Elias diese Debatte als grundsätzliche Auseinandersetzung zwischen Historikern und Soziologen fortgeführt. Während die einen Freiheit und Unabhängigkeit betonen, so Elias, geht es den anderen um den Nachweis der Determiniertheit und Abhängigkeit des einzelnen. Elias lehnt eine solche Festlegung als metaphysische Vorentscheidung ab und plädiert statt dessen für empirische Untersuchungen, die von Fall zu Fall, je nach besonderer historischer Situation und gesellschaftlichen Bedingungen, immer wieder neu den Grad an Abhängigkeit bzw. Freiheit des einzelnen zu bestimmen hätten (vgl. Elias 1983: 53).

Grades individueller Entscheidungsspielräume unterscheiden, und mögen sich einzelne Menschen in bestimmten Gesellschaften danach unterscheiden lassen, wieviel oder wie wenig Macht sie haben: Es gibt keine Gesellschaftsform und es gibt keine gesellschaftlichen Gruppen oder einzelne Individuen, denen es an Entscheidungsspielraum völlig mangelt: »Selbst die soziale Funktion eines Sklaven läßt einen gewissen Raum für individuelle Entscheidungen, schmal, wie er sein mag.« (Elias 1991: 79) In dieser Einschätzung, die der marxistischen Vorstellung entgegenläuft, daß sich die Macht in der Hand einiger weniger vereint, während die Mehrheit gänzlich ohne Macht dasteht, trifft sich Elias mit Simmel, der etwa dreißig Jahre vor ihm ganz ähnlich schreibt: »Selbst in den drückendsten Verhältnissen und grausamsten Unterworfenheitsverhältnissen besteht noch immer ein erhebliches Maß persönlicher Freiheit.« (Simmel 1992: 161) Wenn Simmel einige Seiten weiter notiert: »Alle Führer werden auch geführt, wie in unzähligen Fällen der Herr der Sklave seiner Sklaven ist« (Simmel 1992: 164), wird deutlich, daß sich in dieser Auffassung eine seit Hegels Kapitel über die Dialektik von Herr und Knecht bekannte Einsicht niederschlägt.

Ebenso wie hinsichtlich der gesellschaftlichen Verflochtenheit des einzelnen und der daraus resultierenden Machtprozesse in einer Gesellschaft gibt es nach Elias' Verständnis auch hinsichtlich der Ängste der Menschen keinen »Nullpunkt« (1976b: 408). Nicht das plötzliche Verschwinden bestimmter Ängste, Zwänge und das ebenso plötzliche Auftauchen anderer Ängste und Zwänge hat Elias im Blick, sondern den langfristigen und steten Wandel bestimmter, immer schon vorhandener Gefühle, Dispositionen usw. Im Bezug auf die Ängste schreibt Elias, was auch für andere Phänomene gelten kann: »Was sich ändert, ist lediglich die Proportion zwischen den äußeren und den selbsttätigen Ängsten und deren gesamter Aufbau: Die Ängste des Menschen vor äußeren Mächten werden – ohne je zu verschwinden – geringer; die niemals fehlenden, latenten oder aktuellen Ängste, die aus der Spannung zwischen Trieb und Ich entstehen, werden im Verhältnis zu ihnen stärker, allseitiger und beständiger.« (Elias 1976b: 408 f.)

Statt eines einfachen dichotomischen Bildes von »zwanglos hier« und »zwanghaft dort«, oder »ohne Angst hier« und »angstvoll dort«, »sicher hier« und »unsicher dort« usw. unterscheidet Elias einzelne Stufen, die von der äußeren Steuerung über die bewußte Selbststeuerung bis zur unbewußten, automatischen Selbststeuerung reichen. Dabei betont er, daß die einzelnen Stufen sich keineswegs vollständig gegenseitig abzulösen brauchen. So ist etwa die Fremdsteuerung auch in hochdifferenzierten Gesellschaften bei weitem noch nicht überflüssig geworden. Sie bleibt ein wichtiges Instrument der Verhaltenskontrolle der Individuen. Es ist keineswegs ausgemacht, daß die Menschheit jemals eine Entwicklungsstufe erreichen wird, in der die Fremdsteuerung restlos wegfallen kann. Vorläufig jedenfalls – so Elias' eindeutige Überzeugung – wird sie noch gebraucht (vgl. Elias 1983: 123 ff.). Außerdem gesteht Elias ein, daß sich die Selbstzwänge offenbar sehr schnell wieder aufzulösen vermögen, wenn etwa »die staatliche Fremdzwangapparatur [...] den Befehl zum Töten von Menschen gibt« (Elias 1982: 80).[59] Doch täuschen wir uns nicht: Bei diesen Einschätzungen handelt es sich um nachträgliche, später stärker betonte skeptische Einsprengsel, die in seiner ursprünglichen Konzeption kaum beleuchtet werden. Anders als noch in seinem Zivilisationsbuch hat Elias später weitaus stärker auch Möglichkeiten des Rückschritts betont: Er nimmt an, daß die über Generationen entwickelte Fähigkeit zur Langsicht und die Verlängerung der Handlungsketten auch wieder kürzer werden können: Die gesellschaftlichen und psychischen Kontrollen des Verhaltens können sich wieder verringern, »und das spezifische Verhaltensgepräge, auf das man mit Worten wie ›zivilisiert‹ oder ›individualisiert‹ hinweist, kann wieder Verhaltens- und Erfahrungsformen unter dem Antrieb kurzfristiger und mehr animalischer Impulse Platz machen« (Elias 1991: 184). Nunmehr geht er prinzipiell von der möglichen Rückläufigkeit sozialer Prozesse aus.[60]

59 Er verweist auf das Verhalten der Kommandierenden im Konzentrationslager, die Soldaten im Krieg usw. als Forschungsdesiderat. An anderer Stelle unternimmt er dazu andeutungsweise einen Versuch: »Man muß also den Freudschen Über-Ich-Begriff ergänzen und hinzufügen, daß das Über-Ich ungleichmäßig oder lückenhaft sein kann. Es kann zum Beispiel sehr stark sein im Hinblick auf Familie, Sexualität und so weiter und zugleich im politischen Bereich fehlen. Das war in Deutschland wirklich der Fall.« (Elias 1990: 77) Bei Äußerungen wie diesen wird klar, daß die Kritik an seinem Werk nicht spurlos an ihm vorübergegangen ist.

60 Jetzt unterscheidet er explizit zwischen drei Formen von Kontrolle, die »eine Art von Kettenring« bilden: »Naturkontrolle, soziale Kontrolle und Selbstkontrolle« stellen einen »dreiseitigen Funktionszusammenhang«

Bei der Herausbildung der feinen Sitten und Gebräuche, der affektkontrollierten und gesteuerten, zivilisierten Manieren, wie Elias sie in seinem Zivilisationsbuch beschreibt, nehmen die Oberschichten eine Art Avantgardestellung ein. Die Zivilisationsentwicklung verläuft für ihn eindeutig von oben nach unten (vgl. Elias 1976b: 338).[61] Dabei ist »der ›Trend‹ der Zivilisationsbewegung [...] überall der gleiche. Immer drängt die Veränderung zu einer mehr oder weniger automatischen Selbstüberwachung, zur Unterordnung kurzfristiger Regungen unter das Gebot einer gewohnheitsmäßigen Langsicht, zur Ausbildung einer differenzierteren und festeren ›Über-ich‹-Apparatur.« (1976b: 338) Dieses Über-Ich ist seinem Wesen nach »soziogen« (Elias 1976a: 324).[62]

<hr>

(Elias 1991: 189) dar, in dem sich die eine Form nicht ohne die andere entwickeln oder zurückbilden kann.

61 Diese Betonung der Aristokratie hat zu einer Vernachlässigung der bürgerlichen Schichten und ihres Anteils an der Entwicklung der Zivilisation geführt, wie immer wieder moniert worden ist, vgl. nur Breuer (1992); Hahn (1986).

62 An dieser Stelle verweist Elias auf den großen Einfluß, den das Werk Freuds auf seine Zivilisationstheorie gehabt hat, ohne daß er dies immer im einzelnen kenntlich gemacht habe; aber auch die zentralen Unterschiede zwischen ihren beiden Ansätzen habe er zum Zwecke der großen Anschaulichkeit des eigenen Gedankengebäudes nicht besonders hervorgehoben. So verfährt Elias im übrigen durchweg: Klassikerexegese, argumentative Auseinandersetzung mit den Vorgaben der vorangegangenen Generation von Soziologen sind seine Sache nicht. Er legt sich seine Theorie nicht etwa wie Parsons und Habermas im steten Rückbezug und im ständigen Dialog mit den Klassikern zurecht, sondern läßt manche ihrer Ideen hier und dort miteinfließen, ohne sich direkt auf sie zu beziehen. Diese Verfahrensweise scheint mir bei Elias von seinem unbedingten Willen bestimmt, etwas Neues fern von Autoritäten zu denken, was er auch später seinen potentiellen Nachfolgern anempfiehlt. Ausgerechnet derjenige Theoretiker, der stets betont, daß niemand alleine ist und deshalb von vorne beginnen muß, sondern gleichsam als Glied in der Kette einer potentiell unendlichen Menschheitsentwicklung steht, die es ihm ermöglicht, auf vergangenen Taten und Erkenntnissen aufzubauen; ausgerechnet dieser Denker erweckt in seinen Schriften oftmals den Eindruck, er hätte quasi »bei Null« begonnen, schöpfe allein aus seinen eigenen Ideen und Untersuchungen. Auch in seinen Lebenserinnerungen vermittelt er das Bild eines zwar mit anderen in Kontakt stehenden, aber sehr sonderlich von diesen beeinflußten Menschen. Ob in seiner Heidelberger Zeit Karl Mannheim und Alfred Weber, ob in Frankfurt Horkheimer oder Adorno, er steht von Anbeginn zwischen ihnen als autonome Größe, der nur noch die akademische Bestätigung dieser Größe fehlt, auf die er in der Tat lange warten mußte (vgl. Elias 1990).

Gerne übersehen wird freilich, daß Elias noch einen weiteren Trend im Blick hat. Er erkennt auch eine Verbreitung des Unterschichtscharakters über alle Schichten hinweg. So breitet sich die ehemals nur den Unterschichten zukommende Rolle der Arbeit in der okzidentalen Gesellschaft über beinahe alle Klassen und Schichten aus (vgl. Elias 1976b: 343). Durch den Zivilisierungsprozeß, von dem nach und nach alle Schichten erfaßt werden, kommt es zu einer Angleichung zwischen den ehemals weit auseinanderliegenden sozialen Bereichen, die den Zivilisierungsprozeß auch als Nivellierungsprozeß beschreibbar macht. Tatsächlich spricht Elias von einer »Angleichung der Lebens- und Verhaltensstandarde« zugunsten der »Nivellierung der großen Kontraste« (Elias 1976b: 424). In diesem Aufweichen der ehemals weit krasseren Unterschiede zwischen den einzelnen Schichten und Klassen sieht Elias ein Indiz für die zunehmende *Individualisierung* als langfristigen Trend der Menschheitsentwicklung, von der die unteren Schichten profitieren: »In steigendem Maße hängt das höchst differenzierte, höchst arbeitsteilige Getriebe der abendländischen Gesellschaften davon ab, daß auch die unteren, agrarischen und städtischen Schichten ihr Verhalten und ihre Tätigkeit aus der Einsicht in langfristigere und fernerliegendere Verflechtungen regeln. Diese Schichten hören auf, schlechthin ›untere‹ soziale Schichten zu sein.« (Elias 1976b: 340)

Im Zuge der Verbreitung des Zivilisations- und Individualisierungsprozesses fallen ehemals scharf gezogene Grenzen zwischen verschiedenen Schichten ebenso wie die Grenzen zwischen verschiedenen Ländern, so daß »die Kontraste spürbar kleiner zu werden« (Elias 1976b: 348) beginnen. »Oben« und »Unten« treffen sich in der »Mitte«. Elias nimmt damit als langfristigen Trend an, was Schelsky aufgrund der sozialstrukturellen Veränderungen in der Nachkriegsgeschichte als Spezifikum der bundesrepublikanischen Gesellschaft der fünfziger Jahre auf die Formel »Nivellierte Mittelstandsgesellschaft« gebracht hat.[63]

63 Elias legt mit seiner Analyse der Nachahmung adeliger Verhaltensweisen durch bürgerliche Schichten den Grundstein für eine später von Bourdieu wiederaufgenommene Theorie der Distinktion: »Sie [die bürgerlichen Schichten, M.S.] ahmen den Adel und seine Manieren nach. Eben damit aber werden ständig Verhaltensweisen, die oben im höfischen Kreise ausgebildet worden sind, als Unterscheidungsmittel unbrauchbar, und die maßgebenden Adelsgruppen werden zu einer weiteren Durchbildung des Verhaltens gedrängt. Immer wieder werden Gebräuche, die zuvor ›fein‹ waren, nach eini-

Einen gänzlich zivilisierten Zustand, der dem einzelnen Glück[64] und Freiheit beschert, wird nach Elias erst dann erreichbar sein, wenn individuelle Bedürfnisse und gesellschaftliche Erfordernisse so aufeinander abgestimmt sind, daß sie sich im Gleichgewicht befinden (vgl. Elias 1976b: 454). Ähnlich formuliert er diese Zielvorstellung noch einmal in seiner *Studie über die Deutschen*: »Entscheidend ist letztens Endes [...] die Balance zwischen der Triebversagung, die einem Menschen im Laufe des individuellen Zivilisationsprozesses auferlegt, und dem Lustgewinn, der durch ihn ermöglicht oder eröffnet wird.« (Elias 1992: 367) Aus den Versagungen Lustgewinn erzielen – das ist ein auch bei Durkheim vertretenes Ziel der Sozialisation als der gesellschaftlichen Abrichtung des Individuums.[65] Freilich setzt Durkheim – wie wir gesehen haben – eine weit größere Versöhnbarkeit von individuellen Antrieben und gesellschaftlichen Zwängen voraus. Für Elias dagegen ist die in komplexen Gesellschaften zusehends größer werdende Differenz von individuellen Wünschen und Dispositionen einerseits und wachsenden gesellschaftlichen Anforderungen an den einzelnen andererseits eine permanente Quelle menschlichen Leids. Die auf Spezialisierung gebaute Ordnung moderner Gesellschaften erzwingt eine permanente Beschneidung der vielfältigen Anlagen des Individuums. Das Individuum muß zahlreiche der in der Kindheit geförderten Talente in sich unterdrücken, damit es in der modernen Berufswelt zurechtkommen kann.

ger Zeit ›vulgär‹.« (Elias 1976b: 415) Elias spricht explizit von »Distinktionsmittel[n] nach unten« (ebd: 416). Es wird Zeit – nach Simmel –, Elias als Klassiker der modernen Kultursoziologie und der feinen Unterschiede wiederzuentdecken. Sein Einfluß scheint mir sowohl in der Auseinandersetzung mit dem Werk Bourdieus als auch in der Lebensstildebatte bisher reichlich vernachlässigt worden zu sein. Einen ersten Schritt in diese Richtung unternimmt Ludwig-Mayerhofer (1998).

64 Zum Glücksstreben als grundlegendem Antrieb des Menschen vgl. Freud (1986: 208)

65 Ganz in diesem Sinne formuliert Engler, der mit dem Eliasschen Ansatz eine beeindruckende Analyse des Zusammenbruchs der DDR vorgelegt hat: »Wer im Prozeß des Hineinwachsens in die Erwachsenengesellschaft nie die Erfahrung macht, daß dem Verzicht auf unkontrollierte, triebgeleitete Äußerungsformen Belohnung dadurch widerfährt, daß man die fördernde und aktivierende Anerkennung derer gewinnt, in bezug auf die man sich zurückhielt, für den bleiben Zivilisationsvorgänge eine fremde Macht, Zwangsmechanismen, die sich nicht steuern und beeinflussen lassen.« (Engler 1992: 52)

Anders als Durkheim und Parsons es in ihren Modellen vorsehen, betont Elias die hohen Kosten der auf Spezialisierung beruhenden Individualisierung: »Es liegt in der Natur von Gesellschaften, die von dem Einzelnen eine mehr oder weniger hohe Spezialisierung fordern, daß er eine Fülle von ungenützten Alternativen, von Leben, die er nicht gelebt, von Rollen, die er nicht gespielt, von Erlebnissen, die er nicht gehabt, und Gelegenheiten, die er verpaßt, am Wegrande liegen läßt.« (Elias 1991: 179) Dieses »Arsenal der ungelebten Dinge«, wie es in dem von Elias zitierten Rilke-Gedicht heißt, dieser »Reichtum der verpaßten Möglichkeiten«, der sich mit »dem Reichtum an Alternativen, zwischen denen man sich entscheiden kann und muß« (1991: 178), einstellt, ist in hochdifferenzierten Gesellschaften ungleich höher als in weniger differenzierten Gesellschaften, wenngleich – wie Elias nicht zu erwähnen vergißt – nicht für Individuen aller sozialen Schichten und beiderlei Geschlechts im gleichen Maße. In einfacheren Gesellschaften gab es oftmals nur *einen* gangbaren Weg (vgl. Elias 1991: 179), keinesfalls aber eine Überfülle von Möglichkeiten, zwischen denen der einzelne wählen konnte und mußte: »In einfacheren Gesellschaften gibt es weniger Alternativen, weniger Möglichkeiten der Wahl, weniger Wissen vom Zusammenhang der Ereignisse und dementsprechend weniger Gelegenheiten, die in der Rückschau als ›verpaßt‹ erscheinen können. In den einfachsten steht Menschen von Kindheit an oft nur ein einziger, geradliniger Weg offen – ein Weg für Frauen und ein anderer für Männer. Kreuzwege sind selten, und es ist selten ein einzelner Mensch allein, der vor die Entscheidung gestellt ist. Auch hier bringt das Leben ein Risiko mit sich. Aber der Spielraum der Wahl ist so gering und das Ausgeliefertsein an Willkür und Übermacht der Naturkräfte so groß, daß es noch kaum ein Entscheidungsrisiko gibt.« (Elias 1991: 179) Kurz und gut: »Größere Freiheit der Wahl und größeres Risiko gehören zusammen.« (Ebd.: 178) Nur in hochdifferenzierten und reich individualisierten Gesellschaften stellen sich den Individuen auf ihrem vielfach verästelten Weg die typischen Fragen: »Hätte ich nicht damals den anderen Weg einschlagen sollen? Habe ich nicht damals alle die Möglichkeiten, die ich hatte, vernachlässigt? Nun habe ich dies erreicht, habe dies und das anderen gegeben, bin für dies und das Spezialist geworden. Habe ich nicht viele andere Gaben, die ich hatte, verdorren lassen? Und vieles beiseite gestellt, was ich zu tun vermocht hätte?« (Elias 1991: 179) Mit der unermeßlichen Fülle von Möglichkeiten steigt auch die Anzahl der nicht wahrgenommenen Chancen: »Strukturell betrachtet entspricht der Reichtum der verpaßten Möglichkeiten dem Reichtum der Alternativen, zwischen denen man sich entscheiden kann und muß.« (Ebd.: 178)

An den unterschiedlich ausfallenden Kosten bemißt sich nach Elias' Auffassung, ob von einem gelungenen oder ob von einem gescheiterten individuellen Zivilisationsprozeß gesprochen werden muß. Im ersten Falle »mögen [...] die Wunden langsam vernarben, die die Zivilisierungskonflikte der Psyche des Einzelnen schlagen; in ungünstigeren Fällen schließen sie sich nie oder öffnen sich leicht wieder bei neuen Konflikten« (Elias 1976b: 334). Im ersten Falle bilden sich nach einem langen konfliktuösen und mühsamen Prozeß endlich »gut eingepaßte Verhaltensweisen, eine adäquat funktionierende Gewohnheitsapparatur heraus und zugleich – was nicht notwendig damit Hand in Hand geht – eine positive Lustbilanz« (ebd.: 335). Im anderen Falle kommt es zu diesen Entwicklungen nicht. Dabei geht Elias jedoch davon aus, daß die Extreme empirisch nur selten anzutreffen sind. Vielmehr sei die überwältigende Mehrheit der Menschen zwischen diesen Extremen anzusiedeln, der »Widerstand« des einzelnen gegenüber diesem Einpassungs- und Anpassungsprozeß aber gleichwohl beträchtlich.

Elias also versäumt es nicht, auf die als Kosten zu beurteilenden Begleiterscheinungen des Modernisierungs- bzw. Zivilisierungsprozesses hinzuweisen: den großen Bedarf an Koordinierungsleistungen, den Zwang, die Handlungen immer stärker aufeinander abzustimmen, die damit einhergehende Zurückhaltung der Bedürfnisse usw. Anders als ein sich hartnäckig haltendes Vorurteil es will, ist Elias' Zivilisationstheorie weit davon entfernt, eine Perspektive einzunehmen, die den einmal erreichten Stand des Zivilisationsprozesses als Zielpunkt und Krönung menschlicher Entwicklung ausgibt. Ganz im Gegenteil notiert er: »So wenig, wie die Art unserer gesellschaftlichen Verflechtung, ist unsere Art des Verhaltens, unser Stand der Zwänge, Gebote und Ängste etwas Endgültiges, geschweige denn ein Gipfelpunkt.« (Elias 1976b: 451) Allein schon die »stete Kriegsgefahr« (ebd.) widerspricht einer solch optimistischen Ansicht. Die Annahme einer grundsätzlichen gesellschaftlichen Dynamik verhindert es, daß Elias von der Erreichung eines End- oder Zielpunktes ausgehen könnte. Seine auf permanente Umwälzungen und Veränderungen abzielende Theorie verbietet die Vorstellung eines wie immer gearteten Zustands, in dem sich eine Gesellschaft dauerhaft befindet.[66] Vielmehr verebben bei Elias nicht die Anklänge an das berühmte »pantha rei«, das »kontinuierliche Strömen« (Elias 1991: 29), was ihn wiederum mit Simmel verbindet (vgl. Simmel 1984b: 13).

Am allerwenigsten hat Elias einen harmonischen Verlauf der Entwicklung der menschlichen Geschichte vor Augen (vgl. Elias 1991: 29), wie ihm immer wieder gerne unterstellt wird. Ganz im Gegenteil geht er ähnlich wie Simmel und Weber grundsätzlich vom Kampf- und Konfliktcharakter des Sozialen aus, durch den sich Gesellschaften reproduzieren und weiterentwickeln: »Es wird immer Konflikte geben« (Elias 1983: 124). Elias hat dabei die Kosten des Zivilisationsprozesses, die die Individuen zu tragen haben, nicht übersehen. Allerdings werden sie in seinen Augen durch ein zuvor nie dagewesenes Ausmaß an Sicherheit angemessen entschädigt: »Die Unsicherheit des Lebens erscheint uns heute manchmal groß genug, aber sie ist gering, verglichen mit der Unsicherheit des Einzelnen etwa innerhalb der mittelalterlichen Gesellschaft.« (Elias 1976a: 332; vgl. auch 1990 f.: 90) Dabei hat er die äußeren »Gefahren des menschlichen Lebens« im Sinn, während in aktuellen Versionen der Individualisierungstheorie mehr die Unsicherheit angesichts der wachsenden Optionenvielfalt betont wird. Elias' langfristige Perspektive ermöglicht ihm offenbar eine differenziertere Betrachtung der Sicherheit/ Unsicherheit-Problematik. Während in einfacheren Gesellschaften einzelnen durch Traditionen und alternativlose soziale Beziehungen durchaus Sicherheit gespendet worden ist, ist die Gefähr-

---

66 Jene, die ihm vorwerfen, eine unkritische und ungerechtfertigt optimistische Betrachtung der Entwicklung der modernen Gesellschaft, ja eine Apotheose der Zivilisation angefertigt zu haben, die über die Leiden und Opfer dieses Prozesses leichtfüßig hinwegschreitet, vermissen die Untergangsszenarien und apokalyptischen Gesänge, die ihnen zufolge den »wahren« Hergang der Geschichte der Moderne angemessener beschreiben. Merkwürdig, daß Elias wiederholt vorgeworfen wurde, auf die Katastrophen dieses Jahrhunderts nur mangelhaft eingegangen zu sein, nicht aber gewürdigt wurde, wie wenig er sein eigenes Schicksal und das seiner Familie zur Theorie erhoben hat. Dem Werk des Freudverehrers Elias liegt unter anderem eine enorme Sublimierungsleistung zugrunde.

dung durch äußere Mächte und Feinde sicher größer gewesen. Freilich ist fraglich, ob die Unsicherheit in diesen Gesellschaften auch so gesehen wurde, ohne daß sich Sicherheit als Wert schon herausgebildet hatte. Vielleicht ist es eine der vielen Projektionen in die Vergangenheit, von einer stets vorhandenen Unsicherheit auszugehen, nur weil uns das nach unseren heutigen Maßstäben so erscheint.

Unabhängig davon aber führt der Zivilisationsprozeß nach Elias insgesamt zu folgendem Ergebnis: »Das Verhalten von immer mehr Menschen muß aufeinander abgestimmt, das Gewebe der Aktionen immer genauer und straffer durchorganisiert sein, damit die einzelne Handlung darin genaue gesellschaftliche Funktionen erfüllt. Der einzelne wird gezwungen, sein Verhalten immer differenzierter, immer gleichmäßiger und stabiler zu regulieren.« (Elias 1976b: 317)

Individualisierung in funktionsteiligen Gesellschaften: Elias' Zeitdiagnose

In einer stark »funktionsteiligen Gesellschaft« (Elias 1991: 50), so konstatiert Elias bereits in den dreißiger Jahren, gibt es nur wenig Möglichkeiten für die Entfaltung der Fähigkeiten des einzelnen. Im Gegenteil besteht ein immer größer werdendes Mißverhältnis zwischen den während der Kindheit geförderten Neigungen einerseits und den spezialisierten Funktionen andererseits, die man als einzelner später im Berufsleben wahrzunehmen hat (vgl. auch Elias 1991: 170f.). Als Erwachsener ist man mehr und mehr dazu gezwungen, einen Teil der zunächst herangebildeten Fähigkeiten ungenutzt zu lassen. Bei immer weiter voranschreitender Arbeitsteilung müßten folglich die nicht zur Entfaltung gelangenden Anteile stetig zunehmen. Und in der Tat fürchtet Elias, daß in solchen Gesellschaften »die Wahrscheinlichkeit, daß das Gleichgewicht zwischen persönlichen Neigungen und gesellschaftlichen Aufgaben für den Einzelnen unerreichbar bleibt, außerordentlich groß« (Elias 1991: 51) ist. Für den einzelnen stelle sich damit das Gefühl ein, daß er das, »was er eigentlich sei, verkümmern lassen« (ebd.: 51) müsse, um sich in dem immer dichter werdenden »Menschengeflecht erhalten zu können« (ebd.).

Dennoch ist es für Elias ein Irrtum anzunehmen, daß die Gesellschaft allein für das Typische des Menschen zuständig ist; während das, was seine Individualität und Einzigartigkeit ausmacht, auf eine wie auch immer verstandene, nicht vergesellschaftete, außergesellschaftliche Instanz zurückzuführen ist (vgl. ebd.: 84): »›Individualität‹, das ist ein Ausdruck für die besondere Art und den besonderen Grad, in dem sich die Gestaltqualität der psychischen Steuerung des einen Menschen von der anderer Menschen unterscheidet.« (Ebd.: 87) Der Mensch ist für Elias immer schon beides: »durch und durch ›typisch‹« ebenso wie »durch und durch individuell« (ebd.: 89). Das Typische erlangt der Mensch durch die in einem bestimmten Verband ähnlich sich vollziehende Heranbildung der Gestaltqualität der psychischen Selbststeuerung. Individuell wird er durch die »einzigartige Ausgestaltung dieses Typischen« (ebd.). So definiert, kann ein Mensch seine Individualität nur innerhalb und nicht außerhalb der Gesellschaft erreichen. Verschieden sind die Menschen – genau wie die Tiere – schon von Natur aus durch ihre biologische Ausstattung. Doch was mit »Individualität« bezeichnet werden kann, geht für Elias weit darüber hinaus: Durch einen langen Prozeß des Lebens mit anderen Menschen bildet sich eine je »einzigartige Gestaltqualität« (ebd.: 90) heraus, worin sich die Menschen von anderen erheblich unterscheiden: »*Die Gesellschaft ist nicht nur das Gleichmachende und Typisierende, sondern auch das Individualisierende.*« (Ebd.: 90) Dabei ist Elias sich mit Simmel und Durkheim darin einig, daß sich die Menschen um so stärker voneinander abheben, je differenzierter der Funktionsaufbau einer Gesellschaft organisiert ist. Allerdings unterscheiden sich einfache und moderne, frühere und heutige Gesellschaften für Elias nicht dadurch, daß Individualisierung erst in modernen Gesellschaften auftritt, während man sie in einfachen Gesellschaften noch überhaupt nicht beobachten kann. Vielmehr unterscheiden sich einfache und moderne Gesellschaften nach Elias lediglich nach dem »Grad der Individualisierung« (Elias 1991: 90), der von der Form des jeweiligen Funktionszusammenhangs abhängig ist (vgl. ebd.). Auch hier gilt wieder Elias' grundlegende Überzeugung, daß es keinen absoluten »Nullpunkt« (ebd.) der Entwicklung gibt.[67] Menschen sind in seiner

67 Wiederum ergibt sich eine Parallele zu Durkheim, der ebenfalls anmerkt: »Der Individualismus und das freie Denken entstammen nicht unseren Tagen, auch nicht 1789, weder der Reformation noch der Scholastik, weder

Perspektive immer schon beides: individuell *und* gesellschafts-spezifisch. Es ist die »Bildsamkeit« (ebd.: 88), die es nach seiner Überzeugung möglich macht, daß Menschen sich individualisie-ren können. Seine besondere »Wendigkeit und Bildsamkeit« (ebd.: 65) ist es auch, die ihn vom Tier unterscheidet. Der »Dop-pelcharakter« des Menschen entsteht für Elias aus der Tatsache, daß der Mensch sowohl Teil der Naturordnung als auch Teil der Gesellschaftsordnung ist. Dabei schaffen Menschen sich einen »Kosmos eigener Art« (ebd.: 68), in dem gesellschaftliche Ge-setzmäßigkeiten nicht auf biologische Tatsachen zurückführbar sind. »Was den Einzelnen in diesem menschlichen Kosmos prägt und bindet [...] das ist [...] seine Abhängigkeit von anderen und die Abhängigkeit anderer von ihm, die Funktionen anderer für ihn und seine Funktion für andere.« (Ebd.)

Zwar gibt es für Elias auch in einfachen Gesellschaften indivi-dualisierte Menschen in dem Sinne, daß sie sich ihrer selbst be-wußt sind. Allerdings fehlt ihnen noch, was Bewußtheit von Selbstbewußtheit unterscheidet: »Menschen, die sich selbst als Beobachter beobachten« (Elias 1991: 147). Erst mit dieser Fähig-keit ist für ihn die höchste Stufe des Selbstbewußtseins erklom-men worden.[68]

Elias geht von den widersprüchlichen Bedürfnissen des Indivi-duums aus, verlegt die Ambivalenzen des Individualisierungs-prozesses in die divergierenden Bestrebungen des einzelnen Menschen, wie es auch Simmel (vgl. 1984: 69) schon getan hat. Einerseits waltet im Individuum der Wunsch nach Einzigartig-keit, während es doch andererseits die Konformität sucht: »Hand in Hand mit dem Wunsch, etwas ganz für sich zu sein, dem die Gesellschaft der anderen als etwas Äußeres und Behinderndes gegenübertritt, geht oft der Wunsch, ganz innerhalb seiner Ge-sellschaft zu stehen. Das Bedürfnis, allein zu stehen, geht Hand in Hand mit dem, dazuzugehören.« (Elias 1991: 204)[69] Für die

dem Untergang des griechisch-römischen Polytheismus noch den orientali-schen Theokratien. Es handelt sich dabei um ein Phänomen, das nirgendwo anfängt, sondern das sich unaufhaltsam die ganze Geschichte hindurch ent-wickelt hat. [...] Es handelt sich also um ein unausweichliches Gesetz, gegen das sich aufzulehnen absurd wäre.« (Durkheim 1988: 227)

68 Entspechend gilt für Luhmann: »Individuum im modernen Sinne ist, wer sein eigenes Beobachten beobachten kann.« (Luhmann 1992: 22)

69 Das klingt selbst bei Adorno (⁵1988: 255) als Gegebenheit der »menschli-chen Natur« an: »Der Mensch hat eine Neigung sich zu vergesellschaften:

Individuen resultiert daraus die Aufgabe, »die rechte Balance zu halten zwischen dem Vermögen, im Tun und Lassen gleich allen anderen zu sein, und dem Vermögen, einzigartig und von allen verschieden zu sein« (Elias 1991: 197). Doch das »individuelle Streben sich zu unterscheiden, etwas Besonderes zu leisten« (1991: 198), gelingt nur einer kleinen Minderheit, während die Mehrheit der Menschen hinter ihren eigenen, in ihrer Jugend aufgebauten Erwartungen zurückbleibt.

Was die Menschen miteinander gemein haben, trägt bei Elias den Namen »Wir-Identität«, worin sie sich unterscheiden, den Namen »Ich-Identität«. Für eines der Charakteristika der Gesellschaft unserer Tage hält er es, daß die Ich-Identität einen größeren Stellenwert einnimmt als die Wir-Identität (vgl. Elias 1991: 210, 272), eine Entwicklung, die sich freilich bereits seit der Renaissance abzuzeichnen begann (vgl. ebd.: 263). Die Betonung liegt auf der Unterscheidung, nicht auf den Gemeinsamkeiten, während es sich in anderen Epochen oftmals genau umgekehrt verhielt. Die Individuen dieser Gesellschaften werden freier hinsichtlich der Beziehungen, die sie eingehen wollen oder nicht. Ehemals alternativlos vorgegebene Daten der Lebensgeschichte stehen nun zur Disposition. Individuen *können* und *müssen* selbst über Zugehörigkeiten entscheiden: Das betrifft die Wahl des Berufs, die Familienbeziehungen (vgl. ebd.: 271) und – in Grenzen – sogar die Wahl der Staatsangehörigkeit (vgl. ebd.: 272), über die Durkheim noch schrieb: »Selbst für das einzelne Individuum ist es nicht leicht, die Nationalität zu wechseln, trotz der großen Ähnlichkeit der verschiedenen Zivilisationen.« (Durkheim 1988: 203) Einstmals auferlegte soziale Beziehungen werden zu »freiwilligen Verbindungen auf Widerruf« (Elias 1991: 272). Mit diesen Charakteristika sticht Elias ins Zentrum der derzeitigen Diskussion um die Individualisierung, die durch Ulrich Becks Thesen einen enormen Aufschwung zu verzeichnen hat. Aus der außergewöhnlichen Optionensteigerung heraus entsteht eine »große Vielgestaltigkeit und Variabilität der persönlichen Beziehungen«, die jedoch nicht nur zu neuen individuellen Freiheiten führt, sondern auch Probleme hervorruft: das aus

---

weil er in einem solchen Zustande sich mehr als Mensch, d. i. die Entwicklung seiner Naturanlagen, fühlt. Er hat aber auch einen großen Hang sich zu vereinzeln (isolieren)«.

der Überbetonung des Individuums resultierende »wirlose Ich« (ebd.: 273). Elias macht in den entwickelten Gesellschaften, in der sich die Wir-Ich-Balance deutlich auf die Ich-Seite verlagert hat, »ein Verlangen nach Gefühlswärme [...], gepaart mit dem Unvermögen, spontane Gefühlswärme überhaupt zu geben« (ebd.), aus.[70] Ohne eine die Ich-Identität begrenzende Wir-Identität scheinen die Menschen die Fähigkeit zu ausgewogenen emotionalen Beziehungen als einem gegenseitigen Geben und Nehmen zu verlieren. Die Balance zwischen beiden kippt nach einer der beiden Seiten. Es ist der einsame, isolierte Mensch, ausgestattet mit einem wirlosen Ich, dem Elias' Sorge, Mahnungen und Warnungen gelten. Obwohl er grundsätzlich die Ambivalenzen des Individualisierungsprozesses hervorhebt, kehrt die Zeitdiagnose in seinen späten Schriften auch die Gefahr einer »Überindividualisierung« (vgl. Engler 1995: 63) heraus.

Freilich ist und bleibt für das Erleben der Unterscheidbarkeit von anderen Menschen deren Anwesenheit erforderlich: »Nur weil Menschen in Gesellschaft leben, können sie sich als von anderen Menschen verschiedene Individuen erleben. Und dieses Selbsterlebnis als ein von anderen verschiedener Mensch ist nicht zu trennen von dem Bewußtsein, daß man auch von anderen Menschen nicht allein als Mensch wie sie selbst, sondern zugleich auch als ein Mensch erlebt wird, der in bestimmter Hinsicht von allen anderen Menschen verschieden ist.« (Elias 1991: 262)[71] Und weiter heißt es: »Man könnte sich nicht von anderen Menschen unterscheiden, wenn es keine andere Menschen gäbe.« (Elias 1991: 246)

Simmel hat, um den gleichen Sachverhalt auszudrücken, von dem »Doppelbedürfnis unseres Geistes, einerseits nach Zusammenfassung, andrerseits nach Unterscheidung« gesprochen (Sim-

---

70 Vgl. dazu auch die Aussage Adornos (1971: 101): »Jeder Mensch heute, ohne jede Ausnahme, fühlt sich zuwenig geliebt, weil jeder zuwenig lieben kann.«

71 Bei Simmel heißt es fast wörtlich: »Wenn die Entwicklung der Individualität, die Überzeugung, mit allem einzelnen Wollen und Fühlen den Kern unseres Ich zu entfalten, als Freiheit gelten soll, so tritt sie unter dieser Kategorie nicht als bloße Beziehungslosigkeit, sondern gerade als eine ganz bestimmte Beziehung zu Anderen. Diese Anderen müssen zunächst doch dasein und empfunden werden, damit sie einem gleichgültig sein können. Die individuelle Freiheit ist keine rein innere Beschaffenheit eines isolierten Subjekts, sondern eine Korrelationserscheinung, die ihren Sinn verliert, wenn kein Gegenpart da ist.« (Simmel 1989b: 480)

mel 1992: 855). Er stellt das »Unterschiedsbedürfnis« und den »Selbständigkeits- und Unterscheidungsdrang« (Simmel 1992: 750, 806, 807) ebenso in den Vordergrund wie Elias. Dabei ist es bei Simmel die Mode, die beiden Antrieben des Individuums gerecht wird; sie ist der Ausdruck des Individualisierungsbestrebens (Simmel 1989b: 639). Für beide gilt: »Der Mensch ist ein Unterschiedswesen.« (Simmel 1984a: 192)

Der Begriff Individuum hat für Elias »heute vor allem die Funktion, zum Ausdruck zu bringen, daß jeder Mensch in der ganzen Welt ein autonomes, sich selbst regierendes Wesen ist oder sein soll, und zugleich auch, daß jeder Mensch in bestimmter Hinsicht von jedem anderen Menschen verschieden ist, vielleicht auch in diesem Falle, daß er verschieden sein soll« (Elias 1991: 210). Deutlich wird an dieser Bestimmung dessen, was der Begriff Individuum besagen soll, erstens, daß·sich sein Bedeutungsgehalt verändern kann, und zweitens, daß die Bestimmung dessen, was ein Individuum ist bzw. zu sein hat, an die Individuen herangetragen wird als eine durchgesetzte Idee, ein Imperativ, dem man folgen muß. Ein autonomes oder ein von allen anderen sich unterscheidendes Individuum sein zu wollen, ist also kein aus der Struktur des individuellen Seelenlebens quellendes Bedürfnis, sondern eine von außen an das Individuum herangetragene Erwartung, der man sich kaum entziehen kann. Bringt die Durchsetzung dieses Ideals in den hochdifferenzierten Gesellschaften auch ein großes Maß an Entscheidungsfreiheit mit sich – das Ideal selbst steht ihm nicht zur Disposition. Zwar gibt es »Klausen des Rückzugs, in denen man der Notwendigkeit, für sich selbst zu entscheiden und Erfüllung eines persönlichen Strebens in der Abhebung gegen andere zu suchen, enthoben ist« (Elias 1991: 193). Doch letztlich kann man sich dem Ideal nicht entziehen. Ob man es bejaht oder nicht, man kommt ihm nach. Es wird dem Individuum nur in einem Maße angesonnen, daß es ihm bald schon als sein eigenes Bedürfnis erscheinen mag, diesem Ideal zu entsprechen (vgl. ebd.). Immer wieder betont Elias, daß man sowohl über immer mehr Bereiche des Lebens selbst entscheiden *kann* als auch daß man immer mehr entscheiden *muß*: »Sie haben einen größeren Spielraum der Wahl. Sie können in weit höherem Maße für sich selbst entscheiden. Aber sie *müssen* auch in weit höherem Maße für sich entscheiden. Sie *können* nicht nur, sie *müssen* auch in höherem Maße selbständig werden. In dieser Hinsicht haben sie keine Wahl.« (Elias 1991: 167)

Von Elias' Auffassung der Individualisierung läßt sich lernen: Das eine ist ohne das andere nicht zu haben: Es gibt so wenig eine absolute Freiheit, wie es totale Zwänge gibt. Es gibt immer nur ein Mehr oder Weniger und eine Veränderung der spezifischen Art bzw. Qualität der Freiheiten und Zwänge; kein vollständig losgelöstes Individuum und keinen autark agierenden Staat. Die spezifischen Gefahren, die man Elias' Konzeption entnehmen kann, liegen jedoch eher auf seiten der Individuen: Sie sind heute durch Vereinsamungstendenzen und waren früher durch existentielle Unsicherheit, durch permanente Bedrohung des Lebens gefährdet. Dagegen gibt es bei Elias weniger die Gefährdung der sozialen Ordnung durch wachsenden Individualismus oder anomische Tendenzen, die den Zusammenhalt der Gesellschaft bedrohen. Elias scheint ein beinah grenzenloses Vertrauen in die Selbstregulatur der Individuen zu haben, oder besser: in die jederzeit reaktivierbaren Kräfte des Zwangsapparats, die an die Stelle der Selbstzwänge wieder treten könnte, wenn diese versagen.

4. Zweite synchrone Zwischenbilanz: Das liquidierte, das integrierte und das zivilisierte Individuum bei Horkheimer/Adorno, Parsons und Elias

Bei Adorno, Parsons und Elias handelt es sich auf den ersten Blick um eine Gruppe von Theoretikern, wie sie verschiedener kaum sein könnten. Adorno als Mitbegründer und Vertreter der Frankfurter Schule bzw. der kritischen Theorie auf der einen und Parsons als Systemfunktionalist auf der anderen Seite und – gewissermaßen dazwischen – der Humanist und Menschenwissenschaftler Norbert Elias, der zwar weder einer Schule angehörte noch selbst eine begründet hat, sich aber als Begründer einer eigenständigen Zivilisationstheorie einen festen Platz in der Geschichte der Soziologie gesichert hat.

Auch einem zweiten Blick drängen sich ausschließlich Unterschiede auf: Während Adorno im Zusammenhang mit dem Insti-

tut für Sozialforschung an der Ausarbeitung einer kritischen Gesellschaftstheorie arbeitet, sich aber auch als Philosoph, Musik-
wissenschaftler und Komponist einen Namen macht, widmet
sich Parsons von Anfang an der Ausarbeitung einer umfassenden
soziologischen Theorie, die an die Klassiker zugleich anknüpfen
und sie überwinden wollte. Anders als bei Adorno stehen die
intellektuellen Anstrengungen von Parsons beinahe ausschließlich im Dienste einer Theorie der Gesellschaft. Elias schließlich
widmet sich allen Aspekten und Ausdrücken des menschlichen
Lebens. Sein Repertoire reicht von streng theoretisch gehaltenen
Beiträgen zu einer historisch verfahrenden Sozialwissenschaft
über Arbeiten zu Sport und Musik bis hin zu eigenen Versuchen
als Lyriker. Adorno und Elias verstehen sich beide als umfassend
gebildete Wissenschaftler, die über den eigenen Tellerrand hin-
auszublicken vermögen.

Ohne diese eher biographisch-werkgeschichtliche Perspektive
hier im folgenden weiter darlegen zu wollen, dürfte dieser Hintergrund für ihre sehr verschiedenen Auffassungen über Individuum, Individualität und Individualismus nicht unerheblich sein.
Adorno und Elias dürften zumindest darin übereinstimmen, daß
sie das Individuum – im Gegensatz zu Parsons – nicht allein als
soziologische Kategorie verstanden wissen wollen. Die Bestimmung dessen, was das Individuum ist, entzieht sich nach ihrer
Ansicht den stets begrenzten Erkenntnismöglichkeiten nur *einer*
Wissenschaft. Der Mannigfaltigkeit des Individuums ist nur dann
beizukommen, wenn man die Spezialisierung der verschiedenen
Wissenschaften überwindet und eine interdisziplinäre Perspektive einnimmt, die sich bei Elias und Adorno/Horkheimer durch
das Zusammenspiel verschiedener Wissenschaften ergeben sollte.
Allerdings mit dem Unterschied, daß Elias als »Ein-Mann-Un-
ternehmen« in Angriff nahm, was in der kritischen Theorie innerhalb eines Instituts arbeitsteilig auf verschiedene Personen
verteilt werden sollte. Parsons dagegen geht es um die Entwicklung einer umfassenden soziologischen Handlungs- und Gesellschaftstheorie, die auf möglichst hohem Abstraktionsgrad das
Instrumentarium bereitstellen will, mit denen sich soziale Systeme analysieren lassen. Dabei setzt sie konsequenterweise nicht
beim Individuum an und fragt nicht nach dessen Schicksal unter
den Bedingungen einer entfalteten Moderne, sondern nach den
von den Individuen zu erbringenden Leistungen für die Auf-

rechterhaltung der sozialen Ordnung. Schon allein diese Frage-stellung weckt bei Adorno den Verdacht, daß dem Individuum in Parsons' Theorie widerfährt, was ihm im Spätkapitalismus auch tatsächlich angetan wird: die Herabwürdigung des autonomen Subjekts zur manipulierbaren Marionette. Statt diese Entwick-lung zu beklagen und die Theorie auf Abhilfe dieses unerträgli-chen Zustands auszurichten, macht sich Parsons in Adornos Au-gen der ideologischen Verdopplung dieses Prozesses schuldig. Dabei hält er sowohl Parsons' als auch Durkheims Diagnosen z.T. für durchaus zutreffend, moniert aber, daß sie den analysier-ten Zuständen nichts entgegenhalten. Ähnlich wie sich Durkheim in seinen Augen zum »Lobredner« der auf Zwang beruhenden Gesellschaft (Adorno 1979: 270) erniedrigt, befestigt Parsons mit seiner Theoriearchitektur das Bild des atomisierten Individuums, zu dem es im Spätkapitalismus auch tatsächlich verkommt.[72]

Die diametral entgegengesetzten Perspektiven von Adorno und Parsons ergeben sich nicht zuletzt aus ihren unterschiedli-chen, wenn auch unterschwelligen Wertsetzungen. Während Par-sons den Schwerpunkt auf das gesellschaftliche Ganze legt, das er mehr oder weniger mit der (amerikanischen) Nation identifi-ziert – wie Elias zu Recht kritisiert (vgl. Elias 1976a: XLff.) –, wird in der kritischen Theorie Adornos und Horkheimers das (bürgerliche) Individuum als Wertkategorie geführt. Sie fragen nicht nach den notwendigen Beiträgen der Individuen für die Aufrechterhaltung sozialer Ordnung, sondern nach den Entfal-tungschancen des Individuums im Verlauf der abendländischen Geschichte. Und gemäß ihrer »Logik des Zerfalls« hat ein sich selbst setzendes, souveränes Individuum (vgl. IfS 1991: 46) unter den Bedingungen des Spätkapitalismus immer weniger Chancen, sich gemäß seiner Anlagen und Bedürfnisse zu entfalten. Über ihren Arbeiten steht das Motto: »Es gibt keine Schlupfwinkel mehr« (Adorno 1979: 134). Noch in die letzten Winkel greifen

72 Und in dieser Hinsicht erweist sich Habermas als durchaus treuer Schüler. Ähnlich wie Adorno Parsons wirft Habermas Luhmann vor, es bei der Be-nennung des Grauens zu belassen, achselzuckend zu konstatieren, was Adorno als Erfüllung des Schlimmsten warnend prognostiziert hatte. Ador-no wie Habermas vermissen den kritischen Stachel an Parsons' und Luh-manns Systemtheorien, der die analysierten Entwicklungen als Pathologien entlarven würde. Dazu, daß Gesellschaftskritik offenbar auch ohne utopi-schen Horizont möglich ist, vgl. etwa Kneer/Nassehi (1993: 186 ff.) und Beck (1993b).

die langen Arme der verwalteten Welt. Die Gesellschaft ist auf die vollständige Anpassung der Individuen an ihre Bedürfnisse, auf Unterwerfung, Manipulation und Konformismus aus. Im genauen Gegensatz dazu schafft bei Parsons die moderne Gesellschaft immer mehr Freiheitsspielräume für die Individuen. In deutlicher Parallele zur Steigerungshypothese Durkheims geht Parsons davon aus, daß die Individualität des Individuums mit steigendem Komplexitäts- und Differenzierungsgrad zunimmt (vgl. Parsons 1980: 84). Eine These, die Adorno und Horkheimer schon deshalb nicht teilen, weil sie nicht von funktionaler Differenzierung, sondern von der Durchsetzung des Primats der Ökonomie (vgl. Adorno 1989: 125) ausgehen, die allen anderen Lebensbereichen ihren Stempel aufdrängt. Der These von der zunehmenden Ausdifferenzierung verschiedener sozialer Systeme setzt Adorno explizit die These einer zunehmenden »Entdifferenzierung der Gesellschaft« (Adorno 1973b: 46) entgegen. Im strikten Gegensatz zur immer komplexer und pluralistischer werdenden Gesellschaft bei Parsons und den immer länger werdenden Handlungsketten bei Elias, die Unüberschaubarkeit, Undurchsichtigkeit und Intransparenz mit sich bringen, wird für Adorno die verwaltete Welt »durchsichtiger als je zuvor. Hinge Erkenntnis von nichts ab als der funktionellen Beschaffenheit der Gesellschaft, so könnte wahrscheinlich heute die berühmte Putzfrau recht wohl das Getriebe verstehen« (Adorno 1979: 117). Auch Elias führt die Funktionsdifferenzierung nicht radikal durch, sondern spricht dem Staat und seinen Institutionen als Integrationsinstanz ein großes Steuerungspotential zu. In dieser besonderen Hervorhebung des Staates zeigen sich nicht zuletzt die starken Bezüge Elias' zur französischen Soziologie eines Comte und eines Durkheim. Der Grad an Individualisierung und Zivilisierung steht und fällt bei Elias mit der Stärke bzw. Schwäche des Staates. Der Staat verhindert nicht, sondern fördert Individualisierung und den Prozeß der Zivilisation. Elias' Stärke ist die Zusammenführung sozio- und psychogenetischer Faktoren, die Verbindung von Webers Herrschaftssoziologie mit differenzierungstheoretischen Einsichten Spencers und Durkheims und der Psychoanalyse Freuds (vgl. Breuer 1992: 20). Aber seine Aversion gegen den Marxismus führt ihn womöglich zu einer Unterschätzung ökonomischer Faktoren für die Herausbildung der modernen Zivilisation.

Wie dem auch sei: Elias erteilt sowohl der Soziologie Parsons' als auch der Adornos eine Absage. Er hat sowohl eine dezidierte Kritik des Parsonsschen Ansatzes formuliert (vgl. 1976a) als sich auch von Adornos Ansatz distanziert (vgl. Elias 1977).

Im Mittelpunkt seiner Parsons-Kritik steht der Vorwurf, daß dieser seine Theorie auf Zustände ausgerichtet habe und Wandel nicht erfassen könne. Sozialer Wandel beziehe sich bei Parsons »auf einen durch Störungen herbeigeführten Übergangszustand zwischen zwei Normalzuständen der Wandellosigkeit« (Elias 1976a: XXI). Ein statischer Gleichgewichtszustand erscheine so als das Normale, Wandel als unerwünschte Störung dieses Gleichgewichtszustandes. Diese »Zustandsreduktion« (Elias 1976a: XX), die das »Werden und Gewordensein« (XIX) von Individual- und Gesellschaftsstrukturen nicht in den Blick bekomme, präge selbst dann noch Parsons' Herangehensweise, wenn er sich ausdrücklich mit dem Problem des sozialen Wandels beschäftige. Stets gehe er von der Hypothese aus, daß sich jede Gesellschaft normalerweise in einem unveränderlichen Gleichgewichtszustand befinde. Der Wandel werde durch einen Bruch mit den gesellschaftlich geltenden Normen hervorgerufen, der neue Anpassungsleistungen erzwingt, bis sich die Gesellschaft wieder in einem neuen Ruhezustand befindet (vgl. Elias 1976: XX). Wandel wird bei Parsons also als äußere Störung eines ansonsten »ausbalancierten gesellschaftlichen Systems« (ebd.) verstanden, so Elias.

Diese Kritik ist seither – insbesondere von Elias-Schülern – oftmals wiederholt worden, während ihr von Parsons-Anhängern ebensooft widersprochen worden ist. Luhmann etwa hält dagegen: Parsons' strukturell-funktionale Theorie »war gewiß weder ein statisches (konservatives) noch ein sozialharmonisches Programm, wie eine leichtfertige Kritik alsbald einwandte; denn im Strukturbegriff liegt zwar eine Limitierung des Möglichen, aber weder eine statische Fixierung der Begrenzung noch die Annahme einer konfliktfreien Realität. Gefordert war nur, daß es sich, wenn um Änderungen, dann um sich aus der Struktur ergebende Änderungen, und wenn um Konflikte, dann um sich aus der Struktur ergebende Konflikte handeln müsse. Und in der Tat: wie sollte man Realität anders denken?« (Luhmann 1988: 127) Zu wenig Berücksichtigung findet bei Elias auf jeden Fall der Umstand, daß es sich bei Parsons zunächst einmal um ein *analytisches* Instrumentarium handelt, mit dem er den Wandel von vormodernen zu modernen Gesellschaften beschreiben will.

Ohne diesen Streit hier zugunsten einer der beiden Seiten entscheiden zu wollen – das Parsons-Kapitel der vorliegenden Arbeit hat gezeigt, daß an beiden Auffassungen »etwas dran ist« –, stellt sich die Frage, was Elias selbst diesem Konzept entgegenzusetzen hat. Dabei zeigt sich, daß er seine *Figurationstheorie* als dem Parsonsschen Strukturfunktionalismus diametral entgegengesetztes Pendant verstanden wissen will. Wo Parsons auf Stabilität setze, betone die Zivilisationstheorie den Wandel; wo Parsons ein statisches Begriffsinstrumentarium entwickle, setze sie auf Dynamik; während sich der Systemfunktionalist Gesellschaften als erstarrt, unbeweglich und kaum zu erschüttern vorstelle, verweise sein Ansatz auf die permanente Umwälzung, Veränderung und Beweglichkeit aller Strukturen; und schließlich gehe Parsons' Soziologie durch dieses Verfahren letztlich ahistorisch vor, seine eigene dagegen sei weder gegenwarts- noch zukunfts- oder vergangenheitsfixiert; ihr Anliegen sei der Nachweis des ständig Werdenden und Gewordenen; die Zivilisationstheorie sei also durch und durch eine historisch ausgerichtete Theorie.

Aus dieser dichotomen Gegenüberstellung resultiert die Gefahr, daß Elias nun seinerseits Einseitigkeiten an den Tag legt. Der unterstellten Statik einfach Dynamik gegenüberzustellen und der Stabilität Wandel ist womöglich ein allzu schlichtes Modell. Zudem neigt es dazu, den Spieß einfach umzudrehen und Wandel, Veränderung und Dynamik für das Eigentliche zu halten und zum Normalen zu hypostasieren, während Stabilität, Gleichgewicht und Ruhezustände zu Abweichungen innerhalb der dominierenden Veränderungen erklärt werden. Möglich, daß eine derart auf permanente Veränderungen und Umwälzungen fixierte Theorie gar nicht mehr in der Lage ist, Zustände, Statik und Stagnation überhaupt noch zu erkennen. Und in der Tat ergibt sich daraus womöglich die entwicklungssoziologische These Elias', daß man innerhalb der Entwicklung des Abendlandes einen beständigen Zivilisierungsschub beobachten könne, der zwar nicht nur Fortschritte, sondern auch Rückschritte kennt, nicht aber Stillstand. Und dies hat womöglich mit Elias' Prämisse der permanenten Entwicklung zu tun. Nicht zuletzt sein Postulat permanenter Entwicklung bzw. Vorwärtsbewegung verhindert nach meinem Dafürhalten auch eine Annäherung an die kritische Theorie Adornos und Horkheimers. Eine inmitten des Grauens entwickelte Theorie der Zivilisation *mußte* den Argwohn derer wecken, die vom »Zerfallscharakter der Zivilisation« (IfS 1991: 87) überzeugt sind. Elias sind dagegen umgekehrt die apokalyptischen und kulturpessimistischen Töne der kritischen Theorie ebenso fremd wie deren geschichtsphilosophischer Zugriff. Während Elias seine Zivilisationstheorie anhand von breit dokumentierten historischen Quellen entwickelt, präsentieren Horkheimer und Adorno ihre Version einer Zivilisationstheorie in einer literarisch essayistischen Form, die sich um detaillierte Nachweise ihrer Quellen nicht schert (vgl. Bogner 1989: 67).

Elias selbst, der eine Übereinstimmung mit Adorno in dem sowohl von diesem als auch von ihm selbst vertretenen »kritischen Humanismus« (Elias 1977: 44) sieht, verortet die Schwäche Adornos in seinem Festhalten am Marxschen Gedankensystem, das aus einem anderen Jahrhundert stamme und zur zeitgenössischen Orientierung nicht mehr ausreiche (vgl. ebd.: 46). Die bei diesem Anlaß von Elias geäußerte Kritik gegenüber dem weitverbreiteten Bedürfnis, sich an allgemeine Gedanken und Begriffssysteme überkommener Epochen zu halten, erklärt m. E. nicht nur Elias' Distanz gegenüber dem Marxismus, sondern auch seine Reserviertheit gegenüber der Systemtheorie Parsons', handelt es sich doch auch hier um den Versuch eines umfassenden Systems, in dessen eng gesteckten Grenzen sich die Nachfolger bewegen, statt über sie hinauszugehen. Elias setzt dagegen den unbedingten Willen, eigenständig zu denken und zu forschen, statt sich auf ewig gültige Autoritäten zu berufen. Das geht bei ihm so weit, daß er überhaupt keine Einflüsse für sein Werk gelten läßt. Hinweise auf verwandte Gedanken anderer Soziologen oder gar dezidierte Auseinandersetzungen mit anderen Positionen – was geradezu zum Instrumentarium der kritischen Theorie gehört, Teil ihres Ansatzes ist – fehlen bei Elias beinahe gänzlich. Das führt zu einem merkwürdigen Paradox: Ausgerechnet Elias, der nicht müde wird, auf die Verwobenheit jedes einzelnen mit vergangenen und kommenden Generationen hinzuweisen – »Kein Mensch ist ein Anfang; jeder Mensch setzt fort« (Elias 1970: 33; vgl. 1977: 67) –, stilisiert sich zum autarken Demiurgen.

Doch abgesehen von den völlig verschiedenen theoretischen

Ausgangspunkten von Adorno und Elias hätte manches dafür gesprochen, auch Elias in die Reihe des Disziplinarmodells aufzunehmen, zeigen doch seine historischen Untersuchungen die zunehmend notwendigen Selbstkontrollen und Selbstzwänge, zu denen das Individuum in modernen Gesellschaften angeleitet wird. Aber Elias gewinnt dieser Diagnose keineswegs so rabenschwarze Bilder ab wie Weber, Adorno oder Foucault. Ebensowenig geht er von einem unbändigen Individuum aus, das durch mehr Kontrollen in die Schranken überschaubarer Wertegemeinschaften gewiesen werden muß. Vielmehr zeigt sich Elias darum bemüht – ähnlich wie Simmel vor ihm und wie Beck nach ihm –, die *Ambivalenz* des Individualisierungsprozesses auszuweisen. Weder verdichtet sich die Gesellschaft zu einem stahlharten Gehäuse, einer total verwalteten Welt oder einem Gefängnis, aus denen es kein Entrinnen gibt, noch läuft die gesellschaftliche Ordnung Gefahr, in anomische Zustände umzukippen, weil den egoistischen Individuen, die sich nur um sich selbst kümmern, keine Grenzen gesetzt werden. Elias schreibt seine Zivilisationstheorie trotz ihrer Betonung der Zunahme von Zwängen und Disziplinierungen »nicht als Verfallsanalyse, gab sich sowenig als Prophet einer besseren Zukunft wie als kulturpessimistischer Stagnationswahrer« (Rehberg 1982: 151). Deshalb ist die Beobachtung, daß in Elias' Theorie die Webersche »Metapher vom ›stahlharten Gehäuse‹, in dem sich die rationalisierte und bürokratisierte Subjektivität befindet« (van Krieken 1989: 604), nachhaltig bestärkt wurde, alles andere als zutreffend. Im Gegenteil liegt in Elias' Zurückhaltung sowohl gegenüber einer Verfallsgeschichte als auch gegenüber einer optimistischen Feier des Modernisierungsprozesses die Differenz zu den Schriften Webers und der kritischen Theorie auf der einen, Durkheim und Parsons auf der anderen Seite: Kein Requiem und kein Hosianna, sondern die so nüchtern wie möglich gehaltene historisch orientierte Analyse. Wenn überhaupt, dann schlägt seine Bewertung eher in Richtung Lobgesang auf die Zivilisation aus. Richtig ist dagegen die folgende Einschätzung van Kriekens: »Weber konzentrierte sich auf die Auswirkungen größerer sozialer Veränderungen, auf die Entwicklung von Ideen, Praktiken und Institutionen der Disziplin und Selbstdisziplin. Doch er vernachlässigte dabei eine Untersuchung der Wirkung, die neue Ideen, soziale Institutionen und staatliche Agenturen auf das innere Leben der Menschen hatten. Genausowenig berücksichtigt er die Rolle, die veränderte Persönlichkeitsstrukturen selbst innerhalb der größeren Prozesse historischen Wandels gespielt haben.« (van Krieken 1989: 605) Genau hier setzt Elias mit einer stärkeren Berücksichtigung des psychischen Lebens ein. Seine Perspektive ist von der Vorstellung nicht zu lösen, »die ›kleine Geschichte‹ des Individuums mit der ›großen Geschichte‹ der Gesellschaft zu verschmelzen, nachzuzeichnen, wie in der Herausbildung der abendländischen Zivilisation Psychogenese und Pathogenese einen unauflöslichen Zusammenhang bilden« (Lepenies 1977: 15 f.). Elias kritisiert die Parsonssche Terminologie von »Ego« und »System«, die suggeriere, daß es sich bei Individuum und Gesellschaft um zwei strikt voneinander unterscheidbare Bereiche handelt (vgl. Elias 1976a: XVIII). Die Auffassung, das Individuum sei ein vereinzeltes Wesen, das erst im nachhinein zu anderen in Beziehung tritt, übersieht für Elias die grundsätzliche Verwobenheit jedes einzelnen in einem dichten Geflecht von sozialen Beziehungen. Auch Adorno kritisiert zunächst ähnlich die Trennung von Psyche und Gesellschaft, Psychologie und Soziologie als »falsches Bewußtsein« (Adorno 1979: 45), weil sie die gesellschaftlich entstandene Entzweiung von Subjekt und Objekt, Individuum und Gesellschaft festschreibt. Zugleich aber ist es auch Ausdruck richtigen Bewußtseins, weil sie Ausdruck der *tatsächlichen* Trennung von innerem und äußerem Leben ist. Für Adorno ist deshalb nicht wie für Elias die Trennung von Individuum und Gesellschaft das Problematische an der Theorie von Parsons, sondern die begriffliche Harmonisierung von Individuum und Gesellschaft zu »personalen« und »sozialen Systemen«, die über die historisch entstandene Entzweiung beider Bereiche hinwegtäuscht. Den zwischen Individuum und Gesellschaft bestehenden Spannungen wird auf diese Weise nicht Rechnung getragen. Vielmehr werden sie künstlich miteinander versöhnt. Adorno plädiert jedoch so lange nicht für die Rücknahme der begrifflichen Trennungen, bis sich nicht auch realiter die aus der Entzweiung entstandenen Gräben geschlossen haben.

Elias beschreitet hier einen anderen Weg. Er will über die Trennung zwischen subjektiven und objektiven, individualistischen und soziologistischen Theorieansätzen ebenso hinaus wie über die Trennung von Soziologie und Psychologie. Seine Soziologie will alle Aspekte des menschlichen Lebens beleuchten können. Die Gesellschaft ebenso wie das Individuum lassen sich in seinen Augen nur zu heuristischen Zwecken voneinander trennen, denn *eigentlich* ist alles eins. Insofern müßte auch Elias' Ansatz unter das Adornosche Verdikt der die gesellschaftlichen Zustände unnötig harmonisierenden Theorien fallen. Jedenfalls scheint eine dem Individuum gesellschaftlich auferlegte Vereinzelung, wie Adorno sie diagnostiziert (Adorno 1979: 55), durch Elias' Annahme des stets in Figurationen verstrickten Individuums kategorial ausgeschlossen. Wenn man Individuum und Gesellschaft derart zusammenzieht, wie Elias dies geradezu leidenschaftlich getan hat, ist die Gefahr groß, entweder dem Eigensinn der Individuen oder der Eigendynamik der Gesellschaft nicht gerecht zu werden. In Elias' Fall ist es die Komplexität moderner Gesellschaften, die er mit seinem Konzept letztlich nicht erreicht. Es entsteht immer nur die *Behauptung* einer zunehmenden Verflochtenheit und Unübersichtlichkeit, ohne daß sich dies in seinen theoretischen Instrumentarien niederschlägt. Institutionen und Organisationen zum Beispiel, die das Antlitz der Moderne nachhaltig prägen, lösen sich bei Elias in mehr oder weniger dichte Menschengeflechte auf. In seiner Terminologie sind Familien, Organisationen, Verbände oder Nationen nur kleinere oder größere Menschenverbände, ohne daß es sonst ein Kriterium ihrer unterschiedlichen Konstitution und ihrer Funktion geben würde (vgl. Elias 1991: 123). Er hat daher keinen Begriff von einem qualitativen Sprung von einem einfach organisierten Sozialverband hin zu einer komplexen Organisation, die sich auf eine mehr oder weniger große Anzahl von Menschen, die in ihr tätig sind, nicht reduzieren läßt. Auch zur anderen Seite hin bleibt Elias' Modell unterkomplex. Obwohl er von den zunehmenden Anpassungsleistungen der Individuen an eine immer komplexer und differenzierter werdende Gesellschaft spricht, bleiben die Leistungen der Individuen und ihr womöglich kreativer Anteil bei diesem Prozeß undeutlich (vgl. Neckel 1991: 133).[73] Auch die für die moderne Gesellschaft typische – und

73 Und dabei ergeben sich zwischen Parsons und Elias – horribile dictu – durchaus Gemeinsamkeiten, vgl. Kiss (1991: 82 f.) So hat sich Elias etwa – vielleicht sogar in einem größeren Ausmaß als Parsons selbst – Sozialisation als einseitigen Konditionierungsprozeß vorgestellt. Hinsichtlich dieser Thematik sind beide deutlich von Freud beeinflußt, der bekanntlich auch in Adornos Werk unübersehbare Spuren hinterlassen hat. Auch anhand der unterschiedlichen Rezeption von Freuds Schriften durch Elias, Parsons und

von den soziologischen Klassikern gesehene – Umstellung von primär persönlich gefärbten zu zunehmend anonymer werdenden Sozialbeziehungen geraten Elias kaum in den Blick. Bei ihm erschöpfen sich die Veränderungen in quantitativen Bezugsgrößen von kürzeren und längeren Handlungsketten, kleineren oder größeren Sozialverbänden usw. Für die sich ändernde *Qualität* sozialer Beziehungen hat er dagegen keinerlei Instrumentarium: »Weniger als je zuvor kann man sich heute vorstellen, daß das Gesellschaftssystem aus Interaktionen zusammengesetzt sei, und weniger als je zuvor sind Theorien adäquat, die Gesellschaft als ›commerce‹, als Tausch, als Tanz, als Vertrag, als Kette, als Theater, als Diskurs zu begreifen suchen [...] Die Gesellschaft ist, obwohl weitgehend aus Interaktionen bestehend, für Interaktionen unzugänglich geworden.« (Luhmann 1985: 584f.) Mit anderen Worten: Die Gesellschaft führt ein von den einzelnen und seinen Beiträgen unabhängiges Eigenleben, obwohl sie andererseits ohne diesen Beitrag nicht existieren würde. Dieser schon mit Durkheim erreichte Stand soziologischer Theoriebildung dürfte sich angesichts des immer noch zunehmenden Grades gesellschaftlicher Komplexität keine Theorie verschließen, die den Anspruch erhebt, Gesellschafts- und nicht nur Sozialtheorie sein zu wollen. Elias trägt der für die Moderne konstitutiven Unterscheidung von Interaktions-, Organisations- und Gesellschaftssystemen, die von Parsons' Systemtheorie auf den Weg gebracht, von Luhmann weitergeführt und auch von Adornos Theorie der Gesellschaft zumindest ansatzweise vollzogen wird, nur mangelhaft Rechnung (vgl. Breuer 1992: 31).

5. Individualisierung und reflexive Modernisierung – Ulrich Beck

Einleitung

Mit der Behandlung der Individualisierungsthese von Ulrich Beck sind wir nunmehr zum dritten Mal wieder in der aktuellen Debatte um die Individualisierung – und damit gewisserweise

Adorno ließen sich Gemeinsamkeiten und Differenzen zwischen ihren Theorien aufzeigen.

beim Ausgangspunkt der vorliegenden Arbeit – angelangt. 1983 rüttelt der damals in Bamberg lehrende Soziologe die Zunft mit seinem Aufsatz *Jenseits von Stand und Klasse* auf, der immer wieder als Bezugspunkt der nachfolgenden, überaus breit geführten Diskussion um die Individualisierung herangezogen wird. Wenngleich er auch vorher schon durch einige Publikationen hervorgetreten ist, wird er erst durch die *Risikogesellschaft* einem breiteren Publikum bekannt. Er startet also nicht mit dem Aufbau einer Theorie wie etwa Habermas und Luhmann, sondern mit einer packenden Zeitdiagnose, die weit über die Grenzen der Profession hinaus Popularität erlangt. Trotzdem sind hier die Grundgedanken angelegt, die er in weiteren Veröffentlichungen präzisiert und immer weiter ausbaut. Dagegen scheinen spätere Arbeiten darum bemüht zu sein, den oft bemängelten theoretischen Unterbau seiner Thesen nachzuliefern. Becks Unternehmen ist entschieden ein *work in progress*. Er selbst versteht seinen Ansatz als »ein Stück empirisch orientierter, projektiver Gesellschaftstheorie« (Beck 1986: 13).[74] Schon allein weil dieser

74 Dabei erinnern seine Texte oftmals an das Stilmittel der Übertreibung, das Adorno einsetzt, und an Günter Anders' »prognostische Hermeneutik« (Anders [4]1992b: 429), mit der er über eine bloße Zeitdiagnose hinausgehen will. Freilich folgt Beck all diesen Konzepten nicht in ihrer Betonung des Negativen, mit der vor Kommendem gewarnt und Schlimmeres verhütet werden soll, vgl. dazu Adorno (1979: 101). Am nächsten kommt Beck mit seinem Ansatz einem Vorschlag von Helmut Klages, den dieser 1968 unter dem Titel *Soziologie zwischen Wirklichkeit und Möglichkeit. Plädoyer für eine projektive Soziologie* vorgelegt hat. Klages versteht dies als Alternative zum Neopositivismus Webers, zum Funktionalismus Parsonsscher Provenienz und zur »dialektischen Soziologie« als *vierten* Weg: »Jenseits dieser Standortalternativen bleibt nichtsdestoweniger aber noch ein völlig eindeutig angebbarer Bereich: Was von keinem dieser Standorte her geleistet werden kann, ist nämlich die *direkte Darstellung des gegebenen Möglichkeitsraumes als solchen*, die inhaltlich konkrete Auslotung der bestehenden Offenheit und Machbarkeit, die Aufdeckung der latenten Innovativität in Projektionen ihrer möglichen Gestaltnahmen in der Zukunft, die realistische Antizipation dessen, was insgesamt verdeckt und abgedrängt ist, die ›imaginative Vorwegnahme‹ (Helmut Schelsky) real möglicher Formen und Verwirklichungen des gesellschaftlichen Lebens, der Entwurf alternativ möglicher Lebensmuster, die Artikulierung der bestehenden Spannung zwischen Wirklichkeit und Möglichkeit unter Nivellierung der Vorteile, welche dem Wirklichen aus seiner Faktizität und Konkretheit, und der Nachteile, welche dem Möglichen aus seiner anscheinenden Unkonkretheit und Vagheit erwachsen.« (Klages 1968: 52). Auch in seinem Buch *Die unruhige Gesellschaft* (1975) nimmt Klages erstaunlich weitsichtig vorweg, was später unter den

spezielle Zugang kaum berücksichtigt wird, wenn die Beckschen Thesen diskutiert werden, kommt es immer wieder zu Mißverständnissen und Fehldeutungen. Hinter ihm versteckt sich weit mehr als nur eine vorbeugende Maßnahme gegen die erwartbare Kritik »harter Empiriker«.

Radikaler könnte ein Ansatz kaum ausgerichtet sein. Becks Ansinnen läuft in letzter Konsequenz auf einen totalen Umbau aller bisherigen Soziologie hinaus. Über alle wie selbstverständlich vorausgesetzten, ja liebgewonnenen Kategorien müssen neu nachgedacht werden. Für ihn jedenfalls taugen die meisten nicht mehr zur adäquaten Beschreibung der Gegenwart. Viele Soziologen klammern sich förmlich an ihr Begriffsinstrumentarium, so Beck, schotten es ab vor den unwillkommenen sozialen Änderungen, die Modifizierungen dringend notwendig machen. Auf diese Weise aber macht sich die Soziologie womöglich tatsächlich mehr und mehr überflüssig.

Nach Becks Vorstellung sollte das Individuum in der Soziologie von einer *persona non grata* über eine *persona grata* zu einer *persona gratissima* avancieren. War das Individuum nach seiner Einschätzung eine vernachlässigte Kategorie, rückt es dank des von Karl Martin Bolte angestoßenen und von ihm, Elisabeth Beck-Gernsheim und einigen anderen weiter vorangetriebenen Projekts einer »subjektorientierten Soziologie« in den Mittelpunkt soziologischer Aufmerksamkeit. Es scheint kaum übertrieben zu sein, von einer »Münchner Schule« zu sprechen.

Ich werde auf den folgenden Seiten zunächst Ulrich Becks Konzept der Risikogesellschaft und der reflexiven Moderne vorstellen, um anschließend seine These einer Auflösung der Großgruppen durch Individualisierungsprozesse zu diskutieren. In einem dritten Schritt schließlich werde ich mich den theoretischen Implikationen und Folgen des Individualisierungsbegriff widmen.

Stichwörtern »Individualisierung« und »Postmoderne« diskutiert werden sollte.

Auf dem Weg in eine andere Moderne:
Von der Industriegesellschaft zur Risikogesellschaft

»Die Gesellschaft der Gegenwart hat noch keinen Namen. Keinen, an dem man sie unstrittig erkennen könnte: Sie hat zu viele«, schreibt Rainer Mackensen (1988: 6) anläßlich seiner Rezension von Ulrich Becks *Risikogesellschaft* (Beck 1986). Und in der Tat: Das Angebot an Gesellschaftsbegriffen, mit denen die gegenwärtige Gesellschaft bezeichnet werden soll, ist groß: Es reicht von der Postindustriellen Gesellschaft, der Postmodernen Gesellschaft und der Erlebnisgesellschaft über die Weltgesellschaft, die Zivilgesellschaft und die Multikulturelle Gesellschaft bis hin zur Informations- und Mediengesellschaft (vgl. Kneer/Nassehi/Schroer 1997). Und es werden ständig mehr: Beinahe täglich drängen neue Namen auf den Markt, die das Ziel verfolgen, die vielgestaltige und unübersichtliche Gegenwart doch noch unter *einen* vorherrschenden Trend zu zwingen – ein Fall von Komplexitätsreduktion.

Zumindest zwei der im Umlauf befindlichen Gesellschaftsbegriffe gehen auf das Konto von Ulrich Beck: Er hat dem bunten Reigen an möglichen Kandidaten zur Kennzeichnung der Gegenwartsgesellschaft die »Risikogesellschaft« und die »Individualisierte Gesellschaft« hinzugefügt, die gemeinsam das Antlitz der »reflexiven Moderne« zu bilden scheinen, die er *jenseits von klassischer Moderne und Postmoderne* als zeitdiagnostischen Leitbegriff etablieren möchte. Seinem Selbstverständnis nach versucht er mit diesem Etikett eine Mittelposition zwischen denjenigen einzunehmen, die angesichts der neuen Herausforderungen mit einem trotzigen »nun erst recht« an der Aufklärung in den Prämissen des 19. Jahrhunderts festhalten, und denjenigen, die angesichts der »aufgestauten Anomalien gleich das ganze Projekt der Moderne den Bach der Geschichte hinuntergehen lassen wollen« (Beck 1986: 13), um die Postmoderne auszurufen. Es geht ihm also weder um eine blindwütige Verteidigung der Moderne gegenüber allen kritischen Einwänden noch um eine vorschnelle Verurteilung all dessen, was mit dem Wort Postmoderne assoziiert wird. Vielmehr will er sich – so kündigt er es im Vorwort zur *Risikogesellschaft* an – um eine inhaltliche Füllung des seiner Einschätzung nach eher inhaltsleeren bzw. unpräzisen Präfixes »post« bemühen. »Reflexive Moderne« – so formuliert er später ausdrücklich – soll der »Präzisierung der Rede von der ›Postmoderne‹« (Beck 1995a: 14) dienen. Statt der falschen Alternative von moderner Industriegesellschaft hier und Postmoderne dort auf den Leim zu gehen, plädiert er entschieden für ein von diesen beiden Alternativen »ausgeschlossenes Drittes« (vgl. Beck 1988: 15): die reflexive bzw. »zweite Moderne« (1996a: 27).

Beck zufolge gilt es also weder in Nibelungentreue an den Grundfesten der »ersten Moderne« (Beck 1996a: 22) – wie er die klassische Industriegesellschaft in neueren Texten nennt – festzuhalten noch überhastet die Flucht in die Postmoderne anzutreten.[75] Was ihn aber mit den Vertretern der Postmoderne verbindet, ist die Einschätzung, daß wir Augenzeugen eines radikalen Wandels sind, der die bisherige Moderne in ihren Grundfesten erschüttert. Allerdings steht für ihn im Gegensatz zu den Vertretern der Postmoderne fest, daß es sich dabei um einen Bruch *innerhalb* der Moderne handelt: Die Moderne löst sich nach und nach aus den Konturen der klassischen Industriegesellschaft, um sich mehr und mehr in eine industrielle Risikogesellschaft zu verwandeln. Anders als die Rede von der Postmoderne suggeriert, stirbt die Moderne dabei in seiner Perspektive nicht vollständig ab, um einem *post*modernen Zeitalter Platz zu machen; vielmehr häutet sie sich gewissermaßen nur, streift ihre

75 Deshalb notiert Wolfgang Zapf völlig zu Recht: »Kritisch kommentierend möchte ich sagen, daß die Position von *Ulrich Beck* deshalb so faszinierend ist, weil sie sowohl am Programm der Modernisierung festhält als auch an einer fundamentalen Kritik der gegenwärtigen Gesellschaft einschließlich des größten Teils der heutigen Soziologie. *Beck* will eine ›andere Moderne‹ und eine einsichtsvollere, gewissenhaftere, reflektiertere, eben: reflexive Theorie entwerfen. Sie vermag die Anhänger der *Kritischen Theorie* der 1930er und 1960er Jahre für sich zu gewinnen, für die der Satz von *Adorno* galt: ›Das Ganze ist das Unwahre‹. Sie vermag die enttäuschten Marxisten zu vereinnahmen, deren Träume vom Sozialismus zwar zerbrochen sind, die aber nun gezeigt bekommen, daß auch die marktwirtschaftlichen Demokratien an ihren Widersprüchen scheitern müssen. Sie ist eine modernisierte Variante der Spätkapitalismusdoktrin, wobei die ökologische Krise jetzt die Rolle einnimmt, die seinerzeit die Legitimationskrise des Spätkapitalismus eingenommen hat. Sie ist eine weitere Theorie des ›Dritten Weges‹ jenseits von Sozialismus und Kapitalismus« (Zapf 1992: 205). Damit kommt Beck, der diese Einordnung Zapfs ausdrücklich goutiert (vgl. 1993: 289; 1994a: 41) m. E. dem Versuch Wolfgang Welschs (1988) durchaus nahe, der mit seinem Konzept einer »postmodernen Moderne« ebenfalls eine Zwischenstellung zwischen klassischer Moderne und Postmoderne einzunehmen versucht.

verbrauchten Hüllen ab, um eine andere gesellschaftliche Gestalt zum Vorschein zu bringen. Diesen Transformationsprozeß von der klassischen Industriegesellschaft zur industriellen Risikogesellschaft setzt er dabei immer wieder in Relation zum Wandel der ständisch organisierten Agrargesellschaft in eine moderne Industriegesellschaft: »Wurden im 19. Jahrhundert ständische Privilegien und religiöse Weltbilder, so werden heute das Wissenschafts- und Technikverständnis der klassischen Industriegesellschaft entzaubert, die Lebens- und Arbeitsformen in Kleinfamilie und Beruf, die Leitbilder von Männer- und Frauenrolle usw. Modernisierung *in* den Bahnen der Industriegesellschaft wird ersetzt durch eine Modernisierung *der Prämissen* der Industriegesellschaft.« (Beck 1986: 14; vgl. 1996a: 39)

Die weitverbreitete Auffassung, daß es sich bei der klassischen Industriegesellschaft bereits um eine »*durch und durch moderne* Gesellschaft*«* (Beck 1986: 15) handelt, hat es in seinen Augen bisher verhindert, einen tiefgreifenden »gesellschaftlichen Gestaltwandel *in* der Moderne« (Beck 1986: 15) für möglich zu halten, der die Moderne weder auf den Stand einer Vormoderne zurückkatapultiert noch gleich in eine über die Moderne hinausweisende Postmoderne überführt. Die Verabschiedung der Moderne kann man in Becks Verständnis nur dann für möglich halten bzw. propagieren, wenn man die bisherige Moderne schon für ihre Vollendung hält, die nicht modifiziert, korrigiert oder umgeleitet werden kann, ohne sie gleich vollständig auf den Müllhaufen der Geschichte zu werfen. Für Beck dagegen handelt es sich bei der fälschlicherweise zur Krönung der Moderne stilisierten Industriegesellschaft nur um eine halbierte Moderne, die erst zum Teil umgesetzt hat, was in ihr als Programm angelegt ist (vgl. Beck 1986: 118; 1991: 196ff.). Es ist diese Einschätzung, die Becks Distanz gegenüber den klassischen Modernisierungstheoretikern begründet und ihn mit Jürgen Habermas' Vorstellung eines »Projekts der Moderne« (Habermas 1990: 32ff.) verbindet, das erst noch zu verwirklichen ist. Bislang jedenfalls ist die Moderne sowohl für Habermas als auch für Beck, was bei vielen großen Komponisten die Neunte Symphonie geblieben ist: sie ist unvollendet.[76] Anders jedoch als Habermas verspricht

76 Obwohl gerade die Moderne in ihren künstlerisch-literarischen Zeugnissen eine Vielzahl von unvollendet gebliebenen Werken hervorgebracht hat, ist das Ideal doch auf Vollendung hin angelegt und wird unvollendet Gebliebe-

Beck sich von einer Vollendung der Moderne weniger eine Einlösung der Ideen der Aufklärung als vielmehr – skeptischer –
eine stärkere Entfaltung der in ihr angelegten Widersprüche. Dabei erfolgt nach Beck der Übergang von der »ersten«, noch un-
vollendeten, zur »zweiten«, radikalisierten Moderne mitnichten – wie von Marxismus und Funktionalismus stets angenommen (vgl. Beck 1996a: 30) – durch eine von bestimmten Akteuren
getragene Revolution. Die bisherige Moderne verabschiedet sich
nach Beck keineswegs mit einem lauten Knall. Vielmehr kommt
der Umbau der industriellen Moderne zur reflexiven Moderne
auf leisen Sohlen daher, vollzieht sich beinahe »*un*bemerkt«
(ebd.: 31), ja sogar »*un*gewollt« und »*un*reflektiert« (sic!) (ebd.:
27).[77] Und dabei bedarf es nicht einmal fremder Hilfe. Die moderne Industriegesellschaft beraubt sich durch die beharrliche
Entfaltung des ihr eingeschriebenen Programms, durch das
schlichte Prinzip des »Mehr vom Gleichen« (1996a: 29), ihrer
Existenzgrundlagen. Sie schafft sich am Ende selbst ab. Es ist,
als leide die Moderne an einer Art Autoimmunerkrankung, bei
der sich ihre Eigenaktivitäten in einem höchst selbstzerstöreri-
schen Prozeß gegen sie selbst richten. In der Folge metastasiert
die Moderne, macht den Weg für zahlreiche andere Modernen
und Gegenmodernen frei, von der die von Beck so genannte
Reflexive bzw. *Zweite Moderne* nur eine mögliche Form darstellt

nes als unvollkommen und Mangelerscheinung angesehen, ohne zu bemer-
ken, daß das Fragmentarische und Torsohafte der gültige Ausdruck für das
Leben im 20. Jahrhundert sein könnte: »Die Geschichte des zerbrochenen
Lebens kann nur in Bruchstücken erzählt werden.« (Rilke) Diese Konse-
quenz zieht systematisch erst die Postmoderne, in der das Streben nach
Vollendung zurückgeht und das Unfertige als gewolltes Ergebnis in den
Schaffensprozeß eingeplant wird, also gewollt unvollendet bleibt. Mit der
Vollendung der Moderne wäre nach Auffassung postmoderner Autoren
nicht ein Zustand erreicht, der die in das Projekt eingelassenen utopischen
Energien einlösen und zu einer »vernünftige[n] Gestaltung der Lebensverhältnisse« (Habermas 1990: 42) führen würde. Vielmehr zeigen sie sich überzeugt, daß die Vollendung dieses Weges zu viele Opfer kosten würde. Vgl.
dazu ausführlich Schroer (1994).
77 Diese Argumentationsfigur erinnert an Schelskys (1965: 460) Erklärung für
die Entstehung der wissenschaftlich-technischen Zivilisation, die ebenfalls
nicht durch einen revolutionären Vorgang, sondern durch die Macht der
Sachzwänge herbeigeführt wird, während die alte Form der Demokratie
funktionslos geworden ist, weil, von innen her aufgelöst, die alten Institutionen »wie leere Hülsen« stehenbleiben können.

(vgl. Beck 1996a: 29).[78] Das – wenn man so will – revolutionäre Subjekt dieses nichtrevolutionären Prozesses sind für Beck die vom Fortschrittsoptimismus der *Ersten Moderne* noch weitgehend überdeckten Nebenfolgen der einfachen Modernisierung: »Risiken, Gefahren, Individualisierung, Globalisierung« (Beck 1993a: 71; 1996a: 40). Sie werden zunehmend zum eigentlichen »Motor des Gesellschaftswandels« (ebd.). Dabei geraten Risiken und Gefahren mehr und mehr ins öffentliche Bewußtsein und lösen dadurch weitere Nebenfolgen aus: »Es geht, beispielhaft gesprochen, gar nicht um den ›Rinderwahnsinn‹ als solchen, was er Tieren und Menschen antut, sondern darum, welche Akteure, Verantwortlichkeiten, Märkte etc. dadurch ›elektrisiert‹, in Frage gestellt werden, möglicherweise zusammenbrechen und welche Turbulenzen mit ihren schwer eingrenzbaren Kettenwirkungen dadurch in den Zentren der wirtschaftlichen und politischen Modernisierung unfreiwillig und ungewollt ausgelöst werden.« (Beck 1996a: 27; vgl. 1986: 31) Es sind die Nebenfolgen und die »*Nebenfolgen der Nebenfolgen*« (ebd.), denen Becks eigentliches Interesse gilt, sind sie es doch, die jene andere Moderne hervorbringen, die er die Zweite Moderne nennt.

Die Botschaft dieser Argumentation an die Adresse der »Weiter-So-Modernisierer« (vgl. Beck 1996a: 23) lautet: Wer auf Biegen und Brechen die Moderne in ihrer jetzigen Form verteidigt und dabei alle Kritiker als irrational und modernitätsfeindlich denunziert, verteidigt in Wahrheit eine halbierte Moderne, die noch mit ständischen Merkmalen durchsetzt ist (vgl. Beck 1986: 117). An die Adresse der postmodernen Theoretiker lautet sie: Die Moderne ist nicht etwa überwunden, sondern fängt gerade

78 Vgl. auch: »Vereinfachend gesprochen: Der *Un*umkehrbarkeitsprämisse einfacher Modernisierungssoziologie steht die *Umkehr*barkeitsprämisse reflexiver Modernisierungstheorie gegenüber. Hier wird nicht nur Modernisierung als vielschichtiger Prozeß mit gegenläufigen Tendenzen und Strukturen gesehen, sondern schärfer: als eine unabgeschlossene, unabschließbare Dialektik von Modernisierung und Gegenmodernisierung. Eine ›Dialektik‹ allerdings, die sich nicht nur objektiviert hinter dem Rücken der Individuen ein- und abspielt, sondern die auch und wesentlich im Handeln, im Denken, im Konflikt, kurz: im Politischen ausgetragen und ausgestaltet wird.« (Beck 1993a: 95) Die Vorstellung einer Dialektik von Modernisierung und Gegenmodernisierung, die dabei aber doch immer eine Moderne bleibt, erhöht – das ist das Gesetz der Serie – die Wahrscheinlichkeit einer Dritten, Vierten usw. Moderne.

erst an, indem sie die alten Hemmschuhe endgültig abstreift, die sie bisher an ihrer vollständigen Entfaltung gehindert hatten.[79] Das Auflösungsmittel par excellence ist dabei die Individualisierung: Sie zersetzt die alten Formeln, zersplittert althergebrachte Großgruppen.[80] Dadurch aber entsteht keine konfliktlose, irenische, menschenwürdige und vernunftdurchtränkte Gesellschaft, wie die Aufklärer vom Schlage eines Condorcet noch geglaubt haben mögen, sondern eine höchst riskante Mixtur aus neuen Unsicherheiten *und* neuen Möglichkeiten, neuen Gefahren *und* neuen Chancen, neuen Zwängen *und* neuen Freiheiten, eben: eine Risikogesellschaft.

Dem naheliegenden Einwand, daß mit der Risikogesellschaft nur *eine* neben weiteren wichtigen Entwicklungstendenzen benannt ist, nimmt Beck von vornherein den Wind aus den Segeln, indem er selbst darauf verweist, daß man auch »eine ganze Reihe anderer Entwicklungstendenzen anführen« (Beck 1991: 99) könne. Es gilt, mit anderen Worten, endlich Abschied zu nehmen vom Aladin-Modell, denn: »Es gibt nicht mehr die eine Formel, die alles aufschließt.« (Ebd.: 98) Statt dies jedoch als Aufruf zur Beliebigkeit mißzuverstehen, die viele wie selbstverständlich mit der Beigabe des Wörtchens »postmodern« versehen, kommt es darauf an, die damit verbundene Intention Becks zur Kenntnis zu nehmen. Die Offenheit, mit der er den Widerlegungsversuchen begegnet, zeigt, daß es ihm nicht in erster Linie – wie noch in den klassischen Modernisierungstheorien üblich – um die Erfindung, und vor allem: Verteidigung, eines bestimmten Instrumentariums bzw. einer bestimmten Begrifflichkeit geht, mit der – einmal festgelegt – die Wirklichkeit betrachtet wird. Ihm ist umgekehrt um das Offenhalten von Begriffen und damit um eine theoretische Perspektive zu tun, die sich von den gesellschaftli-

---

79 So steht etwa die von den neuen sozialen Bewegungen getragene und als »antimodernistisch« diffamierte Wissenschafts-, Technik- und Fortschrittskritik für Beck keineswegs im Widerspruch zur Moderne, sondern gilt ihm als »Ausdruck ihrer konsequenten Weiterentwicklung über den Entwurf der Industriegesellschaft hinaus« (Beck 1986: 15). Zu Becks Auseinandersetzung mit den neuen sozialen Bewegungen und ihrer Rolle in der Risikogesellschaft vgl. auch Schroer (1997c).

80 Vgl. auch: »*Globalisierung* und *Individualisierung*. Jenes sprengt theoretisch und politisch den Horizont des Nationalstaates und seiner Soziologie, dieses den Horizont der auf die Priorität von Gruppen, Kollektiven geradezu ontologisch fixierten Soziologie.« (Beck 1996a: 37)

chen Ereignissen zu einem Umlernen, Umformulieren und Umdenken bewegen, ja belehren läßt, weil sie ihnen nahe genug kommt. Diese Perspektive bedeutet weder Beliebigkeit noch Kapitulation vor dem vielfältigen und beschleunigten sozialen Wandel. Aber sie wendet sich entschieden gegen die Weiterverwendung der ihrer Meinung nach antiquierten Begriffe, die für die industrielle Moderne getaugt haben mögen, nicht aber zur Erfassung der massiv veränderten Wirklichkeit in der gegenwärtigen Epoche. Sie legt aber zugleich offen, daß neue, verbindliche und wirklichkeitstaugliche Begriffe noch nicht in Sicht sind, wobei es keineswegs ausgeschlossen, sondern eher wahrscheinlich ist, daß es diese Verbindlichkeit nicht mehr geben wird und dies das Neue der gegenwärtigen Gesellschaft und ihrer Beschreibung ausmacht. Insofern haftet den Gedanken und Begriffen Becks etwas durchaus Experimentelles an, mit denen versuchsweise die neue Wirklichkeit erfaßt werden soll.

Obwohl diese Perspektive deutliche Parallelen zu manch postmodernem Vorstoß unterhält[81], zeigt Beck sich überzeugt: »Wir leben nach wie vor in der Moderne, vielleicht sogar mehr denn je, aber unsere gesellschaftlichen Kategorien, mit denen wir sie bislang beschrieben haben, greifen nicht mehr« (Beck 1991: 99).[82] Deshalb startet er, angefangen mit *Risikogesellschaft*, ein ebenso ehrgeiziges wie umfassendes methodisch-theoretisches Projekt, das sich um nichts Geringeres als um eine komplette

---

81 Etwa mit Michel Foucault. Darauf komme ich weiter unten noch zu sprechen.

82 Allerdings fügt Beck bei einer ähnlichen Gegenüberstellung von klassischer Moderne und Postmoderne in einer Fußnote ganz in meinem Sinne hinzu: »Diese Gegenüberstellung verdeckt Überlappungen, die Produktivität und die Gemeinsamkeiten. So ließen sich durchaus Übereinstimmungen herausarbeiten, die die Theorien der Postmoderne und der reflexiven Moderne *teilen* und *gegen* die in sich gegensätzlichen Sichten einfacher Modernisierung (im Spannungsverhältnis zwischen Funktionalismus und Marxismus) geltend machen.« (Beck 1996a: 38, Fn. 31) In der Tat hat sich die ursprünglich gleichermaßen betonte Absetzbewegung gegenüber einfacher Modernisierung und Postmodernisierung zugunsten der Postmoderne verschoben. Während Beck im fortlaufenden Text mit seiner Abgrenzung gegenüber der Postmoderne mit den Worten fortfährt: »Hier wird Fahnenflucht begangen, und die Prinzipien der Moderne werden wie jene sprichwörtlichen Flinten ins Korn geworfen« (ebd.: 39), mildert er dieses Urteil in der nächsten Fußnote sofort wieder ab: »Diese – grobe – Kennzeichnung verdeckt die Produktivität dieser Theorien.« (Ebd.: 39, Fn. 32; vgl. auch: 24)

Neugestaltung der Soziologie bemüht.[83] Zahlreiche der zum selbstverständlichen Fundus der Soziologie gehörigen Begriffe, Einsichten und Denkschemata gehören seines Erachtens auf den Prüfstand. Sie müssen überdacht und nötigenfalls ausgewechselt werden, bevor sie zu sinnleeren Glaubenssätzen verkommen, die mit der sozialen Realität nicht mehr das geringste zu tun haben. Kurz: der für Beck unbezweifelbar sich vollziehende Epochenwandel bringt ein Veralten der soziologischen Diagnosen, Kategorien, Konzepte und der Terminologie mit sich, die dringend einer Generalüberholung bedürfen.[84] Die Soziologie braucht also eine Art TÜV (= Theorie-Überwachungs-Verein), der die Überlebensfähigkeit der alten Begriffe zu überprüfen hätte. Doch wenn es nach Beck geht, erhalten nur wenige die Plakette, die sie berechtigen würde, sich ein weiteres Jahr oder gar noch länger im dichten Verkehr soziologischer Forschung aufzuhalten. Zu groß ist die Gefahr, daß sich die alten Eisen den neuen Bedingungen nicht gewachsen zeigen und folgenschwere Kollisionen mit der völlig veränderten Wirklichkeit verursachen. Die Kategorien und Begriffe der *Ersten Moderne* sind nicht mehr in der Lage, die aktuellen Umwälzungsprozesse der *Zweiten Moderne*, deren Zeugen wir sind, angemessen zu erfassen: Industrie,

83 Diesen Impetus teil Beck mit Luhmann, der ebenso dazu aufruft, »die Theorie angesichts der Fakten zu überprüfen« (Luhmann 1971: 59), statt die Fakten so umzumodeln, daß die Theorie immer noch stimmt. Auf diese und andere Parallelen zu Luhmann komme ich weiter unten noch zu sprechen.

84 Zur Problematik einer solchen Behauptung der Epochenschwelle vgl. Brock (1991: 14), der völlig zu Recht notiert, »daß Soziologen schon immer dazu neigten, sich, wohl nicht zuletzt auch aus Gründen der Dramaturgie, am Beginn einer Zeitenwende zu wähnen«. Auch Foucault warnt: »Die Zeitgenossen neigen dazu, die Bedeutung der Gegenwart zu überschätzen, indem sie meinen, ausgerechnet sie ständen an einem Scheideweg oder Schnittpunkt der Geschichte.« (Foucault 1983) In der Soziologie muß oft auch die »Krise« dazu herhalten, um Neuerungen benennen, aber auch verniedlichen zu können. Man hält sie auf Abstand, indem suggeriert wird, es handele sich um eine krisenhafte Entwicklung, die – zur Beruhigung der Gemüter – als nur von vorübergehender Dauer ausgegeben wird. Mit dieser »Krisenseligkeit«, so hat es den Anschein, ist es in reflexiven, postmodernen oder sonstwie modernisierten Modernen vorbei. In ihnen werden jene als krisenhaften, also vorübergehenden, scheinbaren Ausnahmezustände – Unsicherheit, Komplexität, Kontingenz usw. – zu Normalzuständen erklärt. Für Beck ist die Risikogesellschaft zugleich auch eine »*katastrophale* Gesellschaft«, in der »der Ausnahmezustand zum Normalzustand zu werden« droht (Beck 1986: 31).

Nationalstaat, Klassen, Männer- und Frauenrollen, Kleinfamilie, Technikglauben, wissenschaftliches Wahrheitsmonopol – nichts mehr von alldem kann in den neunziger Jahren noch auf unhinterfragbare Gültigkeit pochen. Doch was nach der in den siebziger und achtziger Jahren vorherrschenden »Auflösungsperspektive« in den neunziger Jahren, in denen die »Restrukturierungsperspektive« zentral wird, an deren Stelle tritt, das scheint noch keineswegs ausgemacht (vgl. Beck 1996a: 22). Vielmehr versteht Beck die »reflexive Modernisierung« als jenen Suchprozeß, in dessen Verlauf die »Konturen einer *zweiten* Moderne« (ebd.) erst noch abgesteckt werden müssen. Seit *Risikogesellschaft* hat Beck zwar in seinen zahlreichen darauf folgenden Schriften den Versuch unternommen, auf diesem Weg weiter voranzukommen.[85] Doch ausgemacht scheint bisher allein, daß *neue* Identitätsformen, *neue* Akteure, *neue* Beziehungsformen, *neue* Politik- und Lebensstile usw. an die Stelle der alten treten werden (vgl. ebd.: 23). Wie diese im einzelnen aussehen könnten, bleibt vorerst ungewiß. In immer neuen Anläufen ruft er vielmehr mit Verve dazu auf, für die Wahrnehmung des Neuen die Sinne zu schärfen, die alten Zöpfe abzulegen und Phantasie zu entfalten, denn: »Die Soziologie der zweiten Moderne muß erst noch erfunden werden.« (Ebd.: 33)[86]

Sowenig Beck also für das Label »Risikogesellschaft« das Exklusivrecht an der Beschreibung der gegenwärtigen Gesellschaft in Anspruch nehmen will, weil es durchaus auch andere, damit

85 Schon jetzt sei aber die Einschätzung erlaubt, daß Beck nicht zu denjenigen gehört, die emsig an der analytischen Ausarbeitung einer Theorie arbeiten. Vielmehr entwirft er ständig neue, weit ausholende und phantasiereiche Panoramen, die eher nach dem Prinzip des expressiven action-painting als nach dem der detaillierten Landschaftsmalerei des frühen 19. Jahrhunderts gebend zu sein scheinen. Immer wieder scheinen ihn mehr in groben Strichen hingeworfene Skizzen als penibel ausgearbeitete Gemälde zu reizen: es wimmelt nur so von Ankündigungen von Arbeiten, deren Ausführung wir harren.

86 Auch in diesem Aufrufen des Neuen steckt vieles von der Faszination, die von Becks Schriften ausgeht. Und so sind die mannigfachen Aufrufe zur Neuorientierung nicht ohne Folgen geblieben. Die Individualisierungsthese Becks ist in den verschiedenen Bindestrichsoziologien auf breite Resonanz gestoßen und hat eine Vielzahl von empirischen Überprüfungen auf den unterschiedlichsten Feldern und mit den verschiedensten Methoden in Gang gesetzt. Freilich ist eine derart auf das Neue hin ausgerichtete Theorie nicht vor der umgekehrten Gefahr gefeit, die mögliche Zählebigkeit traditionaler Strukturen zu unterschätzen.

nicht automatisch miterfaßte Tendenzen gibt[87], besteht er gleichwohl darauf, daß der Risikogesellschaft das Verdienst zukommt, ein bisher reichlich unterbelichtetes Thema in den Mittelpunkt zu rücken: »Mit der Risikogesellschaft öffnen sich die Soziologie – und die Gesellschaft! – für die ökologische Frage.« (Beck 1991: 98) In der Tat haben Becks Arbeiten zur Risikogesellschaft – neben Luhmanns Beitrag zum Thema (vgl. Luhmann 1986) – zu einem erheblichen Teil zur Einführung des ökologischen Faktors in die soziologische Gesellschaftstheorie und -kritik geführt, dem zuvor – selbst in den ambitioniertesten Versuchen soziologischer Theoriebildung – kaum Aufmerksamkeit zuteil geworden ist.[88]

Für Beck sind es die durch die industrielle Produktion entstandenen ökologischen Gefährdungen der Umwelt, die den Übergang in ein neues Zeitalter ausgelöst haben.[89] Angesichts ihrer Ausbreitung und Durchschlagskraft geraten die alten Koordinaten ins Wanken. Als Initialzündung dieser Entwicklung gilt Beck die Atomkraftwerkskatastrophe in Tschernobyl. Sie ist zum Symbol für den Umschlag der industriellen Moderne in eine industrielle Risikogesellschaft geworden. Spätestens mit diesem Ereignis ist »*das Ende der anderen*, das Ende all unser hochgezüchteten Distanzierungsmöglichkeiten« (Beck 1986: 7) eingeleitet worden, denn: Vor den ebenso schleichenden und unsichtbaren wie verheerenden und unkontrollierbaren Gefahren der sogenannten »friedlichen Atomnutzung« und der Chemieindustrie gibt es für niemanden mehr verläßlichen Schutz. So läßt sich etwa Radioaktivität weder von geographisch-politischen noch von sozialen Grenzen aufhalten. Weder Staaten und Nationen noch Stände und Klassen, keine Familien und auch keine einzelnen Individuen sind in der Lage, die drohenden Gefahren oder bereits eingetroffene Schäden gänzlich von sich abzuwenden.

Beck beschreibt die Risikogesellschaft damit als eine Gesell-

---

87 Einmal davon abgesehen, daß die Risikogesellschaft für ihn zugleich auch »*Wissenschafts-, Medien-* und *Informations*gesellschaft« (Beck 1986: 62) ist.

88 Insofern ist Giddens (1995: 17) durchaus zuzustimmen, wenn er konstatiert: »Ökologische Belange spielen in den der Soziologie einverleibten Denktraditionen keine große Rolle, und es nimmt nicht wunder, daß es den Soziologen heute schwerfällt, diese Belange systematisch zu würdigen.«

89 Und nicht etwa erst die Ereignisse von 1989: »Am Anfang stand die ökologische Frage.« (Beck 1996a: 20)

schaft, in der alle Formen von Grenzziehungen nicht mehr die Aufgabe erfüllen, für die sie erfunden worden waren: Unerwünschte Ereignisse und Entwicklungen auf »andere« abzuwälzen und unwillkommene Menschen auf Abstand halten zu können, noch grundsätzlicher aber Unterscheidungen zwischen Hier und Dort, Ich und Er, Wir und Sie, Drinnen und Draußen, Eigenem und Fremdem überhaupt erst möglich zu machen. Insofern ist die Risikogesellschaft eine globale bzw. globalisierte Gesellschaft, in der es keine Ausweichmöglichkeiten und Schlupfwinkel mehr zu geben scheint, sondern umgekehrt ausnahmslos alle permanent von Umwelt- und anderen Risiken bedroht werden (vgl. Beck 1986: 48 ff.).[90] Deshalb sind Risikogesellschaften für Beck »gerade *keine* Klassengesellschaften; ihre Gefährdungslagen lassen sich nicht als Klassenlagen begreifen, ihre Konflikte nicht als Klassenkonflikte« (Beck 1986: 49). Gegenüber den globalen Risiken sind alle Menschen gleich, denn Risiken unterliegen einem »Bumerang-Effekt« (ebd.: 30), d.h.: »Auch die Reichen und Mächtigen sind vor ihnen nicht sicher.« (Ebd.: 49) Sie können ausnahmslos jeden treffen; auch diejenigen, die sie auf den Weg gebracht haben. Ein Sachverhalt, den Beck auf die ebenso prägnante wie umstrittene Formel bringt: »Not ist hierarchisch, Smog ist demokratisch.« (Ebd.: 48) Welche Hierarchisierungen auch immer beobachtet werden können – Beck verkennt nicht die »systematische ›Anziehungskraft‹ zwischen extremer Armut und extremen Risiken« (ebd.: 55) –, der entscheidende Entwicklungstrend bleibt davon unberührt: Unter den Bedingungen der Risikogesellschaft verlieren Zäune, Lager, Städte und Militärblöcke (vgl. ebd.: 7), die bisher alle unerwünschten Eindringlinge und Einflüsse von außen erfolgreich abzuwehren wußten, ihre Funktion: »*Not läßt sich ausgrenzen, die Gefahren des Atomzeitalters nicht mehr.* Darin liegt ihre neuartige kulturelle und politische Kraft. Ihre Gewalt ist die Gewalt der Gefahr, die alle Schutzzonen und Differenzierungen der Moderne aufhebt.« (Ebd.: 7)[91]

90 Während im Laufe der Zeit Globalisierung allein auf ökonomische Zusammenhänge bezogen worden ist, auf den internationalen Wettbewerb usw., liegt bei Beck zur Zeit der *Risikogesellschaft* der Akzent weniger auf den weltweiten Kapitalströmen als vielmehr auf den alle Grenzen sprengenden Umweltrisiken.

91 Zur detaillierten Auseinandersetzung mit Becks »Gesellschaftstheorie der Gefahr« (Beck 1988: 263) vgl. Schroer (1997c: 114 ff.).

Angesichts dieser Situation verschieben sich die alten Konfliktlinien: Ging es in den Konflikten der »Mangelgesellschaft« primär um die Verteilung materieller Güter, entzünden sich die Konflikte in der »Risikogesellschaft« an Fragen der »Produktion, Definition und Verteilung wissenschaftlich-technisch produzierter Risiken« (Beck 1986: 25). Die im Westen etablierten Wohlfahrtsstaaten sind bei der Bekämpfung von Hunger, Elend und Armut so erfolgreich gewesen[92], daß sie den über lange Zeiten der Geschichte vorherrschenden alltäglichen Kampf um das tägliche Brot schon fast in Vergessenheit geraten haben lassen, was Beck wiederum auf eine plastische Formel bringt: »An die Stelle des Hungers treten für viele Menschen die ›Probleme‹ der ›dicken Bäuche« (Beck 1986: 27). Doch die Bekämpfung des Mangels und die Erschließung der Quellen des Reichtums haben nicht lange darüber hinwegtäuschen können, aufgrund welch enormer ökologischer Kosten sich dieser Reichtum entwickelt hat. Vor dem mittlerweile schon sprichwörtlichen Raubbau an der Natur konnte man spätestens seit den siebziger Jahren nicht mehr länger die Augen verschließen. Mit Macht drängt sich seither die Zerstörung der ökologischen Ressourcen in das öffentliche Bewußtsein (vgl. Beck 1986: 27). Zwar behauptet Beck nicht, daß sich damit die Verteilungsprobleme, die Fragen der materiel-

---

92 Damit geht die industrielle Moderne nicht an ihrem mangelnden, sondern gerade an ihrem durchschlagenden Erfolg zugrunde. Dies ist eine bei Beck durchgängig zu beobachtende Argumentationsfigur: Ob Einzelphänomene wie die Gewerkschaften, die Arbeiterbewegung, die neuen sozialen Bewegungen oder die Moderne insgesamt: Sie geraten nicht etwa durch chronischen Mißerfolg in eine Krise, sondern durch die Erreichung ihrer Ziele. »Nicht das Versagen, sondern der *Erfolg* der Wissenschaften hat die Wissenschaften entthront.« (Beck 1986: 266); »*Erstens* sind es nicht die Krisen, sondern die Siege […] des Kapitalismus, die die neue gesellschaftliche Gestalt erzeugen. Damit ist zugleich *zweitens* gesagt: Nicht der Klassenkampf, sondern *Normal*modernisierung, *Weiter*modernisierung, löst die Konturen der klassischen Industriegesellschaft auf.« (Beck 1996a: 44). Eine ähnliche Argumentationsfigur findet sich auch bei Giddens, mit dem Beck das Projekt der reflexiven Moderne gemeinsam voranzutreiben versucht, wenn auch mit unterschiedlichen Akzentsetzungen im einzelnen: »Daß der Einfluß des Abendlandes auf die übrige Welt schwächer wird, ist keine Folge der nachlassenden Wirkungen der zunächst im Abendland entstandenen Institutionen, sondern – ganz im Gegenteil – ein Ergebnis ihrer globalen Verbreitung.« (Giddens 1995: 71) Gerade die weltweite Verbreitung der Institutionen der Moderne verwandelt also die bisherige, industrielle Moderne in eine reflexive Moderne.

len Knappheit für immer erledigt hätten, doch beginnen sich »die sozialen Lagen und Konflikte einer ›reichtumsverteilenden‹ mit denen einer ›risikoverteilenden‹ Gesellschaft zu überschneiden« (ebd.).[93]

An dieser Stelle zeigt sich, wie gut die Argumentation hinsichtlich der ökologischen Gefahren in der Risikogesellschaft mit seinen bereits zuvor veröffentlichten Überlegungen zum Thema *Jenseits von Klasse und Stand?* paßt: Die Risikogesellschaft gibt nunmehr den theoretisch-empirischen Rahmen ab für jene von ihm zuvor isoliert vorgestellte These von der Ablösung der Klassen und Schichten durch den Individualisierungsprozeß, der Thema des nächsten Kapitels ist.

Das Ende der Großgruppengesellschaft: Individualisierung der Lebenslagen und Lebensläufe

In der heraufziehenden reflexiven Moderne bleibt es nicht bei den Globalgefährdungen. Im Gefolge der Zerstörung der ökologischen Ressourcen. Zwar haben diese einen gehörigen Anteil

93 In den Formulierungen Becks ist nicht immer einwandfrei auszumachen, ob er von einem Hinzutreten der neuen zu den alten oder von einer Ablösung der alten durch die neuen Konflikte ausgeht. Eher scheint mir eine Überlappung der neuen und der alten gemeint zu sein. Ausdrücklich also nicht in dem Sinne, daß sich Unterschiede von Arm und Reich erledigt hätten, sondern eher in dem Sinne, daß diese Unterschiede eine zweite Codierung hinsichtlich der Verteilung von Risiken erhalten, die manchmal mit den alten Klassenlagen übereinstimmt, oftmals jedoch auch konterkariert werden. So tritt etwa die Unterscheidung von Risikoprofiteuren und Risikobetroffenen (vgl. Beck 1986: 61) auf, die nicht unbedingt mit den alten Schemata von Reich und Arm übereinstimmen müssen. Dennoch betont Beck in erster Linie die Gemeinsamkeit der Betroffenheit, weil letztlich alle betroffen sind: »Der ›Klasse‹ der Betroffenen steht keine ›Klasse‹ der Nichtbetroffenen gegenüber. Der ›Klasse‹ der Betroffenen steht allenfalls die ›Klasse‹ der Noch-Nicht-Betroffenen gegenüber.« (Beck 1986: 52) Immer wieder aber heißt es jedoch auch: »Es mag sein, daß in der Sturmflut der Gefahr – wie es immer so schön heißt – ›alle in einem Boot sitzen‹. Aber wie so oft gibt es auch hier Kapitäne, Passagiere, Steuermänner, Maschinisten und Ertrinkende. Es gibt mit anderen Worten Länder, Branchen und Unternehmen, die von der Risikoerzeugung profitieren, und andere, die mit ihrer gesundheitlichen zugleich auch ihre ökonomische Existenz bedroht sehen.« (Beck 1991: 127) Insgesamt kann man Beck kein kommunitaristisches Schwärmen für die Gemeinschaft der Betroffenen ausmachen, das aus Einsicht in das vermeintliche »Wir sitzen alle in einem Boot«-Gefühl kommunitaristisch orientierte Lösungsprobleme propagiert. Vgl. dazu auch Schroer (1997c).

daran, daß das Denken in Klassen, Ständen oder anderen Großgruppen fragwürdig wird. Schließlich ist von den Folgen der
Umweltverschmutzung nach Beck, wie gesagt, nicht nur eine
bestimmte Klasse betroffen und eine andere überhaupt nicht,
sondern grundsätzlich alle Menschen auf diesem Planeten. Folglich gibt die Zugehörigkeit bzw. Nichtzugehörigkeit zu einer bestimmten Klasse keineswegs Auskunft darüber, welche sozialen
Gruppen, Klassen, Nationen usw. von Smog, Wasserverschmut-
zung und/oder Radioaktivität besonders gravierend betroffen
und welche gänzlich verschont bleiben werden. Aber damit nicht
genug, kommen weitere, nämlich »gesellschaftliche, biographische und kulturelle Risiken und Unsicherheiten« (Beck 1986:
115) hinzu. Mit vereinter Kraft zerstören sie »das soziale Binnen-
gefüge der Industriegesellschaft – soziale Klassen, Familienformen, Geschlechtslagen, Ehe, Elternschaft, Beruf – und die in sie
eingelassenen Basisselbstverständlichkeiten der Lebensführung«
(ebd.). Aus diesen in der Industriegesellschaft den einzelnen wie
selbstverständlich umschließenden und prägenden Sozialformen
werden die Individuen in der fortgeschrittenen Moderne *freigesetzt*. Spätestens seit den fünfziger Jahren läßt sich in den westlichen Industriegesellschaften nach Beck ein neuer Individualisierungsschub beobachten, der durch die Steigerung des materiellen
Lebensstandards, die größere soziale und geographische Mobilität und die Bildungsexpansion ausgelöst worden ist (vgl. Beck
1986: 122 ff.). Er bringt eine Gesellschaft hervor, in der sich die
soziale Lage der Individuen nicht länger den alternativlosen Zugehörigkeiten zu Klassen, Ständen, Schichten, Familienverbän-
den ergibt. *Die Herauslösung aus historisch vorgegebenen Sozialformen und -bindungen bezeichnet Beck als die »Freisetzungsdimension« der Individualisierung* (vgl. Beck 1986: 206).

Becks grundlegende These für die Sozialstruktur der Bundesrepublik besagt: »Wir leben trotz fortbestehender und neu ent-
stehender Ungleichheiten heute in der Bundesrepublik bereits in
Verhältnissen *jenseits* der Klassengesellschaft, in denen das Bild
der Klassengesellschaft nur noch mangels besserer Alternative
am Leben erhalten wird.« (Beck 1986: 121) Obwohl es soziale
Ungleichheit noch immer gibt[94], fügen sich die sozialen Unter-

---

94 Zu Beginn der Diskussion von Becks Thesen wurde nicht selten der Eindruck erweckt, er leugne soziale Ungleichheit.

schiede zwischen den einzelnen Gruppen nicht mehr dem Hierarchiemodell sozialer Klassen. In der Perspektive Becks dünnen die Klassenbindungen mehr und mehr aus, um schließlich gänzlich von der Bildfläche zu verschwinden.[95] An die Stelle der Stände, Schichten und Klassen treten »individualisierte Existenzformen und Existenzlagen, die die Menschen dazu zwingen, sich selbst – um des eigenen materiellen Überlebens willen – zum Zentrum ihrer eigenen Lebensplanungen und Lebensführungen zu machen« (Beck 1986: 116).[96] Um diese neue Phase innerhalb

95 Allerdings bewegt sich dieser Fahrstuhl Beck zufolge seit den achtziger Jahren wieder nach unten (vgl. Beck 1986: 139, 143), so daß keineswegs ausgeschlossen ist, daß eine neue Klassengesellschaft entstehen könnte: »Das, was die Klassen gestern und heute individualisiert hat, kann morgen oder übermorgen unter anderen Rahmenbedingungen – etwa sich radikal verschärfender Ungleichheiten (Massenarbeitslosigkeit, Automationsgewinne der Unternehmen) – auch wiederum in neuartige, jetzt aber gerade nicht mehr traditional zu verstehende, die erreichte Individualisierung voraussetzende ›Klassenbildungsprozesse‹ umschlagen. ›Kapitalismus ohne Klassen‹ – das heißt: ohne die letztlich ständisch geprägten, vom 19. ins 20. Jahrhunderts hineinreichenden Klassen und damit auch ohne ›Arbeiter‹klasse; das heißt aber auch: mit der nicht ausgeschlossenen Möglichkeit neuartiger, nichttraditionaler, quer zu den sozialen Klassengrenzen verlaufender ›Klassen‹bildungsprozesse unter den Bedingungen einer sich z. B. systematisch verschärfenden Krise am Arbeitsmarkt.« (Beck 1986: 134) Nicht wenige Kommentatoren weisen darauf hin, daß wir gerade dies im Moment erleben. Dabei wenden sie diese Belege strickt gegen Becks These, die sie als Auflösungsperspektive einstufen. Allerdings erwecken sie dabei den m. E. völlig irrigen Eindruck, als handele es sich bei der ›Individualisierungsdekade der achtziger Jahre‹ um eine vorübergehende Phase, die von harten materiellen Auseinandersetzungen in den neunziger Jahren abgelöst und mit einem unverhohlenen »Back to the seventies« überwunden werden soll, indem alte Konzepte wiederbelebt werden; vgl. etwa Geißler (1996), Müller (1995); zur Kritik: Funke/Schroer (1998a, b). Immer noch scheint die Soziologie davon besessen, aufgrund bestimmter Trends neue Zeitalter auszurufen und sie aufgrund neuer und gegenläufiger Trends wieder zu verabschieden. Im Mittelpunkt steht dabei der unbedingte Versuch, einen Trend für den entscheidenden zu halten, statt zu sehen, daß sich die soziale Wirklichkeit aus vielen verschiedenen, dabei konträren, einander überlagernden Strömungen zusammensetzt. Dies anzuerkennen könnte ein wichtiges Kriterium für postmoderne Ansätze sein. Zur gegenwärtig aktuellen Entwicklung, daß dem Kapitalismus mit dem »Ende der Arbeit« noch ein weiteres zentrales Fundament wegbricht, vgl. Beck (1996c).
96 Aufschlußreich ist die bei dieser Gelegenheit von Beck formulierte Ansicht, daß sich für einen klassischen Sozialstrukturanalytiker – unabhängig davon, ob er die Gesellschaft nach Schichten oder Klassen einteilt – »möglicherweise nichts wesentliches geändert« hat, weil die »Abstände in der Einkom-

des Modernisierungsprozesses genauer zu bestimmen, bemüht Beck wiederum den »*Satz vom ausgeschlossenen Dritten*« (ebd.: 117): *Weder* wird der Kapitalismus durch eine Revolution in eine

menshierarchie und fundamentale Bestimmungen der Lohnarbeit« (Beck 1986: 116) gleichgeblieben sind. Geißlers programmatischer Einwand »Kein Abschied von Klasse und Stand« (vgl. Geißler 1996) gegen die Individualisierungstheorie bestätigt diese These Becks noch einmal eindringlich. Für Becks eigene Argumentation ist bemerkenswert, daß er seine These zunächst auf »die Aufhebung der *lebensweltlichen Grundlagen* eines Denkens in traditionalen Kategorien von Großgruppengesellschaften« (Hervorhebung durch mich, M. S.), auf den Verlust der »lebensweltlichen Identität« (Beck 1986: 158) sozialer Klassenunterschiede stützt, es ihm also um die (mangelnde) subjektive Evidenz der Klassen- und Schichtkategorien geht. Bei der Diskussion seines Individualisierungstheorems aber behauptet er, diese Ebene in seinem Buch überhaupt nicht zu berühren, weil sie ein eigenes Buch erfordere (vgl. ebd.: 207). Auf diesen Widerspruch ist mehrfach hingewiesen worden. So notiert beispielsweise Konietzka (1995: 65, Fn. 29) durchaus zu Recht: »Auch wenn Beck die subjektive Seite (also auch expressive Muster, Werte, Einstellungen) konzeptionell ausgeschlossen hat, muß er sich dennoch ständig auf die Ebene des Bewußtseins, Handelns, Lebensstils beziehen, um die Auswirkungen der Individualisierung auf das betroffene Publikum (mehr denn *Akteure*) beschreiben zu können. Aber das Verhältnis von Struktur und Handeln wird nicht in einem *theoretischen* Sinne bestimmt. Über diesen *systematischen Mangel* können auch isolierte Einzelaussagen und impressionistische Skizzen nicht hinwegtäuschen.« Eine konsequente Einlösung des Programms einer beim Subjekt ansetzenden Sozialstrukturanalyse unternimmt dagegen Schulze (1992); vgl. dazu Funke (1997), Funke/Schroer (1998b) und Müller-Schneider (1998). Dabei ist keineswegs ausgemacht, ob Schulzes Studie tatsächlich als »präzisierte Fassung der Individualisierungsthese« (Honneth 1994: 32) gelesen werden kann, auch wenn er seine Untersuchungsergebnisse ausdrücklich nicht als Gegenthese, sondern als Anschlußthese zur Theorie der Individualisierung verstanden wissen will (vgl. Schulze 1992: 78). Immerhin hält Schulze es aber für einen »Individualisierungsirrtum« (Schulze 1992: 415), nicht zu sehen, daß es nach wie vor kollektive Untergliederungen gibt, »in der die Mehrzahl der Menschen ihren Platz hat« (ebd.). Das scheint einerseits kompatibel mit Becks Einschätzung der mangelnden lebensweltlichen Evidenz von Klassen und Schichten. Andererseits aber täuscht in Becks Perspektive die unverdrossene Orientierung an Kollektivitäten über das bereits erfolgte Ausmaß an Individualisierung hinweg. Für Schulze kommt es durch die Orientierung am selben Typ von Erlebnissen zur Konstituierung von *Erlebnisgemeinschaften*, die seine These »Individualisierung bedeutet nicht Auflösung, sondern Veränderung von Formen der Gemeinschaft« (ebd.: 24) belegen sollen. Müller (1994: 135) hat in diesem Zusammenhang zu Recht darauf hingewiesen, daß in der Erlebnisgesellschaft »nicht Unübersichtlichkeit, sondern alltagsästhetische Ordnung« herrscht. In Schulzes Versuch einer modernisierten Sozialstrukturanalyse liegt damit der Akzent letztlich noch immer auf der Formation von Großgruppen, die nach wie vor Becks Argwohn hervorrufen dürften, weil

klassenlose, sozialistische Gesellschaft überführt, *noch* perpetuiert sich der Klassenkampf endlos, ohne daß jemals eine gravierende Änderung eintreten würde. Statt dessen tritt etwas scheinbar Undenkbares, von jeglicher Orthodoxie Ausgeschlossenes auf den Plan der – für Beck niemals überraschungsfreien – Geschichte: Ein »Kapitalismus *ohne* Klassen« (ebd.), dem sich mittlerweile gar der »Kapitalismus ohne Arbeit« (Beck 1996c) hinzugesellt hat.[97] Doch für das Individuum ist die soziale Klasse – wie bereits angedeutet – nicht der einzige soziale Zusammenhang, der ersatzlos wegbricht. Auch die Familie, die in der Industriegesellschaft als Schutz- und Schonraum vor den Härten des Berufslebens fungieren und als privates Refugium den öffentlichen Raum wie ein Puffer auf Abstand halten sollte, beginnt sich aufzulösen, weil erstmalig die bisher vom Individualisierungsprozeß ausgeschlossenen Frauen von ihm erfaßt werden. Der einst nur für den Mann reservierte Modernisierungs- und Individualisierungsprozeß weitet sich nun auch auf die Lebenslage der Frauen aus, die bis vor kurzem noch in ständischen Fesseln gefangen waren. Ihnen bleibt der Zugang zu Bildungschancen, dem Arbeitsmarkt nicht länger verwehrt. Vielmehr werden sie in einer Art *nachholender Modernisierung bzw. Individualisierung* eben-

diese Kategorien über die sich ständig in Bewegung befindlichen Verhältnisse eher hinwegtäuschen, als sie angemessen erfassen zu können, vgl. dazu auch Beck (1997c). Die widersprüchliche Beziehung zwischen Schulzes und Becks Perspektive ergibt sich m. E. daraus, daß Beck eine zunächst (nur) auf der Bewußtseinsebene verortete Erosion der Klassen und Stände später mehr und mehr als Phänomen der Strukturebene ausgegeben hat. Statt dies jedoch als Widerspruch zu sehen, scheint Beck mit seiner These von der »neuen Unmittelbarkeit zwischen Individuum und Gesellschaft« davon auszugehen, daß Bewußtseinszustände auf die Strukturebene durchschlagen, die mangelnde Wahrnehmung von Klassenzugehörigkeiten am Ende auch zur tatsächlichen Auflösung der Klassenstrukturen führt.

97 Beck beschreibt eine Gesellschaft, in der nicht zusammenwächst, was zusammengehört, sondern auseinanderreißt, was auf Gedeih und Verderb zusammenzugehören schien: Moderne *ohne* Vernunft, Kapitalismus *ohne* Klassen, Industrieproduktion *ohne* Industriegesellschaft, Wissenschaft *ohne* (universalen) Wahrheitsanspruch, Familien *ohne* Kinder, Paare *ohne* Trauschein, Frauen *ohne* Männer, Männer *ohne* Frauen, Kinder *ohne* Väter, Gefahren *ohne* Versicherbarkeit, Arbeit *ohne* Lohn usw. Statt dessen kommt es zu ganz neuen, widersprüchlichen Konstellationen und Koalitionen, die bisher undenkbar schienen: Arbeit *und* relative Armut; Kinder *und* Karriere – jetzt auch für Frauen; homosexuelle Paare *mit* Trauschein, unverheiratete Paare *mit* Kind; Arbeitslose *mit* Doktortitel usw.

falls erfaßt von den Anforderungen – Flexibilität, Mobilität, Leistungsbereitschaft – und Verheißungen – Selbstverwirklichung, (finanzielle) Unabhängigkeit, soziale Anerkennung – des öffentlichen (Berufs-)Lebens. Innerhalb der Familien entsteht dadurch eine höchst explosive Situation. Es ist, als rasten zwei Züge unaufhaltsam aufeinander zu.[98] Zwei hochindividualisierte Biographien, mit all den damit verbundenen Erwartungen, Anforderungen, Pflichten, Rechten und Zwängen, müssen in einem höchst konfliktuösen Prozeß miteinander verzahnt werden, soll gemeinsames Leben in der Familie noch stattfinden: »Es entsteht der Typus der Verhandlungsfamilie auf Zeit, in der sich verselbständigende Individuallagen ein widerspruchsvolles Zweckbündnis zum geregelten Emotionalitätsaustausch auf Widerruf eingehen.« (Beck 1986: 118) Individualisierung ist also der Auflösungsfaktor schlechthin. Er zerstört nach und nach alle Formen des gemeinschaftlichen Zusammenlebens und wirft damit den einzelnen immer stärker auf sich selbst zurück. Dadurch entsteht einerseits die Chance, ein eigenständiges Leben führen zu können, oder zumindest der Anspruch, ein eigenständiges, nicht bevormundetes Leben führen zu *wollen*. Andererseits entbehrt das Individuum aufgrund dieser Befreiung aus starken Bevormundungsstrukturen des schützenden Halts, den die früheren Sozialformen immer auch gespendet haben. *Diesen Verlust an traditionalen Sicherheiten bezeichnet Beck als »Entzauberungsdimension« des Individualisierungsprozesses* (vgl. Beck 1986: 206).

Individualisierung also ist für Beck kein eindimensionaler Prozeß, der nichts weiter als die Befreiung des Individuums aus traditionalen Bindungen meint. Vielmehr wird der Freisetzungsprozeß mit dem Verlust von Sicherheit und Geborgenheit spendenden Traditionen erkauft. Allein dadurch wird Individualisierung zu einem ambivalenten Vorgang, mit dessen Feststellung noch nichts darüber ausgesagt ist, wie die einzelnen ihn bewerten, ob, in welcher Lage und aus welchen Gründen sie ihn eher

---

98 Bald vielleicht sogar schon drei: Nicht nur erwachsene Männer und Frauen, sondern zunehmend auch Kinder werden vom Individualisierungssog erfaßt und fordern ihre entsprechenden Rechte ein, vgl. Büchner (1994) und Hitzler (1997: 55). »Man kann heute Kinder nicht nur deshalb nicht mehr so leicht erziehen wie früher, weil die Welt komplizierter geworden ist, sondern weil sich Kinder heute bereits – und morgen noch mehr – gegen unliebsame Erziehungsmaßnahmen juristisch zur Wehr setzen können.«

begrüßen oder eher als Bedrohung erleben. Doch ganz unabhängig davon haben Kritiker Becks immer wieder gefragt, was daran neu sein soll. Die Individualisierung, von der Beck spreche, beschäftige nicht nur die Soziologie seit ihren Anfängen, sondern sei spätestens seit der Renaissance immer wieder beobachtet worden. Im Prinzip könne man deshalb schon bei den Klassikern nachlesen, was Beck in den achtziger Jahren der Soziologie nun erneut aufzutischen versuche (vgl. Müller 1992: 35).

Anders als vielleicht zu erwarten, stimmt Beck mit dieser Beobachtung zunächst völlig überein. Schließlich weist er selbst ausdrücklich darauf hin, daß die Individualisierung kein neues Phänomen ist, das erst in der Nachkriegsentwicklung der Bundesrepublik Deutschland auftritt, sondern bereits in der Renaissance und der Frühindustrialisierung (vgl. Beck 1986: 119). Seine These jedoch ist, daß sich seit den siebziger Jahren des 20. Jahrhunderts ein neuer Individualisierungstrend abzeichnet, der sich mit der traditionellen Individualisierung nicht verrechnen läßt, sondern zu einer gänzlich neuen Situation führt. Worin liegt das Neue, wenn Individualisierung an sich schon so ein alter Hut ist? Wird hier nur der berühmte alte Wein in den ebenso berühmten neuen Schläuchen an den Mann gebracht? Wie die Antworten dazu von anderer Seite auch immer ausfallen mögen, Becks eigene Antwort ist klar und unmißverständlich: »Das Neue liegt in den Konsequenzen: an die Stelle von Ständen treten nicht mehr soziale Klassen, an die Stelle sozialer Klassen tritt nicht mehr der stabile Bezugsrahmen der Familie. *Der oder die einzelne selbst wird zur lebensweltlichen Reproduktionseinheit des Sozialen.*« (Beck 1986: 119) Das neue Stadium der Individualisierung wird also in erster Linie durch das Versagen der sozialen Auffangmechanismen eingeleitet, die bisher die Folgen der Individualisierung abfederten und den einzelnen davor bewahrten, als isoliertes Individuum sein Dasein zu fristen. Beck hält es durchaus für möglich, daß es *jenseits* der individualisierten Lebensformen und Lebenslagen zur »Entstehung *neuer soziokultureller Gemeinsamkeiten*« (Beck 1986: 119), zu »sekundärer Gemeinschaftsbildung« (Lau 1988: 224) kommen kann, die sich etwa in Bürgerinitiativen oder sozialen Bewegungen niederschlagen können. Sowohl die Wahrnehmung verschiedenster Risiken und Gefahren, die von der industriellen Produktion ausgehen, als auch die Widerstände und Barrieren, die den Individuen bei ihrem Kampf um »ein Stück eigenes Leben« (Beck-Gernsheim 1983) entgegengesetzt werden, bieten für Beck Anlaß für die Herausbildung dieser neuen »Suchbewegungen« (Beck 1986: 199).[99] *Diese mögliche neue Art der sozialen Einbindung stellt für Beck die »Reintegrationsdimension« der Individualisierung dar.* (Vgl. Beck 1986: 206)

Halten wir fest: Der Individualisierungsbegriff Becks geht keineswegs darin auf, die Herauslösung der Individuen aus traditionalen Sozialzusammenhängen zu bezeichnen. Vielmehr unterscheidet er drei Dimensionen von Individualisierung: »*Herauslösung* aus historisch vorgegebenen Sozialformen und -bindungen im Sinne traditionaler Herrschafts- und Versorgungszusammenhänge (›Freisetzungsdimension‹), *Verlust von traditionalen Sicherheiten* im Hinblick auf Handlungswissen, Glauben und leitende Normen (›Entzauberungsdimension‹) und – womit die Bedeutung des Begriffes gleichsam in ihr Gegenteil verkehrt wird – *eine neue Art der sozialen Einbindung* (›Kontroll- bzw. Reintegrationsdimension‹).« (Beck 1986: 206; vgl. Beck/Gernsheim 1994a: 127)[100]

99 Für diese beiden von Beck hier nur angedeuteten Bewegungsformen hat Halfmann (1993) die Bezeichnungen »Risikobewegungen« und »Inklusionsbewegungen« geprägt, vgl. dazu auch Schroer (1997c).

100 Das weitverbreitete Mißverständnis, Individualisierung mit Atomisierung gleichzusetzen, resultiert aus der mangelnden Berücksichtigung der von Beck unterschiedenen dritten Dimension der Individualisierung. Nur langsam, wenn überhaupt, haben die Kritiker der Individualisierungsthese die drei Dimensionen der Individualisierung zur Kenntnis genommen. So wendet etwa Dubiel (1990: 201) *gegen* Becks These ein: »Individualisierung ist aber noch ein drittes, und dieser dritte Aspekt, der von Beck zwar angesprochen, aber seinem Ansatz äußerlich bleibt, scheint den zweiten Aspekt des Freiheitsgewinns sehr zu relativieren, wenn nicht aufzuheben. Dieselben Faktoren nämlich, die er als soziologische Ursachen des Individualisierungsprozesses beschreibt, wie etwa die Bildungsabhängigkeit von Berufsplanung, die Verallgemeinerung von Arbeitsmarktrisiken, die Geldabhängigkeit des alltäglichen Lebens, die Durchrechtlichung sozialer Hilfe etc. bewirken zugleich eine institutionelle Formierung, Normierung und Standardisierung der individuellen Existenz.« Dieser Aspekt bleibt Becks Verständnis von Individualisierung keineswegs äußerlich, sondern wird schon in der *Risikogesellschaft* (Beck 1986: 205 ff.) ausführlich behandelt und drängt sich seither mehr und mehr in den Mittelpunkt der Debatte. Ähnlich wie Beck beschreibt auch Giddens (1995) Individualisierung als Prozeß des »disembedding« (»Entbettung«) und des »reembedding« (»Rückbettung«), als Herauslösung des Individuums aus traditionalen Bezügen und der Wiederverankerung des einzelnen in selbstgewählten Gemeinschaftsformen.

Nur wenn es bei der ersten Dimension bliebe, könnte man der Individualisierungsthese Becks vorwerfen, sie beschreibe Freisetzungsprozesse einseitig als Befreiungen aus zwingenden Sozialbindungen, ohne die staatlichen Regulierungen zu berücksichtigen, die den Lebenslauf auch weiterhin steuern (vgl. Mayer/Müller 1994). Nur wenn es bei der zweiten Dimension bliebe, könnte man der Individualisierungsthese vorwerfen, sie beklage – ebenso einseitig – die Individualisierung als Verlust sicherheitsspendender Traditionen, dem anomische Zustände scheinbar zwingend folgen müssen (vgl. Sackmann 1990: 114 f., Japp 1996: 25). Und nur dann, wenn es bei den ersten beiden Dimensionen bliebe, die Beck bei seinem dreidimensionalen Individualisierungsbegriff unterscheidet, hätten jene Kritiker recht, die behaupten: »Er läßt das aus den traditionellen Sozialbindungen herausgelöste Individuum quasi durchfallen, ohne neue Vergesellschaftungsformen fassen zu können.« (Hörning u. a 1990: 17) Damit zeichne Beck letztlich das Bild einer atomistischen Gesellschaft, die aus »isolierte[n] Einzelexistenzen« (ebd.) besteht. Das mag als Momentaufnahme richtig sein, widerspricht aber deutlich der Intention Becks.[101] Ihm geht es um einen geschärften Blick für die von den Individuen neu erfundenen Selbstarrangements, um ihre Erfindungsgabe und Kreativität, die sie aufbringen müssen, um ihr Leben jenseits traditionaler Vorgaben einrichten zu können. Nichts liegt ihm ferner, als den vereinzelten einzelnen als letzte Antwort auf die Individualisierungsprozesse zu nehmen.[102]

101 Ein solches Verständnis von Individualisierung vertritt m. E. eher Peter Gross. Für ihn (Gross 1991: 403) enthält der Individualisierungsprozeß die drei Dimensionen Entobligationierung, Optionensteigerung und das auf sich selber zurückgeworfene Individuum. Im Gegensatz zu Beck fehlt die Reintegrationsdimension, die Möglichkeit der Bildung sekundärer Vergemeinschaftungen (vgl. Lau 1988) also. Vgl. auch seine Aussage: »Die durchgesetzte Grundfigur der Moderne ist der Alleinstehende, der nicht mehr allein ist, weil er vollausgestattet, medial vernetzt, abgekoppelt von der triefenden Körperlichkeit und Geschlechtlichkeit telematisch kondensiert, im Universum dahinträumt; freilich, vielleicht, wahrscheinlich, paradoxerweise um den Preis einer kompletten Abhängigkeit von jenen anderen, welche die substitutiven Apparate überwachen und schalten.« (Gross 1991: 379) Zwar spricht auch Beck vom Alleinstehenden als durchgesetzter Grundfigur der Moderne, aber stärker als Gross will er es dabei nicht belassen. Vielmehr liegt sein Augenmerk auf den von den freigesetzten Individuen neu erfundenen Formen des Zusammenlebens.

102 Völlig zu Recht bemerkt deshalb Berger (1996: 244): »Nicht zufällig stellen ja ›neue Arten der sozialen Einbindung‹ ein drittes, gleichwohl gerne über-

Richtig ist allerdings, daß die entscheidende, prekäre Dimension der Individualisierung die Reintegrationsdimension ist. Stellt man sich den dreidimensionalen Individualisierungsbegriff Becks wie ein Rad mit den drei Sprossen Freisetzung, Entzauberung und Reintegration vor, dann blockiert das Rad ganz offensichtlich an der dritten Sprosse. Nicht nur in zeitdiagnostischer Perspektive – die Individualisierungsdebatte kreist mittlerweile eindeutig in erster Linie um die Integrations- bzw. Reintegrationsfrage, weshalb ich sie weiter unten noch einmal detailliert aufgreifen werde –, sondern auch in theoretischer Hinsicht ist die dritte Dimension von entscheidender Bedeutung. Mit ihrer Hilfe will sich Beck vom in der Tat schon von den Klassikern gesehenen Individualisierungsprozeß abheben. An den Positionen von Marx und Weber zeigt Beck auf, daß sie zwar beide Individualisierung konstatiert hätten, insofern also als Individualisierungstheoretiker gelten könnten, bei ihnen aber die Freisetzungsdimension immer wieder aufgefangen werde durch die an die Stelle der alten Bezüge tretenden Klassen.

Nun mag man in einer ex-post-Betrachtung tatsächlich feststellen, daß sich immer wieder neue Integrationsfunktionen an die Stelle der alten geschoben haben, so daß die Individualisierung nicht bei der Freisetzung der Individuen stehenblieb. Doch der heute wieder aktuellen Frage, welche neuen Formen sozialer Bindungen und Vergemeinschaftungen sich entwickeln werden,

sehenes Element der Individualisierungsthese dar, die ›jenseits von Schicht und Klasse‹ nicht nur die Gefahren von Anomie, Vereinzelung und Atomisierung lauern sieht, sondern auf der Doppeldeutigkeit von Freisetzungsprozessen, die auf individueller wie auf kollektiver Ebene Risiken und Chancen gleichermaßen mit sich bringen, beharrt.« Zwar kann man monieren, daß Beck diese dritte Dimension der Individualisierung systematisch zunächst nicht weiter verfolgt und ausgearbeitet hat (vgl. Franz 1995). Dennoch aber ist er von ihrer Konstituierung überzeugt: »Globale Gefahren stiften globale Gemeinschaften, wenigstens punktuelle und für den historischen Augenblick.« (Beck 1996b: 139) Gerade die Bildung neuer Gemeinschaftsformen bestärkt ihn in der Annahme, daß »die nachtraditionale Welt nur scheinbar in anomische Individualisierungen zerfällt« (ebd.). Jedoch scheint er lieber von »der Kunst der freien Assoziation« (Beck 1997a: 398) als von Gemeinschaften sprechen zu wollen, um den fluiden und fluktuierenden Charakter der posttraditionalen Gemeinschaften zu betonen. Die Frage nach den Möglichkeiten und dem Charakter neuer Gemeinschaften wird jedenfalls mehr und mehr zu einem Hauptdiskussionspunkt der Individualisierungsdebatte.

die ein Leben der Individuen als voneinander isolierte Existenzen verhindern, dieser Frage – das hat sich in dieser Arbeit ausführlich an den Positionen Durkheims, Simmels und Webers gezeigt – galt auch schon die Sorge der Soziologen um die Jahrhundertwende. Sie waren sich der neu entfaltenden Kohäsionskräfte der modernen Gesellschaft keineswegs so sicher, wie Beck anzunehmen scheint. Damit ist er ihnen hinsichtlich der Fragestellung weit näher, als er es sich eingesteht.[103] Ebenso wie für sie ist die Vorstellung eines ganz und gar isolierten Individuums, das an keinerlei soziale Gruppen mehr gebunden ist, und einer Gesellschaft, die aus einer Ansammlung von freischwebenden Existenzen bevölkert ist, nicht das letzte Wort. Statt isolierter Existenzen hat Beck jedenfalls weit mehr die Kreation neuer sozialer Beziehungs- und Kontaktformen im Blick, die nun allerdings vom Individuum selbst hergestellt werden müssen. Ob der Individualisierungsprozeß zu total isolierten Individuen führt oder ob diese ihre Freisetzung aus alternativlos vorgegebenen Sozialbezügen dazu nutzen, sich freiwillig mit anderen zusammenzutun: Für Beck ist allein der Umstand entscheidend, daß es nunmehr die einzelnen selbst sind, die das in der Hand haben. Die Gemeinsamkeiten können nicht mehr von oben gestiftet, sondern müssen von unten hergestellt werden. Wie immer diese im einzelnen aussehen mögen – auch unansehnliche und häßliche Möglichkeiten sind einkalkuliert (vgl. Beck 1993a: 159) –, Beck fürchtet keineswegs »ein zunehmend hilfloser werdendes und isoliertes

103 Einen anderen Akzent setzt hier Joas (1988: 4) wenn er schreibt: »Es müssen also in eben jener Epoche, die für die klassische Soziologie vornehmlich vom Bindungszerfall gekennzeichnet war, neue Bindungen entstanden sein, auf die wir heute mit fast derselben Nostalgie zurückblicken, wie damals auf vorindustrielle Zeiten zurückgeblickt wurde.« Im Gegensatz zu Beck geht er – m. E. zu Recht – davon aus, daß an die Stelle der alten Bindungen neue getreten sind, ohne daß dies von den Klassikern so vorausgesehen worden ist. Die Nostalgie, von der Joas spricht, schlägt sich heute in manchen Wiederbelebungsversuchen von Gemeinschaften, Klassen und der traditionellen Familie nieder. In der *Klage* über den Niedergang der Familie stimmen aufschlußreicherweise »konservative« und »progressive« Stimmen überein. Die »Verteidigung der bürgerlichen Familie« durch Berger und Berger (1984) findet sich ebenso bei Adorno: »Mit der Familie zerging, während das System fortbesteht, nicht nur die wirksamste Agentur des Bürgertums, sondern der Widerstand, der das Individuum zwar unterdrückte, aber auch stärkte, wenn nicht gar hervorbrachte. Das Ende der Familie lähmt die Gegenkräfte.« (Adorno 1989: 17)

Einzelwesen, das nicht so recht weiß, wo es hingehört und das ängstlich in die Zukunft blicken muß«, wie etwa Martin Baethge (1986: 106) mit deutlichen Anklängen an Max Webers pessimistische Auffassung annimmt. Eher schon scheint er – wie weiland der frühe Durkheim – zuversichtlich zu sein, daß die Individuen mit den mannigfaltigen Anforderungen der neuen, auf ihre Selbst-Initiative abzielenden Situation fertig werden. Was jedoch überwiegt, ist die mit Simmel geteilte Perspektive, die beides für möglich hält. Individualisierung »kann heißen: ›Nicht-Beziehungen‹, soziale Isolation; aber auch: selbstgewählte und selbstgebaute *Netzwerke* von Bekanntschafts-, Nachbarschafts- und Freundschaftsbeziehungen« (Beck 1986: 138). Da Beck uns in einer Übergangssituation wähnt, ist über die zukünftige Gestaltung sozialer Beziehung nicht endgültig zu urteilen. Damit steht Beck exakt an jenem Punkt, an dem Simmel, Durkheim und Weber sich um die Jahrhundertwende befanden. Doch während Weber, Simmel und Durkheim immer wieder dem Individuum mißtraut haben, angesichts seiner Fähigkeit, die sich bietenden Freiheiten zu nutzen, ohne bei den verschiedenen Anbietern von Gemeinschaften Schutz und Obdach zu suchen, setzt Beck unüberbietbar optimistisch auf die Kreativität der einzelnen, aus ihrer Lage etwas zu machen. Der elitäre Gestus, der die Perspektiven Webers, Adornos und auch Simmels bestimmt, wenn sie es nur für einige wenige möglich halten, die Chancen der Individualisierung ergreifen zu können, während sich der Rest hilfesuchend nach neuen Mächten umsieht, die ihm die Entscheidung schon abnehmen werden, ist ihm fremd.

Vom Statisten zum Regisseur des eigenen Lebens: Das Individuum als letzte Einheit des Sozialen?

Ulrich Beck kann mit seiner Version der Individualisierungsthese direkt an die Simmelsche Individualisierungsthese anknüpfen, wenn er die *ambivalenten* Folgen der Modernisierung betont. Keineswegs meint Beck mit dem Stichwort »Individualisierung«, daß sich nun »jenseits von Stand und Klasse« ein Reich der Freiheit, eine problem- und konfliktlose oder gar herrschaftsfreie Gesellschaft abzeichnet, die es dem einzelnen ermöglicht, gänzlich frei und selbstbestimmt zu agieren. Ebensowenig kann Individualisierung als eine Entwicklung verstanden werden, die automatisch zur Zerstörung der sozialen Ordnung führt, weil die Individuen ihre neuerrungenen Freiheiten allein für die rücksichtslose Verfolgung ihrer egoistischen Interessen nutzen. Mit anderen Worten: Individualisierung geht im Gegensatzpaar von Autonomie oder Anomie nicht auf (vgl. Beck/Beck-Gernsheim 1994: 19).[104] Vielmehr hat Individualisierung für Beck – wie schon für Simmel und Elias – ein Doppelgesicht, eine positive und eine negative Hälfte, sowohl Sonnen- als auch Schattenseiten.[105]

Allerdings ist Becks Individualisierungsthese weder einfach nur eine Neuauflage der Individualisierungsthese Simmels noch die irgendeines anderen Klassikers. Völlig zu Recht betont Neckel (1993: 70), daß Beck »zu allen ›großen‹ Theorien der Gesellschaftsanalyse zunächst einen gehörigen Abstand« hält, da es ihm in erster Linie »um eine zupackende Zeitdiagnose, die

104 Freilich schützen solche Erklärungen nicht vor sich hartnäckig haltenden Vorurteilen gegenüber der Individualisierungsthese, gegen die sich Beck zu Recht wehrt. In der Tat werden in einer Art Hebelschen »Kannnitverstan«-Haltung, die einst Habermas als Vertreter der kritischen Theorie an den Argumenten der gegnerischen Lagers im Positivismusstreit wahrnahm, immer wieder gegen die These von der Individualisierung eingewandt, daß sie zur Auflösung der Gesellschaft führe und damit das Sterbeglöckchen der Soziologie (Müller 1992: 38) läute. Diese von Beck selbst als provokative Frage ins Spiel gebrachte Formel (Beck 1986: 130) ist von Kritikern dankbar aufgeschnappt und seither immer wieder schlicht reproduziert worden. Sie »verkennt das Transformationsargument, das die Individualisierungstheorie seit zehn Jahren stark zu machen versucht: Es entstehen neue Bindungen und Sozialmoralen, vielleicht sogar Institutionen, Organisationen usw.« (Beck 1994b: 40) Deshalb ist auch die folgende Charakterisierung, die Becks Position kurzerhand mit Lord Dahrendorfs Version der Individualisierungsthese verrechnet, eher irreführend: »Dahrendorf (1979) zum Beispiel befürchtet wegen mangelhafter kultureller Bindungen und gleichzeitig zunehmender Handlungstendenzen anomische Tendenzen. Der Zusammenhang von Orientierungsverlust und Selektionszwang und (dadurch gegebenem) Risiko wird in mögliche oder wahrscheinliche Anomie aufgelöst. Offenbar gibt es zwischen erodierten Ligaturen und expandierten Optionen zu wenig ›Zwischenlager‹, die eine solche (theoretische) Konsequenz verhindern könnten. Beck (1986) wird unter dem Titel der ›Individualisierung‹ in ähnliche Richtungen geführt.« (Japp 1996: 25)
105 Auf die Ähnlichkeit zwischen Simmels und Becks Individualisierungstheorie hat auch Brock (1991: 13, Fn. 4) hingewiesen, wenngleich er hinsichtlich der Gesamtargumentation Becks in *Risikogesellschaft* und *Gegengifte* stärkere Bezüge zu Karl Marx ausgemacht haben will (vgl. ebd.: 21 ff.). Zu Ähnlichkeiten zwischen Beck und Simmel vgl. auch Ebers (1995).

sich von allen sozialphilosophischen Vorentscheidungen freihalten möchte« (ebd.), geht. Beck kann schon insofern Originalität für seine Individualisierungsthese reklamieren, als sie in eine gänzlich veränderte Zeitdiagnose eingebettet ist. Ihm geht es weder um den globalen und langfristigen Prozeß der Individualisierung, der schon in der Antike einsetzt, noch um den von der klassischen Soziologie thematisierten Übergang von vormodernen zu modernen Gesellschaftsstrukturen. Eine Parallele zu den Klassikern ergibt sich allein insofern, weil auch sie eine Herauslösung und Freisetzung des einzelnen aus traditionalen Bindungen thematisiert haben, die jedoch durch intermediäre Instanzen wie Klasse, Stand und Familie wieder abgefedert wurden.[106] Diese in der entfalteten Moderne selbst schon zur Tradition gewordenen Instanzen lösen sich heute zunehmend auf: Die Individuen werden aus der Industriegesellschaft in die Weltrisikogesellschaft entlassen. Ohne Netz und doppelten Boden müssen sie hier völlig auf sich gestellt agieren. Die durch aufgeweichte Traditionen entstehenden Unsicherheiten werden nicht automatisch durch neue Sicherheiten ersetzt und aufgefangen, sondern der Sicherheit der Industriegesellschaft folgt die offenbar unaufhebbare Unsicherheit der Risikogesellschaft, mit der jedes Individuum umzugehen lernen muß. Das historisch Neue an den Individualisierungsprozessen in der zweiten Hälfte des 20. Jahrhunderts besteht für Beck darin, »daß das, was früher wenigen zugemutet wurde – ein eigenes Leben zu führen –, nun mehr und mehr Menschen, im Grenzfall allen abverlangt wird« (Beck/Beck-Gernsheim 1994: 21).[107] Man könnte insofern auch von

---

106 Allerdings ist auch schon bei Simmel vom »Flüssigwerden der klassenmäßigen Schranken« (Simmel 1989b: 640) die Rede. Und auch bei Durkheim heißt es, daß es »keine abgegrenzten Klassen mehr gibt« (Durkheim 1990: 289).

107 So auch schon Kaufmann (1969: 127): »Das historisch Neue besteht darin, daß heute ganz durchschnittliche Individuen zugemutet wird, daß sie ihr Leben ›selbst‹ führen.« Ebenso weist Kohli (1988: 44) auf die sozial abgestufte Durchschlagskraft des Individualisierungscodes hin: »Der neue Individualisierungsschub hat – wie erwähnt – nun auch die Gruppen erfaßt, für die dieser Code bisher kaum wirksam war, insbesondere die Arbeiter und Frauen« (vgl. auch ebd.: 38, 39 und Kohli 1994: 233). Auch Brose/Hildenbrand (1988: 17), die von »gegenwärtig unbestreitbar sich vollziehenden Veränderungen als Fortsetzung und Erweiterung des Individualisierungs- und Modernisierungsprozesses« ausgehen, konstatieren: »Gruppen und Bereiche, die bisher noch nicht oder nur teilweise erfaßt waren (Frauen;

einer Demokratisierung der Individualisierung sprechen. Ehemals vom Individualisierungsprozeß nicht erfaßte Gruppen werden nunmehr vom Sog der Individualisierung ergriffen.[108]

Für Beck vollzieht sich mit der Erosion traditionaler Bindungen und Zwänge jedoch keineswegs automatisch eine gelungene Emanzipation des Individuums, das nunmehr frei über sich verfügen und souveräne Entscheidungen treffen kann. Er betont im Gegenteil den *Zwang* zur Individualisierung, den mächtigen Imperativ, sich entscheiden zu *müssen*; nicht etwa nur zu können (vgl. Beck/Beck-Gernsheim 1994: 25). Entgegen den Vorwürfen derjenigen, die Beck die Vorstellung eines freischwebenden, gänzlich selbstbestimmten Individuums vorwerfen, verweist er immer wieder auf die wachsende Institutionenabhängigkeit des individualisierten Lebens (vgl. Beck 1995a: 10): »Die freigesetzten Individuen werden arbeitsmarktabhängig und *deshalb* bildungsabhängig, konsumabhängig, abhängig von sozialrechtlichen Regelungen und Versorgungen, von Verkehrsplanungen, Konsumangeboten, Möglichkeiten und Moden in der medizinischen, psychologischen und pädagogischen Beratung und Betreuung. Dies alles verweist auf die *institutionenabhängige Kontrollstruktur* von Individuallagen. Individualisierung wird zur *fortgeschrittenen Form* markt-, rechts-, bildungs- usw. abhängiger Vergesellschaftung.« (Beck 1986: 210) Keineswegs also sind mit dem Wegfall traditionaler Zwänge und Kontrollen Zwänge und Kontrollen überhaupt verschwunden. Im Gegenteil treten an ihre Stelle neue, die nun nicht mehr durch die Betroffenheit ganzer Gruppen gedämpft auf den einzelnen einwirken. Vielmehr schlagen sie ungehindert auf das Leben jedes einzelnen durch, müssen von jedem selbst ausgehalten werden, ebenso wie

Familie; Jugendliche; Arbeiter), werden nunmehr in den Individualisierungsprozeß einbezogen.« Ebenso auch bei Rosenmayer (1997: 261).

108 Hinter dem Bild, das sich Beck vom Modernisierungsprozeß macht, scheint eine zyklische Vorstellung von Herauslösung und Wiedereingliederung zu stehen. Werden die Menschen zunächst aus den ständisch-feudalen Fesseln in die Industriegesellschaft entlassen, werden sie nunmehr aus den selbst schon wieder zur Tradition gewordenen Banden der Industriegesellschaft in die Weltrisikogesellschaft freigesetzt. Nicht ausgeschlossen ist, daß diese Freisetzung wiederum eine Wiedereingliederung in erst noch zu erfindende soziale Beziehungen nach sich ziehen wird, die irgendwann selbst wiederum zur Tradition geworden sein werden, aus denen die Individuen dann erneut herausgelöst werden, so daß sich das Karrussel stets weiterdreht.

Bindungen nun nicht mehr qua Geburt vorgegeben sind, sondern mühselig von jedem einzelnen selbst aufgebaut und aufrechterhalten werden müssen, wenn man der ständig drohenden Vereinzelung und Vereinsamung entgehen will.

Für Beck ergibt sich das Spezifische einer modernen Biographie nicht primär daraus, daß sich der Einfluß der Tradition vollständig zurückgebildet hat, sondern aus einem radikalen Gestaltwandel der Vorgaben und Traditionen selbst (vgl. Beck 1995a: 11). Man könnte sagen, daß es in traditionalen Gesellschaften für bestimmte Ereignisse, etwa eine Heirat, sehr genau festgelegte Reglements und Vorgaben gab, ohne deren Einhaltung – von der Dorfgemeinschaft und den Familienmitgliedern strengstens überwacht – es zu dieser Heirat nicht hätte kommen können. Heute dagegen eröffnet der Zugang zum Bildungssystem, zum Arbeitsmarkt usw. zunächst einmal eine Vielzahl von Möglichkeiten, zwischen denen sich der und die einzelne zu entscheiden hat, ohne daß er über die Ausgestaltung der Möglichkeiten genaue Anweisungen erhielte. Die Institutionen geben nur noch den Rahmen vor, aber das dort hineinpassende Bild kann und muß von jedem einzelnen selbst gemalt werden. Dabei ist der Spielraum groß genug, daß es auch zu den Rahmen sprengenden Handlungen kommen kann. Möglich ist jedoch, daß die Institutionen es zur Sprengung des Rahmens nicht kommen lassen, indem sie den Rahmen von vornherein so elastisch gestalten, daß er beinahe unendlich dehnbar ist. So oder so aber gilt: Die institutionellen Vorgaben ziehen sich aus den Inhalten zurück und geben »nur« noch eine eher inhaltlich unbestimmt bleibende, deshalb aber nicht weniger zwingende Anforderung aus: »Das Leben in eigener Regie zu gestalten« (Beck 1995a: 11).[109] Während dem einzelnen in traditionalen Gesellschaften die Aufgabe zukam, den verbindlichen Vorgaben möglichst gerecht zu werden, müssen heute die Vorgaben selbst noch gestaltet werden. Der einzelne muß tagtäglich sein Leben in Gang halten, wie ein Unternehmer sein Geschäft. Er muß für die Abwicklung bestimmter Aufgaben sorgen, muß Mitarbeiter motivieren, die ihm bei der Bewältigung seiner Aufgaben helfen, muß planen, dirigieren, improvisieren, riskieren, intervenieren, vielleicht auch betrü-

---

109 Ähnlich sprechen Berger/Berger/Kellner (1987: 157) davon, daß die Individuen ihr Leben »managen« müssen.

gen, bestechen, übervorteilen: »Man muß ein Schwein sein« (Die Prinzen), aber auch: Schwein *haben*. Der Regisseur, Konstrukteur und Baumeister seines Lebenslaufs entspricht bei Beck in gewissem Sinne einem *Unternehmer-Selbst* (vgl. Wagner 1995: 242).[110] Oberstes Gebot ist die Aktivität, zu der jeder verdammt ist (vgl. Beck 1995a: 11). Durch dieses Gebot geraten der Erfolg wie die Niederlage, der Triumph und das Scheitern zur persönlich herbeigeführten und deshalb auch persönlich zu verantwortenden Lebenslage. Ob nun jeder dazu in der Lage ist, die Entscheidungen zu treffen, die ihm abverlangt werden, steht auf einem ganz anderen Blatt. Und ob es sich tatsächlich um Entscheidungen handelt – was zumindest voraussetzt, daß es Alternativen gegeben hat –, bleibt ebenfalls offen. Der Clou der Beckschen Individualisierungsthese ist: Auch die Folgen einer eventuellen Nichtentscheidung muß jedes Individuum selber tragen (vgl. Beck 1986: 216 f.).[111] Aus den als Bereicherung der individuellen Freiheit dargestellten Optionen wird auf diese Weise schnell eine »Individualisierungsfalle«, in der sich der Individualisierungsprozeß deutlich gegen die Individuen kehrt.

Sowenig die Zunahme an individuellen Entscheidungsmöglichkeiten, die sowohl als Chance als auch als Zwang erlebt werden kann, gleich verteilt ist hinsichtlich Geschlecht, Nationalität, Einkommen, Alter usw., so unterschiedlich ausgeprägt scheint auch die »Kompetenz«, mit kontingenten Lebensbedingungen umgehen zu können. Es bedarf verschiedener Kapitalien, um sich im Dickicht der Erwartungen und Möglichkeiten zurechtzufin-

110 Oder, um beim Regisseur zu bleiben: Was wäre ein Regisseur ohne Regie-Assistenten, Autoren, Schauspieler, Beleuchter, Script-Girl, Kameramann, Cutterin, die ihm bei der Organisation und Gestaltung seines Films – wenn alles gut geht – hilfreich zur Seite stehen. Freilich gibt es auch hier erhebliche Störungen, die das Unternehmen immer wieder gefährden können: Schlechtes Filmmaterial, ungeduldige Produzenten, launische Drehbuchautoren u. v. m. So wirken am Ende zahlreiche Kräfte mit an dem, was am Ende doch als *sein* Film gehandelt werden wird.

111 Vgl.: »Die Entscheidungen über Ausbildung, Beruf, Arbeitsplatz, Wohnort, Ehepartner, Kinderzahl usw. mit all ihren Unterentscheidungen können nicht nur, sondern müssen getroffen werden. Selbst dort, wo die Rede von Entscheidungen ein zu hochtrabendes Wort ist, weil weder Bewußtsein noch Alternativen vorhanden sind, wird der einzelne die Konsequenzen aus seinen nicht getroffenen Entscheidungen ›ausbaden‹ müssen.« (Beck 1986: 216)

den.[112] Die *An*forderung, sein eigenes Leben zu leben, kann sich dabei sehr schnell als *Über*forderung erweisen. Weniger deshalb, weil nur wenige dazu in der Lage sind, sondern deshalb, weil für die Bewältigung dieses einerseits gewünschten, andererseits gefürchteten Lebenszieles nicht gleichzeitig die Ressourcen angeboten werden, die verordnete individuelle Existenz auch zu leben.[113] Und das macht die Ambivalenz der Individualisierung aus: Obwohl dem einzelnen permanent Entscheidungen abverlangt werden, fehlen ihm die Ressourcen und Kompetenzen, diese Entscheidungen tatsächlich treffen zu können. Unabhängig davon aber werden dem Individuum »alle Ereignisse des sozialen Schicksals als Folgen individueller Entscheidungen zugerechnet«, so daß man sagen kann: »Individualisierung stellt wesentlich einen Zurechnungsmechanismus dar« (Neckel 1991: 171;

112 Im Anschluß an die drei von Bourdieu unterschiedenen Kapitalsorten – ökonomisches, kulturelles und soziales Kapital – hat der Münchner Sozialpsychologe Heiner Keupp (1993: 255) darauf hingewiesen, daß auch »psychische Kapitalien« notwendig sind, wenn der einzelne zum Planungsbüro seines eigenen Lebenslaufs avancieren soll. Auch Jurczyk/Rerrich (1993: 41) machen darauf aufmerksam, daß es »nicht nur kognitiver, sondern auch sozialer Kompetenzen« bedürfe, um die zum Balanceakt gewordene Lebensführung zu bewältigen; die Chance aber, diese auszubilden, »nach wie vor ungleich verteilt sei«. Zu einer weiteren Kapitalsorte Bourdieus vgl. Schroer (1995b), zur Einführung in Bourdieus Sozialtheorie vgl. Kraemer (1994).
113 Völlig zu Recht betont Wohlrab-Sahr (1997: 32), »daß Individualisierung als gesellschaftliches Muster gegeben ist, *unabhängig* von den faktisch vorhandenen Realisierungs- und Erfolgschancen bei der Wahl der diversen Optionen. Jedoch ist anzunehmen, daß ein starkes Auseinanderklaffen zwischen Zurechnung und Realisierungschancen gravierende [...] Konflikte produziert«. Mit anderen Worten: Wenn die Semantik mehr verspricht, als die Struktur halten kann, sind Enttäuschungen vorprogrammiert, die durchaus in Wut und Haß umschlagen können. Wem permanent suggeriert wird, er brauche nur zuzugreifen, er habe die freie Auswahl, in seinem Alltag aber feststellen muß, daß ihm nur ein verschwindend geringer Bruchteil des Überflusses an großen Autos, attraktiven Berufen und schönen Frauen zur Verfügung steht, der mag noch lediglich frustriert sein. Wem dies aber auch noch als individuelles Versagen zugerechnet wird, der ist womöglich anfällig für einfache und schnelle Lösungen seiner Probleme, die ihm etwa von radikalen Parteien angeboten werden. Entscheidend ist jedoch, daß sich diese Reaktionsmuster aus der wahrgenommenen Diskrepanz zwischen potentiellen Möglichkeiten und realen Chancen ergeben können, und nicht etwa aus der »Befreiung aus traditionellen Lebensformen« schlechthin, die bisher noch immer »Wut, Verzweiflung und Trauer« ausgelöst hätten, wie Honneth (1994: 99) meint.

vgl. Wohlrab-Sahr 1992: 6).[114]

Obwohl dem einzelnen die Teilhabe am Prozeß der Individualisierung also nicht zur Disposition steht, ergeben sich aus ihm dennoch neue Optionsspielräume, von denen erwartet wird, daß die einzelnen sie nutzen.[115] Während die Skeptiker und Gegner der Individualisierungsthese auf die vorgestanzten Rollenbilder verweisen, die sich zu einer »Normalbiographie« verdichten – man muß die Schule besuchen, einen Beruf ergreifen, Formulare ausfüllen und Anträge schreiben, die Wehrpflicht erfüllen usw. –, verweisen die Individualisierungstheoretiker auf die zunehmende Auflösung der »Normalbiographie«: Die Individuen sind mehr und mehr dazu aufgerufen, für sich entscheiden zu müssen, in *welche* Schule sie gehen, *welchen* Beruf sie ergreifen, *welchen* Partner sie wählen, *wie* sie mit ihm zusammenleben wollen usw. Für Beck heißt Individualisierung deshalb ganz entschieden: »Die Normalbiographie wird zur Wahlbiographie, zur Bastelbiographie.« (Beck 1993a: 151; vgl. Ley 1984; Gross 1985; Hitzler/Honer 1994)[116] Beck hebt dabei auf die Eigenleistung der

114 Ähnlich formuliert Berking (1990: 53): »Zweifellos ist der einzelne gezwungen zu entscheiden, wo, wie, mit wem, wovon und wozu er leben will, ohne es doch faktisch entscheiden zu können.« Auch Brose/Hildebrand (1988: 24) beschreiben diesen paradoxen Zusammenhang klärend wie folgt: »Ein jeder muß nun schon selber wissen und entscheiden, wieviel er wann und wo an Bildungsanstrengungen, Affekten oder Geld investiert, zumindest bekommt er vermittelt, daß er wissen muß, daß andere davon ausgehen, daß er weiß, was er/sie tut. Man könnte das in traditionsreichen Begriffen Emanzipation und Autonomie nennen. Wir glauben, daß man in der Wahl der Vokabeln vorsichtiger sein sollte.«

115 Das zeigt Beck-Gernsheim eindrucksvoll am Beispiel der Möglichkeiten und Zwänge der Gentechnologie (vgl. Beck-Gernsheim 1994a: 316ff.).

116 Ähnlich geht Kohli von einer Mitte der sechziger Jahre einsetzenden Tendenz zur »Deinstitutionalisierung des Lebenslaufs« (Kohli 1988: 42; 1994: 219) aus, die die mit der Moderne auftretende »Institutionalisierung des Lebenslaufs« (Kohli 1985, 1986) z.T. wieder rückgängig macht. Die festen Rahmendaten eines Lebenslauf werden in der Gegenwart gehörig durcheinandergewirbelt. Fest institutionalisierte und verbindliche Regelungen über die Zeitpunkte biographisch relevanter Ereignisse stehen nach Kohli immer weniger zur Verfügung. Eine dazu konträre Auffassung vertreten etwa Mayer/Müller (1994), die von einer nach wie vor gültigen, starken Reglementierung des Lebenslaufs ausgehen, wobei sich der Staat als »gate-keeper« erweist, der »fast alle Ein- und Austritte definiert: in der Erwerbstätigkeit und aus der Erwerbstätigkeit heraus, bei Heirat und Scheidung, bei Krankheit und Invalidität, in die Ausbildung und aus der Ausbildung und in die berufliche Ausbildung und aus ihr heraus« (ebd.: 290). Ihrer Meinung nach leidet manch konkurrierende sozialwissenschaftliche Auffassung über

Individuen bei der Gestaltung ihres Lebenslaufs ab, betont die Reflexivität der Biographie: »Individualisierung bedeutet in diesem Sinne, daß die Biographie der Menschen aus vorgegebenen Fixierungen herausgelöst, offen, entscheidungsabhängig und als Aufgabe in das Handeln jedes einzelnen gelegt wird. Die Anteile der prinzipiell entscheidungsverschlossenen Lebensmöglichkeiten nehmen ab, und die Anteile der entscheidungsoffenen, selbst herzustellenden Biographie nehmen zu. Individualisierung von Lebenslagen und -verläufen heißt also: Biographien werden ›selbstreflexiv‹; sozial vorgegebene wird in selbst hergestellte und herzustellende Biographie transformiert.«[117] (Beck 1986: 216) Also noch einmal: Nicht *welche* Wege man einschlägt, *welche* Entscheidungen man trifft, *welche* Verpflichtungen man eingeht, sondern *daß* man seinen Weg geht, *daß* man Entscheidungen trifft, *daß* man Verpflichtungen eingeht, ist der neue Zwang, der sich für Beck in der individualisierten Gesellschaft herausbildet. Dabei wird der einzelne nicht zum autonomen Erfinder völlig neuartiger Lebensverläufe stilisiert, vielmehr muß sich ein jeder aus den gleichwohl vorgegebenen »Bausätzen biographischer Kombinationsmöglichkeiten« (Beck 1986: 217) seine je individuelle Biographie zusammenbasteln (vgl. Hitzler/Honer 1994).[118]

den Lebenslauf dagegen an der »Fiktion staatsfreier Sphären« (ebd.: 268). So plausibel ihr Hinweis auf den Einfluß des Staates auch ist, so wenig vermag der Nachweis staatlich gesetzter Rahmendaten etwas über die Umsetzungen dieser Daten durch die Individuen auszusagen, die in biographietheoretischer Perspektive immer stärker in den Blick genommen werden. Bei der Sichtweise von Mayer/Müller sind die Individuen ausschließlich Reagierende, die nur in äußerst eng gezogenen Grenzen Entscheidungen zu treffen vermögen. Unberücksichtigt bleibt die wechselseitige Beeinflussung von staatlichen Vorgaben und individuellen Lebensweisen. Auch der Staat reagiert ja augenscheinlich auf unter den Individuen neu ausgehandelte neue Muster des Zusammenlebens. Daß die herkömmlichen Lebenslaufmodelle speziell für junge Frauen keine verbindlichen Vorgaben bereithält, zeigen Geissler/Oechsle (1994). Entgegen der Perspektive von Mayer/Müller argumentiert ebenfalls Zapf (1994).

117 Über die Gestaltung des Bildungsweges, der Intimbeziehungen usw. hinaus muß sogar der Tod »gestaltet« werden. Nicht mehr nur ein selbstbestimmtes Leben, sondern auch ein selbstbestimmtes Sterben steht auf der Wunschliste (post)moderner Individuen.

118 Auch Berger/Berger/Kellner (1987: 32f.) sprechen bereits von der »Bastel-Einstellung« des modernen Individuums: »Der einzelne hat einen enorm großen Spielraum, sich sein eigenes, besonderes Privatleben zurechtzuzimmern – eine Art ›selbstgebasteltes‹ Universum.« (Ebd.: 161)

Der einzelne wird zum Jongleur, der die durcheinanderwirbelnden Bälle sprichwörtlich wieder »auf die Reihe« bekommen muß. Die Individuen sind dazu aufgerufen, in ihrem Leben je für sich jene Synthese wiederherzustellen, die auf gesellschaftlicher Ebene nicht mehr vorhanden ist: »*Alles, was in systemtheoretischer Perspektive getrennt erscheint, wird zum integralen Bestandteil der Individualbiographie:* Familie *und* Erwerbsarbeit, Ausbildung *und* Beschäftigung, Verwaltung und Verkehrwesen, Konsum, Medizin, Pädagogik usw. Teilsystemgrenzen gelten für Teilsysteme, aber nicht für Menschen in institutionenabhängigen Individuallagen: [...] Individuallagen liegen *quer* zur Unterscheidung von System und Lebenswelt. Die Teilsystemgrenzen gehen durch Individuallagen hindurch. Sie sind sozusagen die biographische Seite des institutionell Getrennten.« (Beck 1986: 218)

Mit anderen Worten: Auf die Individuen wird letztlich abgewälzt, wofür es auf gesellschaftlicher Seite keine Vorgaben mehr gibt; sie müssen selbst beantworten, was ihnen dort nicht mehr beantwortet wird. Aus dieser eigentümlichen und mitunter äußerst belastenden Mischung aus Entscheidungszwängen und Wahlfreiheiten ergeben sich die Risiken der modernen Individualbiographie. Wie auch immer es um die tatsächlichen Entscheidungsmöglichkeiten bestellt sein mag, Ereignisse im individuellen Lebensverlauf werden dem einzelnen als Folge seiner individuellen Entscheidung – und nicht als Folge seiner alternativlosen Klassen- oder Geschlechtszugehörigkeit – zugerechnet.[119] Darin steckt das *Risiko* moderner Individualisierung: Die

119 Wenn es dagegen etwa bei Burkart allen Ernstes heißt, daß die Vertreter der Individualisierungsthese behaupteten, »daß jeder tun und lassen kann, was er (oder sie) will, weil alle Normen unverbindlich geworden seien – man kann heiraten oder nicht, allein leben oder zu mehreren, Kinder in die Welt setzen oder sich auf eine Partnerschaft beschränken«, um dies sogleich mit der »Selbstauflösung der Soziologie« (Burkart 1997: 271) gleichzusetzen, so ist das mehr als eine sehr einseitige Auslegung, eher eine grobe Entstellung des *eigentlichen* Arguments der Individualisierungstheorie im Sinne Becks. Abgesehen davon, daß die angesprochenen Individualisierungstheoretiker (als sei das eine homogene Masse) bei Burkart reichlich anonym bleiben – es gibt nur Beck und die »vielen Adepten« (1997: 271) –, sind die bei Burkart als beliebige Wahlpalette vorgestellten Optionen *erstens* tatsächlich kaum zu bestreitende, sich dem einzelnen stellende Fragen von existentiellem Zuschnitt in einem historisch einmaligen Ausmaß – was nicht nur die Beckschen »Adepten«, sondern auch gleichsam unverdächtige Demographen wie Imhof (1981) und Historiker wie Mooser (1984) in ihren Studien belegen –, die jedoch *zweitens* unter keineswegs

Chancen der neuen Optionsspielräume scheinen mit dem Risiko verbunden, sich im Entscheidungsdickicht hoffnungslos zu verrennen, die falsche Entscheidung zu treffen oder aber – aus Angst vor der falschen Entscheidung – die Entscheidung zu treffen, sich nicht zu entscheiden, was allerdings immer noch eine Entscheidung ist (vgl. Beck/Beck-Gernsheim 1993: 182).[120] In jedem Fall aber werden dem einzelnen zukünftige Entwicklungen und Ereignisse innerhalb seiner Biographie als Folgen vergangener Entscheidungen zugerechnet, was auf seiten der gesellschaftlichen Institutionen zu einer enormen Entlastung führt: »In den enttraditionalisierten Lebensformen entsteht eine *neue Unmittelbarkeit von Individuum und Gesellschaft*, die Unmittelbarkeit von Krise und Krankheit in dem Sinne, daß gesellschaftliche Krisen als individuelle erscheinen und in ihrer Gesellschaftlichkeit nur noch sehr bedingt und vermittelt wahrgenommen werden können.« (Beck 1986: 118)[121] Die Gesellschaft lenkt also von ihren selbsterzeugten Problemen ab, indem sie sie an die Individuen weiterreicht.[122] Damit kommt es zur völligen Umkehr eines Deutungsmusters sozialer Probleme. Während es ehemals »die Gesellschaft« war, denen die Probleme angelastet wurden –

selbstgewählten Bedingungen, nie ausreichenden Informationen über die Folgen und auch nicht gleich verteilten Ressourcen zur Abfederung dieser Folgen stattfinden, was jedoch *drittens* nichts daran ändert, daß diese Entscheidungen als individuelle *zugerechnet* werden.

120 Angesichts des enormen Entscheidungsdrucks läßt sich auch auf der Ebene der Individuen eine Tendenz erkennen, die Luhmann innerhalb von Organisationen festgestellt haben will, nämlich »eine zunehmende Tendenz, zu entscheiden, nicht zu entscheiden« (Luhmann 1997a: 839). Ein Zustand der Paralyse wäre die unvermeidliche Folge (vgl. Gross 1994: 227). Angesichts des Überreichtums an Möglichkeiten entscheidet man sich also nicht und läßt das »Schicksal« (vgl. Lipp 1997), die Umstände oder einfach die Zeit für sich entscheiden. Eine andere mögliche Lösungsstrategie wäre es, mehrere Möglichkeiten auf einmal zu leben. Auch damit entgeht man der für die Moderne typischen Forderung, sich für *einen* Weg entscheiden zu müssen.

121 In dieser Diagnose stimmt Beck durchaus mit Adorno überein, der ebenfalls von einer neuen Unmittelbarkeit zwischen Individuum und Gesellschaft ausgeht: »Die vermittelnden Instanzen zwischen der Direktion der Gesellschaft und den Dirigierten schwinden zusehends, die Einzelne sehen wieder unmittelbar den Verfügungen sich gegenüber, die von der Spitze ergehen.« (Adorno 1979: 172)

122 Darin vermutet Beck (vgl. 1986: 158) wohl nicht zu Unrecht einen Grund für die Entstehung der Psychowelle, die seit den siebziger Jahren in westlichen Gesellschaften um sich greift.

ein Diskurs, der durch die Frankfurter Schule Unterstützung erhielt (vgl. Luhmann 1991b) –, sind es nunmehr die Individuen, denen man die Schuld an Krisen in die Schuhe zu schieben versucht. Sie haben sich via Fitneßprogramme, Schulungen, Umlern- und Trainingsprogramme, gesunde Ernährung usw. für den alltäglichen Existenzkampf zu präparieren. Daran erweist sich einmal mehr die Widersprüchlichkeit der Individualisierung. Die Menschen müssen individuell Probleme zu lösen versuchen, für die – obwohl gesellschaftlich verursacht – institutionelle Lösungen verweigert werden, und folgen dabei doch einem gesellschaftlich vorgegebenem Muster, dem sie individuelle Eigenarten abzutrotzen versuchen. Dieses Ringen und Kämpfen um ein »eigenes Leben«, das nach Becks Beschreibungen ebenso institutionell erzwungen wie individuell gewollt wird, wird konterkariert durch ein zweites, die reflexive Moderne bestimmendes Element: die Globalisierung (vgl. Beck 1996a, 1997b; Giddens 1995).

Globalisierung bedeutet die weltweite, immer stärker werdende Abhängigkeit von weit entfernt stattfindenden Ereignissen, die das Empfinden aufkommen lassen, in einem »globalen Dorf« zu wohnen, in dem nichts unerreichbar, uneinsehbar und verborgen bleiben kann. Sie trägt dazu bei, daß die Schlupfwinkel, die Rückzugsmöglichkeiten knapp zu werden scheinen, weil die Abschottung durch den weltweiten Austausch und Verkehr immer weniger gelingen kann. Wenn aber lokale Ereignisse derart unter den Einfluß globaler Zusammenhänge geraten, erlahmt der Glaube an die zentrale/lokale Steuerbarkeit politischer, ökonomischer und kultureller Ereignisse, erlahmt mithin die Gestaltungskraft des einzelnen hinsichtlich seines Lebens, die durch Individualisierung doch so betont wurde. Individualisierung scheint also die aktive Seite, Globalisierung eher die passive Seite zu betreffen.[123] Individualisierung meint, eigene Entscheidungen treffen zu können; Globalisierung meint dagegen, von den Entscheidungen an-

---

123 Statt der Vorstellung eines krassen Bruchs von Moderne hier und Postmoderne dort, als Unterscheidung von standardisiert dort und frei und beliebig hier, wie er es manchem Postmodernen unterstellt, ist für ihn die Gegenwart vielmehr durch eine widerspruchsvolle Mischung aus beidem zugleich bestimmt:»Individualisierung *und* Globalisierung, Aktivität *und* Zuweisung« (Beck 1995a: 15). Damit bewegt er sich jedoch in eine Richtung, die ihn durchaus mit den postmodernen Perspektiven Simmels und Baumans verbindet: Unhintergehbare Ambivalenz zeichnet den gegenwärtigen Zustand aus.

derer betroffen zu sein. Allerdings muß man berücksichtigen, daß Globalisierung nicht nur die Bedeutung hat, daß immer mehr Ereignisse unter die Kontrolle von nicht steuerbaren Einflußgrößen geraten, sondern daß umgekehrt jede getroffene Maßnahme und Entscheidung nicht mehr lokal begrenzte, sondern globale Auswirkungen zeitigt. Der Blick auf das passive »Von-Außen-betroffen-Sein« – das mehr und mehr die alten externen Einflußgrößen (Gott, Schicksal usw.) abzulösen scheint – ist einseitig: Ebenso müssen die weltweiten Folgen der Aktiv-Seite, der Handlungen gesehen werden. »Das eigene Leben wird mehr und mehr von innen her verändert durch Ereignisse, die auf der anderen Seite der Erde geschehen. Umgekehrt haben lokale Lebensstile weltweite Auswirkungen, finden weltweite Verbreitung.« (Beck 1995a: 13)

Beck stellt gegenüber diesen, dem einzelnen sich entziehenden Einflußgrößen – entgegen der funktionalistischen Tradition und ihrem passiven Verständnis der Subjekte – gerade auf die Aktivität und Kreativität der Individuen ab. Für ihn steht außer Frage, daß sich durch die weltweite Öffnung die Anzahl der sozialen Kreise erhöht, in die der einzelne eingespannt ist, dadurch die Kombinationsmöglichkeiten diversifizieren und damit »überhaupt erst so etwas wie die Unverwechselbarkeit des Individuums« (Beck 1995a: 14) möglich wird.

Anders als im Theorierahmen der Weltgesellschaft betont Beck die Beeinflussung des je individuellen Lebens: Organisationen und Staaten können sich abschließen, »das eigene Leben ist prinzipiell leck« (Beck 1995a: 47): von überallher dringen Einflüsse von außen auf es ein. Doch die Individuen sind angesichts dieses Prozesses nicht zur Passivität verdammt, vielmehr entwikkeln sie ebenfalls Aktivitäten, die anderswo womöglich als Globalisierungseffekt ankommen. So entsteht eine neue »Handlungsgesellschaft, Selbstgestaltungsgesellschaft, die alles irgendwie erfinden muß, aber nicht weiß: wie, wofür, mit wem; eher schon: wie *nicht*, wogegen, mit wem auf gar keinen Fall« (Beck 1993a: 162). Zwar ist die Rede von der Gestaltung des eigenen Lebens nicht eben neu; heute gerät jedoch verstärkt in den Blick, daß ein teleologischer, auf ein bestimmtes Ziel hin ausgerichteter Lebensplan immer seltener wird und an Plausibilität verliert. Es wird zunehmend schwerer, die Anforderungen zu überblicken, die innerhalb einer Lebensspanne an einen gestellt werden. Auf allen Ebenen kommt es zu zeitweiligen Arrangements, die keine Dauer mehr versprechen.[124] Auf diese Auflösung verbindlicher Werte, Normen und Leitbilder reagiert der Diskurs der Postmoderne, in dem es weder um das Betrauern althergebrachter Bindungen noch um die Konstruktion neuer, für alle verbindlichen Gemeinschaftsideale geht. Weiter unten werde ich zeigen, daß Beck, Foucault und Luhmann mehr mit dieser Argumentation verbindet, als sie zumeist zuzugeben bereit sind. Für die mit der Moderne entstehende Soziologie hat der Begriff »Postmoderne« einen zu selbstzersetzenden Klang. Gibt man die Moderne auf, so scheint mancher zu fürchten, löst sich auch die Soziologie – als »Kind« der Moderne – auf.

6. Exkurs: Individualisierung non stop? – Von der *Lust* an Optionen, der *Last* der Entscheidungen und der *List* der Individuen

Eine der Kernaussagen des Individualisierungstheorems bezieht sich auf die wachsenden individuellen Wahl- und Entscheidungsmöglichkeiten in modernen bzw. postmodernen Gesellschaften. Diese Annahme wird nicht nur von Beck, sondern auch von zahlreichen anderen Individualisierungstheorien vertreten. In Baumans postmoderner Variante der Individualisierungsthese etwa heißt es ähnlich wie bei Beck: »Wahlfreiheit in bezug auf die Person, die man gern werden würde (in den Geschäften werden immer neue Bausätze zur Konstruktion von Persönlichkeit angeboten), Wahlfreiheit hinsichtlich der Freuden, die man gern genießen würde, Wahlfreiheit hinsichtlich der Bedürfnisse, die

124 »Heutzutage scheint alles sich gegen [...] lebenslange Entwürfe, dauerhafte Bindungen, ewige Bündnisse, unwandelbare Identitäten zu verschwören. Ich kann nicht langfristig auf meinen Arbeitsplatz, meinen Beruf, ja nicht einmal auf meine eigenen Fähigkeiten bauen; ich kann darauf wetten, daß mein Arbeitsplatz wegrationalisiert wird, daß mein Beruf sich bis zur Unkenntlichkeit verändert, daß meine Fähigkeiten nicht mehr gefragt sind. Auch auf Partnerschaft oder Familie ist in Zukunft nicht mehr zu gründen; im Zeitalter dessen, was Anthony Giddens ›confluent love‹ nennt, währt das Beisammensein nicht länger als die Befriedigung eines der Partner, die Bindung gilt von vornherein nur ›bis auf weiteres‹, die intensive Bindung von heute macht Frustrationen morgen nur um so heftiger.« (Bauman 1993: 17)

man gern suchen, zu seinen eigenen machen und befriedigen würde. Wahlfreiheit war zu einem Wert an sich geworden; mit Sicherheit zum höchsten Wert.« (Bauman 1995b: 205)[125]

Und in der Tat: Bei so mancher Entscheidung stellt sich tatsächlich die Qual der Wahl. Bei jeder getroffenen Entscheidung bleibt das beunruhigende Gefühl zurück, eventuell doch die falsche Wahl getroffen, eine vielleicht aussichtsreichere Alternative nicht ergriffen, eine vielversprechendere Möglichkeit nicht genutzt zu haben; eine Wahl, eine Alternative, eine Möglichkeit, die unter Umständen mehr Glück und Zufriedenheit in Aussicht gestellt hätte, verpaßt zu haben. Dabei kann es sich bei dem quälenden und bohrenden Gefühl, potentiell attraktivere Optionen ungenutzt gelassen zu haben, um Jobs, Speisen, Lebenspartner, Reisen u. v. m. handeln. Für diese permanenten Wahlzwänge im Entscheidungsdschungel steht paradigmatisch der Fernsehkonsument, der sich zwischen den immer zahlreicheren Kanälen nicht zu entscheiden weiß, deshalb permanent, in immer schnelleren Intervallen zwischen den Programmen hin und her zappt, ohne die Geduld aufzubringen, irgendwo für eine gewisse Zeit verbleiben zu können. Da sich diese mitunter durchaus *lust*volle Handlungsweise auch in andere Bereiche ausdehnt, könnte man sie als *Zappermentalität* bezeichnen (vgl. Gross 1994: 228 ff.). Die individualisierten Individuen zappen sich durch den sozialen Raum. Dabei werden sie – ob beim TV-Sehen oder bei den Sprüngen von einer Beziehung in die nächste – vom Versuch

125 Textstellen wie diese sind Legion. Auch Daniel Bell notiert schon in den siebziger Jahren ähnlich wie Bauman, Beck, Giddens, Gross, Luhmann u. v. a nach ihm: »In unserer Zeit stellt sich das soziologische Realitätsproblem – im Sinne des sozialen Ortes und der Identität –, weil die Menschen die alten Verankerungen aufgegeben haben, überlieferte Wege meiden, ständig vor dem Problem der Wahl stehen (für die Masse der Menschen bedeutet die Möglichkeit, Karrieren, Lebensstile, Freunde oder politische Repräsentanten wählen zu können, eine Neuheit in der Sozialgeschichte) und sich nicht mehr an autoritative Normen oder Kritiker halten können. [...] Die stärksten Zwänge lasten heute auf dem jungen Menschen. In frühen Jahren steht er unter dem Druck, klare Entscheidungen treffen zu müssen: gute Noten in der Schule zu bekommen, ein gutes College zu besuchen, einen Beruf zu wählen. Auf allen Stufen wird er taxiert; Leistungsbeurteilungen sind zur Identitätskrise geworden, die er das ganze Leben lang mit sich trägt.« (Bell 1976: 114 f.) Ähnlich stellen insbesondere auch Berger/Berger/Kellner (1987) die wachsenden Wahlmöglichkeiten der Individuen in der Moderne heraus.

angetrieben, die chronologische Abfolge der Ereignisse, die Zeit, zu überlisten. Sie versuchen, alle sich bietenden Alternativen *gleichzeitig* zu leben, und stöhnen unter der Belastung, nicht alles gleichzeitig erleben zu können. Oder aber sie entgehen der *Last* des Entscheidungsterrors durch die Flucht in die Nichtentscheidung, die Nichtaktivität, treten den Rückzug an, lassen sich auf nichts mehr ein, weil die Enttäuschung bereits antizipiert wird, daß auch die neue realisierte Möglichkeit eben nur eine Möglichkeit unter vielen ist und zu ebenso unerwünschten wie unkontrollierbaren Nebenfolgen führen könnte. Diese Mentalität ließe sich als eine Art zurückhaltende Lebensführung bezeichnen: ein Leben auf Sparflamme, das sich dennoch völlig verausgabt. Zwar geht das »nervöse Selbst«, wie Bude (1990) diese neue Spezies treffend genannt hat, in keinem Teillebenszusammenhang mehr vollständig auf – diese Konzentration auf *eine* Sache scheint es nicht länger zu geben –, aber es verbraucht seine Ressourcen durch die energieraubende Teilnahme an möglichst vielen Lebensbereichen auf einmal. Kurz und gut: Das individualisierte postmoderne Individuum versucht mehrere Leben zu leben, und das zunehmend nicht hintereinander, sondern gleichzeitig.[126]

Doch gegen diese These der gestiegenen Wahl- und Entscheidungsmöglichkeiten erhebt sich ein breiter Sturm der Entrüstung, entweder im Stile der kritischen Theorie, die individuelle Wahlen und Entscheidungen überhaupt in Frage stellt, oder aber aus einem klassentheoretischen Standpunkt innerhalb der Sozialstrukturanalyse heraus, der dahinter eine unlautere Generalisierung eines Mittelschichtphänomens auf andere Schichten vermutet. Die zahlreicher gewordenen Wahlmöglichkeiten können aus dieser Perspektive allenfalls für mittlere und höhere Schichten reserviert werden. In diesem Sinne stellt etwa für Mayer (1991)

---

126 In Javier Marias' Roman *Mein Herz so weiß* wird uns eine Figur namens Custardoy vorgestellt, die ganz deutlich Züge dieses postmodernen Individuums trägt: »Er machte immer den Eindruck, etwas zu versäumen und sich dessen schmerzhaft bewußt zu sein, er gehörte zu den Menschen, die am liebsten mehrere Leben zugleich leben würden, die sich vervielfältigen und nicht darauf beschränken möchten, nur sie selbst zu sein: zu denen, die Schrecken vor der Einheit empfinden.« (Marias 1997: 155f.) An anderer Stelle berichtet der Ich-Erzähler: »Custardoy [...] achtete gleichermaßen auf die Frauen wie auf seine Unterhaltung mit mir, ständig verdoppelt, ständig mit dem Wunsch, mehr als nur einer zu sein und sich dort zu befinden, wo er nicht war.« (Ebd.: 165)

die Individualisierungsthese eine bloße Selbstbespiegelung des akademischen Milieus dar. Ähnlich will Burkart (1993) Individualisierung nur als ein Phänomen bestimmter sozialer Milieus verstanden wissen. Treibel (1996: 431) meint gar, die Sozialwissenschaft habe sich mit ihrer seit den´siebziger Jahren vermehrt auftretenden These von den sich zunehmend auflösenden Klassengrenzen die Erlaubnis ausgestellt, »sich nur noch mit sich selbst – d. h. mit bürgerlich-akademischen Gruppierungen zu beschäftigen«. Und sie versteigt sich zu der Aussage, Becks Perspektive zeuge schlicht und einfach von der (Selbst-)Zufriedenheit, die er und seinesgleichen angesichts der ihnen offenstehenden Möglichkeiten empfinden. In eine ähnliche Richtung zielt Geißler (1996), wenn er dem Diskurs über Individualisierung, Pluralisierung, Lebensstilisierung usw. vorwirft, sich »an der zunehmenden bunten und dynamischen Vielfalt der Lebensbedingungen, Lebensstile und Lebensformen« (ebd.: 323) zu erfreuen, statt sich über soziale Ungerechtigkeiten zu ärgern. Die Individualisierungsthese verschleiere soziale Ungleichheiten, statt sich für ihre Abschaffung einzusetzen, wie es sich die traditionelle Sozialstrukturanalyse noch zum Ziel gemacht habe. Hinter all diesen Einwänden steht die Vorstellung, daß es sich bei Individualisierung um ein Luxusphänomen handelt, das mit der in den achtziger Jahren grassierenden Rede von der Erlebnisgesellschaft und der Postmoderne hochgespült worden ist und mit den sich seit den neunziger Jahren verschärfenden sozialen Ungleichheiten und der neuen Knappheit wieder verschwinden wird (vgl. dazu Funke/Schroer 1998a, 1998b). Fast liest man die Erleichterung heraus, wenn es proklamatorisch heißt: »Kein Abschied von Klasse und Schicht« (Geißler 1996), »Die Familie lebt« (vgl. Vaskovics 1991, dazu Beck-Gernsheim 1998: 32 ff.) usw.

All diesen Positionen läßt sich unschwer der immer wieder auftauchende Einwand entnehmen, daß Individualisierung nicht für alle gilt. Damit verbunden ist die Überzeugung, daß Randgruppen keinerlei Wahlmöglichkeiten haben. Arbeiter oder einfache Angestellte, Arbeitslose, Sozialhilfeempfänger, Alte, Ausländer und Angehörige unterer Einkommensgruppen werden ausschließlich als passive Erdulder ihrer alternativlosen Position betrachtet. Die Unterschichten, so die vorherrschende Meinung, »sind so, wie sie sind, weil sie nicht anders können« (Müller 1989: 57).

Daß Individualisierung, Erlebnisorientierung, Inszenierung und Stilisierung etwa auch auf Bettler, Obdachlose und Arme angewendet werden könnte, rührt an ein Tabu, an einen – keineswegs stillschweigenden – Konsens der Soziologie der Moderne darüber, daß allenfalls privilegierte Gruppen wie etwa Künstler es sich leisten können, ihr Leben nicht nur einfach abzuleben, sondern aktiv und kreativ zu gestalten.[127] In einer Zeit jedoch, in der gilt: »»Ich werde wahrgenommen, also bin ich‹« (Bauman 1996: 59), sind insbesondere Minderheiten darauf angewiesen, ihre Situation auszudrücken und darzustellen, ihr Leben zu inszenieren, um auf sich aufmerksam zu machen. In Erweiterung des Veblenschen Lebensstil-Verständnisses haben wir es heute m. E. nicht nur mit dem Sichtbarmachen von gesellschaftlichem Erfolg (vgl. Veblen 1986), sondern zumindest z. T. auch mit der Visualisierung von gesellschaftlichem Mißerfolg zu tun; etwa in den einschlägigen TV-Sendungen, in denen die Lebensbeichten und Geständnisse zur Hauptattraktion für ein Massenpublikum geworden sind, das gierig nach jeder Sensation schnappt, aber auch in den Einkaufspassagen und öffentlichen Plätzen der Großstädte. Natürlich findet immer noch vieles im verborgenen statt, aber die öffentlichen Inszenierungen des Mißerfolgs können nicht länger übersehen werden. Auch hier gilt: »Je lauter man schreit, desto eher wird man wahrgenommen, um so gewisser ist also die eigene Existenz. Da die blasierte öffentliche Aufmerksamkeit sich von den immer zahlreicheren und grelleren Zerstreuungen gelangweilt zeigt, hat allein ein Schock, der stärker ist als die Schocks von gestern, eine Chance, die Aufmerksamkeit auf sich zu ziehen.« (Bauman 1996: 59) Die Stilisierung und (Selbst-)Inszenierung des Lebens ist nicht deshalb in den achtziger Jahren zu einem so florierenden Thema geworden, weil nun alle reich und schön gewesen wären, sondern weil, wer sein Leben nicht stilisiert und inszeniert, nicht wahrgenommen wird. Die »Angst vor dem Verschwinden« (Rutschky 1995) im Nakken, kämpfen alle um »die wichtigste – begehrte und umkämpfte – unter den knappen Waren, die im Zentrum des politischen Kampfes stehen«: die »öffentliche Aufmerksamkeit« (Bauman

---

127 Wie Sennett (1990: 236) berichtet, hat jedoch schon Lionel Trilling die These vertreten, »daß die Ansicht, man müsse das eigene Leben erfinden, statt es wie etwas Ererbtes lediglich anzunehmen […], nicht bloß ein Credo der Künstler« ist.

1995: 236; vgl. dazu Schroer 1997c). Von diesem Kampf sind Arbeiter, Arbeitslose, Arme usw. keineswegs ausgenommen. Auch sie partizipieren – ob sie nun wollen oder nicht – an den gesellschaftlichen Umbrüchen, die mit den Stichworten Individualisierung, Pluralisierung, Erlebnisorientierung, Stilisierung des Lebens, Enttraditionalisierung usw. beschrieben werden.

Die List der Individuen besteht m. E. darin, der Lust an den Optionen so weit wie möglich zu frönen und dort, wo sie sich in Entscheidungslasten verwandeln, nach Entlastung zu suchen. Angesichts der Fülle von Möglichkeiten schlägt die Lust an der Optionenvielfalt schnell um in die Last der Entscheidungen. Die Fähigkeit, sich entscheiden zu können, wird zu einer Kompetenz, der Kompetenz, die Optionenvielfalt in Knappheiten zu überführen, die das Angebot überschaubar halten, um die anstehenden Entscheidungen zu erleichtern, der Kompetenz, die Unsicherheiten in Sicherheiten umzuarbeiten. Die Wahl eines bestimmten Lebensstils ist die List, mit deren Hilfe die Optionenvielfalt knappgehalten und die Unsicherheit in Sicherheit transformiert werden kann. Sie dient der Selektion vorhandener Vielfalt, um die Ereignisse bearbeitbar zu halten – eine Art individuelle Komplexitätsreduktion. Doch diese Kompetenz, mit diesen Unsicherheiten in der Entscheidung umzugehen, ist kaum ausgebildet, so daß sicherheitsspendende Institutionen und Expertensysteme in Anspruch genommen werden, die bei der Orientierung im Dickicht der Möglichkeiten helfen sollen (vgl. Giddens 1996a). Statt sich ihrer neuen Handlungsspielräume zu erfreuen und die Unsicherheiten als Herausforderung anzunehmen, flüchten die verunsicherten Individuen zu den zahlreichen selbsternannten Lebensstilexperten und Ratgebern, die Antworten auf alle Fragen zu geben versprechen. So drohen die neuen individuellen Entscheidungsmöglichkeiten schnell an Experten abgegeben zu werden, die den verunsicherten Individuen die Entscheidungen abnehmen wollen. Doch kann dies nicht als dauerhafte Unterwerfung unter vorgefertigte Lebensregeln angesichts einer neuen Macht von Lebensstilexperten angesehen werden, da die zahlreichen Ratgeber jeden einzelnen letztlich doch wieder auf sich selbst zurückverweisen: Ihm wird die Entscheidung nur scheinbar abgenommen, und auch die Folgen der Entscheidung werden dem ratsuchenden Individuum zugerechnet.[128] Die Institutionen der Ratgeber stehen ihrerseits unter Erfolgszwang: Bleibt der versprochene Erfolg aus, werden andere Möglichkeiten erprobt. Insofern haben wir es weder mit einem eindeutigen Vertrauensverlust noch mit einem Vertrauenszuwachs in Expertensysteme zu tun. Vielmehr könnte man von einer Art *vagabundierendem Vertrauen* sprechen: Enttäuschtes Vertrauen sucht sich immer wieder neue Adressaten, denen – vorläufig und immer nur bis auf weiteres – Vertrauen geschenkt wird: »Der überforderte Demiurg sucht, findet und produziert zahllose Instanzen sozialer und psychischer Interventionen, die ihm professionell-stellvertretend die Frage nach dem ›Was bin ich und was will ich‹ abnehmen und damit die Angst vor der Freiheit mindern.« (Weymann 1989: 3) Neben der neuen Attraktivität der Ratgeberliteratur (vgl. Bauman 1993b, 1997; Berger/Berger/Kellner 1987: 67, Giddens 1993), mit der der Büchermarkt anscheinend unaufhörlich überschwemmt wird, sind es die Lebensstile, die auf das Bedürfnis nach Identitäts- und Kontingenzbewältigung reagieren. Sie »gewähren die doppelte Gnade, jemand zu sein und es nicht allein sein zu müssen« (Berking/Neckel 1988: 264), und bringen damit das Kunststück fertig, das »Doppelbedürfnis unseres Geistes, einerseits nach Zusammenfassung, andrerseits nach Unterscheidung« (Simmel 1992: 855), zu befriedigen. Warum soll dieses Bedürfnis allein in den Mittelschichten anzutreffen sein?

Die Auffassung, Stilisierung, Selbsterfindung und Inszenierung für eine Erscheinung einiger Privilegierter zu halten, während die Masse unter aufgezwungenen Bedingungen ihr Leben fristen müssen, kann in der Soziologie auf eine lange, noch überaus lebendige Tradition zurückblicken. Im Gegensatz zu dieser Traditionslinie sind im Zuge der Individualisierungsthese (vgl. Beck/Sopp 1997, Berger 1996, Schroer 1997a) in verschiedenen Teilgebieten der Soziologie Untersuchungen durchgeführt worden, die zuvor ausgeschlossene Gruppen verstärkt als selbständig Handelnde, ihre Situation interpretierende und reflektierende Akteure in den Blick genommen haben. So hat etwa Uta Gerhardt (1986) plausibel gezeigt, daß selbst schwerkranke Patienten ihre Lage nicht nur passiv erleiden, sondern aktiv mitgestalten

---

128 Einmal abgesehen von dem fatalen Zirkel, den schon Adorno betont: »Freilich wären Experten zu finden, deren Autorität wirklich die der Sache ist und nicht bloß personelle Prestige- oder Suggestivkraft. Der müßte selber ein Experte sein, der entscheidet, wer Experten sind« (Adorno 1979: 144).

(vgl. auch Lipovetsky 1995: 28ff.). Leibfried/Leisering u.a. (1995: 42 f.) weisen in ihrer Untersuchung nach, »daß auch arme und randständige Menschen grundsätzlich Handelnde sind, die Chancen haben, zu einer Veränderung ihrer Lage oder zu einem aktiven Umgang mit ihr beizutragen«. Und Judith Stacey ist in einer Untersuchung über die postmoderne Familie der These entgegengetreten, daß es sich bei den in der Familiensoziologie breit diskutierten neuen Formen des Zusammenlebens um ein Mittelschichtphänomen handelt. Ganz im Gegenteil: »Zunahme von Scheidungen und nichtehelichen Lebensgemeinschaften, von erwerbstätigen Müttern, Zwei-Verdiener-Haushalten, Elternschaften Alleinstehender oder unverheirateter Paare sowie von matrilinearen, erweiterten und künstlich geschaffenen, verwandtschaftlichen Unterstützungssystemen – all das tauchte früher und in größerem Maßstab unter Armen und Angehörigen der Arbeiterschaft auf.« (Stacey 1991: 313)

Wer dagegen Individualisierung, Stilisierung und postmoderne Lebens- und Liebesformen als Luxusspiele einiger weniger Privilegierter abtun will, zu deren Büttel sich die Soziologie im Laufe der achtziger Jahre gemacht habe, schüttet die Erkenntnis wieder zu, die durch den Individualisierungsdiskurs befördert wurde, die Erkenntnis nämlich, daß auch dort aktiv agierende und ihre Lage interpretierende Akteure zu finden sind, wo man bisher bloß stille und passive Erdulder vermutet hatte. Dies ist von einer bestimmten Richtung der Soziologie immer unterschätzt worden. Sie hat »die Notwendigkeit aktiver interpretativer Arbeit unterschätzt, die Menschen aufzubringen hatten, um ihre Identität und Lage in der Gesellschaft neu zu bestimmen, wenn diese in der Tat in Frage gestellt wurden« (Wagner 1995: 15).[129] In dieser Haltung verbirgt sich ein typisches intellektuelles Selbstmißverständnis. Während sich Intellektuelle diese Fähigkeit zur Selbstinterpretation und Selbstdarstellung wie selbstverständlich zutrauen, sprechen sie es anderen Gruppen schlichtweg ab.

Eine Überwindung dieser ebenso verbreiteten wie bornierten

---

129 Joas (1992: 368) hat – mit direktem Bezug zur kritischen Theorie Adornos und Horkheimers – eine ganz ähnliche Beobachtung gemacht: »Wenn immer mehr Menschen das Selbstverständnis schöpferischer Individualität entwickelten, wurde dies nicht als optimistisch stimmendes Zeichen einer besseren Zukunft gewertet, sondern als ideologische Verblendung abgetan.«

Perspektive verspricht die folgende bemerkenswerte These Vesters: »Insgesamt lösen sich die sozialen Milieus nach einem ›allgemeinen Gesetz der Individualisierung‹ auf. Die Individualisierung, verstanden als Autonomiegewinn, ist auf andere Weise wirksam. Sie hat in jedem sozialen Milieu und in jeder Generation eine andere Färbung und weltanschauliche Einbettung. Jedes Milieu dekliniert die Individualisierung nach seiner eigenen Façon.« (Vester 1997: 109; vgl. auch Wohlrab/Sahr 1997: 32). Mit anderen Worten: Individualisierung als allgemeines kulturelles Muster wird individuell, unter je spezifischen Bedingungen und je spezifischen Ressourcen, angeeignet und umgesetzt. Eine solche Perspektive dürfte über das schillernde Phänomen der Individualisierung weiteren Aufschluß verschaffen. Der stetig wiederkehrende Hinweis auf die Mittelschicht, die Gültigkeit von Individualisierung allein für das Intellektuellen- und Selbstverwirklichungs-Milieu verfehlt nicht nur den Kern der Individualisierungsthese, sondern führt sogar zu einer Verharmlosung der Situation. Er wird nur deshalb immer wieder vorgebracht, so meine Annahme, weil man Individualisierung mit rein positiven Konnotationen versieht, die man wie selbstverständlich nur in privilegierten Kreisen vorfinden zu können glaubt. Man nimmt jedoch den allgemein wirksamen Zwang zur Individualisierung nicht ernst genug, wenn man meint, daß sich dahinter bloß die Steigerung des Konsums und der Genußsucht sowie das Streben nach Spiel und Spaß verbergen. Übersehen wird dabei die Ernsthaftigkeit, ja Verbissenheit, mit denen die Selbstverwirklichungsziele zu erreichen versucht werden, Identitäten immer neu hergestellt und Lebensstile kreiert werden. Der Zwang zur Individualisierung, der unbedingte Druck, etwas Besonderes sein und machen zu müssen, damit man überhaupt wahrgenommen wird, entgeht einem Blick, der Individualisierung und den damit einhergehenden Entscheidungsdruck als Luxusphänomen und als Freizeitspaß einiger reicher Söhne und Töchter abtun will. Die Faulen, gegen die sich eine Welle der Empörung formiert, und der Verdacht des Genußmenschen Kohl, die Wohlstandskinder machten es sich in einem »kollektiven Freizeitpark« bequem, sind die besten Indizien für eine Form der Politik, die den gesellschaftlichen Trends derart blind gegenübersteht und bei ihren Maßnahmen derart leerläuft, daß sie sich über kurz oder lang selbst abschaffen wird. Ausgerechnet dort, wo das »Sich-Abrakkern« längst alle Bereiche des sozialen Lebens erfaßt hat, wo in Fitneßprogrammen der Körper gestählt wird, um der harten Konkurrenz auf dem Arbeits- und Heiratsmarkt gewachsen zu sein, wo in der »Freizeit«, die den Namen längst schon nicht mehr verdient, via Abendkurse Qualifikationen mühsam angesammelt werden, die womöglich kaum jemals zur Anwendung kommen, wo der Zeitungsleser und Fernsehzuschauer in Sexreportagen zu Höchstleistungen angetrieben und aufgefordert wird, die ihm und ihr jeglichen Spaß und jede Leichtigkeit am Sex austreiben, und wo nicht zuletzt Arbeitslosenzahlen immer neue Rekordmarken erreichen, ausgerechnet dort wird zu mehr Fleiß und Arbeit aufgerufen, meint man der Spaßkultur Einhalt gebieten zu müssen. In einer Zeit, in der man von Kindesbeinen an von Kurs zu Kurs, von Sportstunde zu Sportstunde, von Training zu Training gehetzt wird wie der Pauschaltourist im Urlaub von Sehenswürdigkeit zu Sehenswürdigkeit, ausgerechnet in einer solchen Gesellschaft meint man den Müßiggang bekämpfen und an alte Sekundärtugenden gemahnen zu müssen. Als wenn man nicht wüßte, wie es sich mit dem Müßiggang in den westlichen Leistungsgesellschaften tatsächlich verhält: »Je mehr auch die geistige Arbeit sich dem traditions- und geschmacklosen, gewaltsamen Industriebetrieb assimilierte, und je eifriger Wissenschaft und Schule bemüht waren, uns der Freiheit und Persönlichkeit zu berauben und uns von Kindesbeinen an den Zustand jenes gezwungenen, atemlosen Angestrengtseins als Ideal einzutrichtern, desto mehr ist neben manchen anderen altmodischen Künsten auch die des Müßiggangs in Verfall und außer Kredit und Übung geraten. Nicht als ob wir jemals eine Meisterschaft darin besessen hätten! Das zur Kunst ausgebildete Trägsein ist im Abendlande zu allen Zeiten nur von harmlosen Dilettanten betrieben worden.« (Hesse 1973: 7)

7. Dritte diachrone Zwischenbilanz: Das Risiko-Individuum bei Simmel, Elias und Beck

Beck hält zu den klassischen Theorien der Moderne gehörigen Abstand. In erster Linie geht es ihm um eine packende Zeitdiagnose (vgl. Neckel 1993: 70) und nicht um eine ausgeklügelte Theorie. Das betrifft auch sein Verständnis von Individualisierung, Individualismus und Individualität. Beck sucht dafür weder die Rückversicherung bei den Klassikern, noch flankiert er es durch eine weit ausholende historische Analyse. Vielmehr möchte er einen seit den siebziger Jahren sich abzeichnenden neuen *Individualisierungsschub* und seine Folgen beschreiben. Erst angesichts dieser Folgen ergeben sich Parallelen zu den klassischen Charakteristika der Individualisierung, die schon strukturell ähnlich gelagerte Prozesse aufgezeigt haben. Was sich gleichbleibt, ist die Herauslösung und mögliche Wiedereingliederung der Individuen; was sich ändert, sind die Bezüge, aus denen Individuen herausgelöst werden, und diejenigen, in die sie womöglich neu eintreten. Mit anderen Worten: Was heute als traditionelle Beziehungsform abgewählt wird, ist einstmals selbst an die Stelle von traditionalen Bezügen getreten. So mußten ständische Bezüge Klassenzugehörigkeiten weichen, an deren Stelle heute womöglich Lebensstilgruppen oder Erlebnisgemeinschaften treten. Ähnlich wie in der Kunst die Avantgarden von heute die Traditionen von morgen sind, könnte es sich auch im Bereich des Sozialen verhalten. Eine der entscheidenden Fragen dürfte dabei jedoch sein, ob je wieder ein Modell des familiären, politischen usw. Zusammenlebens eine derartige Verbreitung und Akzeptanz erreicht, daß es sich tradieren kann. Für die Gegenwart jedenfalls neigt Beck dazu, das Besondere gegenüber früheren Epochen gerade nicht in der Dominanz eines wie auch immer gearteten neuen Lebensmodells, sondern in der Vielzahl der Möglichkeiten zu sehen, wie Individuen ihr Leben zu gestalten versuchen.

Trotz der deutlichen Gegenwartsfixiertheit der Beckschen Individualisierungstheorie weist sein Verständnis von Individualisierung speziell mit der Simmelschen und Eliasschen Individualisierungstheorie große Ähnlichkeiten auf. Simmel, Elias und Beck stimmen darin überein, daß Individuen aus ihren traditionalen Sozialbeziehungen herausgelöst und damit stärker auf sich selbst zurückgeworfen werden. Das sehen zwar alle hier behandelten Theorien nicht anders, weshalb es sich bei der Herauslösungs- bzw. Freisetzungsdimension um die wahrscheinlich einzige unstrittige Dimension dessen handelt, was unter Individualisierung sinnvoll verstanden werden kann. Doch die Gemeinsamkeiten der Ansätze von Beck, Elias und Simmel ergeben sich darüber hinaus dadurch, daß sie aus der so verstandenen Individualisierung weder eine Bedrohung der sozialen Ordnung ablesen noch den Untergang des Individuums damit besiegelt sehen. Sie vertreten übereinstimmend die These, daß Individualisierung sowohl Gefahren als auch Chancen mit sich bringt. Ihr Verständnis von Individualisierung ist – mit einem Wort – *ambivalent*. Das von ihnen thematisierte Individuum ist ein *Risiko-Individuum*, weil ihm einerseits *Chancen* zur selbstbestimmten Lebensführung und individuellen Besonderung zugesprochen, andererseits *Gefahren* der Zerstörung individueller Freiräume durch Standardisierung thematisiert werden.

Nicht einer von ihnen beschreibt die Freisetzung des einzelnen aus traditionalen Beziehungsformen einseitig als Befreiung, die allein zu größeren individuellen Freiheiten, nicht aber auch zu neuen sozialen Kontrollen und Zwängen führt. Im Gegenteil ist in allen drei Versionen von neuen Freiheiten und Möglichkeiten die Rede, die von neuen Kontrollen und Zwängen eingeschränkt zu werden drohen. Bei Simmel heißt es dazu: »Was wir nämlich als Freiheit empfinden, ist oft nur ein Wechsel der Verpflichtungen« (Simmel 1989b: 375); für Beck ziehen die neuen Freiheiten ebenfalls sogleich wieder neue Abhängigkeiten nach sich; und bei Elias ist vom Umschlag der Fremdzwänge in Selbstzwänge und nicht von der Auflösung von Zwängen überhaupt die Rede. Vor allem für die Lasten, die für das Individuum dabei entstehen, haben Simmel, Elias und Beck ein feines Gespür. Statt allein die ordnungstheoretische Frage zu stellen, wie die freigesetzten und damit unberechenbarer gewordenen Individuen möglichst rasch wieder in eine stabile Ordnung integriert werden können – womit Individualisierung in erster Linie als gefährliche, Anomie erzeugende Kraft interpretiert würde –, widmen sie sich einer ausführlichen Beschreibung, wie Individuen mit diesen neuen Freiheiten umgehen und wie soziale Ordnung trotz Individualisierung möglich ist.

Simmel, Elias und Beck bestreiten entschieden den oft unterstellten Kausalzusammenhang zwischen Individualisierung und Anomie, individuellen Freiheiten und Desintegration, »Ich«-Betonung und moralisch-sittlichem Verfall. Ebenso fremd jedoch stehen sie der umgekehrten Auffassung gegenüber, die das Individuum in der Moderne zu einem willenlosen Rädchen im Getriebe erniedrigt sehen, das keinerlei eigene Entscheidung mehr zu treffen vermag, sondern ferngesteuert von den Vorgaben des kapitalistischen Wirtschaftsbetriebs und der Kulturindustrie vor sich hinvegetiert. Selbst dort, wo die Gefährdungen individueller Freiheit von Simmel, Elias und Beck thematisiert werden, lassen sie sich nicht zu kulturkritischen Untergangsszenarien im Stile Webers und Adornos hinreißen. An keiner Stelle sehen sie die Einflußmöglichkeiten und Entscheidungsfähigkeiten der Individuen auf ein derart geringes Maß reduziert, daß bloße »Pseudoindividualisierung« konstatiert werden müßte. Simmel, Elias und Beck teilen die Geringschätzung gegenüber den Wahlmöglichkeiten der Individuen, wie es in der Tradition der kritischen Theorie üblich ist, nicht. Auch nach ihrer Einschätzung läßt sich die Prognose der älteren kritischen Theorie, wir würden alle zu »Lurchen« (Horkheimer/Adorno 1971: 36), »getrost ad acta legen«, wie Joas (1992: 368) vorschlägt.

Insbesondere Elias hat in seiner wissenssoziologischen Perspektive immer wieder betont, daß sich die Vorstellung eines völlig determinierten wie auch die Vorstellung eines völlig freien Individuums letztlich nicht-theoriefähigen Urteilen verdankt. Auch in der Erzählung vom Untergang des Individuums sieht Elias einen Mythos am Werk, der dringend der soziologischen Entzauberung bedarf.

Bei Simmel und Elias ist die Vorstellung eines ganz und gar isolierten Individuums zudem schon aus kategorialen Gründen ausgeschlossen. Individuum und Gesellschaft sind nach Simmel nur »*methodische Begriffe*« (Simmel 1992: 860) und auch nach Elias »nur rein sprachlich« (Elias 1991: 199) als zwei eigenständige Entitäten anzusehen. Gesellschaft besteht nach ihrer gemeinsamen Auffassung qua definitionem aus *Wechselwirkungen* und *Figurationen* von Individuen. Individuen sind prinzipiell in ein Geflecht von sozialen Beziehungen eingewoben, das sich aus ihren Beiträgen ernährt und reproduziert. Immer schon findet jeder einzelne in zunächst nicht zur Wahl stehenden Bindungen, die ihn vor einem Leben als Solitär oder als einsam seine Kreise ziehende Monade bewahren. Allerdings sind in beiden Beschreibungen der modernen Gesellschaft die Zerstörung tradierter Formen des Zusammenlebens thematisch, die in einem bisher unbekannten Ausmaß Chancen zu selbstgewählten Sozialbezügen eröffnen, ohne daß damit bereits ausgemacht wäre, daß diese Chancen von den einzelnen auch zum Neuaufbau sozialer Beziehungen genutzt werden. Hinsichtlich dieser Frage sind Elias und

Beck optimistischer als Simmel. Simmel scheint zunächst deutlich Skepsis gegenüber den Fähigkeiten der Individuen an den Tag zu legen, diese Bindungen herzustellen. Er äußert die Befürchtung, daß die Individuen »bei der Tatsache der Entwurzelung stehen« bleiben und »oft genug zu keinem neuen Wurzelschlagen« (Simmel 1989b: 554) überleiten. Freilich hat Simmel dabei nicht Bindungslosigkeit überhaupt im Blick, sondern es ist jene »innerliche Bindung, Verschmelzung, Hingabe« (ebd.) an bzw. mit einer Sache oder Person, die in der temporeichen Moderne nicht mehr anzutreffen ist. Das Geld, unter dessen Diktat die Befreiungsvorgänge sich vollziehen, sorgt mit seiner Unbestimmtheit für flüchtigere Beziehungen im zwischenmenschlichen Bereich und zu oberflächlicheren und vergänglicheren gegenüber dem Besitz von Dingen (vgl. Simmel 1989b: 554f.). Insofern hat auch Simmel – ebenso wie Beck und Elias – nicht das endgültige Absterben von Bindungen im Blick, sondern deren charakteristische Veränderungen. In einer verblüffenden Parallele zu Beck faßt Simmel Individualisierung als einen Prozeß, der sich aus den drei Dimensionen Freisetzung bzw. Herauslösung, Stabilitätsverlust bzw. Entzauberung und Wiedereinbindung bzw. Reintegration zusammensetzt (vgl. Beck 1986: 206). So heißt es bei Simmel: »Wenn die vorgeschrittene Kultur den socialen Kreis, dem wir mit unserer ganzen Persönlichkeit angehören, mehr und mehr erweitert, dafür aber das Individuum in höherem Maße auf sich selbst stellt [*Herauslösungs-* bzw. *Freisetzungsdimension*, M. S.] und es mancher Stützen und Vorteile des enggeschlossenen Kreises beraubt [*Stabilitätsverlust* bzw. *Entzauberungsdimension*, M. S.], so liegt in jener Herstellung von Kreisen und Genossenschaften, in denen sich beliebig viele, für den gleichen Zweck interessierte Menschen zusammenfinden können [*Reintegrationsdimension*, M. S.], eine Ausgleichung jener Vereinsamung der Persönlichkeit, die aus dem Bruch mit der engen Umschränktheit früherer Zustände hervorgeht.« (Simmel 1989a: 245; vgl. 1992: 485) Bei Simmel, Beck *und* Elias (1991: 166 ff.) ist Individualisierung übereinstimmend als permanente Ablösung von Befreiung und Wiedereinbindung gedacht, was vom Individuum auf unterschiedliche Weise erlebt werden kann, auf jeden Fall aber bedeutet, daß es bei der Befreiung von Zwängen nicht bleibt, weil sich schnell wieder neue Zwänge herausbilden, die an die Stelle der alten treten.

Was Simmel und Elias auf der einen und Beck auf der anderen Seite jedoch voneinander trennt, ist, daß Simmel und Elias ihre Individualisierungstheorie in den allgemeinen Rahmen einer Differenzierungstheorie stellen. Individualisierung wird – ähnlich wie bei Durkheim, Parsons und Luhmann – als Begleiterscheinung des Differenzierungsprozesses vorgestellt. Stärker als Beck betonen darüber hinaus beide das mit dem Differenzierungsgrad wachsende Bedürfnis der Menschen, sich *voneinander unterscheiden* zu wollen (vgl. Simmel 1992: 855, 1984a: 192; Elias 1991: 191, 210, 246). Im Vergleich dazu verfolgt Beck eine primär am einzelnen und seinen biographischen Entscheidungen angesichts institutioneller Vorgaben, weniger aber anhand der Interaktion mit anderen ansetzende Perspektive. Allerdings fehlt auch bei ihm nicht der Hinweis darauf, daß »mit den Individualisierungen und Globalisierungen von sozialen Welten […] ein fast unerschöpfliches Mosaik von Abgrenzungsmöglichkeiten entsteht« (Beck 1995c: 156).

Abgesehen von solchen Nuancen dürfte Elias mit seiner grundsätzlichen Überzeugung, daß die Menschen immer schon beides sind – »bis ins letzte individuell […] und bis ins letzte gesellschaftsspezifisch« (Elias 1991: 90) –, sowohl mit der Unterstützung Simmels als auch Becks rechnen können. Auch hinsichtlich der Tatsache, daß die Individuen mit dem Übergang in die Moderne vor mehr Wahlen gestellt werden, als ihnen dies in »einfachen« Gesellschaften abverlangt wurde, besteht zwischen Simmel, Elias und Beck keinerlei Dissens. Sowohl Simmel als auch Elias und Beck sehen damit eine »stark individualisierte Gesellschaft« (Simmel 1989b: 520), eine »hochindividualisierte […] Gesellschaft« (Elias 1970: 131) bzw. eine »individualisierte Gesellschaft« (Beck/Beck-Gernsheim 1994: 16) entstehen. Schon bei Simmel sind die einfachen Individuen der »Qual der Wahl« (Simmel 1983b: 132) zwischen der »Vielheit der Stile« (Simmel 1989b: 641) ausgesetzt, müssen die einzelnen selbst entscheiden, weil sie aus den Orientierung versprechenden Instanzen herausgelöst worden sind. Ebenso tritt bei Beck an die Stelle von Beziehungsvorgaben Beziehungswahl, an die Stelle von alternativloser Einbindung in nicht selbstgewählte Herkunftsbindungen die freiwillige Bindung an selbstgewählte Beziehungen. Auch für Elias werden mehr und mehr Wir-Gruppen, wie etwa die Familie, für den einzelnen verzichtbar (vgl. Elias 1991: 271). Viele

Familienbeziehungen haben für Elias heute eher den Charakter »einer freiwilligen Verbindung auf Widerruf«, während sie »früher für die meisten Menschen obligatorisch, lebenslänglich und fremdzwangartig waren« (Elias 1991: 272). Sogar Berufe werden häufiger gewechselt, und selbst »die Staatsangehörigkeit ist mittlerweile in Grenzen auswechselbar« (ebd.). Kurz und gut: »Der einzelne Mensch ist bei Entscheidungen über die Gestaltung von Beziehungen, über ihre Fortführung oder Beendigung, nun weit mehr auf sich selbst angewiesen.« (Ebd.) Damit formuliert Elias einen Grundkodex aller Individualisierungstheorien. Auch in Elias' Beschreibung der modernen Welt hat sich ein von Fremdzwang und Alternativlosigkeit geprägtes Leben in ein Optionenkarussell verwandelt, das freilich an den einzelnen nicht geringere, sondern höhere Erwartungen – etwa eine ausgeprägtes Vermögen zur Selbstregulierung – stellt, muß doch nun jeder einzelne selbst entscheiden, was für ihn einst entschieden wurde. In dieser Entwicklung sehen Simmel, Elias und Beck durchaus Gefahren, die den einmal erreichten Stand an Individualisierung wieder rückgängig zu machen drohen. Simmel sieht die einzelnen angesichts der *Qual der Wahl* die Flucht in Moden antreten, die ihnen die Überforderung der permanenten individuellen Entscheidung abnehmen, indem sie sich einem allgemeinen Muster beugen – eine Art freiwillige Knechtschaft. Beck befürchtet ähnlich, daß an die Stelle traditionaler Sozialformen neue Instanzen und Institutionen treten, die den einzelnen »zum Spielball von Moden, Verhältnissen, Konjunkturen und Märkten machen« (Beck 1986: 211). Freilich betont Beck – in einer fast an die kritische Theorie Adornos erinnernden Weise –, daß sich der einzelne keineswegs freiwillig dazu entscheidet, sondern ganz unfreiwillig zur fremdbestimmten Marionette zu werden droht, ohne daß davon seine Selbstwahrnehmung als frei entscheidendes Individuum im geringsten tangiert wird (vgl. ebd.: 211). Für Elias schließlich nehmen mit den wachsenden Entscheidungsmöglichkeiten auch die verpaßten Gelegenheiten zu. Je mehr Optionen sich dem Individuum auf seinem Lebensweg bieten, desto größer sind die Chancen, in diesem reich verästelten Labyrinth »stekkenzubleiben« (Elias 1991: 178).

Doch wie auch immer die Wahlmöglichkeiten blockiert oder eingeschränkt werden, sich in ihr Gegenteil verkehren oder gar zur Falle werden: Zunächst einmal können sich die einzelnen den neuen Wahlmöglichkeiten – auch darin stimmen Simmel, Elias und Beck überein – nicht entziehen: »Sie haben einen größeren Spielraum der Wahl. Sie können in weit höherem Maße für sich entscheiden. Aber sie *müssen* auch in weit höherem Maße für sich entscheiden. Sie *können* nicht nur, sie *müssen* auch in höherem Maße selbständig werden. In dieser Hinsicht haben sie keine Wahl.« (Elias 1991: 167) Sowohl bei Elias als auch bei Simmel und Beck kann man von einem paradoxen *Zwang zur Wahl* sprechen. Die vielen sich bietenden Möglichkeiten bestehen mit Nachdruck darauf, vom einzelnen auch wahrgenommen und genutzt zu werden.

Aber wie diese Wahlen im einzelnen auch aussehen mögen, sie führen weder bei Beck noch bei Elias oder Simmel zu einem sich völlig selbst überlassenen Individuum. Für Elias ist »Individualismus« weder »mit dem Bilde rücksichtsloser und brutaler Individuen« noch mit dem Bild »großer, schöpferischer Persönlichkeiten« (Elias 1991: 121) zutreffend oder erschöpfend beschrieben. Ebenso wehrt Beck sich gegen die Versuche, Individualisierung entweder mit dem Tanz um das goldene Selbst egoistischer Yuppies gleichzusetzen oder als endgültige Emanzipation des autonomen Individuums aus allen Fesseln und Banden mißzuverstehen. Für Elias, Beck und Simmel ist das völlig unabhängige Individuum, das sich allein der Durchsetzung seiner Interessen widmet, ebenso eine Illusion wie die Vorstellung eines völlig determinierten und unfreien Individuums. Damit will insbesondere Elias nicht bestreiten, daß es das Gefühl, völlig allein gelassen und einsam zu sein, geben kann, sogar aus guten Gründen. Aber es ist für ihn eine Täuschung, die sich eine Sozialtheorie nicht zu eigen machen darf. Sie kann und muß dagegen zeigen, wie sehr der Abhängigkeitsgrad der einzelnen untereinander steigt, jeder einzelne zu immer mehr Menschen in Kontakt tritt usw. Die Leugnung der zahlreichen Abhängigkeiten, in die das Individuum verwickelt ist, ergibt sich für Elias nicht zuletzt aus der Verdrängung der Endlichkeit des Lebens. Die Verbindungen zu den anderen anzuerkennen, das hieße zugleich auch, sich einzugestehen, daß jeder nur »als begrenztes Glied in der Kette der Generationen, als Fackelläufer in der Stafette, der am Ende die vorwärtsgetragene Fackel an andere weitergibt« (Elias 1982: 55), existiert. Eine Vorstellung, die dem hochindividualisierten Menschen am Ende des 20. Jahrhunderts in der Tat reichlich fremd sein dürfte. Doch Elias wirbt für dieses Verständnis des einzelnen nmitten eines nicht enden wollenden Stroms von sich einander ablösenden Generationen, weil dies dem einzelnen den Trost verschaffen würde, nicht allein zu sein. So lange man noch sicher sein kann, so Elias, anderen etwas zu bedeuten, ist man nicht wirklich einsam (vgl. ebd.: 97, Elias 1990: 101).

Doch bei diesem Aufruf handelt es sich erkennbar um eine Wunschvorstellung, eine Art Gegengift zur individualisierten Angst vor dem einsamen Sterben. Ob damit der ewige Stachel m Selbstverständnis des Individuums – das Bewußtsein seiner Sterblichkeit (vgl. Nassehi/Weber 1989) – gelindert werden kann, vermag ich nicht zu entscheiden. Ich vermute aber, daß die Vorstellung eines Bindeglieds im Kommen und Gehen der Generationen in einer säkularisierten Gesellschaften nur noch wenigen Individuen Trost zu spenden vermag. Doch wie dem auch sei: Becks Individualisierungsauffassung nimmt nicht eine solche Wende zur Einsicht in das erstrebenswerte Miteinander der Menschen im Leben und beim Sterben – auch dort nicht, wo er das Thema explizit streift (vgl. Beck 1995a). Seine Individuen sind zunächst unaufhebbar allein, auch wenn dies keineswegs völlige Bindungslosigkeit bedeuten muß. Diese Auffassung verbindet hn wiederum mit den Versionen von Luhmann und Foucault, wie ich im nächsten Kapitel zeigen werde.

Zuvor möchte ich jedoch mit Hilfe von Simmels Begriffspaar des *qualitativen* und des *quantitativen* Individualismus alle hier vorgestellten Individualisierungstheorien noch einmal kurz zusammenfassen. Mit diesem Begriffspaar läßt sich zeigen, daß Weber ebenso wie Adorno und Horkheimer einen qualitativen Begriff von Individualisierung zum Maßstab nehmen, um die Chancen des Individuums in der heraufziehenden Moderne zu beurteilen. Wir haben gesehen, daß sie diese Form der Individualisierung für bedroht halten. Ein sich selbst setzendes und von nnen heraus steuerndes Individuum hat in ihrer Perspektive keinerlei Überlebenschance in einer Gesellschaft, die den einzelnen zur Uniformität und einem standardisierten Leben zwingt. Übrig bleibt allenfalls eine quantitative Form der Individualisierung, die Adorno als bloße *Pseudoindividualisierung* gilt. In Durkheims und Parsons' Perspektive wird genau umgekehrt eine sich n quantitativen Bezügen erschöpfende Individualität beschrieben, während die Vorstellung einer exklusiven und qualitativen

(Besonderheits-)Individualität als soziologisch nicht thematisierbar aufgegeben wird. Ihr Begriff von Individualisierung beschränkt sich auf die Anzahl der verschiedenen sozialen Kreise, Gruppen und Rollen, die mit wachsender Komplexität der Gesellschaft bei jedem Individuum zu einer je einmaligen Konstellation gebündelt werden. Bei Foucault – der zunächst ähnlich wie Weber und Adorno/Horkheimer eine bloß *negative Individualisierung* vor Augen hat, ohne ihr Ideal eines sich selbst setzenden Individuums zu teilen – gibt es deutliche Hinweise, die geradezu ein Ringen der Individuen um eine besondere, einmalige Existenz, ein Leben als einzigartiges Kunstwerk thematisieren. Und auch Luhmann – der zunächst auf den Spuren von Durkheim und Parsons Individualisierung als Zunahme von je einmaligen Rollenbündeln beschreibt – läßt Individualisierung nicht in rein quantitativen Bezügen aufgehen. Vielmehr werden sie aufgrund des Rückgangs festgeschriebener Rollen und festgefügter institutioneller Vorgaben geradezu dazu angehalten, sich in biographischen Selbstbeschreibungen Einmaligkeit zuzuerkennen. Damit erreicht auch Luhmann eine Bestimmung *qualitativer* Individualisierung. Bei Simmel, Elias und Beck schließlich handelt es sich um eine sowohl qualitative als auch quantitative Individualisierung. Sie sehen Chancen für eine gegenseitige Steigerung beider Bereiche. Bei Elias, Beck, Foucault und Luhmann werden derart viele Gruppen von Individuen von der einstmals exklusiv gedachten Besonderheitsindividualität erfaßt, daß man bei ihren Versionen von einer *allgemeinen Besonderheitsindividualität* sprechen kann.

8. Dritte synchrone Zwischenbilanz: Das selbstbezogene Individuum bei Foucault, Luhmann und Beck

Niklas Luhmann, Michel Foucault und Ulrich Beck – das ist fürwahr ein recht bizarr anmutendes Trio. Auf der einen Seite der Systemtheoretiker aus Bielefeld, der sich mit offensiver Distanz zum politischen Tagesgeschehen, ohne Aufhebens von seiner Person zu machen und Einblicke ins Private zu gewähren, ganz und gar der Entwicklung einer Gesellschaftstheorie widmet, die ein angemessenes Instrumentarium zur Verfügung stellen will, um die moderne Gesellschaft in all ihren Facetten angemessen erfassen und beschreiben zu können. Auf der anderen Seite der den Poststrukturalisten und Postmodernen zugerechnete Pariser Philosoph, Psychologe und Historiker Michel Foucault, der auf der einen Seite gleichsam hermetisch abgeriegelte, schwer zugängliche und materialreiche Dokumente über die *Nachtseite* der Moderne verfaßt, sich auf der anderen Seite aber stets eingemischt hat in verschiedene konkrete soziale und politische Konflikte und damit den Zusammenhang zwischen Leben und Werk, zwischen Praxis und Theorie hergestellt hat. Und als Dritter im Bunde schließlich Ulrich Beck, der zunächst – durchaus mit einem gehörigen Abstand zu den Theoriedebatten der sogenannten »Großtheorien« – eine eng an die Wirklichkeit angelehnte, packende soziologische Zeitdiagnose verfaßt und nachträglich seinen Ansatz in einen größeren Theorierahmen stellt: Im Mittelpunkt steht dabei die Erforschung der *Zweiten Moderne*, die Beck als Alternative zur Postmoderne zu etablieren versucht. Dabei läßt er keine Gelegenheit aus, seine Ideen auch einem breiteren Publikum vorzustellen und einzugreifen in die intellektuellen Debatten der Gegenwart. Was könnten drei derart unterschiedliche Zugänge zum Sozialen und derart verschiedene Auffassungen über die Rolle des Wissenschaftlers gemeinsam haben?

Nun, ebenso wie in den vorhergehenden Traditionslinien Weber-Dukheim-Simmel und Adorno-Parsons-Elias verdanken sich die Überschneidungen, die sich in ihren Texten – trotz der unterschiedlichen Traditionslinien, aus denen sie stammen bzw. in die ich sie eingeordnet habe – ausmachen lassen, in erster Linie der trivialen Tatsache, daß sie Zeitgenossen ein- und derselben Gegenwart sind. Daraus ergeben sich beinahe selbstverständlich bestimmte, ähnlich gelagerte Frage- und Problemstellungen. Allerdings gehen die Ähnlichkeiten zwischen Foucaults, Luhmanns und Becks Arbeiten über diese Art von eher zufälligen und oberflächlichen Parallelen hinaus (schließlich böten sich eine ganze Reihe von anderen Kandidaten an, die dieses Kriterium ebenfalls erfüllen würden).

So unterschiedlich ihre Arbeitsweise, ihr Selbstverständnis und die Theorietraditionen sein mögen, sie teilen die Einschätzung, daß wir die Zeugen eines umfassenden gesellschaftlichen

Wandels sind, der die Moderne aus ihren bisherigen Bezügen herauslöst. Ohne sich darüber einig zu sein, ob wir es deshalb schon mit einem neu heraufziehenden Zeitalter zu tun haben, konstatieren sie übereinstimmend eine Ablösung der Beschreibungen und Selbstbeschreibungen der Moderne, die bisher Gültigkeit beanspruchen konnten. Alle drei Theorien treten für einen Neubeginn von Soziologie und Philosophie ein, für einen Abschied von manch überholten Überzeugungen und Einsichten. Jede auf ihre Weise streift alte Hüte ab und wirbt für die Kreation neuer Begriffe, Prämissen und Denkweisen, um das Neue angemessen beschreiben zu können.

Dabei ist es Ulrich Beck, der m.E. am vehementesten die Heraufkunft eines neuen Zeitalters geradezu herbeischreibt. Luhmann und Foucault zeigen sich – trotz ihres Gespürs für Veränderungen – skeptischer, wenn es um die Behauptung eines völlig neuen Zeitalters geht. Ausgerechnet Foucault, der stets zu den postmodernen Theoretikern, also zu den scheinbar radikalen Erneuerern, gerechnet wird, warnt explizit vor vorschnell verkündeten Epochenwechseln. Dennoch reagiert auch Foucault mit der Wende in seinem Spätwerk keineswegs nur auf interne Widersprüche zu seinen eigenen Annahmen, sondern, mehr, als er zuzugeben bereit ist, auf fundamentale gesellschaftliche Umbrüche der Gegenwart. Seine Texte aus den achtziger Jahren zeigen ganz deutlich, daß er für das Individuum größere Freiheitsspielräume ausmacht als noch in den siebziger Jahren. Doch trotz der von allen drei Theoretikern übereinstimmend konstatierten fundamentalen gesellschaftlichen Umbrüche sind sie sich doch in der Ablehnung des Begriffs »Postmoderne« für diese sich neu herausbildende Gesellschaftsform einig: Weder Foucault noch Luhmann oder Beck benutzen es positiv zur Kennzeichnung des gegenwärtigen Zeitalters. Aber wie wenig geneigt sich auch alle drei zeigen mögen, sich als postmoderne Soziologen oder Soziologen der Postmoderne verorten zu lassen, sie sind übereinstimmend davon überzeugt, fundamentale Grundüberzeugungen, Glaubenssätze und Grundbegrifflichkeiten der Moderne überwinden zu müssen. Daß sie dabei nicht das das Etikett *postmodern* verwenden wollen, scheint weniger mit fehlenden Parallelen zu postmodernen Ideen zu tun zu haben als mit der spezifisch deutschen Rezeptionsgeschichte des Konzepts, das sich von den Breitseiten, die Habermas in den achtziger Jahren gegen die Postmoderne losfeuerte, nie so recht erholt zu haben scheint. Die Ursache für die gepflegte Indifferenz liegt nicht zuletzt an zum Teil ungenauen Vorstellungen darüber, was mit dem Begriff Postmoderne ausgesagt werden soll. Entscheidend aber ist, daß Foucault, Luhmann und Beck – trotz aller Vorbehalte – übereinstimmend einen einschneidenden Bruch mit der bisherigen, klassischen Moderne konstatieren und für eine entsprechende Anpassung des theoretischen Instrumentariums an diesen neuen Zustand plädieren, für den sie selbst einige Vorschläge unterbreitet haben.

So leben wir nach Beck in der Zweiten Moderne, die sich als individualisierte Weltrisikogesellschaft präsentiert; nach Luhmann leben wir nach wie vor in der Moderne, für die entscheidend ist, daß es sich um eine funktional differenzierte Weltgesellschaft handelt; Foucault schließlich vermeidet jegliche nähere Kennzeichnung unserer Gesellschaft, da er Aussagen über die »Gesamtgesellschaft« nicht mehr treffen mag. Vor allem Beck, der, wiederum in Übereinstimmung mit der Position Luhmanns, die Postmoderne eher als Verlegenheitsformel denn als aussagekräftigen Namen für die zeitgenössische Gesellschaft begreift, betont mit kaum zu überbietender Verve und Radikalität einen epochalen Einschnitt zwischen, wie er es nennt, einfacher und reflexiver bzw. zwischen Erster und Zweiter Moderne.[130] Er verordnet der Soziologie eine radikale Revision, weil ihre Begriffe und Denkschemata auf die gegenwärtige Situation nicht mehr anwendbar sind. Er erklärt die gesamte bisherige Soziologie kurzerhand für überholt, ihre Begriffe für hoffnungslos anachronistisch. Freilich könnte man umgekehrt fragen, ob nicht die Rede von einer *anderen* oder Zweiten Moderne mindestens ebenso eine Verlegenheitsformel darstellt wie die Rede von der Postmo-

---

130 »Die Proklamation der ›Postmoderne‹ hatte mindestens ein Verdienst. Sie hat bekannt gemacht, daß die moderne Gesellschaft das Vertrauen in die Richtigkeit ihrer eigenen Selbstbeschreibung verloren hat.« (Luhmann 1992: 7) Luhmann teilt mit Beck die Auffassung, daß die Moderne keineswegs zu Ende geht, sich ihre Konsequenzen ganz im Gegenteil erst gegenwärtig zu entfalten beginnen, wobei es ihm darum geht, für diesen Prozeß ein adäquates Beschreibungsinstrumentarium zu entwickeln. Wie auch immer die Konturen der Zukunft aussehen mögen, ob man diese dann postmodern oder anders nennen wird, fest steht nur: »Wir sind nicht mehr, was wir waren, und wir werden nicht mehr sein, was wir sind.« (Luhmann 1992: 15)

derne. Verrät sich im Begriff Zweite Moderne nicht ein unerhörtes Vertrauen in das Projekt der Moderne? Eine Gesellschaftsform, die sich immer wieder wandelt, ohne sich je ihrer Grundlagen zu berauben, die eine neue Gesellschaftsform einleitet? Wenn es eine zweite gibt, warum soll es dann nicht auch eine dritte, eine vierte, fünfte usf. Moderne geben[131] (eine Moderne, die sich beliebig klonen läßt und permanent neue Ableger hervorbringt?), die sich immer wieder durch das Zur-Tradition-Werden ihrer Neuerungen auszeichnen, die dann wiederum durch neue Neuerungen überwunden werden?

Auch Luhmanns Theorie versteht sich in gewisser Weise als radikaler Neubeginn in der Soziologie: Zahlreiche der vertrauten Begriffe der Soziologie werden uminterpretiert, modifiziert und durch neue ersetzt. Dennoch behauptet auch Luhmann, daß wir – bei allen Umbrüchen und Veränderungen – noch immer fest auf dem Boden der Moderne stehen. Statt dieses unheilvollen Vertrauens in die Kontinuität bei aller Diskontinuität wäre zu prüfen, ob sich jene Moderne nicht doch erledigt hat und durch eine Postmoderne abgelöst worden ist. Das unbedingte Festhalten am wie auch immer modifizierten Begriff der Moderne zeigt jedenfalls, daß sowohl Beck als auch Luhmann Parsons' Einschätzung teilen, daß es »entschieden zu früh (ist), irgend etwas über eine ›postmoderne‹ Gesellschaft auszusagen«. In überraschender Eintracht teilen Luhmann und Beck sowie Habermas und Münch Parsons' These, »daß der Haupttrend des nächsten, vielleicht auch übernächsten Jahrhunderts auf die Vollendung jenes Gesellschaftstyps zusteuern wird, den wir ›modern‹ nennen« (Parsons: 1972: 181).[132]

Doch wie sie die Gegenwart nennen mögen: Luhmann, Beck und Foucault beschreiben gravierende Umbrüche, die sie immerhin dazu veranlassen, die bisher gültigen Denkschemata zu modifizieren. Eine entscheidende Neuerung betrifft dabei Stellung

131 Und tatsächlich: Bei Münch (1998) wird bereits die Dritte Moderne ausgerufen!
132 Überdeutlich wird auch bei Giddens die Nähe zu Parsons in dieser Frage, wenn er notiert: »Wir leben heute noch nicht in einem sozialen Bereich der Postmoderne, doch wir können mehr erkennen als nur ein paar schwache Ahnungen von sich abzeichnenden Lebensweisen und Formen gesellschaftlicher Organisation, die von den durch moderne Institutionen begünstigten Formen abweichen.« (Giddens 1995: 71)

und Lage des Individuums. Hinsichtlich der Individualisierung gibt es verblüffende Übereinstimmungen und Wahlverwandtschaften zwischen den drei Theoretikern.

Allerdings erreichen Luhmann, Beck und Foucault manche Berührungspunkte hinsichtlich ihrer Auffassung von Individualisierung paradoxerweise mit diametral entgegengesetzten Theoriestrategien: Bei Luhmann erlangen die Individuen ein größeres Maß an Handlungsfreiheiten durch ihre theorietechnische Dezentrierung, was ihm – ähnlich wie Foucault – den Vorwurf des Antihumanismus eingetragen hat. Beck tritt dagegen mit dem Anspruch an, die Individuen endlich ernst zu nehmen und in der Soziologie angemessen zu berücksichtigen. Da die traditionale Soziologie die Individuen als überwiegend reagierende und nicht selbst agierende Akteure dargestellt habe, gelte es, diesen »Geburtsbias« der Soziologie endlich zu korrigieren, indem eine *subjektorientierte Soziologie* begründet werden soll (vgl. Beck/Beck-Gernsheim 1994). Verblüffender- und irritierenderweise erhebt Luhmann für seine Theorie den gleichen Anspruch. Er behauptet ebenfalls, daß die Individuen in seiner Theorie erstmals ernst genommen würden. Allerdings geht Luhmann dieses Ziel an mit der Auslagerung der Menschen aus der Gesellschaft in die Umwelt und mit einer von Parsons eingeleiteten *Entsubjektivierung der Soziologie* (vgl. Halfmann/Knostmann 1990). Luhmann und Foucault scheinen im »Tod des Subjekts« die Voraussetzung für eine angemessene Beschäftigung mit dem Individuum zu sehen. Die Betonung des Subjekts und des Menschen hat das Besondere letztlich immer nur verdeckt und unter ein Allgemeines subsumiert.[133]

133 Daß sich die Position Luhmanns – ebenso wie die Foucaults – mit ihrem methodischen Antihumanismus, ihrer Problematisierung und Verabschiedung des Subjektbegriffs gleichwohl auf der Seite der Individualisierungstheoretiker verorten läßt, bestätigt m. E. die Beobachtung von Brose/Hildenbrand, daß sich die Thesen vom *Ende des Individuums* und der *Individualisierung ohne Ende* keineswegs widersprechen müssen. Was in beiden Theoriegebäuden verabschiedet worden ist, gilt der emphatischen Bestimmung des Individuums, das sich nur außerhalb der Gesellschaft zur Persönlichkeit heranbilden kann. Es ist diese Abschiedsmelodie, die in den für jegliche Aufklärungs- und Vernunftkritik hochsensibilisierten Ohren von Habermas nur als kakophonischer Abgesang auf das selbstbestimmte Individuum ankommen kann. Baudrillard (1987: 35) kommentiert diesen Zusammenhang wie folgt: »Man fragt heute, wie sich das Verschwinden des Subjekts mit dem wiederauferstandenen Individualismus in Übereinstim-

Subjektorientierung auf der einen und die Verabschiedung des Subjekts auf der anderen Seite – das scheinen zwei sich gänzlich widersprechende Theoriestrategien zu sein, die sich gegenseitig ausschließen. Doch Luhmann und Foucault haben bei ihrer Verabschiedung letztlich das große, heroische und autonome Subjekt im Blick, das in den Mittelpunkt der klassischen Theorien gestellt wurde, um alles andere um es herum anzuordnen. Ihre Thesen vom Ende des Menschen und des Subjekts meinen eine ganz bestimmte, klassisch-moderne Idee des Menschen und des Subjekts, die für die adäquate Beschreibung postmoderner Individuen nicht mehr länger taugt.

So gesehen aber gibt es jenseits der scheinbaren Unvermittelbarkeit durchaus Übereinstimmungen zu konstatieren. Denn auch bei Beck – der sich mit dem schweren Erbe der Subjektphilosophie erst gar nicht belastet – hat das emphatische Subjektverständnis längst ausgedient und ist zugunsten eines soziologischen Begriffs des Individuums verabschiedet worden, ohne deshalb in den trauernden Gestus der kritischen Theorie Frankfurter Provenienz zu verfallen. Mit einem Achselzucken wird auch hier der Abschied vom großen, demiurgischen Subjekt vorgenommen: »Viele assoziieren mit ›Individualisierung‹ Individuation gleich Personwerdung gleich Einmaligkeit gleich Emanzipation. Das mag zutreffen. Vielleicht aber auch das Gegenteil.« (Beck 1986: 207) Diese von Habermas (1988: 238) als »resignativ« eingeschätzte Perspektive ist weniger resignativ als nüchtern. Sie nimmt Abschied von der alten Idee des autonomen Subjekts, das zur Gesellschaft in Opposition treten muß, um sich zur ganzen Persönlichkeit heranbilden zu können. Damit aber wird deutlich, daß auch Becks Analysen – gleich denen Foucaults und Luhmanns – stillschweigend von der Verabschiedung des humanistischen Ideals des Subjekts ausgehen.[134]

mung bringen läßt. Nach meiner Auffassung hängt der Individualismus, mit dem wir es jetzt zu tun haben, mit dem Tod des Subjekts zusammen. Man hat es in der Tat mit einem Individualismus ohne Subjekt zu tun; denn das Subjekt selbst ist wirklich tot.« Zu den verschiedenen Überwindungsversuchen der Subjektphilosophie bei Habermas, Foucault und Luhmann vgl. ausführlich Kneer (1996).

134 Allerdings gibt Beck immer wieder zu Mißverständnissen Anlaß. Wehrt er sich einerseits gegen die These von der Individualisierung als »Emanzipation, das Aufleben des bürgerlichen Individuums« (Beck 1993a: 150), heißt es in *Riskante Freiheiten* dann andererseits doch wieder sehr emphatisch:

Einig sind sich Beck, Luhmann und Foucault auch darin, daß Individualisierung kein von den Individuen selbst in Gang gesetzter Prozeß ist. Luhmann zufolge wird der einzelne »in die Autonomie entlassen wie die Bauern mit den preußischen Reformen: ob er will oder nicht« (Luhmann 1995: 132). Ähnlich formuliert Beck: »Individualisierung beruht nicht auf der freien Entscheidung der Individuen. Um es mit Jean-Paul Sartre zu sagen: Die Menschen sind zur Individualisierung *verdammt*.« (Beck 1993a: 152) Beide sehen damit einen gesellschaftlich an den einzelnen herangetragenen starken *Zwang* zur Individualisierung, der den einzelnen dazu nötigt, sich als Individuum zu verhalten[135]: »Individuum-Sein wird zur Pflicht.« (Luhmann 1993c: 251) Wenn Luhmann fortfährt: »Es muß dann auch in der Lage sein, bei Nachforschungen, die es selbst betreffen, helfen zu können. Es muß die Probleme, die es mit sich selbst und deshalb mit anderen hat, exponieren, sie zum Beispiel in Gruppensitzungen auf Nachfrage offenlegen können. Es braucht dann eine (notfalls fingierte, oder doch ergänzte) Biographie, um in der Gesellschaft leben zu können. Es muß eine eingeübte Selbstbeschreibung mit sich herumtragen, um bei Bedarf über sich Auskunft geben zu können.« (Ebd.: 252)[136] Dies nimmt Luhmann als Indiz dafür, daß »der Anspruch, Individuum zu sein, hier gegen das Individuum gekehrt wird« (ebd., Fn. 192). Damit zielt er in Richtung der Foucaultschen Perspektive auf das Schicksal des Individuums in der Neuzeit. In seinen Arbeiten steht das sich durch *Bekenntnisse* und *Geständnisse* (vgl. Fou-

»Die Moderne, die mit dem Anspruch der Selbstermächtigung des Subjekts angetreten ist, löst ihr Versprechen ein.« (Beck/Beck-Gernsheim 1994: 20) Begriffliche Unschärfen und mangelnde Aufklärung darüber, was unter Subjekt und was unter Individuum verstanden werden soll, sind der Grund solcher Mißverständnisse.

135 Nicht von ungefähr bezeichnet Habermas die Perspektive Becks als systemtheoretisch (vgl. Habermas 1988c: 240).

136 »Jeder Mensch erfindet sich eine Geschichte, die er dann, oft unter gewaltigen Opfern, für sein Leben hält, oder eine Reihe von Geschichten, die sich mit Ortsnamen und Daten belegen lassen, so daß an ihrer Wirklichkeit nicht zu zweifeln ist.« (Max Frisch: *Ausgewählte Prosa.* ⁴1968, 9-11) »Das ›Erfinden‹«, setzt Jürgen Henningsen hinzu, »ist allerdings, wie das Studium historischer Autobiographien zeigt, nicht ganz beliebig: die möglichen ›Geschichten‹ sind vorgeprägt. Ohne ›Geschichte‹ kann ein Subjekt seine Homöostase nicht herstellen, aus Vergangenem nicht seine Geschichte machen.« (Zitiert nach Lübbe 1979: 284)

cault 1991a; Hahn 1982, 1991b) erst konstituierende Individuum im Vordergrund, das mit dem Grad der Selbstentblößung an Individualität zu gewinnen scheint, sich dadurch aber beobachtbar und damit vergleich- und typisierbar macht, wodurch der Anspruch auf Einzigartigkeit empfindlich gestört wird. Die stärkere Sichtbarkeit des einzelnen, auf die der Individualisierungsprozeß abzielt, führt dazu, daß das Individuum immer besser erkennbar, klassifizierbar und damit beherrschbar wird. Eine Herde von Individualisierungsagenten zerrt die Individuen an das Licht der Öffentlichkeit, um sie dort besser unter Kontrolle halten zu können. Nicht einschließen, wegschließen und vergessen, sondern hereinholen, vorzeigen und kontrollieren ist die neue Variante einer besseren Überwachung der einzelnen.[137] Allerdings sind damit Foucaults Möglichkeiten, Individualisierung zu denken, noch nicht erschöpft. In seinen Texten aus den achtziger Jahren scheint er dem Individuum deutlich mehr Freiraum einzuräumen, als dies in den Texten der siebziger der Fall ist (vgl. Kapitel I. 3). Deshalb fragt auch er ganz im Sinne von Becks Individualisierungsthese: »Sollte man nicht eine feinere Unterscheidung einführen, die nicht mehr nach sozialen Klassen, Berufsgruppen oder Kulturniveaus verfährt, sondern sich an einer Beziehungsform, d. h. an einer ›Lebensweise‹ orientiert? Eine Lebensweise kann von Individuen geteilt werden, die sich in bezug auf Alter, Status und soziale Tätigkeit unterscheiden. Sie kann zu intensiven Beziehungen führen, die keiner institutionalisierten Beziehung gleichen.« (Foucault 1984: 89) Ähnlich wie Beck hat Foucault jenseits der überkommenen Beziehungsmuster neu entstehende Beziehungsformen im Blick, die nun vom Individuum

137 Kommt dieser Perspektive angesichts unseres Medienzeitalters nicht eine enorme Relevanz zu? Unterliegen nicht diejenigen, die täglich in den Medien erscheinen, einer besonderen Kontrolle? Und werden nicht gerade diejenigen, die nicht prominent sind, in eigens für sie erdachte Sendungen gelockt, um sie dort in die »Falle« der Sichtbarkeit gehen zu lassen (vgl. Foucault 1977a: 257)? Das »triebhafte Mitteilungsbedürfnis«, das Gehlen (1957: 59) schon lange vor Foucault ausgemacht hat, findet heute in zahlreichen TV-Nachmittagsshows vollste Bestätigung. Die Selbstbeschreibung, die auch nach Luhmann gleichsam jeder in der Tasche mit sich herumtragen muß, um sie bei Bedarf hervorzuholen, sie wartet nicht mehr länger auf Anlässe, auf äußere Impulse, die das Vorzeigen anregen, vielmehr sucht sie selbst nach möglichen Foren mit möglichst viel Publikum, wo sie vorgetragen werden kann, vgl. dazu Müller (1994) und Reichertz (1994).

selbst aufgebaut und in Gang gehalten werden müssen.

Wenngleich dem einzelnen die Teilhabe am Prozeß der Individualisierung durchaus nicht zur Disposition steht, so sind sich Foucault, Luhmann und Beck doch darin einig, daß die Individualisierung zur Folge hat, daß die einzelnen stärker an der Definition und Gestaltung ihrer Lage beteiligt sind: »Vieles, was früher im Laufe des Lebens sich mehr oder weniger von selbst ergab, wird jetzt als Entscheidung verlangt – und dies vor einem größeren Hintergrund von Auswahlmöglichkeiten und deshalb mit höheren Informationswerten.« (Luhmann 1991: 52) Das ist exakt, was auch Beck mit seiner Individualisierungsthese ausdrücken will. In die Terminologie Foucaults übersetzt heißt das, daß im Vergleich zu vorhergehenden Gesellschaftstypen der Einsatz der Spiele offen ist: »Man kann sich vorstellen, daß es Gesellschaften gibt, in denen die Art, in der man das Verhalten der anderen lenkt, im voraus so geregelt ist, daß alle Spiele gewissermaßen schon gelaufen sind. Umgekehrt können in einer Gesellschaft wie der unseren [...] die Spiele außerordentlich zahlreich sein [...]. Je freier die Leute in ihrer Beziehung zueinander sind, desto größer ist ihre Lust, das Verhalten der jeweils anderen zu bestimmen.« (Foucault 1985a: 27) Ganz offensichtlich also geht auch Foucault für die Gegenwart von größeren Freiräumen in den sozialen Beziehungen aus, die die einzelnen für strategische Spiele nutzen, während in früheren Gesellschaftsformen diese Beweglichkeit stillgestellt war durch eine die Machtspiele der Individuen verhindernde Herrschaft. Damit verweist Foucault jedoch zugleich auf eine von der Individualisierungstheorie Becks eher vernachlässigte Dimension der Individualisierung, die man mit Elias (1991: 83) wie folgt auf den Punkt bringen kann: »Die individuelle Aktivität der einen ist die gesellschaftliche Bindung der anderen. Und es hängt einzig von der jeweiligen Machtausrüstung der interdependenten Funktionen, es hängt von der Stärke der wechselseitigen Abhängigkeiten ab, wer den anderen durch seine Aktivität stärker zu binden vermag.«

Doch mit den neuen Entscheidungsspielräumen und Wahlmöglichkeiten sieht Foucault auch Unsicherheit entstehen, die nach seiner Diagnose einen Bedarf an ethisch-ästhetisch fundierten Lebensführungsmodellen wecken, die jeder für sich selbst entwickeln muß (vgl. Foucault 1984b: 71). Zwar ist es möglich, daß die von Wissenschaftlern, Philosophen und Intellektuellen bereitgestellten Hilfen angenommen werden, aber letztlich muß jeder selbst die Wahl treffen – darauf legt er wert (vgl. Foucault 1997: 118). Die Stoßrichtung der von ihm avisierten Ethik zielt in eine ähnlich auch von Beck vertretene Richtung: »Es geht um die Neuentdeckung der schlichten, alten Erkenntnis, daß *der Mensch sich selbst verändern kann*, und zwar nicht nur in Kleinigkeiten seiner Lebensführung oder Besonderheiten seiner Persönlichkeit, sondern in so großen Dingen wie seinem Selbst-, Welt- und Wirklichkeitsverhältnis. [...] Unterirdisch, in den Subkulturen der Gesellschaft breitet sich eine Erfahrung, eine Aktivitätsmöglichkeit im Umgang mit sich selbst und der Welt aus und gewinnt an Bedeutung.« (Beck 1991: 59) Ähnlich wie Foucault ist Beck davon überzeugt, daß »dieses Durchleben von Erfahrungen auch Ansätze einer *neuen Ethik*« enthält, »die auf dem Prinzip der ›Pflichten gegenüber sich selbst‹ beruht« (ebd.: 60). Es ist wohl nicht übertrieben zu sagen, daß Foucault mit seinem Konzept der *Sorge um sich* etwas ganz ähnliches im Blick hat.[138] Ebenso wird auch bei Luhmann – allerdings mit deutlichem Abstand zur Idee einer neuen Ethik – die Individualität eines Individuums »nicht durch seine Beziehungen zu anderen, sondern durch seine Beziehung zu sich selbst« (Luhmann 1995: 126) bestimmt.

Gemeinsamer Fluchtpunkt ihrer Analysen ist das Selbst: Selbstbeziehungen, Selbsterfindung, Selbstbeobachtung, Selbstreferenz, Selbstkultur. Das Suffix »Selbst« hat Hochkonjunktur: Allenthalben ist von Selbstorganisation, Selbstpolitik, Selbststeuerung, Selbstverantwortung, Selbstsorge usw. die Rede. Worauf Becks, Luhmanns und Foucaults Diagnosen hinzielen, ist die Behauptung eines verstärkten Selbstbezugs der einzelnen. Nicht mehr über die Zugehörigkeit zu sozialen Kreisen, sondern durch die Beziehung des Selbst zu sich definiert sich das Individuum.[139] Übereinstimmend kommen sie damit zu einer Diagnose,

---

138 Nicht zuletzt geht es Foucault und Beck um die Politik des Widerstands im kleinen, was bei Foucault mit dem Begriff der »Mikropolitik« (Foucault 1976), bei Beck mit »Subpolitik« (Beck 1993a) umschrieben wird.

139 Schon Daniel Bell beschreibt diesen Übergang treffend wie folgt: »Auf die klassische Frage nach der Identität: ›Wer bist Du?‹ hätte der Mensch früher geantwortet: ›Ich bin der Sohn meines Vaters.‹ Heute erklärt er: ›Ich bin ich, ich verdanke alles mir selbst und schaffe mich durch eigene Wahl und Tat.‹ Dieser Identitätswandel ist das Kennzeichen unserer Modernität. Für uns ist die eigene Erfahrung Quelle des Verstehens und der Identität, nicht

die auch der postmoderne Soziologe Zygmunt Bauman teilt und wie folgt auf den Punkt bringt: »›Wir‹, das ist ein lockeres Gemisch von Männern und Frauen, denen aufgetragen ist, *sich um sich selbst zu kümmern,* auf ihren Körper zu achten, ihre eigenen einzigartigen Persönlichkeiten zu formen, ihrem ›wirklichen Potential‹ freien Lauf zu lassen, sich stets von dem abzuheben, was sie schon geworden sind – und die verzweifelt nach vertrauenerweckender Autorität suchen, die ihnen sagt, wie sie mit all diesen verwirrenden Pflichten umgehen sollen, von denen sie sich alleine nicht lösen können. Potentiale sind heute in einem Maße global wie niemals zuvor, aber ihre Verwirklichung bleibt individueller Initiative überlassen.« (Bauman 1993: 12; Hervorhebung von mir, M.S.; vgl. Buchmann 1989: 634)

Die Frage, die sich angesichts dieser neuen Form von Individualisierung ergibt, ist, ob der beobachtete Individualisierungstrend zu völlig isolierten Existenzformen und zur Sprengung des gesellschaftlichen Zusammenhalts führt, wie die Skeptiker annehmen, oder ob es zur Herausbildung neu geordneter sozialer Beziehungen auf der Basis von Individualisierung kommt. In welcher Weise nutzen die Individuen ihre neuen *Potentiale*?

mehr Überlieferung, Autorität, tradierte Offenbarung oder gar Vernunft. Erfahrung, Konfrontation des Selbst mit verschiedenen anderen, ist die eigentliche Quelle des Selbstbewußtseins.« (Bell 1976: 114)

IV. Auf dem Weg in die individualisierte Gesellschaft?

Wirft man einen Blick auf die gegenwärtige Debatte zur Individualisierung, stellt man fest: Im Mittelpunkt stehen mehr und mehr die *Folgen* des Individualisierungsprozesses. Wenn es bei den Vertretern der Individualisierungsthese um die Behauptung der Herauslösung aus traditionalen Beziehungen und Zusammenhängen geht, so schließt sich daran die Frage an, welche neuen sozialen Beziehungen an die Stelle der alten treten oder ob es bei der beobachteten und beklagten Vereinzelung der Individuen bleibt, die nicht mehr bereit sind, ihre egoistischen Nutzenkalküle gemeinschaftlichen Werten und Normen unterzuordnen.

Spätestens seit Durkheim wird mit der Herauslösung der Individuen aus den gemeinschaftsverbürgenden Sozialbeziehungen die Gefahr der Anomie assoziiert, die heute wieder vielfach beschworen wird. Der Bielefelder Rechtsextremismusforscher Wilhelm Heitmeyer (1994a, 1994b) beispielsweise beklagt, daß Individualisierung Desintegration befördere, die zu anomischen Zuständen führe. Dabei kommt er zu folgender Formel: »Je mehr Freiheit, desto weniger Gleichheit; – je weniger Gleichheit, desto mehr Konkurrenz; – je mehr Konkurrenz, desto weniger Solidarität; – je weniger Solidarität, desto mehr Vereinzelung; – je mehr Vereinzelung, desto weniger soziale Einbindung; – je weniger soziale Einbindung, desto mehr rücksichtslose Durchsetzung.« (Heitmeyer 1994a: 46; vgl. auch 1994b; zur Kritik vgl. Creydt 1994 und Nassehi 1997a) Eine solche Diagnose provoziert die Frage, wie das freigesetzte Individuum in die Gemeinschaft zurückgeführt werden könnte. Die Suche nach neuen Integrationsmechanismen erscheint aber nur dann sinnvoll, wenn Individualisierung mit Singularisierung bzw. Atomisierung, Individualismus mit Egoismus gleichgesetzt wird. Nur wenn man von einem derartigen Individualismus ausgeht, der alle gemeinschaftlichen Lebenszusammenhänge zerstört, machen die Versuche einen Sinn, ein scheinbares Übermaß an möglicher individueller Selbstentfaltung wieder in die Schranken weisen zu wollen.[1] Heitmey-

---

[1] Erst recht, wenn man Individualismus mit Unfruchtbarkeit gleichsetzt, erhebt sich die bange Frage, wie die individualisierte Gesellschaft vor dem Ausster-

er gerät im Gegensatz zu Beck einzig die Verlustseite der Individualisierung in den Blick. Mit seiner Ausformulierung der Desintegrationsthese (vgl. Heitmeyer 1997) entwickelt er sich mehr und mehr zu einer Art »Anti-Beck«. Individualisierung bedeutet in seiner verfallstheoretischen Perspektive die Auflösung gewachsener Lebensformen und traditionaler Sozialbeziehungen, was zu Desintegration und schließlich zur zunehmend unkontrollierten Gewaltausübung führt: »An die Stelle von sozialer Einbindung tritt die individuelle Lust auf Gewalt.« (Heitmeyer 1994b: 382) Heitmeyers These ist die einer »negativen Individualisierung« (ebd.: 383) als Folge der »Durchkapitalisierung der Gesellschaft« (ebd.: 381), die den einzelnen vereinsamt und vereinzelt und damit für neue Gemeinschaftsformen anfällig macht, die in rechten Ideologien angeboten werden.[2]

ben gerettet werden könnte (vgl. Miegel/Wahl 1993). In bedenklicher Parallele zur These vom Volk ohne Raum wird nunmehr der Raum ohne (deutsches) Volk beschworen. Enzensberger hat eine solche Haltung wie folgt treffend kommentiert: »Mit dem logischen Status von Wahnvorstellungen ist es so bestellt, daß zwei Phobien, die einander ausschließen, ohne weiters in ein und demselben Gehirn Platz finden. So erklärt es sich, daß viele Anhänger des Rettungsboot-Modells zugleich von einem anderen Phantasma heimgesucht werden, das genau die umgekehrte Angst ausdrückt. Auch hier wird die Form einer Tatsachenbehauptung bevorzugt: Die Deutschen (Franzosen, Schweden, Italiener usw.) sterben aus. Als schüttere Basis für solche Parolen müssen langfristige Extrapolationen der augenblicklichen Bevölkerungsentwicklung herhalten, obwohl sich solche Vorhersagen in der Vergangenheit immer wieder als falsch erwiesen haben. Das entsprechende Szenario malt die schrecklichen Folgen aus: Vergreisung, Dekadenz, Entvölkerung, nicht ohne besorgte Seitenblicke auf das Wirtschaftswachstum, das Steueraufkommen und das Rentensystem. Panik verursacht somit die Vorstellung, es könnten auf ein und demselben Territorium gleichzeitig zu wenige und zu viele Menschen existieren – ein Leiden, für das ich die Bezeichnung *demographische Bulimie* vorschlagen möchte.« (Enzensberger 1994: 31)

2 Radikal entgegengesetzt argumentiert Hondrich: »Während sich die öffentliche Meinung an [...] Reizworten wie Desintegration und Entsolidarisierung abarbeitet, zeigen die Langzeit- und Vergleichsanalysen eine geradezu erstaunliche Beständigkeit und Funktionsfähigkeit von integrativen Mechanismen: die Jugendkriminalität steigt *nicht*, die Alten verarmen *nicht*, sondern stehen sich besser als je zuvor, die Gefühls- und Hilfsbeziehungen zwischen den Generationen lösen sich *nicht*, sondern festigen sich, die Vereine und privaten Initiativen sterben *nicht*, sondern vermehren sich, die Universitäten leisten *nicht* weniger, sondern mehr für die gesellschaftliche Integration.« (Hondrich 1997a: 57) Diese Aufzählung macht deutlich, daß die ewige Klage über das Auseinanderbrechen der Gesellschaft durch Egoismus und Entsolidarisierung keineswegs so evident ist, wie es die öffentliche Wahrnehmung will. Auch ohne den ideologischen Überbau, den die Kommunitaristen den

Für Beck ist damit das Problem jedoch allenfalls zum Teil erfaßt. Zwar sind die von Heitmeyer analysierten Phänomene nicht zu leugnen.[3] Doch Individualisierung mit Vereinzelung, erweiterte Handlungsspielräumen mit der Auflösung des Sozialen und die verstärkenden Selbstbezüge der Individuen mit dem Verlust von Solidarität gleichzusetzen wird den vielfältigen, widersprüchlichen und ambivalenten Folgen der Individualisierung nicht gerecht. Entgegen diesem monokausalen Erklärungsmuster, das den vermeintlichen Rückgang von Altruismus und Solidarität und das Erstarken von Egoismus und Narzißmus auf den verstärkten Selbstbezug der Individuen zurückführt, heißt es bei Beck ausdrücklich: »Selbstbehauptung, Selbstgenuß und Sorge für andere schließen sich nicht etwa aus, sondern ein, gehören zusammen, bekräftigen, bereichern sich gegenseitig.« (Beck 1997a: 15)[4] Der Verlustanzeige stellt Beck die Perspektive einer sich »immer wieder« (1986: 216) vollziehenden Herauslösung *und* Wiedereinbindung der Individuen entgegen. Wo immer sich traditionale Kontrollen, Zwänge, Bindungen auflösen, treten an ihre Stelle neue Formen von Kontrollen, Zwängen und Bindungen (vgl.: Beck 1986: 211). Zwar ist dies weder als problemloser Automatismus oder als konfliktfreie und harmonische Entwicklung zu denken, noch ist gewährleistet, »daß die neuen Gemein-

neuen Sozialbeziehungen verleihen wollen, sind längst überall neue soziale, selbstgestaltete Zusammenhänge im Entstehen. Oder anders gesagt: Während die Kommunitaristen Gemeinschaft predigen, stellen Individuen sie längst her.

3 Unmißverständlich heißt es auch bei Beck (1997a: 395): »Von Individualisierung zu sprechen ist sinnvoll möglich nur unter den Bedingungen des existierenden und funktionierenden Rechts- und Sozialstaats. Die Vergötzung des Marktes, der immer aggressivere Neoliberalismus dagegen erzeugt Anomie.«

4 Im Einklang mit Beck und Foucault vertritt auch der postmoderne Theoretiker Gilles Lipovetsky die These, daß das Interesse am eigenen Selbst dem Interesse am anderen keineswegs entgegensteht: »Der Rückzug auf sich selbst, die Privatisierung des Lebens erstickt keineswegs die Identifizierung mit dem anderen, er regt sie vielmehr an. [...] Paradoxerweise öffnet sich das Individuum für das Unglück des anderen, gerade weil es sich als einzelner begreift, weil es für sich selbst lebt. Je mehr der Mensch als Privatperson lebt, desto stärker ist er für das Leid oder den Schmerz des anderen empfänglich [...]. Folglich bringt der Individualismus zwei gegenläufige und doch komplementäre Effekte hervor: die Indifferenz gegenüber dem anderen sowie die Sensibilität für den Schmerz des anderen.« (Lipovetsky 1995: 280f.) Empirische Belege für diese These finden sich mannigfach bei Koch-Arzberger/Hondrich (1992).

schaften immer gefallen können« (Neckel 1993: 80). Andererseits tragen nicht alle Formen dieser posttraditionalen Gemeinschaften das häßliche Antlitz von (jugendlichem) Rechtsextremismus, religiösem Fundamentalismus und Fanatismus.

Bei Beck geht mit der Verselbständigung des individuellen Lebenslaufs von formalen Organisationen die Entstehung neuer sozialer Zusammenhänge einher, die jetzt freilich assoziativer und situativer ausgerichtet sind als die traditionalen sozialen Bindungen. Kein bloßer Verfall und Verlust, sondern ein umfassender *Gestaltwandel* sozialer Beziehungen läßt sich von dieser Warte aus beobachten: Nicht Familie überhaupt, nicht Liebesbeziehungen insgesamt, nicht politische Vereinigungen im allgemeinen verflüchtigen sich und hinterlassen ein Vakuum. Vielmehr treten neue Formen der Familie, von Liebesbeziehungen und politischen Assoziationen auf den Plan, die bisher noch nicht in feste Konturen gegossen sind. Und dieses »noch« kann durchaus zum Dauerzustand werden, was sich dann als »postmoderner« Zustand beschreiben ließe: der permanente Übergang aufgrund fehlender allgemeinverbindlicher, universeller Zusammenhänge.

Beck und Luhmann betonen etwa übereinstimmend, daß am Ende des Individualisierungsprozesses nicht das völlig vereinsamte Individuum, sondern die persönliche Kommunikation zwischen Mann und Frau im Subsystem Intimität steht, gesteuert vom »Medium« Liebe (vgl. Parsons 1974). Und Beck hebt hervor, daß es der Vorrang der individuellen Biographie ist, der die Menschen in die Paarbeziehung treibt. »Doch die Individualisierung, die die Lagen von Männern und Frauen auseinanderdividiert, treibt sie umgekehrt auch in die Zweisamkeit hinein.« (Beck 1986: 187) Die Liebe gilt ihm und Beck-Gernsheim als *»paßgerechte Gegenideologie der Individualisierung«* (Beck/Beck-Gernsheim 1990: 239). Der individualisierte Mensch der Moderne lebt also nicht allein, sondern paarweise, wenn auch nicht in stabiler, sondern eher in serieller Monogamie.[5]

5 Diese Entwicklung beschreiben Bruckner/Finkielkraut (1981: 97) ganz ähnlich: »Die Gesellschaft ist tot und die Zweierbeziehung ihr Universalerbe. In ungeheurem Maß profitiert die Ehe von der Auflösung der gesellschaftlichen Existenz. Genau in dem Augenblick, da die Ehe nicht mehr unwiderruflich ist, wird es die Zweierbeziehung. [...] Wir erleben nicht die Krise, sondern die Morgenröte der Zweierbeziehung, die Geburt der Zahl zwei.« In der Fußnote auf der selben Seite heißt es weiter: »Rückgang der Zweierbeziehung? Was sich gegenwärtig abspielt, ist genau im Gegenteil ein Rette-sich-

Aber, so könnten kulturkritische Stimmen einwenden, wenn sich die Individuen auch zu zeitweisen Arrangements und hier und da zu einer kurzlebigen Liaison zusammenfinden; sie bleiben doch »solitäre Existenzen«, die wie »Billardkugeln« (Elias 1991: 44) zusammenprallen, um dann wieder ihren eigenen Bahnen zu folgen, isolierte Monaden, die, sich jeder dauerhaften Vereinigung entziehend, auf Distanz zueinander bleiben. Der Pogo- und Techno-Tanz symbolisiert diese Art der sozialen Beziehung: Gemeinsam einsam tanzt jeder für sich und doch nicht ohne die anderen. Die Erfindung des Cyber-Sex, die wachsende Beliebtheit von Telefon-Sex[6], die beide jegliche Körperberührung und den Austausch von Körpersäften vermeiden und damit die adäquate Form von Sexualität im AIDS-Zeitalter zu sein scheinen, sprechen ebenfalls eine deutliche Sprache. Freilich deuten die gleichen Phänomene auch darauf hin, daß die individualisierten einzelnen sich nicht zum Dasein als Einsiedlerkrebs oder Eremit entschließen, sondern als vereinzelte hin und wieder in selbstgewählte, jederzeit abbrechbare Beziehungen eintreten. So ist das postmoderne Individuum am Ende zwar nicht gänzlich allein, aber einsam.[7]

Sennett und Foucault, die im Anschluß an Epiktet zwischen »einsam sein und allein sein« (Foucault 1984: 27) unterscheiden, haben drei verschiedene Einsamkeitsformen ausgemacht. Neben der Einsamkeit des Opfers und der Einsamkeit des Rebellen interessiert sie eine dritte Form der Einsamkeit: »Diese dritte Form der Einsamkeit ist das Gespür, unter vielen einer zu sein, ein inneres Leben zu haben, das mehr ist als eine Spiegelung der anderen. Es ist die Einsamkeit der Differenz.« (Ebd.)[8] Und wenn auch nur, um die Einsamkeit der Differenz erleben zu können, sind die einzelnen darauf angewiesen, mit anderen in Kontakt zu treten. Aber es mag auch zahlreiche andere Gründe geben, warum der einzelne sich nicht zur völlig isolierten Existenz ent-

in-die-Ehe-wer-kann. Man wird Ehepartner, um nicht randständig zu werden; in so manchem Falle ist das häusliche Glück zu zweit die einzig mögliche Gesellschaft.«

6 Vgl. dazu den Roman *Vox* von Nicolas Baker.

7 Zur Profanisierung der Einsamkeit im postmodernen Zeitalter vgl. auch Lipovetsky (1995: 66 f.).

8 Diese dritte Form hat ihrer Ansicht nach mit den beiden anderen Formen, deren Sprecher sie auf der einen Seite in Durkheim und auf der anderen Seite in Sartre erkennen, nichts gemein (vgl. ebd.).

schließt. Unabhängig von den Wünschen und Motivationen des einzelnen jedoch kann man davon ausgehen, daß die Gesellschaft den Rückzug ins Private nicht zulassen würde; selbst im scheinbar Privaten holt sie noch jeden ein.[9] Nicht zuletzt entspringt der Wunsch nach geschützten Räumen nicht den Motiven des einzelnen, sondern wird gesellschaftlich erzeugt. Allen Aufregungen über das völlig isolierte oder total determinierte Individuum zum Trotz kann man mit Luhmann (1993c: 158 f.) nüchtern konstatieren: »Nach wie vor können Menschen nur in sozialen Zusammenhängen leben, und in der modernen Gesellschaft gilt dies nicht weniger als früher – vielleicht mit mehr Alternativen und Wahlmöglichkeiten des Einzelnen, aber auch mit einer immensen Vermehrung der Hinsichten, in denen man abhängig ist.«[10]

Die eigentlich soziologisch relevante Frage muß der *Art* dieser sozialen Zusammenhänge gelten. Statt sich am kommunitaristischen Trauergesang über die verlorenen Werte und die Auflösung überschaubarer Gemeinschaften zu beteiligen, sollte es die Aufgabe der Soziologie sein, die Bereiche in Augenschein zu nehmen, in denen mehr Alternativen und Wahlmöglichkeiten zu herrschen scheinen, und ein größeres Gespür für die Felder zu entwickeln, in denen nach wie vor große Abhängigkeiten bestehen bzw. neue sich entwickeln. Einzelne Studien, die sich dieser Aufgabe angenommen haben, liegen bereits vor. Die Untersuchungen von Diewald (1990), Hondrich/Koch-Arzberger (1992), Lau (1988) und Zoll (1993) etwa belegen eindrucksvoll, daß die »individualisierte Gesellschaft«, wie Beck (1994: 16) sie heraufziehen sieht, nicht als vollständige Auflösung aller sozialen Bezüge zu verstehen ist: Von einem globalen Solidaritätsschwund, einer ersatzlosen Streichung aller Gemeinschaftsformen – darin sind sie sich mit Beck einig – kann keine Rede sein. Den moralisierenden Mahnern und Warnern zum Trotz und weit entfernt

9 Das betont bereits Hans Freyer (1955: 134): »Auch wenn sich der Mensch ablöst und herausstellt, ist er auf die andern bezogen und der Gesellschaft zwar nicht ein-, aber zugeordnet.«

10 Mit dieser Beobachtung knüpft Luhmann deutlich an die schon von Durkheim aufgeworfene Frage an: »Wie geht es zu, daß das Individuum, obgleich es immer autonomer wird, immer mehr von der Gesellschaft abhängt? Wie kann es zur gleichen Zeit persönlicher und solidarischer sein? Denn es ist unwiderlegbar, daß diese beiden Bewegungen, wie gegensätzlich sie auch erscheinen, parallel verlaufen.« (Durkheim 1988: 82)

von ihrer Gemeinschaftsgefühlslyrik praktizieren Individuen längst – ohne intellektuelle Schützenhilfe – Zusammenarbeit, Hilfsdienste, Selbstorganisation. Die empirischen Auskünfte über das Maß an Kontakten, Bindungen und Vereinigungen liegt weit höher, als es den Gemeinschaftspropheten gefallen kann, die die Unübersichtlichkeit der Gesellschaft unbedingt in die Überschaubarkeit der Gemeinschaft zurückführen wollen (vgl. Etzioni 1995). Unbegriffen bleiben bei einer solch verfallstheoretischen Lesart der Individualisierung die neu entstehenden sozialen Bindungen, zu denen sich die Individuen nunmehr *freiwillig* zusammenfinden[11], was sie freilich erheblich anfälliger für vorzeitige Auflösungen macht als die traditionalen Sozialbezüge, die für den einzelnen nicht zur Disposition standen.

Das Neue am Charakter der sozialen Beziehungen, die die einzelnen unter Individualisierungsbedingungen eingehen, scheint deren kürzere Dauer zu sein. »Die Individuen sind an ihrer sozialen Justierung stärker beteiligt, dadurch aber auch rückzugsfähig und unzuverlässig geworden, und es scheint, daß eine temporär starke, aber rasch wieder auflösbare Bindung die Form ist, in der das soziale System auf diese Konstellation reagiert.« (Luhmann 1993c: 255) Ob in privaten Lebenswelten oder in der Arbeitswelt, der neue Imperativ, der die Beziehungen strukturiert, heißt: »Bis auf weiteres« (Bauman 1993a) bzw. »nichts Langfristiges« (Sennett 1998: 25). In diesem Befund, daß wir es in immer größerem Maße nicht mehr mit auf Dauer gestellten Sozialbeziehungen zu tun haben, sondern mit kurzfristigen Lösungsmodellen, kommen zahlreiche Beobachter der Gegenwart überein. So sprechen etwa Tyrell/Herlth (1994: 11) hinsichtlich der neu ersonnenen privaten Lebensformen von einem »Mobilitätsimperativ«: »Fixiere dich nicht! Du sollst Dich lösen können!« Bauman hält dies für eine typisch postmoderne Strategie: »Postmoderne Lebensstrategien, wie die Idee der Lebensqualität, werden von bestimmten heuristischen Prinzipien geleitet: ›sich alle Optionen offenzuhalten‹, Bindungen zu vermeiden und ganz allgemein davor auf der Hut zu sein, ›die Zukunft zu

---

11 Wer die Individualisierungsthese gleichsam als *Erfolgsstory* lesen wollte, sah sich enttäuscht: Beck konstatiert ausdrücklich, daß uns diese neuen Formen der Gemeinschaften, die auf die »Unlebbarkeit einer Individualisierung« (Beck 1993: 151) reagieren, keineswegs immer gefallen müssen (vgl. ebd.: 159).

verpfänden‹.« (Bauman 1997: 131)[12]

Die »*Vermeidung jeglicher Festlegung*«, die Bauman als Angelpunkt der postmodernen Lebensstrategien bestimmt, wirkt sich auch, so vermute ich, auf diejenigen sozialen Bindungen aus, die nach außen noch immer Dauerhaftigkeit und Beständigkeit signalisieren. Selbst wenn Ehen eingegangen, Familien gegründet und Kinder gezeugt werden, so ist in all diesen Verbindungen doch das experimentelle »Solange es gutgeht« mit eingebaut. Auch die scheinbar für die gesamte Lebensspanne eingegangenen Bindungen stehen von Anbeginn unter einer Auflösungsoption. Nichts mehr funktioniert ein Leben lang: keine Ehen, keine Freundschaften, auch das Modell der lebenslangen Beschäftigung[13] scheint abgedankt zu haben. Nichts mehr ist für die Ewigkeit. Der typische Heiratsantrag der neunziger Jahre müßte – bei Kerzenlicht, aber mit bereitliegendem Ehevertrag – lauten: Willst du für eine unbestimmte Zeit meine Frau sein? oder besser noch: Willst du für eine Weile mein Mann sein? Willst du für unabsehbare Zeit meine Frau, mein Mann sein? Willst du mein Lebensabschnittspartner bzw. meine Lebensabschnittspartnerin sein? Und die Eheverträge laufen auf die Forderung hinaus: Willst du bitte, wenn unsere Beziehung nicht mehr trägt, ohne weitere finanzielle, emotionale, intime und andere Ansprüche zu stellen, aus meinem Leben verschwinden? Kannst du bitte so spur- und anspruchslos wie möglich aus meinem Leben entweichen, damit mich auch die Erinnerungen an dich nicht länger beschäftigen?[14]

12 Damit einher geht ein gravierender Wandel der Identität: »Wenn das *moderne* ›Problem der Identität‹ darin bestand, eine Identität zu konstruieren und sie fest und stabil zu halten, dann besteht das *postmoderne* ›Problem der Identität‹ hauptsächlich darin, die Festlegung zu vermeiden und sich die Optionen offenzuhalten. Im Falle der Identität lautete (wie sonst auch) das Schlagwort der Moderne *Schöpfung*; das Schlagwort der Postmoderne lautet *Wiederaufbereitung*.« (Bauman 1997: 133)

13 Vgl. etwa Sennetts (1998: 25) Einschätzung: »In der Arbeitswelt ist die traditionelle Laufbahn, die Schritt für Schritt die Korridore von ein oder zwei Institutionen durchläuft, im Niedergang begriffen. Dasselbe gilt für das Hinreichen einer einzigen Ausbildung für ein ganzes Berufsleben. Heute muß ein junger Amerikaner mit mindestens zweijährigem Studium damit rechnen, in vierzig Arbeitsjahren wenigstens elfmal die Stelle zu wechseln und dabei seine Kenntnisbasis wenigstens dreimal auszutauschen.«

14 Diese Auflösungsperspektive wird insbesondere von Bauman immer wieder betont: »Nichts scheint ›für das ganze Leben‹ zu sein, und an nichts im Leben gehen wir so heran, nichts verfechten und schätzen wir so, als hätte

Hondrich (1997b) hat mit einem sozialpsychologischen Argument plausibel gezeigt, daß dieser Wunsch nicht leicht zu erfüllen ist. Die Erinnerung und das Gedächtnis machen den lösungs- und vergessenswilligen Individuen einen Strich durch die Rechnung. Die Versatzstücke aus einer gemeinsam gelebten Vergangenheit lassen sich nicht auf Knopfdruck löschen, sondern erweisen sich mitunter als reichlich hartnäckig.[15] Dadurch aber setzen sich die selbstgewählten und bis auf weiteres eingegangen Bindungen nicht einer unverbindlichen Lockerheit der jederzeit abwählbaren Bindung aus, sondern geraten unter einen besonderen Druck, da jeder um die Leichtigkeit der Trennungsmöglichkeit weiß. Wenn man weiß, daß der andere jederzeit gehen kann, werden die Anstrengungen, ihn zu halten, um so größer sein. Oder man wählt keine Bindung, um dem möglichen Verlust zuvorzukommen. Doch wie die Strategien im einzelnen hier auch immer aussehen mögen: Statt sich der immer schneller sich vollziehenden Auflösung lustvoll zu ergeben und sie zu einem neuen Leitwert zu erheben, scheint es nicht nur ein Sich-Einrichten in

es diese Eigenschaft. Fähigkeiten, Arbeitsplätze, Beschäftigungen, Wohnorte und Ehepartner – sie alle kommen und gehen, und sollten sie zu lange bleiben, dann neigen wir dazu, uns zu ärgern, zu langweilen oder zu belästigen. Nichts ist wirklich unersetzlich, und deshalb ist es keine schwer zu ertragende und erschütternde Tragödie, wenn wir Dinge oder Partner aus dem Blick verlieren.« (Bauman 1994: 282) Ob Individuen jedoch tatsächlich in vorauseilendem Gehorsam die Brüchigkeit akzeptieren, indem sie ihre Beziehungen von vornherein auf Brüchigkeit anlegen, scheint mir – zumindest in dieser Generalisierung – fraglich. Jedenfalls bedürfte dies der empirischen Überprüfung.

15 Die ständigen Trennungsprozesse werden bei Bauman als »täglich geprobter Tod« (1994: 180) verstanden, was für ihn ein entscheidendes Kennzeichen der Postmoderne ausmacht. Allerdings werden dabei die psychischen Kosten dieser Trennungsprozesse wohl doch ein wenig unterschätzt. Im Gegenzug dazu hat Hondrich m. E. zu Recht auf die ungewollte Langlebigkeit abgewählter Lebenspartner hingewiesen. Er betont das »Fortdauern von Bindungen, die durch die Trennung scheinbar durchtrennt wurden, in der Latenz. Das Paar, das es – zumindest nach dem Willen des einen von beiden – nicht mehr geben soll, will nicht aufhören zu existieren. Wie Blei, oder wie Flügel der Hoffnung, hängen die Bindungen auch denen, die sie abschütteln wollen, noch an. Wie lange, ist empirisch nicht erforscht. [...] Der im inneren Monolog sich fortsetzende Streit, der Haß auf einen Partner, der längst über alle Berge ist, zeigen an, wie stark wir noch an ihm hängen. Es ist dieses untergründige Fortdauern des Paares, das seinen individualisierten Teilen die Freiheit nimmt, neu zu wählen – und hätten sie noch so viele Möglichkeiten.« (Hondrich 1997b: 288)

der Kurzlebigkeit, sondern auch Widerstand dagegen zu geben, die in folgender Frage Sennetts zum Ausdruck kommt: »Wie lassen sich langfristige Ziele in einer auf Kurzfristigkeit angelegten Gesellschaft anstreben? Wie sind dauerhafte soziale Beziehungen aufrechtzuerhalten? Wie kann ein Mensch in einer Gesellschaft, die aus Episoden und Fragmenten besteht, Identität und Lebensgeschichte zu einer Erzählung bündeln? Die Bedingungen der neuen Wirtschaftsordnung befördern eine Erfahrung, die in der Zeit, von Ort zu Ort und von Tätigkeit zu Tätigkeit driftet.« (Sennett 1998: 31)

Entscheidend für die verschiedenen gewählten Lebens- und Liebesformen wird die schon angesprochene Kompetenz sein, mit den Anforderungen der Individualisierung umgehen zu können: »Diejenigen, die dazu in der Lage sind, können nunmehr Identitäten frei kombinieren und sie fast nach Belieben wechseln: diejenigen, die dazu nicht in der Lage sind, werden stärker unter Ängsten leiden oder auf starke Identitäten wie religiöse oder erneut nationalistische zurückgreifen, zu diesen Zuflucht nehmen.« (Wagner 1995: 250) Diese Zweiteilung dürfte sich, so meine Annahme, auch in einer Zweiteilung der neu entstehenden Formen von Gemeinschaften zeigen, die sich ganz offensichtlich als Antwort auf die Lasten der Individualisierung[16] allerorten konstituieren: »Ich glaube, daß es den Menschen heute nicht so sehr um das Bedürfnis geht, zu einer Gemeinschaft zu gehören, sondern vielmehr um die Befreiung vom Zwang, ständig wählen und entscheiden zu müssen.« (Bauman 1993: 12)[17] Doch obwohl die Anziehungskraft von Gemeinschaften angesichts der durch Individualisierung und Globalisierung hervorgerufenen Verunsi-

16 Anders als Wagner, der betont, daß man nach der Erosion traditionaler Gemeinschaften wie Nation und Klasse nicht Individualisierung beobachten könne, sondern die »Schaffung von Gemeinschaften, [...] die nicht historisch überkommen, sondern von den handelnden Menschen selbst gewählt sind« (Wagner 1995: 267), verstehe ich mit Beck die Erosion der *traditionalen* Gemeinschaften gerade als Individualisierungsprozeß, der zur Entstehung *neuer* Gemeinschaften führen *kann*.

17 Exakt in diesem Sinne ist auch für Lau (1988: 223) die »Zunahme askriptiver Vergemeinschaftungen« ein Versuch, »den durch Freisetzungsprozesse erzeugten Optionsspielraum wieder einzuschränken und das Ausmaß biografischer Beliebigkeit zu reduzieren« (Lau 1988: 223). Wichtig ist jedoch, auch diese askriptiven Merkmale als konstruiert zu erkennen (vgl. Wagner 1995: 267).

cherungen und Belastungen kaum zu bestreiten ist, gilt es, diese neuen Formen der Gemeinschaft, die mit der Tönniesschen nicht mehr viel gemeinsam haben dürften, genauestens zu analysieren. Formen von posttraditionalen Gemeinschaften können sich durch Protestverhalten in sozialen Bewegungen, durch gleiche Sexualpraktiken und/oder Musikstilrichtungen in Lebensstilgruppen konstituieren. Deren Exklusivität dürfte weit weniger rigoros ausfallen als etwa im Falle von nationalistischen Gemeinschaften. Wenngleich die Zusammengehörigkeit letztlich in beiden Fällen bloß *imaginiert* ist (vgl. Bauman 1995b: 19), neigt das Konzept Nation »zur Naturalisierung der Grenzen und lädt dazu ein, scharfe Trennungslinien gegenüber den Anderen außerhalb der historischen Gemeinschaft zu ziehen und Begrenzungen des grenzüberschreitenden Austausches zu fordern« (Wagner 1995: 267). Auch bei den Bindungen an neue Gemeinschaften dürfte sich das Motto »Bis auf weiteres« niederschlagen. Die Bindung an sie wird »oft lockerer sein und mehrfach im Laufe eines Lebens wechseln können« (ebd.; vgl. Bauman 1995b: 170). Zwar versprechen Gemeinschaften generell Herberge und Trost vor den »Frösten der Freiheit«. In der Suche nach der Gemeinschaft zeigt sich schon für Plessner (1981: 114) »das Bedürfnis, etwas zu haben, worin man untertauchen, aufgehen, auftauen, warm werden kann«. Und er fährt fort: »Für diese Befriedigung muß der Mensch opfern, ist aber auch zu jedem Opfer bereit. Er entäußert sich seiner Verfügungsgewalt über sich bis zu einem oft lebensgefährlichen Grade, um in Gemeinschaft existieren zu können.« (Ebd.) Es ist allerdings die Frage, welche Gemeinschaften solche Opferbereitschaft heute noch erwarten können und ob die individualisierten Individuen dazu bereit sind. Mit anderen Worten: Auch die Gemeinschaften sind nicht mehr das, was sie einmal waren. Auch ihr Charakter hat sich durch Individualisierung verändert.

Wie man es aber auch betrachten will: Offenbar mischen sich am Ende dieses Jahrhunderts – zumal unter Globalisierungsbedingungen – die sozialen Lagen neu. Es entsteht womöglich– jenseits traditioneller Nationalstaats- und Klassengrenzen – eine neue Zweiteilung, eine neue Spaltung der sozialen Welt. Wagners Unterteilung in diejenigen, die mit der postmodernen Kontingenz umgehen können, und diejenigen, die das überfordert, steht in direktem Bezug zu der von Bauman beobachteten neuen sozialen Trennlinie, die zwischen »*Verführung und Repression*: zwischen Wahlfreiheit und fehlender Wahlfreiheit, zwischen der Fähigkeit zur Selbstkonstitution und der Verweigerung einer solchen Fähigkeit, zwischen autonom entwickelten Selbstdefinitionen und aufgezwungenen Kategorisierungen, die als beschränkend und lähmend empfunden werden« (Bauman 1995b: 233) verläuft.[18]

Damit entsteht jedoch keine erstarrte Welt, die sich in Individualisierungsgewinner und Individualisierungsverlierer aufteilen läßt. Denn die fehlenden Wahlfreiheiten und aufgezwungenen Kategorisierungen beschwören immer wieder neue Individualisierungsschübe herauf. Der Verweigerung solcher Wahlfreiheiten wird von den neuen Randständigen und Marginalisierten nicht widerstandslos stattgegeben. Vielmehr wird das Recht auf Selbstkonstitution- und -repräsentation massiv eingeklagt (vgl. Hall 1989: 59). Und Globalisierung sorgt dafür, daß diese Kämpfe um Repräsentation nicht regional begrenzt bleiben, sondern Auswirkungen im globalen Maßstab zeitigen. Insofern muß die Antwort auf die von Lutz Leisering zu Recht gestellte Frage: »Was kommt nach dem von Ulrich Beck festgestellten Individualisierungsschub?« (Leisering 1997: 158) eindeutig lauten: *Individualisierung!*

---

18 Während er den Begriff der Verführung auf Bourdieu zurückführt (vgl. 1995b: 81), bezieht er sich bei der Repression auf Foucaults Modell des Panoptikons (vgl. ebd.: 128). Während sich bei Bauman die »Doppeltechnik von panoptischer Macht und Verführung«(ebd.: 42) nur zugunsten der letzteren verschoben hat, nach wie vor aber beide nebeneinander existieren und Anwendung finden, werden bei Lipovetsky die Repression und die Disziplinierung durch die Verführung restlos abgelöst (vgl. Lipovetsky 1995).

Nachwort

Die vorliegende Arbeit wurde im Juli 1988 von der Philosophischen Fakultät der Westfälischen Wilhelms-Universität unter dem Titel »Das Individuum der Gesellschaft. Synchrone und diachrone Theorieperspektiven« als Dissertation angenommen. Von den ersten Ideen bis zur endgültigen Abfassung und Publikation dieser Arbeit war es ein langer Weg. Ohne die Hilfe einer ganzen Reihe von Menschen und Organisationen, bei denen ich mich bei dieser Gelegenheit bedanken möchte, hätte dieser Weg wohl nie zu einem erfolgreichen Ende geführt.

Der Westfälischen Wilhelms-Universität danke ich für die Gewährung eines einjährigen Abschlußstipendiums. Für die Unterstützung in den Anfängen habe ich mich bei Prof. Dr. Eickelpasch zu bedanken. Seine Einladung in das von ihm geleitete Forschungskolloquium hat die Auseinandersetzung mit einer Reihe von Theorien möglich gemacht, deren Früchte auch in diese Arbeit eingewandert sind. Den Teilnehmern und Teilnehmerinnen der Jahre 1990 bis 1997 sei für die vielen fruchtbaren Diskussionen und die kritische Begleitung der ersten wissenschaftlichen Gehversuche gedankt.

Mein Dank gilt auch den kritischen Lesern Harald Funke, Dr. Georg Kneer, Dr. Klaus Kraemer und Kirstin Schlütz. Ihnen habe ich nicht nur wertvolle Hinweise und Anregungen zu verdanken, von denen nicht wenige Eingang in den Text gefunden haben, sondern auch viele freundschaftlich-aufmunternde Worte und Taten, die das einsame Geschäft des Schreibens nicht unerheblich erleichtert haben. Letzteres gilt auch für meine Schwester Claudia und eine ganze Reihe von Freunden und Freundinnen, die es mir nachsehen werden, wenn ich sie hier nicht alle namentlich nenne.

Bedanken möchte ich mich auch bei Prof. Dr. Dr. Georg Weber, der nicht nur die Arbeit als Zweitgutachter betreut hat, sondern – auf unnachahmliche Weise – auch einen Einstieg in das Alltagsgeschäft der Wissenschaft eingeleitet und gefördert hat. Prof. Dr. Roland Reichwein, bei dem ich als wissenschaftliche Hilfskraft tätig war, bin ich für den umfassenden Einblick in zahlreiche Themenfelder der Soziologie und sein beherztes Eingreifen in einer äußerst prekären Situation dankbar. Prof. Dr.

Ulrich Beck danke ich für seine freundliche Förderung des fertigen Manuskripts und der Deutschen Gesellschaft für Soziologie (DGS) für die Verleihung des Dissertationspreises 2000.

Allen voran aber möchte ich dem langjährigen Freund, Kollegen, »Lehrer«, schärfsten Kritiker und – seit der gemeinsamen Übersiedlung von Münster nach München – auch »Chef« Prof. Dr. Armin Nassehi danken, der das nicht immer ganz leichte Kunststück fertig bringt, diese sehr verschiedenen Rollen zu spielen und auseinanderzuhalten. Ohne seine intensive Förderung und sein Vertrauen in Fähigkeiten, die sich erst noch ausbilden sollten, wäre nicht nur diese Arbeit *so* nie geschrieben worden.

Mein ganz besonderer Dank aber gilt meinen Eltern, die mit bewundernswerter Geduld nie nachgelassen haben, das gesamte Projekt zu begleiten und tatkräftig zu unterstützen. Manches mal, wenn es aus vielerlei Gründen einfach nicht mehr weiterzugehen schien, waren sie da, um doch noch einen Weg zu finden, wie man das Ausbleiben pekuniärer und sonstiger Zuwendungen kompensieren konnte. Ihnen widme ich dieses Buch.

Markus Schroer   München, im Oktober 2000

Literatur

Adorno, Theodor W. 1963: Eingriffe. Neun kritische Modelle. Frankfurt/M.

Adorno, Theodor W. 1967: Ohne Leitbild. Parva Aesthetica. Frankfurt/M.

Adorno, Theodor W. 1969: Stichworte. Kritische Modelle 2, Frankfurt/M.

Adorno, Theodor W. 1971: Erziehung zur Mündigkeit. Vorträge und Gespräche mit Helmut Becker 1959-1969. Frankfurt/M.

Adorno, Theodor W. 1973a: Ästhetische Theorie. Frankfurt/M.

Adorno, Theodor W. 1973b: Vorlesung zur Einleitung in die Soziologie. Frankfurt/M.

Adorno, Theodor W. 1976: Prismen. Kulturkritik und Gesellschaft. Frankfurt/M.

Adorno, Theodor W. 1979: Soziologische Schriften I. Hg. von Rolf Tiedemann. Frankfurt/M.

Adorno, Theodor W. [5]1988: Negative Dialektik. Frankfurt/M.

Adorno, Theodor W. 1989: Minima Moralia. Reflexionen aus dem beschädigten Leben. Frankfurt/M.

Adorno, Theodor W./Arnold Gehlen [2]1975: Ist die Soziologie eine Wissenschaft vom Menschen? Ein Streitgespräch, in: Friedemann Grenz: Adornos Philosophie in Grundbegriffen. Auflösung einiger Deutungsprobleme. Frankfurt/M., S. 225-251.

Alexander, Jeffery C. 1993: Soziale Differenzierung und kultureller Wandel. Frankfurt/M., New York.

Anders, Günter [4]1992a: Die Antiquiertheit des Menschen, Bd. 1: Über die Seele im Zeitalter der zweiten industriellen Revolution. München.

Anders, Günter [4]1992b: Die Antiquiertheit des Menschen, Bd. 2: Über die Zerstörung im Zeitalter der dritten industriellen Revolution. München.

Apel, Hartmut 1980: Die Gesellschaftstheorie der Frankfurter Schule. Materialien zur Kritischen Theorie von Adorno, Horkheimer und Marcuse. Frankfurt/M., Berlin, München.

Aron, Raymond 1979: Hauptströme des modernen soziologischen Denkens. Durkheim – Pareto – Weber. Reinbek bei Hamburg.

Baethge, Martin 1986: Individualisierung als Hoffnung und Verhängnis, in: Rolf Lindner/Hans-Hermann Wiebe (Hg.): Verborgen im Licht. Neues zur Jugendfrage. Frankfurt/M., S. 98-123.

Baudrillard, Jean 1987: Das fraktale Subjekt, in: Ästhetik und Kommunikation 18, S. 35-38.

Baudrillard, Jean 1991: Der symbolische Tausch und der Tod. München.

Baum, Rainer C./Frank J. Lechner 1987: Zum Begriff der Hierarchie. Von Luhmann zu Parsons, in: Dirk Baecker/Jürgen Markowitz/Rudolf Stichweh/Hartmann Tyrell (Hg.): Theorie als Passion. Frankfurt/M.

Bauman, Zygmunt 1993a: »Wir sind wie Landstreicher – Die Moral im Zeitalter der Beliebigkeit«, in: Süddeutsche Zeitung, 16./17. 11. 1993, S. 17.

Bauman, Zygmunt 1993b: Biologie und das Projekt der Moderne, in: Mittelweg 36, 2. Jg., H. 4, S. 3-16.

Bauman, Zygmunt 1994: Tod, Unsterblichkeit und andere Lebensstrategien. Frankfurt/M. 1994.

Bauman, Zygmunt 1995a: Moderne und Ambivalenz. Das Ende der Eindeutigkeit. Frankfurt/M.

Bauman, Zymunt 1995b: Ansichten der Postmoderne. Hamburg.

Bauman, Zygmunt 1995c: Postmoderne Ethik. Hamburg.

Bauman, Zygmunt 1996: Gewalt – modern und postmodern, in: Max Miller/Hans-Georg Soeffner (Hg.): Modernität und Barbarei. Soziologische Zeitdiagnosen am Ende des 20. Jahrhunderts. Frankfurt/M., S. 36-67.

Bauman, Zygmunt 1997: Flaneure, Spieler und Touristen. Essays zu postmodernen Lebensformen. Hamburg.

Baumgart, Ralf/Volker Eichener 1991: Norbert Elias zur Einführung. Hamburg.

Baumgarten, Eduard 1964: Max Weber. Werk und Person. Tübingen.

Beck, Ulrich 1984: Jenseits von Stand und Klasse. Auf dem Weg in die individualisierte Arbeitnehmergesellschaft, in: Merkur 38, H. 5, S. 485-497.

Beck, Ulrich 1986: Risikogesellschaft. Auf dem Weg in eine andere Moderne. Frankfurt/M.

Beck, Ulrich 1988: Gegengifte. Die organisierte Unverantwortlichkeit. Frankfurt/M.

Beck, Ulrich 1991: Politik in der Risikogesellschaft. Essays und Analysen. Frankfurt/M.

Beck, Ulrich 1993a: Die Erfindung des Politischen. Zu einer Theorie reflexiver Modernisierung. Frankfurt/M.

Beck, Ulrich 1993b: Von einer kritischen Theorie der Gesellschaft zu einer Theorie gesellschaftlicher Selbstkritik, in: Sozialwissenschaftliche Literaturrundschau 16, H. 26, S. 38-53.

Beck, Ulrich 1994a: Vom Veralten soziologischer Begriffe. Grundzüge einer Theorie reflexiver Modernisierung, in: Christoph Görg (Hg.): Gesellschaft im Übergang. Darmstadt, S. 21-43.

Beck, Ulrich 1994b: Erwiderung, in: Mittelweg 36 (1994), S. 37-42.

Beck, Ulrich 1995a: Eigenes Leben. Skizzen zu einer biographischen Gesellschaftsanalyse, in: Ulrich Beck/Wilhelm Vossenkuhl/Ulf Erdmann Ziegler: Ausflüge in die unbekannte Gesellschaft, in der wir leben. München.

Beck, Ulrich 1995b: Die »Individualisierungsdebatte«, in: Bernhard Schäfers (Hg.): Soziologie in Deutschland. Entwicklung, Institutionalisierung und Berufsfelder. Theoretische Kontroversen. Opladen, S. 185-198.

Beck, Ulrich 1995c: Wie aus Nachbarn Juden werden. Zur politischen Konstruktion des Fremden in der reflexiven Moderne, in: Ulrich Beck: Die feindlose Demokratie. Ausgewählte Aufsätze. Stuttgart, S. 131-162.

Beck, Ulrich 1996a: Das Zeitalter der Nebenfolgen und die Politisierung der Moderne, in: Ulrich Beck/Anthony Giddens/Scott Lash 1996: Reflexive Modernisierung. Eine Kontroverse. Frankfurt/M., S. 19-112.

Beck, Ulrich 1996b: Weltrisikogesellschaft, Weltöffentlichkeit und globale Subpolitik. Ökologische Fragen im Bezugsrahmen fabrizierter Unsicherheiten, in: Andreas Diekmann/Carlo C. Jaeger (Hg.): Umweltsoziologie. Opladen, S. 119-147.

Beck, Ulrich 1996c: Kapitalismus ohne Arbeit, in: Der Spiegel 20/1996, S. 140-146.

Beck, Ulrich (Hg.) 1997a: Kinder der Freiheit. Frankfurt/M.

Beck, Ulrich 1997b: Was ist Globalisierung? Irrtümer des Globalismus – Antworten auf die Globalisierung. Frankfurt/M. 1997.

Beck, Ulrich 1997c: Die uneindeutige Sozialstruktur. Was heißt Armut, was Reichtum in der »Selbstkultur«? In: Ulrich Beck/Peter Sopp (Hg.): Individualisierung und Integration. Neue Konfliktlinien und neuer Integrationsmodus? Opladen, S. 183-196.

Beck, Ulrich/Elisabeth Beck-Gernsheim 1990: Das ganz normale Chaos der Liebe. Frankfurt/M.

Beck, Ulrich/Elisabeth Beck-Gernsheim 1993: Nicht Autonomie, sondern Bastelbiographie, in: Zeitschrift für Soziologie 22, S. 178-187.

Beck, Ulrich/Elisabeth Beck-Gernsheim (Hg.) 1994: Riskante Freiheiten. Individualisierung in modernen Gesellschaften. Frankfurt/M.

Beck, Ulrich/Peter Sopp (Hg.) 1997: Individualisierung und Integration. Neue Konfliktlinien und neuer Integrationsmodus? Opladen.

Beck-Gernsheim, Elisabeth 1983: Vom ›Dasein für andere‹ zum Anspruch auf ein ›Stück eigenes Leben‹, in: Soziale Welt 34, S. 307-340.

Beck-Gernsheim, Elisabeth 1994a: Individualisierungstheorie: Veränderungen des Lebenslaufs in der Moderne, in: Heiner Keupp (Hg.): Zugänge zum Subjekt. Perspektiven einer reflexiven Sozialpsychologie. Frankfurt/M., S. 125-146.

Beck-Gernsheim, Elisabeth 1994b: Auf dem Weg in die postfamiliale Familie. Von der Notgemeinschaft zur Wahlverwandtschaft, in: Aus Politik und Zeitgeschichte B 29-30, S. 3-14.

Beck-Gernsheim, Elisabeth 1997: Stabilität der Familie oder Stabilität des Wandels? Zur Dynamik der Familienforschung, in: Ulrich Beck/Peter

Sopp (Hg.): Individualisierung und Integration. Neue Konfliktlinien und neuer Integrationsmodus? Opladen, S. 65-80.

Beck-Gernsheim, Elisabeth 1998: Was kommt nach der Familie? Einblikke in neue Lebensformen. München.

Bell, Daniel 1976: Die Zukunft der westlichen Welt. Kultur und Technologie im Widerstreit. Frankfurt/M.

Bellah, Robert N. 1987: Gewohnheiten des Herzens: Individualismus und Gemeinsinn in der amerikanischen Gesellschaft. Köln.

Benhabib, Seyla 1982: Die Moderne und die Aporien der Kritischen Theorie, in: Wolfgang Bonß/Axel Honneth (Hg.): Sozialforschung als Kritik. Zum sozialwissenschaftlichen Potential der Kritischen Theorie. Frankfurt/M.

Benjamin, Jessica 1989: Die Antinomien des patriarchalischen Denkens. Kritische Theorie und Psychoanalyse, in: Wolfgang Bonß/Axel Honneth (Hg.): Sozialforschung als Kritik. Zum sozialwissenschaftlichen Potential der Kritischen Theorie. Frankfurt/M., S. 426-455.

Benjamin, Walter 1977: Illuminationen. Ausgewählte Schriften. Frankfurt/M.

Berger, Brigitte/Peter L. Berger 1984: In Verteidigung der bürgerlichen Familie. Frankfurt/M.

Berger, Johannes 1988: Modernitätsbegriffe und Modernitätskritik in der Soziologie, in: Soziale Welt 39, S. 224-236.

Berger, Peter A. 1994: Individualisierung und Armut, in: M. M. Zwick (Hg.): Einmal arm, immer arm? Frankfurt/M., New York, S. 21-46.

Berger, Peter A. 1995: »Life-politics«. Zur Politisierung der Lebensführung in nachtraditionalen Gesellschaften, in: Leviathan 23, H. 3, S. 445-458.

Berger, Peter A. 1996: Individualisierung: Statusunsicherheit und Erfahrungsvielfalt. Opladen 1996.

Berger, Peter A. 1997: Individualisierung und sozialstrukturelle Dynamik, in: Ulrich Beck/Peter Sopp (Hg.) 1997: Individualisierung und Integration. Neue Konfliktlinien und neuer Integrationsmodus? Opladen, S. 81-95.

Berger, P. A./Stefan Hradil (Hg.) 1990: Lebenslagen, Lebensläufe, Lebensstile. Sonderband 7 der Sozialen Welt, Göttingen.

Berger, Peter L. 1988: Robert Musil und die Errettung des Ich, in: Zeitschrift für Soziologie 17, H. 2, S. 132-142.

Berger, Peter L./Brigitte Berger/Hansfried Kellner 1987: Das Unbehagen in der Modernität. Frankfurt/M., New York.

Berger, Peter L./Hansfried Kellner 1965: Die Ehe und die Konstruktion der Wirklichkeit, in: Soziale Welt 16 (1965), H. 3, S. 220-235.

Bergmann, Joachim E. 1967: Die Theorie des sozialen Systems von Talcott Parsons. Eine kritische Analyse. Frankfurt/M.

Berking, Helmut 1990: Die neuen Protestbewegungen als zivilisatorische

Instanz im Modernisierungsprozeß? In: Hans-Peter Dreitzel/Horst Stenger (Hg.): Ungewollte Zerstörung. Reflexionen über den Umgang mit katastrophalen Entwicklungen. Frankfurt/M., S. 7-21.

Berking, Helmut 1994: Solidarischer Individualismus, in: René Althammer, Ronald Hitzler (Red.): Im Dschungel der politisierten Gesellschaft. Ulrich Beck in der Diskussion. *Ästhetik und Kommunikation* 23, H. 85/86, S. 37-44.

Berking, Helmut/Sighard Neckel 1988: Stadtmarathon. Die Inszenierung von Individualität als urbanes Ereignis, in: Klaus Scherpe (Hg.): Die Unwirklichkeit der Städte. Großstadtdarstellungen zwischen Moderne und Postmoderne. Reinbek bei Hamburg, S. 262-278.

Berking, Helmut/Sighard Neckel 1990: Die Politik der Lebensstile in einem Berliner Bezirk. Zu einigen Formen nachtraditionaler Vergemeinschaftung, in: Peter A. Berger/Stefan Hradil (Hg.): Lebenslagen, Lebensläufe, Lebensstile. Göttingen, S. 481-500.

Bertram, Hans 1994: Die Stadt, das Individuum und das Verschwinden der Familie, in: Aus Politik und Zeitgeschichte, B 29-30, S. 15-35.

Bienfait, Agathe 1993: Zwischen Individualismus und Rationalität. Auf der Suche nach dem moralisch verantwortlichen Subjekt, in: Simmel Newsletter 3, S. 29 ff.

Bogner, Artur 1989: Zivilisation und Rationalisierung. Die Zivilisationstheorien Max Webers, Norbert Elias' und der Frankfurter Schule. Opladen.

Bonß, Wolfgang/Axel Honneth (Hg.) 1982: Sozialforschung als Kritik. Zum sozialwissenschaftlichen Potential der Kritischen Theorie. Frankfurt/M.

Bourdieu, Pierre 1982: Die feinen Unterschiede. Kritik der gesellschaftlichen Urteilskraft. Frankfurt/M.

Bourdieu, Pierre 1983: Ökonomisches Kapital, kulturelles Kapital, soziales Kapital, in: Reinhard Kreckel (Hg.): Soziale Ungleichheiten, Sonderheft 2 der Sozialen Welt, Göttingen, S. 183-198.

Bourdieu, Pierre 1992: Reden und Schweigen. Frankfurt/M.

Brandenburg, Alois Günter 1971: Systemzwang und Autonomie: Gesellschaft und Persönlichkeit in der Theorie Talcott Parsons'. Düsseldorf.

Brandt, Sigrid 1993: Religiöses Handeln in moderner Welt. Talcott Parsons' Religionssoziologie im Rahmen seiner allgemeinen Handlungs- und Systemtheorie. Frankfurt/M.

Breuer, Stefan 1978: Die Evolution der Disziplin. Zum Verhältnis von Rationalität und Herrschaft in Max Webers Theorie der vorrationalen Welt, in: Kölner Zeitschrift für Soziologie und Sozialpsychologie 30, S. 409-437.

Breuer, Stefan 1982: Max Weber und die evolutionäre Bedeutung der Antike, in: Saeculum 33 (1982), S. 174-192.

Breuer, Stefan 1987: Foucaults Theorie der Disziplinargesellschaft. Eine

Zwischenbilanz, in: Leviathan 15, S. 319-337.

Breuer, Stefan 1991: Die Herrschaftssoziologie Max Webers. Frankfurt/M., New York.

Breuer, Stefan 1992: Die Gesellschaft des Verschwindens. Von der Selbstzerstörung der technischen Zivilisation. Hamburg.

Breuer, Stefan 1996a: Gesellschaft der Individuen, Gesellschaft der Organisationen. Norbert Elias und Max Weber im Vergleich, in: Karl-Siegbert Rehberg (Hg.): Norbert Elias und die Menschenwissenschaften. Studien zur Entstehung und Wirkungsgeschichte seines Werkes. Frankfurt/M., S. 303-330.

Breuer, Stefan 1996b: Von Tönnies zu Weber. Zur Frage einer »deutschen« Linie der Soziologie, in: Berliner Journal für Soziologie 6, H. 2, S. 227-245.

Brock, Ditmar 1991: Die Risikogesellschaft und das Risiko soziologischer Zuspitzung, Zeitschrift für Soziologie 20, S. 12-24.

Brock, Ditmar 1994: Rückkehr der Klassengesellschaft? Die neuen sozialen Gräben in einer materiellen Kultur, in: Ulrich Beck/Elisabeth Beck-Gernsheim (Hg.): Riskante Freiheiten – Individualisierung in modernen Gesellschaften. Frankfurt/M., S. 61-73.

Bronfen, Elisabeth/Benjamin Marius/Therese Steffen (Hg.) 1997: Hybride Kulturen. Beiträge zur anglo-amerikanischen Multikulturalismusdebatte. Tübingen.

Brose, Hanns-Georg/Bruno Hildenbrand (Hg.) 1988: Vom Ende des Individuums zur Individualisierung ohne Ende. Opladen.

Bruckner, Pascal 1997: Ich leide, also bin ich. Die Krankheit der Moderne. Eine Streitschrift. Berlin.

Bruckner, Pascal/Alain Finkielkraut 1981: Das Abenteuer gleich um die Ecke. Kleines Handbuch der Alltagsüberlebenskunst. München, Wien (frz. Orig. 1979).

Brunkhorst, Hauke 1990: Theodor W. Adorno. Dialektik der Moderne. München.

Buchmann, Marlis: Subkulturen und gesellschaftliche Individualisierungsprozesse, in: Max Haller, H. J. Hoffmann-Nowottny, Wolfgang Zapf (Hg.): Kultur und Gesellschaft. Verhandlungen des 24. Deutschen Soziologentages. Frankfurt/M., New York, S. 627-638.

Bude, Heinz 1990: Das nervöse Selbst in der geschlossenen Welt des Sinns. Niklas Luhmann und Pierre Bourdieu im Vergleich, in: Merkur, H. 5, S. 429-433.

Büchner, Peter 1994: Individualisierte Kindheit »jenseits von Klasse und Schicht«? In: Dieter Geulen (Hg.): Kindheit. Neue Realitäten und Aspekte. Weinheim, S. 163-181.

Burkart, Günter 1993: Individualisierung und Elternschaft – das Beispiel USA, in: Zeitschrift für Soziologie 22, H. 3, S. 159-177.

Burkart, Günter 1997: Lebensphasen – Liebesphasen. Opladen.

Cahnmann, W. J. 1970: Tönnies und Durkheim: Eine dokumentarische Gegenüberstellung, in: Archiv für Rechts- und Sozialphilosophie LVI/2, S. 189-208.

Campbell, Colin 1987: The Romantic Ethic and the Spirit of Modern Consumerism. Oxford.

Castel, Robert 1996: Nicht Exklusion, sondern Desaffiliation. Ein Gespräch mit François Ewald, in: Das Argument 217, S. 775-780.

Cladis, Mak S. 1992: A communitarian defense of liberalism. Emile Durkheim and contemporary social theory. Stanford/Cal.

Claussen, Detlev 1990: Fortzusetzen. Die Aktualität der Kulturindustriekritik Adornos, in: Hager, Frithjof/Pfütze, Hermann (Hg.): Das unerhört Moderne. Berliner Adorno-Tagung. Lüneburg, S. 134-150.

Cooper, David/Michel Foucault/Marquis de Sade u. a. 1979: Der eingekreiste Wahnsinn. Frankfurt/M. (frz. Orig: Paris 1977).

Creydt, Meinhard 1994: »Individualisierung« als Ursache rassistischer Gewalt? Zu Heitmeyers Diagnose des Verfalls von Werten und Sozialintegration, in: Das Argument 205, S. 409-417.

Dahme, Heinz-Jürgen 1981: Soziologie als exakte Wissenschaft. Georg Simmels Ansatz und seine Bedeutung in der gegenwärtigen Soziologie. Stuttgart.

Dahme, Heinz-Jürgen 1988: Der Verlust des Fortschrittsglaubens und die Verwissenschaftlichung der Soziologie. Ein Vergleich von Georg Simmel, Ferdinand Tönnies und Max Weber, in: Otthein Rammstedt (Hg.): Simmel und die frühen Soziologen. Nähe und Distanz zu Durkheim, Tönnies und Max Weber. Frankfurt/M., S. 222-274.

Dahme, Heinz-Jürgen/Otthein Rammstedt (Hg.) 1984: Georg Simmel und die Moderne. Neue Interpretationen und Materialien. Frankfurt/M.

Dahrendorf, Ralf 1968: Struktur und Funktion. Talcott Parsons und die Entwicklung der soziologischen Theorie (1955), in: Ders.: Pfade aus Utopia. Arbeiten zur Theorie und Methode der Soziologie. München, S. 213-241.

Dahrendorf, Ralf [11]1972: Homo sociologicus. Ein Versuch zur Geschichte, Bedeutung und Kritik der Kategorie der sozialen Rolle. Opladen.

Dahrendorf, Ralf 1979: Lebenschancen. Frankfurt/M.

Dangschat, Jens S. 1997: Sag' mir, wo Du wohnst, und ich sag' Dir, wer Du bist! Zum aktuellen Stand der deutschen Segregationsforschung, in: PROKLA. Zeischrift für kritische Sozialwissenschaft 27, H. 109, S. 619-647.

Davis, Kingsley/Wilbert E. Moore: Einige Prinzipien der sozialen Schichtung, in: Heinz Hartmann (Hg.): Moderne amerikanische Soziologie. Neuere Beiträge zur soziologischen Theorie. Stuttgart 1967, S. 344-357.

Deichsel, Alexander 1988: Das Soziale in der Wechselwirkung. Ferdinand Tönnies und Georg Simmel als lebendige Klassiker, in: Otthein Rammstedt (Hg.): Simmel und die frühen Soziologen. Nähe und Distanz zu Durkheim, Tönnies und Max Weber. Frankfurt/M., S. 64-85.

de Souza, Jesse: 1991: Überleben im stahlharten Gehäuse, in: Rolf Eickelpasch (Hg.): Unübersichtliche Moderne? Zur Diagnose und Kritik der Gegenwartsgesellschaft. Opladen, S. 125-136.

Deutschmann, Christoph 1995: Geld als soziales Konstrukt. Zur Aktualität von Marx und Simmel, in: Leviathan 23, H. 3, S. 376-393.

Dews, Peter 1989: Foucault und die Dialektik der Aufklärung, in: Harry Kunnemann/Henry de Vries (Hg.): Die Aktualität der ›Dialektik der Aufklärung‹. Frankfurt/M., S. 88-99.

Diewald, Martin 1990: Der Wandel von Lebensformen – eine Entsolidarisierung der Gesellschaft durch Individualisierung? In: Gegenwartskunde 39, H. 2, 165-176.

Di Fabio, Udo 1991: Offener Diskurs und geschlossene Systeme. Das Verhältnis von Individuum und Gesellschaft in argumentations- und systemtheoretischer Perspektive. Berlin.

Dörr-Backes, Felicitas/Ludwig Nieder (Hg.) 1995: Georg Simmel between Modernity and Postmodernity. Georg Simmel zwischen Moderne und Postmoderne. Würzburg.

Dreyfus, Hubert L./Paul Rabinow 1987: Michel Foucault. Jenseits von Strukturalismus und Hermeneutik. Mit einem Nachwort von und einem Interview mit Michel Foucault. Frankfurt/M.

Dreyfus, Hubert L./Paul Rabinow (1987): Michel Foucault. Jenseits von Strukturalismus und Hermeneutik. Mit einem Nachwort von und einem Interview mit Michel Foucault. Frankfurt/M.

Dubiel, Helmut 1973: Identität und Institution. Studien über moderne Sozialphilosophien. Düsseldorf.

Dubiel, Helmut 1978: Wissenschaftsorganisation und politische Erfahrung. Studien zur frühen Kritischen Theorie. Frankfurt/M.

Dubiel, Helmut 1982: Die Aufhebung des Überbaus. Zur Interpretation der Kultur in der Kritischen Theorie, in: Wolfgang Bonß/Axel Honneth (Hg.): Sozialforschung als Kritik. Frankfurt/M., S. 456-481.

Dubiel, Helmut 1990: Die Industriegesellschaft im Gegenlicht der Moderne. Überlegungen zu Ulrich Becks »Risikogesellschaft«, in: Herfried Münkler/Richard Saage (Hg.): Kultur und Politik. Opladen, S. 195-203.

Duerr, Hans Peter 1988: Nacktheit und Scham. Der Mythos vom Zivilisationsprozeß, Bd. 1, Frankfurt/M.

Duerr, Hans-Peter 1990: Intimität. Der Mythos vom Zivilisationsprozeß, Bd. 2, Frankfurt/M.

Durkheim, Emile 1961: Regeln der soziologischen Methode. Hg., neu übersetzt und eingeleitet von René König. Darmstadt.

Durkheim, Emile 1967: Zur Definition religiöser Phänomene, in: J. Matthes (Hg.): Religion und Gesellschaft. Eine Einführung in die Religionssoziologie. Hamburg, S. 120-141.

Durkheim, Emile 1981a: Frühe Schriften zur Begründung der Sozialwissenschaft. Herausgegeben, eingeleitet und übersetzt von Lore Heisterberg. Darmstadt, Neuwied.

Durkheim, Emile ²1981b: Der Dualismus der menschlichen Natur und seine sozialen Bedingungen (1914), in: Friedrich Jonas: Geschichte der Soziologie, Bd. 2: Von der Jahrhundertwende bis zur Gegenwart. Opladen, S. 368-380.

Durkheim, Emile 1984a: Erziehung, Moral und Gesellschaft. Vorlesung an der Sorbonne 1902/1903. Frankfurt/M.

Durkheim, Emile ³1984b: Die elementaren Formen des religiösen Lebens. Frankfurt/M.

Durkheim, Emile ²1985: Soziologie und Philosophie. Mit einer Einleitung von Theodor W. Adorno. Frankfurt/M.

Durkheim, Emile 1986: Der Individualismus und die Intellektuellen, in: Hans Bertram (Hg.): Gesellschaftlicher Zwang und moralische Autonomie. Frankfurt/M., S. 54-70.

Durkheim, Emile ²1988: Über soziale Arbeitsteilung. Studie über die Organisation höherer Gesellschaften. Mit einer Einleitung von Niklas Luhmann und einem Nachwort von Hans-Peter Müller und Michael Schmid. Frankfurt/M.

Durkheim, Emile ³1990: Der Selbstmord. Frankfurt/M.

Durkheim, Emile 1991: Physik der Sitten und des Rechts. Vorlesungen zur Soziologie der Moral. Fankfurt/M.

Ebers, Nicola 1995: Individualisierung. Georg Simmel, Norbert Elias, Ulrich Beck. Würzburg.

Eco, Umberto 1986: Apokalyptiker und Integrierte. Zur kritischen Kritik der Massenkultur. Frankfurt/M. 1986.

Eisenstadt, S. N. 1979: Tradition, Wandel und Modernität. Frankfurt/M.

Elias, Norbert 1970: Was ist Soziologie? München.

Elias, Norbert 1976a: Über den Prozeß der Zivilisation. Soziogenetische und psychogenetische Untersuchungen. Bd. 1: Wandlungen des Verhaltens in den weltlichen Oberschichten des Abendlandes. Frankfurt/M.

Elias, Norbert 1976b: Über den Prozeß der Zivilisation. Soziogenetische und psychogenetische Untersuchungen. Bd. 2: Wandlungen der Gesellschaft. Entwurf zu einer Theorie der Zivilisation. Frankfurt/M.

Elias, Norbert 1977: Adorno-Rede. Respekt und Kritik, in: Norbert Elias/Wolf Lepenies: Zwei Reden anläßlich der Verleihung des Theodor W. Adorno-Preises 1977, S. 37-68.

Elias, Norbert 1982: Über die Einsamkeit der Sterbenden in unseren Tagen. Frankfurt/M.

Elias, Norbert 1983: Engagement und Distanzierung. Arbeiten zur Wissenssoziologie I. Frankfurt/M.

Elias, Norbert 1984: Über die Zeit. Arbeiten zur Wissenssoziologie II. Frankfurt/M.

Elias, Norbert 1986: Figuration, in: Bernhard Schäfers (Hg.): Grundbegriffe der Soziologie. Opladen, S. 88-91.

Elias, Norbert 1990: Über sich selbst. Frankfurt/M.

Elias, Norbert 1991: Die Gesellschaft der Individuen. Frankfurt/M.

Elias, Norbert 1992: Studien über die Deutschen. Machtkämpfe und Habitusentwicklung im 19. und 20. Jahrhundert. Frankfurt/M.

Engels, Friedrich [7]1972: Die Lage der arbeitenden Klasse in England. Nach eigner Anschauung und Quellen, in: Karl Marx/Friedrich Engels: Werke, Bd. 2. Berlin, S. 225-506.

Engels, Friedrich 1974: Die großen Städte, in: Ulfert Herlyn (1974): Sozialstruktur und Urbanität. München, S. 91-106.

Engler, Wolfgang 1992: Die zivilisatorische Lücke. Versuche über den Staatssozialismus. Frankfurt/M.

Engler, Wolfgang 1995: Die ungewollte Moderne. Ost-West-Passagen. Frankfurt/M.

Enzensberger, Hans Magnus 1994: Die große Wanderung. 33 Markierungen. Frankfurt/M.

Erd, Rainer 1989: Kulturgesellschaft oder Kulturindustrie? Anmerkungen zu einer falsch formulierten Alternative, in: Rainer Erd u. a. (Hg.): Kritische Theorie und Kultur. Frankfurt/M., S. 216-235.

Eribon, Didier: Michel Foucault. Eine Biographie. Frankfurt/M.

Etzioni, Amitai 1995: Die Entdeckung des Gemeinwesens. Ansprüche, Verantwortlichkeiten und das Programm des Kommunitarismus. Stuttgart.

Ferguson, Adam 1986: Versuch über die Geschichte der bürgerlichen Gesellschaft. Frankfurt/M.

Fink-Eitel, Hinrich 1989: Foucault zur Einführung. Hamburg.

Firsching, Horst 1994: Moral und Gesellschaft. Zur Soziologisierung des ethischen Diskurses in der Moderne. Frankfurt/M., New York.

Fischer, Hans Rudi/Arnold Retzer/Jochen Schweitzer (Hg.) 1992: Das Ende der großen Entwürfe. Frankfurt/M.

Foucault, Michel 1974: Von der Subversion des Wissens, hg. von Walter Seitter. Frankfurt/M.

Foucault, Michel 1976: Mikrophysik der Macht. Über Strafjustiz, Psychiatrie und Medizin. Berlin.

Foucault, Michel 1977a: Überwachen und Strafen. Die Geburt des Gefängnisses. Frankfurt/M.

Foucault, Michel 1977b: Language, Counter-Memory, Practice. Selected Essays and Interviews, hg. von Donald F. Bouchard, Ithaca.

Foucault, Michel 1978: Dispositive der Macht. Über Sexualität, Wissen und Wahrheit. Berlin.

Foucault, Michel 1979: Für eine Kritik der politischen Vernunft, in: Lettre (Sommer 1988), S. 58-66.

Foucault, Michel 1983: Um welchen Preis sagt die Vernunft die Wahrheit? Ein Gespräch, in: Spuren 1 u. 2. Hamburg 1983.

Foucault, Michel 1984a: Was ist Aufklärung? In: Eva Erdmann u.a. (Hg.): Ethos der Moderne. Foucaults Kritik der Aufklärung. Frankfurt/M. 1990, S. 35-54.

Foucault, Michel 1984b: Von der Freundschaft als Lebensweise. Michel Foucault im Gespräch. Berlin.

Foucault, Michel 1985a: Freiheit und Selbstsorge. Hg. von Helmut Bekker u.a., mit einem Interview von 1984, Frankfurt/M.

Foucault, Michel 1985b: Geschichte der Sexualität. Interview mit Michel Foucault, in: Ästhetik und Kommunikation, H. 57/58, S. 157-164.

Foucault, Michel 1987a: Das Subjekt und die Macht, in: Hubert L. Dreyfus/Paul Rabinow: Michel Foucault. Jenseits von Strukturalismus und Hermeneutik. Frankfurt/M., S. 243-261.

Foucault, Michel 1987b: Genealogie der Ethik. Ein Überblick über laufende Arbeiten. Ein Interview mit Michel Foucault, in: Hubert L. Dreyfus/Paul Rabinow. Michel Foucault. Jenseits von Strukturalismus und Hermeneutik. Frankfurt/M., S. 265-294.

Foucault, Michel 1988: Die Geburt der Klinik. Eine Archäologie des ärztlichen Blicks. Frankfurt/M.

Foucault, Michel [8]1989: Wahnsinn und Gesellschaft. Eine Geschichte des Wahns im Zeitalter der Vernunft. Frankfurt/M. 1973.

Foucault, Michel 1990a: Andere Räume, in: Aisthesis. Wahrnehmung heute oder Perspektiven einer anderen Ästhetik. Essais. Hg. von Karlheinz Barck u.a. Leipzig 1990, S. 34-46.

Foucault, Michel [4]1990b: Archäologie des Wissens. Frankfurt/M. 1981.

Foucault, Michel [4]1991a: Der Wille zum Wissen. Sexualität und Wahrheit, Bd. 1. Frankfurt/M. 1983.

Foucault, Michel [2]1991b: Der Gebrauch der Lüste. Sexualität und Wahrheit, Bd. 2. Frankfurt/M. 1989.

Foucault, Michel [2]1991c: Die Sorge um sich. Sexualität und Wahrheit, Bd. 3. Frankfurt/M. 1989.

Foucault, Michel [10]1991d: Die Ordnung der Dinge. Eine Archäologie der Humanwissenschaften. Frankfurt/M. 1974.

Foucault, Michel 1991e: Die Ordnung des Diskurses. Frankfurt/M.

Foucault, Michel 1992a: Was ist Kritik? Berlin.

Foucault, Michel 1992b: Politik und Ethik. Ein Interview mit Michel Foucault, in: Andreas Steffens (Hg.): Nach der Postmoderne. Düsseldorf 1992, S. 43-53.

Foucault, Michel u.a. 1993: Technologien des Selbst, hg. von Luther H. Martin, Huck Gutman und Patrick H. Hutton. Frankfurt/M.

Foucault, Michel [2]1997: Der Mensch ist ein Erfahrungstier. Gespräch mit Ducio Trombadori. Mit einem Vorwort von Wilhelm Schmidt. Frankfurt/M.

Franz, Peter 1995: Soziale Kontrolle ohne Kontrolleure? Veränderungs-
tendenzen der Formen und des Konzepts sozialer Kontrolle, in: Soziale
Probleme 6, S. 3-23.

Freud, Sigmund 1986: Kulturtheoretische Schriften. Frankfurt/M.

Frisby, David 1988: Soziologie und Moderne. Ferdinand Tönnies, Georg
Simmel und Max Weber, in: Otthein Rammstedt (Hg.): Simmel und
die frühen Soziologen. Nähe und Distanz zu Durkheim, Tönnies und
Max Weber. Frankfurt/M., S. 196-221.

Frisby, David 1989: Fragmente der Moderne. Georg Simmel, Siegfried
Kracauer und Walter Benjamin. Rheda-Wiedenbrück.

Fromm, Erich 1990: Die Furcht vor der Freiheit. München 1990.

Fuchs, Werner 1983: Jugendliche Statuspassage oder individualisierte
Jugendbiographie? In: Soziale Welt 34, S. 341-371.

Fuchs, Peter 1992: Die Erreichbarkeit der Gesellschaft. Zur Konstruktion
und Imagination gesellschaftlicher Einheit. Frankfurt/M.

Fuchs, Peter 1994: Der Mensch – das Medium der Gesellschaft? In:
Ders./Andreas Göbel (Hg.): Der Mensch – das Medium der Gesellschaft? Frankfurt/M., S. 15-39.

Fuchs, Peter/Dietrich Buhrow/Michael Krüger: Die Widerständigkeit der
Behinderten. Zu Problemen der Inklusion/Exklusion von Behinderten
in der ehemaligen DDR, in: Peter Fuchs/Andreas Göbel (Hg.): Der
Mensch – das Medium der Gesellschaft? Frankfurt/M., S. 239-263.

Furth, Peter 1991: Soziale Rolle, Institution und Freiheit, in: Harald Ker-
ber/Arnold Schmieder (Hg.): Soziologie. Arbeitsfelder, Theorien, Ausbildung. Ein Grundkurs. Reinbek bei Hamburg, S. 213-251.

Funke, Harald 1997: Erlebnisgesellschaft, in: Georg Kneer/Armin Nasse-
hi/Markus Schroer (Hg.): Soziologische Gesellschaftsbegriffe. München 1997, S. 305-331.

Funke, Harald/Markus Schroer 1998a: Lebensstilökonomie. Von der Ba-
lance zwischen objektivem Zwang und subjektiver Wahl, in: Frank
Hillebrand/Georg Kneer/Klaus Kraemer (Hg.): Verlust der Sicherheit?
Lebensstile zwischen Multioptionalität und Knappheit. Opladen,
S. 219-244.

Funke, Harald/Markus Schroer 1998b: Kann Kultur denn Sünde sein?
Zu den Idiosynkrasien der Sozialstrukturanalyse, in: Thomas Düllo/
Christian Berthold/Jutta Gries/Peter Wiechens (Hg.): Einführung in
die Kulturwissenschaft. Münster, Hamburg 1997, S. 94-125.

Gebauer, Richard/Georg Kneer 1994: Was heißt Kritische Theorie? In:
Georg Kneer/Klaus Kraemer/Armin Nassehi (Hg.): Soziologie. Zugänge zur Gesellschaft: Geschichte, Theorien und Methoden. Hamburg, Münster, S. 99-118.

Gebhardt, Winfried 1992: Individualisierung, Pluralisierung und institutioneller Wandel, in: Der Staat 31, H. 3, S. 347-365.

Gebhart, Winfried 1994: Soziologie aus Resignation. Über den Zusammenhang von Gesellschaftskritik und Religionsanalyse in der deutschen Soziologie der Jahrhundertwende, in: Leviathan 22, S. 520-540.

Gehlen, Arnold 1955: Der Mensch. Bonn.

Gehlen, Arnold 1957: Die Seele im technischen Zeitalter. Sozialpsychologische Probleme in der industriellen Gesellschaft. Reinbek bei Hamburg.

Gehlen, Arnold 1961: Anthropologische Forschung. Zur Selbstbegegnung und Selbstentdeckung des Menschen. Reinbek bei Hamburg.

Gehlen, Arnold 1971: Das Ende der Persönlichkeit? In: Arnold Gehlen: Studien zur Anthropologie und Soziologie. Darmstadt, Neuwied, S. 301-312.

Geissler, Birgit/Mechthild Oechsle 1994: Lebensplanung als Konstruktion. Biographische Dilemmata und Lebenslauf-Entwürfe junger Frauen, in: Ulrich Beck/Elisabeth Beck-Gernsheim (Hg.): Riskante Freiheiten. Individualisierung in modernen Gesellschaften. Frankfurt/M., S. 139-167.

Geißler, Rainer 1979: Die Sozialisationstheorie von Talcott Parsons: Anmerkungen zur Parsons-Rezeption in der deutschen Soziologie, in: Kölner Zeitschrift für Soziologie 31, S. 267-281.

Geißler, Rainer 1996: Kein Abschied von Klasse und Schicht. Ideologische Gefahren der deutschen Sozialstrukturanalyse, in: Kölner Zeitschrift für Soziologie und Sozialpsychologie 48, H. 2, S. 319-338.

Gephart, Werner 1990: Strafe und Verbrechen. Die Theorie Emile Durkheims. Opladen.

Gephart, Werner 1993: Georg Simmels Bild der Moderne, in: Berliner Journal für Soziologie 3, H. 2, S. 183-192.

Gergen, K. J. 1990: Die Konstruktion des Selbst im Zeitalter der Postmoderne, in: Psychologische Rundschau 41, S. 191-199.

Gerhardt, Uta 1976: Georg Simmels Bedeutung für die Geschichte des Rollenbegriffs in der Soziologie, in: Hannes Böhringer/Karlfried Gründer (Hg.): Ästhetik und Soziologie um die Jahrhundertwende – Georg Simmel. Frankfurt/M., S. 71-83.

Gerhardt, Uta 1986: Patientenkarrieren. Eine medizinsoziologische Studie. Frankfurt/M.

Geulen, Dieter 1989: Das vergesellschaftete Subjekt. Zur Grundlegung der Sozialisationstheorie. Frankfurt/M. 1989.

Geyer, Carl-Friedrich 1982: Kritische Theorie. Max Horkheimer und Theodor W. Adorno. Freiburg, München.

Geyer, Carl-Friedrich 1980: Aporien des Metaphysik- und Geschichtsbegriffs der kritischen Theorie. Darmstadt.

Geuss, Raymond 1983: Die Idee einer kritischen Theorie. Berlin.

Giddens, Anthony 1971: The ›Individual‹ in the Writings of Durkheim, in: European Journal of Sociology, Bd. 12.

Giddens, Anthony 1988a: Die Konstitution der Gesellschaft. Grundzüge einer Theorie der Strukturierung. Frankfurt/M., New York.

Giddens, Anthony 1988b: Die »Theorie der Strukturierung«. Ein Interview, in: Zeitschrift für Soziologie 17, H. 4, S. 286-295.

Giddens, Anthony 1988c: Max Weber und Emile Durkheim. Divergierende Zeitgenossen, in: Wolfgang J. Mommsen/W. Schwentker (Hg.): Max Weber und seine Zeitgenossen. Veröffentlichungen des Deutschen Historischen Instituts London, 21. Göttingen, S. 273-282.

Giddens, Anthony 1993: Wandel der Intimität. Sexualität, Liebe und Erotik in modernen Gesellschaften. Frankfurt/M.

Giddens, Anthony 1995: Konsequenzen der Moderne. Frankfurt/M.

Giddens, Anthony 1996a: Leben in einer posttraditionalen Gesellschaft, in: Ulrich Beck/Anthony Giddens, Scott Lash (Hg.): Reflexive Modernisierung. Frankfurt/M., S. 113-194.

Giddens, Anthony 1996b: »Jeder kann sich für alles entscheiden«. Ein Gespräch mit Anthony Giddens, in: Sonntagsblatt, 15. 11. 1996, S. 12-13.

Giddens, Anthony 1997: Jenseits von Links und Rechts. Frankfurt/M.

Giesen, Bernhard 1991: Soziales System und sozialer Wandel – zum Begriff der Systemtheorie, in: Harald Kerber/Arnold Schmieder (Hg.): Soziologie. Arbeitsfelder, Theorien, Ausbildung. Ein Grundkurs. Reinbek bei Hamburg, S. 516-543.

Gilcher-Holtey, Ingrid 1988: Max Weber und die Frauen, in: Christian Gneuss/Jürgen Kocka (Hg.): Max Weber. Ein Symposium. München, S. 142-154.

Gneuss, Christian/Jürgen Kocka (Hg.) 1988: Max Weber. Ein Symposium. München.

Goebel, Johannes/Christoph Clermont 1997: Die Tugend der Orientierungslosigkeit. Berlin.

Gordon, Colin 1987: The soul and the citizen: Max Weber and Michel Foucault on Rationality and Government, in: Sam Whimster/Scott Lash (Eds.): Max Weber. Rationality and Modernity. London, S. 293-316.

Gorz, André 1989: Kritik der ökonomischen Vernunft. Sinnfragen am Ende der Arbeitsgesellschaft. Berlin.

Goudsblom, Johan 1979: Soziologie auf der Waagschale. Frankfurt/M.

Gross, Peter 1985: Bastelmentalität. Ein postmoderner Schwebezustand, in: Thomas Schmid (Hg.): Das pfeifende Schwein. Berlin, S. 63-84.

Gross, Peter 1991: Solitäre Enklaven, in: Hans Rolf Vetter (Hg.): Lebensführung in der modernen Industriegesellschaft. München, S. 33-51.

Gross, Peter 1994: Die Multioptionsgesellschaft. Frankfurt/M.

Grün, Ruth 1964: Die Begriffsfelder »Hommes-copies«, »Dandies« und »Fausses Passions«. Ein Beitrag zu Stendhals Kritik an der Gesellschaft. Marburg (Diss.).

Gülich, Christian 1991: Die Durkheim-Schule und der französische Solidarismus. Wiesbaden.

Habermas, Jürgen 1973: Legitimationsprobleme im Spätkapitalismus. Frankfurt/M.

Habermas, Jürgen 1983: Simmel als Zeitdiagnostiker, in: Georg Simmel: Philosophische Kultur. Über das Abenteuer, die Geschlechter und die Krise der Moderne. Gesammelte Essays. Berlin, S. 243-253.

Habermas, Jürgen 1985: Der philosophische Diskurs der Moderne. Zwölf Vorlesungen. Frankfurt/M.

Habermas, Jürgen 1987: Philosophisch-politische Profile. Erweiterte Ausgabe. Frankfurt/M.

Habermas, Jürgen 1988a: Theorie des kommunikativen Handelns, Bd. 1: Handlungsrationalität und gesellschaftliche Rationalisierung. Frankfurt/M.

Habermas, Jürgen 1988b: Theorie des kommunikativen Handelns, Bd. 2: Zur Kritik der funktionalistischen Vernunft. Frankfurt/M.

Habermas, Jürgen 1988c: Individuierung durch Vergesellschaftung. Zu George Herbert Meads Theorie der Subjektivität, in: Ders.: Nachmetaphysisches Denken. Frankfurt/M., S. 187-241.

Habermas, Jürgen 1990: Die Moderne – ein unvollendetes Projekt (1980), in: Ders.: Philosophisch-politische Aufsätze 1977-1990. Leipzig, S. 32-54.

Habermas, Jürgen 1995: Faktizität und Geltung. Beiträge zur Diskurstheorie des Rechts und des demokratischen Rechtsstaates. Frankfurt/M.

Habermas, Jürgen/Niklas Luhmann 1971: Theorie der Gesellschaft oder Sozialtechnologie – Was leistet die Systemforschung? Frankfurt/M.

Haferkamp, Hans 1989: »Individualismus« und »Uniformierung« – Über eine Paradoxie in Max Webers Theorie der gesellschaftlichen Entwicklung, in: Johannes Weiß (Hg.): Max Weber heute. Erträge und Probleme der Forschung. Frankfurt/M., S. 461-496.

Hahn, Alois 1982: Zur Soziologie der Beichte und anderer Formen institutionalisierter Bekenntnisse: Selbstthematisierung und Zivilisationsprozeß, in: Kölner Zeitschrift für Soziologie und Sozialpsychologie 34, S. 408-434.

Hahn, Alois 1986: Differenzierung, Zivilisationsprozeß, Religion. Aspekte einer Theorie der Moderne, in: Friedhelm Neidhardt/Rainer M. Lepsius/Johannes Weiß (Hg.): Kultur und Gesellschaft. Sonderheft 27 der Kölner Zeitschrift für Soziologie und Sozialpsychologie, S. 214-231.

Hahn, Alois 1991a: Biographie und Lebenslauf, in: Hans-Rolf Vetter (Hg.): Muster moderner Lebensführung. Aufsätze und Perspektiven. Weinheim/München.

Hahn, Alois 1991b: Rede- und Schweigeverbote, in: Kölner Zeitschrift für Soziologie und Sozialpsychologie 43, S. 86-105.

Hahn, Alois 1994: Die soziale Konstruktion des Fremden, in: Walter M. Sprondel (Hg.): Die Objektivität der Ordnungen und ihre kommunikative Konstruktion. Für Thomas Luckmann. Frankfurt/M., S. 140-163.

Hahn, Alois 1996: Dialektik der Aufklärung Revisited, in: Max Miller/Hans-Georg Soeffner (Hg.): Modernität und Barbarei. Soziologische Zeitdiagnose am Ende des 20. Jahrhunderts. Frankfurt/M., S. 156-174.

Hahn, Alois/Rüdiger Jacob 1994: Der Körper als soziales Bedeutungssystem, in: Peter Fuchs, Andreas Göbel (Hg.): Der Mensch – das Medium der Gesellschaft? Frankfurt/M., S. 239-263.

Hahn, Kornelia 1995: Soziale Kontrolle und Individualisierung. Zur Theorie moderner Ordnungsbildung. Opladen.

Halfmann, Jost 1993: Moderne soziale Bewegungen in der Bundesrepublik. Reichweite und Wirkungen, in: Berliner Journal für Soziologie 3, H. 2, S. 205-214.

Halfmann, Jost 1996: Makrosoziologie der modernen Gesellschaft. Eine Einführung in die soziologische Beschreibung makrosozialer Phänomene. Weinheim, München.

Halfmann, Jost/Heinz-Hermann Knostmann 1990: Parsons und die Entsubjektivierung der Soziologie, in: Sociologia Internationalis 28, S. 1-17.

Hall, Robert T. 1987: Emile Durkheim. Ethics and the Society of Morals. New York, Westport (Connecticut), London.

Hall, Stuart 1989: Das Lokale und das Globale. Globalisierung und Ethnizität, in: Ders.: Ausgewählte Schriften. Hamburg, S. 44-65.

Heimann, Eduard 1955: Vernunftglaube und Religion in der modernen Gesellschaft. Liberalismus, Marxismus und Demokratie. Tübingen.

Hein, Peter Ulrich (Hg.): Georg Simmel. Frankfurt/M., Bern, New York, Paris 1990.

Heins, Volker 1990: Max Weber zur Einführung. Hamburg.

Heitmeyer, Wilhelm 1994a: Das Desintegrations-Theorem. Ein Erklärungsansatz zu fremdendfeindlich motivierter, rechtsextremistischer Gewalt und zur Lähmung gesellschaftlicher Institutionen, in: Ders.: (Hg.): Das Gewalt-Dilemma. Gesellschaftliche Reaktionen auf fremdenfeindliche Gewalt und Rechtsextremismus. Frankfurt/M., S. 29-72.

Heitmeyer, Wilhelm 1994b: Entsicherungen, Desintegrationsprozesse und Gewalt, in: Ulrich Beck/Elisabeth Beck-Gernsheim (Hg.): Riskante Freiheiten. Individualisierung in modernen Gesellschaften. Frankfurt/M., S. 376-401.

Heitmeyer, Wilhelm (Hg.) 1997: Auf dem Weg in eine desintegrierte Gesellschaft, in: Ders. (Hg.): Was treibt die Gesellschaft auseinander? Bundesrepublik Deutschland: Auf dem Weg von der Konsens- zur Konfliktgesellschaft, Bd. 1. Frankfurt/M., S. 9-28.

Hennis, Wilhelm 1987: Max Webers Fragestellung. Tübingen.

Hennis, Wilhelm 1988: Max Weber und die Welt von heute. Eine Diskussion mit Wilhelm Hennis, W. J. Mommsen und Pietro Rossi, in: Christian Gneuss/Jürgen Kocka (Hg.): Max Weber. Ein Symposium. München, S. 195-213.

Herzinger, Richard 1997: Die Tyrannei des Gemeinsinns. Ein Bekenntnis zur egoistischen Gesellschaft. Berlin.

Hesse, Hermann 1973: Die Kunst des Müßiggangs. Kurze Prosa aus dem Nachlaß. Frankfurt/M.

Hitzler, Ronald 1985: Und Adam versteckt sich. Privatheit und Öffentlichkeit als subjektive Erfahrung, in: Soziale Welt 36, S. 503-518.

Hitzler, Ronald 1991: Der banale Proteus. Eine ›postmoderne‹ Metapher? In: Kuzmics, Helmut (Hg.): Der unendliche Prozeß der Zivilisation. Frankfurt/M., New York.

Hitzler, Ronald 1997: »Der Vorhang im Tempel zerreißt...«. Orientierungsprobleme im Übergang zu einer ›anderen‹ Moderne, in: Ulrich Beck/Peter Sopp (Hg.): Individualisierung und Integration. Opladen, S. 49-64.

Hitzler, Ronald/Anne Honer 1994: Bastelexistenz. Über subjektive Konsequenzen der Individualisierung, in: Ulrich Beck (Hg.): Riskante Freiheiten. Individualisierung in modernen Gesellschaften. Frankfurt/M., S. 307-315.

Hitzler, Ronald/Michaela Pfadenhauer 1998: Eine posttraditionale Gemeinschaft. Integration und Distinktion in der Techno-Szene, in: Frank Hillebrandt/Georg Kneer/Klaus Kraemer (Hg.): Verlust der Sicherheit? Lebensstile zwischen Multioptionalität und Knappheit. Opladen, S. 823-102.

Hobbes, Thomas 1980: Leviathan. Stuttgart.

Hörning, Karl H./Annette Gerhardt/Matthias Michailow 1990: Zeitpioniere. Flexible Arbeitszeiten – neuer Lebensstil. Frankfurt/M.

Hörster, Detlef 1998: Politische Perspektiven in Niklas Luhmanns Systemtheorie, in: Vorgänge 37, H. 1, S. 61-72.

Hoffmann-Nowotny, Hans-Joachim 1988: Ehe und Familie in der modernen Gesellschaft, in: Aus Politik und Zeitgeschichte, B 13/88, S. 3-13.

Hohl, Joachim 1994: Die zivilisatorische Zähmung des Subjekts. Der Beitrag von Norbert Elias zu einer historischen Sozialpsychologie, in: Heiner Keupp (Hg.): Zugänge zum Subjekt. Perspektiven einer reflexiven Sozialpsychologie. Frankfurt/M., S. 21-53.

Hommerich, Brigitte 1986: Der Wille zur Herrschaft und der Hunger nach Glück. Max Webers Werk aus Sicht der kritischen Theorie. Opladen.

Hondrich, Karl Otto 1987: Die andere Seite sozialer Differenzierung, in: Hans Haferkamp/Michael Schmid (Hg.): Sinn, Kommunikation und soziale Differenzierung. Frankfurt/M., S. 275-306.

Hondrich, Karl Otto 1996a: Ende oder Wandel der Industriegesellschaft? In: Merkur, S. 24-33.

Hondrich, Karl Otto 1996b: Lassen sich soziale Beziehungen modernisieren? Die Zukunft von Herkunftsbindungen, in: Leviathan 24, S. 28-44.

Hondrich, Karl Otto 1997a: Soziologie. Eine Kolumne. Standorte in der Standortdebatte, in: Merkur, S. 52-59.

Hondrich, Karl Otto 1997b: Wie werden wir die sozialen Zwänge wieder los? Zur Dialektik von Kollektivisierung und Individualisierung (am Beispiel der Paarbeziehung), in: Merkur 51 (1997), 283-292.

Hondrich, Karl Otto/Claudia Koch-Arzberger 1992: Solidarität in der modernen Gesellschaft. Frankfurt/M.

Honneth, Axel 1989: Kritik der Macht: Reflexionsstufen einer kritischen Gesellschaftstheorie. Frankfurt/M.

Honneth, Axel 1990: Foucault und Adorno. Zwei Formen einer Kritik der Moderne, in: Ders.: Die zerrissene Welt des Sozialen. Sozialphilosophische Aufsätze, Frankfurt/M., S. 73-92.

Honneth, Axel 1994: Desintegration. Bruchstücke einer soziologischen Zeitdiagnose. Frankfurt/M.

Honneth, Axel/Albrecht Wellmer (Hg.) 1986: Die Frankfurter Schule und die Folgen. Berlin, New York.

Horkheimer, Max 1930: Die Utopie, in: Ders.: Anfänge der bürgerlichen Geschichtsphilosophie. Stuttgart, S. 77-94.

Horkheimer, Max 1930: Anfänge der bürgerlichen Geschichtsphilosophie. Frankfurt/M.

Horkheimer, Max 1932: Hegel und die Metaphysik. In: Festschrift für Carl Grünberg: zum 70. Geburtstag. Leipzig.

Horkheimer, Max 1934: Dämmerung. (Unter dem Pseudonym »Heinrich Regius«). Zürich.

Horkheimer, Max 1968a: Kritische Theorie. Eine Dokumentation, Bd. 1. Hg. von Alfred Schmidt. Frankfurt/M.

Horkheimer, Max 1968b: Kritische Theorie. Eine Dokumentation. 2 Bde. Hg. von Alfred Schmidt. Frankfurt/M.

Horkheimer, Max 1970: Traditionelle und kritische Theorie. Vier Aufsätze. Frankfurt/M.

Horkheimer, Max 1972a: Sozialphilosophische Studien. Aufsätze, Reden und Vorträge 1930-1972. Hg. von Werner Brede. Frankfurt/M.

Horkheimer, Max 1972b: Gesellschaft im Übergang. Aufsätze, Reden und Vorträge 1942-1970. Hg. von Werner Brede. Frankfurt/M.

Horkheimer, Max 1974: Aus der Pubertät. Novellen und Tagebuchblätter. München.

Horkheimer, Max (Hg.) 1980: Zeitschrift für Sozialforschung Jg. 1/1932-9/1941. Photomechanischer Nachdruck. Mit einer Einleitung von Alfred Schmidt. München.

Horkheimer, Max 1991: ›Zur Kritik der instrumentellen Vernunft‹ und ›Notizen 1949-1969‹. Gesammelte Schriften, Bd. 6. Frankfurt/M.

Horkheimer, Max/Adorno, Theodor W. 1971: Dialektik der Aufklärung. Frankfurt/M.

Hoy, D. C. (Hg.) 1986: Foucault – A Critical Reader. Oxford/New York.

Hufnagel, Gerhard 1971: Kritik als Beruf. Der kritische Gehalt im Werk Max Webers. Frankfurt/M.

Imhof, Arthur E. 1981: Die gewonnenen Jahre. München.

Institut für Sozialforschung (IfS) 1991: Soziologische Exkurse. Nach Vorträgen und Diskussionen. Hamburg.

Jaeger, Friedrich 1992: Der Kulturbegriff Max Webers und seine Bedeutung für eine moderne Kulturgeschichte, in: Geschichte und Gesellschaft 18, S. 371-394.

Janoska-Bendl, Judith 1962: Probleme der Freiheit in der Rollenanalyse, in: Kölner Zeitschrift für Soziologie und Sozialpsychologie 14, S. 459-475.

Japp, Klaus Peter 1996: Soziologische Risikotheorie. Funktionale Differenzierung, Politisierung und Reflexion. Weinheim/München.

Jay, Martin 1976: Dialektische Phantasie. Die Geschichte der Frankfurter Schule und des Instituts für Sozialforschung 1923-1950. Frankfurt/M.

Jay, Martin 1991: Im Reich des Blicks: Foucault und die Diffamierung des Sehens im Französischen Denken des zwanzigsten Jahrhunderts, in: Leviathan 19, H. 1, S 130-156.

Jensen, Stefan 1978: Interpenetration – Zum Verhältnis personaler und sozialer Systeme? In: Zeitschrift für Soziologie 7, S. 116- 129.

Jensen, Stefan 1980: Talcott Parsons. Eine Einführung. Stuttgart.

Joas, Hans 1988: Das Risiko der Gegenwartsdiagnose, in: Soziologische Revue 11, S. 1-6.

Joas, Hans 1992: Kreativität des Handelns. Frankfurt/M.

Joas, Hans 1993: Gemeinschaft und Demokratie in den USA. Die vergessene Vorgeschichte der Kommunitarismus-Diskussion, in: Micha Brumlik/Hauke Brunkhorst (Hg.): Gemeinschaft und Gerechtigkeit. Frankfurt/M., S. 49-62.

Joas, Hans 1995: Was hält die Bundesrepublik zusammen? Alte und neue Möglichkeiten sozialer Integration, in: Friedhelm Hengsbach/Matthias Möhring-Hesse (Hg.): Eure Armut kotzt uns an! Solidarität in der Krise. Frankfurt/M., S. 69-82.

Jung, Werner 1990: Georg Simmel zur Einführung. Hamburg.

Junge, Matthias 1996: Individualisierungsprozesse und der Wandel von Institutionen, in: Kölner Zeitschrift für Soziologie und Sozialpsychologie 48, H. 4, S. 728-747.

Junge, Matthias 1997: Georg Simmels Individualisierungstheorie. Eine systematische Rekonstruktion ihrer Argumentationsfiguren, in: Sociologia Internationalis Bd. 35, H. 1, S. 1-26.

Jurczyk, Karin/Maria S. Rerrich 1993: Die Arbeit des Alltags. Beiträge zu einer Soziologie der alltäglichen Lebensführung. Freiburg/Brsg.

Kaesler, Dirk 1996: Norbert Elias – ein europäischer Soziologe für das 21. Jahrhundert, in: Karl-Siegbert Rehberg (Hg.): Norbert Elias und die Menschenwissenschaften. Studien zur Entstehung und Wirkungsgeschichte seines Werkes. Frankfurt/M., S. 434-445.

Kager, Reinhard 1988: Herrschaft und Versöhnung. Einführung in das Denken Theodor W. Adornos. Frankfurt/M.

Kammler, Clemens 1986: Michel Foucault. Eine kritische Analyse seines Werks. Bonn.

Kaufmann, Franz-Xaver 1969: Die gesellschaftliche Situation der heutigen Familie, in: A. Beckel (Hg.): Ehe im Umbruch. Münster.

Kaufmann, Franz-Xaver 1980: Kinder als Außenseiter der Gesellschaft, in: Merkur 34, S. 761-771.

Kaufmann, Manfred 1990: Struktur und Dynamik. Makrosoziologische Aspekte der Kulturentwicklung bei Georg Simmel. München.

Kausch, Michael 1988: Kulturindustrie und Populärkultur. Kritische Theorie der Massenmedien. Frankfurt/M.

Kellner, Douglas 1982: Kulturindustrie und Massenkommunikation. Die Kritische Theorie und ihre Folgen, in: Wolfgang Bonß/Axel Honneth (Hg.): Sozialforschung als Kritik. Zum sozialwissenschaftlichen Potential der Kritischen Theorie. Frankfurt/M., S. 482-515.

Keupp, Heiner 1993: Grundzüge einer reflexiven Sozialpsychologie. Postmoderne Perspektiven, in: Ders. (Hg.): Zugänge zum Subjekt. Perspektiven einer reflexiven Sozialpsychologie. Frankfurt/M., S. 226-274.

Kim, Eun-Young 1995: Norbert Elias im Diskurs von Moderne und Postmoderne. Ein Rekonstruktionsversuch der Eliasschen Theorie im Licht der Diskussion von Foucault und Habermas. Marburg.

Kintzelé, Jeff/Peter Schneider (Hg.) 1993: Georg Simmels Philosophie des Geldes. Frankfurt/M.

Kippele, Flavia 1998: Was heißt Individualisierung? Die Antworten der Klassiker. Opladen.

Kiss, Gabor 1991: Systemtheorie oder Figurationssoziologie – was leistet die Figurationsforschung? In: Helmut Kuzmics/Ingo Mörth (Hg.) 1991: Der unendliche Prozeß der Zivilisation. Zur Kultursoziologie der Moderne nach Norbert Elias. Frankfurt/M., New York, S. 79-94.

Klages, Helmut 1968: Soziologie zwischen Wirklichkeit und Möglichkeit. Plädoyer für eine projektive Soziologie. Köln, Opladen.

Klages, Helmut 1975: Die unruhige Gesellschaft. München.

Kneer, Georg 1993: Selbstreferenz, Ironie und Supervision. Systemtheoretische Betrachtungen des modernen Staates, in: Sozialwissenschaftliche Literaturrundschau 16, S. 18-26.

Kneer, Georg 1996: Rationalisierung, Disziplinierung und Differenzierung. Sozialtheorie und Zeitdiagnose bei Habermas, Foucault und Luhmann. Opladen.

Kneer, Georg/Armin Nassehi 1993: Niklas Luhmann zur Einführung. München.

Kneer, Georg/Gerd Nollmann 1997: Funktional-differenzierte Gesellschaft, in: Georg Kneer/Armin Nassehi/Markus Schroer (Hg.): Soziologische Gesellschaftsbegriffe. Konzepte moderner Zeitdiagnosen. München, S. 76-100.

Kneer, Georg/Armin Nassehi/Markus Schroer (Hg.) 1997: Soziologische Gesellschaftsbegriffe. Konzepte moderner Zeitdiagnosen. München.

Kocka, Jürgen 1981: Das Problem der Bürokratie. Otto Hinze, Max Weber und das Problem der Bürokratie, in: Historische Zeitschrift 233, S. 65-105.

Kögler, Hans-Herbert 1990: Fröhliche Subjektivität, Historische Ethik und dreifache Ontologie beim späten Foucault, in: Eva Erdmann/Rainer Forst, Axel Honneth (Hg.): Ethos der Moderne. Foucaults Kritik der Aufklärung. Frankfurt/M., New York, S. 202-226.

Kögler, Hans-Herbert 1994: Michel Foucault. Stuttgart, Weimar.

Kohli, Martin 1985: Die Institutionalisierung des Lebenslaufs: Historische Befunde und theoretische Argumente, in: Kölner Zeitschrift für Soziologie und Sozialpsychologie 37, S. 1-29.

Kohli, Martin 1988: Normalbiographie und Individualität: Zur institutionellen Dynamik des gegenwärtigen Lebenslaufregimes, in: Hanns-Georg Brose/Bruno Hillenbrand (Hg.): Vom Ende des Individuums zur Individualität ohne Ende. Opladen, S. 33-53.

Kohli, Martin 1994: Institutionalisierung und Individualisierung der Erwerbsbiographie, in: Ulrich Beck/Elisabeth Beck-Gernsheim (Hg.): Riskante Freiheiten. Individualisierung in modernen Gesellschaften. Frankfurt/M., S. 219-244.

Konietzka, Dirk 1995: Lebensstile im sozialstrukturellen Kontext. Zur Analyse soziokultureller Ungleichheiten. Opladen.

König, René 1976: Emile Durkheim. Der Soziologe als Moralist, in: Dirk Käsler (Hg.): Klassiker des soziologischen Denkens, Bd. 1, München, S. 312-364.

König, Helmut 1992: Zivilisation und Leidenschaften. Die Masse im bürgerlichen Zeitalter. Reinbek bei Hamburg.

König, Helmut 1993: Norbert Elias und Sigmund Freud. Der Prozeß der Zivilisation, in: Leviathan 23, H. 2, S. 205-221.

Kraemer, Klaus 1994: Soziale Grammatik des Habitus. Zum sozialtheoretischen Potential der Kultursoziologie Pierre Bourdieus, in: Georg Kneer/Klaus Kraemer/Armin Nassehi (Hg.): Soziologie. Zugänge zur Gesellschaft, Bd. 1: Geschichte, Theorien, Methoden. Münster, Hamburg, S. 169-189.

Kraemer, Klaus 1997: Der Markt der Gesellschaft. Zu einer soziologischen Theorie der Marktvergesellschaftung. Opladen.

Kratz, Hilde 1989: Von der Großfamilie zum Singledasein? Forum des

Zusammenlebens, in: Egon Hölder (Hg.): Im Zuge der Zeit. Ein Bilderbogen durch vier Jahrhunderte. Stuttgart.

Kreckel, Reinhard 1991: Individualismus und »moderne« Gesellschaft, in: Geschichte und Gegenwart 3, S. 163-179.

Krieken, Robert van 1989: Die Organisierung der Seele. Elias und Foucault über Disziplin und das Selbst, in: Prokla, S. 602-619.

Kristeva, Julia 1990: Fremde sind wir uns selbst. Frankfurt/M.

Kruse, Volker 1994: Historisch-soziologische Zeitdiagnosen in Westdeutschland nach 1945. Eduard Heimann, Alfred von Martin, Hans Freyer. Frankfurt/M.

Kuenzlen, G. 1981: Die Religionssoziologie Max Webers. Eine Darstellung ihrer Entwicklung. Berlin, München.

Kunczik 1983: Elemente der modernen Systemtheorie im soziologischen Werk von Herbert Spencer, in: Kölner Zeitschrift für Soziologie und Sozialpsychologie 35, S. 438-461.

Kuzmics, Helmut/Ingo Mörth (Hg.) 1991: Der unendliche Prozeß der Zivilisation. Zur Kultursoziologie der Moderne nach Norbert Elias. Frankfurt/M., New York.

Landmann, Michael 1976: Georg Simmel. Konturen seines Denkens, in: Hannes Böhringer/Karlfried Gründer (Hg.): Ästhetik und Soziologie um die Jahrhundertwende. Georg Simmel. Frankfurt/M. 1976, S. 3-11.

Lasch, Christopher 1982: Das Zeitalter des Narzißmus. München.

Lau, Christoph 1988: Gesellschaftliche Individualisierung und Wertewandel, in: H. O. Luthe/Heiner Meulemann (Hg.): Wertewandel – Faktum oder Fiktion? Frankfurt/New York, S. 217-235.

Lehmann, Burkhard E. 1988: Rationalität im Alltag? Zur Konstitution sinnhaften Handelns in der Perspektive interpretativer Soziologie. Münster/New York.

Leibfried, Stephan/Lutz Leisering u. a. 1995: Zeit der Armut. Lebensläufe im Sozialstaat. Frankfurt/M.

Leisering, Lutz 1997: Individualisierung und sekundäre Institutionen, in: Ulrich Beck/Peter Sopp (Hg.): Individualisierung und Integration. Neue Konfliktlinien und neuer Integrationsmodus? Opladen, S. 143-159.

Lenk, Karl 1964: Das tragische Bewußtsein in der deutschen Soziologie, in: Kölner Zeitschrift für Soziologie und Sozialpsychologie 16, S. 257-287.

Lepenies, Wolf 1977: Ein Außenseiter, voll unbefangener Einsicht. Laudatio auf Norbert Elias anläßlich der Verleihung des Theodor W. Adorno-Preises am 2. Oktober 1977, in: Norbert Elias/Wolf Lepenies: Zwei Reden anläßlich der Verleihung des Theodor W. Adorno-Preises 1977. Frankfurt/M., S. 9-33.

Levine, Donald M. 1980: Simmel and Parsons. Two Approaches to the Study of Society. New York.

Levine, Donald M. 1984: Ambivalente Begegnungen: »Negationen« Simmels durch Durkheim, Weber, Lukács, Park und Parsons, in: Heinz-Jürgen Dahme/Otthein Rammstedt (Hg.): Georg Simmel und die Moderne. Neue Interpretationen und Materialien. Frankfurt/M. S. 318-386.

Ley, Katarina 1984: Von der Normalbiographie zur Wahlbiographie? In: Martin Kohli/Günther Robert (Hg.): Biographie und soziale Wirklichkeit. Neue Beiträge und Forschungsperspektiven. Stuttgart, S. 239-260.

Lichtblau, Klaus 1984: Das »Pathos der Distanz«. Präliminarien zur Nietzsche-Rezeption bei Georg Simmel, in: Heinz-Jürgen Dahme/Otthein Rammstedt (Hg.): Georg Simmel und die Moderne. Neue Interpretationen und Materialien. Frankfurt/M., S. 231-281.

Lichtblau, Klaus 1997: Georg Simmel. Frankfurt/M., New York.

Lindenberg, S. 1983: Zur Kritik an Durkheims Programm für die Soziologie, in: Zeitschrift für Soziologie 12, H. 2, S. 139-151.

Lipp, Wolfgang 1997: Risiko, Verantwortung, Schicksal. Positionen einer Ethik der Postmoderne, in: Toru Hijikata/Armin Nassehi (Hg.): Riskante Strategien. Beiträge zur Soziologie des Risikos. Opladen, S. 9-35.

Loh, W. 1980: AGIL-Dimensionen im Spätwerk von Talcott Parsons, in: Kölner Zeitschrift für Soziologie und Sozialpsychologie 32, S. 130-143.

Lohmann, Georg 1993: Die Anpassung des individuellen Lebens an die innere Unendlichkeit der Großstädte. Formen der Individualisierung bei Simmel, in: Berliner Journal für Soziologie, H. 2, S. 153-160.

Lohmann, Georg 1992: Fragmentierung, Oberflächlichkeit und Ganzheit individueller Existenz, in: Emil Angehrn (Hg.): Dialektischer Negativismus. Michael Theunissen zum 60. Geburtstag. Frankfurt/M., S. 342-367.

Luckmann, Thomas 1991: Die unsichtbare Religion. Frankfurt/M.

Lübbe, Hermann 1979: Zur Identitätspräsentationsfunktion der Historie, in: Odo Marquard/Karlheinz Stierle (Hg.): Identität. München, S. 277-292.

Ludwig-Mayerhofer, Wolfgang 1998: Disziplin oder Distinktion? Zur Interpretation der Theorie des Zivilisationsprozesses von Norbert Elias, in: Kölner Zeitschrift für Soziologie und Sozialpsychologie 50, 217-237.

Luhmann, Niklas 1965: Grundrechte als Institution. Ein Beitrag zur politischen Theorie. Berlin.

Luhmann, Niklas 1970: Soziologische Aufklärung, Bd. 1. Aufsätze zur Theorie sozialer Systeme. Opladen.

Luhmann, Niklas 1975: Soziologische Aufklärung, Bd. 2. Aufsätze zur Theorie der Gesellschaft. Opladen.

Luhmann, Niklas 1977a: Interpenetration – Zum Verhältnis personaler und sozialer Systeme, in: Zeitschrift für Soziologie 6, S. 62-76.

Luhmann, Niklas 1977b: Die Funktion der Religion. Frankfurt/M.

Luhmann, Niklas 1978: Interpenetration bei Parsons, in: Zeitschrift für Soziologie 7, S. 299-302.

Luhmann, Niklas 1980: Talcott Parsons – Zur Zukunft eines Theorieprogramms, in: Zeitschrift für Soziologie 9, S. 5-17.

Luhmann, Niklas 1981: Politische Theorie im Wohlfahrtsstaat. München.

Luhmann, Niklas 1982: Liebe als Passion. Frankfurt/M.

Luhmann, Niklas 1984a: Soziale Systeme. Grundriß einer allgemeinen Theorie. Frankfurt/M.

Luhmann, Niklas 1984b: Individuum und Gesellschaft, in: Universitas 39, H. 1, S. 1-11.

Luhmann, Niklas 1986: Ökologische Kommunikation. Kann die moderne Gesellschaft sich auf ökologische Gefährdungen einstellen? Opladen.

Luhmann, Niklas 1987: Archimedes und wir. Interviews. Hg. von Dirk Baecker und Georg Stanitzek. Berlin.

Luhmann, Niklas 1988: Warum AGIL? In: Kölner Zeitschrift für Soziologie und Sozialpsychologie 40, S. 127-139.

Luhmann, Niklas 1990: Die Wissenschaft der Gesellschaft. Frankfurt/M.

Luhmann, Niklas 1991a: Soziologie des Risikos. Berlin, New York.

Luhmann, Niklas 1991b: Am Ende der kritischen Soziologie, in: Zeitschrift für Soziologie 20, H. 2, S. 147-152.

Luhmann, Niklas 1992: Beobachtungen der Moderne. Opladen.

Luhmann, Niklas 1993a: Gesellschaftsstruktur und Semantik. Studien zur Wissenssoziologie der modernen Gesellschaft, Bd. 1. Frankfurt/M. 1980.

Luhmann, Niklas 1993b: Gesellschaftsstruktur und Semantik. Studien zur Wissenssoziologie der modernen Gesellschaft, Bd. 2. Frankfurt/M. 1981.

Luhmann, Niklas 1993c: Gesellschaftsstruktur und Semantik. Studien zur Wissenssoziologie der modernen Gesellschaft, Bd. 3, Frankfurt/M. 1989.

Luhmann, Niklas 1995: Soziologische Aufklärung, Bd. 6: Die Soziologie und der Mensch. Opladen.

Luhmann, Niklas 1996a: Protest. Systemtheorie und soziale Bewegungen. Hg. und eingeleitet von Kai-Uwe Hellmann. Frankfurt/M.

Luhmann, Niklas 1996b: Die Realität der Massenmedien. Opladen.

Luhmann, Niklas 1996c: Jenseits von Barbarei, in: Max Miller/Hans-Georg Soeffner (Hg.): Moderne und Barbarei. Soziologische Zeitdiagnose am Ende des 20. Jahrhunderts, S. 219-230.

Luhmann, Niklas 1997a: Die Gesellschaft der Gesellschaft, 2 Bde., Frankfurt/M.

Luhmann, Niklas 1997b: Selbstorganisation und Mikrodiversität. Zur Wissenssoziologie des neuzeitlichen Individualismus, in: Soziale Systeme 3, H. 1, S. 23-32.

Luhmann, Niklas 1997c: »Wie konstruiert man in eine Welt, die so ist, wie sie ist, Freiheiten hinein?« Ein Gespräch, in: Theodor W. Bardmann (Hg.): Zirkuläre Positionen. Opladen, S. 67-83.

Lukács, Georg 1985: Schriften zur Literatursoziologie. Frankfurt/M., Berlin, Wien.

Lukes, Steven (1973): Emile Durkheim. His Life and Work. A Historical and Critical Study. London.

Lyotard, Jean-François 1986: Das postmoderne Wissen. Wien.

Lyotard, Jean-François 1987: Der Widerstreit. München.

Mackensen, Rainer 1988: Die Postmoderne als negative Utopie, in: Soziologische Revue 11, H. 1, S. 6-12.

Marias, Javier 1997: Mein Herz so weiß. Stuttgart.

Marica, George 1932: Emile Durkheim. Soziologie und Soziologismus. Jena.

Marcuse, Herbert 1965: Kultur und Gesellschaft 1. Frankfurt/M.

Marcuse, Herbert ⁴1970: Ideen zu einer kritischen Theorie der Gesellschaft. Frankfurt/M.

Marquard, Odo 1979: Identität. Schwundtelos und Mini-Essenz – Bemerkungen zur Genealogie einer aktuellen Diskussion, in: Odo Marquard/Karlheinz Stierle (Hg.): Identität. München 1979, S. 347-369.

Martin, Alfred von 1956: Ordnung und Freiheit. Materialien und Reflexionen zu Grundfragen des Sociallebens. Frankfurt.

Marx, Karl 1972: Zur Judenfrage, in: Karl Marx/Friedrich Engels: Werke, Bd. 1, Berlin, S. 347-377.

Mayer, Karl Ulrich 1991: Soziale Ungleichheit und die Differenzierung von Lebensverläufen, in: Wolfgang Zapf (Hg.): Die Modernisierung moderner Gesellschaften. Verhandlungen des Deutschen Soziologentages in Frankfurt am Main. Frankfurt/M., New York, S. 667-687.

Mayer, Karl Ulrich/Walter Müller 1994: Individualisierung und Standardisierung im Strukturwandel der Moderne. Lebensverläufe im Wohlfahrtsstaat, in: Ulrich Beck/Elisabeth Beck-Gernsheim (Hg.): Riskante Freiheiten. Individualisierung in modernen Gesellschaften. Frankfurt/M., S. 265-295.

Mead, George Herbert 1991: Geist, Identität und Gesellschaft. Frankfurt/M.

Miebach, Bernhard 1984: Strukturalistische Handlungstheorie – Zum Verhältnis von soziologischer Theorie und empirischer Forschung im Werk Talcott Parsons'. Opladen.

Miegel, Meinhard/Stefanie Wahl 1993: Das Ende des Individualismus. Die Kultur des Westens zerstört sich selbst. München/Landsberg am Lech.

Mills, C. Wright 1980: The Sociological Imagination (1959). Harmondsworth.

Miller, James 1993: The Passion of Michel Foucault. New York.

Mitchell, Mark 1976: The Individual and Individualism in Durkheim. In: Sociological Analysis and Theory 6 (1976), S. 257-277.

Mommsen, Wolfgang J. ²1974a: Max Weber und die deutsche Politik 1890-1920. Tübingen.

Mommsen, Wolfgang J. 1974b: Max Weber. Gesellschaft, Politik und Geschichte. Frankfurt/M.

Mommsen, Wolfgang J. 1981: Die antinomische Struktur des politischen Denkens Max Webers, in: Historische Zeitschrift 233, S. 35 ff.

Mommsen, Wolfgang J. 1988: Max Weber und die Welt von heute. Eine Diskussion mit Wilhelm Hennis, W. J. Mommsen und Pietro Rossi, in: Christian Gneuss/Jürgen Kocka (Hg.): Max Weber. Ein Symposium. München, S. 195-213.

Mongardini, Carlo 1996: »Wie ist Gesellschaft möglich?« – Georg Simmel, Norbert Elias und die Aufgaben einer soziologischen Neuorientierung, in: Karl-Siegbert Rehberg (Hg.): Norbert Elias und die Menschenwissenschaften. Studien zur Entstehung und Wirkungsgeschichte seines Werkes. Frankfurt/M., S. 291-302.

Mooser, Josef 1984: Arbeiterleben in Deutschland 1900-1970. Klassenlagen, Kultur und Politik. Frankfurt/M.

Müller, Eggo 1994: Zu Paaren getrieben. Die neuen Liebes-Spiele im Fernsehen, in: Gerd Grözinger (Hg.): Das Single. Gesellschaftliche Folgen eines Trends. Opladen, S. 149-167.

Müller, Hans Peter 1983: Wertkrise und Gesellschaftsreform. Emile Durkheims Schriften zur Politik. Stuttgart.

Müller, Hans Peter 1986: Gesellschaft, Moral und Individualismus. Emile Durkheims Moraltheorie, in: Hans Bertram (Hg.): Gesellschaftlicher Zwang und moralische Autonomie. Frankfurt/M., S. 71-105.

Müller, Hans-Peter 1989: Lebensstile. Ein neues Paradigma der Differenzierungs- und Ungleichheitsforschung? In: Kölner Zeitschrift für Soziologie und Sozialpsychologie 41, S. 53-71.

Müller, Hans-Peter 1991: Die Moralökologie moderner Gesellschaften. Durkheims ›Physik der Sitten und des Rechts‹, in: Emile Durkheim 1991: Physik der Sitten und des Rechts. Frankfurt/M., S. 307-341.

Müller, Hans Peter 1992: Gesellschaftliche Moral und individuelle Lebensführung. Ein Vergleich von Emile Durkheim und Max Weber, in: Zeitschrift für Soziologie 21, H. 1, S. 49-60.

Müller, Hans-Peter 1993a: Soziale Differenzierung und gesellschaftliche Reformen. Der politische Gehalt in Emile Durkheims »Arbeitsteilung«, in: Berliner Journal für Soziologie 3, S. 507-519.

Müller, Hans-Peter 1993b: Soziale Differenzierung und Individualisierung. Georg Simmels Gesellschafts- und Zeitdiagnose, in: Berliner Journal für Soziologie, H. 2, S. 127-139.

Müller, Hans-Peter 1994: Abschied von der Klassengesellschaft? Über ein Menetekel im Spiegel der soziologischen Diskussion, in: Christoph

Görg (Hg.): Gesellschaft im Übergang. Darmstadt, S. 120-140.

Müller-Schneider, Thomas 1998: Subjektivität und innengerichtete Modernisierung. Erlebniskultur in der Metamorphose, in: Frank Hillebrand/Georg Kneer/Klaus Kraemer (Hg.): Verlust der Sicherheit? Lebensstile zwischen Multioptionalität und Knappheit. Opladen, S. 137-157.

Münch, Richard 1982: Theorie des Handelns. Zur Rekonstruktion der Beiträge von Talcott Parsons, Emile Durkheim und Max Weber. Frankfurt/M.

Münch, Richard 1991a: Dialektik der Kommunikationsgesellschaft. Frankfurt/M.

Münch, Richard 1991b: Modernisierung als Differenzierung? Empirische Anfragen an die Theorie der funktionalen Differenzierung, in: Wolfgang Glatzer (Hg.): Die Modernisierung moderner Gesellschaften. 25. deutscher Soziologentag 1990. Opladen, S. 375-377.

Münch, Richard 1998: Globale Dynamik, lokale Lebenswelten: der schwierige Weg in die Weltgesellschaft. Frankfurt/M.

Narr, Wolf-Dieter 1995: Begriffslose Politik und politikarme Begriffe, in: Leviathan 23, S. 437-444.

Nassehi, Armin 1990: Zum Funktionswandel von Ethnizität im Prozeß gesellschaftlicher Modernisierung. Ein Beitrag zur Theorie funktionaler Differenzierung, in: Soziale Welt 41, H. 3, S. 261-282.

Nassehi, Armin 1993: Gesellschaftstheorie, Kulturphilosophie und Thanatologie. Eine gesellschafstheoretische Rekonstruktion von Georg Simmels Theorie der Individualität, in: Sociologica Internationalis, H. 1, S. 1-21.

Nassehi, Armin 1994: Systemtheoretische Soziologie. Erkundung eines Paradigmas, in: Georg Kneer, Klaus Kraemer, Armin Nassehi (Hg.): Soziologie. Zugänge zur Gesellschaft, Bd. 1: Geschichte, Theorien und Methoden. Münster, Hamburg, S. 145-168.

Nassehi, Armin 1995a: Ethos und Thanatos. Der menschliche Tod und der Tod des Menschen im Denken Michel Foucaults, in: Klaus Feldmann/Werner Fuchs-Heinritz (Hg.): Der Tod ist ein Problem der Lebenden. Beiträge zur Soziologie des Todes. Frankfurt/M., S. 210-232.

Nassehi, Armin 1995b: Der Fremde als Vertrauter. Soziologische Beobachtungen zur Konstruktion von Identitäten und Differenzen, in: Kölner Zeitschrift für Soziologie und Sozialpsychologie 47, H. 3, S. 443-463.

Nassehi, Armin 1996: Religion und Biographie. Zum Bezugsproblem religiöser Kommunikation in der Moderne, in: Karl Gabriel (Hg.): Religiöse Individualisierung und Gruppenprozesse. Gütersloh, S. 41-56.

Nassehi, Armin 1997a: Inklusion, Exklusion – Integration, Desintegration. Die Theorie der funktionalen Differenzierung und die Desintegrationsthese, in: Wilhelm Heitmeyer (Hg.): Was hält die Gesellschaft zusammen? Bundesrepublik Deutschland: Auf dem Weg von der Konsens- zur Konfliktgesellschaft, Bd. 2, Frankfurt/M., S. 113-148.

Nassehi, Armin 1997b: Das Problem der Optionssteigerung. Überlegungen zur Risikokultur der Moderne, in: Berliner Journal für Soziologie 7, H. 1, 21-36.

Nassehi, Armin 1997c: Risikogesellschaft, in: Georg Kneer/Armin Nassehi/Markus Schroer (Hg.): Soziologische Gesellschaftsbegriffe. Konzepte moderner Zeitdiagnosen. München, S. 252-279.

Nassehi, Armin 1998: Weltbildpluralismus oder gesellschaftliche Differenzierung? Zu Wolfgang Schluchters Aneignung von Max Webers Säkularisierungsthese in gesellschaftstheoretischer Absicht, in: Agathe Bienfait/Gerhard Wagner (Hg.): Die Tragik der entzauberten Welt. Beiträge zu Wolfgang Schluchters Ethik und Gesellschaftstheorie. Frankfurt/M., S. 193-224.

Nassehi, Armin/Georg Weber 1989: Tod, Modernität und Gesellschaft. Entwurf zu einer Theorie der Todesverdrängung. Opladen.

Nassehi, Armin/Georg Weber 1990: Zu einer Theorie biographischer Identität. Epistemologische und systemtheoretische Argumente, in: BIOS 2 (1990), S. 153-187.

Nassehi, Armin/Gerd Nollmann 1997: Inklusionen. Organisationssoziologische Ergänzungen der Inklusion-/Exklusionstheorie, in: Soziale Systeme 3, H. 2, S. 393-411.

Neckel, Sighard 1991: Status und Scham. Zur symbolischen Reproduktion sozialer Ungleichheit. Frankfurt/M., New York.

Neckel, Sighard 1993: Macht der Unterscheidung. Beutezüge durch den modernen Alltag. Frankfurt/M.

Neckel, Sighard 1994: Gefährliche Fremdheit, in: René Althammer/Ronald Hitzler (Red.): Im Dschungel der politisierten Gesellschaft. Ulrich Beck in der Diskussion. Berlin, S. 45-50.

Némedi, Dénes 1995: Das Problem des Todes in der Durkheimschen Soziologie, in: Klaus Feldmann/Werner Fuchs-Heinritz (Hg.): Der Tod ist ein Problem der Lebenden. Beiträge zur Soziologie des Todes. Frankfurt/M., S. 59-79.

Nedelmann, Brigitte 1992: Geld und Lebensstil. Rhythmisch-symmetrische und individualistisch-spontane Lebensführung, in: Annali di Sociologici 8, S. 89-101.

Nedelmann, Brigitte 1993: Geld und Lebensstil. Georg Simmel – ein Entfremdungstheoretiker? In: Jeff Kintzelé/Peter Schneider (Hg.): Georg Simmels Philosophie des Geldes. Frankfurt/M., S. 398-418.

Neuberger, Oswald 1997: Individualisierung und Organisierung. Die wechselseitige Erzeugung von Individuum und Organisation durch Verfahren, in: Günther Ortmann/Jörg Sydow/Klaus Türk (Hg.): Theorien der Organisation. Opladen.

Nietzsche, Friedrich 1993: Menschliches, Allzumenschliches I/II. Kritische Studienausgabe, Bd. 2. Hg. von Giorgio Colli und Amazzino Montinari. München.

Nisbet, R. A. 1975: The Sociology of Emile Durkheim. London 1975.

Nollmann, Gerd 1997: Konflikte in Interaktion, Gruppe und Organisation. Zur Konfliktsoziologie der modernen Gesellschaft. Opladen.

Nolte, Paul 1987: Optimist der liberalen Gesellschaft: Talcott Parsons, in: Merkur 41, S. 579-589.

Novalis 1978: Das Allgemeine Brouillion 1998/99, in: Ders.: Werke, Tagebücher und Briefe Friedrich von Hardenbergs, hg. von H.-J. Mähl und R. Samuel, Bd. 2, München, S. 471-720.

Nunner-Winkler, Gertrud 1985: Identität und Individualität, in: Soziale Welt 36, S. 466-482.

Nunner-Winkler, Gertrud 1991: Ende des Individuums oder autonomes Subjekt, in: Werner Helsper (Hg.): Jugend zwischen Moderne und Postmoderne. Opladen, S. 113-129.

Nunner-Winkler, Gertrud 1997: Zurück zu Durkheim? Geteilte Werte als Basis gesellschaftlichen Zusammenhalts, in: Wilhelm Heitmeyer (Hg.): Was hält die Gesellschaft zusammen? Bundesrepublik Deutschland: Auf dem Weg von der Konsens- zur Konfliktgesellschaft, Bd. 2., Frankfurt/M., S. 360-402.

O'Neill, John 1986: The Disciplinary Society: From Weber to Foucault, in: The British Journal of Sociology, Vol. XXXVII, No. 1, S. 42-60.

Owen, David 1991: Autonomy and »Inner Distance«: A Trace of Nietzsche in Weber, in: History of the Human Sciences 4, H. 1, S. 79-91.

Palonen, Kari 1995: Die jüngste Erfindung des Politischen. Ulrich Becks ›Neues Wörterbuch des Politischen‹ als Beitrag zur Begriffsgeschichte, in: Leviathan 23, H. 3, S. 417-436.

Parsons, Talcott 1935: The Place of Ultimate Values in Sociological Theory, in: International Journal of Ethics 45, S. 282-316.

Parsons, Talcott 1951: The Social System. London.

Parsons, Talcott 1964: Die jüngsten Entwicklungen in der strukturell-funktionalen Theorie, in: Kölner Zeitschrift für Soziologie und Sozialpsychologie 16, S. 136-159.

Parsons, Talcott 1967: Einige Grundzüge der allgemeinen Theorie des sozialen Handelns, in: Heinz Hartmann (Hg.): Moderne amerikanische Soziologie. Stuttgart, S. 153-171.

Parsons, Talcott 1968a: The Structure of Social Action, 2 Volumes, New York (1937).

Parsons, Talcott 1968b: Sozialstruktur und Persönlichkeit. Frankfurt/M.

Parsons, Talcott 1969a: Das Problem des Strukturwandels: eine theoretische Skizze (1961), in: Wolfgang Zapf (Hg.): Theorien des sozialen Wandels. Köln, Berlin, S. 35-54.

Parsons, Talcott 1969b: Evolutionäre Universalien der Gesellschaft

(1964), in: Wolfgang Zapf (Hg.): Theorien des sozialen Wandels. Köln, Berlin, S. 55-74.

Parsons, Talcott 1972: Das System moderner Gesellschaften. München.

Parsons, Talcott ³1973: Beiträge zur soziologischen Theorie. Hg. und eingeleitet von Dietrich Rüschemeyer. Darmstadt, Neuwied 1964.

Parsons, Talcott 1974: Religion in Postindustrial society. The Problem of Secularization, in: Social Research 41, S. 193-225.

Parsons, Talcott 1975: Gesellschaften. Evolutionäre und komparative Perspektiven. Frankfurt/M.

Parsons, Talcott 1976: Zur Theorie sozialer Systeme. Hg. und eingeleitet von Stefan Jensen. Opladen.

Parsons, Talcott 1980: Der Stellenwert des Identitätsbegriffs in der allgemeinen Handlungstheorie, in: Rainer Döbert/Jürgen Habermas/Gertrud Nunner-Winkler (Hg.): Die Entwicklung des Ichs. Königstein/Ts., S. 68-88.

Parsons, Talcott 1993: Durkheims Beitrag zur Theorie der Integration sozialer Systeme (1960), in: Berliner Journal für Soziologie, H. 4, S. 447-468.

Parsons, Talcott 1994: Aktor, Situation und normative Muster. Ein Essay zur Theorie sozialen Handelns. (1939) Frankfurt/M.

Parsons, Talcott/Edward A. Shils 1951 (Eds.): Toward a General Theory of Action. New York.

Parsons, Talcott/Robert F. Bales/Edward A. Shils 1953: Working Papers in the Theory of Action. Glencoe/Ill.

Parsons, Talcott/Gerald M. Platt 1990: Die amerikanische Universität. Ein Beitrag zur Soziologie der Erkenntnis. Frankfurt/M.

Peter, Lothar 1997: Emile Durkheim – ein früher Kommunitarist? In: Sociologia Internationalis 35, H. 1, S. 39-59.

Peters, Bernhard 1993: Die Integration moderner Gesellschaften. Frankfurt/M.

Peuckert, Rüdiger 1997: Die Destabilisierung der Familie, in: Wilhelm Heitmeyer 1997 (Hg.): Was treibt die Gesellschaft auseinander? Bundesrepublik Deutschland: Auf dem Weg von der Konsens- zur Konfliktgesellschaft, Bd. 1. Frankfurt/M., S. 287-327.

Peuckert, Detlev J. K. 1989: Max Webers Diagnose der Moderne. Göttingen.

Plake, Klaus 1991: Aufklärung und innerliche Askese, in: Harro Segeberg (Hg.): Vom Wert der Arbeit. Tübingen, S. 11-20.

Plessner, Helmuth 1981: Grenzen der Gemeinschaft. Gesammelte Schriften, Bd. 5. Frankfurt/M.

Pohlmann, Friedrich 1987: Individuum, Geld und Rationalität. Georg Simmel zwischen Karl Marx und Max Weber. Stuttgart.

Pollack, M. 1986: Die Rezeption Max Webers in Frankreich. Fallstudie eines Theorietransfers in den Sozialwissenschaften, in: Kölner Zeitschrift für Soziologie und Sozialpsychologie 38, S. 670-684.

Popitz, Heinrich 1987: Autoritätsbedürfnisse. Der Wandel der sozialen Subjektivität, in: Kölner Zeitschrift für Soziologie und Sozialpsychologie 39, S. 633-647.

Post, Werner 1971: Kritische Theorie und metaphysischer Pessimismus. Zum Spätwerk Max Horkheimers. München.

Privitera, Walter 1990: Stilprobleme. Zur Epistemologie Michel Foucaults. Frankfurt/M.

Rammstedt, Otthein 1985: Zweifel am Fortschritt und Hoffnung aufs Individuum. Zur Konstitution der modernen Soziologie im ausgehenden 19. Jahrhundert, in: Soziale Welt 36, S. 483-502.

Rammstedt, Otthein 1988: Die Attitüden der Klassiker als unsere soziologischen Selbstverständlichkeiten. Durkheim, Simmel, Weber und die Konstitution der modernen Soziologie, in: Ders. (Hg.): Simmel und die frühen Soziologen. Nähe und Distanz zu Durkheim, Tönnies und Weber. Frankfurt/M., S. 275-307.

Reemtsma, Jan Philipp 1996: Die Königstochter hat den Frosch nicht geküßt, in: Max Miller/Hans-Georg Soeffner (Hg.): Modernität und Barbarei. Soziologische Zeitdiagnosen am Ende des 20. Jahrhunderts. Frankfurt/M., 353-358.

Reese-Schäfer, Walter 1992: Niklas Luhmann zur Einführung. Hamburg.

Rehberg, Karl-Siegbert 1981: Philosophische Anthropologie und die Soziologisierung des Wissens vom Menschen. Einige Zusammenhänge zwischen einer philosophischen Denktradition und der Soziologie in Deutschland, in: Kölner Zeitschrift für Soziologie und Sozialpsychologie, Sonderheft 23, S. 160-198.

Rehberg, Karl-Siegbert ²1982: Form und Prozeß, in: Peter Gleichmann/Johan Goudsblom/Hermann Korte (Hg.): Materialien zu Norbert Elias' Zivilisationstheorie. Frankfurt/M., S. 101-169.

Rehberg, Karl-Siegbert 1994: Kulturwissenschaft und Handlungsbegrifflichkeit. Anthropologische Überlegungen zum Zusammenhang von Handlung und Ordnung in der Soziologie Max Webers, in: Gerhard Wagner/Heinz Zipprian (Hg.) 1994: Max Webers Wissenschaftslehre. Interpretation und Kritik. Frankfurt/M., S. 602-661.

Reichertz, Jo 1994: »Ich liebe, liebe, liebe Dich«. Zum Gebrauch der Fernsehsendung »Traumhochzeit« durch die Kandidaten, in: Soziale Welt 45, S. 98-119.

Reichwein, Roland 1970: Sozialisation und Individualität in der Theorie von Talcott Parsons, in: Soziale Welt 21, S. 161-184.

Reichwein, Roland 1997: Jugend und Minderheiten, in: Armin Nassehi (Hg.): Nation, Ethnie, Minderheit. Beiträge zur Aktualität ethnischer Konflikte. Köln, Weimar, Wien, S. 103-131.

Reijen, Willem van 1984: Philosophie als Kritik. Einführung in die kritische Theorie. Königstein/Ts.

Rerrich, Maria S. 1988: Balanceakt Familie. Zwischen alten Leitbildern und neuen Lebensformen. Freiburg.

Richter, Dirk 1995: Nation als Form. Opladen.

Riesman, David 1958: Die einsame Masse. Eine Untersuchung der Wandlungen des amerikanischen Charakters. Mit einer Einführung in die deutsche Ausgabe von Helmut Schelsky. Hamburg.

Ritsert, Jürgen 1968: Substratbegriffe in der Theorie des sozialen Handelns. Über das Interaktionsschema bei Parsons und in der Parsonskritik, in: Soziale Welt 19, S. 119-137.

Robertson, R. 1980: Aspects of Identity and Authority in Sociological Theory, in: Ders./B. Holzner (Hg.): Identity and Authority. Oxford, S. 218-165.

Rosenmayer, Leopold 1997: Mein »Sinn« ist nicht gleich dein »Sinn«. Unverbindlichkeit oder Vielfalt – Mehrere Wege im Singletum, in: Ulrich Beck (Hg.): Kinder der Freiheit. Frankfurt/M., S. 256-287.

Roth, Guenther 1987: Politische Herrschaft und persönliche Freiheit. Frankfurt/M.

Rueschemeyer, Dieter 1985: Spencer und Durkheim über Arbeitsteilung und Differenzierung: Kontinuität oder Bruch? In: Niklas Luhmann (Hg.): Soziale Differenzierung. Zur Geschichte einer Idee. Opladen 1985, S. 163-180.

Rusche, Georg/Otto Kirchheimer 1974: Sozialstruktur und Strafvollzug. Frankfurt/Köln.

Rutschky, Michael 1995: Die Angst vor dem Verschwinden. Wie sich Menschen inszenieren. Ursula März im Gespräch mit Michael Rutschky, in: Frankfurter Rundschau, 16. Dezember 1995, Zeit und Bild, S. 6.

Saage, Richard 1990: Das Ende der politischen Utopie? Frankfurt/M.

Sackmann, Reinhold 1990: Herrschaft, Rationalisierung und Individualisierung. Reformulierung und Kritik der Herrschafts- und Rationalisierungstheorie Max Webers. Frankfurt/M., Bern, New York, Paris.

Scaff, Lawrence A. 1987: Weber, Simmel und die Kultursoziologie, in: Kölner Zeitschrift für Soziologie und Sozialpsychologie 39, S. 225-254.

Schäfer, Thomas 1990: Aufklärung und Kritik. Foucaults Geschichte des Denkens als Alternative zur Dialektik der Aufklärung, in: Eva Erdmann u. a. (Hg.): Ethos der Moderne. Foucaults Kritik der Aufklärung. Frankfurt/M., New York, S. 70-86.

Schäfer, Thomas 1995: Reflektierte Vernunft. Michel Foucaults Projekt einer antitotalitären Macht- und Wahrheitskritik. Frankfurt/M.

Schelsky, Helmut 1959: Ortsbestimmung der deutschen Soziologie. Düsseldorf, Köln.

Schelsky, Helmut 1965: Auf der Suche nach Wirklichkeit. Gesammelte Aufsätze. Düsseldorf-Köln.

Schimank, Uwe 1985: Funktionale Differenzierung und reflexiver Subjektivismus. Zum Entsprechungsverhältnis von Gesellschafts- und

Identitätsform, in: Soziale Welt 36, S. 447-465.

Schimank, Uwe 1988: Biographie als Autopoiesis – Eine systemtheoretische Rekonstruktion von Individualität, in: Hanns-Georg Brose/Bruno Hildenbrand (Hg.): Vom Ende des Individuums zur Individualität ohne Ende. Opladen, S. 55-72.

Schimank, Uwe 1996: Theorien gesellschaftlicher Differenzierung. Opladen.

Schlesier, Renate 1984: Humanior. Eine Kolumne, in: Merkur 429, S. 817-823.

Schlottmann, Uwe 1968: Primäre und sekundäre Individualität. Die soziologischen Konzeptionen von Talcott Parsons und Howard Becker unter dem Gesichtspunkt ihrer Erfassung einzelmenschlicher Autonomie. Stuttgart.

Schluchter, Wolfgang 1980a (Hg.): Verhalten, Handeln und System. Talcott Parsons' Beitrag zur Entwicklung der Sozialwissenschaften. Frankfurt/M.

Schluchter, Wolfgang 1980b: Rationalismus der Weltbeherrschung. Studien zu Max Weber. Frankfurt/M.

Schluchter, Wolfgang 1988: Religion und Lebensführung. 2 Bde., Frankfurt/M.

Schluchter, Wolfgang 1996: Unversöhnte Moderne. Frankfurt/M.

Schmid, Michael 1993: Emile Durkheims De la division du travail social (1893) und deren Rezeption in der deutschen Soziologie, in: Berliner Journal für Soziologie H. 4, S. 487-506.

Schmidt, Alfred 1974: Zur Idee der Kritischen Theorie. München.

Schmidt, Alfred 1976: Die Kritische Theorie als Geschichtsphilosophie. München, Wien.

Schmidt, Alfred 1981: Kritische Theorie, Humanismus, Aufklärung. Philosophische Arbeiten 1969-1979. Stuttgart 1981.

Schmidt, Alfred/Norbert Altwicker (Hg.) 1986: Max Horkheimer heute: Werk und Wirkung. Frankfurt/M.

Schmid, Wilhelm 1990: Die Geburt der Philosophie im Garten der Lüste. Michel Foucaults Archäologie des platonischen Eros. Frankfurt/M.

Schmid, Wilhelm 1991: Auf der Suche nach einer neuen Lebenskunst. Die Frage nach dem Grund und die Neubegründung der Ethik bei Foucault. Frankfurt/M.

Schmucker, J. F. 1977: Adorno – Logik des Zerfalls. Stuttgart-Bad Cannstatt.

Schnädelbach, Herbert 1989: Das Gesicht im Sand. Foucault und der anthropologische Schlummer, in: Axel Honneth u.a. (Hg.): Zwischenbetrachtungen. Im Prozeß der Aufklärung. Frankfurt/M., S. 231-261.

Scholz, Frithard 1982: Freiheit als Indifferenz. Alteuropäische Probleme mit der Systemtheorie Niklas Luhmanns. Frankfurt/M.

Schroeder, Ralph: Nietzsche and Weber. Two »Prophets« of the Modern

World, in: Lash/Whimster (Hg.): Max Weber. Rationality and Modernity, S. 207-221.

Schroer, Markus 1994: Soziologie und Zeitdiagnose: Moderne oder Postmoderne? In: Georg Kneer/Klaus Kraemer/Armin Nassehi (Hg.): Soziologie. Zugänge zur Gesellschaft, Bd. 1: Geschichte, Theorien, Methoden. Münster, Hamburg, S. 225-246.

Schroer, Markus 1995a: Neue Soziale Bewegungen. In: Georg Kneer/Klaus Kraemer/Armin Nassehi (Hg.): Soziologie. Zugänge zur Gesellschaft, Bd. 2: Spezielle Soziologien. Münster, Hamburg, S. 188-202.

Schroer, Markus 1995b: Theoretisches Kapital – Pierre Bourdieu in der Diskussion, in: Soziologische Revue 18, H. 3, S. 360-368.

Schroer, Markus 1995c: Rezension von Ulrich Beck und Elisabeth Beck-Gernsheim (Hg.): Riskante Freiheiten. Individualisierung in modernen Gesellschaften, in: Kölner Zeitschrift für Soziologie und Sozialpsychologie 47, S. 562-565.

Schroer, Markus 1996a: Lebensführung oder Lebenskunst? Ethische und ästhetische Lebensorientierungen zwischen Moderne und Postmoderne, in: Sozialwissenschaftliche Literaturrundschau 31/32, S. 137-143.

Schroer, Markus 1996b: Ethos des Widerstands. Michel Foucaults postmoderne Utopie der Lebenskunst, in: Rolf Eickelpasch/Armin Nassehi (Hg.): Utopie und Moderne. Frankfurt/M., S. 136-169.

Schroer, Markus 1997a: Fremde, wenn wir uns begegnen. Von der Universalisierung der Fremdheit und der Sehnsucht nach Gemeinschaft, in: Armin Nassehi (Hg.): Nation, Ethnie, Minderheit. Historische und systematische Beiträge zur Aktualität ethnischer Konflikte. Georg Weber zum 65. Geburtstag. Köln, Weimar, Wien, S. 15-39.

Schroer, Markus 1997b: Individualisierte Gesellschaft, in: Georg Kneer, Armin Nassehi, Markus Schroer (Hg.): Soziologische Gesellschaftsbegriffe. Konzepte moderner Zeitdiagnosen. München, S. 157-183.

Schroer, Markus 1997c: Kampf um Lebenschancen. Zur Risiko*beobachtung* der Risiko*bewegungen* in der Risiko*gesellschaft*, in: Toru Hijikata/Armin Nassehi (Hg.): Riskante Strategien. Beiträge zur Soziologie des Risikos. Opladen, S. 109-140.

Schulze, Gerhard 1992: Die Erlebnisgesellschaft. Kultursoziologie der Gegenwart. Frankfurt/M., New York.

Schwentker, W. 1988: Leidenschaft als Lebensform. Erotik und Moral bei Max Weber und im Kreis von Otto Gross, in: Wolfgang J. Mommsen/W. Schwentker (Hg.) 1988: Max Weber und seine Zeitgenossen. Göttingen/Zürich, S. 661-681.

Schwerdtfeger, Johannes 1994: Auf der Suche nach dem Individualitätskonzept Georg Simmels, in: Gottfried Boehm/Ernst Rudolph (Hg.): Individuum. Probleme der Individualität in Kunst, Philosophie und Wissenschaft. Stuttgart, S. 122-149.

Seel, Martin 1987: Dialektik des Erhabenen. Kommentar zur »ästhetischen Barbarei heute«, in: Willem van Reijen/Gunzelin Schmid Noerr (Hg.): Vierzig Jahre Flaschenpost: ›Dialektik der Aufklärung‹ 1947-1987. Frankfurt/M. 1987, S. 11-40.

Seidmann, Steven/Michael Gruber 1977: Capitalism and Individualism in the Sociology of Max Weber, in: British Journal of Sociology 28, S. 498-507.

Sennett, Richard 1983: Verfall und Ende des öffentlichen Lebens. Die Tyrannei der Intimität. Frankfurt/M. 1983.

Sennett, Richard 1990: Civitas. Die Großstadt und die Kultur des Unterschieds. Frankfurt/M.

Sennett, Richard 1998: Der flexible Mensch. Die Kultur des neuen Kapitalismus. Berlin.

Simmel, Georg 1901/1902: Die beiden Formen des Individualismus, in: Das freie Wort. Frankfurter Halbmonatsschrift für Fortschritte auf allen Gebieten des geistigen Lebens 1, S. 397-403.

Simmel, Georg 1906: Die Religion. Frankfurt/M.

Simmel, Georg 1908: Das Problem des Stils, in: Dekorative Kunst 11, 7, S. 307-316.

Simmel, Georg ⁴1918: Kant. Sechzehn Vorlesungen. München, Leipzig.

Simmel, Georg ⁴1921: Goethe. Leipzig.

Simmel, Georg 1968a: Der Begriff und die Tragödie der Kultur, in: Ders.: Das individuelle Gesetz. Philosophische Exkurse. Hg. von Michael Landmann, S. 116-147.

Simmel, Georg 1968b: Der Konflikt der modernen Kultur, in: Ders.: Das individuelle Gesetz. Philosophische Exkurse. Hg. von Michael Landmann, S. 148-173.

Simmel, Georg 1968c: Das individuelle Gesetz, in: Ders.: Das individuelle Gesetz. Philosophische Exkurse. Hg. von Michael Landmann, S. 174-230.

Simmel, Georg 1983a: Das Geld in der modernen Kultur (1896), in: Ders.: Schriften zur Soziologie. Eine Auswahl. Hg. und eingeleitet von Heinz-Jürgen Dahme und Otthein Rammstedt. Frankfurt/M., S. 78-94.

Simmel, Georg 1983b: Zur Psychologie der Mode. Soziologische Studie (1895), in: Ders.: Schriften zur Soziologie. Eine Auswahl. Hg. und eingeleitet von Heinz-Jürgen Dahme und Otthein Rammstedt. Frankfurt/M., S. 131-139.

Simmel, Georg 1983c: Individualismus (1917), in: Ders.: Schriften zur Soziologie. Eine Auswahl. Hg. und eingeleitet von Heinz-Jürgen Dahme und Otthein Rammstedt Frankfurt/M., S. 267-274.

Simmel, Georg 1984a: Die Großstädte und das Geistesleben (1903), in: Ders.: Das Individuum und die Freiheit. Berlin, S. 192-204.

Simmel, Georg ⁴1984b: Grundfragen der Soziologie. Individuum und Gesellschaft. Berlin, New York.

Simmel, Georg 1985: Rembrandt. Ein kunstphilosophischer Versuch. München.

Simmel, Georg 1989a: Über sociale Differenzierung (1890), in: Ders.: Aufsätze 1887 bis 1890, Über sociale Differenzierung, Das Problem der Geschichtsphilosophie, Gesamtausgabe Bd. 2. Hg. von Heinz-Jürgen Dahme. Frankfurt/M., S. 109-295.

Simmel, Georg 1989b: Die Philosophie des Geldes (1900). Gesamtausgabe Bd. 6. Hg. von David P. Frisby und Klaus Christian Köhnke. Frankfurt/M.

Simmel, Georg 1991: Einleitung in die Moralwissenschaft. Eine Kritik der ethischen Grundbegriffe. Zweiter Band (1893). Hg. von Klaus Christian Köhnke. Frankfurt/M.

Simmel, Georg 1992: Soziologie. Untersuchungen über die Formen der Vergesellschaftung (1908), Gesamtausgabe Band 11. Hg. von Otthein Rammstedt. Frankfurt/M.

Smart, Barry 1983: Foucault, Marxism and Critique. London.

Soeffner, Hans-Georg 1988: Luther – der Weg von der Kollektivität des Glaubens zu einem lutherisch-protestantischen Individualitätstypus, in: Hanns-Georg Brose/Bruno Hildenbrand (Hg.): Vom Ende des Individuums zur Individualität ohne Ende. Opladen, S. 107-149.

Soeffner, Hans-Georg/Max Miller (Hg.) 1996: Modernität und Barbarei. Soziologische Zeitdiagnose am Ende des 20. Jahrhunderts. Frankfurt/M.

Söllner, Alfons 1979: Geschichte und Herrschaft. Studien zur materialistischen Sozialwissenschaft 1929-1942. Frankfurt/M.

Speck, Josef (Hg.) 1981: Grundprobleme der großen Philosophen. Philosophie der Gegenwart. Band 4. Göttingen.

Spykman, Nicholas: The Social Theory of Georg Simmel. Hampshire 1992.

Stacey, Judith 1991: Zurück zur postmodernen Familie. Geschlechterverhältnisse, Verwandtschaft und soziale Sicht im Silicon Valley, in: Soziale Welt 42, S. 301-322.

Stauth, Georg/Bryan S. Turner 1986: Nietzsche in Weber oder die Geburt des modernen Genius im professionellen Menschen, in: Zeitschrift für Soziologie 15, H. 2, S. 81-94.

Stichweh, Rudolf 1980: Rationalität bei Parsons, in: Zeitschrift für Soziologie 9, S. 54-78.

Stichweh, Rudolf 1988: Inklusion in Funktionssysteme der modernen Gesellschaft, in: Renate Mayntz u. a. (Hg.): Differenzierung und Verselbständigung. Zur Entwicklung gesellschaftlicher Teilsysteme. Frankfurt/M., S. 45-115.

Stichweh, Rudolf 1995: Der Körper des Fremden, in: Michael Hagner (Hg.): Der falsche Körper. Beiträge zu einer Geschichte der Monstrositäten. Göttingen.

Stichweh, Rudolf 1997: Inklusion/Exklusion, funktionale Differenzierung und Weltgesellschaft, in: Soziale Systeme 3, S. 123-136.

Strasser, Johano 1994: ›Individualisierung‹ – eine Gefährdung der Solidarität? In: Die Neue Gesellschaft/Frankfurter Hefte 41, H. 2, S. 118-123.

Taubes, Jacob 1982: Zur Konjunktur des Polytheismus, in: Bohrer, Karl Heinz (Hg.): Mythos und Moderne. Frankfurt/M. 1982, S. 457-470.

Taureck, Bernhard H. F. 1989: Foucault zwischen Hegel und Heidegger. Ein dritter Weg zum Verständnis der Subjektivität, in: Ders.: Philosophie und Metaphilosophie. Studien zwischen Antike und (Post-)Moderne. Cuxhaven, S. 90-105.

Tenbruck, Friedrich 1961: Zur deutschen Rezeption der Rollentheorie, in: Kölner Zeitschrift für Soziologie und Sozialpsychologie 13, H. 1.

Tenbruck, Friedrich H. 1975: Das Werk Max Webers, in: Kölner Zeitschrift für Soziologie und Sozialpsychologie 27, S. 663-702.

Tenbruck, Friedrich H. 1983: Die unbewältigten Sozialwissenschaften oder die Abschaffung des Menschen. Graz.

Tenbruck, Friedrich H. 1989: Die kulturellen Grundlagen der Gesellschaft. Der Fall der Moderne. Opladen.

Tenbruck, Friedrich H. 1989: Emile Durkheim oder die Geburt der Gesellschaft aus dem Geist der Soziologie (1981), in: Die kulturellen Grundlagen der Gesellschaft. Der Fall der Moderne. Opladen, S. 187-211.

Theunissen, Michael 1969: Gesellschaft und Geschichte. Zur Kritik der kritischen Theorie. Berlin.

Thies, Christian 1997: Die Krise des Individuums. Zur Kritik der Moderne bei Adorno und Gehlen. Reinbek bei Hamburg.

Tillmann, Klaus-Jürgen 1989: Sozialisationstheorien. Reinbek bei Hamburg.

Tönnies, Ferdinand ³1991: Gemeinschaft und Gesellschaft. Grundbegriffe der reinen Soziologie. Darmstadt.

Touraine, Alain 1972: Die nachindustrielle Gesellschaft. Frankfurt.

Treibel, Annette 1996: Norbert Elias und Ulrich Beck. Individualisierungsschübe im theoretischen Vergleich, in: Karl-Siegbert Rehberg (Hg.): Norbert Elias und die Menschenwissenschaften. Studien zur Entstehung und Wirkungsgeschichte seines Werkes. Frankfurt/M., S. 424-433.

Turner, Bryan S. 1994: Lebensphilosophie und Handlungstheorie. Die Beziehungen zwischen Talcott Parsons und Max Weber innerhalb der Entwicklung der Soziologie, in: Gerhard Wagner/Heinz Zipprian (Hg.): Max Webers Wissenschaftslehre. Interpretation und Kritik. Frankfurt/M., S. 310-331.

Tyrell, Hartmann 1978: Anfragen an die Theorie der gesellschaftlichen Differenzierung, in: Zeitschrift für Soziologie 7, S. 175-193.

Tyrell, Hartmann 1985: Emile Durkheim – Das Dilemma der organischen Solidarität, in: Niklas Luhmann (Hg.): Soziale Differenzierung. Zur

Geschichte einer Idee. Opladen, S. 181-250.

Tyrell, Hartmann 1990: Worum geht es in der ›Protestantischen Ethik‹? Ein Versuch zum besseren Verständnis Max Webers, in: Saeculum 41, S. 130-177.

Tyrell, Hartmann/Alois Herlth 1994: Partnerschaft versus Elternschaft, in: Alois Herlth/Ewald Johannes Brunner/Hartmann Tyrell/Jürgen Kriz (Hg.): Abschied von der Normalfamilie – Partnerschaft contra Elternschaft. Berlin, Heidelberg, S. 42-63.

Vascovics, Laszlo A.: Familie im Auflösungsprozeß? In: Deutsches Jugendinstitut (Hg.): Jahresbericht 1990. München, S. 186-198.

Veblen, Thorstein 1986: Theorie der feinen Leute. Eine ökonomische Untersuchung der ökonomischen Institutionen (1899). Frankfurt/M.

Veith, Hermann 1996: Theorien der Sozialisation. Zur Rekonstruktion des modernen sozialisationstheoretischen Denkens. Frankfurt/M., New York.

Vester, Michael 1997: Soziale Milieus und Individualisierung: Mentalitäten und Konfliktlinien im historischen Wandel, in: Ulrich Beck/Peter Sopp (Hg.): Individualisierung und Integration. Neue Konfliktlinien und neuer Integrationsmodus? Opladen, S. 99-123.

Vetter, H. R. (Hg.) 1991: Muster moderner Lebensführung. München.

Vobruba, Georg 1983: Prävention durch Selbstkontrolle, in: Max Wambach (Hg.): Der Mensch als Risiko. Zur Logik von Prävention und Früherkennung. Frankfurt/M., S. 29-48.

Voss, Gerd G. 1991: Lebensführung als Arbeit. Stuttgart.

Wagner, Peter 1995: Soziologie der Moderne. Freiheit und Disziplin. Frankfurt/M, New York.

Wallace, W. L. 1975: Structure and Action in the Theories of Coleman and Parsons, in: Peter M. Blau (Hg.): Approaches to the study of social structure. London 1976, S. 121-134.

Wallach Bologh, Rosslyn: Max Weber on Erotic Love, in: Lash/Whimster (Eds.): Max Weber. Rationality and Modernity, S. 242-258.

Walzer, Michael 1991: Die einsame Politik des Michel Foucault, in: Ders.: Zweifel und Einmischung. Gesellschaftskritik im 20. Jahrhundert. Frankfurt/M., S. 261-286.

Walzer, Michael 1992: Zivile Gesellschaft und amerikanische Demokratie. Berlin.

Weber, Max ⁵1972: Wirtschaft und Gesellschaft. Grundriss der verstehenden Soziologie (Studienausgabe). Tübingen 1921.

Weber, Max ⁹1988a: Gesammelte Aufsätze zur Religionssoziologie I. Tübingen 1920/21.

Weber, Max ⁷1988b: Gesammelte Aufsätze zur Wissenschaftslehre. Tübingen 1922.

Weber, Max ²1988c: Gesammelte Aufsätze zur Soziologie und Sozialpolitik. Tübingen 1924.

Weber, Max 1988d: Gesammelte Politische Schriften. Tübingen 1971.

Weber, Alfred 1963: Der dritte oder der vierte Mensch. Vom Sinn des geschichtlichen Daseins. München.

Weber, Marianne 1989: Max Weber. Ein Lebensbild. Mit einem Essay von Günther Roth. München.

Weiß, Johannes ²1992: Max Webers Grundlegung der Soziologie. München, London, New York, Paris.

Weiller, Edith 1994: Max Weber und die literarische Moderne. Ambivalente Bewegungen zweier Kulturen. Stuttgart, Weimar.

Wellmer, Albrecht 1969: Kritische Gesellschaftstheorie und Positivismus. Frankfurt/M.

Welsch, Wolfgang 1988: Unsere postmoderne Moderne. Stuttgart.

Wenzel, Harald 1990: Die Ordnung des Handelns. Talcott Parsons' Theorie des Allgemeinen Handlungssystems. Frankfurt/M.

Wenzel, Harald 1995: Gibt es ein postmodernes Selbst? Neuere Theorien und Diagnosen der Identität in fortgeschrittenen Gesellschaften, in: Berliner Journal für Soziologie 5, H. 1, S. 113-131.

Weymann, Ansgar 1989: Handlungsspielräume im Lebenslauf. Ein Essay zur Einführung, in: Ders. (Hg.): Handlungsspielräume. Untersuchungen zur Individualisierung und Institutionalisierung von Lebensläufen in der Moderne. Stuttgart, S. 1-39.

Wiggershaus, Rolf 1981: Frankfurter Schule. Zur Geschichte einer kritischen Gesellschaftstheorie und Sozialphilosophie in Deutschland. In: Klaus Hansen (Hg.): Frankfurter Schule und Liberalismus. Beiträge zum Dialog zwischen kritischer Gesellschaftstheorie und politischem Liberalismus. Baden-Baden 1981, S. 27-46.

Wiggershaus, Rolf ²1987: Die Frankfurter Schule. Geschichte, Theoretische Entwicklung, Politische Bedeutung. München, Wien.

Willke, Helmut 1992: Ironie des Staates. Grundlinien einer Staatstheorie polyzentrischer Gesellschaften. Frankfurt/M.

Witschel, Günter 1975: Die Wertvorstellungen der Kritischen Theorie. Bonn.

Wohlrab-Sahr, Monika 1992: Institutionalisierung oder Individualisierung des Lebenslaufs? Anmerkungen zu einer festgefahrenen Debatte, in: BIOS 5, S. 1-19.

Wohlrab-Sahr, Monika 1997: Individualisierung. Differenzierungsprozeß und Zurechnungsmodus, in: Ulrich Beck/Peter Sopp (Hg.): Individualisierung und Integration. Neue Konfliktlinien und neuer Integrationsmodus? Opladen, S. 23-36.

Wunderlich, Stefan 1999: Vom digitalen Panopticon zur elektrischen Heterotopie. Foucaults Topographien der Macht, in: Rudolf Maresch/Niels Werber: Kommunikation, Medien, Macht. Frankfurt/M., S. 342-367.

Zängle, M. 1988: Max Webers Staatstheorie im Kontext seines Werkes. Berlin.

Zapf, Wolfgang 1992: Entwicklung und Zukunft moderner Gesellschaften, in: Hermann Korte/Bernhard Schäfers (Hg.): Einführung in die Hauptbegriffe der Soziologie. Opladen, S. 195-210.

Zapf, Wolfgang 1994: Staat, Sicherheit und Individualisierung, in: Ulrich Beck/Elisabeth Beck-Gernsheim (Hg.): Riskante Freiheiten. Individualisierung in modernen Gesellschaften. Frankfurt/M., S. 296-304.

Zima, Peter V. 1997: Moderne/Postmoderne. Gesellschaft, Philosophie, Literatur. München.

Zoll, Rainer 1989: Nicht so wie unsere Eltern. Ein neues kulturelles Modell? Opladen.

Zoll, Rainer 1993: Alltagssolidarität und Individualismus. Zum soziokulturellen Wandel. Frankfurt/M.

Soziologie im Suhrkamp Verlag
Eine Auswahl

Pierre Bourdieu
- Die feinen Unterschiede. Kritik der gesellschaftlichen Urteilskraft. Übersetzt von Bernd Schwibs und Achim Russer. stw 658. 910 Seiten
- Homo academicus. Übersetzt von Bernd Schwibs. stw 1002. 455 Seiten
- Praktische Vernunft. Zur Theorie des Handels. Übersetzt von Hella Beister. es 1985. 226 Seiten
- Rede und Antwort. Übersetzt von Bernd Schwibs. es 1547. 237 Seiten
- Die Regeln der Kunst. Genese und Struktur des literischen Feldes. Übersetzt von Bernd Schwibs und Achim Russer 552 Seiten. Gebunden
- Sozialer Sinn. Kritik der theoretischen Vernunft. stw 1066. 503 Seiten
- Soziologische Fragen. Übersetzt von Hella Beister und Bernd Schwibs. es 1872. 256 Seiten
- Über das Fernsehen. Übersetzt von Achim Russer. es 2054. 140 Seiten
- Zur Soziologie der symbolischen Formen. Übersetzt von Wolfgang Fietkau. stw 107. 201 Seiten

Pierre Bourdieu/ Loïc J. D. Wacquant. Reflexive Anthropologie. Übersetzt von Hella Beister. 351 Seiten. Gebunden

Emile Durkheim
- Erziehung, Moral und Gesellschaft. Vorlesung an der Sorbonne 1902/1903. Einleitung: Paul Fauconnet. Übersetzt von Ludwig Schmidts. stw 487. 339 Seiten

NF 114/1/5.00

- Physik der Sitten und des Rechts. Vorlesungen zur Soziologie der Moral. Übersetzt von Michael Bischoff. Herausgegeben von Hans-Peter Müller. stw 1400. 351 Seiten
- Die Regeln der soziologischen Methode. Herausgegeben und Einleitung: von René König. stw 464. 247 Seiten
- Schriften zur Soziologie der Erkenntnis. Übersetzt von Michael Bischoff. Herausgegeben von Hans Joas. stw 1076. 292 Seiten
- Der Selbstmord. Übersetzt von Sebastian und Hanne Herkommer. stw 431. 485 Seiten
- Soziologie und Philosophie. Einleitung von Theodor W. Adorno. Übersetzt von Eva Moldenhauer. stw 176. 157 Seiten
- Über soziale Arbeitsteilung. Studie über die Organisation höherer Gesellschaften. Einleitung von Niklas Luhmann. Nachwort von Hans-Peter Müller und Michael Schmid. stw 1005. 544 Seiten

André Gorz. Arbeit zwischen Misere und Utopie. Übersetzt von Renate Hörisch-Helligrath. Edition Zweite Moderne. 208 Seiten. Broschur

Sozialphilosophie im Suhrkamp Verlag
Eine Auswahl

Axel Honneth. Kampf um Anerkennung. Zur moralischen Grammatik sozialer Konflikte. stw 1129. 301 Seiten

Axel Honneth. Kritik der Macht. Reflexionsstufen einer kritischen Gesellschaftstheorie. stw 738. 408 Seiten

Axel Honneth. Die zerrissene Welt des Sozialen. Sozialphilosophische Aufsätze. Erweiterte Ausgabe. stw 849. 279 Seiten

Hans Joas. Die Entstehung der Werte. stw 1416. 321 Seiten

Hans Joas. Die Kreativität des Handelns. stw 1248. 415 Seiten

Hans Joas. Pragmatismus und Gesellschaftstheorie. stw 1018. 323 Seiten

George Herbert Mead. Gesammelte Aufsätze. Band 1. Herausgegeben und eingeleitet von Hans Joas. Übersetzt von Klaus Laermann u.a. stw 678. 476 Seiten

George Herbert Mead. Gesammelte Aufsätze. Band 2. Herausgegeben von Hans Joas. Übersetzt von Hans Günter Holl, Klaus Laermann u.a. stw 679. 485 Seiten

George Herbert Mead. Geist, Identität und Gesellschaft. Aus der Sicht des Sozialbehaviorismus. Einleitung von Charles W. Morris. Übersetzt von Ulf Pacher. stw 28. 456 Seiten

NF 123/1/8.00

Psychoanalyse, Sozialpsychologie und Psychologie im Suhrkamp Verlag
Eine Auswahl

Didier Anzieu. Das Haut-Ich. Übersetzt von Meinhard Korte und Marie-Hélène Lebourdais-Weiss. 324 Seiten. Gebunden

William Damon. Die soziale Welt des Kindes. Übersetzt von Uta S. Eckensberger. stw 884. 315 Seiten

Georges Devereux. Angst und Methode in den Verhaltenswissenschaften. Übersetzt von Caroline Neubaur und Karin Kersten. stw 461. 408 Seiten

Georges Devereux. Träume in der griechischen Tragödie. Eine ethnopsychoanalytische Untersuchung. Übersetzt von Klaus Staudt. stw 536. 551 Seiten

Hans G. Furth. Wissen als Leidenschaft. Eine Untersuchung über Freud und Piaget. Übersetzt von Rainer Döbert. 200 Seiten. Gebunden

Lawrence Kohlberg. Die Psychologie der Moralentwicklung. Herausgegeben von Wolfgang Althof. Beiträge zur Soziogenese der Handlungsfähigkeit. stw 1232. 564 Seiten

Lawrence Kohlberg. Die Psychologie der Lebensspanne. Übersetzt von Detlef Garz. Herausgegeben, bearbeitet und mit einer Einleitung versehen von Wolfgang Althof und Detlef Garz. Gebunden. 346 Seiten

Hermann Lang. Das Gespräch als Therapie. Mit einem Geleitwort von Hans-Georg Gadamer. stw 1293. 272 Seiten

Hermann Lang. Die Sprache und das Unbewußte. Jacques Lacans Grundlegung der Psychoanalyse. Mit einem neuen Vorwort. stw 626. 342 Seiten

Hermann Lang. Strukturale Psychoanalyse. stw 1292. 352 Seiten

Jean Piaget. Einführung in die genetische Erkenntnistheorie. Übersetzt von Friedhelm Herborth. stw 6. 106 Seiten

Jean Piaget. Intelligenz und Affektivität in der Entwicklung des Kindes. Herausgegeben und übersetzt von Aloys Leber. Mit einem Beitrag des Herausgebers: »Ein Schlüssel zum Verständnis menschlichen Verhaltens«. 197 Seiten. Gebunden

Jean Piaget. Weisheit und Illusionen der Philosophie. Übersetzt von Friedhelm Herborth. stw 539. 286 Seiten

Jean Piaget/Bärbel Inhelder. Die Entwicklung des inneren Bildes beim Kind. Übersetzt von Annette Roellenbleck. Mit zahlreichen Abbildungen und Tabellen. stw 861. 518 Seiten

Philosophie im Suhrkamp Verlag
Eine Auswahl

Agathe Bienfait. Freiheit, Verantwortung, Solidarität. Zur Rekonstruktion des politischen Liberalismus.
 stw 1406. 279 Seiten

Hauke Brunkhorst (Hg.). Demokratischer Experimentalismus. Politik in der komplexen Gesellschaft.
stw 1369. 397 Seiten

Ronald Dworkin. Bürgerrechte ernstgenommen. Übersetzt von Ursula Wolf. stw 879. 592 Seiten

Wolfgang Edelstein/Gertrud Nunner-Winkler. Moral im Kontext. stw 1470. 350 Seiten

Axel Honneth. Kampf um Anerkennung. Zur moralischen Grammatik sozialer Konflikte. stw 1129. 301 Seiten

Axel Honneth. Kritik der Macht. Reflexionsstufen einer kritischen Gesellschaftstheorie. stw 738. 408 Seiten

Axel Honneth. Die zerrissene Welt des Sozialen. Sozialphilosophische Aufsätze. stw 849. 203 Seiten

Hans Joas. Die Entstehung der Werte. stw 1416. 321 Seiten

Hans Joas. Die Kreativität des Handelns. stw 1248. 415 Seiten

Hans Joas. Pragmatismus und Gesellschaftstheorie.
stw 1018. 323 Seiten

Hans Rudolf Leu/Lothar Krappmann (Hg.). Zwischen Autonomie und Verbundenheit. Bedingungen und Formen der Behauptung von Subjektivität. stw 1413. 423 Seiten

Wolfgang Kersting. Recht, Gerechtigkeit und demokratische Tugend. Abhandlungen zur praktischen Philosophie der Gegenwart. stw 1332. 498 Seiten

John Rawls. Die Idee des politischen Liberalismus. Aufsätze 1978-1989. Herausgegeben von Wilfried Hinsch. stw 1123. 420 Seiten

John Rawls. Eine Theorie der Gerechtigkeit. Übersetzt von Hermann Vetter. stw 271. 674 Seiten

John Rawls. Politischer Liberalismus. Übersetzt von Wilfried Hinsch. 539 Seiten. Gebunden

Charles Taylor. Negative Freiheit? Zur Kritik des neuzeitlichen Individualismus. Übersetz von Hermann Kocyba. Mit einem Nachwort von Axel Honneth. stw 1027. 320 Seiten

Charles Taylor. Quellen des Selbst. Die Entstehung der neuzeitlichen Identität. Übersetzt von Joachim Schulte. stw 1233. 911 Seiten

Charles Taylor. Das Unbehagen an der Moderne. Übersetzt von Joachim Schulte. stw 1178. 137 Seiten